U0890527

安徽省桐城中學

— 120周年校庆 —

THE 120TH ANNIVERSARY OF THE FOUNDING OF TONGCHENG HIGH SCHOOL ANHUI PROVINCE

桐城中学创办者吴汝纶先生

20 世纪 60 年代的校门

20 世纪 90 年代的校门

2002 年落成的校门

半山鐘聲

我与桐城中学的故事 上册

安徽省桐城中学上海校友会◎编

復旦大學出版社

本书顾问

项义发　汪年生　卢声频　刘珍贵　罗　伟
汪胡根　汪习军　曹向东　潘　健

本书编委

编委主任：桂飒斌
编委副主任：周　治　汪　东　戴先江
编　　委：吴树新　周遵峰　胡红旗　张忠武　魏安祥
柏　杨　李高虎　叶留根　崔　波　汪礼祥
汪永明　张　玲　汪金晖　方　婷　李　磊

序

刘珍贵

今年四五月，我每天最享受的时光就是阅读桐城中学（简称桐中）上海校友会公众号推送的“我与桐中的故事”。故事的作者上至耄耋老校友，下有在校学生，有夫妇校友牵手连唱的，也有兄妹校友联袂出场的，还有一家几代人深情讴歌的。他们或以散文小说，或用诗词歌赋，表达对母校桐城中学的真挚感激和深切眷念。一幕幕温馨场景、一个个精彩瞬间，让我一次次回到菁菁校园：与大师对话，向老师求教，和同学嬉闹。母校情、师生情、同学情、乡友情在心中翻滚，在脑海浮现。我的桐中故事也在追忆中变得越发真切而生动，就像常常萦绕于怀的桐溪塥潺潺流水，清澈见底。

我敬仰母校教育兴国的探路者。桐中的故事起始于学校创立者吴汝纶先生的桑梓情怀，没有先贤的筚路蓝缕，哪有桐中的悠悠钟声？当年先生远赴日本，改变中国落后的教育理念敢为人先，振兴桑梓文化的决心坚如磐石。“奉命于危难之间”，先生访问之行“鸡鸣而起，宵旰不暇寝食”，搜集了大量珍贵的教育资料；办学经费捉襟见肘，先生殚精竭虑，另辟蹊径，用心良苦；招生管理一改经学旧务，先生亲手创办安徽第一所新式学堂，“后十百年人才奋兴胚胎于此”的远景宏愿、“合东西国学问精粹陶冶而成”的开阔胸襟，驱动着桐中行稳致远。如今，桐中成为当地文化的一个重要风向标，成为凝聚区域奋进力量的一个重要大平台。抚今追昔，先生的人格风骨、思想情怀、学术素养总是让人感佩不已！

我钦佩母校孜孜以求的引领者。桐中的精彩故事是历届领导团队引领发展的故事，正因为他们孜孜矻矻，才有了桐中的灼灼其华。120 年风雨兼程，120 年弦歌不辍，丰硕成果的取得离不开数十任领导团队的薪火相传、继往开来。1960—1963 年，我在桐中度过了难忘的中学时光，可亲可敬的史耀民校长的音容笑貌至今仍记忆犹新。史校长把教学质量看作学校发展的生命线，他认为“学校的教导处如同部队的参谋部”，师德高尚、业务过硬、甘于奉献的教师队伍是一所学校发展的关键所在。史校长为人谦逊和蔼，用心发现教师的闪光之处，用情倾听教师的合理诉求，用力排解教师的后顾之忧；史校长视生如子，平易近人，常常与我们这些乡下来的孩子促膝谈心，引领我们成长成人。在史校长的带领下，当时桐中教育教学成绩异彩绽放，声名远扬。史校长曾光荣出席全国文教群英会，捧回由邓小平同志亲笔题写的“先进单位”匾额。每每回味那个成绩斐然的时代，自豪之情油然而生！

我感动母校诲人不倦的育人者。桐中的动人故事很多是师生间的故事，质朴平素，却感人肺腑。故事中的老师或用自己的勤勉踏实赋予学生“高峰入云”、刚毅向上的秉性；或用自己的虚怀若谷默化学生“清流见底”、谦逊低调的品质。忘不了被誉为“慈代数”的慈昌淦老师，他熟稔教学艺术，启发式教学方式很受我们欢迎。我常常念及我的俄语老师刘化民，是刘老师改变了我的人生轨迹。当时我家条件十分有限，便萌生了辍学的想法。刘老师得知情况后，步行 60 多华里，一路打听，终于找到我家，苦口婆心的劝导、温暖如春的关爱感动了我的父母，让一度自卑的我重拾奋进的勇气。母校老师的风范一直鞭策着我，不懈怠、不歇脚，踏踏实实地做人做事。

我感念母校刻苦勤勉的求学者。桐中的故事是一首首传承文脉的青春之歌，初心不改，永朝永夕。从校友们的追忆里，我更能深刻地感悟到在桐中学习生活的几年，是校友们人生奠基、理想扎根最紧要的几年。银杏树下的仰望，半山阁院内的诵读，后乐亭中的静思，后山操场上的追逐，和平堂里的吟唱，曾经的点点滴滴让莘莘学子如沐春风、受益终身。走出桐中校门，无论身处何地、从事何种职业，校友们始终秉持“勉成国器”的校训，践行“勇当大任，志在争先”的桐中精神，绘就了一幅幅精彩画卷。树高千尺，必有其根；水流万里，必有其源。校友们对母校念念不忘，有着割舍不了的牵挂，他们常念母校情，常思母校人，常想母校事，常帮母校忙，拳拳赤子之心怎不让人感慨万千！

人生就是一个创造、沉淀、回忆的过程，阅读《半山钟声》，就是享用一场精神盛宴，因为母校有厚重的历史、有学子的热忱，因为每一颗与母校同频共振的心总是那么有趣味、有温度、有情怀。感谢桐城中学上海校友会在母校 120 年华诞来临之际有这样的精心策划，让每一位桐中人都会想起自己的青葱岁月，让一篇篇“我与桐中的故事”亲切感人。感谢每一位校友朴实而又炽热的文字，绘就出桐中百廿动人的风光。在当下数字时代的光速中，桐中的故事还很漫长，也会更丰富，让我们共同期待所有桐中人创造出更为动人的故事！

是为序。

（作者系桐城中学校友会会长）

前言

21世纪的黄浦江边有一群人，他们有个共同的名字——桐城中学（上海）校友，他们有着共同的桑梓情怀——思念故乡桐城，热爱母校安徽省桐城中学。

一路风雨，千岩万壑。母校120周年华诞大庆牵动千万桐中校友心。上海校友会领导团队和文宣团队经过多方奔走讨论，逐渐形成了以“传承文脉，勉成国器”为主题的征文策划思路，向全球校友发起“我与桐中的故事”征文启事。

征文作为校庆献礼重大活动之一，受到母校和校友师长的极大关注。自2022年新年伊始征稿，到5月8日截止，不到半年时间共收到来稿260多篇。大部分文章经由桐城六尺巷文化平台和桐中上海校友会微信公众号平台初始发表。截至5月18日，总点击量达到50多万人次。在泛桐城区域，在海内外桐中校友间，掀起了一股忆桐中、说桐中的热潮。

佳作雪片飞来，文集如何命名？

经过公开征名、编委会合议，最终胡红旗老师提交的“半山钟声”以其有动有静、宜远宜近、意虚象实而摘得桂枝作为征文集的书名。作者群里胡志强老师更是从桐城文派的理论角度对书名进行了高度肯定和精妙阐释：

百廿校庆征文集的命名，当以“议理、考据、辞章”为标杆。其义理，当然是为母校百廿校庆记与颂；考据，则为必是客观真实的事实，而非纯文艺的虚华；辞章，亦应用文学的手法写纪实的文章。

文集既要体现以“实”为本，又要具有文采升华，那就必须在桐中诸多物象中，选其一二，作为“具象”。具象的本质特征是，它有高度的概括力和代表性，又以形象的表象出现。因为它是实之以“物”、虚之以“情”的高度的契合。半山不定其“阁”，钟声不定“桐中”，这就是用两个物象合成一个虚化了的形象，再演化成一个具象：“半山钟声”。这就是书名取义的语法、修辞和文理之所在。

衷心感谢母校、恩师和校友联络办，厚爱相助，倾力支援；感谢全国各地校友会积极响应，荟萃锦绣，奉献华章！

桐中人的故事，桐中人的书，是本次征文集的一大特色。

似是回忆录，超越回忆录；不是校史志，贯穿校史志。从 20 世纪 40 年代至今，凡 80 多届校友，遐思穿越世纪，挥墨纵横四海，100 多个桐中故事里有你有我有他，栉风沐雨的菁菁校园里有笑有泪有情。《半山钟声》汇编记录了上下百年的桐中记忆、校园风貌、岁月沧桑、师友情缘……

作者多重性、文风多样性是本次征文作品的另一大特色。

校友作者有云程发轫事业辉煌的贤达名流，有朝耕暮耘的各行各业普通劳动者；有国内外高级学者专家，也有学业或生活遇挫仍矢志奋发的追梦人；有学工学农学军不忘学习文化的知识青年，也有目睹日本人的炸弹在眼前掉落的机警少年……他们从不同的时代、不同的经历、不同的视角，以不同的笔触、不同的语言风格、不同的文体，给我们展示了一百个人眼里的一百种桐中。

雪泥鸿爪，都是印迹。《半山钟声》因此而厚重，而美好，而珍贵！

感谢所有关注参与的新老校友，深情发乎其里，赤心凝于笔端。

感谢张忠武董事长和六尺巷文化平台的大力支持与精诚合作。

感谢校友会中诸多志愿者的无私奉献，以及高效、高端、高能的通力协作。

特别感谢复旦大学出版社王联合编审和他的团队，快马加鞭完成所有文稿的审校编辑，使之适时顺利刊行。

今天，我们终于可以手捧《半山钟声》，重温“我与桐城中学的故事”。

浪迹天涯根何在，家国情怀赤子心！

桐城中学上海校友会

2022 年 8 月

目录

吾师，不悔老干扶青藤！

桐学，万里归来仍少年！

青春，山峰海月自兹始！

第一辑

吾师，不悔老干扶青藤！

我爱桐中的老师们

梁晋明

弹指间,我已“年华九十只差三”。人老了,往昔一些难忘的记忆碎片,就像升天的烟花,常在脑海里绽放。

1958 年,我从合肥师范学院毕业,先后任职于安庆师范高等专科学校(现安庆师范大学)、安庆地区教研室、桐城教育局、桐城中学及桐城市委宣传部等单位。其中,至今最难忘怀的是桐城中学,她让我有成就感,我爱她。

我爱桐中悠久的办学历史、深厚的文化底蕴、富含革命传统和人文内涵的每一处景物,还有我曾亲手参与栽培的香樟树……我更爱桐中的老师们。

1977 年,全国恢复高考,桐中恢复成安徽省重点中学,我奉调任桐中副校长,分管教育教学工作。受“文革”影响,桐中原来的骨干老师大多被下放到农村。在杨仲林校长的领导下,学校受到了县委县政府及省教育厅的高度重视,先后调回了被下放的老师,省教育厅从大学毕业生中择优直分一批青年才俊到桐中任教,政府选调了几位被分配到工厂的大学生,县教育局又从其他高中调入一批老师。如此,桐中逐渐形成了一支朝气蓬勃、团结互爱、奋发向上的教师队伍,虽然他们住破旧的平房,吃在食堂,教研室也是东拼西凑,福利靠校办工厂和农场收益,奖金少得可怜——直到 1984 年我调离时全年每人只发 30 元奖金和几斤农场生产的山芋与香油，老师们却没有一句怨言，只知奉献，不求索取。

老师们“开夜车”备课、批改作业，作文更是每篇必改并在课堂上讲评。同学们的数学作业，吴良兴老师基本上都在自习课上堂批阅；王启玉老师、唐述裓老师喉咙讲哑了也不请假休息；英语老师朱益群星期天上午组织学有余力的学生练口语和学英文谚语，下午让后进生记英语单词和学语法……

很多老师都自觉利用空闲时间给学生补缺补差，寒暑假给高三学生补习，老师们也不计报酬，没有一位老师给学生有偿补习。老师们备课都写完整教案，常备常新。每周各教研组安排一个下午让同年级老师集体备课，研究下周教学内容，哪些该详略，哪些该删补，使学生通过不同老师的教学方法学到同样的知识。学校规定每周老师相互听课不少于两节。

我每天上午也到班级听课，所有老师的课我都听过，包括音乐课、体育课、美术课。慈昌淦老师教得排列组合我听过八遍(都有听课笔记)，慈老的课讲得深入浅出，听他的课是一种享受。王铁铸老师擅长抒情散文教学，讲得绘声绘色。高传明老师教古典文学，学生从怕文言文转变为喜爱文言文。王元祥老师教物理，深理浅讲，学生听得津津有味。王铎老师语言诙谐，学生们在频频的笑声中学习原本枯燥的生物知识。陈希老师的化学课常用有趣的实验激发学生学化学的积极性。就连学生不太感兴趣的政治课、历史课、地理课，也被卢声频、颜友庆、李素萍、汪年春、胡玉堂、吴祚宁、张兴等老师讲得妙趣横生。

班主任老师负担更重，晚自习都主动到班上巡视，把学生当作自己的孩子。杨怀志老师担任84(3)班语文老师兼班主任，学生既怕他又爱他，对他尊崇有加。学生程玲在《往事如歌》中写道：“最令我敬佩的是班主任杨怀志老师，他对我们既严格要求，又对我们像慈父般地爱护，使我们感受到了大家庭的温暖。”像这样的班主任比比皆是。老师们有时也有些小矛盾，不是争名争利，而是争晚自习时间上堂给学生辅导。

我时常被老师们呕心沥血的工作精神深深感动，唯一能做的就是尽己所能关心老师们，爱护老师们，当好老师们的后盾和后勤部长。很多老师都有职业病咽喉炎，有时我会泡好胖大海茶，等老师们下课时送给他们饮用。

老师们感到自豪的是社会大众投向他们的那束尊崇的目光，是三年辛勤劳作后学生高考的硕果。桐中老师人人都“学高”“身正”。他们给予学生的不仅有知识，还有一种做人的哲理，一种进取的精神，一种学习和研究的方法，一种科学的思路，使学生们受益终身。

在我任职桐中副校长八年（1977—1984 年）中，桐中老师教出了百余位博士、一名安徽省理科状元（1984 届许金明）和四名院士（彭寿、程和平、方复全和吴曼青），是继史耀民校长之后，桐中在杨仲林校长和方尔文校长的领导下，师生奋发努力而形成的又一座高峰。当时全省只有合肥一中和马鞍山二中能与桐中相较量。老师们真像小溪流水，一路润泽众生；没有惊涛骇浪，只有涓涓细流。桐中的老师们呵，我为能和你们共事八载而感到骄傲！

我爱桐中的老师们！

（作者系 1977—1984 年桐城中学副校长）

史耀民与桐中的十年

胡志强

桐城中学这所历史名校，在中国特色社会主义新时代，迎来了她的一百二十周年华诞。在校师生和各界校友无不为之振奋和追思。

追思最多的两位历史人物，一位是桐中缔造者吴汝纶先生，一位是为桐中创造辉煌的史耀民同志。吴先生创始功业，早已光耀史册；史耀民十年艰苦办学，每当校庆，总是引发校友和知情者不尽的情怀。

史耀民（1926—1996 年），山西襄垣县人，出身贫寒。曾在山西八路军抗日根据地任武装工作队队长、战地兵工厂厂长、连长。解放战争中随大军南下留在安徽做地方工作，先后在阜阳、安庆两个团地委任城市工作部部长。1955—1956 年在北京教育学院学习一年。1956 年 9 月 5 日由安庆专署调派到桐城中学任校长。至 1966 年 6 月 10 日，在桐中全校“文革”动员大会上，桐城县委宣布撤销他党内外一切职务。

史耀民在桐中的十年可以这样回望。

这是应对极“左”路线冲击教学的十年

学校应该以教学为中心。然而，当时极“左”路线对教学的冲击是不可抗拒的。只能在冲击波的夹缝中采取措施，顺势而为，谨慎而行，力求尽量弥补教学损失。

一是把好政治定向。在反右、肃反中，史耀民都是本着教育从严，对政治上“有问题”的教职员，尽量争取保住他们的公职，留校观察使用。他说，他的内心深处总想着，政治风云激荡，但不可轻率用权；在可推可拉中力求留住教学骨干。

二是抓好教学定力。其一，坚持完成教学任务。那些年组织学生参加校内外各种劳动、政治活动，不可避免地挤占了大量教学时间，但是每学期、每学年的教学计划都完成了，还保证了教学质量。其二，坚持教师在教学中的主导地位。教师授课尽量做到“精讲、多练、勤辅导”。常有教师出一些趣味题贴在课堂内外，如“游乐思考题”“中秋赏月题”“古典猜想题”“基础知识题”。这虽是补救缺课过多的无奈之举，但学生乐在其中、学在其中，校园里充满了浓厚的学习氛围。

这是内扩校园、外垦劳动基地的十年

为了扩大学校规模，史耀民报请县委、县政府同意，经过划拨、收买，十年间学校园区面积扩大到一倍以上。东边从老教学楼、老厨房扩大到现在的科学馆至左公祠。北边从和平堂扩展至观野崖（吊吕台）整体山包。这片山丘上下，现在是标准的体育场、篮球场、教学楼和女生宿舍楼。西边从老初中部、老图书馆（二野渡江司令部）扩展到净土莲社至余家湾，包括现在的市政协宿舍大院的东南角。南边从半月池、半山阁、渡江纪念馆，扩大到原县城公园的全部、现在学校大门前的小广场和十字路口。

史耀民以县委成员的身份向县委汇报，要贯彻“教育必须为无产阶级政治服务，必须同生产劳动相结合”的方针和“五·七”指示，县委、县政府支持解决了学农基地。十年中，学校先后拥有多片学农基地。一是师生垦种了吊吕台山顶、山脚及周边的一片山地，当时称“万瓜山”。二是开垦龙眠河东岸、长生村的一片河沙滩，上至境主庙水库坝下，下至紫来桥东头桥边。三是开垦龙眠河西岸一条带状斜坡滩地，上到毛河出水口，下起老城墙北拱门外。四是在安合公路桐城桥南头西岸，垦种了一片滩地，该地后来让给了桐城初中。五是在吊吕台北山脚至仙姑井，兴种一片撂荒的水稻田，现在是桐中高楼林立的宿舍大院。六是在南演钱庄开垦了一片山地，后来还给了生产队。

十年间垦种的田地总面积时有增减，但常数在百亩上下。十年间师生员工总数时有进出，但也有个常数在千人左右。以千人百亩计，平均每人得一分亩，约合 67 平方米。这就解决了两大问题：一是提供了发展劳育的硬件，二是让学生吃饱肚子好读书。

这是战胜灾荒、补充供给、确保正常教学的十年

灾荒是从 1959 年下半年开始的。战胜灾荒的外部条件，是拥有千人百亩的田和地。

面对这样的局面，学校领导一是做了大量的政治思想工作，二是拿出实际措施解决危机。

根本的措施是，充分利用学农基地，抢种速生蔬菜、越冬蔬菜，当年寒假就能陆续采摘食用。1960 年以后，千人大小食堂逐渐做到蔬菜自给。在“低标准、瓜菜代”的年代，一直保证学生每人每天不少于一斤蔬菜，包括瓜果、山芋、萝卜、豆类等。在瓜菜丰收的季节，有的班级向食堂交菜排不上队，就拖到街上去卖。卖的钱，一

是评补给困难同学交伙食费，二是用于班集体开支。

国家除了大米供应不足外，食油供应也很少。我们同样在学农基地上得到了补充。学生把自种的油菜籽、棉花籽、葵花籽，甚至蓖麻籽，送到县油厂兑换食用油交到大食堂。不仅素油，荤油也有补充。学校饲养场有猪、羊、兔、鸡、鸭等，生猪存栏数最多时达到150多头，包括肥猪、泼猪、母猪、仔猪。节日加餐，自宰自食。那个年代食糖也紧缺，因此，饲养场养有好多笼蜜蜂，所取的蜂蜜用于师生病号的补养。当年的饲养场院落，现在建了女生宿舍。

自己动手，补充供给，战胜灾荒，确保教学。十年中，没有一个学生因饥饿，因缺乏维生素、脂肪、蛋白质，导致精力不支、跟不上学习进度，更没有一个学生因交不起书、学、杂、膳等费而被迫辍学。

这是培育与集聚人才、壮大教师队伍的十年

“良师出高徒。”“强将手下无弱兵。”这两条谚语和古训，反映了凡是取得事业成就，既离不开客观条件，也必须发挥主观能动性。史耀民在与同事们闲聊中，常常论及这个观点。

1964年，桐中教职员工计有108人。在学校元旦文艺晚会上，一句戏剧台词傲称：“我们一百单八将，个个都能胜似梁山好汉！”十年中，史耀民是怎样带出桐中这批“好汉”的呢？

第一，坚持执行党的知识分子政策。党对有旧思想的知识分子的政策是“团结、教育、改造”，即从团结的愿望出发，经过教育、改造，使他们站到人民的立场上来，全心全意为人民服务。史耀民认为，既然是从团结的愿望出发，在教育、改造的过程中，还应当有人性化的感化。

第二，用心提高教师的政治、业务水平。其一，抓好各教研组政治、业务学习。教师学习都有阶段、单元测试，或开学习心得交流会、总结会，把教研组变成培训班、进修班。其二，注重教师的教学效果。一看课堂教学表现，二看听课、观摩教学评讲，三看学生作业和考试成绩。其三，特别重视邻校、外校、上级来校观摩教学的评论。其中，省教育厅编审室、地区教研室派员参加的听课、观摩教学的评价，是用以激励教师的重要机遇。其四，选派青年教师去师范院校、省教育学院进修，再返校工作。

第三，运用激励机制，奖优汰劣。其一，评选推荐有突出成绩的教师当县、地、省乃至全国人大代表，或各级政协委员、政协副主席，或各级先进教育工作者、学科优秀教师、优秀班主任、特级教师。其二，选用从事教育工作时间长的、有一定声望的中老年教师，当校务委员会委员。其三，选用党员、建党对象、有很好组织能力的青年教师当班主任、年级主任。其四，对发奋图强、有教学实绩的青年教师，安排他们从低年级教到高年级，以至作为把关教师。其五，选用有业务专长的教师当教研组长。其六，充分发挥党组织的领导作用，发挥共青团、教育工会的纽带作用，过好各自组织生活。通过组织，开展阶段性的工作经验交流和作风检查，优者必褒，庸者必促，劣者必批。对于极少数业务水平不高，或有行为不端的人，则报请调出。

第四，从多方面搜罗人才，不断充实教师队伍。历年引进的人才，通过几个渠道：其一，向省厅要求分配学业成绩优秀的毕业生；其二，接纳大学下放的优秀教师；其三，接受优秀的转业军人；其四，特收社会无业人才；其五，引进其他单位编余人才；其六，选拔本校的优秀毕业生。

第五，切实解决教师生活中一些实际问题。其一，通过党、团、工会组织牵线搭桥，帮助大龄单身教师物色对象，成家立业。其二，帮助夫妻分居两地的职工，调另一方来桐城团圆。其三，帮助有孩子、有家室的职工，调剂好学校紧张的住房。其四，对一些年老体弱的职工，特别是生病住院治疗的职工，包括学生，除了争取政府供给部门给予照顾外，学校还在物质上加以关照。其五，对生活困难的职工，动用工会福利费、勤工俭学的收益提留，给予一定帮助。

在那个物资匮乏、艰苦奋斗的年代，史耀民竭尽全力，带出了桐城中学一支勤学善教、安身立命的教师队伍。有了这样的教师队伍，桐中才能出高徒，出全面发展的学生。

这是践行德智体美劳五育全面发展的十年

第一，德育。五育并举，德育为先。德育是统率各育的教育。不能发挥德育的统率作用，其他各育即使有成就也是废品。学校抓德育教育，着重在三个方面培育。

一是让学生掌握哲学的理论基础知识，学习最基本的唯物论和辩证法，用来解读人文科学、自然科学、社会科学的问题。从哲学的基础知识出发，培养学生树立正确的世界观、人生观、价值观。

二是指导学生注重时政学习，了解国内国际重要新闻。知道国家社会主义建设的成就，关注国际科学的发展步伐和“三个世界”的斗争风云。学生的口号是“胸怀祖国，放眼世界”。

三是注重学生言行品质、道德修养的教育。“学雷锋、见行动”；学张思德，做高尚的人；学黄继光、邱少云；学彪炳史册的革命烈士，讲铁血壮丽的革命故事；等等。

因受到浓厚的德育氛围熏陶，每学年全校评选的优秀共青团员、三好学生、单项标兵和积极分子，都占学生人数一半以上。国家选飞行员、征召特种兵时，学生们都踊跃报名，人人争先恐后地站出来效力祖国。

十年中，未有学生严重违纪违法。

十年毕业生中，经过高校深造走向社会，成为各界精英或忠诚的工作者、有建树者不胜枚举；违法贪腐、危害国家者，未闻其人。

第二，智育。学习科学文化知识是培养智育的基本内容，也是以教学为中心的主体。史耀民有如下办学理念。

一是教学质量在高中阶段要看高考。1957 年，安徽省高考成绩居全国前列。据教育厅查档统计，桐城中学居全省第二。此后，桐中高考升学率都名列全省前几名。1962 年，桐中高考成绩达到“双八”，即高考各科总平均成绩在 80 分以上，高考录取率占参考人数的 80% 以上。这个成绩在全国排名仅次于福州高中。至 1965 年，桐中高考成绩都在“双八”左右。

二是不怕批判“片面追求升学率”。关于高考升学率，史耀民持如下观点。其一，升学率高不等于是“片面追求”得来的，全面发展也能出高升学率。其二，高考制度和内容是指挥棒，高考激励机制是鼓风机。其三，科学文化基础知识，即使不计入升学率，也是高中阶段的重点之重点。不论是否升入高校，也不论未来从事哪一行业，高中不打好科学文化知识基础，难以取得成就。其四，其他任何一育，都不能挤压智育，都不能改变以科学文化为中心。各育都是相互联系、相互渗透的，不能分割，但要突出中心。其五，全面发展不等于平均发展。各育都要因材施教，都要依据学生个性特点，当好他们未来学习和从事专业的前导。

三是重视追逐前沿科学知识。史耀民认为，前沿科学更能激发师生热情，催促教学改进。当中国第一颗原子弹、氢弹爆炸成功的时候，当美国、苏联卫星上天的时候，当人类第一次登月的时候，他都及时组织数理化教师开讲座、做学术报告，普及核裂变、聚变知识，普及第一宇宙速度、第二宇宙速度、地球引力、月球引力、万有引力等方面的知识，以及激光知识、红外线知识、华罗庚运筹学知识等。他还组织生化教师从粗糠里提取乙醛物质试验，组织果木、蔬菜、生猪等动植物基因遗传实验。这些知识大都是当时课本里没有的，有的是没有纳入实验课时的。

第三，体育。体育是德智美劳的载体。学生如果没有很好的体质，其他各育都无从谈起。桐中校长、教导主任非常重视体育课教学。

一是配备体育教师。向省厅要求选派高校体育系科班出身的优秀毕业生；从其他单位引进有某项体育专长（如球类）的人才来当体育教师；在本校毕业生中选拔有体育教学能力的任体育教师。

二是教导处抓好体育课的教学。体育课教师必须同样写好备课笔记，田径、球类等还要在备课笔记上画好动作姿势连环图。学校即使经费再困难,也要添置好必需的体育器材和设施。狂风雨雪不漏体育课的教学,有体育大课室,也可利用饭厅、大礼堂。体育课内容,根据学生的爱好、特长和身体特点进行。

三是开好全校运动会。项目有田径、球类、攀爬、登高、长跑等。全体师生参加,多是每学年一次。

四是组织专项体育运动。例如,1959 年学习苏联“劳卫制”,开展“百日锻炼、千分运动”。“千分”是按锻炼项目达标记分。学生分班级出队,教工合组编队,长途慢跑。一般跑出校外,沿安合路跑到城北快活岭折回,定程限时记分。每人满 1 000 分为达标。1965 年响应毛主席号召,“发展体育运动,增强人民体质”,到大风大浪中锻炼,到大江大河里游泳。学校先在校内特建一个游泳池,进行游泳技能技巧培训。再由体育教师与班主任带队,到附近水塘、龙眠河、境主庙水库去游泳。分班分组轮次,以熟带生,确保安全。

五是受到领导的鼓励。国家体委时任副主任李达将军(原二野副司令员兼参谋长)来安徽视察体育工作时,听说桐城中学体育运动发展得还不错,便欣然来校视察。校长向他汇报后还陪同他参观游泳池等体育设施。

第四,美育。美渗透在德智体劳中,是美化各育的灵魂。它反映在人类的言行举止、形态与灵魂之中,表现在美化人类的主观世界与客观世界。当年普通中学未开美学专业课,只是结合各科教学培养学生的审美观念。

一是把美育渗透到各科教学和活动之中。语文中的修辞学就是运用汉语优美的文字遣词造句、布局谋篇,取其优者就是彰显文章的美。教师用准确、鲜明、生动的语言讲课,学生也仿效其答问、作文、演讲,这就是师生共同运用语言的美。数理化生中的公式、定理、定律、分子、细胞等，学生熟练地掌握运用，这就是善于解析、理解自然科学的美。集会、体育、劳动中遵时守纪、排列有序，这就是集体主义精神的美。此外，在人际交往中，要做到对人彬彬有礼、和颜悦色，这就是教育学生讲文明礼貌的美。

二是开展各种评比竞赛活动，把一切美好的东西筛选出来。组织平行班评选优秀团支部、班集体，办作业展览、参观黑板报及文体节目等评比活动。

三是美化校园、欣赏校园、享受校园。各班级都要绿化、美化自己的清洁区、教室、寝室周边的院落及学校公园。大家尤其钟爱校内公园。不少学生往往钻进柳岸花丛、亭阁廊榭中诵读、思题、看书，欣赏丰碑上刻的六朝人文句“高峰入云，清流见底；杂花生树，群莺乱飞”，常思“后乐亭”的命名深意，学习古圣先贤“先天下之忧而忧，后天下之乐而乐”的大美情怀。人们流连校园，总有“乐游原上无限好”的感觉。曾有见诸报端的俚句：“小桥流水半山阁，碧树层林袅紫藤；亭榭回廊通径曲，花香鸟语读书声。”这是环境美与心灵美的交融，达到主客观高度统一之美。

第五，劳育。劳动教育意义重大，也是桐中践行五育的强项之一。

一是经常性的劳动。学生平均拥有 67 平方米的劳动基地，做到常年蔬菜、瓜果及荤素自给，不仅解决了灾荒年代确保正常教学的大问题，也是奠定培养勤工俭学素质的根基。

二是突击性的劳动。在大办农业、大修水利、大办钢铁的日子里，学生充当突击队、先锋队，轮班到境主庙挑土抬石、兴修水库。每年春季上山造林，绿化祖国。一遇抗洪抗旱，学生近到本县农场、周边公社，远到怀宁皖河青年农场，抗灾保苗，抢收抢种。一方有难，八方支援，全局一盘棋的种子从此播种。

这是备受上级鼓励、提高学校规格的十年

十年艰苦，十年辉煌，备受上级鼓励的历史，在师生中，尤其在亲身经历的老校友中，留下了不可磨灭的记忆。

1957 年高考后，安徽省委宣传部和教育厅负责同志在校长会上，传达省委、省政府和曾圣希书记对桐中的点名表扬。

1956 年、1957 年、1958 年连续三年，本校初高中毕业班向省委、省政府、团中央写信表决心，坚决响应党的号召，积极参军参干，不能升学就愉快地回乡生产。曾书记把学生的决心书加上鼓励批语发表在《安徽日报》上，团中央书记、部长特地来校作表扬鼓励报告。

1958 年，因桐中炼出了桐城第一炉钢，省长黄岩非常高兴，特地来校察看、表扬，并解衣卷袖，搭泥入模，亲自示范，指导师生做好炼铁炼钢的坩埚。之后，《安徽日报》登了一篇文章《党的教育方针在桐城中学大放异彩》。

1958 年 9 月，老校友、中国驻印度尼西亚大使黄镇将军，离任还乡探亲，回到母校参观访问，给师生作了热情洋溢的报告，称赞母校日新月异，讲了他在印尼执行党的亲邻、友邻、惠邻的外交政策，团结东南亚人民，打破美帝国主义对中国的经济封锁。他鼓励学生好好学习，准备当好革命和建设的接班人。

1958 年冬，安徽省教育厅在桐中举办数学现场会。全省高中、完中各派三名数学教师代表，由校长带队参加大会。慈昌淦老师作了有关数学教学经验的主题报告。一时间，来自全省的小面包、大客车鱼贯而入，轰动了全城广大干群。

1959 年，为庆祝学校解放十周年，多种报刊上发表了桐中相关文章。《悠久的历史　光辉的十年——桐城中学在阔步前进》登

在桐城县委的《桐城工作》上，《坚持政治挂帅　坚持不断革命　扎扎实实提高教育质量》发表在《安徽教育》上，《桐城中学十年巨变》发表在《安徽日报》上，还有反映学校某个侧面或单科的文章发表在其他报刊上。

1960年春，安徽省委、省政府在合肥召开全省中小学先进单位“大跃进”大会，号称“万人大会”。桐中校领导和教师代表十多人参加，获省委、省政府颁发的一面奖旗。

1960年夏，史校长赴北京参加全国文教群英会，荣获周恩来总理签署的“奖给先进单位桐城中学”的精制牌匾和一面奖旗。

1960年，安庆专署组织桐城中学、贵池中学、太湖中学三校在安庆集中复习迎考，桐城中学初中毕业班和天城初中、桐城初中三校在桐中集中复习迎考。桐中高考、中考成绩都居全省、全地区前列。当年冬，省教育厅在桐中召开全省高中校长现场会，史校长作“坚持政治挂帅、坚决执行党的知识分子政策、充分调动教师积极性”的经验主旨报告，文科、理科教研组分别作“精讲、多练、勤辅导”和“理线穿点、知识归类、调查研究、摸底排队”等发言。

1962年秋，为庆祝桐中建校60周年，各地校友纷纷来信、来电、寄物祝贺。外交部时任副部长、老校友黄镇寄来一套四卷大字精装本《毛泽东选集》，一本由他自己在长征途中写生的《长征画册》，一封用外交部信笺打印、亲自签名的给母校的贺信。

1962年秋，周恩来总理和陈毅副总理在广州召开全国高级知识分子座谈会，贯彻、落实党的知识分子政策。会后至1963年，史耀民多次出席安徽省厅、省委宣传部、统战部召开的贯彻党的知识分子政策的汇报会、座谈会、交流会，汇报、介绍贯彻执行党的知识分子政策的情况和经验。这个汇报稿登在省、地、县党的内刊上，还整理成《当好教师的贴心人》一文，发表在《安徽日报》上。

1958 年，桐城中学被安徽省政府升格为安徽省首批七所省属中学之一。从此，人事、经费都归安徽省教育厅直管。这一规格延至“文革”后期。

60 余年过去，母校往事并非依稀。

人类历史大概都有这样的偏爱，对于一项壮丽事业、高尚事业的创始者、开拓者，总是要把他的名字久久地留驻人间。史耀民在桐城中学的十年，创造了辉煌，他的名字自然不能忘却。

桐城中学，“双甲”已届临；百尺竿头，正未有穷期。

（作者系 1957—1969 年桐城中学教师）

校园钟声

金诚睿

人之不同,有如其面。每个人的爱好,是千差万别的。白乐天爱听浔阳江头的琵琶,苏东坡欣赏月夜赤壁的洞箫,祖逖闻鸡起舞,曹操对酒当歌,陶渊明采菊东篱下,李清照风雨问海棠,而我却眷恋桐城中学校园的钟声。

20 世纪 60 年代初,我踏着悠扬的钟声步入桐中校园。在这庄严嘹亮的钟声里,朝朝暮暮,萦回耳际,终成生活的乐章。她扎扎实实,勤奋不息;她兢兢业业,一丝不苟。震落了黎明的晨星,与朝霞齐飞,迎来琅琅书声;撕开了黑夜的帷幕,让明亮的膏火,把莘莘学子引向睿智之门。像甘露,滋润茁壮的幼苗;像春风,催开满园桃李。

桐中第七届毕业生、著名美学家朱光潜先生赠给母校 80 年校庆的匾额为“人才的摇篮”。而这桐中校园的钟声,就是最美妙动听的摇篮曲了。

这钟声,有她自己的色彩。

1902 年,吴汝纶——这位桐城派后起之秀,以京师大学堂总教习的身份,赴日本考察教育。是年秋归国,创办了桐城学堂。先设立于安庆,1904 年迁回桐城。其时,这口铜钟,就已高悬于校园的钟楼之上。1930 年前后,桐中校徽上就绘有铜钟的图案,由图画教员刘健农设计,足见铜钟在桐中师生心目中的地位。曾有人以钟为题撰楹联云："桐中敲铜钟，童男童女同上学。"这是上联，迄今无人属对，堪称一绝。这 12 个字描绘的画卷，何等鲜活、绚丽、温馨，石破天惊，光彩照人。

建校伊始，吴汝纶先生亲手写下一则校训"勉成国器"。牌匾至今仍悬立校园，以昭后学。这一声呐喊，赤诚而清亮，色彩鲜明，光辉照人。此后，桐城中学桃李满园、人才辈出，诸如房秩五、章伯钧、光明甫、李则纲、孙闻园、黄镇、舒芜等教育家、政治家、军事家、外交家及学者文人，比比皆是，形成一道道璀璨的风景线。校园钟声，响彻海内外。

1959 年，桐城中学被列为安徽省重点中学。校长史耀民领导有方，广揽人才，尊师重教。桐中声名鹊起，誉满江淮。1960 年夏，他代表学校出席了全国文教群英会，荣获国务院颁发的"先进单位"一面红旗。这鲜艳夺目的红旗，为桐中铜钟增辉添彩。

我在桐中任教时，曾发现语文教研室西头院子里有一株梧桐树(俗名"青里皮")，刻有"毋忘国耻"四个字。这是桐中老校友、上海师范大学教授马茂元先生抗战时期所作，强烈地表达了在钟声中成长的学子们的爱国情怀，充满了时代色彩。据说，当年梧桐树只有笔筒粗细，后来挺拔高大，树围可抱。树大字亦大，刻痕如疤，斑驳可辨。

20 多年前，我重访校园，梧桐树居然不见了。经询问，学校建办公楼时，工匠不经意间锯掉了梧桐树，连树干也不存。我哑然无语，就连附近钟楼上的铜钟，也默然无声！

这样一个活生生的爱国主义教育基地，也是无比珍贵的文物，竟毁于无知工匠之手，岂不冤哉？唯一补救的办法是，再植一棵青梧桐，仿马茂元先生手迹，刻上"毋忘国耻"。"六尺巷"尚可复古，梧桐树也可华丽再现校园，当局诸公以为然否？

这钟声，有她自己的魅力。

提起桐中之钟，不能忘记教导处工友金雨。他个头不高，为人质朴。他身负两手绝活。一是油印。当年印刷技术不发达，学校大量辅导教材全是铁笔钢板刻写油印。一般人使用油印机，至多能印几十份，印多了，油纸破损，油墨渗漏。金雨精于此道，一印可达一两百份，字迹清整。二是打钟。铜钟在高高的钟楼上，20多米长的绳索系于钟舌，延至地面。牵引起来，很难使劲。我尝试过，钟虽可以敲响，但绵软乏力，更敲不出铿锵节奏来。但金雨敲钟，游刃有余，神乎其技。像大师弹琴，高山流水；又像高手发报，永不消逝的电波。

每逢开学，金雨是个大忙人。他要给全校科室、班级油印《作息时间表》。校外邻近的居民，也纷纷登门，向他索取这份时间表。那个年代，经济不发达，人们生活拮据，有钟表的人家，百不见一二。而桐中校园钟声洪亮，可覆盖半个县城。天气晴好又顺风时，钟声东可达乌石岗，南可及崔家坟。特别是北大街、北后街、净土莲社、黄忠园一带，仅一墙之隔，更是穿牖入户，飞入寻常百姓家。家有一张时间表，就能准确掌握时间，从容作息了。我妻子娘家住北后街，每逢这个时节，总要找这位宗家要一叠时间表，分赠给左邻右舍。

桐城县志载，“投子晓钟”为“桐城八景”之一。“投子晓钟”早已绝迹，桐中之钟却为桐城派薪火相传，开播科学民主思想之先声，不同凡响；还有亲和、公益之社会实效，校园周遭居民奉为圭臬。如若新编本县史志，在“桐城八景”中，“投子晓钟”应当让位于“桐中钟声”才是。

这钟声，有她自己的性格。

“痛定恒思痛，坎坷识浅深。”“文革”期间，宁静优美的桐中校园，变成劳改营和武斗场，黄钟毁弃，瓦釜雷鸣。学校近十万册图书毁于一旦。全校 68 名教师，有 55 人被赶出校园。

悬在钟楼上的铜钟，也难逃厄运。一伙“红卫兵”将其掳出校园，企图变卖。废品站以钟没有破烂为由，拒绝收购。于是，“红卫兵”将钟抬回学校，打算砸烂卖碎铜，谁知八磅大铁锤也没奈它何。所幸被一位教师发现，学校及时赎回，奇迹般地保护了下来。

元曲大家关汉卿曾写：“我是个蒸不烂、煮不熟、捶不扁、炒不爆、响当当一粒铜豌豆。”（《不伏老·黄钟尾》）借用到这口铜钟身上，再贴切不过了。她的坚韧，她的顽强，她的不屈不挠，正是塞乎天地之间的至大至刚的浩然正气啊！

这钟声，记录着尘世的沧桑，昭告着文明的演进，见证着民生的冷暖，哺育着人才的成长。

回眸一笑，半个多世纪过去了，我已年近九旬，垂垂老矣。不问处居僻壤，满眼雾霾；也不论回归市井，春暖花开。年年岁岁，寒去暑来，偶有闲暇，常听到那悠扬激越的校园钟声：在记忆里，在酣梦中！

（作者系 1961—1969 年桐城中学教师）

一本应时之书

何振亚

教坛惊喜

1977年,全国恢复高考。翌年,桐城中学恢复为安徽省重点中学,我被调入桐中,担任毕业班和高考补习班语文老师。针对当时文言文教学薄弱的情况,根据文言文教学的要求,我编写了《中学文言文辅导与练习》这本应急教学之书,此书对毕业班和补习班复习文言文效果显著。

此书本是作为复习资料,内部交流。而后应一些毕业班、补习班的急切要求,由印刷厂承印出书,按订单邮购寄书。订单成批邮来,好多学校均是全校毕业班师生人手一册。一批批书寄出后,订单越来越多,订购者来自安徽、江苏、江西、浙江、福建、广东、广西、山东、河南、河北、辽宁、湖南、湖北、四川、甘肃、宁夏、云南等20多个省份,他们争先恐后邮购此书。由此促发了全国学习和复习文言文的空前盛况,是教坛盛世之惊喜。

集锦成书

话得从头说起。

先父,黉学儒士,好古文。吾自幼从父学古文,词句解释,短文翻译，朗读背诵，对学习文言文产生了兴趣。继而，入学拜文都西乡石老先生为师，专攻文言文，学习掌握文言文入门常识，如词类、句型、文体结构等基础知识；文言文翻译遵循规律与技能技巧；提高文言文分析能力与水平；练习写作文言文基本功；熟读唐宋八大家经典名篇。

参加教育工作后，幸在桐城文教局任语文教研员，有良机搜集文言文教学资料，深入研究如何提高文言文教学质量。

进入桐城中学任教后，利用暑假，集中精力，将多年汇集的资料，分门别类，吸取精华，集锦成书。

遵循教学大纲精神和文言文教学要求，我按照当时全国通用的语文教材中的文言文篇目，选取原文。每篇文后，逐篇以题目解释、作者简介、词语注释、全文翻译、内容概述、点明主题、划分段落、写作特点、参考习题等项为体例编写。这基本包括了教学文言文全过程，提供了教学文言文的途径、步骤与方法，有利于教师备课和教课，启发和辅导学生逐篇学习与复习，也有益于指导学生自学，对于提高文言文教学质量和学生自学能力颇有成效。因此，这本书获得好评，有称赞曰：此乃教学文言文的金钥匙。

是时急需

“文革”后，一批青年教师登上教坛，教学热情高，但文言文知识贫乏，文言文基本功欠佳，教材吃不透，教课力不从心。这本书成为一些教师的自学之书、备课参考书、教学指导书、课堂教学用书等。

全国恢复高考后，高考、中考语文试卷中明显增加了文言文比例，提高了试题分值。这本书成为适应高考、中考的急需用书。

是时之急需，乃此书问世！

这本应时书，成为桐城中学一段历史性佳话。

祝愿桐城中学迎着新时代春风，扬帆奋进，谱写新篇章。

（作者系1977—1985年桐城中学教师）

几代桐中缘

方汝文

桐城中学120周年校庆到来之际，我情不自禁忆起我家几代人与桐中的缘分，有在桐中任教的，更多是到桐中求学的。

任教的前辈

1942年，时任桐中校长史化成赴安徽省教育厅工作，桐中则由我祖母的四弟——教导主任吴一清代理校务，接任校长，除繁忙教务工作外兼教英文课。祖母的小弟吴智新在桐中教高中物理直到退休。方不圆老师曾在桐中教高中几何，他是吴一清先生的学生，方家本家，我喊他二伯伯。

在桐中求学的家人

新中国成立前，我祖父与内弟在桐中求学。我家兄弟姐妹五人，除我外，其他四人都在桐中念过书。姐姐在桐中读了三年初中，后转学到湖南湘西保靖中学(20世纪50年代我父亲在该校教书)念高中。1957年，哥哥从枞阳浮山中学初中毕业。当年980名学生报考桐中高中，录取220人，哥哥在其中。1960年，大妹从湖南转学到桐中读高中。小妹初中、高中均在桐中读书。她先生李东云老师曾在桐中教高中数学，一口标准普通话，多才多艺，是高级教师。

1957 年，我先生考入桐中高中。录取学生张榜公布时，看到榜上有名，别提他有多激动。

1958 年，他代表安庆地区参加全省中学生运动会。他因篮球打得好，又会游泳，被省体委选进省水球队。然而，打水球条件高，因一直招不齐队员而面临解散。桐中史耀民校长得知这一消息，当年暑假专程到省队找到他，一再劝说他回校读书，并同意跟原班上课。史校长在桐中建校篮球队，让他当队长。篮球队要同县各机关单位球队打联赛，他因此缺了近一年课，上了农医班。

1959 年 7 月，我先生参加高考，考点在安庆卫校。十多位和他一样的贫寒学子，顶着烈日，步行一百多里赶到安庆。第二天下午考试结束，他们又一道往回赶，一个个汗流浃背。走到新安渡，一位拖拉机司机认出会打篮球的他，停车主动招呼："小鬼，快上车！"和他一路同行的六位同学呼啦一下爬上车。善良的大叔一直将他们带到城关。

在桐中求学的子女

我的三个儿女均在桐中上学。

20 世纪 70 年代早中期"读书无用"的谬论害了那一代学生，他们懒于读书，荒废学业。1977 年全国恢复高考，已读初三的大儿子才如梦初醒，赶紧埋头苦读，进入高中后，更是自觉刻苦学习。1979 年，他以优异的成绩考入同济大学。

在桐中初中读书三年的女儿因 1.5 分之差无缘上桐中高中，见她流泪，我也难过了好几天。

小儿子考上桐中初中时才十岁，年少无知，玩性大，没少让班主任姚伟章老师操心。初中、高中六年都是姚老师当他的班主任并教数学。是姚老师循循教导、严格要求，将时年16岁的他送进南京大学。

小妹的小儿子李方兴比我的小儿子大一岁，两兄弟从小形影不离。小学、初中都同班，高中同级不同班。哥哥从小学习努力，成绩一直名列前茅，考入东南大学。

无缘进桐中读书，有缘进桐中教书

“文化大革命”结束后，在“接受贫下中农再教育”的政策的号召下，1969年城关中小学教师纷纷被派往农村各地去教书。因夫家在南演乡，我便到城郊小学任教一学期，1970年年初被调到石河高中教初中语文。当年高传明、王铎、李素萍、吴昭闰等十多位桐中高中教师到石河高中任教，1975年又全部回桐中任教。而我回到南演中学，仍教初中语文。1976年，我被调到桐中，教初一两个班的语文。

当年初中、高中教师同在一个教研组。语文组组长是高传明老师，组里有赵伯和、徐文克、杨怀志、吴德文、吴昭闰、陈彩霞、黄晋硕等老师。高老师除教高中语文，还承担学校办文学刊物的任务，鼓励爱好写作的学生积极投稿。至今我还记得我的一位学生写了一篇《我的老师》刊登在校刊上。此文是对我认真教学的认可，并生动记叙一次我带病坚持上课却晕倒在讲台的事例，表达尊师之情。

记得当年我身体欠佳，但过得充实、快乐。一下课，老师们陆续回到教研组，说说笑笑好不热闹。徐老师说话幽默，爱开玩笑；

黄老师外地人，大嗓门；吴老师（女）不爱说话，突然冒一句，让人惊叹不已……上课铃一响，老师们夹着课本快步去教室。没课的老师顿时安静下来，认真备课或批改作业。一提到改作业，我就记起杨怀志老师的帮助。当我抱着一大摞作文本放到办公桌上，杨老师关心地说："小方，你身体不好，一百多本作文改到何时？我帮你改些。"我摇头，杨老师却不容分说，拿上十多本就埋头改起来……

我自知书读得少，知识面窄。组里好几位老师是大学中文系毕业，他们就是我的老师。我只要在备课中遇到疑难问题，就虚心求教。他们总是马上放下手头工作，轻声、耐心解释给我听，直到我弄懂。

1978年，我被调到桐城实验小学任教。感谢当年语文组老师对我的指教和帮助，使我在中高年级语文教学及学校教学管理工作中都较出色地完成了任务。

岁月沧桑，光阴荏苒。转眼几十年过去了，我在桐中共事的老师们爱岗敬业、无私奉献，他们乐育英才的精神不但感染了我，也影响了一代又一代桐中学子。当年语文组里的老师们对我关爱有加，我一直铭记于心。组里好几位老师已离我而去，但他们的音容笑貌永远留在我的记忆里。

（作者系1976—1978年桐城中学教师）

一本好书

郭道成

我进入桐城中学工作后，在认真教好数学外，还喜欢读书报与杂志，从中略知一些朱光潜先生的信息，当得知他不仅是我校友，还是世界著名美学家之后，我尤其感到骄傲与自豪。

20世纪80年代初，朱光潜先生经常从北京给桐中寄来不少新出版的著作，我得知后，马上到图书馆借来《美学拾穗集》。翻开书读到“缘起”，才知他走出“牛棚”后，把“八十岁以后有关美学论文或札记选些出来，出一本选集……题之为《美学拾穗集》”。

针对当时文化荒废现象，在被糟蹋的美学园地里，他拾起了丢失的“麦穗”。他非常自信，认为“麦穗”里有美的种子，并且“不怕争鸣和交锋”。他特别提到这本书是“八十岁以后”的选集，言下之意有盖棺之前极为重要的美学观点与文章。

由此，这本书成为我读美学的引论，也是朱光潜先生引领后辈的我跨进了美学的门槛。初读起来有些晦涩难懂，但只要钻研下去，愈嚼愈有味，越读越想读。从此，我受到了美学的启蒙和影响，其中的美学精神一点一滴地融入我思维之中，并且指导我往后的生活和工作。美学打开了我生命中又一扇向着阳光的窗户，让我不仅接受美的洗礼，而且增添了一种绵延不绝的渴望，不断提高生命的质量。至今我仍时常翻阅与回顾，倍感书中观点有着坚韧的生命力。

首先，这本书教导我“美学实际上是一种认识论”。

什么是美？历来有激烈的争辩，有很大分歧。朱光潜先生认为，“有主观与客观统一的看法，美既离不开物（对象或客体），也离不开人（创造和欣赏的主体）……主客两方缺一不可”。这是终生研究的重要课题之一。为此，他说：“于是我又开始了我的新的美学行程。这三十年来我学的主要是马列主义。”

这本书不仅以很大篇幅选载马克思的《经济学-哲学手稿》（简称《手稿》）中的美学问题，而且附《手稿》新译片段，同时指以往翻译错误的地方，又说：“如果从这种人与自然及人本身各种功能辩证的统一观点来检查一下以往各派美学思想，就可以看出马克思主义对美学将会引起多么宏伟而深刻的一场革命。”还说“研究美学，首先研究马克思主义”。

经朱光潜先生详细的论证，马克思的“人的本质的对象化”与“主客观统一论”就是等价命题。我认为，这就是认识论的新体系。因此，“主客观统一论”既是美学定义，也是认识论的最重要原理。

这种美学的认识论促进了我的思想解放，提高了我的审美的思想境界和审美能力，即强化了社会主义国家的认识论的美学意识形态，这样在认识世界上就站得高、看得远、理解得透。作为班主任，又是数学老师，美学把我和学生与数学“联络起来”，处处能发现美，这些美的种子在我和学生心灵发芽与生长。例如，那些喜欢主动发言或提问题的学生，这肯动脑筋、思维活跃的形象就是人之美。尤其在数学里，从分数的约分、代数式化简、整理方程的标准式等变换，就是自然美中的简约美原则，如此化简后方便运算。这就是经人的主观努力把复杂对象（客观）化为统一，即“主客观统一”。又如，数学上对称又称“对等”，最初引出数轴时，就特别抓住数轴上原点两边对称点的关系必须是“绝对值相等”，之后引出平面图形对称时，如正方形、菱形、圆等，既有轴对称，又有中心对称，这就是自然美中的对称美原则，还是要紧紧抓住对称点之间数的关系(相等)。同样，解析几何中的抛物线、双曲线、椭圆等，也有对称美的特点，但要抓住对称点移动时(自变量)有函数值与其对应，由此写出函数式(变动方程)。对称美在各自不同的函数解析式中统一起来，也就是“主客观统一”的数学结构美。如此，从简单到复杂，逐步提高，形成一个整体的对称美数学思想，即数学上的结构美的本质。

我在以前的教学中，只是就事论事，根本没有提升到审美认识论层次来教育学生，只知多布置作业，重复劳动，使学生往往只知其然而不知其所以然。没有教给学生美学认识论的思维方法，未能激起学生学数学的兴趣，这也是少数学生畏惧数学的原因。

其次，这本书教导我美既是人的潜在动力，又是人追求的目标。

朱光潜先生在《我学美学的一点经验教训》一文中，特别谈到身体健康的重要性。他“总是劝他们要坚持锻炼身体”，尤其他被关在“牛棚”里时，“天天疲于扫厕所，听训，受批斗，写检讨和外访资料，弄得脑筋麻木到白痴状态。等到 1970 年‘第二次解放’后……我发现脑筋和身体一样，愈锻炼也就效率愈高”。从切身的审美体验到“从锻炼健康的身体中来锻炼出健康的精神，这是做一切工作所必须遵循的一条辩证唯物主义准则”。健美的身体才是做好一切工作的动力，有时人们看不见，尤其是教育工作者看不到这美的潜力而忽视它，曾有一阶段，“追求升学率”甚嚣尘上，不少学校去掉体育课，就是磨灭了人们追求美的动力，这是教育之大忌!

那时，我逆流而上，写作《没有体育的教育是“残疾教育”》一文，经有关记者推荐到《中国体育报》上发表(1989 年 3 月 17 日)，从而阻止了这种极端做法，恢复了体育课。美的观点强调人的整体性，我们的教育方针必须提倡德智体美劳全面发展，这五育之间既有联系，又有不能互为取代的特点。各学科中都有美的因素，并且以美为“联络线索”把教育方针连成一个整体。因此，必须以这个整体为对象，充分发挥各自的职能作用，只有使人全面发展才能达到整体美的境界。

我借此认识又撰写了《用美来塑造“现代人”》，发表在《教育科学》(辽宁省季刊，1987 年第 2 期)上。在文章最后，我着重写道：“美育至今未进入‘人才的摇篮’，九泉之下的美学大师还在呼吁：‘深信美学和其他科学一样，终有一天走上正轨，这是人心所向、历史大势所趋。’”美育就是要把美的种子融入青少年的神经系统中，发展人的形象思维和逻辑思维能力，丰富人的想象力，诱发人的潜在的审美智慧与审美能力。面向未来，社会在发展变化，科学与艺术也在不断创新与进步，在学校中，任何教育都无法教完学生终其一生所需要的各种知识与技能，但只要有审美的潜在动力与持之以恒的追求完美的奋斗目标，一切都可以经过攻坚克难去创造新知识、新方法。

再次，这本书强调美学既是人类文明的智慧结晶，又能培养人创新创造的能力。

朱光潜先生《对〈关于费尔巴哈的提纲〉译文的商榷》共有 11 条，把最后一条“问题在改变世界”改译为“前此哲学家们只是用不同的方式去解释世界，而关键却在于改革世界”。把“问题”改为“关键”，把“改变”改为“改革”，多么通俗与精准！他提倡美育也必然针对教育现状，“深感到劳逸结合的原则在各级学校，特别在小学里，没有受到足够的重视，课程排得满满的，家庭作业太繁太重，认为这不是培养人才而是摧残人才”。他提倡关心教育正是遵循“关键”在“改革”教育思想这一原则，至今仍有现实意义。

只有充分利用美学的有关原则才可以唤醒学生审美的能力，把学生从“太繁太重”的作业负担下解放出来，要“以美促教”“以美立人”，尤其要通过各种生动活泼的艺术活动促进学生形象思维的发展，培养学生有丰富的想象力，不仅开发脑力与智慧，而且激起学生学习的趣味，树立自信心。

如此，学生在探索新的问题时，往往在非逻辑的心理状态下，依想象力把人引入超时空的联想，即“想象却也能塑造出未见过的事物”。值得注意的，在脑中形成美的形象，就是创新萌芽。同时，在已知领域中受相关原理的启发去猜想其他未知事物的自然规律，并且经人的直觉、感悟与审美判断，通过形象思维的“联络线索”达到“以美启真”，最终结合逻辑抽象思维与推演，提出新的科学理论或假说之雏形，并且逐步修改完善以达到创新目标。我由此撰写了《架起美育与创新教育的桥梁》，参加了中国教育学会1999年在武汉召开的第十二次学术研究会，并在会上发言（论文原刊《安徽教育论坛》2000年第2期）。

我接受美学启蒙之后，始终遵循朱光潜先生的教导：“做学问光读不写不行。写就要读得认真一点，要把所读的在自己头脑整理一番、思考一番，就会懂得较透些，使作者的思想经过消化，变成自己的精神营养。”我坚持这样做，在教学之余写些论文，经常在省级以上报刊发表。2000年退休后，编著《以美来塑造“现代人”》（华龄出版社2002年出版），后来又编辑《美学浅识》（合肥工业大学出版社2013年出版），并且赠给桐中高一四个班学生，委托两位班主任辅导“读书实验”，要求读后自觉自愿写点感想给我。一年后，两位班主任不断传来学生读《美学浅识》的感想文章，经我修改后再放到“美学郭道成·新浪博客”上。2013年元月开始，我与周遵峰老师编著《美学下嫁》。上篇为《美学经典文化选》，选载“主客观统一”派美学家朱光潜、宗白华、蒋孔阳和郭因等文章22篇。下篇为《美学下嫁之感悟》，选载实验班学生与校友文章36篇，请原校长罗伟作序，交合肥工业大学出版社，于2013年出版。现选几位学生的读书体会，供读者参考。

高二(5)班吴冠雄在读了《美学浅识》后，分析祖国200年来科技落后的原因之一是“对艺术和自然科学的不重视，在由传统美学向科学美学发展的重要关头失掉了链子，遗恨千古”。高一(6)班张荃说：“中国古代的庄子曾说‘判天地之美，析万物之理’，即世间万物中，‘美’与‘理’有相关性，从而使美学成为科学的基础。”高二(5)班徐锐说：“只要你抛弃自私之心，就会有一双发现美的眼睛。作者就以他的这种独特的思维方式，表达了他的审美观点与审美能力。”又说：“美是重要的文化软实力，它是一种看不见的精神力量。随着教育改革的深入，美学价值应放在育人之首，即人的全面发展离不开美育。”高一(7)班杨芮说：“当人心沾染了世俗名利之后，其头脑因蒙蔽而变得愚蠢，就再难有这样曼妙动人的句子出现了。”1978届校友沧海一粟说：“把我领进美学领域的精神境界，让我深深懂得学习美学的重要性与必要性，并且认识到人生之美在心灵，由此拓宽了视野，开阔了眼界，丰富了人生趣味。”

我最感到快乐与欣慰的是，30多位学生读了《美学浅识》后，把美的种子撒在他们的心灵中，今后总会有人把这些“主客观统一”的美的故事接着讲下去！

（作者系桐城中学教师，已退休）

从桐中学子到桐中教师

张　骏

桐中，是我的母校，也是我的职场。今年金秋时节，她将迎来120周年华诞。五湖四海的校友纷纷写下缅怀、追忆、讴歌、赞美的文字。这些校友中，有我的长者，也有我的同龄人，更多的是我的学生辈。看了他们激情燃烧的文字，我不由得心潮翻滚、思绪万千，也想用手中的笔写一写我和桐中的不解情缘，以及我的那些拥有堪称桐中历史上最短学龄的亲爱的同学们，还有那些不断为桐中增光添彩的学生们。

青涩少年求学桐中

1965年7月的一天上午，11岁的我正赤着脚在龙眠河中戏水，突然得知我被桐中录取的消息，赶紧飞奔回家把这一喜讯告诉了我的母亲。从此，我与桐中结下了不解之缘。

我们这一届招收的是当时实行的初高中五年一贯制"大改班"的一年级学生(当时招收了五届)，在全县范围内招生，只录取两个班100人左右。当时全县范围内有那么多小学毕业生，说是"百里挑一"也不为过。

入学之后，我被分在102班。朱桃园老师是我们的班主任，同时教我们英语。朱老师个子不高，圆圆的脸上时常挂着温和的微笑。教我们数学的是焦鹏飞老师，也是中等身材，讲起课来激情飞扬。在我的印象中，焦老师的背稍微有点弯，走路时步伐很快，仿佛是在跳跃式前进。语文老师周悦，身材高大魁梧，讲起古典诗词时抑扬顿挫、声情并茂。在这些优秀老师的教导下，我们这些懵懂无知的少年很快就完成了从小学到中学的过渡，顺利投入初中阶段的学习中。当然，在紧张的学习之余，十二三岁的少年仍然改不了淘气好玩的本性。我们不止一次顺着校园里的桐溪塥，穿过围墙来到余家湾，到同班同学李淮光的家中玩耍。

我们这一届学生在桐中这所文化底蕴深厚的校园里，在温暖如春的班级中，在勤奋敬业的老师们的教导下，如饥似渴地吮吸着知识的甘露，向着心中理想的目标昂首阔步。

“文革”爆发辍学桐中

正当我们圆满完成一年级的学习任务，顺利升入二年级的时候，“文化大革命”爆发了。很快，“停课闹革命”的风潮席卷全国。

虽然在桐中学习、生活的时间很短，但我们这一届学生对母校的感情丝毫不逊色于其他届校友们，甚至更深。在郑亚中、王胜利、郑文新、梁晋发等同学的精心组织下，时隔 52 年之后的 2018 年 11 月 11 日，桐城中学 1965 届 62 名同学汇聚桐中，举行毕业 50 周年聚会，“花季校园别，花甲终相聚”。在聚会的短暂时间里，同学们参观校园，流连于紫藤树下，徜徉在半山阁前；回顾 50 多年前的学习生活，缅怀教导过自己的良师。其中，不少同学是 1966 年校园一别，52 年之后才得以相见。分别时稚气未脱，再见时已两鬓染霜！为使聚会更加完美，汪志伟同学慷慨捐款三万元，通过艰苦创业已成长为桐城小有名气的乡镇企业家的魏安洲同学赠送给母校一棵名贵的七叶树，大家共同把它栽植在桐中校园里，并立下一石，题名“树人”，以表达对母校的殷殷祝福和对母校培育之恩的永志不忘。

这次聚会后不多久，102 班又派出十名同学作为代表专程前往青阳县看望朱桃园老师。老先生没有想到 50 多年前自己只教过一年的学生专程看望他，激动万分，热情接待了同学们，并将自己注释的(新定)《增广贤文》赠送给学生们，以作纪念。

由于历史原因，我们这一届同学绝大多数未能进入全日制大学深造，但他们后来或投身军营，或招工招干，或艰苦创业，都在自己的岗位上取得了不俗的成绩，其中不乏佼佼者。102 班的老班长张德玉同学 1968 年投身军营，后成长为海军大校、著名书法家，为中国海军建设作出了不小的贡献。101 班的汪志伟同学遍访名师，刻苦钻研中医典籍，终成一代中医名家。盛劲松、汪志伟、李淮光、吴振宙、袁安朝等同学的古典诗词造诣颇深；胡建和、徐国根、章光明、都瑞芬、吴筱霞等同学妙笔生花，能写出一手好文章。我常常想，我们这届同学如果能一直被桐中这块沃土滋养，那么无一例外都会进入心中理想的大学，成为当时的天之骄子。

师大毕业执教桐中

1966 年 10 月，辍学的我回到家中，先是在生产队参加了几年农业劳动，后来到食品公司做临时工，到杨桥水泥厂做亦工亦农轮换工，始终没有一个正式的工作。

1978 年，即全国恢复高考的第二年，我偶然得知，我的小学同学、当时桐城城关有名的项老中医的女儿项玉林通过自学考上了安徽劳动大学中文系，这个消息对我触动很大。我想，这位同学小学毕业后考入的是桐城二中，后来能够在未读高中的情况下考入大学，我还在桐中读了一年初中，为什么不能呢？经过七个多月的苦读，我终于在离开学校13年后走进了高考考场，以高出录取分数线40多分的总成绩被安徽师范大学中文系录取。我万分珍惜这来之不易的读书机会，时时警醒自己不能虚度时光。1983年7月，我以优异的学业成绩被安徽省教育厅直分到桐中任教（当年从安徽师范大学毕业直分到桐中的还有江国清、胡邦彦、徐庆竹、汪家旺、汪军五位年轻教师）。当我时隔17年以一名桐中新教师的身份徜徉在初一就读的红楼教室时，心中不由得感慨万千。

进入桐中后，我在努力完成自己教学任务的同时，虚心多听老教师们的课，因为我深信“转益多师是吾师”的道理。前辈教师在认真负责的前提下或严谨博学，或幽默风趣，或循循善诱，精彩纷呈的教学风格使我获益良多。

从1986年开始，我连续多年担任高中班主任和语文老师。语文老师最辛苦的工作莫过于批改作文，然而，当你发现一篇文辞优美的优秀作文时，那种如获至宝的喜悦感顿时涌上心头。在多年的毕业班教学中，我曾多次获得高考优胜奖，也曾改写桐中文科生高考语文平均分不敌理科生的历史。

班主任的工作是琐碎的、辛苦的，无数个早读和晚自习陪伴在学生们的身旁。班主任的工作也是甜蜜的、幸福的，学生们思想品德的提高、学业成绩的进步就是对班主任工作的最好奖赏。几十年的教学生涯中，我已不能准确地记起担任过多少届班主任。看到往日的学生如今事业有成，能为社会作出较大的贡献，自豪感、幸福感油然而生！

1989届高三(1)班是我在桐中带的第一届高中毕业班。该班杨旭辉同学早在几年前就成为正厅级干部。乔海曙同学也早已成为中国经济、金融领域的知名学者，出版多本专著。

在几十年的教学生涯中，最让我满意的班级之一是1992届(2)班。现在看来，这个班级是整体发展得最好的一个集体。班级中绝大多数同学取得了硕士学位，还有不少读了博。陈全胜同学的科研成果先后获得国家技术发明奖二等奖、江苏省科学技术奖一等奖。都的弓同学从军校毕业之后，把自己的青春奉献给祖国的国防事业，成长为某导弹部队总工程师。由于贡献突出，中央电视台拍摄专题片《愿作强弓劲弩》予以报道。

桐中的优良传统代代相传，桐中培养出的优秀学子一届接着一届。1997届(2)班的高茵茵同学当年以优异的高考成绩被浙江大学混合班录取，现已成长为某跨国公司数字化产品总监。王千马同学现已成为知名青年新生代作家、批评家，出版多部专著。还有许许多多的学生分布大江南北，成为各行各业的中坚力量，为中华民族的伟大复兴贡献聪明才智，为培育滋养自己的母校增光添彩。

写到这里，我的脑海中不禁浮现出当年刻苦求学的学子们鲜活的面容，他(她)们有的活泼好动，有的老成持重，有的羞涩腼腆，有的落落大方。相同的是，在经过桐中三年淬炼之后，他(她)们都走出了桐中，走出了桐城，走向五彩缤纷的大千世界。

“后十百年人才奋兴胚胎于此，合东西国学问精粹陶冶而成。”吴汝纶先生当年怀抱科学救国的宏图大志创立桐中时写下的这副宏伟对联，如今成为现实。在桐城中学即将迎来120周年华诞的日子里，重温吴公的这副宏联，身为桐中学子，谁能不热血沸腾、感慨万千！

此刻，我仿佛看见从历史的烟尘中，走来一届届群星璀璨般的桐中学子;“龙眠钟气,代起人豪”的庄严洪亮的校歌声如黄钟大吕在校园上空回荡。我坚信,古老而又年轻的母校在今后的岁月里定能重铸昔日辉煌,成就更多国器!

(作者 1965 年进入桐城中学初中部学习,
后成为桐城中学教师,现已退休)

特殊的时期，特殊的一届

李　佳

今年适逢我们母校桐城中学双甲华诞，又正值我们高中毕业50周年纪念。近些天来，读了很多校友写的“我与桐中的故事”，读得我心潮澎湃、热血沸腾。在每个学子心中，母校永远都是那么亲切，那么可爱，那么难忘。

50年前，我们这届同学在桐中发生的故事，一幕幕犹如电影蒙太奇，清晰地在眼前定格。我接到同学电话，希望我把我们与桐中的故事写出来，以怀念和致敬我们逝去的青春，怀念和致敬教授过我们的每位老师。

怎一个“乱”字了得

我们在桐中共度了四年半时光。1968年秋，当时桐城初中（县二中）三届同学和桐城中学初中、高中六届同学一起毕业，上山下乡。于是，桐中校园迎来了我们——县城三所小学（实小、北街、东关）1966届、1967届毕业生。我们这届是承前启后的一届，也开启了桐中不用考试、经过推荐就能上学且只招收户口在城关镇学生的先河（各区镇学生在镇中学就读）。分校是按照户籍所在区域分。我被分在桐中初一（3）班，班主任是梁步灏老师。

1969 年春，桐城中学、桐城初中、桐城农技校三所学校合并成一所学校，地址在桐中，校名为“桐城五七中学”。春节后，我们到桐中报到，重新编班，成了“桐城五七中学”第一届学生。在半山阁东面墙上，我们看到 300 多人被分成六个班，我被分在(3)班。

并校后留下的一部分老师就是我们的授课老师。由于开的课时少，有的老师就授六个班的课。设置的课程有政治、语文、数学、工业基础知识、农业基础知识、英语、体育和音乐，讲授这些课的老师有汪年春、刘乐乡、黄晋硕、朱长久、吴德文、崔甸甲、吴良兴、王元祥、唐述裓、李水清、李翠英、江承发、江潮。

1970 年夏，初中毕业。当时毕业分配有四个去向：去建设兵团，去工厂，去农村，升学。除了升学的同学外，其他同学就走出了校门，结束了自己的学生时代。

灯火阑珊话高中

1970 年 9 月，留下来的近百位同学成为“桐城五七中学”第一届高中生。我们被编成一个大班，班主任是崔甸甲老师和吴德文老师，教室是图书馆一楼西边阶梯教室。这学期文化课的课时多了。虽说是高中，但我们知道自己的水平还停留在小学。因此，大家下定决心，要多学些文化知识。学工、学农、学军活动仍在继续。

留给我们印象最深的是一次野营拉练，它是学军内容之一。全程四天三夜，像解放军战士那样，打着背包，带着干粮，挑着行军锅，准备好文艺节目，长途行军。跟随我们一起拉练的有崔老师、吴老师、王尔行老师、江承发老师，还有食堂里的周师傅和高师傅。

食堂师傅和朱桂莲、方博文、疏放等同学一起打前站，负责埋锅做饭，保障后勤。

桐城县的地势是西北高山，乃大别山余脉，山路陡且险，高低起伏，逶迤连绵。为了培养我们“一不怕苦，二不怕死”的精神、锻炼我们“排除万难，去争取胜利”的意志，老师选择了这条路线，围着山区绕一圈。晚上到达目的地，吃过饭之后，在深邃的星空下，就着马灯、汽灯的亮光，与当地百姓举行联欢。班级文艺宣传队表演节目，听老革命讲革命故事。全程下来，虽然身体较疲乏，有的同学脚上还磨出了泡，但没有一个掉队的。大家互相帮助、通力合作，圆满完成了任务。几十年后，每当回忆起这次活动，大家还津津乐道，笑声不断。

1971年春节后，大班被分成了两个小班，教室被安排在操场西边的两间大平房里。1971年“九·一三”事件后，全国“抓革命，促生产”，形势越来越好。校领导和老师们利用这个时机，致力于各项规章制度的重建，并且恢复了早读和晚自习，课堂教学走向了正规化。

老师们发挥了极大的教学热情，除了上新课外，还给我们开讲座，补缺补差。那时我们开了政治、语文、数学、物理、化学、英语、体育七门课，授课老师分别是刘少雷、吴德文、崔甸甲、汪述度、王尔行、马光昌、江承发，高二政治由陈良智老师教授，马光昌老师教英语。

这些老师认真严谨的教学态度、不同的教学风格深深地留在了我们的记忆里。我们不会忘记，崔老师用抑扬顿挫的声音，把代数推理、几何证明的过程清晰地展现在我们面前，带着我们在数学王国里遨游；我们不会忘记，吴老师那声情并茂的朗读，“落霞与孤鹜齐飞，秋水共长天一色”，将一幅宁静致远的画卷慢慢舒展；我们不会忘记，王老师带我们做氢氧分离试验，制甲烷，用猪油做肥皂，从理论到实验再到理论的学习过程；我们更不会忘记，汪老师那永远不苟言笑的表情，物理知识烂熟于心，只带一本书上课堂，但一节课下来，黑板上的例证解析过程及画出的示意图就像镌刻一样，使人一目了然。

同学们个个铆足了劲，专注听讲，细细消化，认真完成每一天的作业。我们成立了各种学习小组，互相帮助，共同提高，决心把荒废的时光追回来。清晨，迎着东方鱼肚白光，到教室早读上课；深夜，披着星光回家，有时过了熄灯时间，大家就会拿出准备好的蜡烛，继续做习题。由于这种情况时常发生，张启根同学就利用业余时间，用空的墨水瓶给每个同学做了一盏小煤油灯。熄灯后，教室里一点点、一簇簇微弱的灯光闪烁，同学们在灯下奋笔疾书。

1972 年春天，有消息传来说，有大学直接从高中应届毕业生中招生。听到这个消息，师生们都非常兴奋。桐中一直以高升学率著称，身在此校，我们不能落后啊！同学们的学习干劲更上层楼，夜以继日，废寝忘食。老师们也投入了百倍热情，早读、晚自习跟班辅导，答疑解惑，传道授业。两个班之间组织学生竞赛，月考、周考接二连三，排名次，比成绩，人人都踌躇满志。

1972 年夏天，本是我们毕业的时间，但安徽省又改中小学为春季毕业。如此，高中就多了一个学期，我们就可以多学些知识，打下更扎实的功底，迎接高考。崔老师在班上高考冲刺动员时鼓励我们："我们要把你们炼成好钢、优质钢，用在刀刃上。"我们就这样在知识的海洋里遨游着、拼搏着……

我们毕业了，毕业照上的题字是"桐城五七中学　首届高中毕业留念"，时间是 1972 年 12 月；毕业证上公章和钢印是"安徽省桐城中学”,时间是 1973 年 2 月。这说明,“桐城五七中学”的称谓已成为历史,而我们陪伴了她的四年全部历程。我们是这段历史的参与者、见证者,是这特殊时期的特别一届。

(作者系桐城中学 1972 届校友,桐城中学教师,已退休)

桐 中 有 梦

吴春生

桐城中学，对于桐城人来说，是神一般的存在。

考进桐中的学生，是天之骄子；桐中老师，袖子都能舞倒众人。不仅桐城人，当年南京、合肥等地也有人对桐中膜拜得不得了，不少有条件的家长把子女送到桐中就读。

有人说，史耀民时代是桐中的巅峰时期，现在桐中落入低谷，不行了。事物发展有曲线，也属正常。桐中是有“龙眠钟气”的，让我们拭目以待。

一

高中我就读于金神高中，没有机会受教于桐中。之后，何其有幸，生命中与桐中同行 14 年。

在桐中任教 14 年(1989—2003 年)，与桐中一起成长，与我的学生们一同进步。刻在我生命年轮中的 14 年，给我滋养，予我底蕴。

进入桐中，开启梦想之门。在电脑老师赵敬奎的帮助下，我是当年桐中第一个攒电脑的。桐中的沃土，让我成为安徽省优秀教师，并且成为首批国家级骨干教师。我所带的班级成为全国先进班集体。2002 年桐中跻身安徽省爱国主义教育示范学校，我代表学校在省级大会上作了专题发言。

每一个桐中人都怀揣梦想。无论是考入桐中的精英“学霸”，还是加入桐中教师队伍的老师，心中的梦想，绵绵不绝，这就是人生的希望和价值所在。

我在桐中积累了丰富的营养，开阔了眼界，有了更多想法，对教育也有了更深刻的理解。在桐城，桐中老师的经济待遇相对很好，社会地位很高，因此，桐中老师流动比较少。

从吴汝纶先生创办桐中开始，就是筑梦桐中，希望一代代桐中人都能成为国家栋梁。

我在桐中14年，桐中给我自信，让我有底气走出桐城。我于42岁来到深圳，进入翠园中学，勇挑重担，继承桐中的光荣传统，所带竞赛班在2006年、2009年先后考出三个广东省单科状元。在深圳教育的天空，绘出色彩斑斓的画卷，得益于在桐中打下的底色。

在桐中有梦，离开桐中，吴汝纶先生“勉成国器”的精神底色，让梦想成为现实。

二

桐中的老教师，个个满腹经纶，各有绝活，青壮年教师也是当仁不让。

那时候在桐中，除了外面有参观考察的任务时会组织一些公开课，平时同事之间极少相互听课。我没有完整听过吴永清先生的课，也没有听过高传明先生的课。不过，老师们上课的风格还是有所耳闻，因为有些教室在一楼，走过来走过去，基本都听到了，就是楼上宽阔的走廊上，也可以清楚地感知老师们课堂上的声情并茂。耳濡目染、言传身教，让我终身受益。

语文组吴永清老师，学养深厚，是一位谦谦君子。语文课堂上，他娓娓道来，一口枞阳腔，颇有味道，曾有把一个标点讲出了一堂课的精彩。记得一个冬日的午后，他站在我住的净土莲社前面宿舍旁边，颇有兴味，拉家常很久，讲他自己高中毕业留校任教的过往，聊他几个儿子的成长。

更有趣的是，我在桐中遇见了朱益群老师。他是我在金神高中时的英语老师，对我一直很温婉，居然在桐中成了我的同事。我们高中毕业40周年庆时，他老人家90多岁了。在庆祝大会上，他一如既往地掏出他写好的小纸条，给我们讲他的人生感悟。晚餐后，我护送他回桐中。到家后，他很认真地告诉我：人老了，一定要有家人陪伴。他说，儿子们轮流陪伴他，他感觉很自在。朱先生将近百岁之龄登仙而去的消息，我在深圳一直不知道，后来还是我的学长、他的二儿子朱新敏老师在“六尺巷文化”微信公众号上发表怀念文章，我才得知。想写一点文字，纪念温润如玉的朱先生，一直未能如愿。

我进入桐中，带的第一届学生是初中生，两个班共考进高中10人。项义发校长说，要振兴桐中初中，这个结果也算是如愿了。

我带的第一届高中生于1995年毕业。其中，闫大庆被清华大学录取，清华大学教育基金会因此奖励我500元，奖励学校1 000元。

得天下英才而教之是人生三大乐事之一，感谢遇见美丽的你们！想到这里，我仿佛又回到了20年前。乡关浩渺知何处，故园情牵游子心！

三

在桐中14年，我先后在校园内多个地方住过。

刚到桐中，老科学馆西边阁楼上住着我们同一年进桐中的三个人：我、丁红棣（天城中学调来）、葛志（安庆师范学院应届毕业生）。夏天来了，有点受不了炎热，我们仨就合计找当时学校分管后勤的汪年生副校长，想要“贿赂”一下。三人合资买了一条“424”牌的香烟，结果香烟当然没有送出去，还挨了一顿批。现在想想还禁不住哈哈大笑，我们当年居然如此幼稚可爱。

桐中的惜抱轩银杏树，于我也别有意趣。

最初任教的班级教室在银杏树前，秋天树叶如蝴蝶般飞舞，满地金黄，我还写过一篇关于银杏树的散文《雌雄异株话银杏》在《语文报》上发表。安庆一中语文老师来桐中听我的公开课，是在银杏树边教室上的，记得讲的是朱自清的《春》。后来，我带的班级的男生宿舍在此。月光下，踏着金黄树叶去查岗，偶尔听听男生们的海阔天空，颇为有趣。

四

半山阁前吴汝纶先生的半身铜像，威严而慈祥，眼神深邃而坚毅。他注视着桐中的每一步发展，注视着桐中发生的每一件事情。

我在桐中任教 14 年，悠游岁月，每每思及，桐中的人、事、物，时时如在昨日。1989 年调入桐中的时候，桐溪塥还未断流，五斋还是教师宿舍，逸夫楼还没有兴建，半山阁下的小院落还有两进：前面是教务处，教务处主任是高之文，分管教学的是副校长卢声频；后面是校长室，项义发校长的办公室就在后面。

桐中后山也还是山，没有完全变成后山操场。春天来了，山坡早早就绿了；秋天到了，茅草一片金黄。对于桐中学子来说，后山有梦。

刚来桐中的时候，大门两侧是梧桐树，夏天浓荫蔽日，颇为有味。五洲地图碑、石刻柱那一片还比较杂乱，没有修整。校园内古木参天，不仅有银杏、白玉兰、紫藤，还有怪枣树。各种植物，安静地处于校园一隅，春来发芽抽枝条，然后开花、结果，物候轮回，美好相续。

“龙眠钟气，代起人豪，仰止吴公创业劳。”桐城中学校歌的旋律似乎又在耳边响起……

人生有梦，生命之树常青。

（作者系1989—2003年桐城中学教师）

有一种感动叫校友情

周　治

人生走过的是岁月，留下的是故事，期盼的是远方。生命中总有一段经历让人铭记，总有一些情感让人感动，总有一种力量催人奋进。我曾是桐中学生，如今是桐中老师。我的女儿女婿都从桐中毕业，女儿还是我的学生。我与桐中结下了不解之缘。我熟悉母校的一草一木、一庭一院，了解母校的名师名生、历史典故。母校熏陶着我，温暖着我。母校不仅是我现实的家，也是我灵魂的家。

在母校120周年华诞到来之际，校友们竞展风流，深情讴歌，诉说着各自的桐中故事。这些精彩的故事感染着我。我与不少桐中校友保持着联系，交往当中常常被浓浓的校友情感动。正是这份感动驱动着即将退休的我坚定地向前看、往前走。

校友情像水一样执着

滴水穿石，水至柔、至韧、至坚。我们的校友就是以水一样坚毅的韧劲、执着的情怀，一点一滴地助力母校教师的发展和学生的成长。

“问渠那得清如许，为有源头活水来。”校友们从自身成长中领悟到师聪弟子明，名校靠名师。他们致力于让教师的梦想生根发芽，让教育的情怀落地开花。为打造母校优质的教师队伍，他们矢志不渝。陆大道、吴曼青、杨善林等校友尽管科研任务繁重、时间宝贵，仍挤出时间回到母校讲坛，或传播新思想新理念，开阔教育视野；或开展励志教育，激发教育斗志；或科普前沿知识，传道授业解惑。一位老校友说：“教育是一种慢的艺术，慢工出细活，急不得，需要耐得住寂寞，静待花开。”针对当下县城高中教师现状，方复全校友提了多条提升教师素养和业务技能的真知灼见，可谓字字珠玑。上海校友会反复调研，启动全员培训工程，利用三个暑假邀请全校老师在华东师范大学分批培训，开设专家讲座、高端论坛等，给重返大学校园的老师们输送教育养料。许多老师感慨地说：“校友用心良苦，我们只有砥砺前行，才能不负所盼”。

君子如玉，如切如磋，如琢如磨。教书育人，亦是如此。北京等地校友围绕新课程、新教材、新高考开展图书捐赠活动，他们想用阅读丰富教师的精神生活，并激发老师对新时代教育教学的深度思考。疫情防控给教育教学提出了新要求。高考在即，当年的高考状元、心理学专家许金明校友通过空中课堂，为学弟学妹开展心理疏导，减压排忧，与高三毕业生分享高考经验和应试技巧。

交流是整合资源的有效途径，合作是通往成功的必要条件。各地校友推介搭桥，北京大学、中国科学技术大学、北京理工大学、湖南大学、上海财经大学等数十所高校优质生源基地、钱学森班相继落户桐中，这不仅扩大了桐中的朋友圈，还筑起了互利双赢的新格局。

一溪一石皆为景，一举一动总关情。校友悠悠深情，恰似桐溪塥水，永朝永夕，永不回头。崔波校友说得好，是母校培养了我，我要感恩母校，愿意终身为母校服务，当下对我来说没有比这个更有意义的事了！

校友情像土一样质朴

土很质朴，但滋养万物。我们的校友把根深深扎进生于兹长于兹的肥沃土地里汲取营养，又以土一样朴素的方式反哺母校。

校友们认为，母校有引以为傲的历史，也应有光辉灿烂的未来，我们要立足桐中看桐中，跳出桐中看桐中，更要放眼世界看桐中，推动母校传承文脉、勉成国器，这是时代的呼唤，也是校友的责任。从理念引入到资金支持，从把脉问诊到开方抓药，校友对母校的支持持续推进。桂四海校友助学金、上海校友东方明珠奖、南京校友国器奖等先后设立，为品学兼优的贫困生撑起一片爱的蓝天。彭志恩校友注资100万元设奥锐特教师奖，又出资近百万元资助教师赴澳大利亚、新西兰培训，今年再次为母校捐资500万元，专项用于新校史展览馆及校庆重点工程建设。为聚集校友资源，开启校友回报母校新通道，桐城中学校友会、基金会相继诞生，首任会长刘珍贵、理事长张文明率先垂范，引领一批校友乡友慷慨解囊，短短几个月筹集原始基金200万元。李承友校友匠心独运，注资1 000万元设立教育发展专项基金，为桐中高质量发展助力加油。

拳拳校友心，浓浓母校情。一位校友说："母校的点点滴滴，虽未时时想起，但从未忘记。一旦母校有需要，尽绵薄之力义不容辞。"2016年桐城发生特大洪涝灾害，校友们牵挂家乡、牵挂母校、牵挂学弟学妹，北京、广东、合肥等地校友纷纷捐款捐物，一份份保障物资送到受困家庭，一份份爱心洒向莘莘学子心田。脱贫攻坚战打响，合肥等地校友主动加入母校的帮扶队伍，或为当地学校更新教育装备，或为扶贫村销售茶叶，或为"两不愁三保障"提供资金支持。

一阁一亭皆品质，一言一行吐心声。2021 年 4 月李承友校友携家人访问母校时，对两位年幼的孙子说："这是爷爷当年读书的学校，是最好的学校。你们无论走得多远，还是桐城人、桐中人。"朴素、真诚、坦率的情感像桐城富锌的土壤，滋养着家国情怀的种子，随万物生长，必将绽放出生命的精彩。

校友情像火一样热烈

火灵动、飘逸，是光明的象征。当我们深深凝视火的时候，一股巨大的力量会在心中升腾。桐中学子正是以火一般的热情服务国家社会，从而照出真我。不仅如此，他们还以一颗火热的心为母校的荣耀增添一道道光束，让"勇当大任，志在争先"的桐中精神熠熠生辉。

走进桐中门就是桐中人，走出桐中门还是桐中人。吴良兴老师是桐中的一面旗帜，爱生如子，学生也视他为父。程和平校友隔三岔五地向年迈的吴老师嘘寒问暖，只要回桐城总要看望吴老师，科研上取得成果也即时报告给吴老师。他常说："吴老师就是我们的父亲，父爱如山，在任何时候都能让我们有所依靠。"为了给在外地求学的桐中学子有一个温暖的家，北京等地校友坚持举办新生新年联欢会，上海等地校友会成立了教育、医疗、创业、金融等行业小组。为给近邻校友提供更多智力支持和人文关怀，粤港澳三地校友整合校友资源成立大湾区校友会，为广大校友创业创新创造提供了新的加油站。

母校 120 周年大庆筹备工作有序推进，各地校友闻风而动、主动请缨。他们说："我为校庆，精彩有我。"彭寿、吴曼青、毛万标、方无、朱荣生、蒋天赐、潘健等各地校友代表先后回访母校，对校庆工作献智出力。300 多位校友捐赠珍贵的艺术作品、史料物件，用独特的方式回馈母校，表达对母校校庆的全力支持。北京、上海、广东、合肥、桐城等地校友乡友主动认领校庆建设项目。北京校友会承担了“绝对”下联征集评选项目，成立专班对近 8 000 幅下联进行遴选，定细则、制标准，字斟句酌，一丝不苟。“我与桐中的故事”征文，激发了广大校友的极大热情，稿件像雪片一样发往上海。桂飒斌校友不辞劳苦，日夜编审，将一篇篇温情满满的美文佳作献给读者。为了给“我与桐中的故事”取一个优雅得体的书名，征文组反复比选数十个候选书名，难以取舍。2022 年 5 月 11 日晚召开视频会议，大家各抒己见、交流碰撞，最终产生“半山钟声”的火花后，大家开怀大笑、拍案叫好。为全面精准再现桐中 120 年的光荣历程，京津沪等地校友与母校先后召开十多次会议，群策群力，精雕细琢新校史展览馆。

我到过北上广等繁华都市，走过长三角等发达地区，去过黑吉辽等老工业基地，上过青藏高原等西部边陲。这些地方都有我们的校友，他们视我为亲人，待我为嘉宾，他们的热情让我自豪又激动。我深知，这一定是源于他们对母校最深沉的爱。

一树一藤都是画，一生一世永相随。校友情如曲如歌，弹不完、唱不尽。亲爱的校友，认识您，我很快乐；认识您，我很幸运。你我同是桐中人，我走过你们走过的母校的路，吹过你们吹过的母校的风，这是缘分，是情分，于我而言更是一份感动。

（作者系桐城中学 1985 届校友，现任桐城中学副校长）

缘 定 今 生

吴雄光

时间如白驹过隙，在桐中读书，在桐中工作，加在一起，算起来至今已有40余年。每次提笔，想为桐中写点什么，却又无从下笔。生命中有太多桐中的记忆，一花一草，一人一事，回忆的闸门一旦打开，内心犹如翻卷的潮水，起伏难平。

一 进 桐 中

记得第一次到桐中，应该是1975年下半年。那时的桐中在我们的心里是个非常神圣又好玩的地方。到了桐中，我们开始在校园里东游西逛。后来又去过几次，慢慢对桐中有了更多了解。

印象中，那时学校大门正门上有鲁迅体“安徽省桐城中学”七个大字。进入大门，道路两边有高大的梧桐树，枝叶繁茂，纵横交错。道路两侧还建有报栏，应该是专供师生看报的。

再向前走，左边为一个在抗战时期修建的东西向长方形游泳池，分浅水区和深水区，池边有男女更衣室各一间。每到夏季来临，很多人在池中游泳，热闹非凡。后来几经改造，变成了现在的小桥和池塘。

右边为公园，一些很有年份的古树参天耸立，浓荫蔽日，其间还有山石堆砌的假山，可以攀爬、捉迷藏。1982年桐中80周年校庆时,重新在园中竖起了“高峰入云,清流见底”的石刻柱,并修建了文化部时任部长黄镇题字的后乐亭亭阁一间。

再向前走,正前方为一个长方形的照壁,上方绘有毛泽东主席挥手侧面像,下方有“好好学习,天天向上”八个大字,两侧为整齐排列的松柏。绕过照壁,视野豁然开阔,桐中的大操场近在眼前。

在操场的东边,就是孙闻园校长依照桐中创始人吴汝纶先生设计的图纸,于 1924 年建成的被称为“凝固的音乐”的半山阁。

走在校园里,不时听到潺潺的流水声。一条小溪,自北向南蜿蜒穿行于校园。溪流清澈见底,溪旁柳色青青。学子们三三两两,或徜徉溪边散步说着悄悄话,或你追我赶嬉水打闹,青春灵动之美,跃入眼帘。更有老师及家属在溪边洗菜、洗衣,你一言,我一语,家长里短,无话不谈,俨然一幅生活欢悦图。

沿小溪再往东,就是学校食堂。食堂往北,有教职工居住的小院——五斋,小院之间用公共走廊串联在一起。小院再往北,有两幢青砖红瓦的二层小楼,两楼之间有桐城派大家姚鼐先生亲手栽种的银杏树。

那时我们最喜欢干的事就是,等到果子成熟的季节,到桐中后山去摘桃、杏、梨。

二 进 桐 中

1977 年春,我小学毕业后进入桐中初中部学习。初一年级因为改成夏季招生而延长半年,经历了三年半的初中生活。

记得最有意义的事就是去学校农场(现西郊公园)劳动。每次先在学校集合,然后由班主任带着我们,排着整齐的队伍,走出校门,经过三里村、官山、陶家塘,进入农场。劳动任务有插秧、薅草、施肥、割稻、挖茶树沟、摘茶、挖山芋……我们最喜欢干的农活就是挖山芋，大家争先恐后地跑到地里，抡起锄头挖起山芋，然后集中交给农场，农场师傅返还给每人一小份带回家，分享劳动成果的喜悦。在农场劳动，让我们感受到农民的艰辛，也感受到劳动的光荣。

记得第一次去农场，路过麦田，看到整齐的麦苗，有的同学误以为是韭菜，偷偷地揪了一些，装在裤兜内。结果被班主任刘定邦老师发现了，他当时教我们农基课，指出这是麦苗，不是韭菜，并亲自将麦苗拿在手里捻了捻说："韭菜是有特殊香味的，而麦苗没有，大家可以闻闻。"同学们知道后都哈哈大笑。

提到母校，不可能不提老师。

初中印象最深的是数学老师包瑞华。她个子不高，嗓门大，走起路来一阵风，上课认真负责，一心扑在教学上。当时我在初二(5)班，由于贪玩，加上上课不认真听讲，始终不会做数学上因式分解中的十字相乘法，作业本上全部是红叉。包老师叫我带上作业本放学后到数学教研组去。放学后，我只好硬着头皮走到数学教研组，只见包老师在批改作业，便拿着作业本，站在老师面前，等待接下来的训斥。意外的是，她没有训斥我，而是态度和蔼、不紧不慢，把作业本上的题目一题一题用红笔在草稿纸上做给我看，做过后还问我懂了没有。我点点头。然后，她又布置类似的题目让我回去重新做，说第二天检查。最后，她还语重心长地说，不要贪玩，一定要学好文化课。从此，我暗暗下定决心，要刻苦学习，不给老师丢脸。

1980年初中毕业后，我如愿考入桐中高中部，开始了三年高中生活。我们班主任一直是卢声频老师。三年就读期间，班上全是男生，俗称"和尚班"。这让卢老师管理班级省了不少心，不需要担心学生早恋影响学习了。

卢老师教我们政治课，上课声音洪亮，讲课的逻辑性很强，把枯燥乏味的政治课讲得绘声绘色。我印象最深的是他教我们如何做论述题，告诉我们拿到一个题目，先要分析从哪几个方面回答、分几个要点来阐述，强调有时间就要将要点展开阐述，没有时间就简答。更令人称奇的是，那年高考他还押中一道大题，令我们兴奋不已。经过大家的努力拼搏，我们班政治高考成绩名列前茅。

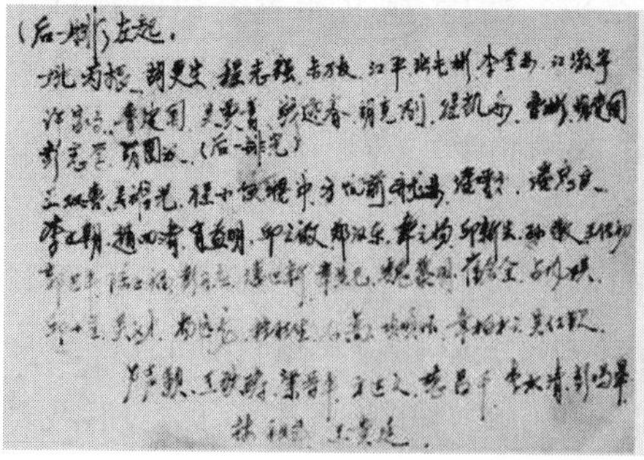

桂旺生祝各位老同学
身体健康家庭幸福工作顺利
2010.2.4

在卢老师及其他老师的谆谆教导、辛勤培育下，班上很多同学都考上了理想的大学，成为各行各业的杰出人才，其中就包括吴曼青院士。在高三(1)班就读的方复全同学后来也被评为院士。一届两院士，这在桐中办学历史上绝无仅有。

三 进 桐 中

1988 年 7 月，我从安徽师范大学物理系毕业后，直接被分配到桐中，成为一名光荣的人民教师。当时学校领导对年轻人“压担子”，没有按原来的模式“先教初中，后教高中”，而是直接让我教高一，担任三个班的物理课教学和高一(6)班班主任工作。

在教学上，我有幸与我的高中物理老师王启玉带同一年级。王老师是浙江天台人，温和儒雅，上课时总是面带微笑，对教学内容的分析总能做到抽丝剥茧、条分缕析。缘于师生关系，我常常搬张椅子，先听老师的课，然后内化于心，再学以致用。老师也常常听我的课，帮助我分析总结，对好的做法予以肯定，指出错误和不足。王老师还将他珍藏多年的教学参考资料送给我，令我十分感动。正是王老师手把手地教，加上组内其他老师的帮助，我很快胜任了高中物理教学工作。

在班级管理方面，一方面，虚心向老班主任学习，请教管理班级的方法；另一方面，以身作则，要求学生做到，自己先做到。在班级老师齐心协力之下，经过三年的拼搏，我带的第一届毕业班 304 班高考成绩位于年级前列，其中，陈卫国同学是 1991 年安徽省高考理科状元。

十年树木，百年树人；春风化雨，润物无声。教师的人格是任何力量都不能替代的最灿烂的阳光。

从教30多年来，我努力成为学生们的道德引领者、知识引路人、生活导师。以脚步丈量岁月，让灯光照亮星辰。我教的学生曾先后12次荣获桐城市高考优胜奖，优秀的学生有哈尔滨工业大学教授张幸红、北京大学教授汪阳明、深圳云天励飞技术股份有限公司首席科学家王孝宇、中国科学技术大学地球和空间科学学院副院长李锐、杭州电子科技大学电子信息学院副院长何志伟、中国科学院深圳先进技术研究院研究员程俊、比亚迪副总裁何志奇、埃夫特智能装备股份有限公司董事长许礼进、黑龙江中升新能源科技有限公司总经理董泽武、安徽桐城信邦电子有限公司总经理宋国才、广东万和新电气股份有限公司线下营销中心总经理徐卫国、中央人民政府驻香港特别行政区联络办公室青年工作部副部长宋来、招商港口集团有限公司纪委书记余志俊、中国融通集团东部区域管理公司党委副书记暨副总经理徐豪杰、复旦大学附属肿瘤医院胃外科主任徐大志、安徽省立医院集团肿瘤科行政副主任何义富、同济大学附属杨浦区中心医院呼吸内科副主任医师汪志方、百度智能云物联网部生态拓展副总经理倪鸣、美国纽约城堡投资公司高级软件工程师华志敏、安信证券高级经济学家姚学康、嘉兴市第四高级中学校长曹冬林、安徽电科院消防技术中心主任张佳庆……

无论是在世界各地，还是在祖国四面八方，各领域、各行业中，学生们正在用智慧、汗水为人类、为社会、为国家书写着他们的人生华彩乐章。这就是为师的骄傲与自豪。在这里，我要为所有学生点个大大的赞，你们都是佼佼者，你们都是好样的！

提到母校，当然就想到了学校领导。学校领导很关心青年教师。记得在1999年，我去参加安庆市中学物理课堂教学优秀课（说课）比赛。本准备第二天早上乘车去枞阳中学参加比赛，然而，前一天下午四点钟，组委会临时通知所有选手务必当天到达地点进行抽签，以确定比赛顺序。下午已无客车去枞阳，我急得手足无措，只好去教务处汇报情况，准备放弃比赛。正好分管教学的罗伟校长在教务处，他一问情况后说："正好过几天有事去枞阳浮山中学，那就改在今天过去，陪你一道！"

那天，我第一次坐上了学校吉普车去参加比赛。在路上，罗校长开玩笑说："你是桐城中学用吉普车送去比赛的第一人，我又陪同，你不拿个一等奖回来，说不过去。"我无言以对，在心里暗暗给自己鼓气，一定不辜负领导的期望。由于前期准备很充分，再加上组内老师的大力协助，在第二天的比赛中，我不仅获得了一等奖，还是第一名，为母校争了光。

再讲一件汪年生校长与桐中大门的趣事。1998年，当时桐中重新建造大门，门楣上换成了由启功先生题写的"安徽省桐城中学"七个大字，背面准备嵌上由吴汝纶先生题写的"勉成国器"四个大字。工人师傅们将"勉成国器"四个字嵌入大门内侧门楣时，"器"字嵌上去两次都掉了下来。汪校长正好路过校门口，开玩笑说："吴汝纶老先生说'勉成国器'，是成国之重器，是成大器，不是小器，应是将器做得大一些。"将"器"字放大后，一次就成功嵌上。大家有机会仔细看大门上这几个字，说不定能发现这个"秘密"。百年桐中，确如吴汝纶先生所愿，"后十百年人才奋兴胚胎于此"，培养了一大批国家栋梁之材。

还要提到一位老师，就是吴良兴老师。我与他正式交往是从1997年开始，当时我是高二(4)班班主任，他是数学老师。这是老先生退休前教的最后一届，正是这段时间的相处，让我领教到老先生对待工作的认真和执着。他孑然一身，全身心地投入他所热爱的数学教学，做题、备课、上课、批改作业、辅导几乎是他生活的全部。

学生交错作业本或因为其他原因没有交，他都会到教室来“讨”作业，结果让学生很“怕”他，又很敬佩他，生怕因作业问题给老先生增添麻烦。他经常同我讲班上学生的特点及存在的问题，这让我在班级管理上更有针对性。1999年高考，我们班数学成绩名列前茅。

吴老退休后，由于我们居住很近，经常一起聊天，聊得最多的话题还是关于母校的教育及发展，这让从未听过老先生课的我敬佩不已。现在老先生已是耄耋之年，住在桐城市荣康医院。一有时间，我就会和同学一起去看望他。他说他百年之后，遗体捐给医学院做人体解剖之用，积蓄存款也全部捐给“吴良兴园丁奖”基金会。听者无不动容。

由桐中1980届、1983届校友共同设立的“吴良兴园丁奖”，工作已经启动，相信很快就能落实。设立此奖的目的是奖励桐中优秀教师，促进母校教育发展。吴良兴老师是我们学习的榜样，也是我们心中的楷模。

如今，我也成了一名老教师。前辈们“传帮带”的优良作风深深影响着我。在担任物理教研室组长的十余年间，我积极与组内青年教师洪瑞敏、刘锦彬、杨龙等结对帮扶，经常在一起磨课、研课、说课、评课。鼓励青年教师要真学真干，练好内功，积极参加各级各类教学比赛和技能大赛。现在他们都已成为学校物理教学的中坚力量，我们真正做到了青蓝携手、薪火相传。

我与桐中，从年少到青春，从成长到成熟。泪水与汗水，热血与激情，生命与之交融，事业成就人生。

既已缘定今生，必当矢志不渝！

不负桐中，不负未来！

（作者系桐城中学1983届校友，桐城中学教师）

桐溪塥记

汪文涛

桐之西北峰峦踊跃。山间林木葱郁，野花散放，断崖横堑之上，悬泉清溪急急奔流。沿溪也，散布竹篱茅舍、禅林旧馆，书声出屋，樵唱时来。溪水浅浅，历乱石老根，沙洲迁延，陡岩跳波，赴会川峡之口。熏风其来，急水横流，而轰然崩落。其下也，长河浩荡，川草凝绿，田渔欢歌摇曳其上；其远也，泽国汪洋，烟水空蒙，杳不知其所往。

有贤者引流入城，过衙署，萦泮池，经禅院，穿行旧家庭馆，接于郊野荒烟，坊称桐溪塥也。世族园林浚之为沼，筑水阁亭廊，三五月夜，偃仰啸歌其上。是水也，日洗市廛，夜诵经声，为一城之督脉。桐城吴公东瀛归来，卜地而建学堂，爱其清澈浏亮，乃临流筑室。孙公闻园俾为园囿，增设山石亭宇，名曰桐城公园，以为师生游息之所。

区区一园，水光摇漾。自城北观野岩入，盘曲于斋堂庑院、花坞丛林，为潭，为湍，为池，为沼。或清浅见底，跳珠鸣环；或积色成黛，水风沦涟。春则花树掩留，秋则岸影清疏。轻波容与，吞吐云影；朝暾夕晖，漫洒天光。水岸则古木森森，青萝铺翠，杂花生树，群莺乱飞。柱石亭台映带其次，为碑亭，为溪阁，为阜台，覆之以茅，或施之以甍。又有海洲舆图，象纳万里，擎云石柱，意指遥天。

师生优游自处，或以听溪，或以啸吟，辗转从容而忘身矣。春生碧萝，诗心惘惘；霜落长天，秋思沉沉。倚轩栏以沐长风，抚碑石而瞻青云。烟销云敛，则升高台望江山之远近；月白风和，则临清流观鱼鸟之浮沉。风响林木，月空楼台，身心蹀躞，而邈邈神意生矣。瘦影倾欹，乃沉吟世事坎坷；烛窗幽明，方格致仁义名实。雄节迈论，寄妙理于豪放；扬眉瞬目，放奇思于逸兴。则斯园也，何啻林壑之乐耶？

古人云：水者，善万物而利众生。而况桐溪塥之水乎？其水也，生于莽莽群山，时则为气，时则成雾，时而露，时而霜，岁时变化，舒卷腾没。日星之隐曜，闲云之往还，草木之荣谢，虫鸟之鸣喧，皆与表里相生。是水也，具万象之形，而得天地精神。其与风相遭乎涧泽，如縠如电，如燧如鹭，交横绸缪，备极风水之观也。邑之世家名宦，功遂名成，莫不往来山中安仁闲居，朝岚夕烟，赏林壑之胜；诗酒琴茶，极隐沦之趣。水之放流乎山川，得其蕴藉，而澄澹雍容，有仁者之风矣。孙、吴二公深得精髓，挹以泽人，则百廿年来吾邑之俊采星驰，术业兴隆，不有自欤？邑人阮强词曰："池可浴，亭可风，想诸君偕游其间，当寻孔颜乐处；中益精，西益博，愿邃心深造自得，好成欧亚通才。"

今者塥流壅淤，识者致意，当局欣然从之，鸠工庀材，复其旧观。水之洋洋，畅乎其流，通乎其风，则吾邑人文之昌盛，岂有既哉？

（作者系桐城中学教师）

忆　清　流

蔡长宇

(一) 忆 清 流

桐中曾有一条小溪穿流而过，那清澈的溪水、游动的小鱼、浅唱低吟的浣衣少女，是桐中一道靓丽的风景。后因河道变迁，校园改造，清溪已被尘封，过往只能是一种追忆。

曾有一条小溪
穿过　一座古城　一所名校
粼粼的波光　游动的小鱼
和那圆圆的鹅卵石
总是让人难以忘怀

曾有一排排依依的垂柳
随风飘逸
伴随浣衣少女的轻纱
在晨露与晚霞中
演绎成一道靓丽的风景

小溪蜿蜒　悠长

承载百年沧桑
穿透了我清幽的梦境
流水潺潺
仿佛　浣衣女浅吟低唱

在晨钟暮鼓中
一群懵懂少年
吟诵着诗词名句
勤耕苦读的烛光
映射出追梦的希望

如今　小溪芳踪已逝
那风　那柳　那人
已化为梦中的一幕蝶影
沉积已久的情怀
在岁月的蹉跎中枯荣

残留的只是
一缕青烟　几片残红

（二）纪念桐中渡江作战指挥部旧址

桐中校园西院，有一“渡江作战中国人民解放军二野司令部”旧址。据《二野大事记》和二野司令部《阵中日记》载，1949 年 4 月 17 日，刘伯承、邓小平向西线下达了于 21 日渡江作战的命令；19 日，“野战首长均至桐城指挥”。

山河破碎起烽烟，
千军万马临江前。
万顷长江千帆过，
直捣黄龙奏凯旋。

烽烟已过山河在，
不见刘邓两英贤。
长江依旧日千里，
存留精神传万年。

（三）百 年 银 杏

桐中后院，原是桐城派大家姚鼐故居“惜抱轩”，园内有一棵200多年的银杏树，树高数丈，树冠如云，为姚鼐亲手所种。晚秋之际，金黄的落叶如万千只蝴蝶漫天飞舞，美不胜收！此乃桐中一大美景。

传说是先贤姚鼐所种
根植于这方热土
三百年雨雪风霜
洗尽岁月的铅华
你　依然伟岸挺拔

树高千尺
托举起文都古城的风韵
冠盖如云
散发着文都翰墨的清香

春夏　绽放满园翠绿
芳菲了你我的梦境
秋冬　洒落一地金华
收获着四季的色彩与希望

你是一位守望者
清晨　拈一袖晨曦朝露
聆听校园的琅琅书声
静夜　沐一地月华清辉
轻闻学子的书案墨香

你是一本教科书
记载了百年名校的沧桑与辉煌
你是一方界石
见证了桐城文脉的传承与弘扬

让我打开记忆的快门
摄下你婀娜多姿的身影
无论　在咫尺还是天涯
在我温馨的梦境
永远都飘逸出
你那淡淡的幽香

（四）紫　藤

桐中校园内有一株紫藤，藤围九尺，藤深数丈，苍劲有力，身如巨蟒，枝繁叶茂，浓荫蔽日，此乃一大奇观也！

搜尽华丽的辞藻
难以抒发对你的情怀

静卧于花草之中
攀缘于玉亭之上
苍劲如蛟龙出海
柔韧如仙舞瑶池

千年风霜
斑驳了你湿润的肌肤
岁月沧桑
却洗不尽你纤指芳华
你　依然风姿绰约

春风中
曼舞出汉风唐韵的姣美
秋色里
流淌着唐诗宋词的风韵

轻抚你伟岸的身躯
遥听出远古风铃在回响
仰止你落雁的芳容
有一曲相思在心底飘荡

微风摇曳
纷乱了我的心境
静如止水
沉寂了我的灵魂

今晚的月华
必定皎洁如雪
让你的清辉
洒落我的素笺诗行

（作者系桐城中学教师）

化学竞赛那些事

李　荣

今年桐中要举行 120 周年校庆，那些年带领桐中学生参加化学竞赛的事又如同旧胶片不断闪回，令人无法忘怀。

我于 1988 年调入桐中，当时和陈希老师一起带平行班。在组织化学竞赛时，他说："我们老教师的大学知识都忘得差不多了。小李，你大学毕业不久，知识还是新的，你就带学生参加吧。"

我抱着试试看的心理走上化学竞赛教学之路。我重拾大学教材，认真研读，还托人买了好多书，甚至包括国外的教材。自费订阅了许多期刊，经常查阅有关文献资料，与学生们一起学习。

那时市场上没有化学竞赛方面的书籍，我就自编（有时用蜡纸自刻钢板）近 300 页竞赛讲义提纲和习题。竞赛题的许多素材源于中学课本，又远远超出中学教学大纲的要求，还有许多素材源于大学教材，这就需要学生在较短时间内完成较多知识量和信息量的消化、吸收、储存和运用。

若不培养学生的自学能力，光靠老师去传授是很不现实的。提高自学能力是学生智能发展的基础。自学能力和思维能力的培养相辅相成。自学中培养了思维能力，反过来，思维能力的提高又促进了自学能力的提高。自学能力是化学竞赛选手独立获得知识的必要条件，因为有了这种能力，学生就能广泛猎取，见多识广。

我采用课堂自学阅读法培养学生的自学能力。每堂课我都安排 5—10 分钟时间让学生把本节课要上的内容“走马观花”地看一遍或几遍。可在书上圈圈点点，做记号，然后带着问题上课。即使看不懂也没有关系，鼓励大胆提问和讨论，老师集中精讲。如此，课堂气氛十分活跃，效率较高。

一段时间下来，同学们都变被动听课为主动学习了。有的学生半学期就把高一课本学完了，高一结束时，已完成整个高中阶段的化学学习任务。1996 届毕业生高一时就有近 30 人学完了整个高中化学内容，个别尖子生已在自学无机化学。高二时有近 40 人自学完大学一年级的无机化学，近 20 人学完大学二年级的有机化学和分析化学，近十人在自学物理化学和结构化学。

这样的自学能力，促进了学生竞赛能力的提高。在安徽省化学竞赛中获奖的 1996 届 38 名学生中，有 32 人是我所教班级的学生。其中，我任班主任的高三(3)班有 17 人在省级化学竞赛中获奖。

记得当年我和姚远章老师带领 12 人浩浩荡荡地来到中国科学技术大学复赛，其他学校师生都投来羡慕的目光，因为当时全省获复赛资格的只有 30 多人，其他学校最多是两人复赛，桐中是全省获复赛资格人数最多的学校。

在这 12 位同学中，有六人获安徽省一等奖。当年安徽省前十名中，桐中占五名；安徽省前 18 名中，桐中占九名。后来，高三(3)班彭爱民同学代表安徽省参加全国化学冬令营暨全国化学竞赛决赛，获得全国决赛一等奖(当年全国一等奖 20 人左右)。这是桐中校史上有竞赛学科的最好成绩。

对于曾参加化学竞赛的同学而言，在竞赛期间培养出来的自学能力和良好的竞赛素质，也使他们受益终身。有些获奖学生的可持续发展能力非常强。我早期教过的桐中学子中成为国内外高校教授、博导者有近 30 人，不少人获得“长江学者”“国家杰出青年基金获得者”等称号。1996 届学生汪阳明，在美国学成归国后，现为北京大学教授、博导。张强锋在美国哥伦比亚大学获得他的第二个博士学位，后到斯坦福大学从事博士后工作，现已是清华大学博导……这些桐中学子，都不忘母校之恩。

左起：张强锋、汪阳明、李荣、朱俊杰

2017 年 5 月，桐中校友、美国大学终身教授朱俊杰来京参加国际学术会议，与当年他的同窗相聚，叫上我这个当年的“先生者”参加聚会，我倍感欣慰。我在微信朋友圈发了一条消息：“青出于蓝而胜于蓝，长江后浪推前浪。如今一个清华教授，一个北大教授，一个美国教授，都是博导。幸福感爆棚，写一打油诗纪念之。诗中隐含三人的名字，你们猜哪届？”

昔日仨同届，

今朝同博导。
龙眠弟子情，
钟气吾自豪。
勉成强俊杰，
国器锋阳明。
师生聚京城，
后贤情谊浓。

令人意想不到的是，有近千名桐中学子为此点赞，认为这是吴公“勉成国器”创办桐中的骄傲！

2009年，我在美国学习。桐中1991年江、浙、皖、沪三省一市首届“东华杯”化学竞赛安徽省团体冠军“参赛者”储成桂、邓涛、陈卫国，三人在美国从未见过面，但听说我在美国，他们分别从华盛顿、纽约、芝加哥赶过来与我聚会，回忆当年我带他们到安庆参加首届“东华杯”的情景，激动万分，感动不已。

参加竞赛的学生大多数智力水平较高，反应灵敏，勤学好问。这无疑对教师讲课提出了更高的要求，也迫切要求教师加强自身修养，不断提高自身素质。

当时化学组大部分是中青年老师，他们精力充沛，工作责任心强。努力钻研如何提高课堂教学效率，如何激发学生学习兴趣，如何培养“化学小老师”，并以点带面，在全面提高化学教学质量上下功夫。事实证明，化学竞赛实际上是对化学教育贯彻全面教育方针教学改革的一种有益尝试和探索。

当年曾初步统计，桐中在省级及以上化学竞赛中获奖的有100多人。其中，先后有三人进入冬令营，一人获全国一等奖，两人获全国二等奖。有10人获省级一等奖，41人获省级二等奖。桐中获得1991年、1992年、1993年江、浙、皖、沪三省一市“东华杯”化学竞赛安徽省“三连冠”。在全国化学竞赛安徽赛区中,桐中有38人获奖,其中,一等奖6名,二等奖5名,三等奖27名,皆为1996届学生,创下安徽省化学竞赛史上获奖面最大的纪录,引起轰动。

化学组那些年所取得的成绩,是化学组全体成员在学校领导的关怀和支持下,经过全组老师团结协作,发挥群体优势的结果。它是集体智慧的结晶,是团结协作精神的体现。

在此,除了前文我提过的老师、学生和化学竞赛参与者之外,我还要特别感谢当年的同事王尔行、刘培生、慈格林、吴杰、许春林、许葆青、屠先国、占真玲、高良启、陈昌旺、汪马根、祁庆安等,你们是当年桐中化学竞赛辅导的参与者、辉煌成果的见证者!

我们,为桐中自豪!我们,为桐中骄傲!

(作者系1988—2000年桐城中学教师)

陪伴三年　共同成长

高良启

2001年秋季，安徽省在省辖城市开办六个省级理科实验班，面向全省招收智能较高、学习潜力较大的初中毕业生，为培养新世纪的优秀人才开创了一条新的探索之路。为了适应新形势，桐中在综合考虑各方面因素的基础上，为更好地实现"三高"（高升学率、高竞赛获奖人数、高名牌大学录取人数）教学目标，开办了首届理科实验班。我被学校聘为该班班主任。三年来，我边探索、边尝试，形成了自己的一些认识和经验。

做人——首选课

新生入学的第一天，我正准备去报名点接收新生，这时来了一位新同学。我热情地招呼他，递拖鞋，倒茶。刚谈了几句话，他便径直走进我的书房，拿起书架上的书翻看，还一边絮絮不休地评论着。因为是新同学，我一直附和着。我在为这位新同学张扬的个性感到高兴的同时，觉得自己肩上的担子不轻。

新生入学的第一个月，同学之间摩擦不断，不时有同学向我"告状"，诉说别人的排斥、自己的无辜。班级值周记录反映有晚自习不遵守纪律的，有旁若无人朗诵的，有安排值日不做的，有经常不去上两操的……一句话，不少同学不管该做不该做，只管想做不想做。一位同学因一道难题解不出来，晚自习时在黑板上征解，另一位同学解出后，发狂地在班上大叫，其他同学为之侧目。

我知道，这是一纸《班级公约》所不能解决的。我召开了任课老师座谈会和部分家长恳谈会。会上，老师们表达出自己的忡忡忧心：这些学生从小得宠，在一片赞扬声中长大，总要求以自己为中心，藐视一切，真担心他们将来能否很好地融入社会、与人合作。少数家长却认为，只要孩子学习好，考上名牌大学，其他问题以后都好办。他们一再要求对孩子要多表扬，鼓励"逼得孬，捧得刁"。看来，解铃还须系铃人，我给学生布置了一个任务，要求他们就"个性与成才"的话题，广泛搜集材料，认真辨析思考，准备召开一次主题辩论会。学生们觉得很有趣，纷纷准备了起来。

约定的日子到了。学生们纷纷上台演说，优美的语词、激情的话语引来阵阵掌声。进行到一半时，我上台了。我列举出学生们近期的种种"个性"表现，问道：这样的"个性"是不是也该张扬，也有利于成才呢？大家沉默了。过了很长时间，才有人上台来，但语调变了。有的学生说，适度的批评和自省有助于健康成长。

我引用了台湾师范大学吴武典教授的话："资优教育向来重视人格教育。"吴教授为资优学生规划出一个需要具备的走向成功的阶梯式特质，要求资优学生每日四省己身：是否了解自己，接纳自己；是否力求精进，尽力而为，不断进取；是否常怀感恩之心；是否尽力帮助别人。

有的学生说，个性强调的是"独"，而现代社会更需要的是合作，要做到个性与合作的统一。他讲述了著名科学家富兰克林的故事。富兰克林早年性格非常乖戾，无法与人合作，做事经常碰壁。在失败中，他为自己制定出13条行为规范，并严格执行。他说："合作是铺就成功之路的基石。"教室里安静了，从学生们的表情上我看出他们都有了不小的触动。

我再次上台说："世界的文明中有许多是聪明人创造出来的，世界的灾难中也有许多是聪明人的'杰作'。聪明如一把双刃剑，可以建设，也可以破坏。一个聪明的具有爱心的人，才不至于造成社会的不幸。因此，我希望同学们要先成人，后才能成才。现在不只是训练我们有聪明的头脑，更要使我们具有负责任的态度和健全的人格，让利己与利人并进，造自己之福，更造社会千万人之福……"教室里响起了热烈的掌声。

为使同学们进一步增强合作意识，从高一下学期开始，我就有意识地把班级管理工作交由同学们自己去完成，让他们自己去制定《行为自律公约》，相互督查检查；自己组织各种学习比赛、演讲辩论、课外实践等活动，在活动中寻求合作，养成互助意识。

高三时，学校举办秋季田径运动会，我把有关事情交给班干部后，便放心地参加学校组织的旅游了。后来得知，全班同学没有一个缺席，运动员们努力拼搏，其他同学则组成了出色的宣传队、啦啦队。最终，我们班广播操比赛获得年级第一名，田径总分获得年级第二名。我既感动，又感到欣慰。

养德——基础课

高一刚开学时，往日的辉煌依旧记忆在心，学生学习兴趣浓、劲头足。一个月后，学习难度加大，上课节奏加快，有些人感到不适应，出现了思想波动，甚至有转班的念头，流露出焦虑的情绪。

有位学生以中考全市第四名的成绩进入实验班，高一第一学期期末考试成绩却排在全班后列。家长忧心忡忡地对我说："我家孩子以前学得很轻松，成绩一直很稳定。这次结果，孩子的确不能接受……"学生和家长凝重的表情令我不安。学生如果不能正视挫折、承受挫折和战胜挫折，以后漫长的人生之路该怎么走？

那段时间的班会课，主题都是如何面对挫折。我要求学生们大量搜集伟人、名人关于挫折的格言，优秀科学家锲而不舍探索的故事，以及现实生活中杰出人士曲折艰辛的成才过程的材料，相互交流讨论，并汇成一本报告册，印发给每一位学生。通过这次教育活动，大家明白了每一个目标的实现都经历了从失败到成功、不断完善、不断发展、螺旋式上升的过程；懂得了挫折后不能灰心丧气，要从挫折中奋起，才能感受获得成功的喜悦；学会了用理性的态度面对失误。德国哲学家黑格尔说过，错误本身是"达到真理的一个必然环节"。

为了克服学生们的惰性，培养他们的意志力，并配合竞赛的需要，我建立了各科学习小组，要求他们制订具体的自学计划，每两周交流一次，相互督促落实，养成自觉的习惯。高一结束时，不少学生自学完成了高中三年课程。到了高二年级，他们在"啃"大学教材的自学过程中会遇到更多更大的困难。此时，若不注意培养和磨炼他们的毅力、恒心，他们将会半途而废。暑假时，我邀请了学校前几届竞赛获奖的学生介绍当年参加竞赛过程中所尝过的酸、甜、苦、辣，讲述在激烈的竞争环境里时刻都会面临众多强手的挑战，要想在竞赛中取胜，必须顽强拼搏、坚韧不拔，表现出为实现目标而永不放弃的韧性和毅力。只要不灰心、不气馁，就能找出失误的原因，探索出克服困难的途径。他们的现身说法，进一步鼓舞了学生们学习的勇气。

班里也有经常性的自我教育活动，由各学习小组轮流主持，介绍一些科学大师、伟人的理想追求和人格风范，介绍百年桐中的辉煌办学成就，介绍校友的成功业绩，如美学大师朱光潜、文化部原部长黄镇、世界著名计算机专家慈云桂等，帮助他们树立雄心壮志，激发他们立志成才、报效祖国的信念。

成才——重点课

为了营造一种竞争的气氛，我在班上发起了一场场挑战活动，单科挑战赛、综合名次挑战赛、男女生挑战赛等层出不穷。

高二下半学期期中考试后，我发现连续三次大型考试中前两名都是女生。我召开了一次女生座谈会，充分肯定女生的成绩，鼓励她们继续努力，并提出一个要求："你们取得的成绩证明了你们可以和男生竞争，你们是否有勇气以集体的名义站出来向男生提出挑战？"

不到两天，20 名女生写下的题为《路，伸向远方》的挑战书已贴在墙上，上面写道："我们想请问男同胞，你们在学习上、竞赛中取得骄人成绩是因为天资优越吗？ 不！ 我们的眼睛告诉我们，那是你们用汗水浇灌出来的！并非你们才是上帝的宠儿。可为什么人们关注的目光总聚集在你们身上呢？我们抗议这几千年不曾改变的偏见，我们要向你们挑战！因为我们也一样有资本！我们发奋进取，时刻以坚韧的毅力，去挥洒辛勤的汗水；我们细心自省，全心全意驰骋于方格织就的练习簿上……就能够取得与你们一样，甚至比你们更杰出的成绩……”

第二天，一份题为《我们是“强者”——男士们在呐喊》的应战书出现在教室里：“……我们男生的心里都有一个愤慨的问题，三次考试第一名都是女生，凭什么，为什么？但可以肯定的是，这绝不是永远的落后，我们天生就有不甘落后的精神。在座的各位男同胞们，我们现在要做的是打一场没有硝烟的战争，一场反击战，一场翻身战……今后的考场必将是我们呼风唤雨的地方。面对各位女生的挑战，全班30位男生宣布——我们失去的，一定会夺回，2004年必将是我们的天下！”

这次男女生挑战应战，把同学们的学习劲头推向了新的高潮。

出于当初办好班的目的，我们始终把竞赛和高考作为学习的抓手，做到早着手、多投入、高要求。根据学生的特长和兴趣，各科老师选出各学科的竞赛苗子，成立兴趣小组，制订严密的学习计划，在学生自学的基础上，利用周末和寒暑假时间，加强辅导，拔高学习。我们还采用请进来、送出去的办法，请往届竞赛获奖选手介绍参赛经验，送学生到中国科学技术大学奥赛培训班接受培训。这些都取得了良好的效果。

进入高三，各科竞赛基本结束，参加竞赛的学生如释重负。虽然参赛学科成绩明显上升，但其他一些学科表现出不尽如人意之处。我给学生们做了大量的赛后心理调整工作，对他们明确提出，要安心学习，以优异的高考成绩再一次证明自己的实力。我以“木桶理论”告诉他们关键是找出自己的“短板”，不能因一科成绩影响整体成绩。我说，看一个人不是看他拥有多少潜力，而是发挥了多少潜力，著名物理学家丁肇中在学校中并非出类拔萃，只是中上而已，但他后来把潜能发挥到极致才取得巨大的成就。

回顾桐中首届理科实验班三年历程，我觉得艰辛又充实。本届实验班也取得了骄人的成绩，在数学、物理、化学、生物、信息技术五科全国奥赛安徽省赛区中均有一、二、三等奖，共有八人次获一等奖，其中，郑劼同学获一等奖三次，程安顺同学进入省化学奥赛第二轮集训队。2004 年高考也取得了辉煌的成绩，全班 50 名学生 600 分以上有 25 人，两人考入清华大学，其中，郑劼同学进入清华大学数理实验班（当年安徽省仅两人），七人考入中国科学技术大学，多人考入上海交通大学、同济大学、中国人民大学、天津大学等院校。应该说，达到了学校当初办班的目的。

我虽然在实验班班级管理中积累了一点经验，但也清醒地看到我们与省级理科实验班相比有许多不足，我们在竞赛上还没有冲出省队，还需继续向国家队进军，还需不断实践和总结，探索出适合桐中理科实验班的办学模式。作为一名在桐中工作 30 多年的老教师，我愿继续为桐城教育事业尽一份绵薄之力，根扎一线教学，稳站三尺讲台，和青年教师一起，为桐中教育教学添砖加瓦。

（作者系桐城中学教师）

为了忘却的怀念

吴东明

若非同事之鼓励，倘无妻子之信任，或许，我对母校桐城中学的记忆将永远尘封在内心深处，不能诉诸文字。我确信，时间可以改变一切，可以抹平伤痛，甚至使人面目全非，但无论世事如何变迁，心中那份对往昔的怀念都将永不褪色。

1980 年，我考入桐城中学初中部。当时每个年级有四个班，我所在的 104 班是语文实验班。班主任是教语文的高之文老师，她个子不高，胖胖的，虽说是女老师，却十分严厉，但并不让人畏惧。某天，《安徽日报》上刊登了一篇关于桐城中学银杏树的文章，我便把这张报纸带到了教室，并在语文课之前交给了高老师。于是，这节语文课的内容就是欣赏报纸上的那篇文章。那节课，我听得格外认真，又满心欢喜。

数学老师是孙镇，他对学生要求严格。当我成为他的同事后，才发现孙老师不仅爱说爱笑，并且平易近人。最佩服他在黑板上随手画圆，那真是首尾相连、严丝合缝、不椭不扁。

英语老师是陈友三，他和蔼可亲、笑容可掬，讲课时抑扬顿挫、娓娓道来。他的为人和教书风格，让我对英语产生了浓厚的兴趣。每次考试，我的英语成绩在所有学科中总是最高。

教理化的分别是彭年老师和慈格林老师，当时他们还是 20 多岁的小伙子，长得很帅气。我最喜欢理化实验，老师的讲解不仅提高了我们的动手能力和观察能力，还使我们发现许多奇妙的现象和事物的规律。

音乐老师是年轻貌美的王洪流，她提升了我的艺术素养，帮助我在大学成为一名学生会文艺部部长。

体育老师是胡万胜，我参加工作后，他是我的组长，对我的成长给予了很大的帮助。

老师们当初的样子历历在目、清晰可见，无论是威厉还是和善，他们都是我的恩师，是我人生道路上的启蒙者和引路人。

1982 年，桐中迎来了 80 周年校庆，当时我读初三。记得外交部黄镇部长回到了母校，银杏树下、桐溪塥旁、石柱前都留下了他与师生欢聚的身影。

1991 年，我大学毕业后回到母校任教。1992 年、2002 年和 2012 年，作为一名教师，我参加了母校 90 周年、100 周年和 110

周年校庆。

我是幸运的，从学生到教师，经历了桐中的过往，见证了桐中的辉煌。

身为桐中人，我热爱母校，感谢母校，是桐中的环境培养了我，是桐中的教风鼓励了我。

1993 年，我第一次带学生参加安庆市中学生田径运动会，桐中学生打破了初中组男子三级跳远大会纪录。1995 年，在胡万胜老师的指导下，我荣获安徽省体育传统项目学校“先进工作者”称号。2016 年，我参加了安庆市第 11 届党代会。同年，桐中夺得桐城市中学生田径运动会高中组团体第一名。

打球筑场一千步，阅马列厩三万匹。近年来，在桐中领导的支持下，在体艺组全体老师的共同努力下，桐中高考体育成绩突出，硕果累累，多名学生考入北京体育大学、上海体育学院、武汉体育学院等体育名校。其中，2017 届汪晴同学以专业课综合分桐城市第一名、安徽省第 11 名的优异成绩考入北京体育大学，目前在该校读研。

怀念母校。此情可待成追忆，只是当时已惘然。我在美好的少年时代，遇到了敬业奉献的老师，虽然当时的我尚不懂事，但这片神奇的土地和老师的谆谆教诲让我与桐中结下了不解情缘。

感谢母校。我有幸参与母校的发展，良好的校风使我得到了进步、收获了荣誉。因为母校有勤恳钻研、乐教善教的好同事，桐中体育之花才绚丽多姿。

祝福母校。心存希望，老去也是一种力量。再过几年，我将退休，但我的学生周兴广、齐小玮、金黎等都已成为桐城中学的架海金梁、中流砥柱。尽管我不是他们的班主任，但师生情谊如同桐溪塥之水，清澈见底，绵绵不断。江山代有人才出，各领风骚数百年。

希望全体桐中人牢记习总书记“我们的教育要培养德智体美劳全面发展的社会主义建设者和接班人”的教诲，以 120 年校庆为契机，砥砺前行，续写华章。

（作者系桐城中学初中部 1983 届校友，桐城中学教师）

第二辑

桐学，万里归来仍少年！

八十年前的母校记忆

李思三

我是在81年前(1941年春)风雨如磐的年代进入桐城中学的,当年我12岁。正巧碰上桐中恢复高中部,刚从舒城晓天七临中初中毕业的姐姐也进了桐中,哥哥早一年插班读桐中三年级,这样我们姐弟三人同时成为"高峰入云,清流见底"的桐中的学生了。"国破山河在",只要有书读,当时是不挑选学校的。

校长史化成老师,当时40多岁,偏瘦,个子不高,精力过人。由于他忙于访聘教师、解决学校战时管理的诸多困难,还要筹款买地,在校时间不多,不常见到他。学校的事务主要由教导主任吴一清老师主持。

乡贤孙闻园先生经常来校,与史校长商量学校的建设和发展问题。来校的乡贤还有潘赞化先生和黄师岳将军。潘赞化先生在桐城公园办了一个练习打太极拳的班,让大家增强体魄,以御外敌。黄师岳将军当时任桐(城)怀(宁)潜(山)师管区司令,来校做过一次演讲,主要讲他护送西南联合大学师生从长沙去昆明的艰难历程,勉励同学们在艰苦环境中努力读书,报效祖国。

初中三年,级任导师先是徐洁行先生,后是程海曙先生。其中,程海曙老师教我们三年级语文。现在记得名字的老师还有三位:博物老师史凤和先生、体育老师兼童子军团长刘心如先生、音乐老师徐士慧女士。

还有两位老师的形象想起来宛如昨日。

数学老师在讲圆周率的时候，不是要我们死记硬背3.1415926，而是把圆周率的来龙去脉说得一清二楚。他在课外会讲一些数学趣事，例如在非欧几何中三角之和不等于180度，以及以7为分母的数字循环等。

历史老师在讲梁唐晋汉周和五胡乱华这两段历史时，除了说明这两段历史在当时的负面影响，还讲了这些少数民族进入中原地区对中华文化作出的贡献。

前期，我们的宿舍在西校区，没有床，两排大通铺，每人分到1尺8寸宽的床位。国难当头，绝大多数学生家庭经济都十分困难，很多同学只有一床棉被，有盖的就没有垫的。于是，两人合作，一垫一盖，睡一个被窝。好在妈妈给我缝了被褥，我没有和他人"肌肤相亲"连带闻臭脚。睡觉转身困难，因为会惊醒左右的同学。

后期，学校在东校区饭厅的东面，越过桐溪塥，建了东西向的四排宿舍，我们住进了这个新宿舍。虽然是上下铺，但有了自己的天地，睡下去太舒服了。

上课没有教科书，更谈不上参考书。除了语文和英语由授课老师编写一部分教材石印发给我们外，其他所有课程均靠老师板书，学生记笔记。同班有一位姓叶的同学，负责英语石印的书写，获得一些报酬补贴家用。

大部分同学用毛笔记笔记，少数同学用钢笔尖蘸墨盒里的墨汁，行笔快速，让人羡慕。晚上自习，一人一盏或两人共用一盏菜油灯。灯盏内盛菜油，灯芯用灯草，用一根灯草还是用两根灯草，要犹疑半天。我平时只用一根灯草，临近考试才用两根。荧荧灯火，埋头学习。

因为敌机常来桐城轰炸，史校长筚路蓝缕，筹款在毛河买了一片山地，披荆斩棘，建了十几间茅茨土阶的房屋，作为临时校舍。课桌和课椅都是一条条长木板，新采伐的木料飘出一股芳香。

只要是晴天，早餐后，同学和老师结队经过仙姑井去毛河上课。中午由城内学校伙房做好午饭，挑到毛河供学生食用。下午课毕，结队返城。每天有一位同学轮值，留城作为监厨。我轮到过一次，不巧遇上敌机轰炸，虽然后山有防空洞，但我初生牛犊不怕虎，没有去，而是靠在一棵树下，目睹炸弹下落。事先学过的防空知识告诉我，如果能看见炸弹就不会有事。果然，那次是崔家坟一带中弹，我是有惊无险。

毛河附近有一条小河，我们经常中午去那里游泳、跳水。水下有乱石，有一位同学因为跳水受了伤。前几年我去过毛河，想怀古一下，寻找那个梦中的临时校舍旧址，遍寻无着，访问了不少人，均懵然不知。

学校收取的餐费不多，只能管吃饱饭，菜就少得可怜了，炒黄豆当菜的次数最多。有一个约定俗成的吃菜法规：搛菜时，筷子只能与桌面垂直（一次只能夹到一粒），不能平行或半平行（一次或能多得几粒），叫作“只能骑马，不能抬轿子”。每个星期六的下午我都要走 30 里地回孔城的家，星期天返校时带一罐辣酱或萝卜干，以至于后来几十年闻到腌萝卜的味道都很难受，哪怕是有名的杭州萧山萝卜干。

校舍中间是一块大操场，面积比标准的运动场略小。操场里只有一个沙池和一个篮球场。课外活动时，高年级同学在操场上打篮球或踢足球，没有我们这些低年级同学的份。篮球和足球都是战前留下来的，格外珍贵，由刘心如老师亲自保管。足球，大多时候是乱踢，看谁踢得高，取名叫踢高射炮。篮球，有时候有班级比赛，裁判是别班同学，判罚都喊英语，如“out side”“jam ball”“two men”等。

有一位叫陈发云的高年级同学，球打得好，投篮准，运球也很漂亮，只要他在场，看的人就多，用现在的话来说就是他的粉丝多，包括我（因此，我到现在都还记得他的名字）。操场的北端有一个露天舞台，供全校开大会用，在上面举行过全校歌咏比赛，也演过话剧。

当时流行的几首歌，包括《义勇军进行曲》、《流亡三部曲》（《松花江上》是其中第一部）、《生死已到最后关头》和《救亡进行曲》。教音乐的徐老师是一位同学的姐姐，年龄不大，可能高中毕业不久。教我们唱《松花江上》，唱到“哪年哪月”的时期，只见她泪流满面，同学们也都哽咽地唱不出声。80 多年过去了，这些抗战时期唱的歌，我还记得，能够唱出来。

半山阁是桐中有名的建筑。楼上对我们来说很神秘，在校三年都没有上去过。每次大考小考，晚上听见工友在楼上油印考卷。1943 年冬，快要毕业了，再见不知何期，几个要好的同学想在一起说说话。时间定了，农历 11 月 15 日，桐城有句话，“人生几见月当头”。地点也定了，半山阁下小门朝西的一间小屋。几个人在小屋里说了一夜的话，不过忘了看“月当头”。前几年回桐城，半山阁下朝西的小门不见了。

除了半山阁这个历史文化遗产，桐中还有一棵桐城派开山人之一姚鼐手植的树。20 世纪八九十年代回乡，我还拜见过。

逝者如斯，往事如烟也好，不如烟也好，谈起来有点像白头宫女。访旧多为鬼，几十位同班同学，现在有联系的只有两位：安庆市的徐智宏和台中市的徐启文。曾经有联系的乔祥生、左克安、叶

华，陆续仙逝了。没有联系但还记得名字的有：严一伟、彭受益、彭儒文、赵克鼐、吴文光、叶广用。祝愿所有没有联系过但仍健在的同学都健康快乐。

（作者系桐城中学初中部1943届校友）

铭记母校

张泽润

我和姐姐张泽娴是桐城中学1956届高中毕业生。我家与桐中有着深厚的渊源。我的三祖父张家翰1930年7月至1932年2月任桐中校长,我的伯父、父亲、舅父均毕业于桐中,我的二姐、大妹、堂兄、表兄、外甥女等十余人也都毕业于桐中。

我与桐中的同学们同窗六载,结下了深厚的情谊,留下了许多难忘的记忆。可惜那时经济条件都不好,以致初中和高中连个集体毕业照都没有。刚毕业那几年,书信不断;随着时间的流逝,联系渐少,除在合肥的同学常有聚会外,没有组织过跨省的同学聚会。直到2018年,姚志鹏同学建立了"桐中好友"微信群,部分同学在群里取得了联系。转眼间63年过去了,我们都到了耄耋之年,有的同学已离开人世,有的同学疾病缠身。越到暮年越是思念同窗共读的学友,渴望有生之年再欢聚一堂,共叙六年同窗之情,回顾曾经壮丽的事业,畅谈自己的人生趣事,交流晚年养生保健的体验,不亦说乎!

于是,我和张家余、王永谋发出倡议,组织一次聚会,得到部分同学的支持。经过一年时间的认真准备(包括收集同学们的信息),聚会于2019年5月4日在桐城如期举行。桐中校长罗伟等校领导给予大力支持,座谈会在桐中办公楼二楼举行,校方为我们制作了"桐城中学1953届(初中)1956届(高中)校友聚会"的横幅，我们向母校赠送了“铭记桐中”的锦旗。当年的老师中，唯一健在的、97岁高龄的英语教师朱益群先生参加了见面会。

与我们毕业时相比，如今的校园变化极大，新的教学楼、实验楼、科技楼、图书馆、餐厅、学生公寓、运动场都达到了现代化水平，几个古老的景点，如半山阁、惜抱轩、银杏树、老图书馆、吴汝纶先生题写的“勉成国器”匾额、方守敦先生题写的“高峰入云，清流见底”花岗岩石柱和我们常在上面荡秋千的紫藤树，仍然熠熠生辉，往事便又历历在目。

来到我们挑砖盖起的教学楼前，思绪万千，我们“勤班”的班主任是几何老师方不圆，他个头不高，脸黑而瘦，对同学严厉而又真诚、热情，威信极高，不少同学毕业后都与他保持联系。代数老师是慈昌淦，他从桐中毕业后留校任教，一手漂亮的黑板字和整齐的算式令人赏心悦目。他语言精练，逻辑性强，激发了同学们对代数的浓厚兴趣。

我父亲教三角和立体几何，物理老师是施国新，化学马老师、历史老师吴仲候、经济地理老师吴祚宁，他们都各有各的教学特点，篇幅有限，不再赘述。

中午，恰逢放学，在熙熙攘攘的学子流中，我们截住了一波，和他们合影。我们仿佛回到了当年，心情格外舒畅。

聚会结束后，我制作了一本题为《铭记桐中》的相册，并赠送母校一册，留作纪念。

桐中的那口铜钟，已经敲响 120 年。忆当年，住在东门城外的我都能听到那起床和熄灯的钟声，清脆入耳。我想，只要人类还存在，桐中的铜钟就会一直敲下去，敲得人才辈出，敲得桐中欣欣向荣。

怀念姚沛生先生

我们那一届，高中两个班，(1)班叫“勤慎”班，(2)班叫“友爱”班。三年级时，枞阳中学因水灾，毕业班同学借读桐中，故设第三班，叫“劳动”班。

我在“勤班”，语文老师是姚沛生。我也很喜欢“友班”的语文老师宋君达，他教古诗词时，那拖长声调、有韵味的朗读常从隔壁教室飘入我的耳朵，令我陶醉。姚沛生老师不会像宋君达老师那样朗读，但他有自己的教学方法，同样能引人入胜。记得在讲《智取生辰纲》一课时，他先用三个课时将《水浒传》中“智取生辰纲”之前那段故事娓娓道来，同学们听得如醉如痴。有了前面的铺垫，《智取生辰纲》这一课就好讲了，还引发了同学们看《水浒传》的兴趣。他的作文课也很灵活，有命题作文，也有自选题作文，课堂写不完，可以课下继续写，第二天再交。这就极大地激起了同学们写作文的兴趣。记得一学期下来，一本作文本我不够用，通常用两本。一篇《夜晚捉麻雀除四害》的自选题，以纪实文学的方式写了大半本。每每有好的句子，老师都要用红笔圈点，评论也很到位。老师发作文本时也有讲究，虽没有打分，但按照写作优劣的顺序发放。我也获得过“头一个”发放，多数时候发放“靠前”。工作后回桐城探亲时，我都要去看望姚沛生老师。他侃侃而谈，拿出他的新诗作让我欣赏。可惜当时没有抄录下来，后悔莫及。

每当我提笔写点东西时，姚沛生老师的音容笑貌便出现在我的脑海里，我深切地怀念他。

（作者系桐城中学1956届校友）

铭 记 桐 中

张家余

安徽省桐城中学，我敬仰的母校。

66 年前母校的许许多多往事，总让我魂牵梦绕、难以忘怀。

严而慈的课堂提问

仅有几十分钟时长的一节课，许多任课先生都会从中拿出十多分钟的时间，用于课堂提问。教语文的姚沛生先生，就是这么做的。

上课伊始，姚先生便叫起一位同学并向他(她)提问：你的作文(或课堂练习)本上××处×字写错了，为什么写错了？应该怎样写？

如果该同学回答不上来，先生不会轻易放过，并予启发；如果回答不够到位，先生会给予引导。我注意到，先生表情严肃，但他眼镜上方的空隙处，却流露出一道慈祥又期盼的目光。

如此，先生一次次叫起一位又一位同学，问他们一个又一个问题并重复上面的做法。这虽是课堂上的一对一教学，却让大家都受益匪浅。

寓 教 于 乐

一次几何课上，方不圆先生告诉同学们：“下午第三、四节课外活动时，我领同学们去校园后面的大河湾活动。”大家欢呼雀跃。

彼时，方先生头戴鸭舌帽，手拿卷尺，领着大家出发了。翻过一座小山，我们来到了龙眠河畔。只见河面及两岸开阔，水流湍急，无人能够渡越。正当同学们兴致勃勃地欣赏河景时，先生突然提出了一个问题：眼前的河面有多宽？有什么方法可以测量？

同学们面面相觑，毫无思绪。少顷，大家不约而同围到了先生跟前，用期待的目光看向先生。先生说道：“有一种易行的测河宽的方法，我来演示给你们看。”

首先，在河沿两侧，设置相对两点（河面宽度最窄处），记为 A、B，分别在河对侧与河这侧。然后，用我头上帽舌最前端，作为观测点，下面开始测量。

第一步，调整好头部俯仰姿态，让视线正好穿过观测点，看到河对侧的 A 点，将此时脚踩地面点命为 C；第二步，保持头部俯仰姿态（像机器一样）不变，身体稳步退行，当视线随之移动到看见河这侧的 B 点时，将脚踩地面点命为 D。用卷尺测量 C、D 间长度（先生吩咐两名同学去做的），即可测得河面的宽度。

先生歇了一下，强调说，可以证明 $CD \parallel AB$ 且 $CD=AB$；测量过程中，保持人的头部俯仰姿态不变是关键，这决定了测量的精度。

经过先生的演示与解说，大家豁然开朗。原来，课堂上学到的平行线理论，实际竟有如此妙用！

多么令人兴奋、快乐的课外活动啊，大家从心底感激先生给予的引导与教诲！

多彩的晚自习

为了提高教学质量，学校决定实行在校集体晚自习。

晚上，偌大的教室里，点亮一盏汽灯，那是学校免费提供给同学们上晚自习用的。室内锃光瓦亮，学习环境得到极大改善。

班主任方不圆先生，为了照顾晚自习，晚上干脆住到学校宿舍里。好几位先生也来到同学们身边。他们走到同学们座位旁，低声细语地解释，有的甚至补起课来。

我体会到，作为高中生，应该做好自学。晚自习是一种自学的好途径，即使到了假期，自己也要坚持下去。

暑假，天气酷热，尤其到了晚上，难以在室内学习。在先生的授意下，将一张小桌搬到室外，放上一盏小马灯和两盆凉水（一盆放在灯旁，吸引蚊虫；另一盆放在桌下，两只脚放进去防暑），继续上晚自习。到了寒假，几名要好的同学聚到一起，合伙买灯油，互助晚自习。就这样，多彩的晚自习，坚持不懈，收效显著。

搭　　伙

有一天，方先生把我叫到半山阁内他的办公桌前，开门见山地问我："每天早上，你是不是不吃早饭？"我心中一惊，先生怎么看出来的？我告诉他不吃早饭，确是实情，家中既供我上学又管我生活，确实捉襟见肘。每天上到第四节课的时候，肚子就不争气地咕咕叫，口中冒酸水，我掐着自己坚持听课。

先生的洞察力太厉害了！我还没来得及回答，他温和地向我建议，到学校来搭伙吧，只吃早餐，交不了多少米和加工费的。他还说，他和总务处联系好了，前去办手续即可。我照办了，吃上了美美的早餐。

从此，一上午不再挨饿，精神抖擞，师恩难忘！

默默地支持

一天，校党支部负责人发给我一份“入党志愿书”，告诉我不得涂改。我正发愁去哪里静心地填写，只见吕宣泽校长面带微笑地朝我走来，他主动言道，到我的办公室去写吧，那里安静，不会受到干扰。说完，他径直走开，忙别的事情去了。我心中一荡，吕校长虽然本人不在党，但是他用实际行动支持我，支持我加入光荣的中国共产党啊！

心　愿

母校将迎来120周年华诞。母校有如母亲，她的大爱教养，让我拥有了崇高的理想，赋予我开疆拓土的智慧和技能。

铭记桐中，愿我的母校以“勉成国器”为己任，致力于立德树人，在新百年里，走向更高的辉煌！

（作者系桐城中学1956届校友）

难忘那盏灯

刘之敬

1954年，盛夏大水，隆冬大雪，生活在那时的桐城人，一定记忆犹新。这年秋季，我们在桐中读初三上学期。我们初三“前进班”教室是一幢砖瓦平房，坐落在桐溪塥流经校园的东侧。桐溪塥流水潺潺，清澈见底。教室的背后是物理实验室。

两房之间的院落内，有棵年长的核桃树，春夏风华正茂，秋冬硕果累累，有时还能尝到那鲜果的美味。我们的班主任、物理老师胡铁群先生，也许是兼顾工作的需要，就居住在这个区域。

一个大雪纷飞的清晨，听到铛铛的起床钟声，我一骨碌爬起来，做好课前准备，踏着吱吱作响的积雪来到教室，借助黎明的微光，触摸到自己的桌椅，拿到要读的课本，但无法看清书中的字句。

这时，教室里射来一束灯光。我抬头一看，原来是班主任胡老师手捧一盏玻璃煤油灯进来并把它放置在讲台桌上(那时候学校还没能用上电)。这正是他家天天用的那盏灯。

同学们急切渴盼的光亮,胡老师给送来了!这是真正的雪中送炭啊!在教室里的几位同学都无比感动,情不自禁地同声说:"谢谢老师,老师辛苦了!"老师说:"同学们,努力吧,马上要期末考试了。"

话音刚落,他转身踏上雪地又咯吱咯吱大踏步走了。此时,虽有琅琅读书声,但我脑海里全是老师和蔼可亲的面孔和语重心长的话语。

一盏灯虽小,但它放射出的光芒却温暖人心,温暖了那个冰雪覆盖的寒冬早晨,温暖了每一个为学者求索的心灵。"为人师表,教书育人",正是渗透在这看似平凡的点滴之间。老师们为莘莘学子点亮的不也正是那盏战胜寒冷和黑暗的光明之灯、心灵之灯?

1962 年,桐城籍安徽师范大学(当年是皖南大学)毕业生在桐中实习。正逢 60 周年校庆,我以实习生带队负责人和校友的身份在庆典上发言,讲述了这盏灯的故事。

后来的几十年,这盏灯常常在我的脑海中浮现。转眼又是一个甲子,我再次将它讲述出来,与大家共勉,为校庆献礼,并祝福我们的母校永续辉煌、桃李芬芳!

(作者系桐城中学 1958 届校友)

母校两年半

郑学海

与桐中结缘

近代桐城文风昌盛。无论家境贫富，父母都会想方设法让子女上学读书。

我6岁时破蒙入乡小，13岁时考入当时集中于桐城十所中学之一的孟侠中学。说起孟侠中学，当时无人不知。它由著名革命活动家、同盟会会员潘赞化先生于抗日战争时期创办，原校址位于后来的龙眠河边、紫来街北边的桐城农机厂。学校只有几座不规则的房子，没有像样的操场。时临解放前夕，通往城里的唯一通道东门大桥由广西驻军控制，不让一般人通过。我只去过桐中一次，极为羡慕那宽大的操场与林木葱茏的公园。

解放后，外地的中学都搬走了，只剩下本地的桐城中学。孟侠中学迁往安徽省当时的省会安庆，我也便失了学，回到乡下成了放牛娃。放牛的时候，我常常幻想着能有再次读书的机会。每次外出放牛时都会带上旧课本，还订阅了八分钱一期的时事半月刊《展望》。

意想不到的是，失学五年后的1953年，春节刚过，我得知桐城中学要招收初一插班生的喜讯。我丢下黄牛，去县城应试。记得一个上午考了四门学科。政治和语文因放牛时坚持看书阅读与了解时政，得分不低；英语只会写几个单词，只得 20 分；数学获得满分。读书梦又得以实现！当时桐城中学初一年级共有八个班，每班只招一名插班生，竞争非常激烈。我被安排在(1)班“团结班”。

虽然 18 岁了，但一个辍学多年的放牛娃，突然来到首屈一指、自己仰慕已久的新学校，犹如刘姥姥进了大观园，一切倍感新奇。记得第一次看到同学玩扑克牌却不得其解。桐中校园环境优美，幽静的公园里林木葱茏，宽大的操场平整大气，还有一条穿越校园的潺潺清溪。只有前后两道门与外面相通，沿着公园大道，出前门外面就是热闹的北大街，走后门穿过一段石榴园小路，可去龙眠河洗衣服。校园内浓郁的学习氛围，与我久居的乡间及校园周围的闹市截然不同。我很快被各科知识内容吸引，沉浸、遨游在知识的广阔海洋里！

桐 中 点 滴

插班就读桐中，改变了我的人生道路。师长的谆谆教诲，也留下了难以磨灭的印象，使我终身受益。耄耋之年，仍记得点滴。

时任校长吕宣泽先生，对学生非常和蔼。我家境贫寒，雨天没有胶鞋就穿着自制“木套”。他看到后，只轻言细语对我说在学校不能穿这个，并没有一丝责骂。有一次回家，我想买几颗糖果给弟弟(小我十多岁)，但身无分文，便大着胆子向他借，他给了我两毛钱，说不用归还。

时任教导主任笪耀东先生常在操场北端的大讲台上给全体学生训话，他的声音高亢有力，极具感染力，严肃校纪、校风，激励每位同学都努力学习，“勉成国器”。

班主任路晃先生，是音乐老师。每周只有一节音乐课，在公园边的小音乐室里讲授。一节课要学一首新歌，几乎没有音乐基础的我颇感吃力。我常在课后去他的房间，得益于他的悉心指导，很快学会了看简谱，再经课后自觉练习，也能学会新歌了，并且日后凡喜欢的歌曲与戏剧音乐，都能自己慢慢学会。后来，我做老师时还兼任过音乐老师。

美术老师（我忘记先生的姓名了）身体不太好。有一次美术考试，他为我一个人特意延长监考时间半小时，使我得以画完一幅水彩写生，得了稀罕的 90 分。还有金雨先生，负责教务，还一直负责敲钟。桐中浑厚、悠扬的钟声，永远回响在耳畔……

奉献山区教育

当年桐中初三有八个毕业班，而高一只招收两个班，还是全安庆地区统招。我因身体等原因不幸落榜，次年因不好意思见已录取的同学，遂报考了安庆一中，后来就读于皖南大学（现安徽师范大学）数学系。因此，我的桐中学业只有短暂的两年半。1963 年大学毕业后，我自愿去了贫穷落后的大别山山区岳西县，扎根这块红色革命根据地，做了一辈子老师。几十年勤勤恳恳，教书育人，为山区教育事业鞠躬尽瘁。尤其是退休前的十年，从职业中学校长岗位调任岳西师范（现岳西教师进修学校）函授部主任，从事民办教师的中师学历培训工作。当时有近千名小学代课民师，这些长期从事相对繁重教学、工资待遇极差、时常受到歧视的特殊阶层，因参加函授培训，基本上都获得中师文凭，顺利转为正式教师，很多成为学校的教学骨干。

桐中两年半，给我的人生带来根本转折。本是乡下放牛娃，经桐中人文的熏陶而成为一介书生；继续学习后，终于成为一名中学教师；后被聘为高级讲师，我也将毕生精力献给了教育事业，也算是桃李满天下。

（作者系桐城中学初中部1955届校友）

铸魂育人的力量

李邦君

安徽桐城是生我养我的故乡，桐城中学是培育我成长的摇篮。我能从一个地地道道的农村孩子，到上大学、进上海市委机关工作、走上大学的教学岗位，为社会主义建设作贡献，母校功不可没。从某种意义上说，没有桐中，就没有我的今天。

我之所以对桐中充满自豪，是因为桐中给了我知识，给了我思想道德的引领，给了我工作能力和前进的动力。我在桐中高中三年读书期间，亲身感受到桐中的人文气息和师德风范，以及好学上进、奋发努力的育人环境。这种育人环境，内含着“勇当大任，志在争先”的桐中精神。这种精神是桐中自建立以来师生员工实践经验的凝结，也体现在桐中教育教学思想、严格的校风校纪和优良的人文环境上。这是支撑我学习、工作的无形力量和精神动力。

我于 1956 年进入桐中，当时桐中分初中部和高中部，我就读于高中部。在桐中的三年，正逢三年困难时期，但桐中人并不因为困难而消极对待教育教学，相反，更加展现出桐中精神的育人力量。我在这三年中经历了几件事，铭记在心，难以忘怀。

在油灯汽灯下上晚自习

我在桐中读书时，学校是没有日光灯的。那时晚自习先是用油灯，后来用汽灯。就是在这种情况下，学生坚持上晚自习，教师晚上坚持备课和辅导。我记得，我们在教室上晚自习到11点钟时，看到楼下住校教师办公室的窗口仍然一灯荧然。我看到这情景，有时拿一点从家里带来的芝麻粉到老师办公室与老师一起享用。当时师生这种挑灯夜战、刻苦工作和学习的场景，至今记忆犹新。

接受一流教师的教育

社会上有一句名言："上学要一流学校，读书要一流教师。"我很幸运，遇上了一流学校和一流教师。桐中从建校起就荟萃了一批又一批师德高尚、业务精湛、爱岗敬业、诲人不倦、具有人格魅力的一流教师队伍。

在我读书期间，教我们的老师，个个优秀，如数学老师慈昌淦、方不圆、陈维谐，物理老师方愈、施国新，语文老师姚沛生（姚鼐族孙），外语老师张家章（张廷玉裔孙），生物老师王铎等。他们教学严谨、严格、严明，教学态度认真，教学方法灵活，关心学生，精心指导学生，令我印象深刻，终身受益。

有三位老师对我影响最大。一是物理老师施国新，不仅教给我们物理知识，还注意学生的学习态度。有一次，他发现我的物理作业字迹潦草，便直接把我叫到办公室，把作业退给我，让我重做。二是外语教师张家章，教俄语极其认真。他发现我的卷舌音发不好，就跑到课桌前，让我张开嘴，观看我的舌头卷的部位，指导我正确发音。三是生物教师王铎。他见我参加农医班学习（当时为迎接高考，高中分数学、物理和农医等班），对生物感兴趣，就送给我一本《植物学》，帮助我学习。这本书跟随我很多年。这些老师，不仅当时对我影响很大，而且是我后来走上大学课堂教书育人的楷模、学习的榜样。

深刻的革命传统教育

就读桐中，我不仅获得知识和学习能力，而且深受思想道德和革命传统教育。三年中，有两次最深刻。

一是1958年纪念“一二·九”运动。这次纪念活动的形式是全校举行演讲比赛，我是高中部参赛选手之一。在写演讲稿的过程中，班主任高尚根老师认真帮助我修改。不仅帮助我弄明白“一二·九”抗日救亡运动的历史事实和发展进程，还帮助我提高对开展纪念活动重大意义的认识。

我的初稿对当时北平(北京)大中学生走上街头举行抗日救亡示威游行的运动场景和形势分析比较平淡，高老师让我在刻画运动形势时加上“风起云涌”四个字，就可以把爱国学生纷纷走上街头和各方面联合抗日的壮观场面凸显出来，突出以学生为主体、各方面力量参与的广泛的爱国运动。经高老师的指点和修改，演讲稿写得比较深刻且生动，演讲效果比较好，获得全校第一名。我也从中深深接受了一次爱国主义教育。

二是1959年毕业前夕，聆听了老校友黄镇将军的报告。黄镇将军参加过二万五千里长征，新中国成立后担任中国驻印度尼西亚大使。1959年，他回国述职。休假期间，他特地择道回桐城探望。他来桐城的第二天就到母校，在史耀民校长的陪同下到大礼堂给我们作报告。

他讲了回桐中的所见所闻，勾起了他在桐中读书时的往事。当他讲到进桐中校门道路两旁的参天大树是他们亲手栽种的时，我对这位老校友肃然起敬。随后，他讲到在校读书时如何勤奋，如何得到学校的栽培，又如何走上革命道路、参加二万五千里长征等，给我们进行了一次切实的革命传统教育和人生观教育。我听后，不仅对这位革命家产生崇敬心情，还在心底里立志向这位老学长学习，学习他勤奋好学的精神，将来为国家作贡献。

认真参加校体操队锻炼

母校注重人的全面发展，重视德智体美的全面培养。在读三年，我坚持上每周的体育课，还参加体操队活动。在体操队里，经常做单杠、双杠、跳马、吊环和垫上运动，增强体质。

一次练习跳马时，把鞍马直过来，腾空跳直鞍马。由于我起步较慢，腾空不高，人虽跳过鞍马，也做了一个前滚翻动作，但着地时碰到跳箱边缘受了一点内伤，咳嗽带血。老师见此状，让我暂停训练，还到办公室拿出自己的伤药给我吃。由于伤不重，第二天就没事了，正常参加各项训练。我在体操队以跳箱为主，除了练直跳和前滚翻动作外，还要在箱子上做一些直撑交叉摆腿动作。

练兵百日，用兵一时。最令我难忘的是一次学校邀请安庆各学校来参加桐中举行的体操表演赛。那是 1958 年暑假，体操表演在大操场举行。那天操场上红旗招展、锣鼓喧天，各校体操健儿展示各种运动项目。我仍然参加跳箱表演。由于平时训练有素，表演时又有一种为校争光的心情，跳箱一跃而过，比较顺利。这次是体操表演赛，不评定名次。这次活动联络了校际感情，扩大了学校的影响，对参加者而言是很好的体育锻炼机会。

至今我体质较好，与在母校坚持体育锻炼有密切关系。读书不忘体育，体育有益健康，这是我的深刻体会。

深受优美人文环境的熏陶

桐城派后期主要代表人之一吴汝纶先生创办了桐城中学，使桐中处处彰显桐城派文化气息。

桐中校园内有很多体现桐城派文化的景致点缀其中，比如体现范仲淹“先天下之忧而忧，后天下之乐而乐”名句的后乐亭、藏书楼半山阁、古人书刻“高峰入云，清流见底”的石刻柱、姚鼐书屋惜抱轩和银杏树等。

由于桐城位置特殊、桐中环境幽静，1949 年解放军二野渡江指挥部就设在桐中内。当时司令员刘伯承、政委邓小平亲临桐中，指挥部西侧三进平房就是他们的住所。他们在桐中召开师以上干部会议，部署渡江战役。刘邓大军渡长江的胜利，对解放全中国起了关键作用。桐中与有荣焉，我们也深受革命传统教育，这也大大丰富了桐中精神的内涵。

我在桐中的三年，耳濡目染，切身感受到母校的优美环境和人文精神，这一切激励我努力学习，奋发向上。每每路过和站在半山阁前，我就有一种骄傲感和自豪感，一种崇敬和仰慕之情，它是催我奋进、促我成长的精神动力和无形力量。

1959 年，我从桐中毕业，考入华东师范大学，后在上海市委机关和高校工作。无论走到哪里，只要有人问我是从哪个中学毕业的，我都会自豪地回答说：“我是从安徽桐城中学毕业的。”桐中是我的骄傲，桐中精神永远激励我前进。

（作者系桐城中学 1959 届校友）

桐花开放的母校

齐太平

1954年夏，我从桐城县城关镇东关小学毕业，直接报考了桐城中学初中部。发榜那天，招生录取的大字通告张贴在学校操场东边高中部的墙上。听人说，录取名单中没有我的名字，而备取名单中有。白天我不好意思去看榜，只在傍晚天渐黑时，趁人少，独自一人去看了一下榜。当时我懵懵懂懂觉得桐中名气大，难考。有人对我说，你要是报考南门外的桐城初中（现在的二中），也许就能考上。但我心里一心一意向往着桐中。经过一年的补习，终于在第二年，经过严格的升学考试，走进了闻名遐迩的桐城中学。至今印象还很深的是，进了校门的大道两旁、操场周边和教室前都有一些高大粗壮的梧桐树，秋日的艳阳给有点儿憔悴的树叶镀上一层金黄，在湛蓝的天空中显得很灿烂、很茂盛。校园里，铭刻着“高峰入云，清流见底”“杂花生树，群莺乱飞”的石柱高耸入云，彰显着学校高远、深邃的思想境界和充满生机的、自由繁荣的校园景象。进入二道门，映入眼帘的就是一个大操场，操场东面是高中部及半山阁、教务处、总务处、教工之家、食堂和饭厅等，操场西面是初中部和图书室（二野渡江指挥部旧址）。后来，操场北面建起了和平堂。

当时初中部一年级有“爱国”“和平”“团结”“进步”等几个班（具体几个班，我记不准了），我被分在“爱国班”，班主任是张荷生老师。班上除了从城关来的走读生外，还有一些从农村来的住校生。上高中时，我被分在(1)班，班主任是教我们化学课的佘世恒老师。有次佘老师给我的期末评语中提到“有正义感”，这个短语使我终身受益。

从1955年秋到1960年夏，我在这所学校里度过了从初中到高中的五年时光，历经一段特殊时期。我们的老师，如物理老师方愈、杨明，生物老师王铎、施国新等，上起课来十分认真，还用自制的教具、标本具体生动地演示。正是由于有这些爱国敬业、善良正直的老师的培育，母校才能在特殊时期仍给国家和社会输送了大量人才。

学校教育不能揠苗助长、强制灌输，不能像工厂那样制造统一的定型产品。我亲身体验到母校因势利导、因人施教的良好效果。在初中一次美术课作业中，我无意识地用透视法画了一幅教室的内景图，美术老师赵一尘认为我在教学范围之外独立思考完成作业，精神可嘉，特请学校教务处破天荒地第一次张榜表扬学生作业。这大大增强了我学习美术的信心和兴趣。高三年级文理科分班时，学校按学生的文理科成绩来分。我因数理成绩较好，被分配在理科班。语文老师姚沛生觉得我作文写得好，选择文科也适合。于是，我要求调到文科班，为后来我从事文化艺术工作奠定了学科基础。

近年来，我几乎每年清明节都要回家乡桐城祭奠先人，抽得出时间都要回母校看一看。尽管物是人非，看不到一张熟悉的面孔，校园的面貌变化也很大，但半山阁上“勉成国器”的匾额仍年复一年熠熠生辉。

1992年和2002年分别是桐城中学90周年和100周年校庆，母校曾号召校友返校欢庆。我思虑自己不是高位大官，不是老板富豪，不是学者名流，恐校方分礼待之，有伤自尊，便没有返校。然而，母校还托人给我带来了校庆纪念品。我感到悔悟。母校是坚守公平、正义的优良传统的，我感谢母校。

（作者系桐城中学1960届校友）

风清气正育精英

琚少文

1959年8月下旬，我同余建平、彭升远等六人一行，从人形河站乘汽车到桐城汽车站下车，肩挑被褥行囊，从和平路，经桐城文庙前至桐城中学。尚有几百米处，就看到学校门头上横写着“安徽省桐城中学”几个大字，在中午阳光的照耀下，闪烁着耀眼的光芒。

走到桐中校门前，我从心里迸发出声音：“啊，神往已久的桐城中学，今天真正目睹了您的尊容！踏上您神圣的殿堂，实现了梦寐以求的心愿。”

走进桐中大门，有一条近20米宽、平平整整三合土路面的林荫大道，直通桐中操场、教学楼。大道两旁，便是校园景观区。

靠林荫大道右边景观区内，有人工堆成的巉石嶙峋假山，假山中耸立着数丈高的四方石柱，石柱上刻着苍劲有力的“高峰入云，清流见底”八个大字。林荫大道的左边，便是古木苍翠，箐篁氤氲，显得非常恬静，图书馆就坐落其中。

我正左右瞻顾，欲再次抬望“高峰入云，清流见底”八个大字时，有几位接待新生的老生，在几十步远处就向我们打招呼，快步迎过来帮我们提行李，边走边谈，将我们分别引进事先按班级安排好的新生宿舍。然后，我们按照入学须知的要求，办完了入学手续。

午饭后，老生非常热情地领着我们沿着教学楼、操场、图书馆走进景观园小河畔林荫处，坐在光洁如玉的石凳上，向我们介绍桐城中学的情况。“桐城中学是在清宣统年间，由京师大学堂首任总教习吴汝纶创办的。吴汝纶十分重视中华教育事业，曾亲自到日本考察教育制度，他为中华教育事业作出了卓越的贡献。军事家、外交家黄镇，美学家朱光潜……都是从桐城中学走出去的。解放军渡江时，刘伯承、邓小平的渡江指挥部，就设在如今的图书馆内。”老生越谈越有精神，我们一行人越听越对桐中蕴涵着如此深厚的人文历史敬慕不已。

初中毕业后考进桐中的学生，都是学习成绩较好的学生。在这些同学中，家庭经济困难者居多数。他们考桐中就是为了考上大学，将来做有文化的无产阶级革命事业接班人。

我读初中时就失去了父母。初中毕业时，有不少好心人劝我考师范学校，或者考中等职业学校，早一点出来工作；更有人劝我找一份工作自谋生活。20 世纪 50 年代，农村初中毕业生不多。我出身贫苦，在家乡、在学校都表现好，16 岁就被乡、村两级政府推选出席县社会主义建设积极分子代表大会，家乡领导、当地社员群众对我的印象好。我在县、乡镇找一份工作是完全可能的。然而，我没有这样做，而是选择读高中，立志考大学。

在 1959 年至 1962 年国家困难的环境下，桐中师生仍坚持正常教学，主要得益于校领导和后勤总务部门对全校师生生活的重视与统筹安排。

无论是教学成绩还是勤工俭学，学校在安徽省全省都是出类拔萃的，省教育厅几乎每学年都要在桐中召开勤工俭学现场会和教学观摩经验交流会。与会的领导和老师，都盛赞桐中领导有方、教学有方，师生生活安排得好。

桐中时任校长史耀民文化素质、政治素质高，治学严谨。学校教学成绩在全省名列前茅，每届升学率都在85%左右，誉满全省，乃至全国。团委书记方尔文热心青年学生工作，为桐中的发展作出了贡献。

教书者，育人也。故而教师应拥有丰富的学识，善学、善教。孙中山先生指出：“惟必有学识，方可担任教育。盖学生之学识，恒视教师以为进退，故教师之责任甚大。”桐中的老师都是顶尖的，人人敬业爱岗并具有百年树人的精神，如慈昌淦、方不圆、张家章、何开生、施国新、杨朔、陈希、刘乐乡等。

桐中的老师，不仅学识渊博，而且道德高尚，不计较个人得失、待遇高低，呕心沥血教书育人，为国家培养精英人才。正因为如此，才有桐中全校学生德智体上的全面发展，学校的教学与勤工俭学年年双丰收。

1962年，国家高校招生名额压缩又压缩，录取人数与毕业人数相比，可谓是百里挑一。有的学校高考高校录取率为0，当年桐中高考高校录取率为82.7%，学生高考平均80分。全国各大名校都有录取桐中考生，尤其是华东师范大学、南京大学、合肥工业大学、安徽大学等高校，录取桐中应届毕业生人数均达20位。

我在桐中读书期间，一直担任学生会劳动部部长，任班级团支部书记或班长，在学校党、团、学生会的安排下，组织参加学校各项社会公益活动，还带领全班同学积极开展勤工俭学。高中阶段，我多次被评为“优秀学生”和“六好团员”。在那个年代，我们青年学生思想很单纯，除了认真搞好自己的学习、积极参加勤工俭学活动外，就是为同学、为学校、为社会做好事，为班级、为学校争光。同学之间和睦相处，亲如兄弟姐妹，老师就是亲人。

时光流逝，高中时代已过去半个多世纪，母校在我的脑海里仍记忆犹新。昔日之事，一去不复返，现在只能重读部分同学的毕业留言，追忆老师、同学间的真情。遗憾的是，有些同学由于种种原因，彼此没有留下珍贵的留言。他们在学生时代的欢颜笑语、炽热纯真的心灵、无私真诚的交往、无微不至的体贴，何时忘记过！

（作者系桐城中学 1962 届校友）

学子的依恋

薛锡祥

正逢桐城中学120周年华诞，曾在母校就读的我，感怀师恩、校恩，思念之情油然而生，借景抒怀，并向“龙眠”敬一个军礼！

母校的月夜

我的梦顺着龙眠河
游进半山阁
读“后十百年人才奋兴胚胎于此
合东西国学问精粹陶冶而成”
读“勉成国器”
读六尺巷礼让天下
读唐风宋韵
掌心捧起明月
泡一杯龙眠清芬的小花
品诗意的味道
母校的月夜，就是一首小令

仰　读

让石刻柱站立人生标杆
仰读“高峰入云，清流见底”
深悟峰举德高
底藏厚蕴
追梦学子
让青春变奏琴弦
变奏未来
在苦读中推开寒窗
推开无限

岁 月 留 痕

在桐中小楼一侧立碑
立二野司令部旧址
岁月留痕熔铸光荣
若将渡江战役纪念碑放平
犹如巨大棋盘
推演刘邓大军决策思路
决战前夕每一步棋
都能牵动桐中的心
中国命运跨江而过
在棋子上掂量风险
当千帆竞发百舸争先
石头城一声雷鸣

宣告蒋氏家族王权落幕的瞬间
龙眠河滚动扬子江欢腾的潮声

与雕像对视

在吴汝纶雕像前
静听老校长诗吟
花开兮　蝴蝶至
人困兮　亲戚疏
三鞠躬
以心对视
回归桐中起点
不同岁月
却是同样目光

祈　　愿

小雨洒向后乐亭
淋湿我记忆里的紫藤花
我的目光也被淋湿
随花瓣飘落的是泪
是思念
是我对母校的祈愿

敲　钟

时光敲响的钟
敲醒熟睡的龙眠
连石头也早起晨读
十里幽谷朗朗有声
敲醒古银杏的耳朵
落叶纷飞飘在空中听课
敲醒的惜抱轩
传递姚鼐在天之声
状元的故乡
博士的摇篮
敲钟敲智慧
读书读人生

（作者系桐城中学 1962 届校友）

六十余年师生情

方博军

1962年，我毕业于桐城中学，在校时原名方富贵。那年，正逢桐中建校60周年校庆，会上张致远老师、姚沛生老师、高尚斌老师介绍了桐中建校60年来的辉煌历史。

其中，姚沛生老先生说的话，让人记忆尤深、难以忘怀。他说，桐中比我大三岁，我小时候常在桐中玩，大了在桐中读书，大学毕业后回到桐中工作，桐中是我的母亲，我爱桐中。

转眼间，60年过去，桐中120周年校庆临近了。

1959年，我从桐中初中部毕业，有幸被桐中高中部录取，与王光怀同学同在高一(6)班，班主任是唐述裓老师。

高二重新分班，将原来六个班并成五个班。我与王光怀、王永昌、王高才、吴竹梅、操磊平、方小顺、开远生、陶维龙、汪澄等同学被编入高二(1)班，班主任是佘世恒老师。

高三理、农、文三科分班，我们班90%的同学选择学理科，被编在高三(2)班，班主任是章征文老师。

每当我拿起毕业时的合影照，心潮起伏，思绪万千。多么好的老师，多么好的同学。可恨，岁月无情，老师们多已作古，几位老同学也离开了人世。

先说德高望重的史耀民校长，他身材魁梧，看起来严肃，实则平易近人、和蔼可亲。建校以来，他是桐中历任校长中履职时间最长的，从 1956 年 8 月至 1969 年 8 月，计 14 年。

他作风严谨，团结教师，以“勉成国器”校训为宗旨，干了一番大业，将桐城中学教育质量提高到安徽省全省前列，学校成为全省重点中学、全国先进单位。1960 年夏，他参加了全国文教群英会，受到周总理的亲切接见。

那几年，在桐中读书，学生勤工俭学，全校学生学费全免，困难学生还有助学金。我家境贫寒，十分感谢学校三年来提供的助学金。到了高三，学校更加重视学生，吃住给予方便，并安排有教学经验的教师把关授课，迎接高考一仗。

史校长重视教育，不拘一格选用教师，除年年暑假前派得力助手方尔文书记去大学联系选招教师外，还动员校内未能升学的高才生留校工作。例如崔甸甲、张启友、汪永清等人，经过努力，自学成材，后来均成为学校骨干教师；又如施国新老师，被错划成“右派”，因他教学高明、教书通透、说话幽默，很受学生喜欢，史校长便大胆任用，一次省里主持教研，大家听了施老师的课后，无不赞赏；又如王铎老师，生物课教得好，史校长见到王老师总是爱伸大拇指。

史校长在桐中工作，辛苦十多年，取得卓越成就，有口皆碑，很受同学们爱戴。他的学生遍及五湖四海。他每到一处，同学们都热烈欢迎。

名誉校长慈昌淦，我在校时，他是教导主任。他大概于 1953 年从桐中毕业，留校任教。他刻苦钻研，认真教学，成为桐中数学教学高手。人们说他是天才，高三毕业教高三。他教的代数课年年高考全省夺冠，我高三时就是他教代数课。他讲课条分缕析，板书工整，语言简洁，学生爱听。

1961 年，慈老师被任命为教学主任。1964 年，慈主任被评为特级教师。同年，被聘为桐中名誉校长。也是在这年，他被选为全国人大代表，去北京参加了全国人民代表大会。那年，在京学生得知母校慈主任去北京，个个欣喜若狂，纷纷相邀在颐和园公园相聚留影。

慈主任念念不忘学生，不忘教学。他记忆力超强，多年后，学生的名字还记得一清二楚，并且能说出是哪一届的。1984 年，我在桐中门前公路见到了慈老先生，他一见面就喊出了我的名字，并询问我的工作情况。可惜后来再也没见过了。

方不圆老师令我也难以忘怀。他是枞阳人，就读于南开大学时，因结核而中途休学，从教桐中。他教学水平高，人称“方几何”，讲课言简意赅，思路巧妙。他为人十分乐观。有一年，他在医院体检，被诊断为结核晚期，问医生还能活多久。医生说，300 天左右。他听后仰天大笑，说还能活 300 天，应该积极工作，对得起国家，对得起这 300 天。后来，史校长跑遍各医院找最有效的药品为他治疗，一年、两年……十年都过去了，人还健在。

方老师以校为家，爱生如子，人们封他一个外号“百事管”。他平时喜欢与学生聊天，聊着聊着就聊到几何上了。他还教导同学们要遵纪守法，要有良好的学习和生活习惯，看到不好现象会当场指出。后来，听说方老师回浮山中学任教，还被评为特级教师。

高三语文老师胡志强先生，我也记忆尤深。他是怀宁人，定居桐城，很会写作，教整个年级的语文课。一次，我作文写得不好，太马虎，语句不通，离题万里。胡老师批了“劣”字，还在班上读评作文，让我脸红。课后，他耐心指导我，作文内容要充实，事项要说清楚，语句要通顺。过了一周，又写作文了。我认真写了，他又在班上评读我的作文，这次是表扬，说此文写得好。

“文革”中，胡老师被调到石河当了几年教育干事，后又调到桐城师范学校当教导主任。一次，我们在北街小学大门前相遇，他十分关心我的境况。退休后，他当了律师，曾为我村办厂合同纠纷打赢了官司，来过汪河，到过我家。

敬爱的母校桐中，还有很多好老师的动人事迹，真是千言万语难以道尽。120 年来，你为祖国培养了数以万计的建设人才。你的功勋永不磨灭，你的美名誉满全球。

（作者系桐城中学 1962 届校友）

校园那条小溪

吴昌业

1960年秋季至1963年夏季，我就读于桐城中学高中部。60多年过去了，至今令我难忘的是校园内那条特有灵气的小溪，名曰桐溪塥。她因民而生，与城相戚，历经五六百年。

她是桐城先人的智慧结晶，把龙眠河的水从桐中的后山叠堰筑沟引进来，从北到南，由东向西，曲水幽悠，百转回肠，时隐时现，似一条玉带纵贯校园，无声无息地缓缓流淌着。

小溪的两岸都是用麻石条砌筑而成，溪底是沙子和鹅卵石，溪水清澈见底。溪旁所有的道路口处都铺设有麻石条桥面，在使用溪水处还用麻石砌成台阶。建小溪的设计者真是匠心独运！校园内的花草树木无不吮吸着这溪水的乳汁，在校读书的学子们无不用这溪水涤瑕荡垢、吐故纳新。

当年每个学期学校都要安排我们参加一个多月的生产劳动。我们在桐中后山上开辟了菜地，后来因为后山的菜地不够用，我们又去毛河附近的龙眠河床上开垦了被河水冲积而成的沙地。

那地方还有桐中的校办农场。我们经常去农场种地，去菜地种菜、浇水。有时为了防止外人偷菜，我们夜晚还去巡查。我们进出校园去种地种菜，来回都走在这条小溪的溪岸上，小溪的源头就在钓鱼台高耸的岩石下方的一个深潭中。潭水一年四季都不干，因为潭的底部与龙眠河相通。

当时全县城都无自来水设施。学校食堂除了食用井水外，洗菜、刷碗盆等，都要使用这小溪的水。我们学生最喜欢在小溪边读书、唱歌、玩耍，还沿着小溪散步。听着溪水流淌的声音，你会忘记一切忧愁，会浮想联翩。

在母校读书期间，我有幸遇到了方不圆老师。他教我们立体几何，个子不高，身体很瘦，佝偻着腰，走路慢悠悠的，约有50多岁。有一天吃过中饭，应该到午睡时间了，我正在小溪边洗脚。他看到了亲切地问我："小同学，你怎么还不午睡呀？午睡很重要啊，不午睡、没有足够的精力就学不好下午的课，晚上还要上晚自习呢！"他一边说着，一边拉着我送我到宿舍去午睡。他的立体几何课教得非常好，据说他在教学中常常押中高考真题呢！他对学生像慈父一样又严又爱，让我终生难忘。

记得高考前的一段时间，我们已进入自由复习阶段。我们的班主任兼政治老师张政文在班级检查时，发现我把政治讲义放在一边不复习，很生气地批评我："政治很重要啊！你怎么这样不重视？"我赌气一转身跑出了教室，躲进小溪边的一片小竹林里。我刚坐下来，张老师就尾追而来，耐心地开导我："小傻瓜，你不重视政治学科复习，今天我们且不说思想教育了，单论高考吧，政治科考差了，你的总分不够，也是考不上大学的。你好好想一想，政治抢记的内容多，高考得分容易。临近高考，若不重视政治学科的复习，是谁吃亏了？高考你若落榜了，后悔也来不及啊！再说我们的史校长也一再强调要我们重视政治学科的临考前复习工作啊！"

说到史耀民校长，桐中所有教职员工及历届学生，无不称赞他是一位好校长。记得我们上高二时，他亲自主持召开了全校师生教学表彰大会，把上一届高三毕业班各学科教得好的老师，全请到大会主席台上就座，为他们佩戴大红花，还为他们颁发高考升学奖金。这些老师,如方不圆、陈维谐、佘世恒、施国新、张政文、王铁铸等,都是桐中的骄傲!

教我们物理的施国新老师,他教学有方,特别要求我们在运用牛顿第一定律、第二定律、能量守恒定律、作用力与反作用力等知识来解题时,先审好题,并在试卷上写出已知条件,列出方程式,统一好计量单位制,再把所求的条件按题目要求一一写出。如此,即使写不出来完整的答案,阅卷老师也会因你解题思路清晰而给你分步分的。

我清楚地记得,拿到大学录取通知书时,我特地在母校的小溪边痛痛快快地洗了最后一次脸,并顺手捧了那甘甜的溪水猛喝了几口。母校小溪的圣水啊,是您滋润着我茁壮成长!母校的老师们就是用他们如水的情怀浇灌滋养着我们走向社会,走向未来!

(作者系桐城中学1963届校友)

不能忘却的江道宗先生

叶国健

半山阁楼英才俊，暮鼓铜钟古今情；风雪横飞桃李劫，云翳花影相伶仃。

江道宗先生是我在桐中读高中时的化学老师。1960 年，江道宗先生和同期毕业于皖南大学（现安徽师范大学）的李东云、后逸、章钟涛、金仕仁等七位老师一起来到桐中任教。这些优秀青年教师很快都成为桐中教师队伍中的中坚力量。

风 华 正 茂

60 年过去了，江道宗先生在我的脑海里依然那样飒爽自负。他时常穿着白色府绸衬衫、笔挺的西装裤。他身材高挑、眉清目秀、神清气爽、笑口常开，站在讲台上，总能出口成章、侃侃而谈。他不用翻开书本和备课笔记，就能快速清楚地在玻璃黑板上写下“门捷列夫元素周期表”中的所有化学元素符号、各种分子式、各类化学反应方程式。

然而，年纪轻轻、风华正茂的他，后来却在栉风沐雨中生活，在重压煎熬中顽强地挣扎，最终郁郁寡欢地走了，永远地走了！

我们桐中 1960—1965 届校友都忘不了他那雄姿勃勃、意气风发、卓尔不凡的模样。

江老师授课时，他的黑板演示让人赏心悦目。他的粉笔字既工整秀丽，又苍劲有力。面对着黑板，只见他一只手同时捏住红、白、蓝等各颜色粉笔，书写着各种化学元素名称和符号。不一会儿，他的手心只剩下实在捏不住的粉笔头。等他转过身来，我们就看到了“门捷列夫元素周期表”呈现在玻璃黑板上。同学们瞬间瞠目结舌、暗自称奇，一个个都瞪大眼睛看着，教室里异常寂静，针落可闻。

接着，江老师严肃地对同学们讲，做任何事情都要先计划好，有条不紊去做，知己知彼，方能百战不殆。教室里同学们的座位都是按规定的位置坐下来的，有横、有竖、有前、有后。现在，请同学们按照你们座位的方位，跟着我的指点，先竖着念……

在抑扬顿挫的朗读声中，我们很快记牢了元素周期表，以至于今日我仍可朗朗上口顺利地背诵下来。

有时候，个别同学免不了心不在焉，不认真听课。江老师讲着讲着，突然提高嗓门，冒出一句话：“请这位同学认真听课！”话音未落，江老师手中的粉笔头“嗒”的一声准确地弹射到这位同学身上，常常令人猝不及防。江老师的弹射神功简直是指哪打哪。被打中的同学羞红了脸，赶紧坐端正，打起精神认真听课。因此，江老师上化学课时，同学们都认真听、认真记，一怕稍一分神就会漏掉既有趣又言简意赅的重要内容，二怕被他的粉笔头一招击中。

无论是上正课、辅导课，还是批改试卷和课外作业，江老师都一丝不苟、严肃认真地对待每一位同学、每一道题。

课余休息或星期天时，江老师也从不摆架子，总是与同学们打成一片。你常常会看到他那生龙活虎、矫健腾挪的身影在篮球场上飞奔拼抢，在乒乓球台上挥拍对攻。

江老师是一位多才多艺的青年教师。1964 年元旦，由江道宗、王铁铸、金慧莉等老师，殷良仲、马宝华等同学共同排演的话剧《年青的一代》，先后在桐中和平堂、桐城电影院等地上演，赢得全校师生、全城男女老少交口称赞。江老师在剧中饰演主角林育生，人物形象被刻画得入木三分。师生们戏称江老师是桐中的达式常，王铁铸老师是桐中的杨在葆。

江老师除担任高中部的化学老师外，1961—1964 年间，还兼任 1964 届高三(1)班班主任。这个班有高达 80% 的学生考进大学。1962—1964 年桐中连续三年高考升学率位居安徽省第一名，江道宗老师可谓功不可没！毋庸置疑，江道宗老师是桐中 20 世纪 60 年代出类拔萃的优秀青年教师。

十 年 磨 难

1963 年高中毕业后，我考取了北京石油学院(现中国石油大学)，随后便离开了桐城。多年后，我回到故乡，几经打听江道宗先生的消息，得知就在他崭露锋芒、大有作为之际，一个无妄之灾突然降临在他身上。

1965 年前后，江老师因某种原因被开除公职，清出教师队伍。才华横溢的江老师的人生因此一落千丈。一介白面书生无奈地背起粗大棕绳，拉起木板车，躬身弯腰，一步一挪，在枞阳县一家搬运公司搬运货物，靠着些许力气挣点血汗钱。

回 归 讲 堂

"文革"结束后，经过他本人多次向相关部门申诉，他教过的学生也从中多方协助，江道宗先生的错案才得以纠正，教师职位得到恢复，重新被录用。他先是被安排在安庆教育系统工作，若干年后到池州师范学院工作，总算回归讲堂。

结 束 语

20 年前，江道宗先生因病永远地离开了我们！抑郁不得志的他过早地走了。惊闻噩耗，我不禁长叹，心潮起伏，久久不能平静。回望江道宗先生的一生，只能说人生苦短、命运多舛。

嗟乎！惜哉！痛哉！

斯人已去，奉觞祭逝，痛定思痛，待留众思。

谨以此文纪念恩师江道宗先生！

（作者系桐城中学 1963 届校友）

我 的 老 师

罗 维

60 年前，我离开母校桐中，应征入伍。甲子年后又逢校庆，在校生活历历在目：环境清幽，小桥流水，竹林曲径，古色古香半山阁，校门内攀附树木墙头的紫藤花，记载岁月的泳池，渡江前委会址，宽阔的操场，参天的古银杏树，镶嵌其中的青砖灰瓦，矗立其间的教室楼房。一幅实景山水画，无时不在叙写着历史的篇章。

在校两年，我的老师数十位，点滴细腻无声，润泽温情暖心房。

金慧莉老师，华东师范大学毕业，远离繁华都市，任教龙眠山旁县城，对我们农家山野来的学生关怀备至，那份亲情久久不忘。一次，我在溪边洗手，划破了手指，鲜血染红了水。她看到后，急忙跑到自己宿舍，拿来纱布为我包扎。山村的孩子腼腆，不好意思让她抓手包扎。那感人情景，至今记忆犹新。

王硕老师教生物学。20 世纪 50 年代末 60 年代初三年困难时期，经常吃不上肉。王硕老师带领我们做“人造肉”。我们学生初听很惊奇。他领着我们用黄豆做基材，水浸磨浆，放在大木盆内，我们轮换值班看守，大概十多天后送厨房。“人造肉”就是人为改造植物蛋白质，使之有动物脂肪蛋白质的口感。我们的老师，知识丰富，思想开放，敢为人先，开启了学生求知之门。

我的语文老师是一位曹姓的女老师。我偏理科，语文基础欠扎实，虽喜欢读书，情节记得多，但章回曲折处、精辟的描述、磅礴气势留意不够,用词造句空洞不实,脑中词汇贫乏,上作文课就头痛,时常完不成作业。一次批改作文,她把我叫到宿舍,我不敢进去,她出来时看到我,问我怎么不进去,我才默声低头跟随。我进到屋内,看到桌旁的摇床里躺有一个生病的孩子。她轻轻地打开我的作文本,一句一段地跟我讲解:写文和做事一样要实,不能言而无物、空洞无味;做老实人,办老实事,写真实文章,认真读书,勤奋写作,久之自然下笔如神。老师的教诲,让我受益匪浅。我入伍后,写黑板报、出墙报,视同作文考试,锤炼自己,展现军营风采。1965年《安徽日报》开辟"文艺作品阅读与欣赏"专栏,我写了一篇《我的看法》刊登在5月7日第3版上。这是曹老师的指引给我的文学写作开了路。

60年过去,弹指一挥间,老师们的谆谆教导永志不忘。向我的老师们致敬,为在校的老师们鼓掌。教书育人是不朽的华章!

(作者系桐城中学1963届校友)

桐　中　1964

张长柏

我是安徽省桐城中学1964届高中毕业生。58年前，我怀着对未来的憧憬，紧张地复习备考。回想起那些日子，恍如隔世，又历历如昨。

备　考

1964年春节一过，大地春回，我们毕业班随即进入高考前的冲刺阶段。我们的目标是，“学福州一中，赶福州一中，超福州一中”(那时福州一中的高考升学率在全国名列前茅)。

高考前100多天，备考气氛越来越浓，晨昏即起，夜半方眠。同学们个个都挑灯夜战，教室内鸦雀无声，只听见日光灯发出的嗡嗡声。各科各类讲义、复习资料、测验试卷可从地面一直堆到与座椅靠背一样高。这些都是授课老师们多年的心血和教学的结晶，也是教工们用钢笔、蜡纸一笔一画刻写，再一张一张油印出来的。那时很少有课外辅导书，也没钱买，更没有现在五花八门的校外补课班、强化班。

一天晚自习后，我们四个同窗一起来到姚大旺同学、姚沛生老师家，打算再开一会儿夜车。复习之余，有人说：“万一考不进大学怎么办?”大家沉默了，一下子没了方向。过了一会儿，大家异口同声地表示：“父母辛辛苦苦培养我们不容易，我们一定不能辜负父母和老师对我们的期待与培养。我们四个从向阳小学、北街小学到桐城中学,12 年来一路过关,还没有过不去的坎。只要下定决心,发狠攻读,充满信心,考出自己的水平,都能心想事成。为父母争气,为桐中争光!”

临　考

各科毕业考通过后,考生进行体格检查和填报志愿。校园内贴满了各大专院校的招生海报,目不暇接。当时高校招生是先填报志愿后高考,高考成绩是保密的,进了大学也不知道自己考了多少分。

填报志愿时既要考虑自己平时成绩好坏,还要考虑家庭出身、身体状况、社会关系等,这些对高校能否录取你都至关重要。

班主任王铁铸老师对考生填报志愿有独到见解。他对学生的情况了如指掌,结合过去几年桐中录取的情况,平衡考虑,合理分散布局,给每位考生恰到好处的建议,力求“一枪中的”。父亲要我报考上海交通大学,就是在得到王铁铸老师的肯定后填报的。

1962 年前,桐城考生参加高考必须去安庆。校长史耀民多次到安徽省主管部门据理力争,后获准自 1962 年高考开始,在桐城中学开设考点。从此,桐城考生再也不用提前去安庆赶考了。我们这一届的考场就在和平堂东面这幢二层教学楼内。和平堂和这座教学楼现已拆除,好惋惜!

高　考

1964 年 7 月 15 日是一个永远值得纪念的日子,十年寒窗,等的就是这一天。北京时间上午 7 点 30 分，开考的铃声丁零零地响起，我戴着父亲借来的手表，握起父亲借来的金笔，稳住还在怦怦跳动的心，静下心来审视监考老师刚刚发下来的作文考卷。作文题目是《读报有感——干菜的故事》，要求考生根据一篇有关邢台大地震后全国各地救灾的动人故事写篇文章。材料作文，看起来不会写跑题，但要写得好并不容易。我只听到挂在黑板上方时钟的滴答滴答声和别人的钢笔在纸上的笃笃声，自己就是不能动笔，卷子都被汗水弄湿了。十多分钟后才静下心来，恢复了思维。

1964 年各科高考题都出奇的难，物理有道难题至今还在我脑海中挥之不去；化学和外语题多、量大，刚做完，还没来得及检查，时间就到了。

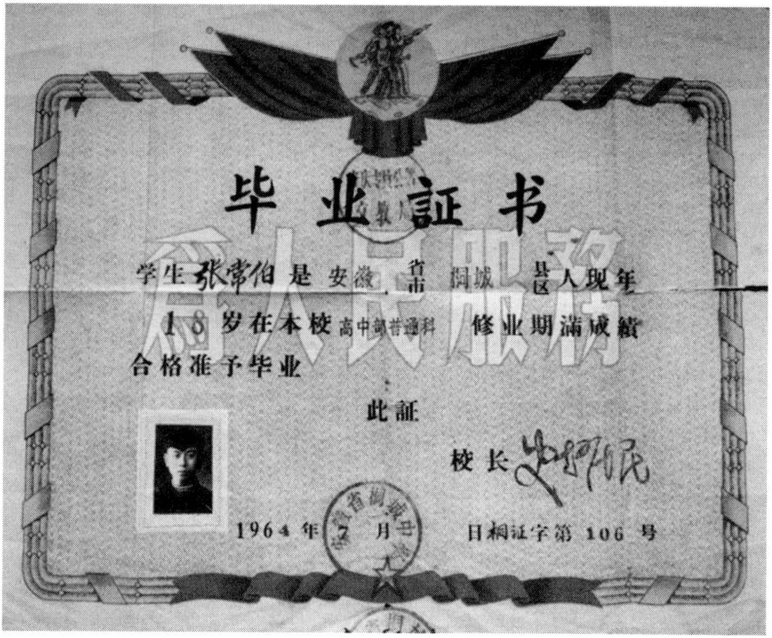

高考三天，骄阳似火，天气酷热，学校为考生准备了绿豆汤和仁丹。考完最后一门俄语后，如释重负。我和几名同学迫不及待地跑到桐中后山钓鱼台游泳去了。那感觉一辈子都忘不了！

录　取

1964 年 8 月 12 日，第一批全国重点大学录取通知书陆续到了桐中教导处，我们高三(3)班同学先后收到了清华大学、中国科学技术大学、复旦大学、南开大学、上海交通大学、合肥工业大学等重点大学的录取通知书。过了不久，一般本科和大专的录取通知书也下来了。我们班 40 多位考生中有 33 人考入大学，其中，18 人进了全国重点大学，升学率高达 80%多。

我和高三(2)班胡长振同学考进了上海交通大学，十年寒窗，终有所获。我和姚大旺、黄胜利、方可四个从小学到高中的同窗好友都如愿考取了大学。大家相互庆贺，东家走、西家串。父亲买来了喜糖和糕点，招待前来贺喜的同学、邻居和亲朋好友。

我们这届高三毕业班共三个理科班、一个文科班 160 多名应届生，其中，120 多人考进大学，升学率高达近 80%。

新 的 起 点

接到录取通知书后不久，眼看新生报到时间就要到了，我急忙拿着录取通知书到派出所和粮食局办妥户口、粮油转移证明。

1964 年 8 月 22 日清晨，我身上揣着父母给的 20 元钱，拿上小扁担，挑起母亲准备的棉被和木箱，与同考入上海交通大学的胡长振同学一起，坐上桐城—安庆的长途汽车，又从安庆转乘大轮前往上海。“儿行千里母担忧”，汽车缓缓地开动了，只见父母饱含泪水，久久不肯离去。望着父母逐渐远去的身影，想到父母 18 年来的期待和养育之恩，心中不禁一阵辛酸，偷偷地擦着眼中的泪花。

后来，我们班同学都在各自岗位上勤恳、踏实地工作，有的提拔到领导岗位，有的成为高级工程师、高级经济师、高级教师、主任医师，直至退休。如今都早已年逾古稀。

回　　顾

“文革”前的十多年，桐中高考录取率一直稳定在高位。除了有数十年得天独厚的教学底蕴、优良的学习环境与良好的生源外，更有一支雄厚的师资队伍，人才济济。

校长史耀民管理学校非常出色，他高瞻远瞩、平易近人，深得师生的拥护和爱戴。担任我们数学老师的副教导主任慈昌淦（国家一级中学教师和全县唯一的全国人大代表）和姚沛生、方不圆、马光昌、张家章、朱益群等老教师已在桐中从事教学数十年。此外，桐中还有一大批年富力强的中青年教师，例如我们班主任王铁铸，授课老师马云生、陈友三、颜友庆、江道宗、李东云、章钟涛、刘乐乡、刘化民、陈光熙、崔甸甲、潘中文、吴永清、高之文，以及我的初一班主任张启友老师。老师们有着丰富的教学经验和坚实的文化功底，听他们讲课是一种享受，酣畅淋漓，茅塞顿开。

桐城中学创始人吴汝纶先生所书匾额“勉成国器”，始终是桐城中学建校 120 年来的校训。遵从先师校训，桐中的老师们在教学岗位上兢兢业业、孜孜不倦，好像不知疲倦的蜜蜂，采蜜授粉，为将我们这些学子培养成国家、社会有用之才，无私奉献自己的一生。

宝剑锋从磨砺出，梅花香自苦寒来。饮水思源，桐中学子对老师永远怀着一颗感恩的心。

1958—1964年，六年桐中求学之路，回味无穷！师生情谊如同父母与子女、兄弟和姐妹，没齿难忘！在桐中的点滴，如同一杯桐城小花，苦而后甘，清澈透明，散发出一阵一阵清香。

（作者系桐城中学1964届校友）

我的墙报情结

徐长才

我父亲很早就病故了，母亲、祖母、我和弟弟四人相依为命，母亲成了家里的顶梁柱。我尽管年龄不大，但在心中埋下了“靠读书改变命运”的种子。我从小学开始，就喜欢看书写作。

1960年年初，我母亲也驾鹤西去。祖母就把我和年幼的弟弟带到舅舅家住了下来。我弟弟没有条件继续读书，在生产队看养一头大水牛。我享受助学金，继续在校读书。

1961年，我被桐城中学录取。听人说，只要就读于桐中，离踏进大学的校门就不远了，故而我在校期间如饥似渴地学好文化课，课余热衷阅读写作。

我在小学期间读过一些儿童文学和民间故事。到了小学五六年级，我读了两部自传体长篇小说，一部是高玉宝写的《高玉宝》，另一部是吴运铎写的《把一切献给党》。后来，在天城初级中学读了《青春之歌》《林海雪原》之类的长篇小说。我不是把它们当消遣作品来读，而是边读边思考，这对我认识社会和提高写作能力，都起到了很大的帮助作用。

进入桐中后，我改变了课外阅读的内容，大量阅读诸如巴金、孙犁、杨朔、冰心、秦牧、萧三、刘白羽等大家的作品。对一些散文名篇进行研究和揣摩，探究他们写这篇文章的原因，反问自己，如果让我写，我该怎么写，怎么去布局谋篇，怎么在文章中夹叙夹议，怎么去表达自己的情感与思想。

在阅读中，我还对一些文章中的优美词句、作者的美好想法与愿望做了些摘录，以丰富自己的思想，提高自己的精神境界，增强自己的文字表达能力。

学校举办过一次作文比赛，尽管我未获得奖励，但促进了我提高写作能力的决心和动力。

在桐中读书时，遇到假期，回舅舅家和返校来回有200余里，我都是步行往返。在学校里，我特别节俭，舍不得乱花一分钱。我用舅舅给我的零花钱买了四本作文簿和两本稿纸。这样我就能随时把灵感变成小散文写在作文簿里。

我所在的高三(3)班的班主任是王铁铸老师，他也是我们班的语文老师。他分外重视学生的写作，一再强调学生要写好作文，要擅长写作。班上设有学习园地，让学生把好的作文誊写好，贴到学习园地里，供大家欣赏与学习。

沿桐溪塥、在通往学校食堂和总务处的走廊的东边墙上，学校开辟有学习园地，上面张贴着学生作文和课余习作。在学习园地边，站着看作文的学生不在少数，有的老师和学校职工也驻足观看与欣赏。因为这些学生写的文章都贴在墙上，所以我称之为“墙报”。它与黑板报不同，黑板报上的文字都是用粉笔写的。

我写的小文章几乎在每期学习园地里都能看见，并且拥有不少读者。这自然引发了我的自豪感，更增强了我的自信心，也增添了我读书与写作的兴趣。

桐中设有校广播台，播音员是我同班同学马宝华，她有一副“金嗓子”，播起音来字正腔圆，声音清脆嘹亮。校广播台每天中餐、晚餐时都开播。同学们一边在饭厅里就餐，一边听着广播，吃饭、学习两不误，真的很受益。

我写的短小散文，经常被马宝华同学播送出来，我听了很高兴。校广播听众很多，这扩大了我的知名度，学校很多同学和老师都知道我能写文章，不是高手，却也是个能手。

语文老师常在我写的作文上圈圈点点。他还常把我的作文作为范文，拿到班上进行评讲。这也无疑增强了我写作的兴趣和信心。

桐中的墙报上和广播中我的文章为我日后的写作奠定了坚实的基础，也为参加高考、被名牌大学录取提供了可靠的保证。当时学生在参加高考前夕，就填好报考志愿。在班主任王铁铸老师的指导下，第一志愿我填了复旦大学新闻学系。我这样填报志愿，源自王老师肯定了我的写作能力和写作水平，我也对自己的写作充满了信心。高考作文一气呵成，没有遇到棘手的问题。

当我和王铁铸老师共同查看录取通知书时，发现不是录取在复旦大学新闻学系，而是录取在该校历史学系。文史不分家，我们同样感到非常开心。

1964 年秋季我就读于复旦大学历史学系后，写了两篇短文，被学校有关部门采用。校党委宣传部看中了我，通过与历史学系党总支和系主任协商，调我进复旦大学广播台当了一名业余文字编辑。这可是新闻学系学生享受的待遇啊，怎能不叫我感到十分的自豪与光荣呢？

后来，我在《解放日报》上发表了一篇短文，这是我首次见报的文字。我得了七元稿酬，全部作为团费捐给了我所在的团组织。不久，《文汇报》编辑部派汪荣华通过我所在年级指导员向我约稿。我感到脸上颇有光彩。

工作后，我一边坚持读书，一边坚持写作，在《演讲与口才》《做人与处世》《思维与智慧》《安徽日报》《新安晚报》等报刊上发表了几百篇文章。新媒体兴起后，我的多篇文章在“六尺巷文化”“桐城市作协平台”“微言喜语”等平台上推出。

“树高千丈离不开根。”我所取得的这些收获，都应归功于我在桐中的历练和老师同学们的鼓励鞭策。没有这种培育与滋养，我就不会在日后取得这些令我欢欣鼓舞的成绩。

（作者系桐城中学1964届校友）

岁月难忘忆母校

吴维铎

时光渐渐地远去，记忆的印痕在脑海里却越发厚重。1964年，我从桐城中学毕业，一晃已过去58年。回想桐中三年读书生活，那情、那景，有多少趣闻往事浮现心头。

半个世纪前，桐中校园古朴、典雅。莘莘学子从四面八方涌入校门，脚踏着宽阔的林荫大道，但见校园内古木参天，挺拔于石山上、小溪旁，“高峰入云，清流见底”石刻铭文耸立在溪旁，图书馆楼上“勉成国器”牌匾向同学们遥相召唤。那时最动听的当数钟楼上每每敲响的浑厚、嘹亮的钟声，回音缭绕，奏响校园活动的旋律。古老的桐溪塥穿园而过，流水潺潺，与教学楼传来的琅琅书声、欢歌笑语，汇成一部扣人心弦的交响曲。整座学校沐浴在浓郁的书香氛围中，呈现出恢宏、和谐的文化景象。

师 恩 难 忘

——对《龟兔赛跑》的评说

期望之深，课责之切。桐中老师以教书育人为本，全身心投入教学，循循善诱，引导学子们奋发图强、勤学苦读、健康向上。

记得高一的一次作文课上，语文余老师出了道命题作文“记一则有意义的故事和读后感”。顿时，全班一片沉寂，大家沉思准备。

我思索良久，脑海中浮现出儿时母亲讲过一则《龟兔赛跑》的寓言故事。写完了故事，我又在读后感里狠狠批评兔子骄傲自满，颂扬乌龟的成功源自它艰苦奋战、勇往直前。

在作文点评时，余老师推出我的作文，肯定了寓言故事的选题和教育意义，但他话锋一转，从故事引申到同学们对学习的态度上，做了一个拔高。他意味深长地向大家说了一段肺腑之言，至今我仍难以忘怀："同学们，在读书学习的道路上，没有捷径，没有顺风船可驶，勤奋刻苦是必不可少的条件。大家要学习乌龟的精神，奋勇搏击在知识的海洋里，腾飞在理想的长空中。"

最后，余老师又以唐宋八大家之首韩愈的诗词作为评讲的结语："书山有路勤为径，学海无涯苦作舟。"余老师的评说句句都深深刻印在同学们心坎里，融化在我们脑海中，像一股清风吹拂着我们，又似一场春雨滋润着我们的心田。

先师点拨

——圆周率(π)的故事

古人云，读书宜"求精求当"，说的是在读书学习中，要学会遴选好的作品和方法，攻读的数量宜控制得恰到好处。桐中老师善于启发学生们掌握多种学习方法和技巧，引导同学们多读书，读好书，多学科去纵向拓展，努力做到多种知识融会贯通。下面讲的"π的故事"，就是我的切身体会。

高二教数学的李老师是一位精于数学、知识深厚的年轻教师。一次数学课结束前，他进行了一次课堂测验，出了一道计算三角形外接圆面积的题目，要求大家使用 π 值，需精确到小数点后两位。

题目很简单。我为了使结果能得到漂亮的整数，就别出心裁

擅自取 π 值为 3.15 代入。整数煞是好看，结果却错了。课后，李老师让我去教研室。他先要我背诵 π 值，我只答出 3.141 59 共 6 位。

李老师耐心地引导我，大致讲了三点。第一，π 值是个无理数，是无限不循环小数，是圆周长和直径的比值。数学中有小数的计算要严格按四舍五入取值，只记住 π 值 6 位是不够的。第二，有关 π 的著述，国内外学者的文章颇多，华罗庚教授就有多篇。应多到图书馆等地方去阅读、查找资料，特别是近年出版的“数学小丛书”等文献，要多阅读这些精品。第三，看书要掌握技巧，对好文章要学会研读作者提供的参考文献和资料来源，扩大自己的知识面。

一席话深深沁入我的心田。此后，一有机会，我就钻入各图书馆、文化馆，阅读老师推荐的文章。有一次，在县文化馆，我突然发现一本科普刊物上有一首“打油诗”，正是一个如何强记 π 值的好办法，诗中用每个汉字的谐音依次表达 π 值中的数字，让人一下子就能连续记住小数点后 22 位！我惊喜万分，连忙抄录、背诵下来：山巅一寺一壶酒(3.141 59)，尔乐苦煞吾(26 535)，把酒吃(897)，酒杀尔(932)，杀不死(384)，乐而乐(626)。

原来，数学和语文是可以融会贯通的，应深深感谢桐中老师的启迪与培养。多少年后，当我下乡、下基层工作，到中小学去宣讲卫生防病知识时，我都把“π 的故事”融入课堂，讲述给学生们听。

每当看到青少年们流露出对知识渴求的惊喜、对故事诙谐的欢欣，我都会心地笑了，又想起了先师李老师，心中默念：李老师，如今我成了您，是无数像您一样的学子，让桐中的文风就这样代代传承，桐乡的文化就这样发扬光大。

文体绽放

——校园活动精彩纷呈

光阴荏苒，斗转星移。当年我们这些校友，如今都已年逾古稀。然而，半个世纪前，这群少男少女一个个都朝气蓬勃、风华正茂，各项文体活动也开展得如火如荼。这里仅记叙两段难忘的回忆。

乒乓球是中国国球。当年桐中有一对吴姓姐妹，大姐和我们同一年级，小妹在桐中“大改班”读书。姐妹俩乒乓技术极佳，据说她们都在体校训练过。大姐在桐中女子乒坛称霸，素有“桐中小梁丽珍”之称；小妹也抽杀对攻、切削推挡、长拉短吊样样精通，仅排其姐之下。我曾怀着敬畏的态度求学，但终不敢与大姐对打，只选与吴小妹对垒。

我自以为打球也有一些技巧，特别是发球带旋转、刁钻。然而，每每与她对拍，奇怪的是，我那些雕虫小技却派不上用场，每次她都能推挡过来，并且每次击球她都大声提醒：“抽杀”“吊球”“削球”“拉球”……久而久之，我的球技快速提升。

桐中校园的文艺活动也此起彼伏，火热登场。高二国庆节，在全校联欢晚会上，数千名师生欢聚在和平堂。一时间，大家引吭高歌，鼓乐齐鸣，各班献演节目纷纷登场。其中，有两个节目，让我至今难以忘怀。

一个是我们年级(3)班献演的男女声二重唱《高高的太子山》，由班主任王老师小提琴伴奏，殷同学、马同学分饰男声、女声演唱。但听琴声悠扬，随即男女声唱响整个和平堂，男声高亢嘹亮，女声委婉绵长。顿时，掌声响彻会场，夹杂着少男少女们的欢呼，汇成一片欢乐的海洋。

另一个是我们班的表演唱《王大妈看火车》，主角王大妈由黄同学扮演，与我们四位男同学对唱。那时，故乡桐城还不通火车，看火车得进省城。她一个十五六岁的少女扮演老大妈，虽面容太嫩，但那一唱一和、一招一式，把老辣诙谐的老太太的喜乐哀愁演绎得惟妙惟肖。一时间，台上台下忍俊不禁，全场一片叫好，掌声雷动，节目获得极大成功。

几十年过去了，如今，家乡从北到南早已通上火车、高铁，父老乡亲每天都可以眺望游龙似的火车在故乡原野上驰骋，兄弟姐妹随时都能够乘坐风驰般的高铁畅游神州大地。

青山秀水育英才，翰墨风香修流芳。在故乡桐城这片古老而文风郁郁的神奇大地上，桐城中学屹立其中，迄今已有 120 年历史，她孕育了多少才俊、名流和大方之家。让我们不断回放、推出桐中闪亮的历史印记，不忘桐中的岁月荣光。愿家乡和桐中不断前行，再续辉煌！

（作者系桐城中学 1964 届校友）

一名肄业生

章伯根

出于各种原因,我只是桐城中学的一名肄业生。然而,斯文在兹,教泽绵长,桐中给予我的影响让我受益终身,永远铭记心中。

大恩人

1958年7月我小学毕业,虽被桐中录取,但因父亲早逝,母亲年迈眼瞎,家境贫寒,无钱上学报到。后来,外祖母见我求学心切,送来两元钱。我拿着钱赶到学校时,已开学一个多月。

迫不得已,我找到史耀民校长,说明了家境。史校长和蔼可亲、爱生如子,亲自带我到教导处,补办了报到手续。在史校长的帮助下,我还享受到学校“乙等全免”助学金,才得以安心上学。

史校长不仅德行敦厚、治学严谨,更有出色的管理能力。他重视学生德智体全面发展,狠抓教育质量。在他的带领下,桐中成绩卓越、声名远播,1958年被评为安徽省首批重点中学,1960年获国务院授予的全国教育工作先进单位称号。史校长出席了全国文教群英会,获得国务院颁发、邓小平同志亲笔题字的奖旗。

史校长的教育情怀和奋斗精神,始终激励我奋发向上。他是我生命中没齿难忘的大恩人。

众 良 师

桐中石刻柱上“高峰入云，清流见底”的铭文深入人心。我想，这既是对学子们的勉励，更是桐中无数良师学高身正、自强厚德的写照。

初一语文老师吕宣泽先生，学识渊博，德高望重。他讲课认真专注，结合课文传授各方面知识，让我们开阔了视野、拓展了思维。年级主任兼政治老师陈光熙，讲课经常结合国际国内形势，寓理于情。当讲到渡江战役时，他带领我们走出教室，来到半山阁，详述当年二野司令员刘伯承、政委邓小平亲临桐城指挥战役的盛况。他告诉我们：“桐中不仅是教育圣地，也是革命圣地。”我们因此深受革命传统和思想道德教育。

初二语文老师胡志强，文学功底深厚，分析课文透彻，使我们一听就懂。他要求我们课余多看精悍进步的短篇小说，多读鲁迅的文章，适当看一些优秀的长篇小说，如《青春之歌》《钢铁是怎样炼成的》等。胡老师不仅传授知识，更教我们如何做人。他语重心长地嘱咐我们，任何时候都不能忘掉“勤俭诚信”四个字，并举了一个生动的例子——教我们每餐吃完饭后，倒点开水至碗中荡一荡后喝下去，这样一粒饭一滴油都不浪费，刷碗容易，还节省了水。这个好习惯，我一直保持至今。

班主任张启友老师是桐中优秀的留校生，他对学生无微不至，对班级管理认真负责。1959 年遇上自然灾害，全校掀起开荒种菜活动。启友老师带领我们在后山开荒整地，种上长萝卜、大白菜、南瓜、茄子……我们班蔬菜产量屡创新高。我作为劳动委员，带头发挥作用，充分认识到“粒粒皆辛苦”“劳动最光荣”的意义。

俄文老师陈友三，物理老师施国新、周本善，数学老师崔甸甲等，都是一流良师，德才兼备。他们教书育人的生动画面常浮现在我脑海中。

大 学 长

1959年，我有幸在学校见到德高望重的大学长——将军、外交家、艺术家黄镇。

当时黄镇大使在史校长的陪同下来到和平堂，我和同学们正在那里打乒乓球，顿时一片欢腾，喜悦的场面至今记忆犹新。黄镇大使和蔼可亲，神采奕奕。他兴致勃勃地和一位同学打起乒乓球，之后教导大家："你们现在可要努力学习，做到德智体全面发展。人不是生来就会的，都是学习来的，只要肯认真学，就行！"这番话我牢记心中，经常用到学习和工作中。

后来，张启友老师传达了黄镇大使在学校大礼堂所作的《形势报告》。我深受教育，在心中埋下了信念的种子，一定要学习黄镇大使勤奋好学、艰苦奋斗的精神，学习他和无数革命前辈的爱国精神、长征精神，永远奋发向前！

赓 续 情

吴汝纶先生在创办桐城中学之初，就提出"后十百年人才奋兴胚胎于此，合东西国学问精粹陶冶而成"的宏愿。这一宏愿承继着桐城文脉，像桐溪塥的清泉一样，流淌在桐中校园中，也流淌在每一位桐中学子的心中，赓续延绵。

1960年，我在桐中入团，并连续两年被评为"优秀三好学生"。1961年春季开学之初，陈光熙主任找我谈话，希望我再接再厉，争取保送上高中。可是，后来我因母亲病重而休学，失去了良好的升学机会。回乡务农后，我积极上进，曾被县政府、团省委评为先进工作者。1965 年，县文教局选送我到池州师范学校读书。恰逢池州刚成立新地区，需要从学校挑选 20 名优秀学生到地委工作，我被选中并通过政审，却因“文化大革命”爆发而失效。继续返乡务农后，我有幸当上了初中老师，传承教书育人。

1970 年，我由乡党委推荐，参加全国水利大调查，结束后被桐城县水利局选留工作，自此在水利战线奋斗 30 多年。工作中，我始终认真负责，做到干一行、爱一行、钻一行，多次被评为“先进工作者”和“优秀党员”，1998 年还获得国家水利部颁发的荣誉证书和荣誉奖章。

一路走来，成绩虽微薄，但内心恒笃定，那就是于国于家于社会始终尽职尽责，坦荡赤诚，不忘初心。感恩母校桐中的栽培，感谢无数良师学长的教诲，我一定把母校“勉成国器”“勇当大任，志在争先”的精神传承下去，发扬光大！

（作者系桐城中学初中部 1961 届校友）

母子校友的奇妙经历

方汝筑

神巧合的奇遇

“让我们荡起双桨……”

这是一个值得纪念的好日子。中午，老伴一边忙着做午餐，一边轻声哼唱着欢快的歌曲。我则忙着家里的杂务，并继续准备新学期的教案，也是喜上眉梢。

这是1984年9月1日，新学期开学的日子。我的小儿子从桐城实验小学毕业，考上了桐城中学。这天，正是他去新学校报到的日子。我一边忙，一边想象他背着装满新课本的书包欢快进家门的情景。

突然，一个再熟悉不过的身影悄悄从我身边经过。只见小儿子没精打采、满脸沮丧，默不作声地在桌前坐下来，翻开新课本。这是怎么啦？病啦？我很纳闷，摸摸小儿子的头，不发烧。见小儿子不说话，我也就没有多问。

午饭后，在实验小学工作的孩子的二姨来了，告诉我小儿子没精打采的缘由。通过孩子的二姨的讲述，我的眼前浮现出如下画面。

小儿子与一群稚气未脱的初一新生报到，交费，领新书，在新校园里游玩，兴高采烈地来到学生大餐厅边的水池边。餐厅和水池就在流经桐中的桐溪塥(我们常说的桐中小河)两旁,水池用整块花岗岩凿空而成,架在两个砖砌的墩子上,池底凿有圆孔,用包裹着几层布的圆木塞紧。这些新同学们一边好奇地围着观看,一边七嘴八舌地议论:“水好清啊!”“这是做什么用的?”有的则在里面洗手。突然,小儿子身边的一个同伴伸手拔掉木塞,水槽里的水顿时哗哗地向河中流出去,这些小新生们纷纷低头观看水珠四溅的壮观景象。

“你们干什么？我辛辛苦苦打满的水,怎么放掉了?”食堂工友师傅一边跑过来,一边呵斥。说时迟,那时快,拔木塞的小同伴立即跑得不见踪影。可是,一位小中学生——我的小儿子还聚精会神地站在那儿观看着,没有回过神来。工友师傅一把抓走他的书包,拽着他向校长室走去,并大声说道:“这是刚打满的水,给学生们洗碗的,你竟然把它放掉了！走,到校长那儿去!”小儿子一边大哭着挣扎,一边不停地申辩:“水不是我放的,水不是我放的……”“不是你放的？那是谁放的？你说!”一群看热闹不嫌事大的小同学跟在他俩后面向校长室走去。伴随着叫声、批评声、哭声,熙熙攘攘地一直到了汪年生校长那儿。问来问去,小儿子还是那句话:“水不是我放的……”他重复申诉着,坚决不出卖同伴,拒不回答是谁放的水。最后,汪校长说:“我相信不是你放的水。但放水肯定不对。我们每个人都应该尊重工友师傅的劳动。”又对着同去的同学们问:“同学们,我说得对不对?”“对!”“那一定要记住了。”汪校长又叮嘱了几句,终于把书包还给小儿子,让他回家,不追究了。

听完孩子的二姨的述说,我差点笑出声来。千遗传,万遗传,难道入学桐中初中部第一天的遭遇也有遗传性？母与子竟然在入学第一天经历了相似的训导奇遇!

我的思绪一下子回到了 1958 年 9 月 1 日。那天一早,我兴冲冲地来到桐中这个偌大的花园般的新校园里，也是报了名，交了费，领了新书，和一群小女孩在新校园里逛来逛去。女生宿舍门前一棵高大挺拔的梧桐树吸引了我们，因为上面结满了可以吃的梧桐籽。我自告奋勇地爬了上去，骑在树杈上，摘了结满梧桐籽的小船儿向下扔，小伙伴们争先恐后地捡着。摘哇，扔哇，捡哇，女同学们哄笑着品尝新鲜的梧桐籽。突然，一位女同学喊了声“跑哇”，大家一哄而散，只留下银铃般的笑声一串串。

“小鬼，下来。小鬼，下来……”我骑在高高的树杈上，正在兴头时，一个亲切的声音传进我的耳朵。低头一看，树下站着一位头发花白的老爷爷。他仰着头，和蔼地微笑着，亲切地向我招手，轻声喊我下来。小伙伴们早已跑得无踪影，这老爷爷又和蔼可亲，我毫无顾忌地哧蹓一下就从树上下来了。

“站好！谁让你爬上树的?”威严的声音从老爷爷嘴里传出。我低着头，噘着嘴，一声不吭，直直地站着。足足五分钟的训斥在“今后不准爬树”的命令中结束。

期中考试后，我才知道这位老爷爷是教导主任，名叫顾放。

虽然开学第一天挨了批评，但丝毫没有影响我在桐中学习的情绪。因为我心中明白，我在树上，老主任怕吓着我掉下来而态度和蔼；下得树来，老主任的态度立即变得严厉，是担心我以后再犯此错误。一句话，是为我的安全着想。从此以后，我再也没有爬过树。至今，我仍心存感激。我在后来几十年的教师生涯中，常以顾放老主任为榜样，对学生要亲切，将学生的安全时刻挂在心上。

朦胧的初中三年

在桐中时，我的学习积极性一直很高，学习成绩也不错。不仅如此，我还和同学们积极参加劳动。

我和同学们参与了兴修水利工程的劳动，即挑土修筑境主庙水库的大坝。父亲专门为我买了畚箕和扁担。开始时，我和别人一起抬土，后来也能挑两小畚箕的土上大坝，也算为大坝修成贡献了一点力量吧。后来老伴退休后，我常陪他散步至境主庙水库，登上坝顶四看，有时会思绪万千，我和同学们当年挑的土倒在大坝哪儿呢？想到时至今日境主庙水库仍对防洪抗旱发挥作用，心中充满了自豪感。

当时桐中师生还自己种菜。初一时，菜地就在校园内和平堂地基那里。初二时，在此建了和平堂，菜地就改到了校园北面后山上。按照总务处高尚斌主任的安排，我们按季节种植各类蔬菜，平时管理全由农村来的劳动班委。教室座位的后面放着粪桶、粪瓢、扁担、锄头和畚箕等劳动工具。一到劳动时间，同学们争先恐后地拿着劳动工具奔了出去。来到后山，山坡两边全是生长旺盛的各种蔬菜，大红的西红柿、红红绿绿的辣椒、亮紫的茄子让人目不暇接，南瓜、冬瓜大得让人惊奇，嫩油油的白菜、长白萝卜、芥菜、青翠莴笋也顺应农时生长旺盛，应有尽有，美不胜收。除了后山上种蔬菜，后山下还有大片菜地，由高一和高二同学种植。正是这些蔬菜，帮助全体师生度过了三年困难时期。

同样，小儿子入学桐中第一天的“倒霉”，也没有影响他的学习积极性，班主任汪家旺老师及各科老师（如语文老师华翠兰）的教学常常是他在家中津津乐道的话题。

秋季运动会上，小儿子报名初中一年级组 1 500 米赛跑项目。说心里话，我很担心。他上学比其他同学早，当时还未满 11 周岁，个子又小，怎么跑得过比他大的哥哥们呢？比赛的日子到了，是上午。看了看课表，我上午第二、四节有课，就决定利用第三节课的空档时间到桐中去看一看。下了第二节课，我立即骑上自行车直奔桐中体育场。体育场就在我初中时种菜的后山上，学校与后山之间的围墙已经拆除，两边山坡上的菜地改成了碧绿的草坪看台，两山间的小路及山脚下坡地拉平改成了宽大的运动场。虽然仍是泥土铺就，但宽大的椭圆形跑道及跑道中间的足球场仍令我感到震撼。

我坐在草坪的看台上心潮起伏。桐中的变化真大呀，庆幸小儿子遇上了好时代！由于时间关系，没等到小儿子出场，我就急忙赶回了二中。中午，小儿子轻手轻脚地走到我身后，在我完全没觉察时，突然伸出右手，手里拿着的是卷着的奖状，打开一看，1 500米赛跑第三名！

转眼就到了初三，小儿子的学习越来越紧张。回到家，他常对我说："妈妈，我一定要考上桐中高中部。"看着他天不亮就出门，晚上 9 点多才回家，心中既欣慰又心疼。世事就是怪，偏偏学习越紧张越出事。临近中考时，一天晚上，我正在教研室批改作业，老伴轻轻走过来，故作轻松地对我说："小儿子出了点事，可能是眼睛，在医院里。"我猛地站起来，跟着老伴赶往医院。到了医院，只见小儿子的一只眼睛打了个大大的白纱布包。原来晚自习中间休息时，他不小心撞到楼栏杆柱子上，眼睛血流不止。班主任包群崧老师立即将他送往县医院，同时打电话到二中校办室。医术精湛的眼科高医生告诉我们，没有大问题，只是碰到眼角，缝了两针，以后每天换药就可以了，并夸奖说："小伙子不错，没打麻药，缝两针也没有喊叫。"我和老伴对高医生谢了又谢。每天下午小儿子都到学校校医那儿换药，回家总是告诉我，学校校医态度和蔼，技术很好，每次换药动作很轻，还问他痛不痛。

是呀，桐中各部门的工作人员都很敬业负责。我不禁又回想起自己在初中时，一次腹部右下角疼痛难忍。老师带我到校医室，当时的宋校医仔细检查了我的疼痛部位，给我打了一针，又开了几天的口服药，嘱我请假两天，在家休息。两天后，疼痛减轻很多，宋校医又开药让我继续服用。就这样，腹痛慢慢地全好了。这时，在高中部学习的哥哥才告诉我，宋校医诊断我是急性阑尾炎，但没到开刀的程度，担心我紧张，没有对我说实情。从那以后，至今也没有复发过。衷心感谢宋校医！

离中考还有一星期，小儿子的眼角拆线了，伤疤就在眼角双眼皮那儿，一点也看不出来。再一次感谢高医生和桐中校医！

苦中有乐的高中生活

1961 年，我考上了桐城中学高中部。

回想自己三年的高中学习，艰辛，紧张，愉快。

最开始，就是为开学交学费而发愁。我在桐中念书时，哥哥姐姐们也都在中学、师范学校读书。父母为儿女们同时开学要交学费而犯愁。好在桐中管理很人性化，只要找到人担保，可以缓交学费。我的小舅爹爹吴智新老师在桐中任教，父亲就常找他担保缓交学费，以解燃眉之急。

1959—1961 年，除假期外，我基本都是在桐中度过的。高一、高二时，各班继续种菜交到学校里，经常吃菜粥，菜粥里的米越来越少，生活就是这样艰辛。但不管如何，劳动锻炼了我和同学们的筋骨、意志。艰苦的生活使我深刻体会到“一粥一饭来之不易”等许多道理。时至今日，每当我看见浪费粮食的现象便痛心不已。

生活艰苦，学习也不轻松。经常缺电，高一、高二晚自习时，四张课桌拼凑在一起，共用一盏煤油灯。即便有诸多困难，但在老师的带领下，同学们学习热情高涨。清晨，起床钟声未响，校园到处充满读书声；晚上，熄灯钟声已响，很多同学仍在学习，有的躺在床上默背俄语单词，有的用墨水瓶改制的小煤油灯趴在被窝里悄悄学习。到了高三，经济情况好转，上晚自习不用煤油灯了，改用汽油灯，整个教室亮如白昼。熄灯钟响，汽油灯即关。很多同学又拿出自己的小煤油灯继续学习，被老师从教室赶走后，又躲在宿舍趴在被窝里学习起来。同学们努力只是一方面，更重要的是，我们遇到了许多好老师，他们一心一意授业解惑，诲人不倦，启智化愚，爱生如子，如陈维谐老师、慈昌淦老师、王铁铸老师、朱益群老师、章钟涛老师、刘乐乡老师等等。正因为如此，继前几年高考桐中取得骄人的好成绩后，我们 1964 届的大学录取率又在全省名列前茅。我们高三（1）班的大学录取率在 80% 以上。我是其中幸运的一员。

小儿子的高中生活

小儿子如愿以偿也考上了桐中高中部，他三年高中生活比他妈妈好多了。首先，他不必为开学交学费而发愁。其次，学习条件好得多，教学设施一应俱全。

在桐中六年时间里，小儿子也遇到了很多好老师，如语文老师雷合林、数学老师姚伟章和史本贵、物理老师王关余、英语老师包群崧和曹福满等等。对此，孩子及我们老两口一直心存感激。高中班主任罗伟老师也是他的化学老师，当年教我化学课的江道宗老师也是我的班主任。后来，罗伟老师还担起桐中校长的重任。回想当年，罗伟老师非常关心小儿子，经常来家访，告诉我们小儿子在校学习及各方面情况，这对小儿子的成长大有好处。

小儿子1990年高中毕业后考入东南大学，1997年留美读博，后来在美国一所大学任教。离开桐中的30多年，他一直延续桐中人勤奋好学的传承，在专业领域小有所成，入选国际电气电子工程师协会的会士（IEEE Fellow），还担任IEEE一份学术刊物的主编。

正是在桐城文风的熏陶下，在桐城实验小学和桐城中学的锤炼下，小儿子与无数学子一样养成了求学上进的学风，才取得了这样的成绩。

共同的祝愿

龙眠胜地，钟灵毓秀；百廿桐中，灿烂辉煌；代代前进，师生共唱；人才振奋，光耀中华。

斗转星移。如今，我离开母校桐中已经58年，为与子相依而落户南京。小儿子离开母校桐中也已32年，远在异国他乡。我们都很怀念母校桐中，怀念在桐中的青葱岁月。

衷心祝福我和小儿子共同的母校桐城中学。愿她在半山阁旁的苍松翠柏里，在绿树成荫的幽雅环境中，在古老银杏树的陪伴下，随着桐溪塥的清流，聆听着清脆响亮的钟声，永远在“勉成国器”的阳光大道上奋进。

（作者系桐城中学1964届校友）

母校难忘

胡若虚

1962年全国高考，桐城中学特别辉煌，各科成绩人均80分以上(当时高考各科满分均为100分)，升入高校本科率在80%以上，被称为“双八十”，名列安徽省第一，居全国第二，仅次于全国高考排名第一的福州一中。当时学校提出口号：“学福中，赶福中，争取再上北京!”

就在这一年秋季，我从安庆专区重点学校天城初中(现为安徽省示范高中的天城中学)毕业，参加全专区高中统一招生考试，被

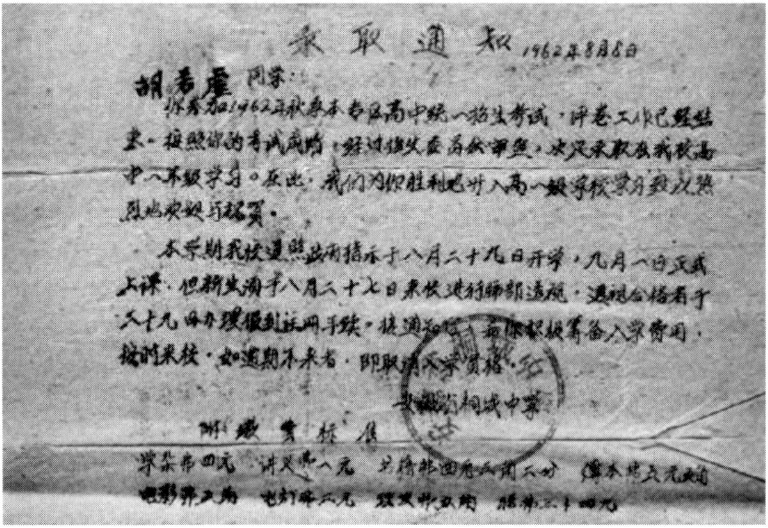
录取通知 1962年8月8日

胡若虚同学：

你参加1962年秋季本专区高中统一招生考试，评卷工作已经结束。按照你的考试成绩，经过招生委员会评定，决定录取在我校高中一年级学习。在此，我们为你胜利地升入高一级学校学习致以热烈的欢迎与祝贺。

本学期我校遵照上级指示于八月二十九日开学，九月一日正式上课。但新生须于八月二十七日来校进行体格复检，复检合格者于八月二十九日办理报到注册手续。接通知后，希你积极筹备入学费用，按时来校。如逾期不来者，即取消入学资格。

安徽省桐城中学

附缴费标准

学杂费四元 讲义费八元 书籍费四元[illegible] 簿本费[illegible] 电影费五角 电灯费二元 保健费五角 膳费二十四元

桐城中学高中部录取。60 年过去了,我至今仍珍藏着当年桐城中学发给我的录取通知书和我读高中时的各学科课本及作业本。当我看着这张陈旧发黄又特别珍贵的通知书时,眼前不断涌现出当年在母校读书的美好岁月……

高一上学期,学校为了夯实我们的数学基础,特选用安徽省教育厅编审出版的高中数学补充教材《平面几何》,授课的是年轻有为、风华正茂的李东云老师。他严谨的治学态度、一口标准流利的普通话、漂亮的板书、严密的逻辑思维、和蔼可亲的教态,让我们全班同学都迷上了他的课。他经常用数学家华罗庚的名言“在 100 次运算中,错了一次,不是 99 分,而是 0 分”来勉励我们。我将这句名言书写在我的数学课本扉页和作业本的封面上,后来还把这句名言教给了我的学生。

李东云老师是一位多才多艺的老师,他会演奏多种乐器,能作词谱曲。据说当年由江道宗老师作词、李东云老师谱曲的桐城中学新校歌曾传唱多年。1963 年春,学校组织全校师生轮流去参加桐城县烈士陵园建设义务劳动。在工间休息时,李老师教我们唱电影《我们村里的年轻人》的插曲《幸福不会从天降》,“樱桃好吃树难栽,不下苦功花不开,只要汗水勤灌溉,幸福花儿遍地开……”我们很快就学会了。我还唱会了这首歌的简谱,从此将这首歌铭记于心,并传唱给我的每一届学生。

教我们平面三角的是年轻英俊、才华横溢的凤良仪老师,教代数的是金仕仁老师和焦鹏飞老师,教立体几何的是方不圆老师,教平面解析几何的是慈昌淦老师,他们都是德高望重的老师。我是班上数学课代表,与这些老师接触与求教的机会较多。他们的才学与人格魅力使我爱上了数学,并且让我与数学结下了不解之缘。后来,我考取了安徽师范大学数学系,又成了一名高中数学老师。

让我感到荣幸的是，在桐城中学曾教我数学的焦鹏飞老师、金仕仁老师，竟然与我在桐城二中成了同事。李东云老师时任桐城二中分管教学的副校长，他是我的领导，更是我的恩师——我边教书边又做了他三年的学生，一节课不缺地听了他三个学年的高中数学课。我的听课笔记足足有20本，这使我教的首届高中毕业班在1987年高考中取得了可喜的成绩！

教我们物理的章钟涛老师，他是宁国人，据说他曾是徽州地区的高考理科状元，阴差阳错被皖南大学物理系（今安徽师范大学）录取。他与桐城中学其他年轻老师一样，都是史耀民校长通过安徽省教育厅直接从大学里挑选后“抢”过来的。他上物理课认真严谨，讲课生动活泼，理论与实验紧密结合。他喜欢坐镇物理晚自习辅导课，只见他在教室里不停地来回走动，随时为同学们答疑解惑。他也是一位多才多艺的老师，有文才又有口才。他擅长演奏小提琴，简直是一位专业琴师！

教我们英语的马光昌老师，他真是学富五车、才高八斗的名师。他20世纪30年代求学于安庆师范学校，英语师从美国老师，抗战时在安徽省立第二临时中学任教，后在桐城中学教授英语。后来，因中国与英美交恶，各校停开英语课。他自学教俄语，后又重新教授英语。

他的英语课教学特别认真，更有风趣。他常常自编著、自刻写蜡纸油印补充教材，供我们学习。我至今仍珍藏着他当年亲手刻印的一本英语补充教科书。

他教的高中英语课本第一册中的名言“Modesty helps one to make progress, conceit makes one lag behind.”（“虚心使人进步，骄傲使人落后。”），还有高中英语课本第二册中的名言“Persistence means victory!”（坚持就是胜利！），我铭记于心，至今仍能背诵如流。这些名言时时鞭策、激励着我。

更令我难忘的是，我们的班主任是由时任校团委书记陈光熙老师兼任的。他是一位优秀的班主任，视出身不好的我们为“璞玉”，在生活上像父母一样关心、体贴我们。

我父亲早逝，母亲年迈多病，家庭经济十分困难。陈老师让我获得了人民助学金，使我顺利读完了高中。

我们在陈老师的正确引导和精心教育下，暗暗牢记“勉成国器”的校训，团结友爱，奋发向上。班上有学雷锋小组、团外青年活动小组、数理化学习兴趣小组、文艺爱好小组，我很荣幸地被老师和同学们推选为学习班委、数学课代表和数理化学习兴趣小组组长，常和同学们一起攻克一个又一个知识的堡垒。

（作者系桐城中学1965届校友）

感念桐中

胡先泽

我家住在龙眠春晓，与桐中一墙之隔。春夏秋冬，日起日落，每天聆听着桐中的钟声起居休息。这钟声圆润悠扬、清纯响亮，既富有青春的活力，又蕴含历史的沧桑。这钟声叩击心扉、穿透心灵，时时提醒我：你曾是桐中的学生。

1960 年秋天，我从东关小学毕业，顺利进入桐中，有幸成为首届“大改班”学生。开学那天，走进校门，林荫大道上，紫穗槐散发出淡淡的清香，既有“高峰入云，清流见底”的方尖碑庄严矗立，又有寓意深远的后乐亭温雅迎人。绕过假山奇石，穿过操场，便看见势若盘龙的紫藤树和通透别致的圆形门，旁边是典雅的小院和古朴的半山阁，再往东是清流婉转、静静流淌的桐溪塥。南边是花池、棚架。花池中美人蕉翠袖迎风，向我们招手致意。棚架上，绣球花素雅圣洁、生机勃勃。这一片苏州园林式风景，让我们这些从简朴、局促的小学环境中走来的孩子羡慕不已，同时，成为一名桐中学生的自豪感油然而生。

在桐中五年，适逢三年困难时期，生活自然艰辛。感念史耀民校长，凭借自己的声望和努力，尽可能保证学校的生活供给。当时学校在西门山办起农场，每周两个下午课后，我们都要带着农具到农场去耕作和搬运，既保障了粮食蔬菜供给，又增强了劳动意识。

在桐中的五年，是全体授课教师呕心沥血、辛勤哺育我们的五年。为了教好“大改班”,学校安排了最强的教学力量。教语文的是姚沛生、石刚年先生,教数学的先后有崔甸甲、方不圆、金贻莘、凤良仪、陈维谐先生,教物理的是方愈先生,教化学的是佘世恒先生(兼班主任),教俄语的是张家章、马光昌先生,教地理的是吴祚霖先生,教体育的是林祖年、江承发先生。这些老师各自教学特色明显,教学手段高超,教学风格幽默,从清晨到夜晚,以教学为中心,任劳任怨,乐此不疲。难忘姚沛生先生给我们打下了坚实的古文基础,难忘陈维谐先生培养了我们良好的数学思维,难忘张家昌先生教会了我们比较标准的俄语发音,难忘马光昌先生用自编的十首口诀教会我们系统地掌握俄语语法并应用自如、遇考不惊。特别难忘石刚年先生,他是东北人,英俊潇洒,风度翩翩,教我们现代文和写作,他和蔼可亲,对学生关爱有加。记得高考前的一个早自习,他走进教室,突然问我们会不会汉语拼音。我们齐声回答:“没有学过,不会。”他说:“这怎么得了,赶快学!”此后,他连续用一个多星期的早自习时间教会了我们汉语拼音,至今受益匪浅。

当时我偏爱理工科,一心想上工科院校,哪知高考前体检发现辨色力弱(其实不是眼睛问题,而是当时没有辨识经验),色弱限科多,我只好改报文科,难免有点失望,以至情绪低落。石刚年先生发现了,在一个月朗风清的夜晚,把我喊出教室,到大操场散步。他开导我放下包袱,说文理都一样,关键要学出本事,要做一个对社会有用的人。他还给我送来了复习备考的历史书。我倍感温暖,改科的情绪很快释怀。石先生在“文革”中遭遇坎坷,被调到太湖县,后当过太湖中学校长、太湖县政协副主席。2017 年,我们首届“大改班”同学聚会,他欣然到桐中赴会,年届 90,垂垂老矣,但仍然谈笑风生、吟诗作对。我们倍感亲切,甚是欣慰。

英国文豪萧伯纳有一段名言:“人生不是一支短暂的蜡烛,而是一支暂时由我们擎着的火炬。我们一定要把它燃烧得十分明亮,然后交给下一代的人们。”桐中老师正是这样一群擎炬人,是他们使得百年名校赓续传承、树人无数。120 年来,一茬又一茬的辛勤园丁,挥洒心血和汗水,奉献青春和智慧,为高等学校培养了大批“准人才”,进而产生了许多院士、专家、教授、博士。各条战线上的桐中学子,为中国特色社会主义现代化建设作出了巨大贡献,同时关爱着家乡,关爱着母校。例如,我们班的刘珍贵、严桂夫、汪普生等同学为母校办了不少实事。李承友同学是一位优秀的企业家,退休后不忘母校,捐赠 1 000 万元设立了“李承友奖学金”。还有不少校友,大学毕业后回到桐中执教,感恩母校,薪火相传。

百年名校的功绩是一座巍然的丰碑。站在这座丰碑之下,大家都感到自豪与骄傲,同时自警与自省,找差距,寻不足,踔厉奋发,砥砺前行。

桐城中学正在积极筹办建校 120 周年庆祝活动,这个活动有积极意义,它将是桐城中学的历史荣光与未来希望的联结,是百年名校整装再出发的新起点。汇聚智慧和力量,桐中活力四射。“长风破浪会有时,直挂云帆济沧海。”桐中的明天会更加美好!

离开母校半个多世纪了,但感念母校的情怀历久弥新,永不褪色。永远的桐中,永远的感念,永远的祝福!

(作者系桐城中学 1965 届校友)

同学聚会有感

周　伟

同学聚会有感

锦筵忽忆少年时，桃林春雨发新枝。
纸上初描抛物线，溪前漫解卖炭诗。
一声炮响惊天外，十载书残觉梦迟。
回眸同学皆翁媪，举觞祝酒寄相思。

水 调 歌 头

戊戌中秋，戏仿苏子词以赠诸友。

明月几时有，把酒望桐中。不知书窗今夕，捧卷又何人？我欲重回年少，携手桃林芳径，共看校花红。种菜小山北，戏水荷塘东……

拾朝花，编绮梦，眼朦胧。云海苍茫，星槎浮灭谁能定？莫道晚来风急，且自啸歌慢酌，醉里看乾坤。但盼群中友，岁岁喜相逢。

（作者系桐城中学 1966 届校友）

难忘老校长

宋诚斌

1965年秋，我在桐中“大改班”502班读书，担任班上的团支部书记。班主任是教俄语的陈友三老师，福建人，风度翩翩，和蔼可亲。校长是史耀民老师，他个子高高的，威严的仪容中透着一种亲切，备受学生的崇敬与爱戴。

1965年11月，桐城县委在黄梅剧团(今市民广场西侧)召开县直机关党员干部及党外积极分子学习动员报告会，旨在加强党性教育、提高党员素养。

其时我只是一名普通的中学生干部，没想到学校竟通知我也去参加，这让我既意外又兴奋。聆听完县委书记胡旭斋等人作的报告后回到学校，我按捺不住内心的激动，怀着对党的深厚感情，写下入党申请书，郑重地递交给桐中团委组织委员吴福培老师。

过了两天，班主任陈老师上完课后忽然对我说：“史校长要找你谈话。”让我课外活动时间去一趟。

校长要找我谈话？什么事？我一听懵住了，紧张极了，怀着忐忑不安的心情赶去史校长家。史校长一家当年住在桐中通往左公祠一侧的一处平房里，家里没有多少家具，简单朴素。

见到校长，我十分紧张地轻轻地叫了声“校长好”。史校长面露笑容，用慈祥的眼光看了看我，让我坐下。他先是亲切地询问了我的家庭情况，然后转入正题说：“我看了你的入党申请书，你积极要求进步,很好!”这时,我紧张的心终于放下来了,感到平时看上去令人敬畏的校长竟是如此平易近人。

史校长语重心长地开导我:要想入党,先要端正入党动机,明确入党目的,做到思想上先入党,经得起组织上的长期考验;要好好学习毛主席著作,站稳立场,时时处处以党员的标准来严格要求自己;要以雷锋为榜样,争取早日实现自己的愿望……

当我走出校长家门,激动的心久久不能平静。时至今日,老校长的音容笑貌仍深深印在我的脑海里,老校长的谆谆教诲和殷切期望深深铭刻在我的心中,老校长的“增强党性、站稳立场、爱憎分明、坚持原则”的告诫一直是我后来工作和处事的座右铭。

为了落实史校长积极发展新团员的指示,我班团支部随即拟定了计划,动员并号召非团员同学积极创造条件,争取早日入团。在班主任陈老师的大力支持下,不久就接收了一位同学入团,这给许多同学带来了很大的触动,大家纷纷要求进步。团支部根据情况决定毕业前再发展一批新团员,谁知次年“文革”爆发,计划搁浅,这成了我中学时代心中的一大憾事。

1968 年年底,我卷起被囊回到生我养我的挂镇联合老家。当时,家乡教师紧缺,我因是 1966 届桐中高中毕业生,有幸被抽调到高墙小学(今联合小学)当了一名拿工分的代课教师。

1969 年春天,我去县城买课本,巧遇史校长。我买书的地方是当时县城唯一的新华书店,老新华书店的原址位于今市民广场西侧。没想到在书店隔壁的四合院里,就住着许久未见的史校长(听说他当时已调离桐中,任黄甲区区委书记)。乍见校长百感交集,我又惊又喜,忙喊了声校长。史校长一见,马上认出我,亲切地问这问那,问我来县城干什么、目前做什么工作、有什么困难。我一一作了回答。

老校长得知我已是一名小学代课教师，很高兴地对我说：“当老师好，教书育人，无上光荣。”他再三嘱咐我要忠于党的教育事业，“干一行、爱一行，学无止境，今后碰上求学机会都要参加”。由于买书的人多，得排队，下午还得挑着课本步行30多里回乡，我来不及与老校长辞行就赶回去了。没想到那次分手竟是我与老校长的诀别，现在想起仍后悔不已。

遵照老校长的教导，我在教书育人之暇勤学不辍，于1977年入安徽师范大学函授学习，1979年12月拿到了专科文凭，后来评上高级教师。

老校长离开我们多年，他对学生的关怀与教诲让我终生难忘。老校长的博大胸怀和高尚情操是我做人的榜样，老校长的鼓励和鞭策是我后来学习、工作的力量的源泉，老校长的谆谆教诲，我会永远铭记于心！

尊敬的史耀民老校长，学生永远怀念您！

（作者系桐城中学1966届校友）

梦回桐中

吴昭劳

八年日月桐溪水，几度风霜柳岸惊。苦乐堪参同入梦，桃林又听读书声。

2016 年 5 月 14 日，经过一个月的联络策划，终于圆了 56 个人的古稀梦。阔别近 50 年的同学在母校相聚，漂泊在五湖四海的游子终于回到朝思暮想的家园。一双双长满老茧的手握到生痛也舍不得放开，一个个热烈的拥抱传递着无以言表的亲情，热泪盈眶地望着华发下的面孔，说不尽几十年浓浓的相思。有道是，信里常邀旧日光，书中寄语已轻黄。江湖有梦同窗会，促膝无言对酒狂。亲爱的母校，我们回来看你了！

1961—1968 年，是我们 1966 届桐中“大改班”学子人生中一段举足轻重的里程，是一份刻骨难忘的情结与回忆。在桐中，我们经历了八年风雨的洗礼；在桐中，我们留下了朝气蓬勃的无悔青春。

桐城中学是安徽省教育史上最早的中学，也是所有桐城人引以为豪、迫切向往的地方。淳朴的校风，深厚的文化底蕴，使桐城中学声名远播。桐中的老师是各高校的佼佼者，学生是各地初中或小学的优等生。一代又一代青少年在这里奋发进取，砥砺前行，创造辉煌。

1961 年 9 月 1 日，我们怀揣桐中录取通知书，意气风发地走进桐中校门。一眼望去，一切都那么新奇美好。宽阔笔直的大道，郁郁葱葱的绿植，高耸入云的石刻，假山卧古木，飞角立闲亭（楣书“后乐亭”）。微波粼粼的桐溪水穿插其间，潺潺如歌，在路西的人工水池里稍作停留，出西墙迤逦而去。迎面映入眼帘的一道白墙屏风上，大红的毛体写着“好好学习，天天向上”八个大字。绕过屏风是一个很大的操场，操场的北边矗立着高端大气的和平堂，是供我们集会的地方。老师宿舍、校办工厂、教学楼、学生宿舍环绕其周。向操场东边右转再右转，穿过石桥小溪，便是我们女生住宿的地方。两排平房围成一个小院，标准的单间里一溜大通铺，上面铺着黄灿灿的、被我们誉为金丝被的稻草，摊开从家里带来的被子，往上面一躺，就可以开启各自的春秋大梦了。

坐落在教学楼旁古色古香的钟楼里的铜钟，敲响了我们新生活的第一声。钟声洪亮从容，传遍了整座小城。我们的教室是两层小楼。楼下的东边是高大的银杏树，西边是清流见底的桐溪水。溪的两边，是石砌的溪摆，隔一段会留几级台阶临水。最让人忘不了的，是那掬泉月在手、探水漾蓝天的清澈与灵动。溪岸上，绿柳千丝羞照水，石桥五步贯西东。我们在这里洗洗涮涮了八年，度过了一段最美好的时光。小溪的西边有一片桃林，夹在教学楼中间。每到春暖花开时，小溪轻唱，鸟语花香。在桃树下，捧书一卷，读古往今来，闻家国天下，书香伴着花香，沁人肺腑。随着时间的推移，我们粗略读懂了“后乐亭”的内涵，读懂了“高峰入云”的格局，读懂了“清流见底”的境界，读懂了“勉成国器”的厚望。

“一张白纸，好写最新最美的文字，好画最新最美的图画。”我们这群十几岁的孩子，从四面八方汇聚在这里，开启了理想放飞的新征程。

立学为先天下晓，寒窗读破圣贤书。初出茅庐的少年，个个发奋学习，尊敬师长。课堂上的45分钟，从不浪费一分一秒。个个瞪着圆溜溜的眼睛，求知若渴。认真捕捉老师发出的每一条信息，严谨地做笔记，力争作业少出和不出差错。讲台上，老师授业解惑，言无不尽。讲台下，学生积极提问，力求融会贯通。一道题哪怕做十遍、二十遍，务必弄个清楚明白。课堂上，师生如友，互动灵活，气氛融洽。理化课，我们除了参加实验室的观察与亲手操作，还常常被叫上讲台，当堂做各种实验。晚自习时间，教室里安安静静，大家自觉地完成学习任务，温习功课。偶尔讨论问题，也是轻声细语，怕干扰别人。我们的学习生活是轻松的、愉快的。我们立志以清华北大为目标，努力把自己培养成对社会有所贡献的栋梁。课余，我们还去仙姑井边的生产队办夜校，用自己学得的知识，教农民识字，教他们唱歌，与农民结下了深厚的情谊。现在若路过那里，还能认出彼此，老远就大声寒暄。

达·芬奇说："运动是一切生命的源泉。"在每天下午近两小时的课外活动中，学校操场上，打篮球的，跳高跳远的，玩单双杠的，比比皆是。乒乓球室里，握着没有海绵的板拍考资格赛，三球定输赢，旁边坐等的人依次接替。也有不喜闹腾的同学，或看书，或画画，各得其乐。教室里、宿舍里，二胡与笛子声婉转悠扬，飘满校园。学校每年都会举办运动会，参赛的运动员们个个精神抖擞，摩拳擦掌，拼尽全力，在绿茵场上洒下自己的汗水和泪水。1963年，学校成立了乒乓球队和男女两支篮球队，我有幸参加了。夏忙假时，顶着烈日训练了一个月就被拉出去参赛。有一次，二姐代表机关队与我们对垒，我居然"六亲不认"地扑上去抢她手中的篮球，场外一片哗然，现在想想还忍不住笑出声来。

学校的大礼堂除了开会，每逢周六，都免费为我们放一场电

影。遇到节日，全校师生还自编自导，上台表演各种节目，台下是师生，台上是戏中人。那时候的节目，大都是围绕当时的政治形势、我们的生活和学习来编排，如《十送红军》《忆苦思甜》《雷锋的故事》《一百分不算满分》等。表演形式有话剧、活报剧、相声、朗诵、合唱、表演唱、乐器独奏……大家各显神通，妙趣横生，回味无穷。

陶铸同志曾说：“劳动是一切知识的源泉。”在离学校不远的地方，我们开辟有自己的菜园。课外活动时，我们轮流管理班上的菜园，松土、除草、施肥、浇水，收获的白菜萝卜又大又嫩，除了送交学校食堂，剩下的就送到学校饲养场，还乐呵呵地帮饲养员剁菜喂猪——这可是我们一年三节打牙祭的唯一指望呢。每年春夏有两次农忙假期，我们除了参加学校的集体支农劳动外，还给学校厨房帮厨，帮饲养场喂猪。老师还安排我们城关的学生到农村住几天，和农民同吃同住同劳动。经班上同学联系，我曾去鲁洪山里住了几日，真心实意地学习农民淳朴善良的品德，学习各种劳动技巧，体会每一粒粮食的来之不易，以培养勤劳节俭和艰苦朴素的好品德，做一个对社会有用的人。

1962—1965年，先后涌现出雷锋、欧阳海和王杰三位年轻的英雄。他们为了保护人民生命财产，奋不顾身，壮烈牺牲，年仅20岁左右。榜样的力量是无穷的，学习这些英雄人物“一不怕苦，二不怕死”“毫不利己，专门利人”“全心全意为人民服务”的高尚品德，很快在学校蔚然成风。大家以英雄为榜样，互帮互助，克服困难，努力学习，力争在德、智、体诸方面都得到发展，成为有社会主义觉悟、有文化的劳动者。

那些年，物资匮乏，我们的生活可以用“清贫”来形容。没有经济来源的农家孩子能凑够学费实属不易。好在学校有助学金，可以帮助那些特别困难的学生。说一件小事：我班的一名同学，当年因凑不齐五分钱的团费，硬是等家里的母鸡下了蛋，拿去小店换钱，再加上同学的帮助，才解决问题。那时候，从乡下到学校，几十里的路程全靠步行。即使如此，周六并无一人早退，周日亦无一人迟到。大家对这些已习以为常，并不觉得有多苦。约翰森说：“一个家庭中没有书籍，等于一间房子没有窗子。”我们的祖祖辈辈，一直秉承“穷不丢书，富不丢猪”的古训，再苦再难也不能不读书！朱熹曾言：“问渠那得清如许？为有源头活水来。”不读书何以明事理，不读书拿什么去齐家治国平天下？

五年辛苦磨一剑，就在我们高考刚过，兴致勃勃地准备填志愿的时候，“文革”开始了，打破了我们的清华之梦，彻底改写了我们的人生。直到1968年，六届中学生同时毕业，先后下乡插队落户。1968年10月28日，伴随着几辆大卡车卷起的黄尘，我们彻底告别了桐中，告别了从未离开过的小城，奔赴农村，去经历另一段浴火重生的岁月，成为知青。

如今，我们用当年学得的知识，在各个工作岗位上得心应手，作出了应有的贡献。难忘母校，难忘师恩！我们永远记得母校的一草一木，永远记住恩师的音容笑貌，永远铭记恩师的谆谆教诲，永远在心中刻下他们的名字。团席香卮忆从头，寒窗抵足共春秋。此情早入长江水，日夜悠悠不竭流。

经年一梦如弹指，醒来不复旧时颜。母校经历风风雨雨，发生了天翻地覆的变化。当初英姿勃勃的翩翩少年已然青丝点雪，夕阳晚照。站在魂牵梦绕的银杏树前，仰望默然屹立的钟楼，不由得思绪翻腾、感慨万千！特留词以记：

少年自许凌云志，
朝听钟楼，暮听钟楼，
惜抱光阴似水流。
晚照余晖银杏暖，
岁月悠悠，桃李悠悠，
香杯斟满不知秋。

（作者系桐城中学 1966 届校友）

迟到五十年的毕业照

李伯根

桐中120周年校庆渐近，我的心就像久别的孩子去见母亲那样兴奋、激动。看到昭劳文中学友聚会的合照（2016年5月），如同万能钥匙，一下子打开彼此相隔50年的禁锢区，一时思绪万千、浮想联翩，一幅《迟到五十年的毕业照》情不自禁地在我心头涌起……

弹指一挥，50年前被冲散的莘莘学子，而今幸逢盛世，改革的浪潮又将我们拥立潮头，真是“岁月如水，生命如歌”。聚会那天，春风舞杨柳，更喜阳光人。学友们从北京、上海、南京、合肥、厦门、安庆、铜陵等地汇聚到安徽省桐城中学——我们母校的怀抱。一下车，男男相拥、男女击掌，相互只记得名字、对不上人。有一位同学因身体原因，让人搀扶着进入会场。“想不到我等了50年还能与大家见面，平生足矣，”他泣不成声，哽咽道，“我虽未上大学，但同窗学友给我送来了一片天空。”同学们感慨万千，真是“儿时相见今不识，岁月无情人有情”。

漫漫人生路，同船共修渡。遥想当年，家乡沃土，母校诫训，那直耸云霄的青峰石刻，那绿荫如盖的宽阔大道，那思饮若渴的龙眠山水，那“六尺巷”的古圣先贤，开启了我们各自智慧的天窗，孕育着热血青年求知做人、胸怀天下的高尚品德，可谓是忠；当我们成家立业，顶着中年人的压力，却更多地想着如何为父母分忧，让他们乐享天年，可谓是孝；学友中有倾心致力于企事业者，心怀下属，全力帮助团队成就梦想，可谓是仁；有从事文教、卫生工作者，把事情做得井然有序，把发展谋划得扎实稳健，可谓是智；挚友神交，助人为乐，言必行，行必果，可谓是信；为这次学友 50 年聚会而四处奔波，多方联系，相互打听，上下求索，可谓是礼……

拍照，补拍一张毕业照，这可是迟到 50 年的毕业照啊！ 50 年来的风雨历程，见证了学友们众彩纷呈的人生里程，大家用心、用情不断地诠释和践行“忠、孝、仁、智、信、礼”的人生规仪，宣扬人世间的真、善、美，并以此为戒尺，做人做事，成功敬世。

辉煌的历程激励着每位学友的人生志向，多彩的梦想引领着每位学友的灿烂未来。大家促膝交谈，推心置腹地交流着各自的成长，家庭、事业、命运……回顾 20 世纪 70 年代，经过那场文化浩劫之后，大家痛定思痛、深思省悟，以万分珍惜的目光投向博大精深、源远流长的国学文化，兴君子之风，行君子之道。

谈到未来，大家自然想起当年恩师教我们反复诵读的那段古文：“天将降大任于斯人也，必先苦其心志，劳其筋骨，饿其体肤，困乏其身……”何为大任？谁为斯人？当然是我们的下一代、下下一代……但眼前的“接力棒”非我们莫属！谈到这里，大家深感志未酬、义未了，异口同声地唱道：“铁肩担道义，梅兰二度开，做好传帮带，追梦从头来。”

致敬！迟到 50 年的毕业照！

致敬！桃李天下、千古芳华的母校！

（作者系桐城中学 1966 届校友）

甲子记忆，桐中岁月

汪廷龙

母校双甲子校庆在即，不禁回想起近60年前我在桐中读书时的点滴时光，尤其是诸多恩师倾心教书育人的情景。

1963年6月，我作为安庆市杨桥初中首届毕业生，到安庆地区重点学校天城初中参加中考，幸运地被桐城中学高中部录取，心中的喜悦不言而喻。在这里，我要感谢我的恩师焦鹏飞老师。那年恰逢焦老师在我所在的中考考场监考。中考结束后，我被叫到招生办公室。焦老师仔细询问我填写志愿的情况。在他的建议下，我把原来准备填写的第一志愿安庆师范学校改成了桐城中学。结果美梦成真，我果然被桐中录取。当年杨桥初中四个毕业班200余人，仅有我和宋小福同学两人被桐中录取，可谓百里挑一。

9月1日桐中开学那天，父亲挑着行李送我上学，清晨从罗岭家中出发，艰难步行50多公里，直到晚上八点多才赶到桐中。分班时，我与同是罗岭来的龙毛朋同学都被分配在高一(2)班。在桐中的三年，每年开学或寒暑假回家，我都和毛朋结伴步行。少年不识愁滋味，虽辛苦，但觉得快乐！后来，毛朋成为桐中高中部数学骨干教师，勤奋敬业，真是令人欣慰。

高中一年级，焦鹏飞老师教我们班代数。他身材魁梧，是篮球场上的运动健将。上课时精神抖擞，声如洪钟。讲课层层推理，深入浅出，引人入胜。我被他精彩的讲课折服，对数学产生了极大的兴趣，数学成绩在班上一直是名列前茅。同学们一致推选我为数学课代表，焦老师还赠送给我一个“数学博士”的雅号。

高传明老师是我的高一语文老师，文学功底深厚，和蔼可亲，谈吐风雅。他的粉笔板书刚劲有力，毛笔书法更不用说，楷书、行书、隶书自成一体，令人羡慕。课余时间，我也练起书法。校教导主任陈宗南先生得知后，竟然赠送给我一本《颜真卿楷书》字帖，并规定我每日书写 100 个毛笔字，晚自习前交给他批阅。这为我今后练习书法奠定了良好的基础。

记得高一时校理发室郝师傅因病去世，我们班徐庆高同学作为校学生会生活部部长积极响应毛主席“向雷锋同志学习”的号召，组织同学成立理发小组，自发到街道理发店拜师学艺，学校领导特批资金，让学校总务黄主任从学校办公经费中开支购买了理发工具。理发组成员共 26 人，13 个班每班两人，徐庆高同学任组长。每日放学后安排四人值班，周日是六个小组长加正、副组长八人值班，为全校师生义务理发。校长史耀明先生将理发小组命名为“桐中理发组”，并与教导主任陈宗南先生多次光临理发室，对徐庆高同学组织成立的理发小组大为赞叹，并在全校学生大会上隆重表扬。当年师长和同学们不分你我、互帮互助的情景现在想来仍觉得十分温馨感人。

高中二年级，崔甸甲老师教我们班三角函数，方不圆老师教授立体几何与解析几何。崔老师在课堂上都是单刀直入、口若悬河，语言生动有趣，我们听得如痴如醉。方老师上课春风化雨，真有“随风潜入夜，润物细无声”的诗意。方老师的名字更耐人寻味。听说方老师原名方圆，曾有师生打趣：“亦方亦圆，自相矛盾乎？”于是，方老师干脆在中间加了个“不”字，名曰“方不圆”。

高中三年级，翟振中老师教授语文，讲课另有特色。他在讲评学生作文时，遇到作文较差的同学，坚持面批，细心辅导；遇到好作文时，顿时眉飞色舞，甚至手舞足蹈，嘴里大声朗读，还连声说“好！好！好！”究竟好在哪里，我也忘了，当时只看到豆大的汗珠在他的脸上一个劲地流，我还递上手帕给翟老师擦过汗呢！

姚沛生老师教我们古典文学，那时他还不到 60 岁，是桐城派姚氏后裔。他是位慈祥长者，个子不高，体态偏胖，步履蹒跚。姚老师以他宏大的视野和渊博的学识让我们佩服得五体投地，崇拜不已。他讲课听着平淡，却不知施了什么魔法，让许多学生都能“过目不忘”。他讲过的《岳阳楼记》，我现在还能倒背如流。他讲《孔雀东南飞》，学生流泪，他自己也流泪。他经常把课堂上的我们带到古典作品里去，流连忘返。这哪里是上课，简直就是艺术享受！有次下课时，课堂上想起经久不息的掌声，姚老师竟向我们深深地鞠了一躬。这么多年过去了，那个场景仿佛就在昨天。他是那么谦和，正可谓君子温如玉。

令我印象深刻的老师还有慈昌淦、佘世恒、吴智新、马云生、凤良仪、章钟涛、金诚睿、朱长久等执教数十年的老先生们，桐中真是名师荟萃、灿若星辰！

1966 年 5 月，“文革”爆发，工厂停工，学生停课。我失去了参加高考的机会，于 1966 年年底回乡在生产队务农，1972 年 2 月在乡村任民办教师，1978 年 9 月转为公办教师，一直在教育岗位工作至退休。回首往事，我虽未能如愿参加高考并深造，但从未忘记桐中校训与恩师教导，一直执着于教育事业，兢兢业业，未有懈怠。从教生涯曾获得组织上诸多认可，这让我倍感欣慰，尤其当我的学生们也成为桐中学子时，幸福感尤甚。1990 年 9 月，我的孩子汪东如愿考上了桐中，我挑着行李陪他一起乘长途汽车去桐中报到。

到了桐中大门口，我与孩子一起凝望着大门两侧的楹联，不禁想起父亲当年送我上学的情景，真是感慨万千！

“龙眠钟气，代起人豪。”时光荏苒，母校迎来了 120 周年华诞。120 年来，中华民族历经劫难，已站在伟大复兴的历史关头。120 年来，母校为祖国培养了无数栋梁精英，为国家富强持续贡献桐中力量。吴汝纶先生“后十百年人才奋兴胚胎于此，合东西国学问精粹陶冶而成”的宏愿已然成为现实。

“雄关漫道真如铁，而今迈步从头越。”祝母校生日快乐，再续辉煌！

（作者系桐城中学 1966 届校友）

母校琐记

方春望

初登舞台

那还是1963年的事。“大改班”(2)班班主任是崔甸甲，在班上抽几个人排练诗朗诵，准备参加学校在大礼堂举行的元旦晚会。崔老师到班上抽了苏宁、张先怀、林清鹤和我。前两位同学学习过芭蕾舞，第三位是文体委员，只有我是“菜鸟”。

课余时间，我们在崔老师房间里排练。崔老师买了一脸盆花生，慰劳大家。花生吃完了，排练也结束了。

虽然那时朗诵的诗，如今已经想不起来，但还记得诗的作者是戈壁舟。幕布一拉开，我们四个人走到台口。台下光暗看不清，像雾气蒙蒙的湖面；台上灯光雪亮，像湖面上一艘船的甲板。朗诵还算顺利地完成了。

近几年才知道，苏宁是桐中著名老教师苏艺叔的外孙女，张先怀则是桐城父子宰相张氏的后裔。

桐中的植物

桐中的植物很多，有法国梧桐、梧桐、桃树、怪枣、杨树、柳树，还有那棵大名鼎鼎的银杏树和虬枝盘曲的紫藤。

秋风劲吹时节，梧桐的果实像一只只小船，盘旋而下。如今市面上流行的电动小车的防雨篷，应该是仿照梧桐籽“小船”所造。这是仿生学应用的一个实例。

教室前的银杏树落下一片片黄金叶，同学们挑几片作书签。可是，太多了，反而加剧选择困难。

怪枣，学名叫拐枣。它的果实造型近似直角，就像远古先人打猎用的“飞去来器”，不过是超小型罢了。拐枣，有点甜，又有点酸。同学们遍捡拐枣，乐此不疲。

下午的操场

桐中操场的东边，就是体育教研室。记得我刚上小学不久，有一天，祖父方林辰（方侃）领着我和妹妹到过这间教研室。办公桌摆在四周，中间留下空场地。有位老师拿起两只粉笔头，一大一小，递给我，问：“怎么办？”我想了想，把那只大粉笔头递给妹妹。老师脸上露出微笑。

进了桐中“大改班”，才知道体育的不寻常。每天下午，放学时路过操场，操场到处人头攒动，灌篮球的“嘭嘭”声此起彼伏。操场边上练起跑技术的、跳绳的、攀竹竿的，热火朝天，大家各显身手。还有一名老教师领着几名学生打太极拳，一招一式，闪转腾挪，好像在空中摸鱼捉蟹。

桐中石刻柱

在桐中大门林荫道的东侧，耸立着一根石刻柱。孙闻园第二次（1922 年 8 月—1926 年 8 月）任桐中校长期间，在桐中大门之内、二门之外，主持修建了桐城公园。其间，还修建了一根石刻柱。石刻柱创作者有三人。

东西两面阴刻魏书：

高峰入云，清流见底。杂花生树，群莺乱飞。乙丑三月　方守敦

前两句取自南朝文学家陶弘景《答谢中书书》，后两句取自南朝文学家丘迟《与陈伯之书》，方守敦书。

南北两面阴刻篆书：

为梁为柱罔不宜，志重远者，不师汝而师谁？乙丑九月方寿衡铭此十有七字

文字由我的曾祖父方寿衡原创并题签，镌刻者均为王紫瑛(1898—1962年)。关于王紫瑛大师，在《桐中百年》中，有位老

师表示了关切,信息却不确实。

去年五月,我专程前往桐城市孔城镇邓家窝,参拜了紫瑛大师坟墓,瞻仰了大师故居,实地了解详情。

王紫瑛当年嫁给方聘三(1879—1948 年),育有一子方寿永(中六房 21 世,现居西双版纳,已 80 多岁),其子名字还是方守敦所赐。寿永遵母亲教导,称方守敦为方五太爷(鲁谼方 14 世,行五)。

方聘三早年曾留学日本,在铁道学校学习。学成后回安徽,因为那时省内没有铁路可修,改做修公路的工作。

拟向母校赠书

此前,梅安平曾任桐城市驻京办事处主任,认识了商业部粮食司李思恒。李老是安徽省立第二临时中学方侃的学生。李老向梅安平打听方侃老师的情况。梅安平到桐中向老师打听,无人知晓,又到安庆市向市长打听方侃老师,还是无人知道。于是,梅安平在网络上发文《方侃老师,你在哪里》。后来,通过同学群才得知,我是方侃的长孙,只是自下乡后没有见过面罢了。至此,才给寻找画上句号。

当时,我与几位同仁正在校点《桐城方氏曲庐合集》,包括方葆馨(桂林方中一房 19 世)的《庸晦堂诗集》、方寿衡(方葆馨孙)的《曲庐诗文集》、方侃的《拾烬眠云诗集》及佚文,还有方侊(晓舲)的图画。如今,由方平先生出资,《桐城方氏曲庐合集》已经出版。

1926 年前后,我的曾祖父方寿衡先生与长子方侃、次子方侊同时在桐中任教。如今出版《桐城方氏曲庐合集》,我既是曲庐方氏后裔,又是桐中毕业生,将代表先辈向母校赠送《桐城方氏曲庐合集》,完成他们的夙愿。曲庐是坐落在讲学园巷的原住房,原址与方鸿寿故居隔巷而踞,经城市改造,如今已片瓦不存。

桐城中有的家族几代人在桐中读书,有的家族没有人在桐中读过书,但都不影响人们对桐中共同的羡慕、尊敬、爱护之情。值吴大先生创建桐中120周年之际,全国各地,乃至世界各地的桐中学子,以各种形式表示庆祝,包括写纪念文章。我们欣喜地期盼着。

(作者系桐城中学1967届校友)

一别五十载，最忆是桐中

汪志伟

五十年来风雨霜，相聚已是白发苍。
多少悲欢离合事，思念母校忆同窗。

魂牵梦萦老桐中

“鲲鹏立雪，龙凤摇篮”的桐中、我们的母校，坐落于龙眠山麓境主庙下一块人杰地灵的风水宝地上。我们曾在这里学习、生活了400多个日日夜夜。今天，让我们一起走回50年前的桐中校园。

那是一个美丽静谧温馨的金秋。1965年9月1日，我，一个13岁的农村少年，和103名同届考入桐中的学子一起，带着梦想，怀揣桐中“大改班”录取通知书，在父亲的护送下，肩负书籍行囊，第一次来到桐城县城，来到饮誉中华的名校。那宽敞的大门牌坊正面镌刻着大气磅礴、苍逸遒劲的鲁迅体校名，在阳光照耀下，“安徽省桐城中学”熠熠生辉。

桐中，让我迈出了人生第一步。

走过万水千山，最爱依旧是漫步桐中。那曾是我梦中一次次重温的场景。

进入大门口右侧传达室，我们总能遇到一位和蔼可亲的闵姓老人。他年过半百，头生华发，面带微笑，正仔细观察进出校园的师生和行人。若是陌生人，则对其进行查问登记。听说我们是新生，前来桐中报到，他热情接待放行，并招呼一些注意事项。他身上，散发着桐中朴素的温暖。

大门的左侧，坐落着两间小平房，门旁挂着“桐城中学理发室”的牌子。室内墙上挂着一面大镜子，简便椅凳及理发剪、梳、毛巾和脸盆……供同学们理发专用。这是高中班“学雷锋志愿者”组织的理发小组。每逢星期天或节假日及午休时间，免费为本校同学理发。这个活动一直坚持到1966年。

沿着校门大道向校园内走去，道路两旁高大的法国梧桐郁郁葱葱，连枝相交，编织成宽阔笔直的林荫道。大树两旁设有铁丝挡杆，两边的园林里栽着香樟、柏树和冬青，各种植被挺秀苍浓。

道路左侧中央，嵌造着一座60米标准游泳池，由桐中校友李达将军捐资建造，池水湛蓝，像一颗蓝宝石闪烁在校园里。安徽省游泳队曾在此举办比赛。夏季骄阳似火，成群学子在这里畅游戏水。我也是在这里学会游泳。

道路右侧中间，修建了一座凉亭，八角翼然，雕龙画凤。当夕阳的余晖洒落在亭上，同学们手捧书本，坐在亭内凳子上歇息诵朗。亭旁缠绕着数株拐枣，那是著名醒酒中药枳椇，食之甘甜沁脾。

沿着大道向前200米的正中央，树立着一座屏风墙，高宽约一丈有余，墙上镌刻着“教育必须为无产阶级政治服务，必须与生产劳动相结合”23个红色大字，显得坚定而端庄。墙两边各植数株参天柏树，护佑着屏风墙，令人肃然起敬。

屏风墙的左侧，坐落着两间面积约80平方米、高丈余、砖瓦结构的乒乓球室。乒乓球室的地基很高。房屋两头必经四层台阶才能步入长廊,长廊上耸立着四五根圆形木柱,上面涂着棕红色的油漆。在乒乓球室的左前东南方,长着一棵高大的据说有百年历史的银杏树。

每间乒乓球室各放着两张天蓝色的乒乓球桌,两桌之间安放一张乒乓球网,两边用螺丝铗固定于桌上,供全校爱好乒乓球的师生平时训练和比赛之用。除比赛之外,校方不提供打球工具。我在这里学会打乒乓球并掌握"庄则栋式螺旋球"打法。

屏风墙的右侧,坐落着三间砖瓦结构的平房,门口挂一牌子"桐城中学校医室"。曾经有一名叫张金声的校医,身材瘦小精干,鼻梁上架着一副近视眼镜,口内镶了几颗金牙。他笑容可掬,说话慢声细语,医疗技术上乘,但凡同学们有个头痛脑热,一治就好。

走过屏风墙,映入眼帘的是一个辽阔的操场,估计有二三十亩地的面积。操场是桐中的中心,是全校师生做早操与课间操、进行体育运动和集会的场所。如今已被林立的高楼代替。

操场右侧北面建造着一个标准篮球场,是师生们打球和比赛的场所。右侧东南角耸立着一个高大的铁吊杆,约六米高、四米宽。吊杆上悬吊着数根粗麻绳,供同学们练习爬杆运动,下面有一尺多深的沙池。记得我们班白兆彪同学是攀爬高手。

在操场南面偏西处的法国梧桐树下,建有一个可以跳远的沙池。池边有一个木踏板,一阵紧跑,一脚蹬在踏板上,借助踏板的弹力,"噌"地向沙池远跳。这显然是较原始的练习跳远的工具。1965年学校举行秋季运动会,我获得一年级跳远比赛第二名,孙敏同学获得一年级女子组百米赛跑冠军。

操场正西面坐落着一座可容纳千人的大礼堂,叫"和平堂"。这是桐中全校师生集会、文艺演出和播放电影的场所。和平堂的西南角建有一大戏台,台上置一主席台桌,两边放数把椅子,供开大会时领导讲话用，若演出、放电影则可移走。台下摆放着一溜溜长板凳，有好几十排。

在新生开学典礼上，副校长赵剑英主持大会，教导主任慈昌淦出席会议，清癯身材的史耀民校长致辞。他说我们1965届100多名新生是通过严格考试，从全县近千名小学毕业生中选拔出来的优秀人才，并勉励我们要认真刻苦地学习，掌握真本领。桐中是国家教育部暨安徽省教育厅教育改革新试点，读完五年初高中后可直接报考大学。我们憧憬未来，感到无比幸福和自豪。

学校每周六晚在和平堂放映一场电影，供师生们免费观看。桐中有自己的放映机，是16英寸的小型放映机，由校友黄镇捐赠。放映员张启友老师，身材颀长，理着高茬平头，神情刚毅，办事干脆利索。在那个精神物质匮乏的年代，我们能观赏到《槐树庄》《地道战》等电影，真如精神会餐，实为莫大的享受。

操场南面是一年级至三年级的学生寝室和部分教师的宿舍。班主任方世民老师的宿舍就在东南角的一个小院子里，院子里有一棵高大的桂花树。老师们的宿舍一般都是单间。一年级的寝室是大通铺，由长木板用钉子固定在长木凳上，每人约有一米宽的床位，箱子一般都放在床底下，室内有电灯照明。一个寝室有八到十几个同学居住，大都是农村同学住校，县城同学走读。

现已故的李长生同学住我隔铺，我经常帮他晒被子。宿舍区的庭院里大都种植桃树和桂花树，每逢中秋佳节、国庆，便有桂子飘香、蝉鸣回响。

操场东北面，有一条源自大别山脉、龙眠山麓的溪水贯穿整个校园，潺潺流水，清澈见底，小鱼儿在水底下尽情地游弋。这是我们洗衣刷碗的地方，当残羹剩饭飘落在小溪水面上，总引来一群小鱼儿欢抢。

操场正北面，有一堵砖瓦结构的围墙，墙上长满了爬山虎，看上去像一座绿色长城，蔚为壮观。墙内植有数百株柏树、香樟、桃树、橘树、桂花和数丈高的常青藤。围墙中央有一个拱形圆门，门里横列着数十栋砖木结构的平房，分别是校长室、副校长室、教务处、总务处、各学科教研室及“渡江战役指挥部”旧址，还有部分教师宿舍。

越过小溪石板桥的正北面，是教职工食堂、学生大餐厅、开水炉、食堂和浴室。食堂内有可供数百人餐饮的蒸饭甑，有各式各样的炒菜大锅，有开水炉。食堂有十几名职工，专门服务于住校生的餐饮。

学生餐厅是一个能同时容纳几十桌客的大厅。有桌无凳，一般学生都站着吃饭，八人一桌。菜装在一个大搪瓷盆内，饭装在一个大木桶内。每桌选有桌长，轮流执勤，由桌长平分饭菜。吃饭时只听见碗勺瓢筷的撞击声，宛如奇妙的交响乐曲。

学生每月交伙食费 7.3 元，粮票或大米 23.5 斤(农村同学都交米)，国家每月补贴 6.5 斤。每周一和周六各加餐一次，中秋、国庆等重大节日另外加餐。加餐多半是猪肉和豆腐。因那时提倡勤工俭学，每班都分配菜地，各自种菜，上交食堂。记得我和汪森林同学在菜地里挖了一个大坑，埋了基肥，种了一种叫“浙大长”的萝卜，结果长了十几斤重并参加了学农成果展览。学校在毛河建有养猪场，有专职饲养员，养了几十头黑猪，因此，加餐的猪肉都是自给自足。

校园正北面有一个宽敞的图书馆，面积 100 多平方米，藏书万册以上，学生可凭借书证借阅。我喜欢看书，和馆长吴永清老师成了忘年交，他经常推荐新书给我读。

学校西北方位坐落着七八幢教学楼和实验楼。那棵饱经风霜的惜抱轩银杏树就矗立在高中部教室的庭院里。教学楼和实验楼是桐中学子接受教育和学习的地方。教学楼分上、下两层。教室内装有四盏日光灯，每人一椅一桌，可谓窗明几净。室内前后有两块大黑板，嵌在墙壁上。前面的黑板供老师教学用，后面的黑板供学生出黑板报用，内容每周更换一次，出黑板报是我的分内工作。

1965 年，桐中有十个“大改班”，九个高中部班，共有学生近千人，教师 80 多人，职工 20 多人，在当时是一个规模相当大的学校。

学生凡上课、下课、早操、课间操、吃饭、晚自习、就寝、起床、集合开会均以钟声为号，那敲打不同音符的钟声至今仍绕耳萦怀。有专职司钟工友金雨，他敲打的钟声，可谓天籁之音。钟楼旁边的墙上，镌刻着“桐中敲铜钟，童男童女同上学”。

五十年前师生情

班主任方世民老师是枞阳人，操一口枞阳腔普通话。当年他 40 岁左右，中等身材，圆胖脸型，梳着高桩平头，头发略显花白，面容慈祥宽厚。他稳重干练，写得一手工整的板书。方老师像父亲一样关心着同学们的学习和生活。有一次我感冒发烧，他亲自到寝室看望我，并为我盖被子，令我至今难忘。

数学老师崔甸甲当时是一位 20 多岁的年轻人。他思维活跃，讲授数学公式，深入浅出，易于理解。1988 年，我送大儿子汪晓钟来桐中读书时，他随车迎接我们，我们见面畅谈，他当时是学校领导之一，负责后勤生产工作。想不到那一面竟成永别。

教英语的李翠英老师，温柔贤淑，讲起英语来似莺歌燕语，十分动听。她教唱的英语歌《王杰的枪我们扛》，至今我仍然记忆犹新。

教政治的潘中文老师，文质彬彬，说话咬文嚼字，十分幽默。他擅长把难懂的政治问题拟人化、故事化，常使我们如醍醐灌顶，恍然大悟。

教体育的林祖年老师，身材高大魁梧，手把手教练各项体育动作，常率先示范，滚大铁环驰骋操场。

这些敬爱的老师啊，今日团聚，你们在哪里？学生们可太想念你们啦！

在“大改班”101班同学们的记忆中，班长吴振亩同学属牛，长我四岁。他家住金神镇天林向前村，常与我结伴回家，是我的老大哥。他举止稳重大方，目光灼灼，办事认真负责，决断果敢。副班长张谦（现名让才）同学温文儒雅，诚实自谨。劳动委员汪森林同学，任劳任怨，力大无穷。宣传委员梁宜珍同学，有沉鱼落雁之美，落落大方，办事得体。我热爱学习，被选为学习委员和学生会通讯员，经常为班上出黑板报、写通讯稿件。

郑亚中同学，气宇轩昂，刚直不阿。梁晋发同学襟怀坦白，乐善好施。徐国根同学虚怀若谷，聪颖好学。章光明同学深藏若虚，内向腼腆。赵万青同学浑身是胆，无所畏惧。闫庆平同学有闭月羞花之貌，卓尔鹤立。高晓玲同学活泼泼辣，巾帼不让须眉。姚百祥同学谈笑风生，不鸣则已，一鸣惊人。白兆彪同学好动顽皮，嬉笑怒骂皆华章。李建胜同学慷慨大方，他和我是同桌，经常赠我美食。已故同学李长生手不释卷，闻鸡奋读。汪金海同学谨言慎行，知错必改。胡贤庆同学省吃俭用，粗茶淡饭皆可。

还有很多同学各有千秋，可圈可点。我们情同手足，恕不一一评议。我们离开桐中后，加入知青上山下乡的洪流中，想不到这一别竟是50多年！

踏遍青山人未老

“长风破浪会有时，直挂云帆济沧海。”合久必分，分久必合，历史让我们分离，历史又让我们重聚。归来吧！归来吧！桐中母亲在呼唤着学子们的归来。我们101班有九位同学已经作古，不能参加今天的聚会。他们若能看到这开心的一刻，定会感到欣慰吧。

在以郑亚中同学为首的筹备组的悉心操持下，我们这些离别桐中母校50多年、分布在全国各地的老同学终于回到母校的怀抱，欢聚一堂！这是一个历史性的聚会，是一个联系和拓展同学情的聚会。

“踏遍青山人未老，风景这边独好。”母校经历百廿风光，愈发光彩照人。希望我们这些孩子趁着年华，提篮春光，常回家看看！

（作者系桐城中学1968届校友）

难忘的聚会

曹启林

在岁月的长河中，每个人都会有一段美好的回忆，值得珍藏。最让我难忘的是那年回母校参加90周年校庆的一段往事。

1992年10月4日，是桐城中学建校90周年纪念日。前一天晚上，我激动得一夜没睡。清晨五点钟，我们就乘上了桐城中学安庆校友会精心安排的大巴车，去桐城参加母校90周年校庆。

上午7点多钟，在校友们的夹道欢迎中，我们来到了令人魂牵梦萦的母校。校园里横幅高挂，彩旗飘扬。这里的每个角落都曾留下我们青春的足迹，每一位恩师的教导都为我们的人生奠定了重要的基础。这里的一切都是我们珍藏的记忆！

“梦里几次回母校，今日相逢泪盈盈。”毕业那年，我们从母校依依惜别，时过境迁，大家各奔东西。尽管每个人所走的路不尽相同，或春风得意，或平淡艰辛，但大家都从未忘记同学之间的牵挂和思念。虽然平时联系得较少，但同学之间的友情从未间断。逢年过节，一个电话、一条信息、一声问候，都体现了同学之间的深情厚谊。

金秋送爽，校园里一片欢腾。几代桐中人汇聚一堂，共同庆祝母校的生日，喜悦与感激之情难以言表。一张张笑脸依然亲切，一声声呼唤宛如从前。师生相见，同学聚首，有着说不完的话题，聊聊当年学校的趣事，说说其他同学的状况，谈谈各自的工作和家庭，尽情地谈笑风生，畅叙别后思念之情。

中午，母校在后乐园宾馆给回校参加 90 周年校庆的老师和全国各地校友接风洗尘。席间，大家畅谈畅饮，共叙师生情、友情，现场气氛热情洋溢。大家各自分享了这些年来的经历和故事。项义发校长与校友热情交流，谈论着母校发展的历程。他先感谢大家回校参加校庆典礼，希望桐中学子能在未来的日子里继续关注母校的发展，齐心协力，共创佳绩。最后一句“现在你们以母校为傲！未来母校以你们为荣！”让在座的同学感慨万分。

这时，只见校友汪明（时任桐城县副县长）扶着一位老者向我们 1968 届“大改班”校友的桌子走来。我一看，那不是我们德高望重的史耀民校长吗？大家纷纷起立恭迎。

史校长满脸慈祥，精神矍铄，频频举杯向在场的全体校友送上最真诚的祝福。史校长语重心长地对我们说：“阔别多年又相聚，桐中人一代更比一代强。期待着你们有更大的发展！”殷殷寄语，爱生情深。我的眼圈红了，追忆往事，感慨万千。过往仿佛就在眼前，千言万语涌上心头，汇成一句话：校长保重！

史校长的到来，掀起了此次聚会的一个高潮。史校长又关心地询问了在座每位同学的近况，勉励我们每一位从容走好人生路，做生活的智者，活出自己的精彩！同学们感触颇深，难以抑制内心的激动，共同举杯敬祝老校长身体健康。

最让我感动的是，分别这么多年，老校长竟然可以叫出每一位同学的名字。大家很幸福，很激动，很开心！

下面这张珍贵的大合影定格了那天的美好瞬间。

校庆期间，我们专程拜访了我们班的两任班主任——化学老师陈希、语文老师潘中文。“天涯海角有尽处，只有师恩无穷期。”一日为师，终生感谢。岁月匆匆，带不走你我的记忆！时间悄悄，

冲不散我们的师生情谊！老师们喜出望外，一一辨认我们，拉着我们的手，叙说当年，询问这些年的经历，几乎把班上的同学都问了个遍。大家百感交集，沉浸在相聚重逢的喜悦之中。

“谆谆教诲情不尽，师恩难忘永珍存。”我们也必将不忘初心，以人生最美的姿态回报母校的培育之恩。

龙眠钟气九十载，春华秋实百万才。
回首故园花似锦，桃李满天扬四海。

为了纪念这次盛典，校庆组委会专门印制了桐城中学建校90周年纪念封，上面有当时健在并参加校庆活动的历任校长的亲笔签名。难忘母校恩，记忆永留存！

时光荏苒，此去经年。这是一次难忘的相聚，让我终生铭记！能回到母校，能和自己当年的校长、老师、同学一起留影纪念，真的很幸福。

桐中，这所历史名校，承载着一代又一代人的梦想，激励和培育了一代又一代学子。

说起来，我们大家族也是三代同校。哥哥是桐中 1961 届毕业生，外甥 1995 年毕业于桐中初中部，第三代外侄孙 2021 年也被桐中高中部录取。桐中凝聚了我家几代人的情感，记录了我家几代人的芳华。每当我向朋友说起我的母校，心中总有一种自豪感油然而生。桐中，我们永远的骄傲！

每次回老家，我都要去母校走一走，看到一张张青涩的面庞，既感慨又觉得亲切。无论什么时候，无论在哪里，我都不会忘记自己是一名桐中人。桐中永远都是我们的家！

十月金秋累累果实满园桃李

百世华诞莘莘学子遍地春风

谨以此联献给桐中 120 周年校庆！

（作者系桐城中学 1968 届校友）

桐中情思

程绪文

2022年，值庆祝母校桐中120周年华诞之际，作为一名20世纪60年代的桐中学子，我心潮澎湃，对母校的思念、感恩之情油然而生。于是，想将近几年在“桐中大改三同学联谊群”中所写的诗词整理编辑成两组，以表达对母校的一份心意。诗词的文字水平有限，表述的却是真情实意。这两组诗词，恰似两束小花，虽不鲜艳，却采自一名桐中学子的心田。

校园情

2017年2月，(1)班绍宜同学在群里发了一首白居易的“忆江南”，并写了一首“忆桐中”词。共同的学习经历引发了共同的感情，一股“忆桐中”吟诗潮在微信群掀起。

忆桐中

桐中忆，最忆古银杏。江山代有人才出，古今文坛诗篇秀，桐中文风厚。

桐中忆，最忆小红楼。良师悉心勤传授，学子求知苦钻研，桐中治学严。

桐中美，小溪潺潺流。清清溪水绕校园，少女欢舞洗衣裳，歌儿轻声唱。

桐中美，桃林风景秀。春风轻抚红花蕊，果实累累挂枝头，母校硕果稠。

桐中忆，最忆和平堂。校长报告指方向，师生励志战持久，金榜题名有。

桐中忆，办学历史久。“勉成国器”金匾亮，师生奋勉争出彩，摇篮育英才。

同　窗　情

2018 年 4 月，经过聚会筹备组的精心策划，桐中“大改班”(3)班的同学在母校相聚。离别 50 年，今朝喜相逢。每个人的心情都格外激动，热泪情不自禁地溢出来。千句万句汇成一句：母校，您的学子回来了！

相　　聚

四月和风吹，校园花盛开。
同窗喜相聚，师生畅抒怀。
把酒忆当年，举杯祝康泰。
谢师恩如山，小树育成材。

七律·团聚

风和日丽柳色新，古城文都花盛开。
同学相拥互问候，师生握手畅抒怀。
五十光阴弹指过，七旬岁华转瞬来。
风雨兼程人生路，砥砺前行豪气在。

临江仙

桃红柳绿春意浓，学友校园重逢。文都龙眠尽苍松，漫山碧色，雾霭鸣铜钟。

插队一别五十载，今朝相见情重。五湖四海创业功，弹指一挥，古稀夕阳红。

山坡羊

晚霞绚丽，同学情深，五十年后喜相逢。放声歌，叙别情，吟诗作词吐心声，友情浓浓胜似亲人。友，最真诚；情，难离分。

卜算子

龙眠春色早，欢聚时刻到。已是双鬓染秋霜，依然精神好。
红楼笑语喧，争把情意表。待到握手道别时，泪眼抿嘴笑。

长相思

故园情，学友情，梦中相聚分外亲，龙眠松柏青。
握手紧，拥抱频，古稀相见诉衷情，银杏下留影。

（作者系桐城中学1968届校友）

母校，我对您说

严敏捷

桐中，我的母校：

我离开您已50多年。50多年间，不管是走出校门奔赴农村，还是站在三尺讲台辛勤耕耘，我的心始终与您贴得很近。因为母校的教育理念已经融入我的灵魂。

1963年，我跨入桐中时年少懵懂，是桐中火热的生活吸引我奋力上进。母校，在您的怀抱里，我度过了五年紧张而又快乐的年景。

忘不了在那窗明几净的教室里老师讲课的情形。陈希老师的化学课循循善诱，有条不紊；李翠英老师上英语课声音清脆，总是面带笑容；崔甸甲老师讲数学课精神抖擞，层层推理，句句话落地有声。老师们，你们为了取得最好的教学效果，在课堂上总是把最好的状态展示给同学们。

我下乡插队在大枫，有幸当民办老师，与桐中章征文老师一起办公。那时，章老师调到大枫中学任校长。其间，听他介绍了许多桐中老师的教学经验。他说，桐中历年高考成绩好，是因为老师们备课功夫深。慈昌淦老师数学课教得好，是因为慈老因材施教，了解学生。他说，一名好教师就像是一名好演员，课堂上一言一行都能渗透教学，抓住学生。

是啊，桐中老师为教学呕心沥血、鞠躬尽瘁。章征文老师患胃溃疡,有时课堂上胃病发作,疼得大汗淋漓,可他吞下止痛片后又拿起课本,精神抖擞地面对学生。方不圆老师不顾年老体弱多病,坚持教学。春秋天,我们穿长袖衫时,他要穿毛衣加棉背心。可他讲起课来照样声音洪亮,不输年轻人。

这就是桐中老师!这就是桐中精神!正是在桐中老师奉献精神的感召下,我才能成长为一名受学生欢迎的园丁。从师范学校毕业后,我带的初三学生都考上了高级学校,最差的学生也考取了普通高中。我教的数学和化学两门课取得了较好的成绩。因为教学出色,1980年我被调到教育局教研部门。

母校,您不光注重教学质量,更要求我们做德智体美劳全面发展的人。每天下午三四节课,桐中操场上总是热火朝天,体育爱好者在桐中操场奔跑。学生代表队参加地区体育比赛,与最强选手决一雌雄。文娱、气象、生物、理发、修鞋等各种活动蓬勃开展,各类文艺活动定期举行。

桐中五年里,我感受最深的事莫过于每天的文化早餐。早饭后,同学们陆续回到教室,在文娱班委的带领下唱起革命歌曲。全校二十几个班的学生都在唱!那歌声有的雄浑激越,有的明快嘹亮,有的铿锵有力,有的委婉悠扬。歌声此起彼伏,整个校园成了歌的海洋。歌声鼓舞了斗志,纯洁了心灵。歌声抒发了热爱祖国、热爱家乡的美好感情。

唱歌把我引向音乐的美妙世界,于是,我开始自学简谱。每天晚饭后,同学们出去散步了,我就躲在楼梯后门口哼歌打节奏。一段时间练习后,我拿起简谱能唱歌词了。我当上了桐中歌唱队队长。每天课外活动时间,学校文娱部组织各班文娱委员到广播站学歌,由我教唱,扩音器喇叭对着操场播放,操场上有不少爱唱歌的同学跟着喇叭声学唱。周六放电影前,我在电影放映机旁教大家唱歌。那几年，我教了好多红色歌曲，还学会了指挥。

母校，您不知道，为了探索音乐的奥秘，我迫切想学乐器。一天，我作为语文课代表给语文老师李杏林送作业本，看到老师房间帐杆上挂着一把二胡。我问老师："二胡好学吗？"老师说："对于会唱歌的人来说应该不难。"老师知道我喜欢唱歌呢！受到老师的鼓励后，我找妈妈要了15元钱，买了一把二胡。从此，二胡就成了我的伙伴，伴我一路前行。

我带着二胡下乡，带着二胡上学。退休后，我受聘到琴行教学生，又到老年大学教二胡。我的学生参加南京艺术学院艺考，有的过了十级，有的走上专业之路。

母校，我的每一点进步都离不开您的指引！

说到母校，不由得想起史校长。

史校长英俊威严，目光如炬。他的目光极具穿透力，像是能看透人的心灵。校长的家离学生宿舍只有几步路，我们常见到他。刚开始，我们见了他就躲。因为我们都怕他，尤其怕他那双眼睛。

后来，老校长改变了。他的目光变得温柔起来，他变得那样平易近人、和蔼可亲。他主动和学生聊天，嘘寒问暖，像个慈祥的父亲。有一天晚上，我们宿舍电灯突然不亮了，不知临时到哪里去找电工。史校长知道后，立即搬来梯子修好了电灯。从那以后，宿舍电灯出毛病了都是校长帮我们修好的。

我是听章征文老师介绍才知道史校长的人品。章老师说，史校长特别尊师爱才。校长没事就在校园里转悠，浏览学生会办的黑板报。看到黑板报上有好文章，他马上就到班上寻见作者，并且鼓励一番。对于爱岗敬业的教职员工，史校长更是关怀备至，急人之难。诸如某教师爱人工作调动、孩子上学转户口等，史校长都亲力亲为，热情诚恳。史校长是县委委员，对于教学成绩突出的教师，他想方设法地给其增加工资。有这样的好校长，桐中何愁不出精英？

母校，想起您的恩情，我就饱含热泪；想起您的爱，我就心潮澎湃！

当我遇到挫折时，就想起史校长面对人生风浪从容淡定的模样；当我在生活困难时，就应用在桐中学到的生活本领，种菜、理发、修鞋、缝衣，无所不能！

感谢您，母校！感谢您，老师！

（作者系桐城中学 1968 届校友）

岁月流逝　初心永恒

李雪磊(李标)

离开母校50多年了,对母校的感恩和怀念却在心中永恒。

时间记录前行的脚步,岁月镌刻难忘的足迹。1964年,我报考桐中五年一贯制中学班("大改班"),虽然成绩优异,但因一些历史问题而被淘汰了。12岁的我伤心至极,母亲含泪劝慰,我却寝食难安。无奈中,我做好了一辈子务农的思想准备。然而,开学前,我却意外地接到了桐中的录取通知书,这着实令人惊喜交集。若干年后才知道,当年为了我这名学生,桐中领导承受了颇大压力,多番斡旋才予以补录,否则,我这辈子将失去读书的机会,人生之路也将改写。"谁言寸草心,报得三春晖。"我从内心感恩母校。转念思之,母校改写的人生岂止我一人!母校"唯才是举"的选才机制和"不拘一格降人才"的博大胸怀委实令人仰止!

用人格塑造人格,用智慧启迪智慧。进入桐中后,时任团委书记方尔文先生对我关爱有加。一日,他领我登上半山阁,告诉我"勉成国器"牌匾背后的故事。从那时起,我才知晓母校的创始人吴汝纶先生,知道吴先生任莲池书院院长时就十分注重人才的选拔,贺涛、赵衡、王玉山等一大批优秀学子都是他亲自选拔并培养成才的。

吴先生不仅是非凡的国学大师,而且是中国最早提倡普通话、简化字之人,更是中国教育改革的先驱。当我阅读《吴汝纶全集》后，对吴先生的学术成就和胆识钦佩至极。出于崇拜，20多年来，每年清明、冬至，我都前往吴汝纶先生墓地祭奠。桐城吴汝纶公学创办时，我欣然应聘该校校长。在办学过程中，我一直努力贯彻吴汝纶先生的教育思想，提出"弘扬国学，融通中西"的办学理念。

我深知吴汝纶先生创办桐城学堂时的艰难，他将自己的全部积蓄用于创办学校，起初还借安庆武备学堂旧址办学。当我入学时，母校的环境很优美了。且不说古老的银杏、高大的香樟、沁人心脾的丹桂、鲜灼的桃花林，只那清澈明净的桐溪塥溪水就流淌着我无尽的桐中生活花絮。

我心中亘久难忘的是我们"大改班"小红楼南面小竹林里刻有"毋忘国耻"四字的大型石刻和校门左边小花园里的"高峰入云，清流见底"石刻柱。这独特的人文景观激励母校学子毋忘国耻，努力成才，报效国家；激励母校学子立志凌云，清正品格，博学多才。

尤让我留念的是和平堂，这里曾是母校举行重大活动的场所。在这里，我聆听过红色故事；在这里，我指挥过我们班的大合唱《一代一代往下传》，参加学校组织的纪念"一二·九"运动歌咏比赛……正是在这堪称全国独一无二的桐中文化的熏陶下，母校培养了一批又一批走出桐城、面向世界的栋梁。

时局日新，重装出发。如今，母校的校园已重新规划，增建了教学楼、科技馆，修缮了半山阁、后乐亭，重建了标准的塑胶跑道，桐溪塥、半月池也得以修缮。随着时代的发展，母校的环境会越来越好。

一所好的学校，是学子的起点，更是"归来"的方向。

遗憾的是，我在母校只就读了两年半，"文革"就开始了。我仍十分感激母校的先生们。印象中,母校的先生们都很有才学,并且平易近人、诲人不倦。

对我人生影响最大的是班主任吴永清先生。其时,他兼任母校图书馆负责人。也许是他看我喜欢读书的缘故,一日,先生约我至图书馆藏书室,告诉我母校有丰富的藏书,并说以后若想看书,可单独找他借阅,然后拿出《钢铁是怎样炼成的》一书,语重心长地嘱咐我:“好好读读这本书,今后要有远大的志向,奋发成器”!那时我年龄太小,懵懵懂懂,但先生之言,尤其是“奋发成器”四字如刀刻般印在我脑海中。离开母校后,无论是务农还是后来教书、担任学校行政工作,我都铭记先生的教诲,刻苦用功,奋发努力,总想干出点成就报答先生。然而,数年之后,乏有成就,还是辜负了先生的期望,我的心中时时感到愧疚。50 多年的岁月里,我不忘先生的教诲,常常告诉我的学生要有远大志向,要“奋发成器”,要做对国家、对社会有用之人。如今,我的学生中有不少学者、专家,更不乏对国家、对社会有较大贡献之人。

有时候,我真想在闲暇之余徜徉在后乐亭,一头扎进回忆里,再次行遍在母校里的光阴故事。

行者方致远,奋斗路很长。我常想,吴汝纶先生题写“勉成国器”,是一种希冀,是一代代桐中老师的希冀。吴永清先生“奋发成器”的嘱咐,是母校万千学子发自肺腑的心声和执着追求。这就是桐中精神,是一种为国家繁荣、为民族复兴、为世界和平而奋发努力、精诚奉献的精神。在这种精神的感召下,母校的莘莘学子以饱含“结交一言重,相期千里至”的深情,满怀“飘然渡沧海,不畏风波危”的豪情,创造了一个又一个令母校引以为傲的佳绩。这种精神必将生生不息,发扬光大!

岁月流逝,初心永恒。母校 120 周年华诞之际,我心中有无尽的感恩与怀念，记忆如流水倾泻。美好的记忆如同翻看一本本相册，浓浓的怀念只能汇成心灵深处最美好的祝愿：母校，愿您青春常驻，永续华章！

（作者系桐城中学1968届校友）

话说桐中“大改班”

梅安平

1902 年，京师大学堂总教习吴汝纶回故乡桐城创办桐城中学，确立“后十百年人才奋兴胚胎于此，合东西国学问精粹陶冶而成”的办学思想，希望培养的学生皆成国器。桐城中学借助桐城先贤，特别是桐城派的影响和文化浸润，越办越好，闻名遐迩。新中国成立后，桐城中学以培养品学兼优的学生众多成为安徽省重点中学之一。1960 年，在当时教学改革的形势下，桐城中学率先开办“大改班”，受到社会各界的关注。

“大改”，就是突破初中、高中的界限。过去学制是初中三年、高中三年，“大改班”则采取五年学制，前四年读完初中和高中全部课程，第五年总复习，综合提高，经过考试，达到高中毕业水平。

“大改班”在课程设置上采取不重复学习和循序渐进的前赶式安排。例如数学，过去初中有代数，高中也有代数，“大改班”就把代数课程整合编辑，一次教给学生。过去平面几何和立体几何都是高中课程，现在配合代数的教学进程，从二年级起，在理解平面几何的基础上引入立体几何，既给了学生学好代数计算的压力，又引发了学生对空间的思维兴趣，从而提高教师深入教学研究和学生自我讨论的积极性。

外语课有点尴尬，一开始学俄语，1964 年下半年改学英语。我们两个语种都略知一二，也算是“通晓”中英俄三国文字吧。

再说语文教学，一年级基本上就结束了字、词、句的理论总结而进入语法、逻辑、修辞的严格训练。二年级开始攻文言文。从三年级起重点通过名篇名著考察作者的创作意图、写作手法，从意境去欣赏，从言犹未尽处去思考，以迅速提高学生的文字处理水平和道德品性的养成。既全面接收社会主义文化，又了解仁义礼智信等优秀传统文化，奠定了新时代青年人为国家建功立业的理想和价值取向。

“文革”前，桐城中学分为两个学部。一个是高中部，三个年级，在安庆地区统一招生，每年招 150 人，分三个班。另一个就是“大改班”，由于学生入校前都是小学生，十二三岁，因而基本上都是桐城本地考生。因为学生面临较大的学习量，所以当时桐中对“大改班”的招生十分重视。在小学考初中的考生中，在达到桐中“大改班”录取分数线的基础上，先由送考学校推荐，看是否有坚持高强度学习的能力，再由桐中和送考学校磋商后才定下来。“大改班”每年招 100 人，分两个班。

桐中当时实行寄宿制，城区少数家庭困难学生才可以走读，为的是保证每天的晚自习和晨读的时间。我虽然家在城区，但也在桐中食宿。学校大钟东边与桐溪塥之间是大食堂，八人围一桌，大瓢分饭分菜。每到用餐时间，学生蜂拥而至，风卷残云，意犹未尽。相信有些同学还能记得方不圆老师诙谐的《饭桶歌》。有些农村同学没钱交伙食费，便带米来交。学校也宽宏大量、格外照顾，收米入仓抵作伙食费。

20 世纪 60 年代的桐中，每天清晨教室里书声琅琅，下午操场上学生龙腾虎跃，晚上九点关灯，校园一片肃静，真正做到了团结、紧张、严肃、活泼。

为了办好“大改班”，学校先是挑选教师。在校长史耀民的努力下，一大批优秀青年教师齐聚桐中。例如语文老师李杏林，原是安庆师范学校语文教研组组长，与桐中校长史耀明一席谈话后，竟然放弃了安庆的工作，到桐中当语文教研组副组长。李杏林老师从“大改班”一年级教起，同时教高中部语文，后来成为潜山中学的高级教师，还是中国研究汉代叙事长诗《孔雀东南飞》的知名专家。李杏林老师今年 90 寿诞时，我们几个同学去看他。他回忆往事说：“为了让你们接触社会，我还带你们去毛河生产队办夜校，教农民识字，你们还凑钱帮助贫病农民治病。你们真正做到了德智体全面发展。”

史耀民校长不拘一格用人才。高中学生崔甸甲是个几何天才，毕业后直接到“大改班”教几何。他讲课清爽利索，平时枯燥的平面图形在他的课上变成了二维空间的知识乐园。

随着“大改班”的开办，桐中老师掀起了研究风、教改风，各科老师重新审视教学教案，将知识点、难点、重点排兵布阵，研究如何让学生接受，精讲、勤练、多辅导。学生则掀起学习风、竞赛风，整个学校形成浓厚的学术之风。可以说，以“大改班”学制为牛鼻子，调动桐中的教与学走向了欣欣向荣的良性循环。桐中 1962 年高考升学率全省第一、全国第二，1963 年、1964 年蝉联全省第一。

从精心挑选教师到精心安排课程，桐中“大改班”的学生是那个时代的幸运儿。1960 年进校的第一届“大改班”在 1963 年春经考试淘汰为一个班，被淘汰的学生去考普通高中，留下的全部顺利获得高中毕业证书。当时，倪永生以第一名考取了在北京的中国科学技术大学。第一届“大改班”以较高的高考升学率使“大改班”的学生们对未来充满信心和希望。

到 1966 年，已毕业一个班、在校五个年级十个班，“大改班”共十一个班，约 600 人。桐中“大改班”是全国“大改班”坚持下来的仅存硕果。

1966—1968 年三年毕业的初中、高中学生被称为“老三届”，桐中“大改班”学生于 1966—1970 年高中毕业，但后来都统称为桐中“老三届”。

我最近看到一场报告会，说“老三届”在“文革”前受到了最严格的初中教育和高中教育，然后被送到祖国各个角落，经受了各种考验，1978 年以前基本回到城市，他们中的许多人成为国家栋梁。读不上大学的，拼命在社会上工作，珍惜自己的一切。就是这批人，打拼出了中国改革开放 30 年。这批人有知识、有文化，吃苦耐劳，懂得珍惜，懂得回报，能担责任，了解中国国情。他们从 20 岁拼到 60 多岁，为中国改革开放创造了巨大成就。

我看后感慨万千。就拿我来说吧，下一次坐在教室里是 1973

年 9 月了，这七年时间我都干过什么呢？1966 年，我父亲不愿我在学校生是非，就要我去舅父家参加集体劳动。舅家在河北省盐山县，属沧州地区，我被“发配”到沧州了。当时沧州农村生活的困难程度令人难以想象，我在物质、精神、身体上的委屈反而成就了顽强的意志。为了生存，我靠打零工挣钱，后来插队落户去了远离县城的大枫公社光明大队当农民。1970 年 9 月，我进入地方国营桐城县农机厂当工人。我要寻找更高的平台发展自己。于是，我一边努力完成生产任务，一边努力复习“大改班”的课程。天道酬勤，我被安徽农学院农机系录取。当时我们被称为“工农兵学员”，同学们来自工厂、农村和兵营，学历参差不齐，但都异常刻苦。我算是调干生，还参与学校行政工作。大学毕业回家乡工作三年后，我被任命为龙眠公社书记。

大多数同学的经历与我的经历相类似。一部分同学在上山下乡两年后被招为国营或集体企业工人，一部分留在农村继续劳动，有的成了民办教师，只有一小部分走了工农兵大学生的路子，继续接受高等教育，至于恢复高考后再上大学的凤毛麟角。一直在农村的同学也是很少的，大多数同学在全国各地开辟了自己的事业。

2018 年 4 月，我们 1968 届“大改班”举行毕业 50 周年纪念聚会，很多人都是历经半个世纪才重新见面，当年的花季少年转眼成了花甲老人。他们没有怨天尤人，不堪的回忆是人生宝贵的财富，从桐中开始人生起点是大家的骄傲，同学一场是珍贵的人生缘分。

这使我忆起逝去的班主任唐述禨，他是我们的生物老师。他的精力全部在学生身上。每天晚上，他都要先检查学生宿舍，看每一位同学是否睡了。其他老师上课，他在窗外听，再和授课老师交流。他观察每一位学生的神态，发现问题，及时进行家访。唐述禨老师的板书龙飞凤舞，是行楷圆体。几年学习下来，我们班上同学竟然有一半都在用这种字体写钢笔字。两年前，我陪王昌奎同学一起去看唐老师，他们两个大老爷们竟然相拥而泣。

聚会时，我感叹我们每位同学，无论从事什么职业，谈及国家大事都极具思想高度。正如李全胜诗曰："身微不敢忘理想，豪杰不济也为难。中华儿女多壮志，位卑忧国古亦然。"

安徽省中华传统文化研究会创会会长项纯文是1966届"大改班"的，他从大学教师直做到省政协副秘书长、省政府参事，始终笔耕不辍，出版的文史学术、古籍整理著作达20多部。

中国科学院合肥研究院二级研究员伍先达是1968届"大改班"的，国务院特殊津贴专家，曾任中国科学院合肥智能机械研究所党委书记，现为省政府参事工作研究会副会长。他的科研及成果转化工作获得了16项国家发明专利和十余项省部级奖励。他在量子通信、合芜蚌自主创新示范区、科技强省等方面提出了独到见解的参事建议。

"大改班"1970届的海军大校张德玉，曾任海军工程大学部门长、海军军事学术研究所海军战略研究员，现为中国军事科学协会会员。他的军事论文多次获奖，他曾三次参加撰写"国防白皮书"。18年前他就对我说，他正呼吁发展航空母舰以加强制海权。他还是中国书法家协会会员，挥洒泼墨，深得桐城派之意味。

值得说的人物太多太多。就拿我们班来说，李文本来就是文艺青年，在农村学会了照相，凭借深厚的文化功底去认识、看待浮生众相，在获得香港摄影大赛金牌后一发而不可收，成为著名乡土摄影家。

当然，更多是普通劳动者。我们班的吴先华，停课后以拉板车谋生，后从供销社辞职回家做编织袋小买卖，经常站在街头历数桐城典故，口若悬河，滔滔不绝，诗词歌赋，信手拈来。我每次都为他深厚的文学功底和非凡的脑细胞所折服。王青林作为纺织厂女工退休后到街道当主任，被《安庆日报》评论为“小巷里的总理”……

我们这些“大改班”的同学们，走出校门之后，历尽人生曲折，但从不忘为国家建功立业的初心。正如那场报告会所说，“老三届”在各自的岗位上，能吃苦、会珍惜、敢担当，不过岗位有高有低而已。尽管不是国器，也是社会各界的中流砥柱。

“文革”后恢复教学秩序，桐城中学一度又开办了初中部，现在成了普通高中。“大改班”在桐城中学不过是春风一度，但也开放出了绚丽的花朵。“大改班”的成功实践告诉世人，学制可以缩短，超越永无止境。我们期待母校永远进步！

（作者系桐城中学 1968 届校友）

忆江南·桐中好

盛劲松

一

桐中好，最好是精神。百廿经年锤大器，初心无歇铸忠魂，为国为人民。

二

桐中好，我忆舞勺年。燕语黉楼惊世外，笙歌学府弄人前，憧憬美无眠。

三

桐中好，校训烙心间。学问东西担国运，熏陶朝夕释民艰，钟气我龙眠。

四

桐中好，晨曲醉心田。琅琅书声惊鸟语，锵锵脚步逐云喧，鲜活一天天。

五

桐中好，辛苦打钟人。激越悠扬司作息，无差分秒报晨昏。风雨伴冬春。

六

桐中好，好景启人思。银杏树前敲古韵，桐溪塥畔点新诗，妙句蝶先知。

七

桐中好，雏燕认前途。惜抱轩聆姚鼐事，半山阁识旧藏书。好景入新图。

八

桐中好，旧址话当年。虎帐频敲攻敌计，雄师竞发渡江船，天堑若平川。

九

桐中好，桃李满园馨。七叶枝舒亲子意，树人石勒近乡情，同学互叮咛。

十

桐中好，岁序逐时丰。上课已然联网络，司辰不再扯金钟。满眼校园红。

（作者系桐城中学初中部1965届校友）

四十七年忆母校

方　明

20 世纪 70 年代初,我在桐城中学高中部读了两年书。半山阁,后乐亭,游泳池,多年的紫藤树前,参天的惜抱轩银杏树下,留下了一个个青年学子的身影。“勉成国器”的校训,“勇当大任,志在争先”的桐中精神激励着我们,我们开始思考自己的前途。在这宝贵的时间里,我们拿起了书本,开始文化理论的研读。

为了防止同学们读死书,老师除了安排必要的期中考试、年终考试,还加强了课堂提问。同学们之间掀起了“比、学、赶、帮、超”的热潮。那时,桐中高中部只有两个班,即高二(1)班、高二(2)班。每个班有四十五六名同学。高二(1)班班主任是崔甸甲老师,高二(2)班班主任是吴德文老师。他们对学生无微不至,对教学勤勤恳恳、认真负责。

我在高二(1)班。记得崔甸甲老师除了不折不扣地完成自己的教学任务外,还经常召开不同的同学会议,有小组会、班级会、班委会、团支部会等。这些不同的会议主要是对教学、学习,甚至同学们的校外活动提意见。会议上先是摆出问题,再提出要求,最后讨论解决问题的办法。大家都十分活跃,踊跃参加。例如,在讨论化学课教学的时候,有同学提出不能光读死书,要开展科学小实验。班主任崔老师听到这一要求,认为是十分合理的事。他把这个要求认真地记在笔记本上,向学校领导汇报后开始了实践。

在当时的校办工厂里，化学老师王尔行、物理老师王元祥带着我们一边温习课本，一边做实验——用动物油脂做肥皂。我们用水、猪油、烧碱进行溶解、加热、煮沸，之后开始皂化，然后分离甘油，凝固皂基，肥皂成型。大家从自己家里带来了肥肉、猪油。徐江华同学家庭经济条件比较优越，那天他一个人就带来了两斤肥猪肉。有的同学带来了酒精和酒精灯。烧碱在学校实验室里有充足的货源。王元祥老师怕大家不小心，用烧碱烧坏了皮肤，要求大家不要准备烧碱，他亲自准备。大家干劲十足，兴趣十分高涨。虽然一开始做出的肥皂颜色黑乎乎的，比较难看，但是，这是自己的科研成果。大家都露出了由衷的笑容。

生物老师唐述裓讲课十分风趣，大家都非常爱听。有一次，他讲起农民插秧，既要保持秧苗的行距，也要注意秧苗的棵距，从秧床上插到水田里还要保证秧苗的成活率。他讲起了“小苗带土移栽”的科学知识。他讲到小苗带土移栽有三个主要原因：一是小苗移栽的时候暴露根部，会散失大量水分，容易枯死；二是小苗的根系和根毛在移栽的时候容易损伤；三是小苗往往适应了原来的土壤。大家听得心服口服。

那时，学校在郊区的翻身大队有一块农场。学习之余，同学们就在唐述裓老师的带领下来到校办农场开始试验。一块小田地不用带土移栽的办法，其他田地都用小苗带土移栽的办法，以此来比较实际效果。半个月后，带土移栽的小苗的成活率大大高于不带土移栽的小苗。就这样，我们在实践中不断提高自己，加深知识印象。不但学到了书本上的知识，也学到了实践的知识。

除了学习以外，我们的学余生活十分丰富。记得 1972 年 11 月 24 日，中央在转发国务院《关于粮食问题的报告》时传达了毛主席“深挖洞、广积粮、不称霸”的指示。我们学校也和社会上一样，挖起了防空洞。在学习之余，我们班在学校西边的小山头上挖防空洞。大家找来锄头、畚箕、扁担。挖洞的进度很慢。同学们大多数是城关人，在家都没做过体力活，心有余而力不足。一个多月，全班才挖了三个容不下一个人的半圆洞口。白天上课，晚上要上晚自习。只有在下晚自习后，大家才开始挖洞。

大家一边挖洞，一边讲故事。我印象最深的是，有同学讲当时疯传全国的惊险故事《一双绣花鞋》。这部手抄本故事把人们带到了重庆，一个深冬的夜晚，老更夫在一个幽深的巷子里巡更，突然发现一个被查封的小洋楼上闪起了亮光。当他上楼查看时，在一个布满灰尘的玻璃镜框上发现了一双紫色的绣花鞋在移动……故事惊险曲折，引人入胜。

桐城中学是一所有着深厚文化底蕴的学校。在这里，教育界名流群英荟萃。学校里有姚沛生、慈昌淦、马光昌、吴良兴、吴世法等著名教师，他们的求学精神一直影响着我们。同学们除了参加社会实践外，也十分重视读书。我们中间有不少同学参加了 1977 年高考，进入了大学校园，如徐江华、项宗敏等，后来成为各自各业的佼佼者。

吴世法老师不但地理教得好，还会武术，并且十分精湛。后来，我在市医院上班，他和家属经常来我办公室咨询。他专门送给我一套古装书《西游记》，我珍藏至今。2013 年他 100 岁大寿时，桐中领导还到他家祝贺生日，桐城网也刊登了这一消息。

1972 年冬天，部队在桐中招兵，我们班有十几个男同学、一个女同学应招入伍。临别时，大家都流下了泪水。班主任崔老师在与入伍同学照相留念时慷慨献词："是七尺男儿生能舍己，做千秋雄鬼死不还家。"在崔老师的影响下，离别时大家的心里都有一种慷慨与悲壮。1973 年，我们面临毕业，留下的同学都去了农村，接受贫下中农再教育。从此，我的高中同学们各奔东西，转战南北。

岁月沧桑，光阴荏苒。转眼，47 年过去了。同学们虽然身处四面八方，但只要回到桐城，都会来到母校桐中，追忆过去的时光，追忆那一段难忘的师生情！

（作者系桐城中学 1972 届校友）

感恩王铁铸老师

梅先帮

每天一大早，太阳还没出来，我就起床洗漱完毕，在老城环城路走一圈，最后走到我的母校桐城中学大门旁，有时也喜欢走到校园内的操场教室旁，因为我喜欢听听现在桐中学生们的读书声，让我想起我们在桐中时的读书声。那时，自北向南弯弯曲曲横穿校园的潺潺溪水伴着清晨琅琅书声，是那么悦耳动听，仿佛还在耳边……

我在桐中读了五年书，每天早操过后早读，就是这样的读书声。"桐中敲铜钟，童男童女同上学"，那也是值得怀念的一道风景线。

我们的班主任王铁铸老师，也是我们的语文老师。这个来自东北、身体壮实的铁汉，不仅语文教得好，还拉得一手好提琴。自由活动之余，他喜欢给我们拉上几曲那峥嵘时代激情豪迈的乐曲，如《我们走在大路上》《赛马曲》《没有共产党就没有新中国》《祖国山河美如画》等，琴声委婉动听，令人心旷神怡、浮想联翩。

王老师为人和善，关爱他的学生们。他工作认真负责，治学严谨。他教学生写作文时，除了每两周一次的大作文，还让学生们每天写日记类的小作文并定期检查，好的也给予表扬评讲。他让学习委员、宣传委员开辟学习园地黑板报，张贴优秀学习心得小作文，让同学们互相学习，提高全班同学的学习兴趣与写作能力。早读时让同学们放开嗓子高声朗读，他认为只有这样才能记住上课所讲的课文和该背诵的课文。他还会不定期抽同学在他面前背诵课文和诗词。

那时，他很喜欢我的作文，常在班上把我的作文当范文评讲，也时常抽我回答问题或朗读课文。

毫不夸张，王铁铸老师，这位从东北来的铁汉子还是位美男子！他用带东北口音的普通话给我们讲解、朗读语文课文。他那悠扬悦耳的小提琴声，多少少男少女闻之动容，老是有同学提出无理要求，要王老师将课文再讲解和朗读一遍，将他的手提琴乐曲再拉一遍……王老师总是微微一笑，重新来一次。他常说，能够得到学生们的尊敬和爱戴，是他的喜悦和骄傲。

王老师大学毕业后一直在桐城中学教书育人，几十年如一日。他的学生名满天下，有优秀的科技工作者、医生、大学教师，有杰出的人民公仆、领导干部，也有优秀的工人、农民、民营企业家。他们都是社会的栋梁、母校的骄傲、王老师的珍宝。

小时候，常听外婆和舅舅说，我父亲是我们故乡那个村方圆十几里为数极少的读书人之一，初高中都就读于桐城中学。这在当时算是值得骄傲的事了，我的祖父母只要同别人谈起这件事，总是乐得合不拢嘴。1969 年秋天，我和好几个小伙伴一起接到了桐城中学的录取通知书，不过不是像当年我父亲那样努力用功通过考试百里挑一录取的，而是贫下中农们举手推荐的。能够入桐城中学读书学习，我和我的小伙伴们觉得无上光荣。

9 月 1 日，我的邻居、同被桐中录取的小伙伴们高兴地告诉我，我们都应该到街坊邻居邓国栋老师那儿报到。到了邓老师那儿，他接过我的入学通知书一看，笑着告诉我：“哦，是 101 班，那在对面王铁铸老师那儿报到呢！”我走到王铁铸老师面前，只见他穿的衣裳整洁干净，国字形脸，浓眉大眼，双眼炯炯有神，满头自然卷的黑发，身材高大，真是英俊漂亮。他接过我的入学通知书，对我微微一笑说：“从今天起，我们就是师生了，明天来校上课。”我当时心里特别高兴，能进这么好的学校读书学习，又能遇到这么好的班主任老师，不能不说，这是我们前世修来的福分啊！

初中毕业后，我们升入高中部。我们的班主任、语文老师还是王铁铸老师！得知这个消息，我和小伙伴们那高兴劲儿甭提了。

天有不测风云，高一暑假，我父亲因病去世，我们家庭各个方面都陷入困境。父亲去世后，王铁铸老师通知我，我的学杂费全免了。多么感激王铁铸老师，感谢学校领导对我的关照，感激党的恩情！

正是因为有王铁铸老师对我的关爱教诲，因为有这么多难忘的故事，所以我爱听桐中的读书声，难忘母校，难忘师恩……

（作者系桐城中学 1973 届校友）

桐中岁月拾零

叶建乔

自1975年初高中毕业至今已近半个世纪，虽对母校的记忆仅是一些零碎的片段，但依然甜蜜而令人回味。

我们1970年入学初中的新生共分七个班。我所在的705班大都是来自北大街的同学。开学后，除语文、政治、数学单独开课，自然科学课程均归入工业基础知识和农业基础知识两门课程，实际上还是间接传授物理、化学等学科的知识。每星期有半天的劳动课。每年各有一周集中学农、学工。学农基本上是在学校农场劳动。学工则是被分配到县城的几个工厂，帮车间工人做些杂事。当时我最想去的是滤清器厂。如果能分到晚班组，更是喜出望外了。下班后能领一份免费的加班餐，通常是一个大包子加一碗鸡蛋汤。回家的路上，一边吃，一边想着第二天不需要上学、不需要上班，便觉得是这世上最幸福的人了。

当年的桐中虽不能和现在的校园相比，但也是“五脏俱全”，有小桥流水，也有假山亭阁。在不提倡种花植草的年月，也算是别具风格。一条贯穿校园的溪渠给全校师生带来了无尽的方便和欢乐。窗明几净的教室散落校园。有供师生使用的图书阅览室。更有甚者，学校大礼堂西面有一座当时甚是现代化的实验大楼，楼中有20世纪七八十年代不易见到的阶梯教室和物理、化学、生物实验室。校园内有一个按比赛标准修建的游泳池。地市级游泳比赛时常在此举行。当时在学校里张启友老师人尽皆知，不是因为他给大家都上过课，而是因为他是一位校内电影放映员。学校有自己的电影放映机，不定时放映一些免费的电影。张老师的一举一动牵动着我们因文化生活缺乏而敏感的娱乐神经。

20世纪70年代鲜有住校生，因而和学校食堂没有交集。唯一吃过的食堂的饭是用米糠、野菜做的“忆苦饭”，全校师生集中在操场就餐，目的是提醒大家不忘过去的苦日子。当时大家年轻，并未感到吃糠咽菜的苦，反而一起有说有笑，欢欢乐乐地完成了任务。

我们新生班的首任班主任是李小梅老师，她也教我们农业基础知识。她一家五口住在操场西边的教工宿舍区，班上很多同学经常去她家玩。她有三个和我们年龄相差不大的儿子。她家中有一小院子，院中有一棵无花果树，碰到果熟的季节，运气好时能品尝一二。

在桐中数年，我有幸能受教于当时桐中最好的老师，包括数学老师慈昌淦、刘少雷，物理老师王元祥，语文老师周曰、焦良、徐文克，化学老师王尔行、项守志、李水清，英语老师张家章、徐捷先、徐中元，政治老师胡玉堂、汪年春等。其中，焦良老师担任过我们初中的班主任。

焦先生身躯胖胖的，深度近视，走起路令人想起朱自清笔下的《背影》。焦先生的语文课令人向往，最盼望的是他给我们讲古诗词的典故，娓娓道来，引人入胜。任班主任期间，每周焦先生和我们一起去农场劳动，大家期盼的便是中间休息时的讲故事。

慈先生上课声音洪亮，板书工整。他讲的代数课易懂难忘。

王元祥老师的物理课语言流畅，条理清晰，循循善诱。记得一次上课，他一上讲台便不按顺序将自己外衣的纽扣扣上。我们均不解其意。原来，他是借此告诉我们，虽然题解对了，但解得笨拙，就像衣服虽扣上了，但扣得不美观。

化学老师李水清一丝不苟、诲人不倦。我离开桐中后和化学基本无缘，但他当时让我们熟悉的酸、碱、盐之间的化学反应关系至今仍记忆犹新。

我们入学后，学校教学渐入正轨，课程设置不断完善。初中毕业时，我们遇上被取消多年后的第一次中考。后来称这次考试为修正主义教育路线回潮。考试是混班而坐，考卷密封，只见号码，不见姓名，颇有现在的高考之范。加之部分同学分流至其他高中，考试后七个班减少为三个高中班。我成为高中(2)班的一员。班中一半仍是来自北大街，另一半则是初中703班的同学。

高中(2)班的班主任是徐中元老师。他的英语课别树一帜，一半学习英语，一半则用来“海阔天空”，涉及文史、地理、军事及报刊时政、小道新闻。几十年后的今天回想起来，倒觉得从这一半的课程中受益匪浅，培养了对知识的广泛兴趣，有潜移默化的功效。徐老师当年在全县各单位讲解放战争三大战役，火热程度堪比后来的易中天讲三国。

高中(2)班是各方面都很优秀的一个集体，学校运动会中夺冠是常事，篮球比赛曾击败高年级球队而夺冠，教室黑板上面常年挂着各种文艺比赛的奖状。这得益于班上一群全面发展的同学。我虽对此未尽分毫之力，但为之骄傲至今。

光阴似白驹过隙。当年的青葱少年，现都已年过花甲。桐中求学的岁月是我们心中永远抹不去的美好记忆。

饮水思源。作为校友，我深切感激母校的栽培，也密切关注着母校的建设和发展。值此校庆之际，祝母校为社会培养更多有用之才，创造新的辉煌。

（作者系桐城中学1974届校友）

满庭芳·贺桐中双甲子校庆

李　定

银杏参天，垂荫笼地，金黄扇叶千重。铜钟鸣远，校友喜相逢。后乐亭中欢笑，半山阁，学自西东。勤磨砺，英才辈出，寰宇遍云鸿。

吴公兴福祉，勉成国器，凤起梧桐。创嘉誉，文都后学乘风。回首恩师尽瘁，心潮涌，感动其中。期明日，东来紫气，更李白桃红。

（作者系桐城中学1975届校友）

学工学农在桐中

叶　炎

“文革”中后期，我步入中学时代，在桐城中学度过了难忘的五年时光。初中三年，班主任是朱长久老师；高中两年，班主任是邓国栋老师。

桐城中学是由桐城派末期代表人物之一、著名国学大师吴汝纶先生于 1902 年创办，到今年正好 120 周年。学校秉承“勉成国器”的校训，弘扬“勇当大任，志在争先”的桐中精神，赢得了“人才的摇篮”之美誉。

虽说处于“文革”时期，义务教育秩序受到了不同程度的冲击，但受益于桐城厚重的文风、桐中严谨的校风，桐中的教学秩序并没有受到大的影响，一切都按部就班、井然有序地进行。清晨，自北向南弯弯曲曲横穿校园的潺潺溪水伴随着琅琅书声，是那么悦耳；傍晚，天上的星星与教室里晚自习的灯光相互衬托、遥相辉映，是那么迷人。龙眠山下，桐中敲铜钟，从未间断。

桐中历来十分重视学生德智体美劳全面发展，“文革”时期特别强调“劳”，要求学生向工人阶级、贫下中农学习，跟劳动人民打成一片，培养学生的劳动观念和劳动技能。当年班干部中有一个职位是劳动委员，主要负责学工学农和打扫卫生。

初中阶段，我们都还是一群懵懂少年，但已经开始走进工厂，开始学工了。印象中，学工一学年一次，每次大概一个月。当时城关的企业不多，都是国营或集体的，仅有的农机厂、机具厂、纺织厂、食品厂、预制厂、滤清器厂等都安排有学生进厂学工，这是政治任务。男生一般分在农机厂、机具厂、预制厂、滤清器厂，女生一般分在纺织厂、食品厂。虽说是“临时工”，但大家都十分珍惜这劳动机会，都能按时上下班，正儿八经地跟在工人师傅后面学技术。有的甚至当翻砂工、模具工，上车床当车工，一个月下来还真能学到不少东西。

分到食品厂无疑是最幸运的，一些大麻饼、方片糕的“边角料”就成了我们这些小馋猫口中的美味佳肴。有一次我们在机具厂学工，一辆手扶拖拉机停在厂里，拖拉机还在发动着，一位工人小师傅在我们面前显摆，给我们讲解如何挂挡位，一不留神挂了前进挡，拖拉机呼哧呼哧地往前跑。小师傅顿时慌了神，慌忙用手拽拖拉机，我们几个学生跟着一起拽。哪能拽得住，眼看拖拉机就要撞进车间，个个头上急得冷汗直冒。说时迟，那时快，只见彭波同学敏捷冲上前，伸手将操纵杆轻轻一拨，档位就回到空挡，拖拉机立马停了下来。为此，校领导在学工总结大会上专门表扬了彭波同学，说他是我们身边的“蔡永祥”。

学农在桐中是常态化的必修课。当时桐中有自己的农场，就在现在的西郊公园。学农每周半天，一般在周六，安排在自己的农场里干些农活，插秧、薅草、施肥、割稻、翻地、挖山芋、挖茶树沟等等，什么都干过。印象最深的是除草，一望无垠的田野里，稻丛中掺杂着许多杂草，我们这些羽翼未丰的无知少年四体不勤，五谷不分，常常把稻子拔掉，把草留着，引足救经，南辕北辙。为此，学校专门请来县农科所的农技专家给我们科普水稻苗和杂草的区别。

最热闹的是打谷子，大家把一个方形大木桶抬到水田中间，然后抱起一捆捆稻子轮流在桶里左右拍打，发出“嘭、嘭、嘭”的闷声，恰似丰收的鼓点。同学们一个个像小泥猴，在田野里窜来窜去。

最脏最臭的活无疑是抬粪，两个人一组，自由搭配，从桐中厕所里把粪便装入粪桶里，抬到几公里外的农场倒入粪坑。每到周末，只见一帮学生组成的抬粪大军行进在西郊的机耕路上，一路欢歌，一路飘“香”，真是一道风景线。

农场门前有一口水塘，我们男生在劳动之余常到塘里洗冷水澡。一个个赤条条、白晃晃的，像下饺子一样下去戏水、游泳、打水仗，玩到尽兴才上岸。有一次我们上来一看，衣服全部“失踪”了，光着腚找了半天才发现藏在百米外的树下，原来是班里一帮调皮女生干的。最恐怖的是水田里有蚂蟥，一不留神会钻进你的小腿肚里，防不胜防，常有胆小女生被蚂蟥吓哭。农工教我们，一旦被蚂蟥叮咬，不要紧张，不能硬拽出来，而是用手用劲拍打，否则蚂蟥会断在皮肤里。

时序更替，岁月留痕。半个世纪过去了，我们这一届学生都已年过花甲，从不同的地方、不同的岗位上退下来了。拳拳学子心，深深母校情。回望往昔，学工学农虽然是特殊时期的特殊产物，现在看来还真是高明之见、功德之举。它给了我们一个提前接触社会、了解社会的平台，让我们体会到粮食不易，工农伟大，劳动光荣。它培养了我们的劳动意识和吃苦耐劳、坚韧不拔的责任担当，成为我们漫漫人生路上极其宝贵的精神财富，弥足珍贵。

感恩母校，叩谢恩师！

（作者系桐城中学 1975 届校友）

青春的盛会

汪　幸

从1971年春到1975年冬，我在母校桐城中学完成了初中和高中的学业。说起“我和桐中的故事”，不得不先说老师。

我的初中一年级班主任是张兴老师。记得小学毕业后寒假的某一天，他带着一帮女生挨家挨户送桐中录取通知书。这是我第一次见到他，他是一位很严肃的长者。

开学不久后的一天，母亲对我说：“你知道张老师是怎么评价你的吗？他说：‘老虎都追到屁股后了，还要回头看看是公是母。’”那时我还不是完全懂这句话的意思。成年后，才知道张老师真是厉害，一句话切中要害。我遇事、对人都比别人慢三拍。说白了，就是脑子不灵光，一根筋。张老师在我还未成年时，就把我看得透透的。

说张老师很严厉，那只是他的一面，而他的另一面，是我通过一件小事深切感受到他的慈祥和仁厚。一天上劳动课，任务是将学校厕所的粪便抬到校农场。校农场距学校约有七八里路，两人抬一个粪桶，来回一趟，男生快的要两个多小时，慢的要三个多小时。

我是班上的劳动委员，完成自己的任务后，还要负责收粪桶、锁工具室的门。到饭点了，还有同学没回来，我就在那儿等。张老师去食堂吃饭，看见我坐在工具室门口耷拉着脑袋，就问我："还没吃饭吧？"我点点头。他从兜里掏出饭票递给我说："去吃饭吧！"顿时，我的喉咙咕咚了一下……

高中物理老师王元祥，那可是一位传奇式的老师。他上课时总是给我们带来惊喜。那时候流传着一则故事。下午上物理课，讲到"声音的传播"这一章节。王老师站在讲台上，看见有同学趴在课桌上打瞌睡。他拿起教棍往讲台上猛地一击——"啪"的一声，把打瞌睡的同学惊得差点跳起来。他却幽幽地说："这，就是声音的传播。"

高中语文老师王铁铸，是一位多才多艺的美男子。他有一张国字脸，黝黑的皮肤，乌黑的卷发。他会拉小提琴，一口纯正的东北普通话，嗓音醇厚而低沉。他朗读课文时使我们舒展而沉静，他点评作文时总是能鞭辟入里，让人顿悟。有一年在学校举行的师生联欢会上，他的一首男中音《我爱这蓝色的海洋》，惊艳了全校师生！我至今还敢说，他的演唱绝对不输海政歌舞团老一辈男中音歌唱家、这首歌的原唱胡宝善先生。

那时，我们的老师个个知识渊博、才华横溢，为我们这些懵懂少年开启一扇扇知识的大门。从他们的身上，我们所学到的知识，远远要比课本上多得多。

在桐中上学的五年里，最使我难忘，也最使我兴奋的故事，当属每年一度的秋季田径运动会。秋季田径运动会是我们全校师生的盛大节日。学校领导高度重视，几乎是全校师生总动员。组织工作相当专业、严谨，从秩序册到奖状，从广播站到医疗救护、交通（基本靠自行车）、通信（全靠递纸条），到后勤保障，全方位，高效率。

物理老师汪叔度担任总裁判长兼径赛终点裁判长，物理老师王元祥任径赛起点裁判长，体育老师江承发任径赛发令长。跳高、跳远、铅球、投弹等项目的裁判长和全体裁判员均由各科授课老师担任。这些老师平时上课侃侃而谈、神采飞扬，当起裁判来也是一丝不苟，有着准专业水平。

径赛是速度的比拼。在那个仅靠马表（秒表）计时的年代，撞线掐表绝对是个技术活。精神得高度集中，手疾眼快。为减少误差，两名裁判员盯一名运动员，成绩取平均值。田赛则是力量的对决。裁判是公平的维护者，没有相当的专业水平，就很难判定动作是否规范、成绩是否有效。

老师们的裁判工作兢兢业业，学生们生龙活虎。参加各运动项目的同学们既感神圣，又无比兴奋。他们的运动天赋虽说平时上体育课时小有显露，但这可是在全校师生面前尽情展示。正值青春的少男少女们无不将仰慕的目光投向叱咤赛场的英雄少年！这是青春的盛会！

早年桐中有一条内跑道，只有 200 米，还有一条 100 米的直跑道，全是砂石地。没见过钉鞋（跑鞋），“小白鞋”（白色的田径鞋）算是很高级的了。跳高没有软垫，硬生生地摔在沙坑里。运动服就是自家的短裤背心。因为场地狭小，不敢开设标枪、铁饼等项目。投手榴弹是因为当时形势需要（备战）。这个项目只好到学校后面一块空地上进行。

尽管条件简陋，但一点也不影响同学们创造新的纪录。我们班有位同学将手榴弹扔到围墙上，把围墙砸了一个坑，还有位同学直接将手榴弹扔出了围墙外。成绩怎么算？裁判长请来了总裁判长汪叔度老师。他说：“扔到墙上的，根据弹着点，测量与地面的高度，按照抛物线的原理方程计算手榴弹落地点，最终计算出投弹成绩。扔出墙外的，只好按墙头的高度来计算了。”问题解决了，老师和同学们无不由衷地赞叹，总裁判长就是技高一筹，厉害！

桐中是桐城人的骄傲。像张兴、汪叔度、王元祥、王铁铸等既杰出又有趣、既严厉又慈祥的老师，则是桐中的骄傲。他们把孩子们培养得既勤奋好学又情趣盎然、既活泼可爱又坚韧刚强，正是我们学校办学的根本宗旨。

往事如烟历沧桑，百二十年铸辉煌，回望坎坷来时路，勉成国器写华章。衷心祝愿母校，永远成为锻造青春的殿堂！

（作者系桐城中学 1975 届校友）

我的母校

光其明

20 世纪 70 年代初，教育战线迎来新的春天。“万般皆下品，唯有读书高”，社会也开始重视教育。恰在此时的我，步入桐城中学，度过了难忘的五年时光，在美丽的银杏树下读完初中和高中，是桐城中学 1975 届高中毕业生。

岁月如歌，时光荏苒。今日，恰逢母校桐中迎来建校 120 周年。一篇篇怀念母校的文章，无不勾起我的母校情缘。毕业离校已 47 个春秋岁月，回忆起在母校学习生活五年的时光，让我不由得心存感激，由衷感谢母校对我的教育，让我学习和成长，让我度过了一生中最美好、最难忘的青春岁月。

“桐中敲铜钟，童男童女同上学”，时至今日，这仍是值得怀念的一道靓丽的风景线。龙眠钟气，代起人豪，莘莘学子待熏陶。仰止吴公创业劳，勉成国器望吾曹。忠诚信义校训孔昭，精神淬砺兮，永熙永朝。

荡气回肠的校歌，激励鞭策着每位学子；银杏树下的课堂，让所有在母校就读的学子回味无穷。一届又一届毕业生砥砺前行，省内省外均有母校毕业生大显身手。桐中傲人的成绩及其知名度，更让每一位学子感到骄傲与自豪，也是莘莘学子美好向往之所在。

当你迈入桐中校园内，林荫大道，鸟语花香，校园内古木参天；

鳞次栉比的教学楼旁有两排白杨树，小溪边垂柳拂堤。

51年前，我步入桐城中学，在银杏树旁边的一幢教学楼里读初中。当时桐中在城区扩招八个班，分别是七一(1)班至七一(8)班。我属于原公园居委会第一大组与原东风居委会紫来街第五大组的学生，被分到七一(7)班。

班主任是胡朝生老师，兼初中物理老师。胡老师为人严谨，执教有方，他所授物理课讲得透彻，富有哲理。我最想听也最爱听班主任所授的物理课。

那时，初中从初二年级开始上晚自习，胡老师每天上早读时点名，上晚自习时还常常辅导学生，随时掌握每位学生的学习情况和学习动态。

当时我英语学得好，并担任课外英语小组长。胡老师对我给予支持并肯定，他勉励我学好文化知识，学好数理化，将来把自己所学到的知识用到为人民服务的实践中去。

我牢记胡老师的谆谆教诲，将自己物理课的基础知识、基本解答方式要领分享给基础稍差的同学，我们共同交流，共同学习。在老师上课的时候，掌握学习技巧，端正学习态度，上课认真听，多做笔记，我在学习上有了明显的进步。

一眨眼，初中毕业了，即将步入高中阶段。那时桐中高中部实行成绩与推荐并举制。从初中八个班中，招了高中五个班，我被分到高中(1)班。

高中班主任陈良智老师，兼授政治课。陈老师是学校基层教学骨干，有丰富的教学经验，三尺讲台育桃李，一支粉笔写春秋。

我们高中两年，正赶上“批陈整风”“批林批孔”等政治运动。当时学校安排学生们一个月学工，一个月学农。学校开办校办工厂、校外翻身农场。学工学农后又逢上山下乡热火朝天，广阔天地

大有作为，接受贫下中农再教育。

整个高中阶段，虽然课堂上教学时间不长，但班主任陈老师一再强调学习的重要性、必要性。他上政治基础课时，要求学生们理论联系实际，用辩证唯物主义认识论来看待问题，从感性认知上升到理性认识，心中有政，才能用治，在现实生活中才能得以体现。

高中还有位老师值得我敬仰与尊敬，即数学老师崔甸甲。崔老师来自孔城南口，年轻有为，嗓音洪亮，才 40 岁不到，却有着丰富的教学经验，是学校骨干教师。他常常语重心长地告诫我们，要学好文化课，学好数理化，将来走到哪都不怕。老师总是有条不紊地讲解，特别是几何、函数解析方式、证明方式，由点至面，举一反三，令学生们回味无穷，学习兴趣倍增。

在我高中毕业前夕、即将离开母校奔赴农村的时候，陈良智老师同我亲切言谈，问长问短，询问我的家庭情况。陈老师还为我在母校申请了特困补助，虽然是微小的补助款，但在当时足以解决我的燃眉之急。每每想起，老师的恩情永远不忘。

在此，借母校诞辰120周年的机会，感谢关心我、帮助我和培养我的良师们！

七彩的阳光照耀着人间，编织了七彩的生活。沐浴在母校的阳光下，留恋那五年的学习生活，留恋那难忘的学生时代。我微笑着回顾自己走过的路，经历过上山下乡的知青生活，在绿色军营历练过，带着军功章走上了工作岗位。

如今，已退休的我，不忘母校培育之恩，参加社区志愿者，无私奉献社会。不忘初心，牢记使命。

中学时光已逝去，我对青春的回忆及对母校的一片深情永存心中！

（作者系桐城中学1975届校友）

乘着歌声的翅膀

鲁　斌

乐而忘返数风流，
在背针芒负远谋。
园内导师多苦楚，
中堂学子少烦忧。
笑迎胜利时光短，
在握成功岁月稠。
征客八方今聚首，
途程万里话春秋。

诗言志，歌传情。上面的藏头诗表达了自己无尽的追思和情怀，难忘整整五年的桐中校园生活，难忘那些伴随自己学习、成长的校园欢歌。

“东风浩荡，红旗飘扬，五洲四海战歌嘹亮……”1972 年 2 月，唱着这首《伟大的社会主义祖国在前进》，我走进了桐中校园。

这首歌雄伟豪迈，高音喇叭几乎每天播放，至今耳熟能详。那个年代的歌曲烙印鲜明，极具时代特征。当时风华正茂、朝气蓬勃的同学们脑海里全是“以学为主，兼学别样”的思想，我们在学习文化知识的同时，常被穿插安排学工学农学军活动。

我特别喜欢每周两到三节的音乐课，这应该与我从小喜爱文艺有关系。更重要的是，一上音乐课，我便能见到和蔼可亲、高大英武的江潮老师。江老师温文尔雅，寓教于乐，唱起歌来音色优美，十分投入，听他的课无疑是一种享受。为指导我们唱好歌，江老师循循善诱，耐心启发同学们准确地理解歌词，精确地掌控音准，正确地把握旋律。他深入浅出地给我们讲乐理，教我们练发声，时常鼓励我们视谱即唱。一次音乐课考试前，他提出直接准确唱出简谱者得高分。结果，我和同班的陈海干（上海籍转学到本校的一名同学）大胆地将《大家来做广播操》这首歌的简谱完整唱出并得到了最高分。

江老师的敲打与锤炼，让我受益匪浅，对音乐的兴致更浓，对音乐的理解和感悟与日俱增。

“东风吹，战鼓擂，现在世界上究竟谁怕谁？不是人民怕美帝，而是美帝怕人民……”这首《全世界人民一定胜利》的歌曲在当时家喻户晓，同学们很快就学会了。这首歌主题鲜明、节奏强烈，其激昂的音符、雄壮的气势、夺人的力量始终给我们以无比的震撼。它鼓舞了几代人，在今天纷繁复杂的国际环境下，仍然有着强大的生命力和现实指导意义。

“颗颗红心向太阳，革命斗志昂；学工学农又学军，握好接力棒……”唱着《革命青年志在四方》《广阔天地大有作为》，我们走进校办工厂、校办农场，后来陆续走进县办企业和遥远的山乡……

当年的校办工厂就是现存的左光斗故居啖椒堂。记得学生们一进车间便坐到凳子上，埋头缠绕线圈。这可是个比较精细的活儿，那些经历多少让我们感受到了什么叫作一丝不苟。

当年的校办农场坐落在翻身大队吴老屋生产队，如今早已改建成桐城最大、最迷人的西郊公园。校办农场面积不小，有大块的农田和池塘。同学们做得最多的便是徒步将肥料从学校抬往农场，加上日常四季农活，让我们倍感农民的艰辛和不易，以至于高中毕业后成为下乡知青时能够坦然地面朝黄土背朝天。农场的生活条件相当不错，劳动结束后，同学们偶尔能留下吃顿午饭，那地道的大锅饭，特别是喷香可口的红烧肉至今仍让我们记忆犹新。

唱着《接过雷锋的枪》《野营训练好》，我们豪迈地走在行军野营的道路上……

上初中时，老师曾领着我们走到离城较远的十五里坊。到了高中，行军野营难度增大，离城更远了，并且加上了野外宿营。

印象最深的是 1975 年年底全班师生挺进鲁洪山。大家装束整齐（当时谁能身着一身军绿，即便是背上一个军用挎包，都会引来同学们羡慕的眼神），精神抖擞，一路欢笑一路歌，昂首迈向目的地。路上一女同学的绿军帽不慎被风刮落池塘，一男同学毫不犹豫地奋勇打捞，被传为佳话。

当晚山里宿营时，同学们轮流站岗放哨，还玩起了“捉特务”的游戏。次日清晨起床后，善打背包的那位男同学再伸援手，博得众多女同学阵阵喝彩。

野营结束后，意犹未尽的我试填“卜算子”一词以抒豪情。“路远凯旋归，恐后争先到。昨夜寒风刺骨冰，站立依然俏。俏语唤新春，急促军情报。待到霞光万道时，回首昂胸笑。”

1976 年 10 月，我们临近高中毕业。县里组织《国际歌》学唱演出，要求高二年级四个班分别登台表演。老师安排我担任本班合唱指挥。全班 60 多位同学热情高涨，齐心协力，出色完成了演出任务。

革新除旧显才雄，
命笔欣然绽笑容。
人类主题寻拓展，

永恒事业觅兴隆。
远求近舍前车鉴，
是古非今后患穷。
年富力强重抖擞，
轻装上阵建奇功。

2002年10月初，丹桂飘香，天高云淡，歌声阵阵，彩旗招展。在国庆佳节的喜悦气氛中，我和众多校友回到桐中校园。目睹母校的巨大变化，大家非常激动，欣喜不已。欢庆演出中，我们动情地用一首小合唱《毕业歌》，完美表达了对母校百年校庆的由衷祝贺。

金秋十月群英会，

秋色苍茫百鸟旋。
十彩五光风景秀，
月明花好果盘鲜。
群芳竞艳人欢笑，
英武连肩客不眠。
荟蔚文都歌盛世，
萃生故地舞翩跹。

日月如梭，一晃时间到了 2016 年 10 月，我们 1976 届高中毕业生离校整整 40 周年了。40 位同学重返桐中校园，请来当年的几位老师欢聚一堂，互诉衷肠。杯觥交错、酒酣耳热之时，一曲《难忘今宵》更添离愁别绪，倍思过去的美好时光。

欣喜已无言，花园在校园。
人才多辈出，捷报慰椿萱。

抚今追昔，浮想联翩。五年的桐中校园学习生活给我留下了难以忘怀的记忆和思考，当年的教学体制、教育模式和教研方法中有很多值得我们今天认真总结和深刻反思的地方，任何以偏概全、一概而论的想法和做法都是不可取的。

今年恰逢母校 120 周年校庆，衷心祝愿母校更加灿烂辉煌，祝愿共有桐中情结的所有人，继续乘着歌声的翅膀，竞相放飞心中的梦想！

（作者系桐城中学 1976 届校友）

满庭芳·再贺桐中

徐宏明

白果飘香，半山藏阁，桐溪流水淙淙。紫来河畔，高塔挂铜钟。史录文都绝对，同上学，男女儒童。记先训，勉成国器，磨砺见腾龙。

历程双甲子，多曾坎坷，几度称雄。誉神州，百年名校功丰。代起人豪璀璨，创鸿绩，可慰吴公。培桃李，芬芳天下，毓秀映丹红。

（作者系桐城中学1976届校友）

怀念两位恩师

倪星阳

怀念徐文克老师

敬爱的徐文克老师永远地离开了我们，同学们时常怀念先生。

20 世纪 70 年代初，我们这一届小学升初中是城区统一考试，我正好在桐城中学大银杏树后面的教学楼二楼参加考试，恰巧是先生监考。他头戴鸭舌帽，身着中山装，形象高大，神采奕奕，说话亲切幽默，鼓励每个考生认真做题。那时先生的印象就深深留在我的脑海里。

初中上学报到那天，看录取榜，我被分在初一(5)班，班主任是徐文克老师。找到了教室，见到了先生，这不就是给我们监考的主考徐老师吗？倍感亲切。学校初一共六个班级，我们(5)班有 50 多位同学，男女人数相差不多。(5)班、(6)班在平房教室，坐双人桌长板凳。先生安排男女生同桌，也许是为制约男生上课好动、女生上课爱讲话的毛病，也许是提高学习效率的好办法之一。尽管初二我们的教室搬到楼房，初三又搬到平房，后来是单人桌椅了，我们班男女同学仍相邻而坐，初中三年一直如此，这在全校是少有的。时至今日，同学们亲如兄弟姐妹。

先生注重班级建设，在全年级率先有三名同学入团，成立支部，有了团支部书记。班上有正副班长、学习委员、宣传委员、文娱委员、生活委员、劳动委员、体育委员和组长等。先生因人制宜，充分发挥每名学生的特长，强调学生干部的模范带头作用。他安排年龄小、玩心大的同学与班干部坐一起，按当时的说法，叫作“一帮一，一对红”。

先生对学生要求虽严，但很注意方式方法。有一次，有位同学上学时书包里装着从家里弄来的一瓶桂花酒，不慎书包滑落地板上，瓶碎后，整个教室散发着桂花酒的香味，班上热闹开了。这时先生来了，顿时教室内鸦雀无声，我想这下麻烦了。先生进教室后说道：“真是美酒飘香啦！”凝固的空气中，顿时爆发出笑声。随后，先生又说：“酒是谁带来的？下课后去我办公室说清楚。言归正传，上课。”至于后来说了什么，大家也不知道了。

在全年级开展的各项活动中，我们班始终处于中上游位次。先生每次召开学生干部会议，对落实学校、年级活动都有明确要求。学校组织班级合唱歌咏比赛，先生亲定歌曲《中国，中国，鲜红的太阳永不落》《北京颂歌》，我们班级取得了较好的名次，这也是我此生唯一的登台表演。学校举行运动会时，先生亲自关心运动员活动准备和班上后勤保障的落实情况，我们班运动成绩也不错，尤擅长跑。由于组织落实，目标明确，同学们积极要求上进，班上同学入团率在全年级也是最高的。

先生教我们班和(6)班两个班的语文。在给我们上课时，从预习、朗读、分段归纳、总结中心思想，每个环节都有要求，课堂上给同学们充分展示自我的机会，在大家说的基础上再进行归纳总结，真正做到让同学吃透、领会文章的内涵。每学期我们都要写十多篇作文，先生对我们每个同学的文章精心批改，圈点好的句段，还要写上一段批语，让同学们对自己的文章有一个重新认识的过程，还在课堂上评讲写得好的作文，激发同学们的创作热情。班上同学整体进步，差距不是太大。

先生对工作认真负责，每天中午习字、晚上自习，他都到场。有同学在写毛笔字时，先生从其身后轻提笔杆，结果同学两手捏上笔毛，黑了手指，引来笑声。先生说，握笔要有力，字才有神。随后，先生坐在同学的座位上进行示范，有说有笑，让写字成了乐趣。先生一手好行楷，行迹流畅，是同学们效仿的样本。我时常模仿先生的字迹，自觉有点像。其实，班里很多同学写的字都很像先生的字体。

先生为人谦虚、实实在在。记得初中毕业合影时，他让学生干部把相关领导和任课老师都请到，说是一个都不能少。虽然让同学去请，其实先生也邀请了。照相时，前排都让给其他老师坐下，先生融入学生中间，让学生十分感动。

先生教过小学，又教初中，深知教育规律，书教得好，班级管理

得好。初中毕业后,我被录取入桐中高一(4)班,他没能一直带我们进入高中,实在遗憾。后来,先生从事教育行政工作,负责县招生办的工作。每年我们这些学生都先后与先生聚会,聆听先生的教导。先生看着学生们个个成家立业,奋战在各行各业,也十分开心。如今,(6)班有位同学成为中国工程院院士,是对先生最好的告慰。先生故去,同学们聚会时总感到缺少了先生在时的美好氛围,给我们留下的只是追思……

敬爱的徐文克老师,我们永远是您的学生,我们永远怀念您!

忆陈维谐老先生

陈维谐老师(老先生)一生主要任教桐城中学,是桐中高中数学最有权威的老师之一,有“陈三角”和“数学辞典”之称。那时的桐中人都知道“陈三角”“慈代数”和“方几何”三位数学名师的昵称。当时老先生的工资比县委书记和县长还高,但他的生活仍十分节俭。

老先生中等身材,日常理小平头,穿着中山装和布鞋,夏天着老头衫。他时常为同学理发。在校园里,老先生总是神采奕奕,面带笑容,慈祥可亲。“文革”期间,他曾离开桐中几年,到县里最先恢复高中招生的石河高中工作。老先生比我父亲大十几岁,既是我父亲的老师,又是同事。我父亲走上高中数学讲堂是老先生一手主荐促成的。当时老先生找到我父亲说:“现在数学老师缺人手,我们一起教数学吧!”我父亲说:“我只是初等师范学校毕业,高中数学还没学过哩!”他说:“我观察,我们边学边教,一定没问题,你能行。”老先生给我父亲莫大的鼓励。他送给我父亲一套高中数学课本,让我父亲学习。

记得那个暑假，我父亲赤膊上阵，每天在家一边摇着芭蕉扇子，一边学高中数学，做过的习题本足有几尺厚。老先生和我父亲在学校的宿舍就成了学习的场所。开学后，老先生和我父亲同教平行班，老先生亲手掌控教学进度、教案设计，并进课堂听课，精心指导，时常给我父亲好评。名师出高徒。我父亲在他手把手的教导下，高中一个轮次教下来，效果还不错。为了使父亲教学水平再提升，他让我父亲不和他同教平行班，自行教一个高中轮次。父亲在教学中遇到的难题都会在老先生启发式的教育之下攻克。我父亲还担任 60 多人的班主任，学生能考入名牌大学让他很高兴。桐中恢复高中招生后不久，老先生又被调回桐中。

我在上高中时，成了老先生的学生。听他的课是享受。老先生上课思路流畅，归纳性极强。经他启发，学生能触类旁通。他有对复杂的三角和解析几何等难题看一眼就能知道结果的神功。他上课语言幽默，通俗易懂。他从不体罚同学，从不发火，不过对我例外。有时看我贪玩，他就说："你不好好学，我可打你。"这只是一说，可从来没打过我。平常教学时，老先生重视基本点，立足打牢学生基础，只是在高考冲刺阶段才每天一张综合卷。卷子质量高，一轮下来，同学们的整体水平有质的提升。高考时，老先生讲给我们的复习知识点全部到位。我们看到高考试题时，感觉似曾相识，甚至附加题都差不多。连我这个平时玩心特大的学生都考上了大学。

老先生的英语也不错，曾辅导我们如何学英语，瞬间就写上一黑板的英文。老先生也是运动爱好者，会打太极拳。学校师生篮球和排球比赛时，都请老先生当裁判。他反应快，很少误判。老先生是一位多才多艺的教育大家，深受学生爱戴。

老先生影响了我们家两代人。他的为人也是我们的榜样。老先生一生忠诚党的教育事业，在特殊年代，坚持不放手中教鞭。老先生的夫人在城里小学任教，他们家庭和睦。当时老先生有两个儿子下放农村，小儿子随其身边，也是我儿时密友之一。老两口言传身教，从不以自己的名望走后门，让孩子个个自立成才。他们的大儿子当时是体育健将，参加全运会，在省城上学，后来做了公务员，是我们的偶像；二儿子毕业于华东师范大学，当上了高校领导；小儿子考入合肥工业大学，现在是省城公务员干部。

老先生虽永远离开了我们，但他在桐中耕耘的佳话，一定会被学子们深深铭记。老先生的风范永存我心中！

永远怀念先生！

（作者系桐城中学初中部1976届校友）

母校往事

吴贵春

1976年下半年，我从石河高中转学到桐城中学，被分到高一(3)班。刚进桐中，有一种惶惶然的感觉，面对陌生的环境、陌生的同学，就像是刘姥姥进了大观园。好在老师和同学们以热情的怀抱接纳了我，使我颇感安慰。

当时，学校号召学工学农，劳动特多。学校农场设在城西，即现在的西郊公园。从学校到农场约两公里。我家在毛河，每次到农场，都是抄近路。

从家里出发，要翻过对面的高山。山上荒草丛生、野坟座座，一个人走在山路上，真的有点害怕。为了壮胆，我就一边走一边唱歌。唱的什么歌，也记不清了。

翻过山岗，再走一段路，就到了农场。所谓劳动，也就是插秧、薅草、割稻等。有时，还要从学校抬粪到农场。这可是个苦活，可我们当时也不觉得苦和累，还觉得几分有趣。

现在想想，参加必要的劳动，对锻炼学生的意志，培养学生吃苦耐劳的品质还是很有益的。现在的学生为繁重的学习负担所困，劳动少了，这不能不说是一种遗憾。

1977年，恢复高考。学校的劳动随之减少，学生投入紧张的学习之中。无奈前期没有重视学习，大多数学生的数理化基础较差，面对高考，压力山大。老师非常着急，带我们从初中数学补起。

数学老师是吴良兴,他个子挺高,性格温和,教学循循善诱。其他老师都使出浑身本领,为我们补缺补差。在老师们的精心辅导下,我们也是铆足了劲,向高考的独木桥冲去。因临时抱佛脚,基本功不牢,当年高考我失利了。

随后,我进入一个工厂当了合同工,白天上班,晚上复习,以备再战。功夫不负有心人,第二年高考我如愿以偿。

在桐中的两年,给我印象深刻的还是可敬可爱的老师们。

王铁铸老师是我的班主任,也是语文老师。他的教学颇有特色。他要求我们把一篇长文改写成短文,又把一篇短文改写成长文。在他的影响下,我对语文产生了浓厚的兴趣。

卢声频老师是我的政治老师。他善于做思想工作,又弹得一手好琴。他那儒雅的气质、翩翩的风度,令我们尊敬。

彭鸣皋老师的数学教得出神入化,当年他在学校大礼堂给我们讲解数学应用题,一道应用题他用多种方法来解答,打开了我们的解题思路。

桐中可谓名师云集,他们为我们的成长付出了辛勤的汗水。从他们身上,我认识到教师的崇高与伟大。

毕业后,我在外地工作,过年时偶尔回老家,总会抽空到桐中校园转转。再看一眼曾经上课的教室,再看一眼校园内的一草一木,再找寻当年那美好的回忆。我的眼前又浮现出往日的情景,我们在教室前嬉戏追逐,在半山阁畅谈人生理想,在操场上迎着朝阳晨练奔跑。回忆是那么美好,让我久久不忍离去。

光阴荏苒,当年的翩翩少年已变得满鬓斑白。岁月带走了很多东西,但带不走我对母校的思念。桐中,你是我心中的圣地,是我永远感到温暖的地方。

(作者系桐城中学1978届校友)

校园运动会

陈一恺

学生时代的校园运动会无疑是全体学生的激情时刻。运动天赋高的同学站在领奖台上，傲视“学霸”，不管人称调皮鬼还是痞子王，此刻我最棒，此为少数人也；运动天赋平平但热衷于参与者，羡慕运动“大神”的同时，也为自己奋力拼搏、突破自我而沾沾自喜，此为大部分人也。

本人就属于后一种，几乎参与了学生时代的全部运动会，虽成绩平平，但每每想起某次的亮点，至今还回味无穷。最让我记忆深刻的是在桐中毕业那一年的运动会。

1979 年，我从桐城中学高中毕业。

在校时，大家都期盼丰富多彩的课外活动。总结下来，当时的课外活动无外乎以下几种。首先是政治活动。其次是学工学农，特别是学农，农村来的同学视同鸡肋，有苦难言，但我们这些城镇长大的孩子欢呼雀跃，如同郊游，来到农田进行着各种各样的“破坏”活动。前面插秧，后面农民伯伯再帮着扶正，少不更事的我们还没有一丝愧疚。40 多年后的今天，我在此郑重地说一声，农民伯伯，给您添麻烦了！再次，文娱活动也是大家喜闻乐见的，但那注定是少数人的狂欢。如果你五音不全、舞步笨拙，就算你想上，老师也不让。最后，一年一度的运动会，简直就是全体学生的嘉年华。有望夺冠的同学自然要在自己的优势项目上有所收获；重在参与的同学想在个人成绩上有所突破，也为班级的积分添砖加瓦；不能参与的同学也在积极做服务，加入啦啦队，乐在其中。

1979 年桐中春季运动会如期而至，这一年的运动会对于我们这届学生来说，确实相当纠结。要知道我们是在高一下学期才得到恢复高考的消息，相对于那些下放或回乡的学长们，我们是幸运的，至少还是在校生。

当时学校决定立即停止上新课，开始多轮复习教学。我们理科班是从一元一次方程开始复习的，这还是快班，慢班的同学还在和分数、四则混合运算较劲，要在接下来的一年多时间补完初高中五年的全部课程。套用一句现在的解说词：留给中国队的时间不多了！

班主任王元祥老师动员运动会报名时说的话，我至今记忆犹新："如果是往年，我会和你们一起认真琢磨每位同学每个项目的报名情况，先是收集情报，尽量避重就轻、扬长避短，为班级争取更高的积分。顺便说一下，冠军得七分，第二名到第六名依次是五分至一分，最后以班级总积分来决出年级名次。因此，正确的报名是成功的一半，班级荣誉高于一切。"王老师最后说："今年是特殊时期，不需要那么烦琐了，但我们班还是要有人参加，劳逸结合，重在参与，结果不重要。"

接下来，班长孙宝林和体育委员张韶就执行人盯人的报名动员。孙宝林坐我旁边不远，张韶是我同桌，平时关系都很好，我再纠结也得支持他们的工作。与张韶交流时，我很小心眼地问了一下都有哪些同学报名，得知张敏同学报名了，纠结之心荡然无存。

张敏同学是班上为数不多的学习成绩拔尖、体育又好，号称德智体全面发展的优秀学生，当年以优异成绩考入上海交通大学(现为某上市公司董事长)。他都报名了，我还纠结个啥呢？

至于我要报什么项目，抱着重在参与、全力支持班委工作的想法，就很佛系地说了一句："班上还有什么项目没人报的，我来填空就行！"张韶粲然一笑，说了两个字：铅球！

我当时在班上个头不算矮，175 厘米，身型较瘦，高考体检时称重 110 斤，自然不是铅球运动的合适人选。但我自小在校园长大，玩过很多次铅球，基本动作要领还是知道的。最后，我竟然得了第六名，勉强挤上领奖台。那张手写的纸质奖状我保存多年，运动天赋平平的我得此成绩，足以让我心满意足，也算是为我的中学运动生涯画了个完美句号。

说起当年铅球比赛的冠军，不得不提到一个校级体育"大神"——王亮同学。他低我一届，但年龄相仿，也分在甲组，与我们高二学生同场竞技。他第一投就超过校纪录线。

当时有个有趣的小插曲。比赛进行到一半时，远远地听到几个小迷弟在大喊："去看看王亮破纪录了没有。"走近一看，在校纪录红线外插着一个三角旗。他们如释重负地说了一声："哦，破了！"旁边的裁判老师笑问："你们怎么知道那就是王亮的？"小迷弟们异口同声地说："不是他还能是谁？"

接下来的 100 米和 200 米，他又毫无悬念地拿下冠军。第二年，王亮同学以优异的高考成绩成为我在浙江大学的校友，在新生运动会上就破了浙江大学保持多年的 400 米校纪录，延续着他高中生涯的高光时刻。他现在美国发展。我逢人就嘚瑟地介绍他："这是我老乡！"

运动会尾声是传统的 4×100 米接力，我们班报名参加的同学竟然有一个人找不到了，张韶临时拉我来凑数。记得我跑第三棒，张韶跑第四棒，大家也没跑最后一名，聊以安慰。

现在年纪大了，不能参与剧烈运动，但还保持着运动量较小的运动。中学时代的校园运动会，是我永远的美好回忆。

（作者系桐城中学1979届校友）

别开生面的竞赛

孙开成

我和陈一恺是同学，都是 1979 年高中毕业。当时他在高二(6)班，我在高二(5)班，崔甸甲老师是我的班主任。

前些天读一恺同学的大作《校园运动会》，轻松活泼，诙谐幽默，时而令人忍俊不禁。文中说到，参与运动会的是少数运动天赋高、准备大展身手的同学们和多数运动天赋平平但热衷于参与的同学们。而我觉得，运动会上最多的应该是缺乏运动天赋、更没有勇气上场、最多只能算作热情观众的人，譬如我。

从小学到大学，天生笨拙的我就没有参加过任何一次运动会的任何一项比赛，体育考试都是勉强过关。然而，一恺同学的文章让我想起了在同一块场地上举行的一次有趣的竞赛，我竟有幸参与其中，这也是我参加的唯一带有体育元素的比赛了。

1977 年 9 月，叶剑英元帅发表了题为《攀登科学高峰贵在有心》的诗："攻城不怕坚，攻书莫畏难。科学有险阻，苦战能过关。"一时间，全国掀起了尊重知识、重视文化学习、勇攀科学高峰的热潮。此后不久，桐中组织了这场别开生面的竞赛，我记得名字就叫"攻关"。

那天是多云天气，微微有点燥热。比赛在开校运动会的大操场上举行。比赛设数、理、化三关，第一关与第二关之间设堡垒一座——一块一米见方的木板，中间有一个直径约四五十厘米的洞(可能是什么体育器材吧)作为枪眼,选手要用接力棒作手榴弹,从一定距离外扔进洞里才能进入下一关;第二关与第三关之间是用平衡木做的独木桥,要安全通过才能继续前进,如果“落水”,任务也就失败了。每场五人,每人一条赛道,最先完成的为优胜。

那天我被分在最东边的赛道,除了老师,只有为数不多的学友围观,这和校运动会热闹、兴奋的场面没法比。

第一关是两道代数题。“砰”“砰砰”……当我还在对着第二题苦思冥想时,已有选手开始“炸碉堡”。当我解开第二题时,其他选手都进入第二关了,急得崔老师一个劲儿搓手。我拿起“手榴弹”,定了定神,稍稍瞄了瞄就出手了。“手榴弹”滑出一道弧线,不偏不倚穿洞而过。崔老师扭头看了我一眼,半是惊喜,半是惊讶。没想到平时喜欢瞄准电杆、树干扔石头练就的本领,这回派上用场了。

第二关是一道力学题和一道运动题,解题都颇为顺利。但当登上窄窄的平衡木时,顿时冷汗直冒。在我眼里,五米长、一米多高的平衡木仿佛真的是架在波涛汹涌的大河上的独木桥。我侧身站在桥上,慢慢地往前挪,几次摇摇晃晃,差点掉下去,特别是到桥中央时,更是进退维谷,只有闭眼喘气的份儿。再看其他选手,有的两脚交替,快速前进;有的一刻不停地向前挪动;还有一位身轻如燕,竟然一路小跑地通过了独木桥。气得崔老师恨不得一把将我拽过去……(刚刚夫人看到这里时,还笑着问:“你真的没有掉下去?”)其实,每次想到这里,我自己也是百感交集,我真的没有掉下去,真的闯过独木桥了!

第三关是我相对擅长的化学题,包括一道计算题和一道氧化还原反应配平题。平复了一下心情,我快速攻下了最后一关。结果，我不是第一，也不是最后。

40多年过去了，母校给我留下了许许多多美好的回忆。在工作和生活中遇到难关时，我常常会想起那次竞赛。

（作者系桐城中学1979届校友）

桐中萌生的军营梦

范宏保

记得第一次到桐中是1970年，我和同伴去左忠毅公祠（校办工厂所在地）玩耍，那地方正在制作形态各异的毛主席石膏像。经老师允许，我小心翼翼地抱了一尊戴红军八角帽的主席塑像，摆放在家中条桌上。

1974年，我们县城的东关、实验、北街和附近的南塘、长生等小学的毕业生直升桐中，1979年8月高中毕业，历时五年半。那一届有七个班300多人，是桐中推荐上学的最后一届。因初中、高中多次分班，大家几乎都同过班级，相互熟悉。

那些年的学校生活丰富多彩，校园很大，环境优美，有绿茵茵的草地、古朴参天的大树、四季飘着的花香、小河沟里清澈的流水（后来才知叫桐溪塥）。那时候的老师工作很认真但少有严厉，学生脑瓜很聪明但少有苦读。

我最喜欢的是体育课，主要为了玩。每学年的学工学农，就是现在讲的素质教育，让我们懂得什么叫从小事做起，什么叫工作一丝不苟，感受到"春种一粒粟，秋收万颗子"的辛苦与喜悦，真是受益良多。我喜欢张兴老师教授的地理课，有缘的是初一和高二班主任都是张老师，地理课程学了两遍。他的课通俗易懂。当时苏联有15个加盟共和国，名字冗长难记。他创造性地编成顺口溜，至今难忘，"俄罗斯哈萨克，吉尔吉斯塔吉克，乌兹别克土库曼，阿塞拜疆亚亚兰，摩尔达维亚，白俄罗斯，立陶宛那亚爱亚”，默念加理解，我们都记住了。

当年物质生活匮乏，师生们的精神面貌、幸福指数却一点都不差，德、智、体全面发展。2019 年，我到桐中档案室查找 40 年前高中毕业的大合影，师生几百人站在一起，着装上虽然不是很亮丽多彩，但精神饱满、神情专注，找不到几个戴眼镜的。

1979 年高考，当年招生名额有限，加上学习底子太差，我们这届升学率不高，但仍有同学被清华大学、中国科学技术大学、浙江大学等名校录取，成为天之骄子，更多同学走上社会，或走进军营。

早在 1976 年，我们这一届就有同学应征特招小兵。1978 年，空军某部到桐城招飞，我们班的男生大都报名参加了体检。经过多轮体检、政审后，我们这届有一位伍姓同学成为空军飞行员。这是当年桐中师生共同的骄傲。

1979 年 2 月对越自卫反击战打响，正在复习迎考的同学们课余饭后谈论的都是前线战况，县广场举行军民声援大会，组织桐中学生参加，大会现场氛围热烈。记得班长刘晓在会后讲，这个战不晓得打多长时间，我们争取到部队去。

战争意味着有牺牲。几天后，传来前线烈士的消息，其中就有我们桐中校友王成生。语文老师吴德文曾是他的班主任，老师在课堂上介绍王成生的生平，几次摘下眼镜擦拭。吴老师为牺牲弟子写了一首七律诗，其中有这么几句：“遥望蓝天忆成生，蓓蕾初绽在桐中。……脉脉温情待师友，铮铮铁骨战蛟龙！”当时我们班女同学大都热泪滚滚，男同学则暗下决心到部队去。

自此，进军营保卫祖国成了我们的梦想。凭着一腔热血，1979 年 11 月，海军东海舰队某部到桐城招兵，这届男生符合条件的都踊跃报名。我体检后告诉了父母和老师，此时祖国的边境线还没

有消停，国家正是需要人的时候。开明的父母全力支持。

我们文科班就有刘晓、杨晓辉、崔先进、朱剑波、倪明芳、杨林、汤顺良、施立武、丁强、孙胜友、彭延生和我 12 人接到了入伍通知书。11 月 28 日，我们桐城籍新兵 216 人分乘大客车离开家乡，在安庆乘坐东方红 417 号轮船到上海。在客轮上新兵们有较长时间的交流接触，才知道桐中 1979 届初高中毕业生有很多人同时穿上了海军蓝，大家的高兴劲儿没得说。加上我们这届还有几位同学高考进入军校，算下来足足有 50 多人同年走进军营，分布在全国各地海、陆、空各兵种，成为同学加战友。有些被分到一个连队，同守小海岛，共建大海防，多年同吃住、同训练、同劳动，结下了终身的友谊。

桐中历届应该都有学子穿上军装、走进军营，为国防事业添砖加瓦，为保卫祖国奉献青春、牺牲生命。像 1979 届这么多同学走进军营，不知道可有先例。1983 年，军队施行大裁军，征兵人数开始减少，桐中主要抓升学率，为高校输入优秀生员，走进军营的人应该会很少。有趣的是，30 年后的 2009 年，我的儿子大学毕业后走进军营，也被分到海军东海舰队，也是桐中毕业，跟我论起来是校友加战友呢。

虽然脱下军装多年，但在桐中萌生的军营梦就像一粒种子，已然种在心里，生根，开花，结果。

我和妻子、儿子、儿媳都曾在桐中读书。桐中，是我们成长的摇篮，是梦想启航的地方。我爱桐中！祝福母校，致敬母校！

（作者系桐城中学 1979 届校友）

百年树人　芳华春永

马志勇

说到母校桐城中学，我最挚爱的就是那棵古银杏树。

那棵古树由惜抱轩主人——桐城派集大成者姚鼐先生手植。1738年，姚鼐先生从“树德堂”徙居“初复堂”，后建“惜抱轩”书屋，植此树。

迄今，这棵树干通直、挺拔参天的古树已近300岁高龄，枝繁叶茂，苍翠春永。它历尽风霜雨雪，依然生机勃勃；它伴读博学鸿儒，依然谦恭如初；它荫蔽万千学子，依然高风不减。它是桐城学仕传习的使者，也是桐城文风昌盛的见证，更是桐中百年芳华的护佑神。

那棵我挚爱的银杏古树，曾是我孩提时休憩嬉闹的天堂、破蒙后受教感化的温床。就读于桐中，恩师们传道授业解惑，知行合一垂范，诲人不倦，语重心长。时至今日，每每思起，历历在目，感动不已。他们不仅传授科学文化知识，传习桐城派文论要义，而且传承耕读学仕传统，传扬“勉成国器”精神。

我虽为桐城派“殿军”马其昶的族裔，但不比马氏先贤及其他族人的学问深厚。天资平庸的我，正当读书的年代，赶上十年“文革”。时代的风雨虽没能让我成为一棵大树，但步出校门后的我，却时刻铭记着先生当年的教诲——“勇当大任，志在争先”。

工作后，我爱好摄影，便虔心学艺于著名摄影家何传真先生。

那时，古朴幽静的桐中校园，便是我最爱练手的去处。承蒙先生调教，加之勤学苦练，终迎来事业曙光。1985 年，我取景于桐中惜抱轩银杏古树，创作了以桐中学子勤学敏思为主题的摄影作品《百年树人》。

那是金秋时节一个假日的午后，同往常一样，我背上相机，骑上车，沿着绿树成荫的公园大道，直奔离家不远的桐中校园。

校园里满是桂花浓郁的香味。桐溪塥里，溪水清澈，波光粼粼，游鱼往来翕忽，自由自在。柳丝儿舞动着清风，凉意扑面而来，让人神清气爽。早早到校的学子，或独自徘徊于小溪旁，凝神沉思；或三三两两聚于假山石前，讨论热烈……我一路漫步，一路欣赏，一路按动快门。

溯流而上，我来到古银杏树前。树底下，有几个身着连衣裙的女学生说说笑笑。她们似在讨论什么问题，又似在说着什么悄悄话。走近她们时，我一眼瞥见古银杏笔直的树干下，一个 20 岁出头的文学青年，手拿一本大杂志，正专心致志地品读着。那专注而清澈的眼神，顿时激起我创作的灵感。我赶紧站好角度，调节光圈，按下快门，记录下那美好的一瞬间。

是母校给了我启迪和文思，当年以挺拔参天的古银杏为背景创作的摄影作品《百年树人》，成为我步入摄影殿堂的处女佳作，入选安徽省第十三届摄影作品展，刊载于《中国青年报》，被《时代青年》等多家杂志相继转载。

现在想来，那幅作品之所以能够被众多摄影艺术家和多家杂志青睐，主要是因为切中了一个时代的主题——改革开放之初的中国，广大青年发愤学习、报效祖国。这种崭新风貌，就在这一瞬间，就在这银杏树下，就在桐中校园里。

大美的银杏树之恋，也给了我人生中最美好的情愫。那个美丽的午后邂逅，作品中那个钟爱文学的女孩儿，开始走进我的生活，知音相携，一路相伴。

《百年树人》的问世和获奖，使我成为小有名气的青年摄影家。回味创作过程，让我不仅初尝奋斗的喜悦，而且收获了甜蜜的爱情。从那时起，我对这棵古银杏树的挚爱之情愈发浓烈。它是我人生路上不竭的精神源泉，是我凝心聚力、做事创业的坚定力量。

工作40年来，面对不同行业、不同岗位、不同境况的考验，我都选择直面生活、直面人生，以我挚爱的银杏古树为榜样，甘于平凡、勇于担当、诚恳做人、诚信做事，为家乡、为社会贡献自己的绵薄之力，回馈母校桐中的教育与培养。

岁月的风吹过桐中480个季节，拥有双甲子的记忆。美好的画卷一幅幅在我心头展开，终将成为人生绚丽而永恒的一页又一页。

母校华诞，祝福银杏树，祝福桐中！

（作者系桐城中学1979届校友）

记忆里的校园

倪　彦

那时校园很美，山很青，水很秀，古朴典雅；

那时高楼很少，平房多，上课少，劳动很多；

那时学生单纯，活动多，作业少，快乐很多；

那时老师敬业，讲课多，补课少，收入不多。

那时桐中大门是水泥铸成的一横两竖 H 型的简单门楼。

跨进校门是条宽阔的大道。右边有一座假山，上面古木苍翠，一棵最粗的大树树干一米高处分了几个叉叉，可容五六个孩子围坐在一起玩游戏。这里曾是我们的游乐园，桐溪堨水沿山脚缓缓流过。

道路左边是当时全城唯一用水泥和砖砌成的游泳池。我们很喜欢上游泳课。老师让我们深吸一口气，头埋在水中，平伸双手，用双脚不停敲打水面。刚开始怎么也浮不起来，呛水是常事，多试几次就可以浮在水面了。可惜没有正规培训，永远只会“狗刨式”。小小游泳池举办了无数次游泳比赛。记忆中有位叫吴燕妮的高中女生，是学校美女播音员，也是女子自由泳常胜冠军，她在水中搏击的姿态一直留在我的记忆中。

一个巨大的屏风（上面刻着“好好学习，天天向上”）将道路分成两边。右边是教学区，左边是老师住宿区。初中数学余老师就住在其中一间屋子里。那时的老师生活很简朴，一间小房子是卧室，也是厨房。我们常去老师家问问题，帮老师改作业，师生关系很亲密。一幢 16 柱落地的房子独立在中央，这是学校的图书馆（现已成文物——渡江战役指挥部）。这里还是学校举行优秀作业展览、书画展等活动的场所。当年图书馆吴老先生负责管理，先生不苟言笑，剃着光头，传说他会武功。

屏风后面是个宽大的沙土地操场。操场西边有一排平房，大多是老师宿舍，平房前面有一排树木，记得有拐枣树、梧桐籽树。每年果实成熟时，我们就爬到树上摘新鲜拐枣吃，采很多梧桐子（椭圆形叶子周围结了圆圆的黄豆大小的果子）带回家放锅里炒熟，几米外都散发着浓郁的香气。

树前面有一排体育设施，有单杠、双杠、吊环……还有一个跳远的长方形沙坑。操场中间有个篮球场，春秋两季的校园运动会都在这里拉开帷幕。我们班有个运动健将叫王亮，他创下的校短跑纪录，据说 20 多年后才被打破。

操场尽头当时新盖了一幢大礼堂，每年开学典礼、毕业典礼都在那里举行。难忘梁校长在开学典礼上的讲话："在座每一位同学都是独一无二的，我希望你们珍惜短短几年的中学时光，努力发掘自己的目标和兴趣，坚持不懈地追求进步，让自己的每一天都比昨天更好。成功不是为了扬名海内外，成为最好的自己就是最大的成功！最后将叶帅的诗送给大家：'攻城不怕坚，攻书莫畏难。科学有险阻，苦战能过关。'"

大礼堂左侧有幢漂亮的小洋楼（我们当时认为那就是别墅），是我们的实验室。那时候，我们特别喜欢上实验课，试管里滴几滴试剂，放在酒精炉上稍稍加热，咦，无色变有色了，再滴一滴其他试剂，颜色又不一样了，真是太神奇了。

青山绿树环绕实验楼。青山是校园西北边的一座小山，山上有桃树、枣树、槐树……春天到了，山坡上绿草茵茵，漫山鲜花盛开。我们课余时间最喜欢在山上玩躲猫猫、工兵捉强盗……这儿的一草一木我们都很熟悉。记得 20 世纪 70 年代小城防地震，在山上埋了几个地震测试仪，竟然被我们挖出了。当时大家吓坏了，以为是地雷呢！与小山一墙之隔是党校，常常有人偷偷在墙上挖个洞，钻进钻出。

在山上玩累了，我们就去南同学家喝水休息。南的父亲是教我们音乐课的江老师，对待学生就像对自己的孩子一样，我们在他家一点也不拘谨。音乐课学习的内容早已忘记，只记得 1976 年 9 月 9 日下午那节音乐课，校园里突然响起了哀乐，江老师含泪站在讲台上说道："我们伟大的领袖逝世了。"许多同学失声痛哭，整个校园、小城、全国都在哀悼。

操场东边的树荫下有几间平房，是我们的校医室。隐约记得校医室隔壁，有位老师种了棵昙花，晚自习时间盛开了。大家纷纷前往观赏昙花。当时我说像雪莲花，其实我也不知道雪莲花长啥模样，只是从某本书中看到了一段雪莲花的描述："在天山青凛凛的寒光中，伫立着一朵朵玉琢似的雪莲，洁白晶莹，柔静多姿。"

操场右边有一个圆门，这里叫半山阁。圆门旁的墙面是学校宣传栏。高中第一天上学报到时，我和萍一起踮着脚尖在张贴栏上找自己所在的班级，我们互报姓名，发现竟然是同班同学。

走进圆门是个四合院，左边一排房子是老师办公室，右边房子是后勤管理处，全校考试试卷、复习资料均在这里诞生。后勤工作人员逐字刻好钢板，再用滚筒油印机一张张印刷，然后由老师分发给我们。资料多的时候，我们会充当临时油印工。每学期报到缴费、领书都是在这里完成。

继续往前走有间宽敞的房子，是学校食堂。

半山阁南边有棵硕大的紫藤，我们常常在紫藤树上荡秋千。紫藤花开时节，深深浅浅的紫从空中流下，不见其发端，也不见其终极。粗粗细细的藤蔓上挂满了花朵，在风中摇曳，只有花香，没有声音。

教师办公室前是钟楼，小小钟楼青瓦盖顶，下面是高高的木制撑子。敲钟的是位姓金的先生。当年桐中的钟声响起，半个城区都能听见。我们常常随着预备钟声奔向学校。上课是“铛铛、铛铛……”，下课是“铛——铛——铛……”

走过食堂又看到了桐溪塥。为了安全，这一段河道上面全部铺上了麻石条。跨过石板小径有几排南北走向的四合院（都是老师宿舍），每个院落都种了桂花树，仲秋时节，满校园丹桂飘香。

四合院西边沿桐溪塥有条百米长廊。雨季来临时，我们站在长廊里看桐溪塥水面慢慢涨高。炎热的夏天，我们坐在长廊边石板桥上，双脚浸在桐溪塥水中，阵阵凉风拂面，真的好爽！我忽然想起西塘的“烟雨长廊”，若校园的长廊尚在，也许就是桐城的“烟雨长廊”了吧。

桐溪塥东边共有三幢（二层）建筑风格相同的教学楼，现在只留下一座老教学楼当作文物了。著名的惜抱轩银杏树就在这幢楼前。我们绕着银杏树做游戏，几个同学手拉手围着大树丈量，测测树干是否又长粗了。

我初中的教室在第一幢楼的二楼。1978届初中共五个班，我们是(5)班，其他四个班在后面一幢教学楼，我们单出来了，教室和高中部在一起，因此认识了许多大姐姐，课间常和她们一起踢毽子、跳绳子、跳皮筋儿、跳房子、砸沙包、攻城……也许这就是我们班体育成绩一直不错的原因。

小河西边有一幢独立的二层小木楼，我们都向往能在这幢小楼里上课。当年卢校长是班主任，好像带的是吴燕妮那个班，教室就在小木楼楼上。卢老师会拉手风琴，他的许多学生也跟着学习拉琴，悠扬的琴声常常吸引我们在楼前驻足聆听。

桐溪塥从学校北端的钓鱼台流入，横穿半个校园，从食堂前经半山阁前转向西边，流过假山，经过游泳池旁，再从西边流出。那时的溪水很清，附近的居民常常在小溪里浣洗衣物，放学后我们在河沟里摸鱼捉蟹，笑声、水声、嬉戏打闹声连成一片。

走进学校大门向右边转有道铁门，我们喜欢从那儿抄近路去教室。那里有十多间面临北大街的古老的房屋（左忠毅公宗祠），当年是校办工厂，我们常在那儿学做乒乓球。

距学校十多里的乡村，有个校办农场，我们在那儿学会了种麦子、摘棉花、挖山芋、割稻插秧忙“双抢”……永远难忘“双抢”季时一大面盆冬瓜烧肉被我们一扫而空的情景，以及分到一小袋红芋时的喜悦。当年最不喜欢的劳动课是担粪，两个人从学校粪坑里舀半桶粪，担到农场倒入一个圆圆的大粪坑里。有个别同学半路上偷偷将粪倒入路边的农田里，省力又省时。后来，有人向老师告密，于是，每次担粪时老师就在农场，学校各留一名班干部专门记录核对。一切的一切仿佛还在眼前。

我怀念那时的校园，更怀念当年的恩师：班主任徐文克老师、音乐老师江潮、语文老师时先德、数学老师陈维谐、物理老师杨积胜、慈昌淦校长、邓国栋校长……师恩难忘！

当年的桐中，是一所校园，是桐城唯一保存完好的园林景观，更是我们这代人的欢乐园。

难忘记忆里的桐中！

（作者系桐城中学 1980 届校友）

我的寝室

姚曙光

1977年恢复高考，迎来了教育的春天。从1978年起，具有悠久历史的桐城中学作为安徽省重点中学开始面向全省招生。我就是在这一年非常幸运地考到了桐城中学。

桐中从仅面向桐城城关招生转变成面向全省招生，最先亟须解决的问题就是学生的住宿问题。为保证1978年的新生能够按时开学，学校将礼堂改成了寝室。如果我没有记错的话，那年一共招了300名新生，除部分家在城关走读的男同学和所有女同学以外，大概有200名男生全部在一个礼堂中住宿，很是壮观，也很热闹。床是上下铺的，个人物品存放空间非常有限。每次回寝室时都需要按照排号查找自己的铺位，与在大型停车场中查找自己所停的车有些相似。如果赶上身体不舒服需要起夜，则要在夜深人静之时绕过排排床铺，走出寝室，奔向500米开外的厕所，返回时也要小心翼翼以免影响其他同学休息。

虽觉得有些不便，但当时心中对国家的前景和个人的前景充满了希望，有时甚至自比黄埔、抗大，觉得这个礼堂就是我们人生起飞的跑道。后来，事实也证明，很多同学确实是从这里起飞的。这段时间并不长，很快学校就给我们安排了新的寝室。

我们的新寝室比大礼堂小多了，我们一个班的男同学住在一个寝室。人少多了，床铺也不必特意记排号了，自然也安静了很多。寝室的房屋是人字顶结构的平房，人字顶的等腰三角形底边处有天棚吊顶，山墙墙壁上方人字顶的等腰三角形部分没有隔断封闭，与隔壁房间直通，因此隔音不太好。

当时我们寝室的隔壁住的是某位老师一家。老师的孩子参加了对越自卫反击战，战争期间，晚上从隔壁传过来的谈话声里充满了对前线孩子的担心和祝福，也使我们对越南前线的战场多了一层挂念和担忧，希望能够早日结束战争、恢复和平。好在对越自卫反击战很快就胜利了，中越边界恢复了安宁，桐城县政府在桐中操场上召开了对越自卫反击战立功人员表彰大会。隔壁老师的孩子也平安回家了。

又过了一段时间，我们的住宿条件有了新的改善，我们搬入了八个人一间的寝室，这次算是搬到了真正的寝室。我们的新寝室窗边有棵桂花树，到了秋季满屋飘香，沁人心扉。房间更安静了。然而，没过多长时间，我们房间里又有点闹了，尤其是晚上熄灯以后闹得更凶，噪声不是来自某同学的翻身、翻书，也不是来自某同学的梦话、咬牙，而是来自房间的棚顶之上。

于是，我们在学习之余，找到了一项新的实践项目，那就是找到噪声的根源并解决掉。经过多日观察，我们发现了与噪声相关的时段和行动轨迹方面的规律，基本判断应该是老鼠在作怪。老鼠每晚定时在棚顶上巡查，因为棚顶是相通的，巡查范围可以覆盖一连串寝室，再通过棚顶的个别破损之处空降到寝室之中窃取食物。接下来，我们设计了抓捕方案，将面包屑放到一个旧的帆布书包中，在书包的上部套一圈带有活扣的绳索，再将书包挂在棚顶破损处的下方。当时我住在上铺，起身就能抓住绳索头、锁紧书包口。一切准备就绪，只等老鼠自投罗网。

当晚熄灯后，在半睡半醒状态中一听到书包里传出窸窸窣窣之声，就像钓鱼之人看到浮漂全部沉入水中时那样兴奋，我迅速弹坐起来，抓住绳索头，收紧了书包口。此时，书包中的窸窣声变成了扑腾声。同寝室的同学们纷纷起床，围观战果。由于过度兴奋，我坐在床边栏杆上进行后续操作时失去重心，差一点从上铺后空翻而下，好在翻到一半时双手抓住了栏杆，使后空翻变成了后倒挂，有惊无险。

虽然当时的住宿条件可能不太尽如人意，但在那么短的时间内，改善的速度如此之快，真是非常感谢母校的领导和后勤工作人员的辛勤付出。现在回想起来更多的是温馨和有趣。

40 多年过去了，在桐中求学的经历仍历历在目，思念母校之情越久越浓。忘不了银杏树的昂首云天、树冠相叠，忘不了紫藤树的缠缠绕绕、袅袅娜娜，忘不了渡江作战指挥部旧址里的书报香，也忘不了寝室窗前的桂花香，更忘不了老师们的谆谆教诲。

（作者系桐城中学 1980 届校友）

我心中的两尊佛

江毛安

桐中校庆120周年征文通过微信公众号不断刊发，也勾起了我对桐中高中两年学习中并不十分清晰的回忆，萌发了写一点文字的欲望。今天要向大家说的是1978—1980年我在桐中的两位数学老师，分别是高一邓国栋老师和高二彭鸣皋老师。

邓老师中等身高，富态；彭老师中等偏下身高，清癯。邓老师不苟言笑，敦厚慈祥；彭老师喜欢说笑，俏皮活泼。邓老师讲话、走路不紧不慢，彭老师讲话、走路风风火火。邓老师的板书外拓、圆浑，彭老师的板书内擫、瘦劲，看来“字如其人”，委实不虚也。

如果以形象和性格特征来形容两位老师的话，两位老师都像是佛，邓老师好似弥勒佛，彭老师好似济公佛。虽然两位老师形象、性格不同，但都有一个共同点，那就是在教学上十分认真，上课时反复讲解课本上的重点、难点，好让同学们尽快理解、掌握，对同学们的课上提问和课下请教都是有问必答、不厌其烦，是同学们心目中公认的好老师。

我清楚地记得，酷热的夏天，邓老师穿着汗湿的、似乎有些破旧的老头衫给学生们上课。椭圆和双曲线的定义是什么，都是邓老师在课堂上让我回答的。为了能参加学校组织的数学竞赛，我专门去找邓老师表达参赛意愿，邓老师劝我还是要认真学习、刻苦钻研，打好基础才是关键。虽然他没有给我参赛的机会，却给了我学好平时功课、为今后提升学习成绩打好基础的机会。当时不谙世事的我还有些耿耿于怀，而现在我不仅不会怪怨邓老师，还要感谢邓老师！

那时桐中的数理化竞赛分个人和集体，其中，集体项目竞赛是与体育（田径）竞赛捆绑在一起穿插着进行，即是由两项竞赛成绩相加来排出名次。这让我想起即便有"学霸"程和平同学（现北京大学教授、中国科学院院士）参加的队最终却未必能取得最后的胜利。不知道现在的桐中还是不是实行这种竞赛方式。

说起邓老师让我回答椭圆和双曲线的定义，还有一个小插曲。当邓老师让我回答椭圆的定义时，我还有点儿纳闷：这是在叫我吗？毕竟班上高手如云。当邓老师又说让一位同学回答双曲线的定义时，我听后心里怦怦直跳，还让我回答吗？我刻意躲着他的眼神，哪知躲不过去，他还是点名让我回答。这是否就是人们常说的心有灵犀啊？

至于彭老师，平日里嘻嘻哈哈，他严谨而又轻松的教学，让我对这个没有架子的"小老头"产生了不少好感，学习的兴趣也得到了提高。这让我在高一打下较为扎实的基础上，高二的数学成绩又有明显的提升，以致高考数学取得了较好成绩。在后来的大学学习中，数学一直是我的强项，这也是很长一段时间让我骄傲和自豪的资本。只是遗憾，现在数学知识基本清零了，惭愧！

高中毕业后，我和彭老师保持了好多年的联系，既有书信往来，又有当面促膝谈心；既是师生关系，又似老友相见。

记得在 20 世纪 80 年代初初冬的某日，我去他在城南的老宅（现桐城城管局背后靠近南大街）找他。彭老师正与一位年龄与其相仿的先生交谈，我进屋后也参与到他们的交谈中。突然，他们谈到冰箱（那个年代有冰箱的人家很少，彭老师家也没有）。彭老

师说过一段时间就不需要冰箱了，我正纳闷，彭老师笑着解释道："天气越来越冷了，那时不就有天然冰箱了吗?"彭老师真的很幽默、有趣。

在外地求学期间，我曾专门向彭老师写信请教微积分方面的一个问题。他很快回信，解答了我心中的疑惑。这封信不仅是师生教与学的见证，也是师生友谊的象征。可惜现在这封信找不到了，可能是搬了几次家的缘故吧，真是太遗憾了。

以上只记述了桐中两位数学老师的点滴，既羡慕其他同学的文思泉涌，又恨自己在文字表述上的迟钝枯涩，但对两位老师真的是心存感谢、感激和感恩。祈愿在天堂的邓老师往生极乐，学生永远怀念您！敬祝可亲可爱的彭老师福寿齐天，幸福安康！

（作者系桐城中学 1980 届校友）

两位引路人

张桂云

独自园中漫步行，
凝思母校岁峥嵘。
抬头仰望参天树，
俯首低吟堨水情。
昔日新生成大器，
今朝老凤发清声。
喜迎华诞金樽举，
再领风骚动玉京。

值母校桐中120周年华诞之际，漫步在校园的大道上，我感慨万千。

我与桐中的缘分很深。五年半的学习时光中，初中占三年半，高中占两年。这期间，为我授课的老师很多，他们知识渊博、兢兢业业、爱生如子，都给我留下了深刻的印象。一篇短文载不动诸多老师对我的栽培和厚爱，于是我就选择性地叙述两位数学老师，他们还是我的班主任，分别是高中班主任邓国栋老师和初中班主任郭道成老师。

我上初中时正赶上“文革”尾声。打倒“四人帮”后，拨乱反正，正本清源，国家百废待兴。教育改革一马当先，从原来的春季招生改为秋季招生，因此，初中延长半年。幸亏延长了半年，我们在各科老师的辛勤栽培下，补缺补差，幸运地考取了高中，成为桐城中学 1978 级新生。报到后，所有新生英语学科统一测验，然后按英语成绩分班。我有幸被分配在高一(2)班，班主任是邓国栋老师。

对于邓老师，我并不陌生。读初中时，他一直在高中部教数学，抬头不见低头见，况且他的儿子邓钟和我是初中同班同学。他家住在北大街中段，北大街是我上学放学的必经之路。有时放学路上碰到他，我会礼貌地喊一声老师好，与老师并肩行走，有时他还会轻声细语地和我交谈几句。上学时，或早或晚也能遇见。

记得有一天中午，上学匆忙，怕迟到，一路小跑着，越急越慌张，正跑到邓老师家的巷口前一点，我被一块大石头绊倒，摔得不轻，趴在地上，不能动弹，半天也爬不起来。这时，一双大手从我背面伸来。我侧头一看，是邓老师，于是伸出一只手让老师拉我。在拉我的同时，老师看我因疼痛嘴里不停哼唧，关切地问我能否站起来。我点点头，在老师的帮助下，心里还是有点担心骨骼受伤，一点一点地挪动着身体，慢慢爬起。接着，老师又问我能不能行走。我又点点头，试探性地扭动了一下身躯，感觉没大碍，只是两只膝盖火辣辣的疼，大概是摔破了表皮，当时也没好意思卷起裤腿看看伤情，就一瘸一拐地被老师搀扶着来到学校。经过这么一折腾，在桐中大门口就听到上课的铃声响了，心想迟到了。在去教室的途中，经过数学教研组门前，老师没有丢下我不管，一直把我送到银杏树后面教学楼二层最东边的教室门口。正在上英语课的朱老师看见了我们，与邓老师会心地打了个招呼，又向我招招手，示意我进教室坐下听课。正因邓老师的一路护送，我才能到教室，没有错过下午的课。

江毛安同学把邓老师形容成一尊佛，非常贴切，感同身受。忘不了那一双拉起我的大手，忘不了老师圆润有力的臂膀搀扶着我一路行走，更忘不了老师菩萨一样的心肠对每个学子的厚爱。记得摔倒那天，我在日记中深情地写道：邓老师，我不是您出色的学生，您却是我最尊敬的老师。

邓老师是桐城中学优秀特级教师，为桐城的教育事业作出了不可磨灭的贡献。他，教书育人，慈祥和蔼，爱生如子，细致入微。他，教学有方，循循善诱，传授解题技巧和解题方法，再演算解题过程，环环相扣，有理有据，条分缕析，步步到位。他，上课讲解时举一反三，清晰明了，顿时让人茅塞顿开。他教书育人的品德和方法给我留下了深刻的印象，让我受益终身。

人生如解题。现在回顾起来，他不愧为特级教师。特就特在教数学不仅教人方法，而且教人养成逻辑思维的能力和习惯，开发人的智力。特就特在不仅教学经验丰富，而且业务精，心灵美，也是为人师表中的楷模。毕业后，老师的学识和品德，一直指引着我、启发着我，让我在人生的风风雨雨中，学会了不畏艰险、迎难而上，跳出一个又一个困境，迎来了人生的曙光。

不幸的是，2013 年秋，邓老师因病医治无效，驾鹤西去。惊闻噩耗，我万分悲痛。为了怀念恩师，当时含泪写了一篇悼文。“天矮雾沉沉，地瘦风萧萧。远山成黛色，近水波渺渺。惊闻恩师去，吾心悲寂寥。虽是阴阳隔，今生忘不了。”

恩师走了，留给我们的是无限哀思。回忆起我们班毕业 30 周年同学聚会的时候，老师已被岁月的风霜摧残得只能坐在轮椅上参加我们的聚会。当时我见此情景，鼻子发酸，强忍着泪花，蹲在老师身前，紧握着他的一双大手，半天说不出话来，生怕一张口就控制不住情绪，而是用手温传递真情，传递问候，传递我对老师深深的爱。还是老师先打破了沉寂，问我可好。我使劲地点了点头，喉咙里哽出了一个“嗯”字。不一会儿，许多同学蜂拥而至，围在老师身边，嘘寒问暖。我不得已放开老师的那双大手，说了句“老师保重！”老师呀，老师，此刻，我有千言万语想跟您说，是您的一双大手拉起过我、搀扶过我。毕业后，您的谆谆教诲一直支撑着我在人生的道路上一路前行，无限感激之情尽含在那次聚会时敬您的那杯酒中。

那次聚会是我和邓老师的最后一面。邓老师逝世后不久，我打通了初中班主任郭道成老师的电话。郭老师退休后，定居合肥，我以为他不知道邓老师已逝世。郭老师在电话中回话说，他知道，还特地回桐城参加了追悼会，送了邓老师最后一程。我说我当时不知道，如果知道的话，一定会去送他老人家，感到非常遗憾。

郭道成老师是我的初中班主任。毕业后，我们一直保持联系，还是微信好友。我酷爱古诗词，喜欢写一点蹩脚的诗词发在朋友圈。他关注后为我点赞，鼓励我坚持下去。他像慈父般关爱着我、鼓励着我，我也从内心里感激他对我的厚爱。

我与郭老师相识的时间不短了，接近半个世纪。我 13 岁时小升初，有幸被分到郭老师班上。上学报到的情景历历在目。扎两根羊角辫，母亲特地给我穿了一身崭新的服装，上衣是粉红色的棉袄罩衫（那时春季招生，春寒料峭），下身穿着黑色裤子，脚穿东北棉鞋，背着用花棉布做的书包。我在母亲的陪同下，过东大街，上紫来桥，穿过北大街，一路蹦蹦跳跳、欢天喜地来到桐中半山阁的窗口报到。现在想想，懵懂岁月，那是多么天真烂漫、无虑无忧的快乐时光！“少年不识愁滋味，爱上层楼。爱上层楼，为赋新词强说愁。而今识尽愁滋味，欲说还休。欲说还休，却道天凉好个秋。”

郭老师也是一位很优秀的数学老师，是中学高级教师，一直从事教育工作。那年中考，我们初三(3)班数学取得骄人成绩，好多同学交了满分答卷。当然,我的数学也学得不差。不但我受益,而且我的女儿也受益。这话从何说起呢?听我慢慢道来。

有一天,正上中学的女儿在晚饭后,拿了满满一大张印着平面几何证明题的作业,突然来到我工作的地方,愁眉不展。当时,我正在加晚班。一见面,她就说:"妈,这是明天早上要交的数学作业,大部分都做不来,着急之下就来找你了,看看你有没有这个能耐。"我接过试卷,看到是几何证明题,笑着说,妈妈今天还真有这个能耐。我找了几道比较棘手的难题开刀,与她一起分析,怎么作辅助线,怎么利用已知条件找未知条件,怎么灵活地运用平面几何的定理和公式等。如果还证明不了,就倒推,能推到题目给的已知条件就好了,再从倒推的结果顺着一步步证明就行了。我把当年从郭老师教学中学到的方式方法和盘托出,女儿很聪明,马上领会,融会贯通,剩余的题目她回家后轻而易举地解决了。

第二天,女儿中午放学回家,喜笑颜开。我问她,什么事这么开心。她洋洋得意地说:"昨天老师布置的数学作业,全班就我一人完成了,老师在班上表扬了我,我如实地向老师作了汇报,是妈妈点化了我,我才顺利完成作业的。下课后,许多同学称赞你厉害呢。"我笑着抚摸她的头,不失时机地鼓励她,要好好学习,争取高中考取桐中,那是百年名校,那里有许多优秀教师,他们有过硬的教学本领,传授知识有各自的独特方法,让学生容易接受,一旦融会贯通,终生难忘。女儿听后,点点头,表示赞成。从此,她自觉学习,高中如愿以偿,成为我们家第二代桐中学子。可见,人生遇见好老师是多么重要。写到这里,我不禁感怀,吟诗一首《颂恩师》。

辛苦园丁不着家,教鞭一握即生涯。
讲台三尺成天地,汗水浇开智慧花。

郭老师教学中朴实又切实的言语对我的人生影响也很大。当人生中的难题一个接着一个出现的时候，我情不自禁地想起老师当年在课堂上说的话：“桐城去北京有千万条路可走，怎样找出一条最便捷、最安全的路去呢？同学们，遇到难题，不要怕，认真读题，冷静思考，利用所学的知识，找出题目中暗藏的玄机，再难的题都有答案，都能攻破。”这些话，一直鼓励着我一路前行。在遇到困难的时候，我学会了思考，养成了遇事不惊、处事不乱的性格。

郭老师身上的闪光点很多。最让我敬佩的是，退休后，他笔耕不辍，著书立说，已出版《美学浅识》和《美学下嫁》两本著作，从一位数学老师转化成弘扬美学的播种人、耕耘者，发扬光大老校友朱光潜的美学精髓。在他的精神感召和鼓励下，我也涉足了一丁点美学领域，通过读朱光潜的《诗论》和宗白华的《美学漫步》来提高吟诗的思想境界。闲暇之余，我开始思考人生之美在哪儿，把自己的所见所思所想凝成一篇文字，发送给老师看，得到老师的好评。之后，他把我的这篇文字收录在《美学下嫁》第 113 页，鞭策鼓励我今生要做个善于审美之人，做个有趣味之人。他时常跟我说，人一旦心怀美学情趣，得到美学的滋润，心田会绿草如茵、繁花似锦，会把枯燥无味的生活过得生动有趣。

我时常进他的微博空间，关注他的博客动态，阅读后，写写点评，提高审美和鉴赏能力。从他的博文中，我知道了国家为什么要美政，教育要“以美立人”才能提高国民素质，要善于判天地之美、析万物之理，才能发现美、创造美等，开阔了视野，提高了思想境界。

“新竹高于旧竹枝，全凭老干为扶持。明年再有新生者，十万龙孙绕凤池。”如今的郭老师早已桃李芬芳，在芬芳中飘溢着果实对土地的眷念，凝聚着花朵对阳光的深情。更欣喜的是，老师精神矍铄、身体硬朗，和青年人一样，每天在微信运动里刷微信步数，每天坚持一万步，我俩还相互点赞、相互鼓励，师生之情源远流长。

纸短情深，道不尽人生的涟漪，诉不完年少的故事。忘不了那清脆悦耳的钟声，敲醒曾经愚昧、贫乏的我，叩开一扇又一扇求知的心窍；忘不了两位数学老师在课堂上带我们演算未来，探索奥妙，求解人生的真谛；忘不了两位数学老师用生命的火炬照亮我们前行的道路。

饮水思源不忘恩。敬爱的邓老师，您音容宛在、师德长存，永远活在我的心中！敬爱的郭老师，祝您健康长寿，为美学的耕耘和传播再创辉煌！

（作者系桐城中学1980届校友）

母校那股清流

潘少辉

桐中校园有条清溪，恰好从我的窗前流过，它是我在桐中短暂的学习期间最难以忘怀的事物。

说起那条小溪，桐中学子们都不陌生，我之所以至今念念不忘，既是因为桐中这所名校独一无二的魅力，亦是因为我对桐中无数风物的眷念情怀。在这诸多桐中标志性风物中，我独钟情于桐中小溪的那股清流。

1977 年恢复高考，安徽省的教育体制改冬招为秋招，中考是中专高中统考“一条龙”。我这个土生土长的农村娃为了圆大学梦，放弃已入围的中专，冒险改上桐中，赌上大学的命运，才使我幸运地与桐中结缘，来到闻名遐迩的桐中上学。

一进入桐中校园，眼前的景象完全印证了录取通知书上那两句经典介绍：桐中雄居古城之北，挺秀龙眠山下。这使我神魂颠倒，不亚于一朵烟花在我那幼稚的、迷茫的、朦胧的和躁动的内心点燃。桐中录取通知书上那两句现称为招生广告词的佳句，在当时也是我追求桐中的动力。

桐中的招生广告词的确很美很诱人，更让人们神往的是桐中的治学精神。桐中的校训是“勉成国器”，桐中学子以“勉成国器”为警句发奋图强，它激励更多安庆地区一市八县的青年学子放弃上中专早吃商品粮的机会而去桐中求学。在家乡安庆，孩子以考桐中为荣,上了桐中能为家族争光,已在当地蔚然成风。

宋代黄庭坚有诗云:“诸峰何处是龙眠,昔日龙眠今不眠。闻道已随云物去,不应只雨一方田。”描述了龙眠当地当时的经济繁荣和文化昌盛。龙眠山孕育了桐城的文化,使这里人文荟萃,“天下文章出桐城”。自古至今,这里名家名相辈出,特别是中国最大的散文流派桐城派和弘扬礼让精神的六尺巷为世人瞩目。桐城龙眠山,钟灵毓秀,林壑幽美,擅江北名山之秀。桐城派不少名臣硕儒归隐归葬于此:宋画第一的李公麟归隐于龙眠双溪李村的龙眠山庄,有着“山水多清色,复忆李龙眠”之美誉;苏轼筑别庐于桐城龙眠山麓的官庄,当地多有膜拜者参拜停留;大学士张英晚年隐居于双河环溪村的“赐金园”,现存宰相墓、六尺巷供人凭吊。山中多飞瀑流泉,山上的璎珞崖、雨花崖、滴水岩、垂云沜、披雪瀑、媚笔泉的涓涓细流汇成各路小溪穿城而过,又汇入城中的龙眠河。

“高峰入云,清流见底”是先贤对后学的厚望。龙眠山西抵天柱、北枕龙眠,桐中就坐落在闻名遐迩的龙眠山下,那穿城而过的溪流恰好贯穿桐中校园,从北门西边的后山校园外流入,经柏果树前的教学楼,流淌于学生宿舍门前,绕过藏书甚丰的半山阁,由左公祠旁的校园游泳池向东南流出,注入文都的母亲河——龙眠河。龙眠山的清流恰巧在这里与桐城中学结缘,真正是“神水飘璎珞,奇名万古传”。

穿过桐中的这条溪流,可能汲取了龙的灵气,让校园变得滋润起来。小溪水清质碧,清流见底,冬暖夏凉,不急不缓,终年不涸。不仅为师生解决了生活用水,还为我们这些住校学生带来诸多意想不到的享受。

小溪穿校园而过,学校因地制宜进行修葺,两边半米高的壁和壁沿铺上了青砖与麻石,夹溪两岸遍植的紫藤和夹竹桃花在春天里怒放。天刚蒙蒙亮，跨过几尺许的小溪廊桥就到了学校大操场，开始晨练，跑步、打球、体操、单杆、双杆都有，伴着鸟语花香开始一天的学习和生活。

夏天的校园虽绿草如茵、清幽宜人、悦人眼目，但在那个物质匮乏的年代，教室、宿舍都没有电风扇，夏天的炎热和蚊虫叮咬是无法抵御的，常常令人无法入睡，尤其在高考前的复习冲刺阶段。晚自习之后，我们这些住校同学都习惯到小溪中打一盆清凉的溪水，穿着长裤在宿舍里泡脚，惬意极了，既能解暑又能防蚊。一边复习白天老师讲课的重点，一边互相讨论上次模拟考试卷子的部分对错。泡上个把小时后，到晚上 11 点准时熄灯的时候，热散了，心静了，疲劳除了，只有这样才能睡个踏实的安稳觉，以便潜下心来迎接第二天更重要的学习任务。

凉爽的秋风吹落校园内华盖参天的银杏树叶，金黄色的银杏树叶像一片片精美的书签，飘落在溪流中荡漾。溪水在夜晚满天繁星和皎洁的月光下泛着银光，我们坐在溪边的砖石上仰望无穷的星空憧憬着未来，遐想联翩。

冬天到了，桐中的小溪依旧不缓不急。数九隆冬，窗外大雪纷飞，那舒缓的溪流吸收了天地的精华，竟氤氲升腾起缥缈的烟雾，汲水刷牙洗脸亦不觉一丝冰凉，反倒觉得有一股暖流在颊间流淌。

两年的桐中学习是短暂的，亦是紧张的、快乐的。桐中“勉成国器”的校训像一股清流，滋润着桐中学子求知若渴的心田，促使他们发奋图强、学业有成、报效社会，才有了桐中现在俊彩星驰的局面。而桐中那条不腐不涸、不急不缓的小溪清凉了青涩同学的肌肤，温暖了莘莘学子的心田。

（作者系桐城中学 1980 届校友）

青春的钟声

陈文军

有一个像流水般柔和透明的名字，也有一个如号角样响亮执着的名字，那就是我的母校——安徽省桐城中学。

一晃离开母校40余载，故地重游，不禁心潮澎湃。看着“勉成国器”的校训，循着弥漫在校园里的淡淡花香，耳旁仿佛又响起了那古老的钟声和琅琅的读书声。一声声仿佛传递历史的血脉，感人心田，催人奋进。

母校由晚清文学家、教育家吴汝纶先生于1902年创办。从桐城北街小学毕业后，我在母校度过了难忘的三年时光。40多年过去了，不少事情已经忘却，唯有那悠远、激越的钟声时常在耳边响起。

铜钟悬挂在校园一棵老树上。记忆深处，铜钟形似喇叭，块头不大，看上去有些黑不溜秋，钟声却十分悠扬悦耳。

敲钟由专人负责，打钟人金雨老先生每天严格按照学校的课程表打钟，风雨无阻，不差分毫。偶尔课外活动时，我和几个同学也结伴去一探究竟，只见他紧盯着小闹钟上的分针和秒针，左手抓着钟绳，时间一到，站稳脚跟，一下又一下有节奏地拉动钟绳。瞬间，“铛……铛……”的钟声响彻校园每个角落，飘向小城四面八方。

我循着钟声走去，仿佛又走在当年上学的路上，伴着同学们的欢声笑语。“铛铛铛”三声一间歇的节奏，多少年了，那声音从我的耳边缓缓流过，敲击着心灵。急促而利落的上课钟声响起，我们就像听到了号令，撒腿飞奔进教室，然后端坐在课桌前“拥抱”知识；轻松而欢快的下课钟声响起，我们一个个走出教室，校园里顿时灵动起来，到处是同学们矫健欢快的身影，充满活力。

一遍遍的钟声，既寄托了母校教职员工对祖国教育的厚植情怀和对莘莘学子的殷切希望，也激发了不少“熊孩子”的好奇心。一次晚自习后，一个要好的同学心血来潮，悄悄地对我说：“我们去敲一下学校的那口钟吧！”只见他蹑手蹑脚地走到钟绳边，使劲一拉，铜钟立刻发出了沉闷的铛铛声。我们发现闯祸后，掉头撒腿就跑，留下了身后的袅袅余音。

移步到我们就读过的教室前，我的班主任徐文克等恩师们的容颜一一浮现在我的眼前。徐老师是一位有着丰富教学经验的语文老师，每次他的课都吸引着我们进入无限的遐思，让我们沉浸在知识的海洋之中。

记得一次去校办农场上劳动课，一些活泼的同学早早来到农场玩耍。烈日炎炎，口渴难耐，有几个同学见路旁田地里的水萝卜无人看守，手脚麻利的同学低头弓腰，悄悄地偷采了几个甘甜的水萝卜狼吞虎咽地解起渴来。

正当同学们大快朵颐的时候，徐老师骑着自行车来到我们的身边，他并没有大声训斥我们，而是就在这片水萝卜地旁席地而坐，给我们讲了一个故事。唐代诗人白居易在任杭州刺史期间，因从天竺山取了两片山石而感到十分愧疚。他晚年离任时心有介怀，专门赋诗铭志勿以恶小而为之的故事。几个犯了错的同学听完故事后惭愧地低下头。随后，徐老师带着这几个同学去村民家中登门付款致歉。

在校园钟声的指引下，我又移步来到已成为桐城市爱国主义教育基地的渡江战役二野指挥部遗址。当年，这里是学校图书馆，也是我最爱去的地方。

“1949 年 4 月 15 日，中国人民解放军第二野战军曾在此召开师以上干部会议，渡江战役总前委刘伯承元帅、邓小平书记向部队下达了‘用最大力量，进行渡江作战准备’的战斗号令。”看着碑文上的历史简介，我顿感热血沸腾。那段艰苦卓绝的峥嵘岁月的画面犹如老电影胶片，一帧帧地从眼前翻过，战斗英雄们冲锋陷阵、高喊口号“打过长江去解放全中国”的光辉形象，深深镌刻在脑海里。

给人力量、催人奋进的钟声也鼓舞着我不负母校教诲，在军警人生中屡次立功。我利用业余时间，带领家人通过查证史料，寻访革命遗址，访谈老红军、老战士和科学家、企业家及学长，将可歌可泣的历史人物，意义重大的历史事件，革命前辈不怕流血牺牲、披坚执锐的革命精神和红色文化，桐城派文化中最深刻、最感人、最富有教育意义的内容记录下来，多篇宣传文章在“学习强国”等平台上发表。

转业后，我积极宣传“喝酒不开车，开车不喝酒”的安全理念。由于该倡议在全国属于首创，针对性极强，很快被中央、地方报刊报道，受到全国人民的广泛关注，对公安部在全国开展打击酒驾工作起到了积极的宣传作用。

斗转星移，岁月更迭。母校走过了 120 个春秋，历经前辈创办者筚路蓝缕之艰辛和后续接力者培根强基之努力，今日已繁花满树、硕果挂枝。时光为证，校园里的铜钟既见证过桐中人“中流击水，浪遏飞舟”的拼搏，也成为激励一代代桐中人薪火续传、奋楫前行的强大动力和基石。我想，正是母校丰富的人文景观、深厚的文化底蕴，才孕育出“勇当大任，志在争先”的桐中精神，才使得母校人才辈出。

感谢你，我的母校，我为你骄傲、自豪！你是我们一代代桐中人心中永远的灯塔，照亮前路，指引着我们砥砺奋进！

（作者系桐城中学初中部1978届校友）

生命的觉醒

严　肃

再省一分钱

我1979年入学桐中，那年我15岁。

我是农家的孩子，第一次长时间离开父母。县城离家有五六十华里，那时还未实行双休日，坐车又很费钱，因此，基本上是等到放寒暑假才能回家一趟。

吃饭是大事，能吃饱就行。县城离家远，只能把稻子挑到粮站，再把粮站开具的调拨单带到学校总务处。最近的粮站是双港区粮站，但我家属于金神区，因此，父亲不得不把家中的稻子挑到离家15华里的金神区粮站。半年大约需要180斤米，按六成到七成的出米率，得需要270—300斤的稻子。父亲每半年得挑两担稻子到粮站，每担连稻箩、扁担自身的重量，在150斤以上，非常辛苦。

粮食有限，得计划着吃，每月只能吃36斤。每天是一斤二两，早餐二两稀饭、两个一两的馒头，中餐和晚餐都是四两米饭。我正处于长身体的时期，油水又少，很能吃。按我的饭量，每顿再加二两就正好。

吃饭得有菜。家不太远的同学，每周可以步行回家一次，带菜到学校。大玻璃瓶子，一般是咸菜加肉丝，油放得重一些。气温高的话，三四天就开始长毛了，还得省着吃，得管一周。路太远的话，带菜省出的钱还不够路费，因此，大部分同学只能吃食堂里的菜。

食堂里菜谱几乎是不变的，早餐一分钱咸菜，中餐两分钱蔬菜，晚餐也是两分钱蔬菜。后来蔬菜才涨到三五分的。至今还记得食堂那个洗菜的大池子，表层抹着很粗糙的水泥，还有一根大木棒，用来搅拌泡在水池里的蔬菜。

双周的周四中午，食堂会提供鲊肉——米粉肉。陶制的小碟子，桐城话称之为“洋窝子”。米粉里应该加了五香和八角之类的香料，肉以肥肉为主，农家的土猪。米粉和肉都很香，整个校园里都弥漫着米粉肉的香味。不过，价钱是两毛钱一碟！一顿就把四天的菜钱全吃了，因此，大部分同学吃不起。

每天连五分钱的菜也吃不起的同学还不在少数，怎么办？省呗。早餐买三分钱咸菜，分成三份，午餐和晚餐各少一分钱，这样可以每天只花三分钱的菜钱。

不知是谁的发明，早餐把馒头掰碎，泡在稀饭里，当菜吃，可以再省一分钱。

牡丹之歌催奋蹄

我晨跑的习惯是在桐中养成的。

当年坐落在旧操场正北边的大礼堂，就是我们 1981 届两个班的男生宿舍。大礼堂里面被两米多高的砖墙隔成三个区域，东面是木工房，西面是高一(4)班，中间就是我们高一(5)班。最西边还有一个小房间，是学校的广播室。

没有起床的钟声。每天清晨五点半，校园高音喇叭会准时响起晨跑的信号——蒋大为演唱的《牡丹之歌》。班主任准时出现在宿舍门口，看着我们一个个鱼贯而出、奔赴操场。按规定，我们必须跑五圈以上，然后才是广播操、洗漱、早读和早餐时间。

我们刚开始很不适应。每天的学习本来就很累，一点也不比“双抢”轻松。睡觉对于我们来说就是一种享受，特别是冬天的清晨。无奈的是，有班主任在现场盯着，硬着头皮也得跑。班主任自己也带头跑步，有时还在实验楼旁边的单双杠上表演几个绝招，很是精彩。

300 米的跑道，五圈并不多，这对农家出身的孩子来说，是件轻松的事。只是操场本身就不大，跑步的人却有 600 人左右，显得比较拥挤。操场的跑道是由煤渣铺成的，灰尘很大，迷眼睛，还呛鼻子。

不知不觉第一个月过去了，不承想晨跑竟逐渐变成了习惯。每天早晨，离跑步的时间还有五分钟，就自然醒了。每天第一件事就是跑步，不跑就觉得浑身难受，即便是寒冷的冬天，就连遇上小雨也会自觉地坚持跑完五圈。

最享受的是跑步时的“自由思想”，什么都可以想，可以想很多，也可以什么都不想，尤其在《牡丹之歌》的伴奏声中。歌词似乎是专门为我们这样的寒门子弟准备的。

触动心灵的还有一首歌曲——《读书郎》，虽然晨跑时播放得不多。在桐中上学，校训“勉成国器”犹如创始人吴汝纶先生那双不怒而威的眼睛，时刻盯着你，让你不敢懈怠。而这首《读书郎》歌曲，则让我时刻想起还在田间劳作的父母，后背常常会沁出汗来。

一个又一个清晨，小儿郎们从宿舍奔向操场，在《牡丹之歌》的陪伴下，放纵自由的思想，迈开稳健的步伐。

绿色的小路

母校大礼堂的北面，有一大片山地。一条小山脊从西、往北、往东、再往东南包抄。中间洼地朝南半开，犹如盆地。山脊上用石片砌成的围墙，蜿蜿蜒蜒地伴随着山脉伸展，仿佛缩小版的万里长城。那是桐中与县委党校的分界。

除了西侧的几棵小树，小山上几乎全是杂草。春夏绿草如茵，生机勃勃。深秋遍地黄叶，如铺地毯。冬天白雪皑皑，如梦如幻。

晚餐后的小山上人最多，有老师，更多的是学生。悠悠闲闲的，是在散步；来回踱步的，是在看书；三五成群的，是在聊天；独自一人躺在草地上的，是享受片刻闲暇，抑或仰望天空，放飞人生的理想。

被人遗忘的是盆地的底部，有一小片空地，杂草丛生，碎石遍地。这里是雨水的汇聚之地，相对潮湿。雨天更是无从下脚，可谓人迹罕至。

盆地的周边，地势稍高，相对于盆底要干燥许多。地形走势，一如山脊走势，呈U形，从西边一直延伸到东边，也向前开口。杂草很深，踩上去，草丛中便留下深深的脚印，鞋子上往往沾满了雨水或露水。一步，两步，三步，一只只脚印便连成了串。一天，两天，三天，那一串串脚印便踩成了路。一条绿色的小路便安然地躺在我的脚下。

晨曦里，我为她讲述着历史上的动人故事。夕阳中，我为她描绘着地理上的名胜古迹。星光下，我和她一起憧憬着美好的明天。

一个月，两个月，三个月，忽然发现那条绿色的小路消瘦了许多，露出黄褐色的土石。爬根草紧贴着地面，坚韧而顽强地向两边伸展。小野菊绽放出黄色的小花，散放出浓烈而又独特的香味。

每每回到故乡，我都一定会到母校小山上去看一看。看一看爬根草，看一看野菊花，更要看一看那条属于我的绿色小路。

母校的小山，是桐中独特的校园建筑文化之一，是校园建筑的

“留白”,可谓大师之作。遗憾的是,小山早已被开辟成运动场。我的那条绿色小路,也早已不能再见。运动场成了她的墓冢,她却是我心中永恒的丰碑。

(作者系桐城中学 1981 届校友)

我的糗事一箩筐

蒋天赐

我于1979年考进桐中。刚开学,学校就让我们全年级重演一次中考——摸底考试。成绩张榜,我得全校前几名。校门口有处公告栏,光荣榜在那里挂了很久。我好几次装作没事的样子去看玻璃框里我的名字。我明白这是中考后暑期复习起的作用。

那个夏天,我只干了一点农活,大多数时间把初中所有课本又自学了一遍,并把课后作业做一遍、批改一遍,保证百分百正确。这是件只讲速度、没有难度的事,巩固基本功的效果很好。如此这般,自信满满,颇为得意,便常以玩耍为荣。

一次违反纪律,我与约十名同学一起被罚,不准进教室上课。站在操场觉得无聊,我和三五个同学溜去街上玩。班主任老师生气啊,责令我等叫家长来校。我硬着头皮回家。母亲为了赶时间,没等第二天村附近的班车,当天带我走了20多里路到安合公路搭车。那20多里路啊,我像梦游一样昏昏沉沉,感觉总也走不完。到校后,师长们讲的内容记不得了,但记得态度意外地和风细雨。

我的英语基础很差。一天,一位很好看的女生来插班,就跟我同桌。她常在英语课上发言,讲得可流利了!我暗自天天复习、预习。没几天,在我渴望的眼神加上举手被老师发现后,得以起立,翻译课文。表现出人意料的好!从此,我的英语成绩突飞猛进。那个年代,15岁的男孩,不跟女同学说话,连正视她一次也没有。

如果就近多多请教，成绩兴许提高更快吧。可惜她不久就离开我们班，不知是否回城市学校去了。脑海中还留下她身穿黄军褂、口袋里有方手帕的形象。

桐中的体育课与文化课一样认真而精彩。我们体育老师姓彭，年轻有活力，走路带风，甚至带飞石子，打篮球、玩单杠特别牛。一次，我和同学来如在胜利街，远远看到他和一位姐姐压马路。来如说，老师谈恋爱呢，马上我们碰面要格外热情地喊老师好。我本想绕开走，或者装作不熟。我质疑来如的提议，老师害羞，会尴尬吧？他说："看我的。"迎面笑嘻嘻地大声问老师好。我跟着惴惴地喊："彭老师好！"彭老师很是春风得意地回应着，那位姐姐也笑得很开心。

我对语文课的喜爱可以和体育课相提并论。我喜欢写作文。一天早上参加全校作文比赛，大概 11 点不到写完。同班参赛的六七个同学一合计，赶往我们班在校农场的插秧劳动现场。田里的活已在扫尾，有人窃窃议论我们，不是来干活的，而是为了农场里有肉吃的午餐。同去的两三人立即转身离去，而我和另两三位在班主任的挽留下没有走。记得吃饭时同学们已没有什么异样表现，气氛和平友好。那食物的味道，现在记不清了。

在桐中食堂打饭，总像打仗一样紧张。有一阵子，早餐卖馒头设在一处高高的窗口。那天队没排起来，十几人攀在一扇窗前挤。被我快挤掉的一位同学，顺势撤退下地，对我当胸一拳。我懵了，站到他对面。他比我矮小些，我盯着他看，一动不动地看了好一会儿，从气愤到疑惑，而在他抱怨的对视眼神中，我转而同情再到谅解。双方心领神会，打一架并没什么好，何况肚子饿了，上课的时间也迫近了。于是，双双并肩又挤回到窗前。

吃得最香的一次是高考前夕。我小时候常流鼻血，高考前十天，又犯了病，流得很吓人。母亲听说了，从近百里的乡下送来一大钢精锅汤，那是白鹇煨白石榴根汤。她打听到这偏方对我有效。没电器加热，母亲说去找老师家里帮忙烧。我不知怎么去求助，还是母亲找到一位食堂里帮厨的大妈，在家里给我热了两三次。鹇很好吃，但石榴根一起煮就有些苦涩。可是胃口好，轻松消灭了一大锅，果然止血了。

高考结束后第二天，大家纷纷离校回家。我等人少时，收拾剩下的一大叠空白数学卷子，在宿舍前一角当垃圾扔。不巧被一位大个子并以数学成绩好著称的邻班同学发现："你这家伙，这么多卷子都没做啊！也太懒了！"多年后我对汪以柱同学说，这人就是他，他说他一点也不记得。我高考数学最后一道大题没能解出最后结果，如果当初做了一遍那些课外自习卷子，相信那题一定能完成。

诸如此类的糗事，再写一箩筐也装不下。同学也一样有糗事：开亮电灯泡烤尿湿的被单，"呯"的一声灯泡炸了；两个人比饭量，一口气吃下十几个一两一个的白面馒头，噎住也不敢喝水；一位同学的父亲因病早逝，同学好友不懂如何安慰，却拉他去看了场电影；翻墙到党校看电视，常常看的是《大西洋底来的人》——披着的满身"雪花点"（当时的电视信号太差之故）；高考前夜吃一片安眠药，第二天上午在考场里还晕晕乎乎的没有醒透……

桐中的故事，老师教得好，学生学得棒，才是主旋律，并且精彩纷呈，写也写不尽。而我回忆的这些糗事，算作补充配套吧。相信大家体味到成长中的另一面，一样难以忘怀，也一样有趣、有用。在那火热的青春岁月中，我们稚嫩纯朴，可气又可爱；我们天天向上，自觉又自由。

（作者系桐城中学1981届校友）

桂 花 醉

魏文斌

留在我记忆中的桂花，最深刻的要数它的香气了。桂花弥漫的芳香可谓沁人肺腑，任何时候想到，顿时觉得陈香扑鼻，令人醉意朦胧，让人欣快气顺，酣畅淋漓，不自觉地会闭目享受一下，更会发挥鼻子的嗅觉功能，呼吸也不自觉得加快，好让桂花的香气氤氲着全身上下，每个细胞沐浴在芬芳香气里。

同样，也忘不了桂花的味道。小时候特别羡慕别人能吃到桂花糖、桂花糕、桂花蜜，过不了嘴瘾闻闻就挺醉人，当然得多分泌唾液，让口腔黏膜和唾液腺活跃起来，使劲儿折腾，也就更馋、更羡慕嫉妒恨了！为啥我就没得吃呀？世界这么不公平！

其实，世界挺公平的，让我工作以后不时地可以吃上各种桂花食品，桂花藕、桂花酥、桂花酱……桂花已成为多种糕点菜肴的点缀和香味素。尽管现在已经没有小时候那么嘴馋，但见到也会不自觉地去尝一尝，自当是再回味一下记忆中的桂花香吧，自我陶醉一番。

最早铭刻在记忆中的桂花树和桂花飘香就是来自桐城中学。我童年生活的村子里也有少数几株桂花树，但没有让我记住它们，也许是因为年幼吧，没有引起迷迷瞪瞪傻少年的注意，那时候估计只有果腹的食物才会让懵懂少年两眼放光了。14 岁的秋日，我踏进桐中，开启了真正的求知生涯，也唤起了少年的嗅觉和审美情趣，开阔了视野，学会了眼光远望。

桐中校园原址是桐城公园，也是当时县城唯一的公园，可见创办者吴汝纶老先生的影响力和桐城对教育的重视。古老的校园犹如植物园，树木茂盛，古树参天。校园里的惜抱轩银杏、紫藤花都很知名，但唯有桂花树才是我的最爱。

刚进桐中上学，我并没有注意，那些高大翠绿的树木比比皆是，不足为怪。那年深秋，突然满园袭来阵阵清香，那扑鼻的香味扰得我不能静心读书听课，更不能安心坐在教室，催着我去寻觅香味的来源，迫不及待想了解什么能如此清香扑鼻而过鼻不忘。

原来，半山阁前后那些高大的桂花树是香味的发源地，满树绿叶中缀满米粒大小的黄灿灿或银白的小花。那真是迷你型的花！虽然桂花花瓣小，但香力超凡、功力无限。它的样子并不张扬，微风拂过，荡漾起淡黄色或银白色的波纹。后来，又发现游泳池畔、小溪旁、假山附近也有桂花树，金桂银桂到处都是。那桂花的香气伴着微风，沁人心脾，能让整个校园内飘逸着清新淡雅的桂花香味。恰如学子，蟾宫折桂，前途无量……

桐中的桂花香浓更在夜晚。静静的夜晚，无论有无月色，我特别喜欢在秋日的夜晚静静地走在校园里，享受着桂花香，那种香味浓郁到让我微醉。闻到了香气，也嗅到了回忆与未来。它让一个懵懂少年渐渐知晓世事，知道该从这里向哪儿去。那是自己的人生起点，永远铭记的起点！无论这之后的 30 多年生活在哪儿，桐中和桐中的桂花香一直让我留恋和惦记。

多年来，她在我心中缠绕。这次国庆长假正好赶上高中毕业 35 周年，回到家乡，一些同学聚会庆祝一番，正所谓“桂花时节约重还”。美食美酒并不能让我解馋，最馋的还是桐中那迷人的桂花香。在皎洁的月光下，和同学一起漫步在桐中校园里，暗香浮动，桂香盈鼻，令人神清气爽。久违的桐中桂花还是那么飘香，还是那么醉人，还是那么让我迷恋。家乡的气味，桐中的气味，是这香甜的桂花的味道！

（作者系桐城中学 1981 届校友）

飘过的年华

朱应明

“一九七九年，那是一个春天……你迈开了气壮山河的新步伐，走进万象更新的春天！”每当这婉转优美的旋律响起的时候，我都会不由自主地停下手头的一切，静心聆听，思绪也随着旋律飘回那年的秋收季节，一个农村少年历经艰辛，终于迈进文都学子梦寐以求的教育殿堂——桐城中学。

1979 年那个丹桂飘香的季节，我随一群懵懂少年一起，怀揣梦想，跨入桐中，开启了人生中那段难忘的青葱岁月，那是值得我反复回味的人生芳华。当年桐中对安庆八县招生，高一共有六个班 300 余人，其中有不少周边县域的学生。

高一(1)班基本上是城关学生，女生较多，穿着靓丽，英语基础较好，其余五个班绝大部分是来自农村的学生。高二文理分班时，高一(5)班变成文科班，集中全校文科学生，原(5)班理科生插入其他班级。这届文科班高考考得最好，考入北大清华的有好几位。

我们高一(2)班的班主任是大名鼎鼎的崔甸甲老师。崔老师是孔城南口人，40 多岁，高桩平头，温文儒雅，风度翩翩。印象中的他，长年穿着整洁的中山装，风纪扣扣得紧紧的，冬季再加条深蓝色围巾，湿润的短发整齐地向后梳拢着，颇有风度。他上下课永远是步履矫健、精神抖擞，难以想象崔老师生气或者生病会是什么样子。

崔老师的课上得几近完美。一节课时间安排得相当准确，常常是他的内容刚讲完，下课铃声恰好响起。他上课从容不迫，言简意赅，重点突出，语言得体，没有口头禅，也没有多余重复的废话，即使遇到难点也举重若轻，讲解通俗易懂。自新中国成立以来，数学一直是桐中的金字招牌。身为桐中数学教研组组长的他，对数学教学自然颇有研究，也有一整套的应试方法。例如，精选例题，彰显举一反三的效果，研究和分析历年高考题型的变化，采取相应的教学方法，这些都是崔老师的强项，也是整个桐中数学教学的亮点。学生只要跟上崔老师的上课速度，完成课后习题（手工印刷的讲义），高考考个高分并不难，就连我这个笨拙的中下等学生，高考数学都考了 93 分。

更精彩的是崔老师的班会课，开场白是表扬先进，比如方金武同学走路背单词、“二平”（本班优等生薛平和程小平）是如何学习勤奋的。然后是批评不良现象，有人在大街上与摆摊者斗象棋残局、打康乐棋，有人不睡觉躲在厕所里看小说，有人周日从后山翻墙经党校到龙眠河中去洗澡，有人晚自习潜入荣休院看电影《小花》和《庐山恋》，深夜回校遇大门紧锁便翻过学校大门回宿舍睡觉，还有人晚自习偷唱《妹妹找哥泪花流》等。最后是正能量激励：“你父母当盐罐、当油罐供你读书不容易！你是想穿皮鞋（考上大学）还是穿草鞋（回农村种地）就看你的努力了！桐城滤清器厂工人（有商品粮户口的城镇人）都在大街上卖西瓜了，我们农村学生还能不发狠（努力）吗？”

崔老师的俗话，振聋发聩，一语惊醒梦中人，颇像列宁、孙中山的演讲，极具鼓舞性。一堂班会课下来，个个都像打了鸡血，让人一时摩拳擦掌，热血沸腾，同时产生发自内心的愧疚。于是，心中暗下决心，一定要克制懒惰思想，针对各科特点，制订相应的学习计划，安排自己的作息时间。只有努力学习，才对得起面朝黄土背朝天的父母双亲！

崔老师之所以苦口婆心地激励我们，是因为他自己也是苦家庭出身的农村子弟。据说他当年在桐中读书时，学习刻苦，成绩优异，高考前体检因肺结核未愈，便与心仪的大学失之交臂。老校长获悉后当即决定让他留校教高三。一个暑假过去了，未曾考取大学的学生来校补习，成为他的学生。同学变成了自己的老师，成为桐中历史上的一段佳话，同时也反映出老校长慧眼识珠。这正应了那句古话，是金子总会发光！

高一物理老师是杨积胜，据说他是中国科学技术大学毕业生。他上课也有特色，每堂课大约讲解 30 分钟左右便结束新课，这倒符合现在的素质教育。上课时，他就在教室里来回踱步，高一的木楼被杨老师踩得咯吱咯吱地响。与杨老师的胸有成竹相反，同学们个个茫然无措，大家似懂非懂，甚至百思不得其解。他见之非常生气。生气归生气，杨老师还是重新回到讲台上，把刚讲的内容重复一遍。

高二王元祥老师操一口不急不缓的江南话，轻声细语，既温柔又特有亲和力。他的物理课条理清晰、简单明了，提出问题后总是留下足够的时间让大家思考，直到大家弄懂为止。有一次复习到“振动与波”的内容时，他出了一道题让大家做，自己在教室里来回巡视，看到班上物理尖子郑立新等同学半天没做出来，就说：“这问题很简单嘛，这么长时间怎么还没做出来呢?”他巡视到我身边时，说有人做出来了。他的话吓得我心里怦怦直跳，心脏仿佛堵住了自己的嗓子眼，让人喘不过气来，因为我的物理成绩从来没有超过班上的尖子生。课后发现，我用比例计算比郑立新同学用波函数求解更加简便。

高中毕业30周年同学聚会时，王老师和夫人应邀参加，80多岁的老人了，仍然精神矍铄。他们自始至终同我们一起，游览了孔城老街和嬉子湖风景区，一路上劝说我们，要多出去走走，见识新事物，学习新知识。他畅谈自己在香港、台湾、欧洲等地的游览经历。老先生的这种好学精神，令我辈自愧不如。王老师的大女儿王莹毕业于北京大学中文系，在美国成家立业，小女儿也考入名牌大学，老两口闲居安庆。我衷心地祝福老先生夫妇身体健康，颐养天年，乐享太平盛世日新月异的生活。

桐中老师个性鲜明、学养深厚，令我们印象深刻。同学们的日常学习生活，同样令人难忘。

20世纪七八十年代，农业生产承包制刚刚开始，家家户户的生活还是相当清苦的。我家离县城约20里地，每周回家一趟，目的是讨取生活用品。周六下午从学校走回家，周日下午携带大米、咸菜和少量生活费赶往学校。冬天气温低，咸菜还能应付；春夏气温一高，咸菜几天就长毛，明知吃霉变咸菜不利于健康，但仍然舍不得倒掉。学校食堂里的菜虽然便宜，两分钱一大瓢桐中农场自产的青菜，一毛钱可买肉丝小炒，但是那只能偶尔打打牙祭，因为当时钞票实在太紧张了。

要说解馋还得感谢邵新云同学，他的家境比我好不了多少，但他家地处嬉子湖圩区，每年有一笔口粮救济款，缓解了我们青少年成长期亟须营养的烦恼。于是，我们精诚合作，他出钱，我出米，到教工食堂去买红烧肉，两毛钱一碟，每人一份。教工食堂的红烧肉色泽红亮，香甜软糯，入口即化，食之无渣。三下五除二地吃完肉，还剩下大半缸子清汪汪的油浸米饭，平时司空见惯的普通米饭吸足了红烧肉的精华，立马来个“女大十八变”，又香又软又滑，食后口齿生香，就是无菜也能吃下两三碗！桐中的红烧肉像久旱的春雨，滋润着我龟裂的心田，巨大的满足感顿时油然而生，我想人间美味，莫过如此。当然，由于资金有限，也只能偶尔为之，若不细水长流，一到周末去喝西北风呀！

说到咸菜，还是李德志同学从家里带来的“香菜”最好吃。所谓“香菜”并非现在的芫荽，而是将大白菜菜心晾晒半干腌制而成，炒菜时放足菜籽油，再加入五香粉、辣椒糊等调味品，午饭时打开罐头瓶盖，一股香辣味沁人心脾，用它来下饭，一点不亚于食堂里的青菜。

要想吃学生时代的“满汉全席”，非国庆节日加餐莫属了。每逢国庆前夕，每人从生活委员处领一张免费餐券。加餐时菜肴丰富，有荤有素，搭配合理。许多同学选择放假回家，就将手中的餐券赠送给路远留校的同学。此时，人少菜多，洗脸盆又派上用场了，几大脸盆菜肴，大家围绕菜盆坐成一圈，大快朵颐，大口喝酒（啤酒），觥筹交错，颇有梁山好汉的味道。一场节日狂欢，令回家的同学羡慕不已。

农村学生来到城里学习和生活，就像刘姥姥初进大观园，许多人生第一次总令人印象深刻。第一次起早进山去桐中农场摘茶，把教我们采茶的生物老师唐述裓先生当成农场工人；第一次见识图书馆南侧的游泳池，以及池内清澈见底的桐溪塥溪水；第一次惊艳于散植在半山阁鹅卵石小院里的桂花，难忘她沁人肺腑的甜香；第一次仰视吴汝纶校长亲植的银杏，目睹她随风飘舞的鸭掌叶；第一次坐在缀满花朵的紫藤架下纳凉，畅谈各自的理想和未来；第一次迈入桐中图书馆和阅览室，浏览《大众电影》画报上精美的彩色图片，一睹陈冲、刘晓庆等大明星的风采；第一次观摩校田径运动会，惊讶短跑运动员的起跑点怎么有前有后……

40 多年过去了，我们的老师大多作古，同学们也逐渐退休，可是当年的生活片段，仍然记忆犹新。高中同学聚会时，大家回忆过往桐中生活，仍然有说不完的糗事、扯不完的话题。青春是宝贵的，青春是短暂的，青春是美好的，青春是人生最值得留恋的，青春也是最适合晚年反复回味的。今年是母校建校 120 周年，我衷心地祝愿母校桐城中学能够再创佳绩、重铸辉煌，再次迈开你气壮山河的新步伐，走进万象更新的春天！

人生难获期颐寿，母校双甲仍少年，
自古文都才子盛，摇篮培育思源泉。

（作者系桐城中学 1981 届校友）

心香一瓣忆华年

何义德

1979 年 9 月 1 日清晨，15 岁的我跟随父亲步行到离家 15 华里的徐河，等了很久才挤上一辆从安庆开往桐城的客车，在临近中午时终于到达和平路口的老车站。

吃了点干粮充饥，父亲又挑起扁担，带我沿和平路一路向北。父亲的肩上一头挑着一只木箱，里面装着我的换洗衣服，还有母亲装的一袋加有少量芝麻的焦面（将收获后晒干的大麦水洗、淘沙、晒干、炒熟后磨成粉，再将粉经过筛箩子去麦麸后所得的精粉），木箱上面还有一床新棉被；另一头，则是用麻袋装的几十斤早稻米。我身上挎着半新的书包，里面胡乱装着几本我认为能用得着的书，而最重要的就是桐城中学的录取通知书了。

一路上，父亲谦卑地向城关人打听到桐城中学的路径，然后在别人羡慕的目光中挺起脊梁，挑着沉重的担子，领着我迈入了桐城中学的大门。

因为同学们大多来得早，所以晚到的我报名显得很轻松。在办理完住宿、缴费、称米、注册、领书、领饭菜票等一干事务后，父亲千叮咛万嘱咐，又向班主任颜老师拜托再三，才放心地回了家，而我也正式开始了两年的桐中求学生涯。

两年的桐中生活是极其短暂的，在我待过的学校中（无论是身为学生还是教师），在桐中生活的时间无疑是最短的，但这里却是对我一生影响最深远的地方。

是否还有人记得，晚饭后在去往教室的途中，我们放慢脚步，只为多听一段刘兰芳的《岳飞传》，而伴随我们渐行渐远脚步的是不断变大的收音机声；是否还有人记得，面对瘦弱的我们，食堂师傅偶尔会多塞给我们的一个馒头；是否还有人记得高考前学校农场杀猪后免费的米粉肉、杀猪汤。身为桐中学子，两年的高中生涯，除了教师的言传身教，影响我们的还有桐中这片净土，桐中人对学生无限的包容和袒护。从懵懂少年到天之骄子，桐中生活的点点滴滴，成为我心中永不磨灭的记忆。

读 报 栏

每天早读课后，我从学校食堂窗口的人群中挤出，一手拿着盛有二两稀饭的饭缸，另一手拿着三个白面馒头，穿过桐溪塥，直奔紫藤树旁边的读报栏，这是我每天的固定课外节目。

印象中读报栏只能放几张报纸，但好在每天都更新。我看得最多的是《中国青年报》。与 20 世纪 80 年代前后那些四平八稳的学究文章相比，《中国青年报》观点新颖、文风犀利，有些观点与教材上的观点颇有些不同。在读报栏前大家会经常就课本和报纸上相左的观点旁征博引、口若悬河，全无政治课堂上的青涩和拘谨。记得当时有三五知己是我辩论赛的队友，敢于组团同文科班的学生叫板。

思想的火花在辩论中绽放，读报栏前的辩论，除了锻炼我们的口才，还带来了积极的效果，就是在政治课上跃跃欲试，跟颜老师总要争辩出个输赢。班主任颜老师是上海人，上课总是循循善诱，课堂气氛很是活跃。对我们偶尔出格的言行，他常常一笑了之。

我们得此良机更加蹬鼻子上脸，以子之矛，攻子之盾，看到老师难以自圆其说的窘态，心中颇有成就感。

直到高考前夕，这场伴随我们青春期的辩论才落下帷幕。但早餐时读报栏前的小聚仍旧继续，除了辩论，又多了一项内容，即常常看看读报栏里名校的招生宣传材料。

时隔多年，当年的同学中步入政坛的极少，但得益于读报栏前的思辨，我们对政治的敏感、对真理的追求仍一如既往，常常以“铁肩担道义，妙手著文章”自勉。

图　书　馆

桐中大门进门靠左有个游泳池（后乐亭对面），游泳池旁边就是当时的桐中图书馆（也是中国人民解放军渡江战役指挥部的纪念馆）。到桐中不久，我就知道，凭学生证可以在图书馆借书，周六不上晚自习时可以在图书馆里看杂志。

从初中开始，我就喜欢看书，睡前必定要拿本书翻翻才能入睡。我看书比较杂，更不求甚解，属于知其然而不知其所以然的类型。以前在农村，很难借到书看，看到桐中图书馆的藏书，心中的喜悦可想而知。

20 世纪 80 年代初期伤痕文学兴起，紧随其后的则是反思文学的盛行。当时《安徽文学》《小说月报》等期刊是我的最爱。从刘心武的《班主任》、卢新华的《伤痕》，到遇罗锦的《一个冬天的童话》、鲁彦周的《天云山传奇》，再到后来茹志鹃的《剪辑错了的故事》、谌容的《人到中年》、张弦的《被爱情遗忘的角落》、张贤亮的《灵与肉》，我常常沉湎其中，似懂非懂，在书中体会人生百态，常常为她欢喜为她忧，潸然泪下，乐此不疲。

回想过去，按现在的时髦说法，我当年应该有轻度忧郁。学习的压力（从初中的“学霸”到高中的泯然众人矣）、偏低的个头（高考前体检身高就 1.49 米）、运动场的笨拙（球盲，所有球类运动都只看不练），无不使人心生疲惫。经过一周紧张的学习，周末的夜晚，在图书馆明亮的灯光下，捧一杯清茶，携一卷书香，忘却尘世的喧嚣，纵情山水中，畅游天地间，是当年那个求知欲旺盛的懵懂少年最惬意的时光。

那时的我，想得很美、很简单，人也单纯着、善良着。是图书馆里那泣血的文字，让我初知人世沧桑、人生无奈。在以后的人生旅途中，我虽历尽坎坷，却终能不忘初衷，不能不说是图书馆的教化之功。

实　验　楼

在操场旁边，后山脚下有一两层的青砖小楼，是学校的实验楼。我就读的青草塥初中是一所农村初中，所有的实验都是“黑板上种庄稼”。在来桐中之前，能自己独自做实验一直是我的梦想。

到了桐中，物理、化学除了演示实验，还有分组实验。但在进入实验室之前，还有一关，就是每个人要独立完成实验预习报告，只有预习报告得分超过 80 分才能进入实验室。如果预习报告不过关，就必须重写，直到实验老师批阅过关后才能进行实验。实验完成后还要填写实验报告。

先生们的严格要求，使我的动手能力大幅提高。进入大学在化学系就读后，虽然球场上不见我的身影，但实验室里我是王者。无论是规范的实验操作，还是帮导师动手修理离心机之类的小器械，都得心应手。

1981年高考，理科开始考生物。记得唐老师的第一堂生物课，他像语文老师一样，口中排比句子像一股巨浪向我们倾泻而来，一下子就把我们镇住了，让我们情不自禁地爱上生物课。当年，他带了五个应届毕业班和两个补习班。有一段时间，先生得了咽喉炎，声音变得嘶哑。我们惊奇地发现，每到下课时间，梁校长总是准时端着一杯茶，站在教室门口等唐老师下课，然后递上茶杯，相互寒暄走向另一个班的教室。

那个时候，我们对唐老师充满敬佩，觉得这个老师好牛，连校长都给他端茶倒水。现在想起来，正是母校这种尊师重教的传承，使教师有着一种“士为知己者死”的感动，体现在工作上是老师总是充满干劲，受益的是一代代桐中学子。

当年桐中没有生物实验室，没法做实验。高考前几天，唐老师让我们以班级为单位，到实验楼进行实验专题复习。一进实验楼，唐老师把理化实验室全部借用了，从一楼开始，按照课本的顺序，展示了所有实验。每组实验的旁边，唐老师精心准备了小卡片，琳琅满目。我不知道先生准备了多长时间，但他的敬业精神令人肃然起敬。

讲学园

出桐中校门往左拐，沿北大街向东步行约200米，再左转，就能从小胡同里转到与桐中一墙之隔的一处小巷院落——讲学园7号。

百度上搜索“桐城讲学园”，显示“讲学园，位于桐城市区北大街讲学园巷内，为明代理学大师方学渐设帐讲学旧址”。讲学园7号的主人姓何，与大名鼎鼎的桐城方家有无历史渊源，我不得而知。不过,女主人确是姓方,是我堂弟的大姨,她个子不高,说话轻声细语,乍一看,跟我母亲很相像。在桐中高中读书的两年,每逢周日,大姨总是让小祥(大姨长子,现南京大学教授,当时在桐城二中就读)叫我到讲学园7号吃饭,并让我顺便将衣服、被子带过去,洗好、晒干后再带回。到了1981年,高中最后一个学期,我干脆就从学校搬到讲学园7号住下来了。

大姨家条件一般,大姨夫在县纸盒厂上班,经常晚上接点私活,大姨也在纸盒厂做家属工,家里有三个孩子,老大读高二,老二读初三,老三在北街小学上五年级,全是毕业班。讲学园7号只有一室一厅一厨,前后各有一个小院子。后来,大姨夫在讲学园7号对面的菜地里盖起了二间平房,家里共住了八个人(老太太、外公、大姨夫妇、小祥兄妹三人和我),可最好的大房子是我和小祥住的。

每天晚自习过后,我和小祥在北大街碰头,然后一起回讲学园7号。桐中印发的试卷、讲义,小祥总是要先看一看,然后再做自己的作业。大姨总是在我们稍有空闲时,端出准备好的消夜,肉丝面、馄饨、水饺,几乎一天一个样。早起后,牙刷上总是挤好了牙膏;洗漱好之后,一大碗鸡蛋炒饭已经摆在桌上。尤其令人难忘的是,每次我的碗里都要比小祥的多,而老二、老三只有稀饭和馒头。按大姨的说法,我饭量大,农村日子苦,经常吃不好,个子没长高,因此要多吃点、吃好点。

时隔多年,大姨夫、大姨先后辞世,小祥兄妹三人分别在南京、安庆、深圳成家立业,我也多年没有去过讲学园。可我的心里永远有一个血脉相连的家——讲学园7号。

离开桐中40余年,对桐中的感情颇为复杂,从考入桐中的意气风发,到为自己的碌碌无为深感惭愧(曾经有十来年,我是屡过桐中大门而不入),再到为诸位校友的成就感到与有荣焉。原来,在我心中最柔软的地方，桐中一直是梦中的净土。心香一瓣，岁月静好，有缘邂逅，共享荣光。

后　记

看了同学天赐君在微信朋友圈发的《我的糗事一箩筐》，始知桐城中学120周年校庆有“我与桐城中学的故事”征文活动，于是，也动了写点文字的冲动，甚至想过征文的标题。但在陆续拜读了不少校友的佳作后，心中的那一点点冲动终于烟消云散。

五一假期，自主隔离在家，再次浏览桐城中学的官网，发现征文截稿日期为2022年5月8日，又思当年在桐中因故少写了一篇作文，该补交的作业还是补上方无遗憾。况且，征文活动也不能尽是大家之言，而平民之作，舍我其谁？

一夜无眠，初稿终于尘埃落定。然吾多年未曾提笔，难免心怀忐忑，故先放到班群中，请诸君贤达之士，从标点符号，到起承转合，痛下针砭。天赐、松柏、王青、亚军诸同学多加指点、考证。讲学园的部分，大姨的次子为我做了修改。为不负诸君的期许，特定此稿。

（作者系桐城中学1981届校友）

桐溪塥的浪花

陈来如

一晃离开曾经求学的母校桐城中学已 40 余年。这中间回过桐中几次，每次都感觉到母校有变化，心理感受不尽相同，但有一点是永远不变的，那就是对母校的亭台楼阁、一草一木所产生的眷恋之情，其中，最难忘的还是桐溪塥。桐溪塥又称桐溪渠，是条泉水渠，也是条穿校渠。渠中清澈的溪流，成为师生生活的水源地。学生从沟渠里取水、洗脸、洗碗、洗衣、打扫校园卫生，食堂师傅在溪水边建池、淘米、洗菜，残饭剩菜吸引成群的小鱼前来嬉戏，平静的溪水掀起阵阵微澜。它也是学生接触大自然最有效、最频繁、最便捷、最亲密的途径，更是桐中一道亮丽的风景线。

早期的桐溪塥，源头是龙眠山喷涌而出的山泉，境主庙水库建成后，它的水源点变成水库下游的龙眠河。先贤将清泉引入桐中，再穿城而过，既有实用功能，又有深刻寓意。首先，水可以润泽、洗涤和灌溉；其次，水有灵气，无水不兴，无水不富；再次，流水不腐，曲水流觞，希望师生文思泉涌；最后，水能启迪善缘，上善若水，饱含先贤对桐中学子寄予的殷切厚望——“高峰入云，清流见底”。

桐溪塥桐中段基本上是明渠，只在学校食堂那一段铺盖了石板。据说 1998 年前后，桐溪塥也湮塞过，清淤治理后又恢复畅通。小小桐溪塥的变化，也打上了时代的烙印，与中国社会发展和生态环境转变相呼应。与桐溪塥遥遥相望的境主庙灌渠，就没有那么幸运了。境主庙灌渠，曾灌溉下游十万余亩农田，随着城市建设和扩张，现在完全淤塞不通了。桐城市卓有远见的领导，已认识到“绿水青山就是金山银山”，也在谋划将其打通，让一渠碧水穿越新城，流动一方，形成文都活水亮景。

桐城属丘陵地区，溪、塥、塘、堰很多。我的家乡吕亭镇杨湾中学附近，就有一座名叫康堰的水库，它亲历了我少年的成长。而陪伴我三年的桐溪塥，目睹了我曾迷茫曲折的人生轨迹。

我于 1979 年夏季参加中考，志愿初填中专，目的是想早点出来工作，改变家庭经济状况。是初三班主任束义明老师费尽周折，才让我与桐中结缘。桐中的学习环境确实不错，老师教学水平高，学生学习氛围浓厚，与初中最大的区别是，在这片群英荟萃的圣地上，大家你追我赶，竞争激烈。在桐中学习，每天的生活从桐溪塥开始，又在桐溪塥结束。

清晨起床音乐响起后，我们在桐溪塥边洗漱，三餐到桐溪塥边食堂打饭买菜，饭后在溪水中洗刷碗筷，晚自习结束了，重回溪边洗刷一番，然后伴着溪流进入梦乡。桐中的早餐，有雪白的馒头和花卷，远看就让人垂涎欲滴。大家都处在长身体时期，因而特别能吃。我早餐吃四个大馒头不在话下，但一摸空瘪的口袋，早点只好减半，再加一大缸稀饭，腹内鼓起来就算是饱了，以前在老家也是喝稀饭填饱肚子的。20 世纪 80 年代初，农村还没有分田到户，我们村多数农户，一到夏季青黄不接时，口粮立马紧张，只能靠山芋渣和蔬菜充饥。具有讽刺意味的是，我们村居然叫大米庄。为解决生火做饭问题，田埂和小山头上的草根都被乡亲们铲光了，哪里还顾得上保护生态环境呢？俗话说，人是铁，饭是钢，一餐不吃软瘫瘫。印象中一年只有春节那几天可以管饱，因此，我特别盼过年。在桐中求学时，一到上午第三节课，肚子准时咕咕叫，眼看黑板，心向食堂。想象着老师就是食堂大师傅，黑板就是大铁锅，老师写字的手仿佛在炒菜，大铁锅里不仅有包菜豆干，还有萝卜烧肉呢！

不知什么原因，有段时间上午第四节课，头总是昏沉沉的，一心盼着下课。有时头昏，听不进去课，就找小说看，用它来分散注意力。四大名著中的三大部（《红楼梦》除外），就是在这种饥昏交迫的情况下读完的。记得有次偷看《西游记》入神，班主任颜有庆老师悄悄来到我身后，突然，《西游记》像孙悟空一样，驾起一朵祥云，一下子飞到颜老师手中。小说被没收，可书是借来的，自己不敢讨，只好央求父亲厚着脸皮向老师要。当时班上爱看小说的大有人在，本班记忆大王何义德同学，经常在大庭广众之下背诵《水浒传》。

每天午饭铃一响，大家沿着桐溪塥水渠跑步进入食堂，目的是减少排队时间，让饥肠辘辘的肚子早早得到慰藉。桐中的午餐是诱人的，跑步途中就闻到饭菜香味，食堂窗口菜品齐全，青菜、豆腐、鲊肉（粉蒸肉，每份两毛），荤素都有，但我一般只能看它两眼，咽咽口水，偶尔花上几分钱，打点青菜就很知足。实际上，农村同学大都是到食堂打饭，吃自家带来的咸菜。咸菜一般能吃半个月，甚至一个月。记得有年初春到校，一个多月都是咸菜下饭。同学黄新亮和我睡上下铺，他家条件较好，一般都在食堂买菜。一天中午，他看我兴致勃勃地吃咸菜下饭，也想尝一口。我慷慨地将茶缸推过去。他尝了一口，立马反胃，撒腿跑出寝室呕吐，差点把胆汁都吐出来了。原来，母亲心疼我，在咸菜下面放入过年吃的咸猪耳，猪耳经咸菜水长时间浸泡，早已腐败变质，常吃咸菜又嘴馋的我，浑然不知，竟然吃得津津有味。

临近毕业的那年春季，沈阳炮兵学院来桐中招生。桐中籍应届毕业生,不需要参加文化课考试,只要身体合格就能入伍,前提是自愿报名。我的成绩不上不下,学习有压力,家庭经济拮据,受之父母的身体还算强壮,于是,我也报了名。班主任在班上公布了名单,学校也表示同意。我心想,进军校应该没问题。从此,学习便松懈下来,以玩为主,精力从课堂转移到操场,经常找蒋天赐同学打篮球,锻炼身体为步入军营做准备。万万没有想到,后来梦想落空,几个月之后,才了解到自己未入军校的原因,但此时文化课成绩已一落千丈。我情绪低落了好久,但也无可奈何,只好重整旗鼓,恶补功课。此时若尽心尽力、勤奋学习,或许还有希望,跳出"农门"也不是不可能,可是偏偏祸不单行,随后麻烦不断。

某天打扫宿舍,我偷懒将垃圾倒在前排宿舍东侧拐角处,恰被(2)班杨来喜同学发现了。他脾气暴躁,厉声呵斥,骂声不断。平心而论是我理亏,若是平时忍忍也就过去了,而当时我正处在失意烦躁之中,一时气盛,嘴不饶人。对骂几句后,杨来喜冲出寝室,一个横拳扫过来,我迅速闪过,同时挥拳击中了他的脸颊,他恼羞成怒,双方扭打在一起。杨来喜和我虽然都来自农村,但他性格外向,与社会上一帮哥们儿有瓜葛,算得上半个"江湖人物"。他受此一辱,岂肯轻易罢休!

第二天,桐城荣休院张某带领一帮兄弟,气势汹汹地来到宿舍找我论理,随后几乎天天骚扰不断,连高考这几天也不放过。1981年高考就在这东躲西藏、胆战心惊中结束,结果我以五分之差与高校失之交臂。身为桐中学生却没有考上高校,亲友们责备声一片,父母和我都承受了很大的压力。迫于家庭经济状况,父亲让我出门打工。当我背起行李准备出门时,母亲于心不忍,强行把我拦下来,让我重回母校复读。

打架风波对我的高考影响很大,就像桐溪塥平静的溪水骤起涟漪，但那也只是人生中的一朵浪花。其实，杨来喜人品还是不错的，我们工作地都在安庆，后来还成为好朋友。都说不打不相识，我们除了打过之外，还有桐中之缘、同学之谊。

桐溪塥，如同奔涌的龙眠河，她见证了桐中的历史，滋养了不少先贤、文人、学子和栋梁，让桐城派文化一脉相承，至今绵延不绝。问渠那得清如许？为有源头活水来。从过往的经历中，我更加理解许多国家政策为何深得人心，如改革开放、生态优先、反腐倡廉、扫黑除恶、以德治国等。回望过往，人生也颇像桐溪塥之水，情如波，愁如涛，爱如水。子曰：仁者乐山，智者乐水。我虽算不上智者，但一生也与水结下了不解之缘：少年时从家乡的康堰出发，跨入桐中的桐溪塥，青年时求学迈过淮河，高校毕业后在长江边从事水利工作，踏遍安庆八县一市的山山水水，节水、保水、用水、护水是我的使命，就连微信名也一直叫“如水”。我写过一首小诗，开启了单位联欢晚会朗诵自创诗歌的先河，诗名就叫《如水的爱》。用其中的四句就此搁笔吧！

小时候，
我俩青梅竹马；
伴随我成长的，
还有桐溪塥的浪花……

（作者系桐城中学1981届校友）

老杨和他的伙伴们

余枝广

第一眼见到老杨，心里“咯噔”一下，非常忐忑。

记得那是一个初秋，九月中旬的日子，祖父用扁担挑着我简单的住校行李，陪我步行七八华里，又等了很久才坐上从省城路过小镇的长途客车，一路颠簸，到达县城已是中午时分。刚刚下了场雨，略有丝丝寒意。在亲戚家简单吃了点饭，赶紧去学校报到。

县城首屈一指的中学，中心位置是个四合院，一边是日式建筑半山阁，一边是一排平房，应该是学校行政处。青砖白墙院子前，紫藤缠绕古树，别有风味。院内有几棵桂花树，半山阁底层房间几扇半开的窗口，就是我们新生入学报到的地方。中午时分，四顾无人。看看贴出的分班名单，我被分到高一(3)班，教师名单里赫然写着教授数学的是慈昌淦老师。这个名字我听姑父提起过，那是安徽省大名鼎鼎的老师，为此，姑父极力怂恿我填报桐城中学作为第一志愿，没有想到慈老真的要教我的数学课。这下，我对其他老师就没有啥感觉了，包括班主任杨怀志老师。

过了一个小时，终于有人露面了，传来低沉而浑厚的声音：“是入学报到的吗?”我连忙应答，忙不迭地递上入学通知书办理手续。定睛看看，是个中等身材、面部偏瘦、眼睛深邃、表情严肃的人。我心想，这是我以后的班主任吗？外表这么威严的老师，以后我们会不会经常挨骂？我心生畏惧，心里老大不情愿。

老杨就这样在别无选择中成了我的高中班主任和语文老师。我们高中语文第一课上的是古文，非常清晰地记得是《伐檀》。"坎坎伐檀兮，置之河之干兮。河水清且涟猗。不稼不穑，胡取禾三百廛兮？不狩不猎，胡瞻尔庭有县貆兮？彼君子兮，不素餐兮！"高中之前，我们的古文学得少，感觉太深奥了。然而，老杨讲这段文字，声情并茂，让我脑中出现了生动的形象。一群半身赤膊、衣衫褴褛的奴隶，砍断大树，又吃力地将树干扛到河边。劳累之际，看着清清的河水，忍不住血泪控诉那些不劳而获的奴隶主们。老杨在课堂上念诗词时非常投入，摇头晃脑，我们都被感染了。同学们完全进入角色，心中满是为这些奴隶打抱不平，产生了强烈的共鸣。"坎坎伐轮兮，置之河之漘兮，河水清且沦猗。不稼不穑，胡取禾三百囷兮？不狩不猎，胡瞻尔庭有县鹑兮？彼君子兮，不素飧兮！"多少年后，我还能清晰地背诵出这段古诗文，也为中国文字简洁又博大精深而赞叹不已。

老杨喜欢的另一篇古文是"醉翁亭记"。"环滁皆山也"，他读这几个字，总是晃着脑袋，把"chu"读成"tu"。虽然读成错别字，也不妨碍同学们欣赏他讲课的优美。

受老杨讲授这些古文的影响，我在课余经常去图书馆读一些唐诗宋词，《西湖》杂志里有很多苏轼和白居易的佳作。高一时，老杨布置了一篇作文，题目是《回乡记》。我写作时脑中突然冒出"绿竹入幽径，青萝拂行衣"的句子，赶紧写进作文。老杨看后大加赞赏。后来想想，那不是我首创啊，只是信手拈来，不自觉地引用大诗人李白的名句而已。只是这句诗，确实把故乡点化得更加可爱了。

老杨讲语文课，每当有成语和典故，他都要亲手写在黑板上，还给我们讲历史背景，使大家能够深刻理解和熟练应用。例如"箭在弦上，不得不发”，他会讲到三国故事，讲曹操如何爱才。“建安七子”之一的陈琳，原在袁绍手下任职，袁绍大军征伐之前帮他写下一篇讨曹檄文《为袁绍檄豫州文》，文中不但历数曹操几大罪状，还骂其祖宗三辈。当时曹操正患头痛病，见到此文吓得大汗淋漓，立即病愈，并说：“像陈琳这样有才学的人为袁绍所用实在可惜。”后来，曹操打败袁绍，抓住陈琳，审问道：“当初你为袁绍写文骂我，只说我个人罪状即可，为什么还要骂我的祖宗三辈呢？”陈琳脑筋一转，说：“我为袁绍办事，那是箭在弦上，不得不发呀。”曹操大笑，不但赦其不死，还重用陈琳。这个故事想必每个同学都耳熟能详，这让我们更仰慕中国古代才学卓著、雄才大略的历史人物，从而更加发奋图强。

在老杨任我们班主任前后多年，学校一直动员他连续担任毕业班的班主任和授课教师。大家都知道，那个时候能够考上大学不容易，学校和家长都紧盯升学率。毕业班的工作压力巨大。好在老杨有一手高招，总是能够要求校领导给他搭配几位责任心强、教学声誉好的老师。

慈老的代数教得可谓出神入化，一个题目可以反复用不同的解法，让学生学会举一反三。数学是抽象的和枯燥的。慈老拿来教具，一个模型可以解剖不同的截面，呈现圆形、三角形、椭圆形、锥形和梯形等，看得我们目瞪口呆，惊讶于大自然和数学的奇妙。

陈维谐老师是教三角的高手，从来没有他解决不了的难题。在安庆地区数学老师中，教三角的他与教代数的慈昌淦老师、教几何的方不圆老师并称三大“台柱”。

陈希老师的化学课引人入胜，永远忘不了他讲到酸性 PH 的概念时做出的鬼脸，假装吃进杏子、感觉很酸的样子。

王元祥老师上物理课绘声绘色、眉飞色舞，同学们个个全神贯注地听讲。他也非常注重实验教学，从古董里面翻出可以产生 X 射线的装置，让我们每个人看手指关节的结构，加深对伦琴发现的物理现象的认识。

政治课由汪年春老师任教，当时考试要求很严格。高一年级第一次期中考试，没有几个人政治课能够考及格。有道题是“桌子是不是物质”。我们从多方面论证“桌子是物质”，因为它是客观存在的，看得见、摸得着等。可答案偏偏是“桌子不是物质，它只是物质客观存在的一种表现形式”。这让同学们学会深入思考，不断提升透过现象看本质的能力。

我们的高中生活只有两年，时间紧凑又非常充实。第一年学完基础课程，第二年投入各门功课的复习巩固和最终高考备战。老师们也是倾心投入。每天晚上自习课，物理课老师杨积胜都会到教室督战，帮助同学们答疑解难。

1981 年理科高考，英语和生物首次计入高考成绩。唐述裓老师在我们高二时，从零开始，一个人带五个理科班的生物课。生物是实验科学，然而，当时学校没有生物实验室，无法进行实验教学，时间又紧，只能是死记硬背。有一次唐老师喊我起来回答问题，我顺口就背出答案。唐老师停顿了一下，眼睛看着我但没有说什么。后来我明白了，唐老师欲言又止，他一定意识到生物教学不是靠单纯的记忆，但是现实的局限性又让他不便明说，担心打击我们学生的积极性和影响高考。唐老师的眼神我一直铭记于心，让我理解为师的不易和老师们在前行中的艰难。当年高考，大部分同学的生物成绩都有 27 分或 28 分(总分 30 分)。唐老师功不可没!

还有教英语的田鹤群老师，每天早读课都在班级转悠，生怕学生有问题时他没有及时帮助。他的英语早读经常和老杨的语文早读“撞车”。后来，两人约好，学生们每周一、三、五读语文，二、四、六读英语，两人最终“握手言和，相安无事”。当年老师从来没有任何课外补贴，但每位老师都倾心奉献。他们无私敬业的精神是何等可贵啊！

接触老杨时间久了，发现他严肃的外表下有一颗非常细腻和柔和的心。与其他老师一样，开心的时候他会大笑。有次教师打篮球，他穿着皮鞋和棉袄就上场了，还投进了几个球，让我们刮目相看。

我们大部分外地和乡下的学生都住校。高一时，全班同学住在一个大寝室内。每个人生活习惯不同，晚上熄灯睡觉了，还是有不少同学兴奋得睡不着，时常争论问题，讲话的声音很响。隔壁高二(3)班的同学很快就要高考了，上完晚自习回来，被吵得睡不着，不得已，三天两头拎出我们班几个小兄弟“修理”一番。老杨听说后非常关注，特意半夜来寝室蹲点，实地了解情况，一边要我们按时休息，一边开导高二(3)班的大哥哥要有高姿态。

高中时期骚动的青春让每个人都是一座小火山。如何调节好学生的心态，力争稳定情绪不分心，顺利完成高考，对每个班主任而言都是非常具有挑战性的问题。老杨经常给我们讲“穿皮鞋还是穿草鞋”这个简单易懂的道理，鼓励大家力争考上大学，到外面去看五彩缤纷的世界。高考临近，班上很多同学戴上了手表。那个年代，戴手表是奢侈的表现。老杨担心大家是否会“未上大学先忘本”，就找一些同学了解情况和征求意见。我认为大家戴手表不是为了赶时髦，而是为了更好地掌握高考前宝贵的时间。老杨听完立即在班上表示理解和支持。我觉得，这点反映出老杨确实是能够倾听学生不同意见的好老师。

高考前夜，他担心同学们睡不着觉，影响第二天的考试，特意去医院开出安眠药，但又不敢给大家多吃，担心第二天早上睡不醒或者脑子不清醒，导致考试时水平发挥失常，因此，他把安眠药掰成两半给大家服用，可见其用心之良苦。高考前临别一刻，他衷心寄语，告诫同学们“不要让现实的浪花磨平理想的棱角”。直到今天，我仍深深地记着这句话。无论是顺境还是在困难中的逆水行舟，我们都时刻不敢放弃追求。记着老杨和各位恩师的教诲，也牢牢铭记桐城中学创始人吴汝纶先生“勉成国器”的校训，我们每一个桐中人，都一直不断自勉自强，力争让生命发出所有的光和热。

（作者系桐城中学1981届校友）

勉成国器桐溪塥

何兰生

桐溪塥又通水了！记忆中，桐溪塥在1998年前后湮塞，其时距首次通水正好是600年。1398年，明朝建国已30年，其时天下底定，朝廷劝耕农桑，偃武修文，桐城知县胡俨将城外的桐溪水引进城中，自此有了桐溪塥。塥，就是引水堰的一种。桐溪塥源自“山尽山复起，宛若龙眠形”的龙眠山，回响着“诸山何处是龙眠”的“黄庭坚之叹”。桐溪塥，一出生就自带一缕灵气。600年白云苍狗，山河仍在，人事早已成烟。待我等一睹桐溪塥时，已差不多是她最后的芳华。那是生机勃勃的20世纪80年代初始时光，我们这些桐城学子，一根竹木扁担挑着书箱和被褥，从东西南北四乡的田野汇聚到桐城中学校园，沾了黄泥点的布鞋，怯生生地踏上桐溪塥滑溜溜的麻石小桥，偷偷照一下桥下的清波，就是我们与桐溪塥的初次见面。从此，三年中，我们与桐溪塥一起迎朝阳、送晚风，在她的碧波秀眸中映下我们的青涩青春。

当我们后来听说桐溪塥湮塞废弃的消息时，是何等伤心、痛心！当我们今天得悉桐溪塥湮塞20余年后重生，又是何等开心、庆幸！这桐溪塥不是一般的溪流水渠。从大的方面来说，她就如古老桐城的文脉，激荡着桐城600年的文风习习、人才奋兴；她也如近代桐城的镜鉴，映照着桐城中学120年的赓续文统、胚胎国器。从个人方面来说，她就是我们青春的一部分，是我们命运改变前那段时光陪我们吃苦、陪我们打拼的重要见证。因此，世人爱山水，我更爱桐溪塥；桐溪塥长三里，我只爱 200 米——桐溪塥流经桐城中学校园的那一段。

我们说桐溪塥美，完全是我们的情感投射。一段只有三里长的水渠，虽然这清流来自李公麟隐居的龙眠山，虽然那里相传着张英归老林泉的民间掌故，虽然她润泽了方以智、方东美的哲思，浇灌了姚鼐、朱光潜的文心，也讲述了一代代桐城子弟走出大山、成为国器的传奇，但她毕竟只是一段宽不过两米的引水渠。她何以 600 年不衰？是什么让她永远成为桐城中学子弟心头的白月光？除却青春记忆的因素外，一定还有她自身的价值所在。

桐溪塥之美，美在器用

物之所以存，首在其有用。当初，桐溪塥开凿，是为了灌溉城西农田，在城里转一大圈，每一段有每一段的用处和妙处。真正做到所在皆可心，人人都喜欢。

其入城之始，就进入城北世家府邸，成为世家花园的池沼活水，可以曲水流觞，也可以种荷养鲤。随后进入府衙官署，水性喜平乐下，故平则如镜，凹则就低，恰好象征公平和扶弱的为政本意。待到流经文庙学宫，正是体现圣人大德如水，学子问学的不舍昼夜。而当流到寻常巷陌、市井人家，又是庶民洗菜浣衣的绝好所在。待之出城，归于塘堰小河，回到灌溉农田的实处。桐溪塥最后的落脚点正是盛产桐城水芹的泗水桥。如今，水芹是京城徽菜馆的招牌，桐城水芹更是其中翘楚。有民谣为证：“泗水桥，地低凹，水芹田里是泥沙，香灰泥下流泉水，冬暖夏凉水芹长。”这里说的泉水，就是桐溪塥水。

进入 20 世纪，桐溪塥入城的那一段，成为桐城中学贯穿校园的生命之水。学子们每天早晚从桐溪塥打水洗漱，每顿饭后打水洗碗，食堂的厨师则用硕大的筲箕在桐溪塥的清流中淘洗白米，用大竹篮装满菜蔬在溪流中冲洗，惹得成群的小鱼围着竹篮啃食。如果问桐城中学的历届学子，你们还记得当初校园的什么景观，我想，除了“勉成国器”的校训，每个人都会说到桐溪塥。

这正是桐溪塥的器用之美。桐溪塥 600 年历史，大规模疏浚也只有三次，其顽强的生命力就在于其有用。因为有用，所以各方爱护。我想，吴汝纶先生把桐城中学选址在桐溪塥畔，除了客观因素外，有没有临溪观流而思育才的考虑？有没有以清流激荡文思的想法？当他书下“勉成国器”的校匾，受没受到桐溪塥器用价值的启示？人才如水，不导引难以成才；不以渠规范之，才必难以久；水渠因有器用得以长兴，人才也因成器方可称才。“成器”是桐城文化的底色。儿郎没出息，父母就骂他“不成器的东西”。长辈期望后代小子成才，就恳切切地嘱咐：“要成器哦！”“你成点器哦！”挚甫先生也不例外，他更寄望后学子弟都成为“国器”。“后十百年人才奋兴胚胎于此，合东西国学问精粹陶冶而成”，这是先贤的期望，也是后学的标杆。

这标杆激励了一代又一代学子从四乡的稻田来到桐溪塥两旁，在桐溪塥的水波相逐中接续先贤的奋兴之志，又从桐溪塥的无言哲语中读出星辰大海的鸿途远望，然后，就像三年前初来时那样，又是一根扁担挑走书箱和被褥，在桐溪塥润泽如玉的石桥上，再看一眼桐溪塥。从此，带着成为“国器”的梦想，踏上征途。虽然大多数人实现不了先贤的梦想，不能成为“国器”，但只要心中有“成器”之志，就一定能“成器”，不必介怀“器”之大小和成色。我想，这肯定也符合挚甫先生的初衷。

就如桐溪塥，在江河溪流中，她的大小成色如何呢？我们当学桐溪塥，不求大，不求名，只求对一方烟火的器用。这是桐溪塥给我们展示的器用之美，这也是桐城经世致用文化的展现。

桐溪塥之美，美在绵勉

桐溪塥之水没有大江大河的怒涛，也不似池沼水塘的静谧，几乎听不见流动的声响，却始终奔向前方。桐溪塥水有两个特点，一个是绵，一个是勉。

绵，是水的基本特性。水，你抓不住、捏不动，拿不起、放不下，要想留她，只有用“器”才能盛下。桐溪塥的水也秉持了水的特性，但她比一般的水更绵柔。她没有山间溪流的喧噪，没有田间沟水的迟缓，也没有屋檐下滴水的漫流，更没有老宅阳沟水的死寂。她是鲜活的、流动的，是清静的、活力的，她是水波相逐相随、一波接一波的，绵绵用力，波波向前。别小看她的柔若无骨，别轻看她的绵若无力，她能把溪底的石头磨圆，把食堂的菜叶和银杏树的落叶带走，把我们洗碗洗脸的碎屑冲走，这就是绵柔所具有的力量。

桐溪塥水的第二个特点是勉。小小水渠，宽不过两米，水流不舍昼夜，不管阴晴，无论冬夏，就是这样绵绵不绝地流啊流，一流就是 600 年，水流无限，水流不尽。这是怎样的执着，又是怎样的不舍，是什么练就了她永不停息的竞逐之志？小小桐溪塥，以她无声的誓书，又以她有形的榜样，给学子们以活泼的启示。挚甫先生让学子们在桐溪塥畔求学，颇有让流水教人的雅思高致。

学子欲成国器，也当学桐溪塥之水，一要绵，二要勉。看那些国器，一路走来，没有一个是早早就敲锣打鼓自诩国器的。事实上，敲锣打鼓只能为别人，自吹自擂成不了国器，只能成为“过气”。

古人讲,“峣峣者易折”。学子的成器之路,不可能一路顺风顺水,一定会伴随种种艰难险阻。用力不够不行,用力过猛更不行。唯有如桐溪塥水一样绵绵用力,下足“笨功夫”,不显山,不露水,遇到困难越过去,面临拦阻绕过去,不为鲜花而停留,不为非难而止步。星光只照有心人,君子当效桐溪塥,不分昼夜往前奔。

姚鼐先生当年肯定观摩过桐溪塥的流水,他的惜抱轩就曾立在桐溪塥畔。他当年手植的银杏,如今已经如盖如抱。金秋时节,闪闪发亮的银杏,在桐溪塥的水光中映照出满树金黄,溪中的银杏与岸上的银杏浑然一体。纵使银杏风光好,桐溪塥也没有淹留。好风景看过就够了,让我们把一片金叶留在心里吧,这是生活给人生的礼物。惜抱先生 40 岁顿悟,毅然辞官,之后 40 余载主持多家书院,致力培养后学。既然难成国器,那就成为国器的造就者吧。惜抱先生树帜杏坛,让桐城文派的理论传播大江南北,育才之盛,一时无两。国器千万种,如姚先生者,焉能不称国器?

又如朱光潜先生,当年求学桐城中学,桐溪塥的清波一定也睹过他清秀的脸庞。朱先生讲观照事物的三种态度:实用、科学、美感。朱先生推崇美感的态度。但我想,朱先生面对桐溪塥时,三种态度会不会都有呢?他当年在桐溪塥肯定有过掬水留月影、溪畔观银杏的经历,也肯定享受过桐溪塥的实用价值,说不定也研究过桐溪塥的建造之巧。其实,观照事物的三种态度,可以同时出现,也可以在同一个人身上发生。朱先生虽然走过万水千山,但没有忘记桐溪塥,他在武汉上学期间,还想着桐城中学。朱先生一生追求美,晚年在北京大学燕南园折花赠人,去世前几天还在书房校书,言曰:战士倒在战场,书房就是我的战场,我只能倒在我的战场。如朱先生者,践行了桐溪塥之水的绵和勉,一生绵绵用力,勤勉努力,只为做一个与众人共赏花而非独赏花的人。

桐溪塥之美，美在清澄

桐溪塥流经不同社区，遇过不同人群，沿途既有高门大户、官衙府署，也有市井人家、寻常巷陌。洗菜洗衣洗碗，菜叶树叶草叶，百物横加，为什么桐溪塥水却始终不改清澈见底呢？外界的污垢，我没有办法消除，但我始终保持清澈的本性，不为污垢所玷，不与污垢同污，纵是污垢横来，我亦毅然处置，始终清流不变。这正是桐溪塥让人心动、让人始终难以忘怀的美。水生来就是洁净的。一条被污染的河，不是从一开始就是脏的；再臭的河流，源头都是一泓清泉。她被污染，都是行进途中遭到的厄运。人也如此，立世修为，当坚守清澄本性。尤其是那些志在国器、有鸿鹄之志者，更要守好自己的一泓清泉。前进道路上，遇到困难并不可怕，因为成国器者早就有将困难踩在脚下的豪气，也有经受磨难的勇气，甚至有绕过难关的方式方法。最可怕的是，会遇到无数诱惑，会碰见种种伪装成鲜花的毒草。往往一滴墨水滴下不觉得，两滴墨水落下也能自我净化，三滴、四滴，一瓶、两瓶，就会无法收拾。很快，一泓清流终被污，再回头已经没机会。

当然，桐溪塥的水始终保持清澄，固然有类似“溪长”制的分段保护，桐溪塥自身的鲜活和流动才是根本原因。事实上，桐溪塥的水持续清澄，让人们有决心和信心永远保护好这份清澄。如果桐溪塥的水不干不净，一般人也会以不干不净对之，桐溪塥的水就失去了她固有的美和价值，断不会成为人们心中的白月光。

人也是一样，必须从一开始就保持自己的清澄，别把沿途滴进来的一两滴墨水不当回事，不要过于自信自己的自净能力，你可能不在意那几滴墨水，但在众人眼里，染了几滴墨水的你已经不干不净。这时候，纵使你有比干之才、张良之志，又有何用？可惜了你的寒窗苦读，浪费了父兄辛苦供养，也辜负了师友的殷殷期盼，糟践了桑梓文化的哺育。因此，欲为国器，当自守身始。桐城文化教人慎独慎微、慎初慎久，给别的地方的人留下了胆小的印象，在一定程度上也影响了桐城子弟的仕途，但放在更长的时间段上来看，这未必是坏事。张英清廉自守，留下“六尺巷”的家风，其子张廷玉更是谨遵家教，虽位列宰辅，始终保持清流本色。

方宗诚是桐城派后期名家，学宗程朱，深受曾国藩、李鸿章赏识，当了十年枣强县令，政声颇佳，晚年辞官归隐，宦囊只有四大挑子书。回到家里，儿子守彝替他整理书籍，发现父亲文稿里夹着许多金银薄片，大惊失色，忙问父亲。方宗诚顿时满脸愧色，支吾不能语，见儿子伤心落泪，乃说出原委：“为父做官十年，未曾贪污半点钱财。这些银两都是朋友临别赠送的，我想用作印书的费用。”守彝听后说：“父亲差矣。用受礼金银来印自己的道德文章，不仅使文章黯然失色，而且污染铜臭味，儿子今后还能读父亲的文章吗？请父亲三思而行！”方宗诚幡然醒悟，忙问儿子怎么处置这些金银。守彝果断地说：“父亲有志兴学，培养人才，何不送回枣强，助资办学？”方宗诚喜曰：“方氏后继有人，护清门之家风有望矣！”

在“三年清知府，十万雪花银”的大气候下，方宗诚一个十年县令，只是为了印书而收了一些临别馈赠，完全可以自安，何至于此呢？但君子清如水，不染一点世俗尘埃，岂能滴进来“墨水”？如方氏父子，可谓得“水”之本意、识“清”之真趣，是“清”在骨子里的一泓“清水”。

君子能干事是本事，能干净是本钱；不干净，再有本事也没有干事的本钱。君子志在国器，干净是一辈子的事。桐溪塥的水教我们做人做事。

桐溪塥之美，美在灵韵

有人说，桐溪塥打通了县城的地脉、气脉，把灵气灌入了“金龟永寿”的“铁打桐城”，从此桐城文风大炽。自洪武三十年开通桐溪塥以后，明代中叶起，桐城开始文星灿烂，到清代更是文教鼎盛。井喷一样出现了张姚马左方、盛吴何赵叶等文化家族。据《桐城耆旧传》载，桐城一县明代进士 80 人，举人 165 人；清代进士 153 人，举人 628 人。不能说桐溪塥的开通与文教事业大盛有直接的因果联系，但也许是历史的机缘巧合，桐溪塥开通后，桐城的文风确实迥异于前朝，时至今日，流风余绪还弦歌不绝。

桐溪塥一经开通就与文教交织在一起。桐溪塥的水从城北入城，最先经过的就是桐城世家的府邸，最有名的就是桂林方氏和麻溪姚氏两大家族。富贵而重文是人之常情，子弟读书是君子立世扬名的主要途径。两大家族开枝散叶，终于学有所成，方以智、方苞、姚鼐等就是杰出代表。世家子弟的成就鼓舞了地方其他家族，甚至小门小户。沿着桐溪塥流经的方向，以文庙学宫为中心，近代又加入了桐城中学，形成了桐城文化的地域坐标群，而桐溪塥就是这文化坐标最鲜活、最生动的一条流动浮标。

时间一长，人们就把桐溪塥理解为这座文化名城的文脉所在。桐城历史文献记载，桐城古城是一个圆形城池，形如一只金龟，称为“金龟永寿”。有好事者演绎，桐溪塥就是金龟的龟肠，正因为有了这龟肠的运化，金龟才能吸收营养、排弃废物，金龟的灵性才得以发挥。这当然只是戏说。

从城市建设来说，一座城市的灵气确实离不开水。人类文明也都是从河流旁边开始的。古人讲智者乐水，不是没有原因的。智者从水的流动和灵动中感悟事物的变化，寻求变化的妙要；从水的至柔至坚中,体悟事物的辩证,求得智慧的升华。

科举时代的佳话增加了桐溪塥的灵韵,但真正让桐溪塥大放异彩的,是120年前桐城中学入主桐溪塥。桐城中学握住了桐溪塥的入城首段。其时,昔日世家的府邸已经零落,姚鼐的惜抱轩成为桐城中学一景,姚先生的银杏树成为桐城中学的一个精神和文化图腾。换言之,桐城中学成为桐城派文化象征的守护者,某种程度上成为桐城文统的继承者。

吴汝纶先生1902年书下的“勉成国器”,就是对桐城中学子弟最深沉的期望和永恒的鞭策。

1925年,方宗诚先生之子方守敦先生,集六朝文句,为桐城中学诗碑书下“高峰入云,清流见底”“杂花生树,群莺乱飞”16个字。学子勉成国器,既要高峰入云、大树挺立,更要清流见底、不受诱惑。守敦先生是教育家、诗人和书法家,有父兄洁身好义遗风,当年力助吴汝纶先生创办桐城中学,也曾支持陈独秀先生在安徽兴办公学,对桐城中学和桐城文脉有特殊感情。这诗碑至今还矗立在桐城中学校园,成为桐城先贤对后学永远的要求和警示。

昔日文脉今在否? 桐溪塥畔思国器! 承载了先贤精神的桐溪塥,运化了桐城文脉的桐溪塥,在废弃20年之后,终于在桐城中学120周年华诞之际,清流复水,再现碧波。希望这是一个象征和契机。从此,桐城复兴的不仅是文教,还有那古老的乡土大地和那大地上的人们。愿桐溪塥永在,愿文脉绵长! 愿桐溪塥两岸,一切如先贤所望!

(作者系桐城中学1983届校友)

少年勤学早，青春六年半

胡国汉

我于 1977 年春季进入桐城中学。因为学制改革，初中三年半，高中是恢复高考后第一届改三年制，所以在桐城中学共度过了六年半的中学生涯，可能是史上最长的一届。

母校 120 周年校庆征文，也将我思绪的闸门打开，又见到那个热火朝天的中学时代和曾经懵懂上进的少年，竟有洋洋万言的欲望，告诉自己尽量不要太啰唆，回望，分享……

强身健体魄

我的初一班主任是章永中老师，他后来成为校团委书记；副班主任是胡旺胜老师，他刚毕业分到学校教体育。

大概由于我那时发育比较早、个子比较高(初二体检时我的身高是 168 厘米)，我刚上初一就被安排进了校篮球队。每天早上天麻麻亮就起床到学校训练，先跑 3 000 米，再连续投篮 50 个，然后进行对抗赛。待遇很好，提供两根免费油条作早餐。我由于年纪最小，经常被派去买油条。

那时桐城中学体育风气很好，在胡旺胜老师的指导下，我养成了爱好运动的好习惯。在六年多中学学习期间，我几乎每天下午放学后会打一场篮球。后来的行医生涯中经常做七八个小时的手术，甚至有连干48小时的记录，能坚持下来也得益于中学时的锻炼打下了良好的体格基础。

体育项目里我最擅长的是跳高，从初一到高中毕业，历年校运动会上都是跳高冠军，高二时还代表桐城参加安庆地区运动会。那时池州还没有从安庆分出去，彭安全老师率领我们去池州参加比赛，住城北旅社。

后来，我跟林祖年老师学手球，也进了校手球队。印象最深的是，冬天早晨那铁硬冰冷的手球握在手里感觉手都不是自己的。

早起，坚持，竞技，强健了体魄，也磨炼了意志。体育精神来自母校的培养，不敢或忘。

你追我赶拼学习

在整个桐城中学学习期间，感受最深的是那种你追我赶的学习气氛。当时整个社会也是这种氛围，谁家孩子学习成绩好，家长在单位、在社会都很有面子，教出了好的学生、带出了好的班级的老师脸上也有光。

桐城中学学风很盛，“学好数理化，走遍天下都不怕”是当时最时髦的口号。我印象最深的是经常分班，分快班和慢班，初中三年一年分一次班，高中至少也分了两次，我所在的高一(4)班干脆拆分到其他班。这种比较残酷的竞争方式对老师和学生都是极大的激励与考验。这应该是桐城中学能够持续辉煌的制胜法宝之一吧。

初一年级因为改成夏季招生而延长半年。印象比较深的是教英语的马光昌老先生，为人忠厚，教学最认真，常穿灰布中山装。可能是由于刚学英语，我特别来劲，因此，他对我也特别关照。

我们这届五个班，其他四个班都在两层的教学楼一楼，只有我们这个班在教学楼对面的小平房里，与教师宿舍相邻。当时马老师和我们班主任章永中老师住在一个院子里。我经常在考完试后到他们住的院子里，把自己的试卷拿出来先让他们改，考了满分就特别高兴。

初一数学老师是罗伟校长的母亲包老师，和蔼可亲。那时候考试经常有附加题，满分是 120 分。她经常在考试中间到我桌前看看我附加题做出来没有。

初三语文老师是吴永清，枞阳人，讲课诙谐生动、简明易懂，不但传授知识，还教我们做人的道理。他是老资格的教师，也是我心目中的大师。

高中学习印象最深的是早读课和晚自习。我是城关走读生，不住校，早上起来赶到学校上早读课总见满天星斗，晚自习回家也常与星月做伴，真正披星戴月！早读课上大家朗诵课文，全校一片琅琅书声，班主任和英语、语文老师来辅导的时候多；晚上一片灯火通明，大家在静悄悄地复习数理化。这样的场景在当时的桐城也算得上是一个独特的夜景了吧。

高一我在(4)班，班主任是陈万灵老师，严谨、认真、负责。数学老师是吴良兴，一心扑在教学上。他每次上课都能把黑板写满几次，他对学生要求非常严厉，学生对他都很敬畏。

我是数学课代表，每天晚自习结束后要把全班作业收起来送到吴老师宿舍，他有时会在此时私下讲我几句。那时我还有点怕，每次去交作业时一只脚在门内、一只脚在门外，随时准备逃跑……

后来，吴老师因脚疾要做手术，我一直积极为他联系，却没能来上海，很是遗憾。2012 年我们 1983 届同学聚会时，看到他走路用拐杖，可能是在安庆手术没有做好，又极力劝他到上海，遗憾的是还是没有成行，没能让我有一个报答师恩的机会。

最值得骄傲的是，我们班吴曼青同学成为恢复高考后桐城中学第一位院士，我们 1983 届还有方复全同学也当选为中国科学院院士。据我了解，我们 1983 届应该是迄今为止桐城中学办学史上唯一的一届两院士。希望这个记录还能被后来者超越！

师长助我做良医

在初中同学中，我和洪时朴玩得比较多，放学后经常到他家做完作业才回家。他爸爸当时是县医院的外科主任，妈妈也在医院工作，他们家住在桐中大门对面的医院宿舍。他父亲对我影响很大，是我医学生涯的启蒙者和引路人。

我的高三班主任是卢声频老师，他和蔼可亲、平易近人，对学生极好。1983 年安徽省高考填志愿政策改变了，以前是分数公布后再填志愿，那年是考完后三天内自己估分数填志愿。

为了保证升学率，学校希望同学们都降一档填志愿。卢老师亲自到我家征求意见。因其夫人周师母也在县医院工作，知道一些我的情况，他与时朴的父亲洪主任一起为我选定了学医之路，也圆了我不为良相便为良医的梦想。

值得庆幸的是，多年后，周师母的关节手术在我工作的长征医院进行，也算给了我一个报答师恩的机会。

恰同学少年

恰同学少年，风华正茂！

回想 40 年前的中学生活，青春活泼，意气风发。母校培养我们德、智、体全方位发展，真正落实因材施教、因人施教，贯彻全人教育的理念。我深感中学六年半的教育为我之后的学习和职业奠定了雄厚的基础。感恩母校，愿母校蓬勃发展，蒸蒸日上，永葆省内国内一流名校的优良校风与传统，永夕永朝！

衷心为母校祝福！

（作者系桐城中学1983届校友）

母校千日恩情深，雄鹰万里展翅翔

樊泽政

啊，母校！纵尽您拥具鸿篇巨制的颂歌，我仍按捺不住心中崇敬之波澜，聊以拙文，为您恢宏的史册拾遗补阙，替您动听的乐章添曲小调。像掬一朵溪渠的浪花，映照母校的荣光；如拾一枚银杏的羽叶，化作金色的书签……

母校桐中，桐城学子心中神圣的殿堂。

文都杏坛，万千青春自此逐梦扬帆！

胜景人文映光华

那个丹桂飘香的时节，我兴奋而忐忑地来到闻名遐迩的桐中就读。四十二载弹指挥间，然唤起的记忆，清晰如昨。

学校背负龙眠山，傍依龙眠河。牌坊式的校门，楣额上熟悉的鲁迅体“安徽省桐城中学”，白底红字，映入眼帘，格外醒目。迈入大门，一条林荫路引领前行。道路两旁，高大的法国梧桐，银灰色主干，粗壮圆润，似一座座桥墩，枝丫伸展，黄绿相间的树叶，层层密密铺盖，搭建成一条绿色隧道。光泄缝隙，斑驳陆离，亦真亦幻。路东一侧，林木葳蕤，芳草如茵，园筑亭池，堆石造山，苍松翠柏，花木秾郁，曲径以联。一条麻黄石柱，四棱锥顶，峭然耸立，如利剑出鞘，势若凌空。勒刻的六朝文句“高峰入云，清流见底”，笔力千钧。

前方，绿映丛中，有亭翼然。红柱黛瓦，四角重檐，驻足观赏，匾额题写“后乐亭”三个大字，运腕传神，遒劲潇洒，令人静息思贤。注目路西，一鉴方塘，倒映天光云影，如碧似翠，镶嵌绿地草坪——咦，学校还有游泳池哩！林荫道端，一座高大的白色屏风，兀地遮挡视野。屏风左右，分植翠柏，葱郁若滴，挺立云霄，斧削笔陡，俨然列队哨兵。

绕过屏风，豁然开朗，一个偌大空旷、砂石夯就、坦荡如砥的操场呈现眼前。举目环顾，哦，这才是属于桐中的建筑！

蓦然，一幢古色古香楼阁，跃出东边地平线，乃学校缔造者、吴汝纶先师设计的“半山阁”。建筑融入楼、台、亭、阁诸多元素，造型别致精美，像一首“凝固的音乐”，诱人驻足倾听。西面山墙，满壁张贴脍炙人口的诗文、琳琅满目的丹青，那是在展览师生的作品。校长室、教务处、医务室近旁依次坐落。先师当年亲植的紫藤，与校同龄。躯若巨蟒，披缀绿鳞，似蟠龙腾云；紫蕊绽放，艳而不丽，为幽雅的庭院锦上添花。匍匐而生的她，默默诉述“攀龙附凤”的沧桑传奇。东北教学楼前，矗立碧空的银杏，冠盖如亭。历经春霖浸润、盛夏炽热、秋阳熏染，华丽蝶变，一如身披金袍、君临天下的王者，气冲霄汉；又像那熊熊金焰，闪烁耀眼；树叶猎猎，仿佛万千学子翻动诵吟母校厚重的书页；那漫舞飘逝的金叶，铺织张张锦绣旃毯，熠熠生辉。惜抱轩银杏啊，演绎校园四季醉美！

操场正西，与半山阁遥相呼应的一幢高台基中式建筑，红柱黄墙，宛如一艘远航归来、静泊港湾的画舫。当年，这是渡江战役二野司令部。室内宽敞的大厅，刘伯承、邓小平曾在此地召开渡江作战桐城会议，运筹帷幄，指挥雄师过大江，一度作为图书馆和新生临时“大通铺”，也曾借作中考、高考考场。

校园有后山，雄踞西北隅。山，乃天然屏障，为城、郊的“分水岭”。登临远眺，校园景象，尽收眼底，一览无余。山脉之东稍，开削一爿，腾位于盖新教室。坡岭野树参差，杂草丛生。“其实地上本没有路，走的人多了，也便成了路。”后山素颜原始，偏安一隅，却不落寞。晨曦初露抑或落日熔金，同学三三两两，或信步山岗，或切磋探讨，或掩卷沉思，定格成一幅幅朝夕力学的剪影。想象一下，设若没有后山，校园似乎还真缺少什么。

不断在思念中掠过的，是那条穿校流淌的溪流。准确地说，该称溪渠。人工开凿，青石砌驳，接引河溪，“渠成水到”。溪渠垂柳夹岸，婀娜多姿。老师员工家属临溪捣衣洗涤，流传消息，欢声笑语。同学一日三餐洗刷搪瓷缸，偶尔荡起一股乳白色浊流，半时片刻，漂浮物随波而去，溪水又澄澈不染，掬之可饮。抑或遭遇山洪，渠水泛黄，挟裹枝叶野草，呈现“雄浑”景象。雨过天晴，正本清源，于无声处，诠释着“流水不腐”的哲理。嘹亮的钟声，召唤同学习课、出操，少不了疾驰奔跑、逾溪越渠，匆忙有乱的同学，“扑通”一声，不慎失足“下饺”。说时迟，那时快，他双手扒撑渠岸，纵身跃起……东方拂晓，晨练归来的身影，撩拨袅袅雾纱，临渠洗沐，顿觉神清气爽。即便寒冬，也破冰洗漱。渠溪，非仅柔情，更磨炼少年“三九严寒何所惧”的毅力与坚忍。夜阑人静，淙淙溪流，“下载”苍穹如菊的星光，“上映”教室通明的荧灯，仿佛童话世界；渠水潺潺，轻吟浅唱，好像动听歌谣……

徜徉校园，移步换景，凝目生花，美不胜收。自然景色与人文光华，交相辉映，相得益彰。遍布校园、品类众多的嘉树茂林，奇草异卉，燕语蝉响，绘织成“杂花生树，群莺乱飞”的旖旎风光，流连忘返。校园，是一座繁花锦簇的百花园，是一座生机盎然的植物大观园。当年孙闻园校长遵循办校意旨，建设园林式校园，营造静雅利好的育人环境，以熏陶性情，激发文思。政府将桐城公园划给学校，足见对桐中之厚爱、对教育之重视。

名师星灿耀品牌

“师聪弟子明”，无数名师的排列组合，赋能擦亮母校品牌，构成母校“人才的摇篮”宏伟气象。回味当年的恩师先贤立德树人，我们终身受益；传道授业，我们难以忘怀。

进校时，时任校长杨仲林，我们难得见到。每遇到他，总背着手，踱步校园。平头阔额上刻有细纹，面庞清癯，胡须刮得干净。深邃的双眼，炯炯有神，巡视着校园四方。继任校长方尔文，高考誓师大会上，身材高大的他，洪亮的嗓音发出激情洋溢的动员令，高频率抑扬，“啊——现在是非常时期”，那极具感染力的声音，至今回响耳畔。副校长梁晋明兼教导主任，常着笔挺的蓝灰中山装，青丝丝的，精明干练，仪表俊逸，很有“校长”的风度。

数学老师邓国栋，胖墩富态。据说从桐中毕业，直接留校任教，可知何等优秀！腋下夹把三角尺或者圆规，口袋里掏几支粉笔，步上讲台，随即娓娓道来。班上名叫“社教”的同学瞌睡了，先生慢条斯理道：“昨个晚上有位同学很辛苦，是开展社会主义教育了吧。”点名艺术，批评含蓄。对没有完成作业的同学，也不疾言厉色，总用一个通俗的比方来教化，“做泥鳅子还怕泥糊之眼睛啦！”语重心长，情理自明。

语文课上，同学未能背诵《伐檀》一诗，时先德老师不以通常的语气招呼坐下，而以短促的文言“坐之”二字，印象深刻。时老师板书清丽，操场上常见他晨练跑步、投篮的矫健身影。大学期间，我曾在《安徽日报》上发表散文《小河情思》，先生来信：“看了那篇文章，我断定就是你写的！”老师的信任，给予我很大的鼓励。

语文老师吴德文兼文科班班主任，不苟言笑，不怒而威。但凡见其身影、闻其咳声，抑或同学一声“老吴来了”，原本喧哗散漫的场面，“秒”成寂静，凝固只需一瞬间。如今想来，一群远离父母的懵懂少年，有如此“严管家”，实乃幸运和福气。当时，学习辅导资料相当匮乏，均由教导处或授课老师搜集、编印。先生用班费订阅《人民文学》《诗刊》《散文》等一流刊物，同学恣意采获，享受文学大餐。后来，老师和我在同一城市工作，缘赐予我求教请益的机会，堪称亦师亦友。我应是受他教益最多的学生了。

政治老师卢声频，谈吐从容，一门枯燥的课程，经他分条析理，让人如沐春风。讲辩证法时，以“下雨好不好”为例，“久旱逢甘霖”——雨是及时雨（好），洪水泛滥时——雨是“雪上加霜”（不好），浅显易懂，入耳入脑。讲质变、量变时，拿吃面包的故事予以释然。有个人吃完五块面包，肚子饱了，便后悔前四块不该吃。殊不知，前四块是量变过程；第五块，则是质变（饱）了。最让人叹服的是，考前他“猜题押宝”的问答题，就那么神奇地出现在高考试卷上！

文科班数学相对薄弱。为防止“跛腿”，考前几个月，由陈维谐老师来强化训练。先生摆脱老师的架子，垂目微笑。老花镜滑到鼻尖，真担心随时跌落。可他的眼睛从镜框上方扫描台下，开始“拉家常”似的讲课，像把家带到课堂，循循善诱。轻松的课堂气氛，缓减了同学们的焦虑和压力，文科班数学成绩显著提高。我高考的数学分数竟然高出语文。

慈母般的李素萍老师，迟眠早起。忙完家务、批好作业，夜已深沉，还打着手电，检视教室晚自习和宿舍就寝情况；学俄语却改教英语的刘化民老师，一学年帮我们补完初中三年的课程；因教学突出选拔来的英语老师胡新民；银发早生的地理老师张兴，在班级联欢会上，仅亮嗓唱一句“我老汉今年五十八”（其实他不到 50 岁），就戛然而止；会解数学题目的彭鸣皋老师；知识渊博的物理老师方愈；热情开朗的化学老师赵新亚；不拘小节的历史老师胡玉堂；资深望重的体育老师林祖年；还有王铁铸、杨怀志、吴永清、吴震川、何振亚等老师，虽未直接教课于我，但他们常见诸报端的文学作品或教学成果，亦是“无言之师”；北京大学毕业的物理老师汪年生、南开大学毕业的历史老师叶来应，风华正茂，是励志的榜样、学习的偶像……

母校是一部厚重的书，我们汲取德智体美劳的丰富营养，滋润心田；老师是一篇篇精彩的文章，启智化愚，指点迷津。良师贤德，为人师表，各具神采，尽管他们水平见仁见智，但都具有共同的优秀品质：既教书又育人，既是师长亦是家长。母校啊，名师荟萃，星光灿烂。

紫燕雄鹰展翅翔

1980 级是恢复高考后首届三年制（试点）。沐浴改革开放的春风，为振兴中华而勤学，向攀登科学高峰而苦读，蔚然成风。其时，对越自卫反击战的英雄事迹、铿锵玫瑰“三连冠”的拼搏精神，鼎沸校园；崇尚英雄，追求理想，点燃青春；矢志“跳龙门”、争当“天之骄子”的内生动力，迸发同学奋进豪情。1983 年高考捷报频传，盛况空前！且不说理科班许多同学考上北京大学、清华大学及其他名牌大学的，仅中国科学技术大学，一次就抢先录取 17 名，并派专车送来录取通知书，传为美谈，至今仍为母校津津乐道。再看看我们一个文科班，当年考取北京大学（何兰生）、复旦大学（陈新满）、南京大学（李操纲）、南开大学（毕劲松）、厦门大学（徐轶）、武汉大学(吴宁)、山东大学(叶永生、操学诚)、江西财经学院(魏安胜)、华东政法学院(孙斌)、安徽大学(张凤麟、陈良高、汪龙生、张家政)等诸多名牌大学。

“龙眠钟气,代起人豪。”母校是一座熔炉,万千青春淬炼成钢。当年的莘莘学子,腾飞龙眠山麓,驰骋海北天南。同年级的吴曼青同学,致力于中国雷达探测科技事业,创新发展了数字阵列雷达技术,引领雷达发展的新方向。他当选中共第十八届中央候补委员、中国工程院院士,现任中国电子科技集团总经理。曾同班的方复全同学,第十三届全国人大代表、中国科学院院士,现任首都师范大学校长。曾同班的谢柏松同学,为极端条件下新物质和形态方向学术带头人,入选教育部“新世纪人才”。文科班同班同学何兰生,考入北京大学中文系,先后被评为“全国新闻出版行业领军人才”“文化名家暨‘四个一批’人才”,现任农民日报社党委书记、社长、总编辑。操学诚同学,现任太原市政协党组书记、主席。毕劲松、李操纲、魏安胜等同学在金融业管理方面,成就非凡。高二时,徐高云同学在《少年文艺》发表《母亲的心》,获得全国中学生作文竞赛奖,名噪一时,也为学校争光。

同学是校园最美的风景,有的成为国家栋梁,有济世之才;有的成为社会精英,建功立业;有的成为行业领军人,报效桑梓。他们功成名就、各自成景,无不为母校增光添彩;他们各谋前程、各显身手,无不是母校的骄傲。

回首百廿春秋,母校缔造者擘画“勉成国器”的蓝图,悄然描绘成壮丽的现实:人才已奋兴,利器已陶冶。母校恩师先贤,盛世如您所愿!

(作者系桐城中学1983届校友)

三十年后再握手

孔合平

2015年10月3日至5日，桐城中学1984届(2)班30余位同学，从祖国四面八方，相聚在美丽的家乡桐城，共同回忆当初的同窗友谊，交流离别31年后的相思之情，重叙往日情怀，尽享重逢喜悦。

三十一年一瞬间，往事依稀在眼前。当年共圆求学梦，今朝举杯续前缘。阔别31年后的今天，我们终于又相聚了。

31年的风霜雨雪、沧桑岁月，洗尽了我们的青春年华和天真烂漫，但洗不去我们心中那深深的同学情谊。无论人生沉浮与贫贱富贵，我们的同学情谊就像一杯醇厚的陈酿，越品味越浓，越品味越香，越品味越醇。

31个春秋后，虽然我们不再年轻，但是只要热血未冷、情怀不老，只要弦歌未断、奋斗不止，生命的彩虹定然会出现在我们湛蓝的人生长空。我们已近知天命之年，前面不会有太多的31年等着我们。因此，我们在继续奋斗的同时，还应该学会珍惜，学会享受，学会快乐！让我们洗尽沧桑，端起美酒，把握和珍惜这次难得的相聚，坐看云卷云舒，笑谈人生百味！

祝福所有辛勤培育过我们的老师，身体健康，心情愉快，阖家幸福，安度晚年！祝福同学们，心宽体健，事业顺利，家庭和睦，平安快乐！祝我们的友谊地久天长！

花絮一。10月4日下午3点左右，在桐中门口的大路上，远远看见班主任苏翔老师走下汽车，大伙一起围了上去，只见苏老师依旧神态年轻，与大家一一打招呼。走到教学楼前，苏老师笑着说：“合平，你变化真大，你长高了。记得当年你坐在第一排，很听话，作文成绩很好。”时光仿佛一下子回到了31年前。

花絮二。随后，我和启宁去接其他几位住在校园里的老师。王启玉老师第一个下楼，他老人家白发苍苍，却步履轻盈，神采奕奕，见到我们非常高兴。紧接着，曹福满老师也过来了。见到我，他很兴奋：“当年英语85分以上就是高分，你考了95分。”我好惊讶老师超人的记忆力。我当年考了几分自己都忘了，老师却记得清清楚楚，顿时觉得好惭愧。

花絮三。陪几位老师一起走在桐中的校园里，85岁高龄的陈希老师依然精神矍铄。曹福满老师问举着拐杖走在身边的陈老师：“陈老，您今年贵庚？”陈老师笑着回答：“我今年85岁了，属羊。”曹老师兴奋地说道：“我73岁，也属羊。”我听了后接过话茬：“巧了，我也属羊。”陈希老师爽朗地笑了：“哈哈，我们‘三羊开泰’啊！”大家听了，都会心地笑了。

花絮四。10月4日下午4点左右，1984届(2)班师生主题班会在桐城电商大厦七楼举行。大家簇拥着朱益群老师、曹福满老师、苏翔老师、陈希老师和王启玉老师进入会场。“亦师亦友，相伴往昔；有缘有份，欢聚今朝”的横幅直接点明了本次班会的主题。张良福博士作为主持，请各位同学各自介绍一下自己的学习工作情况。只见曹老师打断道：“请大家顺便介绍一下各自的家庭情况。”大家都会心一笑。

花絮五。轮到陈军友同学发言了。他说当年因为痴迷爱因斯坦的相对论，报考了国防科技大学的核爆破物理专业，后来阴差阳错跳槽到中石化油田，从事生产管理和技术工作。得益于母校老师的言传身教，油田管理班子五人小组都因为贪腐问题被组织调查，只有他成为唯一没有任何瑕疵的领导干部。大家都为他热烈鼓掌。

花絮六。10 月 4 日晚上 9 点半，桐都会。苏翔老师深情演唱一首《驼铃》，立刻勾起了大家对 31 年前送战友踏征程的美好回忆。最后，大家合唱《难忘今宵》，深情相拥，依依惜别。此时，我们才深深体会到相聚时难别亦难。让我们共同期待再相聚！

花絮七。相聚时分，特别想念旧时同窗好友，张卫卫同学目前依然失联。张同学是安徽宿松人，天资聪颖，性格内向。1984 年 9 月从桐中毕业，考取上海交通大学计算机系，后分配至国家经贸委驻成都特派员办事处工作，两年后调回北京，据传从事证券相关工作。虽多次联络，但未见踪迹。卫卫，母校在等你归来！

花絮八。桐中毕业 30 多年了，同学情深。同学们在 31 周年聚会上，见到了阔别已久的兄弟姐妹，沁润情怀，快慰衷肠。看你走出半生，归来仍是少年，握手拥抱之间，同窗深情在相互传递、飞速流转。同学们挥别分离之苦，同叙相思之情，畅谈相见之欢，共约后会之期。唯愿时光不老、岁月长青，佑我同学风雅不减、芳华不去，常有岁月可回首，且以深情共欢颜！项宗方、陈春来同学，曹老师心里一直在惦记着你们哦！

花絮九。同学，是一种天赐的缘分。一次相逢，终生的伙伴。同学情，是一份永恒的友谊。一朝相依，毕生的回忆。同学事，同学情，同学义，说不完，道不尽。短暂而难得的求学机遇，使我们彼此情同手足。品尝学业的艰辛，经历成长的烦恼，共度少年的苦乐年华。我们告别幼稚，走向成熟，友谊的种子在热情和谅解中扎根，友谊之花如一杯清醇的美酒，历久弥香。期待大家再聚首！

（作者系桐城中学 1984 届校友）

校园的小溪

郭　君

这是一条至今还流淌在我记忆中的小溪。

它从校园东面淙淙而入，从西面穿墙而出，静静走来，蜿蜒而去，年复一年在我的母校桐中校园中流淌。它拍打着时间的浪花，记录着四季的模样，那份清澈深深地镌刻在我的脑海中。

小溪三里见长，两米见宽，凹凸的青石板砌立两边，层层叠叠，错落有致，构筑出一条精巧的水道。溪水流势匀缓，清澈见底，在黑白波光的交映中，荡漾着银杏葱茏的树影。小溪就像一个灿烂的花环，戴在校园美丽的脖颈上，又像是一条优美的绸带，把校园牢牢系在龙眠山下。

每到春风拂面之际，小溪两边的青石缝中，生机盎然的世界也在悄悄酝酿。不知名的花草在罅隙间探头探脑，很快，它们就会爬满青石，汇入小溪欢快的游行队伍中。如果你俯下身，一定能发现，即使是石缝间小小的一点绿意，也精神抖擞，活泼可人。刚刚崭露头角的它们铆足了劲头，沐浴着春日的暖阳和雨露，努力地拔节成长。

绿色星星点点，绿得活泼，绿得喧闹，那是“二月春风似剪刀”的兴奋憧憬，更是“春风得意马蹄疾”的意气风发。小溪清亮欢快，薄如落叶的小鱼儿游乐溪间，成群结队追逐着波纹，有人近前便一摆尾匿入石缝深处，好不自在。

夏日，溪流水势变大，往日的活泼里也多了许多雄浑的元素。流水、鸣蝉，还有夏日炽烈的风卷过树叶时簌簌的响声，奏响了一曲曲动人的交响乐。此时，青石缝间早已万紫千红，热闹非凡。草尖轻拂水面，花枝随风摇曳。它们簇拥在石缝边，你挤着我，我挨着你，争先恐后地探出头来，在骄阳下盛装怒放。

紫色的、绿色的藤蔓曲折蜿蜒，紧贴着溪壁，一点一点向前延伸，组成一个微小而复杂的迷宫，紧紧缠绕住这盛夏光年的醉人瞬间。在这场盛大的宴会里，最忙的还要数蜜蜂，这些辛勤的小东西嗡嗡飞舞着，四处奔忙，唯恐辜负了那些甜蜜的等待。

当秋冬之际、天高气爽之时，这片热闹渐渐平息下来。碧云天，黄叶地，山映斜阳天接水，高大的树木间掩映着整齐的校舍，伴随着溪水蜿蜒，宁静之中更添一番灵动的韵味。

漫步溪边，你会发现有许多豁口，由块块青石板堆砌而成。从豁口进入，来到水旁，看流水潺潺，品草木芬芳。四时景致各异，往往让人沉醉于美景而不知时光流逝。溯溪而上，龙眠山盘卧远处，高耸入云，巍然屹立。

沿溪而下，万木葱茏，小溪步履缓而不滞，悄然隐去。在似云似雾的尽头，便是龙眠河，故乡的母亲河。问渠那得清如许，为有源头活水来。小溪出自龙眠山中，自然带着山的纯净和灵气。百年来，它裹挟着母校莘莘学子的青春气息，汇入故乡的母亲河，流进了无边无垠的大海。

每当忆起这条小溪，曾经求学的记忆也如溪水般涓涓流出。我想起了当年辛苦而充实的时光，想起了桃李满天下的恩师，想起了在这里度过的那段青葱的校园生活。每到周六傍晚回家，搪瓷缸中装满母亲腌制的咸菜，又在周日下午匆匆回到校园。长灯亮起，学子们的身影准时出现在课堂上。晚自习结束的钟声，伴着潺潺的流水融入夜色深处。

生活固然艰辛，但我们那辈人对传统美德的尊崇从未懈怠。那时吃饭，是不需要宣传的“光盘行动”。所有人走出食堂时，搪瓷缸里的饭菜都被吃得干干净净。拿到小溪边清洗时，搪瓷缸都洁净得犹如擦洗过一般。

溪水洗净了搪瓷缸，卷起点点谈笑，流向远处的龙眠河。兴起时舀起一缸溪水泼向小溪中间，顿时激起一片浪花，溪中觅食的鱼儿被这清脆的水声惊吓得窜向深处，留下一片涟漪，一圈一圈荡漾开去。往日情景如此鲜活，皆历历在目。

回想旧时，“光阴似箭”“日月如梭”这些词语经常出现在作文中，只是那时年少轻狂，又怎能在激扬的文字中体会这岁月轮回的梦境？

我曾在溪边，折了一只小纸船，轻轻放入溪水。小船随波荡漾，顺流而下，渐渐远离我的视野，直至踪迹全无。我有些怅然若失。这只小船，它能流去哪里呢？它能无畏艰险，流入大海吗？无言的小船无法告诉我答案。但我的心里是明白的，它的目标和志向，一定会是大海，是那个容纳百川、浩瀚无垠的大海。

我曾在溪边，看见几个女孩子追逐戏水，清脆的笑声甚至惊飞了憩息的小鸟。那青春的活力引来旁边很多同学驻足观望。女孩笑容可掬的神态，男孩若有所思的神情，逗得溪水欣欣然大笑而去。

我曾在溪边，怅然若思，不明白溪水中鱼儿众多，却为何从未见过蛇鼠出没其间。多年后，我明白了，蛇鼠定因其丑陋的面目、狠毒的心性被世人惧怕唾弃而羞于进入小溪。小溪因为自己的清澈明亮、洁净不染而不愿与其为伍，更容不下肮脏丑陋之物。

我曾在溪边，用溪水冲洗自己的伤口。那是在家收割稻子时，手指被镰刀割破的伤口；那是栽秧时，被水田中的蚂蟥叮出的伤口；那是在家放牛时，被牛虻叮咬的伤口。溪水如此清澈，仿佛有一种神奇的魔力，伤口冲洗几次，很快便痊愈了。

我曾在溪边，掬起一汪溪水，一饮而尽。溪水清亮纯净，丝丝甘甜，由口入心，顿时倦意全无，精神一振，满心的澄澈明净。

我曾在溪边，高声朗诵“少小离家老大回，乡音无改鬓毛衰”。如今，我到了两鬓斑白的年岁，却仍然说地道的桐城方言。无论身在何方，故乡的山水情景都历历在目。古诗中所写的那份感怀，此刻的我终于感同身受。

40 年，弹指一挥间。岁月如歌，嘹亮激越；岁月如酒，沉香迷醉。那条萦绕在我梦境中的小溪现在还好吗？是否依然清澈纯粹？那些依偎在你身边的花儿是否依旧香气醉人？你还在欢唱流淌，一路激浊扬清，带着坚定的信仰和希望奔向龙眠河，流向远方，流向海洋吗？无论你流向何方，你始终会流淌在我的心田里，激起我对母校和往昔岁月的依依思念。你提醒着我从哪里来，又指引着我向何处去，如一盏彻夜不眠的明灯，在这琐碎繁杂的生活中，送给我一份珍贵的宁静与思索。

（作者系桐城中学 1984 届校友）

我爱母校

黄奇志

适逢母校桐城中学百廿华诞，作为母校游子，我感慨万千。几回梦里重相逢，只为那里是如此美丽的地方，曾经有我的青春、我的梦想。

不师汝而师谁

走过文庙广场，一条笔直悠长的大道尽头，赫然耸立着“安徽省桐城中学”。校牌的字体取自鲁迅先生手迹，给这所历史悠久的名校赋予了浓厚的文化气息。

进入校门，是一条林荫大道，掩映其中的是两侧宣传长廊。至今记忆犹新的是我自乡下第一次到校时，校园深邃的绿色让我的眼睛为之一亮，当然觉得城里的女同学都如花蝴蝶一般，也让我有晕晕乎乎的感觉。大道左边有个标准游泳池。右侧则是杂花生树的小花园，其中矗立一尊高高的石柱，上面刻有“高峰入云，清流见底”，字体流畅隽永，而篆体的“为梁为柱罔不宜，志重远者，不师汝而师谁”，古朴厚重。

移步前行，是一个别致的后乐亭，寓意“先天下之忧而忧，后天下之乐而乐”，亭旁有清清溪流缓缓流过。校园背后远处的是巍巍龙眠山，与这清澈溪流，恰好应景着石柱碑刻。后乐亭旁有秀气的半月潭，婷婷植立有淡香荷莲。旁边玲珑假山，其后高处有一株蔽天遮日的参天大树。

再朝大道前行，迎面便是松树丛中的一幕屏风，真乃独具匠心的设计。这样自然分成两旁道路。穿过屏风后感觉别有洞天、豁然开朗，一个偌大的操场，高中三年我都在此晨跑。

左侧是一座多柱结构又大又长的黄房子，为学校图书馆，曾经的二野渡江指挥部旧址，当年刘伯承、邓小平同志就在这里运筹帷幄，指挥渡江战役。右侧则是建于清光绪年间的半山阁，乃桐城派后期大师、晚清教育家吴汝纶先生创办的桐城学堂藏书楼。

半山阁系两层砖木结构，由楼阁两部分组成，顶部的屋檐翼然，凌空欲飞。建筑独特典雅，有“凝固的音乐”之誉。在半山阁西北侧，还有先贤吴汝纶先生植下的一株紫藤和一株翠柏。先生用心良苦，劝谕后生学顶天立地、四季常青的翠柏，而不是匍匐在地、委身于人的紫藤。操场旁边有阅报栏，那时是我的最爱，中午从食堂打饭后，就手端搪瓷缸，一边吃饭，一边流连忘返地看报，借此了解天下事。

校园内东北隅至今已有近300年的惜抱轩银杏树，如今已是枝繁叶茂、华盖如云。秋天的丹桂，色泽洒金，飘香云端，似乎别处桂花无可比拟，我疑心是来自蟾宫之桂。

潺潺溪流更赋予母校以灵性，溪中深色水草摇曳，还有纤纤鱼虾轻嬉浅底，雨中小溪泠泠作响，和着校园琅琅书声。后山的青青草地，如织锦一般。少男少女，手持书卷，徜徉蜿蜒小径，在新雨之后的早春，当是人生最好的倩影。

为馒头计

美丽的校园总会有许多有趣的故事。在那个单纯得近乎透明的年代，男女同学之间互不说话。我座位前面是美女“学霸”何同学——如今已是耶鲁大学访问学者，左边同排的是与我同姓的另一位女同学。

何同学经常回首云：“姓黄的，……”我总感窃喜，可总是本家同学应诺后和她嘀嘀咕咕一通。多年后同学聚会，我特地向美女“学霸”求证，疑心当年喊“姓黄的”莫非是喊我吗？是否与我讨论数学问题亦未可知，因为虽然无法与全能“学霸”比，可我是班上唯一参加全国中学生数学联赛并获奖的啊，我本家同学本不该接话茬的啊。“学霸”同学会心一笑，反正未置可否。

校园里的生活也大有趣味。五分钱的青菜豆腐，让我们已经很满足。如果狠心买下一毛钱的荤菜，一定是在知道考试成绩好得不行之后。至于两毛钱的鲊肉（米粉蒸肉），简直是人间至味，有余香三日绕梁之享受。就连早餐的馒头也很抢手，早读结束铃声一响，同学们便如离弦之箭飞奔食堂，伴着搪瓷餐具乒乓作响。

在售卖馒头的窗口，小个子的我们和女同学们经常被挤到一边，买不到馒头才是常态。当然，偶尔恼羞成怒之际，抡起搪瓷缸大打出手也偶有发生，成为难忘的一幕情景剧。

我们班有位张君，长得高大，常于晚自习后练起武术，一招一式像模像样，我猜他也是为馒头计。大约他是每次都能吃上馒头的，结果考上了清华大学。

同寝室的另一位程姓同学，家境优渥。他自家中带来颇大个玻璃瓶，装满大鱼大肉。他从不把我们当外人，倒不是与我们分享，而是经常当着我们的面，自顾自地大快朵颐，咂嘴咂舌吃得津津有味，让我等暗咽口水，耿耿于怀。为此，毕业后我们一直拿他"吃独食"说事。这厮却说："以为不入你们法眼呢。"

如果这些还不够，不妨做个穿越，穿过墙洞，可以潜入党校探幽，那里有修竹深深，甚至远足紫来桥、龙眠山。或者管他的什么高考，偷得浮生半日闲暇，溜进荣休电影院看当时流行的电影《英俊少年》。"独行侠"干脆从后山直接翻墙，小山内外芳草萋萋，有寂然野花静静绽放。坐在高高墙头，极目小城之春，尽收桐中全景，好不惬意。

周末想回家又想省银子（那时傍晚好像也没客车了），运气好的一次是几个人搭上了一辆手扶拖拉机。正在心情舒畅中，"突、突、突"的拖拉机在一个水塘边突然失控，就要一头扎入水塘，万幸的是被一棵碗口粗的树挡住，惊魂甫定、心有余悸。那棵树被我们封为"一大夫松"。

另有一次，一大群人干脆徒步走回去，五六十里地，披星戴月。好在少年壮志，皎洁月光里一路上高谈阔论。走到金神，已是夜半，离我家还有 20 里地，实在不行了，只好投宿在同行的一位异班同学家，巧的是我们的父辈彼此竟是很熟悉的人。

高峰入云，清流见底

在那个窗明几净的宽敞教室，在那个幽静雅致的齐备实验楼，在那个荣光耀眼的明黄图书馆，窗前摇曳的梧桐树影，伴着翠鸟的和鸣。诸多良师辛勤耕耘、呕心沥血，这样的场景我们历历在目。

北京大学物理系毕业的汪年生老师，高屋建瓴，将艰深物理学条分缕析，汪洋恣肆，庖丁解牛般游刃有余。

汪老师讲课铿锵有力、激扬文字，黑板上遒劲的板书入木三分，偶然一长串的英文句子立即将我们完全怔住，忘情时粉笔头任性抛出，如同群莺乱飞。如此投入，以至于几乎每堂课他脸上都沁出汗水。

另外一次的杂花生树则是有几位同学未及时交作业本，汪老师将补交来的砸在地上，我们背后戏说是“砸书生花”。细细想来，这何尝不是老师的一片苦心啊，正恰是爱之切，其言其行亦切。

教我们数学的崔甸甲老师，虽只是桐城中学高中毕业，但是数学教研组组长。崔老师极像当时日本经典电视连视剧《血疑》中的大岛茂教授，简直神形兼备，平时衣着整洁，目光真挚，颇具风度。

身为教研组组长的崔老师名副其实，教学堪称完美。抑扬顿挫、言简意赅的语言使数学课富有感染力。行云流水的板书，简洁工整，也让人折服。极其严谨、极富逻辑的讲解，让数学学习成为一种享受。我从中感受到什么是一丝不苟和干净利落。特别有幸的是，崔老师作为桐城中学领队，带我赴安庆参加了全国中学生数学联赛。

担任班主任且教我们语文的胡佳题老师，当年高考曾达到复旦大学录取分数。第一节语文课就让我们耳目一新。胡老师口若悬河的讲解完全击倒了我们，原来语文课还可以这样盎然生趣！学养深厚的胡老师是红学大家，有许多这方面的著述。作为理科生，我们深受胡老师的文学熏陶，受益匪浅。

作为班主任，胡老师辛勤付出了很多，关心我们的学习和生活。多少个晚自习，都是胡老师陪伴在我们的身边。及至我们毕业后，胡老师还致同学们一封信，我至今记得其中深情写道："我拾起又放下的，是你们的信件；拾起放不下的，是对你们的挂念……祝同学们努力加餐！"一片浓浓师生情谊，跃然纸上。

温文尔雅的陈希老师、慢条斯理的方愈老师、绅士风度的朱益群老师，还有曹福满老师、王铎老师、李素萍老师、汪年春老师、刘培生老师、江潮老师、彭安全老师等。当我们离开母校后，蓦然回首，发现母校其时荟萃诸多如此优秀的老师们，他们或激情四射，风风火火；或诙谐幽默，妙趣横生；或循循善诱，谦谦君子般传道授业解惑。他们不但给我们知识和力量，而且启迪我们高峰入云、清流见底的做人品格。

这些才是桐中风景中的至美，正是他们铸就了百年名校的辉煌。如同校园中的参天大树，原是园丁的辛勤浇灌。他们全身心的付出，殷殷希冀勉成国器，大木柱天。我们无言表达感念，唯有默然于心。母校老师们，你们辛苦了！

彼时莘莘学子，彼此竞争名次，百舸争流；同时互相关心帮助，激励人生。匆匆三年，原是如沐春风的人生快意时光。

那古老的桐中铜钟声，以及许多良师的谆谆教诲声，早已沁入我的梦中。我多么想回到弦歌一堂的昔日，与不需要想起却从不会忘记的同窗们，一同倾听这天籁之音。

“自从离开你那一天，我就满怀对你的依恋……”我爱桐中，愿母校的明天更美好！

（作者系桐城中学 1984 届校友）

难忘母校烛光情

程太平

斗转星移，兰桂腾芳。伴随着新时代的步伐，我的母校安徽省桐城中学即将迎来120周年华诞。此时，我百感交集，浮想联翩。

在这里，我放飞了青春，实现了梦想，从一个普通的农家孩子成为北京大学的学生。

在这里，我要感谢晚清文学家、教育家、京师大学堂总教习吴汝纶大师，在桐城这片热土上，率先创办了桐中新学。经过一个多世纪的发展，逐渐沉淀了丰厚的人文底蕴，进而嬗变为时代的光芒。

纵观母校的历史，像我这样在母校取得成绩的人是微不足道的，但这里对我来说却是人生的转折点。我与桐中的故事，是刻骨铭心、终生难忘的。

忘不了，1981年9月，我有幸进入桐中读书。刚迈进桐中的大门，一首《人说山西好风光》的歌曲将我愉快的心情带到遥远的地方。举目四顾，楼台亭阁、石刻古色古香，掩映于枝繁叶茂之中；花草鲜美，与游泳池、体育场、水泥大道相伴相依，仿佛是一幅完美的画面。

忘不了，入学伊始，我被分配在高一(5)班，有缘遇到了好几位爱岗敬业、乐于奉献的老师。班主任是田鹤群老师，身材魁梧，正直善良，教我们英语时发音标准、声音洪亮，深受同学们的喜爱；高传明是我们的语文老师，还兼任校语文组组长，他稳重儒雅，才高八斗，经常出口成章，博得同学们一阵又一阵的喝彩；教我们数学的是金贻莘老师，他数学知识渊博，上课时喜欢踱来踱去，以至于他的皮鞋发出有节奏的嘎啦嘎啦的声响。正是这些老师们苦口婆心、诲人不倦的精神，为我们的学业均衡发展奠定了坚实的基础，为后来的发展提供了空间。

忘不了，读高二时，我选择了文科，担任我们班主任的是教语文的何振亚老师。进入文科班后不久，我对何老师就有了全面而深刻的了解。

何老师出身书香门第，性情俊朗，满腹经纶，素有成人之美的风范。20 世纪 50 年代后期，他才 16 岁就开始教书。虽然只有初中学历，但他家学渊源，古文功底深厚，边教边学，勤教苦学，从小学一直教到省重点高中。其间曾在桐城文教局教研室任职，曾受到省政府表彰，“文革”中曾下放到青草高中任校教改组组长、班主任和高中语文老师，拨乱反正后调至桐中。何老师努力进取的精神令我敬佩，他是我学生时代的偶像。

何老师以校为家，爱生如子，将课堂作为施展才华、奉献社会的人生舞台，将全部心血都倾注到我们学生身上，不但关注学生的学习，更密切关注学生的生活和情感，尤其对后进生和家庭经济困难的学生更是关爱。何老师任班主任时，有令必行，有禁必止，率先垂范，恩威并重，要求学生做到的，自己必先严格做到。

何老师教我们语文时，非常重视读写能力的培养和提高。导读课精讲多练，作文课引导、批改、评讲常态化。学生的优秀作文常在班上传阅，有时还向有关报刊推荐。难能可贵的是，他经常“下水作文”，引起学生的联动效应。有个阶段，社会上和个别学校曾出现重理轻文现象，何老师据理力争，及时撰写了《不能轻文》一文，发表在《安徽教育》上，在社会上引起了强烈反响，也使我们学文的学生明确了方向、坚定了信心、激发了潜能。

最使我不能忘记的是，在高考估分填志愿的时候，我因经验不足，准备填报省属一般院校的中文系。是何老师通过筛选信息、纵横比较，强烈坚持要我填报北京大学。后来如愿以偿，何老师竟比我的父母还高兴。

想想过去，看看现在，关键的十字路口，如果不是何老师火眼金睛，当机立断帮我作出正确的抉择，我的人生履历就要改写了。鲲鹏与鱼行陌路，从此山水不相逢！抚今追昔，感慨万千。国器参天心血铸，桃李怎忘雨露（恩师）情！

走进北京大学，我惊奇地发现，北京大学的校训与桐中校训“勉成国器”有异曲同工之妙，北京大学的老师们与桐中的老师在精神上和学识上有着惊人的相似之处。他们都像蜡烛，燃烧了自己，照亮了别人。他们像父母，像园丁，像春蚕，像石灰，他们的殷殷之情，常常触动我的眷眷之心。他们的言传身教，让我学会了求知，学会了做事，学会了共处，学会了做人。他们常常启迪我，努力将知识转变为能力，将能力转化为成果，将成果奉献给社会，为人类作出应有的贡献。

正因为如此，离校 30 多年来，我和许多老师都保持着联系。决心有生之年，也像我们的老师那样，有一分热，发一分光。眼下，俄乌交恶，我担忧人类命运共同体的构建；国人抗击新冠肺炎疫情，我也是中华民族的一员，责无旁贷，加入志愿者行列，正夜以继日地战斗在自己的工作岗位上，生命不息，战斗不止。

时逢母校举行双甲子校庆，我魂牵梦绕，忙里偷闲，仓促成篇，追忆母校的故事，践行母校的嘱托，感恩母校的烛光，礼赞母校的辉煌！

（作者系桐城中学 1984 届校友）

忆桐中恩师点滴

邱凤鸣

收到耄耋之年的桐中当年班主任何老先生的大作《魂系国器》及作序的邀请，以及桐中120年相关回忆的文章，我诚惶诚恐，撇开红尘烦事的纷扰，静下心来，伏在案前，浮想联翩，忆起了多年前的往事。

1981年暑假，接到桐中的录取通知书，自豪喜悦无以言表。更重要的是，刚从桐中毕业的我的哥哥，前不久被北京理工大学录取，通知书也到了，小小的村庄顿时炸开了锅。“一个上重点大学，一个上重点高中”，在上大学和上桐中百里挑一的年代，在我的家乡算是开创了先例，多少年后还为人津津乐道。

《老子》道：祸兮福所倚，福兮祸所伏。把自豪当成骄傲的我，经历了一番曲折的磨砺，才得以如愿以偿考上财政部属院校江西财经大学。这是后话。

当年在迎新的高音喇叭“向新同学学习，向新同学致敬”声中，我与新同学坐着迎新车进了桐中校门。

懵懵懂懂中经历了充满新鲜感的高一后，高二分班时我进入了文科班。班主任何老师我早就有所耳闻，他从纯粹的农村中学青草高中培养出了考入清华大学的学生，作为班主任和语文老师，他功不可没。那位清华大学学生李新友，是我表兄李六三的堂兄弟兼同班同学。有这种关系，自然多了份对何老师的了解和景仰之情。

到了文科班，见何老师衣着大方得体、朴实无华，操着一口家乡话，没有摆脱乡土气息，也没有架子，只是在批评学生不良行为时，声音才高亢严厉些。

高二有一次上劳动课，要到几里外的校农场劳动，我因事向何老师请假了，但在后来的班会上，被何老师点名批评，无故缺课，要补课。当时我确实比较懵，但既然老师在公开场合说了，只能服从。抱着这样的心理，也是在何老师的安排下，于某个空闲无课的下午到农场参加劳动了。

记得到农场沿着北大街穿过环城路，离桐城师范学校不远的地方，有一块岗地。到了农场，几个师傅见到我，就指导我刨地挖坑、撒种大豆，再覆土洒水。如此，干了个把小时，农场师傅就让我先收工了。

在整个劳动过程中，我感到农场师傅随和朴实，语言不多，却很亲切。因为我是农家子弟，所以这些农活干起来很麻利。这节课让我至今记得桐中还有地地道道的农场，还有正式的劳动课。桐中农场大约有十来亩地，还有专人在这地里默默无闻地耕耘着。自此后，再没有听到有关农场的信息了。

我后来了解到何老师的经历，令人感佩。何老师从私塾学起，读完了高小，在新中国成立之初可是实实在在的文化人，在扫盲运动中做夜班老师、小学老师，边教边学，不断进步，从小学调到初中再到高中，还到过桐城教育局做教研员，“文革”中又回到家乡青草中学任教，可谓勤学不辍、诲人不倦。

在语文学习中，何老师给我留下了深刻的印象。记得讲到《林教头风雪山神庙》这课，“在漫天大雪中，林冲提着枪深一脚浅一脚地走着，那雪下得正紧……”“这个‘紧’字，要言不烦，境界全出，表达传神，使文章妙笔生花。”何老师倾心讲解，让学生体会到文章的精彩所在。讲到苏轼的《念奴娇·赤壁怀古》一词中的首句“大江东去，浪淘尽，千古风流人物”时，何老师在讲台上大手一划，“滚滚长江东逝水”的感觉立马出现，手势恰到好处，形象地表达出词意，深入浅出，生动传神。何老师是在用心讲课。

讲到作文时，何老师很注意文章的段与段之间的逻辑关系，文章结构的衔接搭配与首尾呼应。那年到文科班不久，学校举行作文比赛，是材料作文，以文化部原部长、桐中校友黄镇将军捐建的后乐亭及周边环境作为文章材料，标题自拟，文体不限，写出不少于 800 字的作文。我们班派出了黄志东、杨俊旭、马雪松、张新宇等五位同学出战。

同时，在赛后的语文课上，何老师让全班同学在规定时间内作文，体会一下竞赛的感觉，并考一下全班同学的水平。我的作文得了 70 多分，这是何老师给我的评分。何老师还对全班同学的作文进行点评，并把全校竞赛第一名曹三九同学的作文专做评讲。记得他的文章被评为 78 分，作文标题似是《后乐亭记》。与强者比较，知道差距所在，我们由此增强了写作的信心。

除了何老师，在桐中文科班的学习中，有幸还遇到讲解深入浅出、幽默风趣的数学老师彭鸣皋，答题严密、化繁为简的政治老师卢声频，归纳精到、条分缕析的地理老师张兴，兢兢业业、不知疲倦的英语老师朱益群，知识丰富、见解独到的历史老师胡玉堂。这些优秀老师的敬业精神和高尚的诲人不倦的品格让我终身受益。

在后来的工作中，一次偶然的机会，我在参与现任职单位整理档案时看到自己在桐中时的档案，学生评语栏竟是何老师用毛笔工工整整地书写，那种认真负责的字迹真让人惊叹。更重要的是，他给了学生很高的评价，想必是何老师在用全身的力量推举他的弟子，以期助力跃入“龙门”，去往更高的学府深造。

何老师严厉的眼神仿佛又在我眼前浮现，那是期待和鞭策的眼神！这一切终将化作我前行的不竭动力！

（作者系桐城中学1984届校友）

致敬恩师与母校

张良福

母校桐城中学120周年华诞即将来临，我收到了当年文科班班主任、语文老师何振亚先生撰写的《魂系国器——献礼桐城中学120周年》一书，当即认真拜读。我心情激动，感慨万千，涌起不尽的回忆，对恩师、对母校有说不完的话。

近年来，通过邮箱和微信等方式，我与何老师联系频繁。我经常收到他发过来的文章。每次拜读何老师的文章，看到近90岁高龄的何老师仍然笔耕不辍、才思敏捷，我的心情非常激动、非常欣慰，更感到我没资格“躺平”。

何老师爱生如子。无论是我们当年在校时，还是我们离开桐中以后，他始终关注、关心着我们。每当我们学习和工作有变动、取得些许进步与成绩时，他都发自内心地高兴，更是充满热情地大加赞赏、鼓励与鞭策。

捧读何老师专为献礼桐城中学120周年而著的新书《魂系国器》，当年我在桐中三年学习生活的一幕幕再次在我脑海中回放。

我们这一代农村娃，人生的转折点是在桐城中学。桐中老师们的高度敬业精神与高超的教学水平使我们能够从桐中迈进大学，开始新的人生旅途。因此，我总是以桐中为荣，对桐中、何老师和桐中其他老师们充满感激、感恩。

1981年，我以安庆地区中考并列第一名的成绩进入桐中。记得当时杨仲林校长特地来到教学楼(2)班教室外、桐溪旁,当面鼓励我,要不骄不躁,继续勤奋刻苦学习。在欢迎新生大会上,我作为新生代表上台发言。学校领导和老师们都希望培养我成为安徽省高考状元,为桐中增光。(2)班班主任、数学老师崔甸甲对我更是关怀备至。

时至今日,我仍然经常回忆起一个场景。高二文理分科时,我选择读文科。崔甸甲老师特地领着我,在(2)班教室外、桐溪旁,与文科班班主任、语文老师何振亚见面。他牵着我的手,交到何老师手上,非常郑重地说:“我是把一棵文科状元、北大的苗子交给你了!”何老师一手握着崔老师的手说:“崔老师,我一定会好好培养!”一手紧紧握着我的手说:“你一定要努力,相信你一定能够成为文科状元。”当时我一方面诚惶诚恐,一方面下定决心,一定要刻苦学习,不辜负老师们的殷切期望。

尽管后来我没能成为状元,但如愿考进北京大学,算是没有完全辜负崔老师、何老师及桐中领导和老师们的厚望与培育。

桐中创始人吴汝纶先生与北京大学有着特殊的关系,这种特殊关系使我在北京大学时常引以为豪。

吴汝纶先生1840年出生于安徽桐城高甸刘庄(今属枞阳县),1889年辞官正式出任位于保定的莲池书院山长,开始了他的教书育人之路。北京大学的前身京师大学堂是戊戌变法失败后仅存的“硕果”。1902年年初,吏部尚书张百熙登门拜访吴汝纶,请他出任京师大学堂总教习,加五品京卿衔。但吴先生坚辞不就,张百熙甚至跪地相求。无奈之下,吴先生暂时接受了任命,但以先赴日本考察教育为条件。是年5月,吴先生率队出访日本。三个月后,他起程回国,但没有去京师大学堂任职视事,而是取道上海,直接回到故乡桐城,创建桐城学堂,并亲笔题写办学宗旨楹联“后十百年人才奋兴胚胎于此，合东西国学问精粹陶冶而成”，横批“勉成国器”。此后，桐城中学经历了晚清、民国和新中国三个历史时期，桐中一代代师生始终不渝地遵循着吴汝纶先生的教育思想。

当我读到《五代情韵》《五位同学印象记》《人才的摇篮》三篇文章时，我深深地感受到桐中一百多年的辉煌是由一代又一代师生们共同创造与传承光大的。

当年教我们的老师都是“大儒”。他们品行端正，自我修养高，豁达的人生观与强烈的责任心和使命感、高度的敬业精神、高超的教学水平集于一身。他们对教书育人一往情深，对传道授业兢兢业业、乐此不疲，没有丝毫懈怠。他们对学生是爱生如子，尽心培育，无私奉献，以为国育才为使命，以助寒门子弟成才为己任，并引以为荣，乐在其中。

教过我的老师，如班主任兼语文老师何振亚，语文老师吴震川，数学老师崔甸甲、彭鸣皋，政治老师卢声频，英语老师朱益群，物理老师方愈，历史老师胡玉堂，地理老师张兴等，他们都是教学高手。崔甸甲、朱益群、吴震川等恩师多年前去世了，我一直深深地怀念他们。祝愿仍健在的老师们乐享天年，健康长寿。

当年的我们，大都是出身寒门的农家子弟，为改变自己和家庭的命运而刻苦学习，为更好服务国家和社会而努力成才。我们学习积极性高、主动性强，克服各种困难，锲而不舍地学习，追求德智体全面发展。入校第二年，即 1982 年，适逢桐中建校 80 周年。我们为桐中过去的辉煌而骄傲，也从桐中的曲折发展中汲取不忘初心、砥砺前行的精神力量。我们非常珍惜在桐中的学习成长机会，以桐中为荣，更希望自己日后能为桐中增光添彩。

当我读到《一本应时之书》《古文教学侧记》两文时，我想起当年桐中的文言文教学和对桐城派的传承。何老师是文言文教学方面闻名校内外的高手，讲解文言文时声情并茂，让我对文言文的兴趣大增。何老师对桐城派人物与相关文章的讲解使我第一次对桐城派有所了解。这种对文言文的学习理解及对桐城派的初步了解，在我离开桐中上北京大学乃至后来找工作的过程中，都发挥了非常重要的作用。

在北京大学学习期间，无论是同学还是老师，知道我来自桐城中学后，可以说是“肃然起敬”，总是要和我探讨桐城派的文章。在硕士毕业后寻找第一份工作时，世界知识出版社总编在面试中问我是不是真的来自桐城后，当即表示不用面试就录取我。待其他面试官走后，他说要和我探讨一下桐城派。我只能用我在桐中学习的文言文和桐城派的些许知识来救急应付一下。后来才知道，总编的夫人是桐城人，他对桐城派有非常精深的理解和把握。他平易近人，经常以探讨为名督促我多学习桐城派名家文章。

在桐中120年校史上，何老师和其他老师用自己的心血汗水书写了浓墨重彩的篇章。在桐中120周年校庆前夕，何老师又以《魂系国器》一书向学校献礼，为桐中继续书写新的华章！可喜，可贺，可敬！

正是有了何老师和其他老师的无私奉献，才实现了“桐中敲铜钟，童男童女同上学”“黉门启鸿蒙，弘教弘学宏国器”的桐中梦。预祝桐中在新时代创造新辉煌，谱写新篇章！

（作者系桐城中学1984届校友）

人生航程里永远的灯塔

黄志东

正在新闻宣传一线与新冠肺炎疫情鏖战，闻母校桐城中学120周年校庆的喜讯，疲劳困顿一下子消失了。班主任何振亚先生新撰《魂系国器》牵引着思绪，瞬间回到了悠长的东大街，金黄满地的古银杏，淙淙清亮的桐溪水……

40年前，我们这群来自安庆地区八个县域的青涩学子考进了桐中，这在当时是十分光荣、让人惊羡的事。“左脚进了桐中，右脚就跨进了名牌大学的门槛。”“文革”浩劫刚刚过去，母校抖落80载风尘，四面八方的教坛精英陆续汇聚到龙眠河畔。“勉成国器”校训铿锵，激荡起勇当大任、代起人豪的校园精神，激励着一代代教师、一茬茬学子在这方恬静的校园里，汲取智慧，积攒能量，为改变命运、振兴中华而勤学笃教。

何振亚老师是这支优秀教师团队的代表之一。他出生私塾世家，新中国成立不久，即积极响应政府号召赴山区扫盲支教，弱冠之年筚路蓝缕，深受乡亲们爱戴。之后，他在多校任教，有口皆碑。当年安徽省厅市局每每研讨教改、编写教材，都要延请先生，倾听主张。恢复高考之后，桐中百废待兴、求贤若渴，何老等名流翘楚被招致麾下。1981—1984年，何老师担任文科班班主任兼授语文，我们这一拨弟子非常幸运、幸福地聆听了先生三年教诲。

20世纪80年代的桐中校风正、师资强、生源好，高考升学率、名校录取率冠盖江淮，闻名遐迩。时光荏苒，曾经的风华少年而今都已风霜满面，回望来路，无不由衷地感谢母校、感恩老师为我们扣好人生第一粒扣子。在这里，我们开始树立正确的世界观、人生观、价值观；在这里，我们开始瞄准人生航向，勇毅果敢地起锚扬帆。后山操场上跑圈晨练，新旧教学楼晨读阵阵，教研室里老师身影绰绰，夜色已深宿舍烛光依然闪烁，不时响起值夜校工的吆喝，川流不息的龙眠河把青春梦想带向远方……清晰、亲切、隽永，镌刻在记忆深处。

桐中三年开启人生第一课。语文何老师、数学彭老师、英语朱老师、政治卢老师、历史胡老师、地理张老师……他们阅尽沧桑而精神矗立，为学生们传思想之道、授职业之技、解人生之惑。即便离开母校几十载，先生的谆谆教诲言犹在耳，如桐城历代先贤一般，成为一代桐中人的奋进标杆和人生偶像。工作小有成就沾沾自喜时，会被先生鞭策“男儿志兮天下事，但有进兮不有止”；职场遭遇挫败而气馁，就会被鼓励“这些人生路上的坎坷，只要你勇敢地跨越它，前方就是更好的风景”；人生陷入迷茫时，会被警醒“回归初心，定准方位，不可在碌碌无为中虚掷光阴”。

记得桐中 1981 级文科班毕业 20 周年聚会，我们陪伴着何老师、师母漫步校园。先生年逾七旬依然步履稳健，思维敏捷，风采依旧。深情环顾一山一水、一草一木，百年母校正如古银杏，浓荫参天，华盖四野。这是我们的图腾，是我们源源不断汲取滋养、获得力量、砥砺前行的精神家园！

“后十百年人才奋兴胚胎于此，合东西国学问精粹陶冶而成。”一个多世纪以前，母校创始人吴汝纶先生以放眼天下的大格局和穿越时空的深邃眼光，为桐中定位，期待后人“勉成国器”。100 多年来，一波又一波桐中毕业生迈出校门、走向大千世界，为国家富强、民族振兴、人民幸福接续奋斗。这些年，我们走南闯北在职场拼搏，桐城派的历史、桐中人的身份确实带来了许多底气，更激发起我们在新世纪、新时代再创辉煌、书写华章的无限豪情。

何老师耄耋之年挥就《魂系国器》，把对桐中的讴歌赞美、对故园的深情眷恋和对后世子弟的殷殷期许，尽情倾泻于笔端书页。“学为人师，行为世范”，先生堪称学生楷模。他一辈子勤勉执教，桃李争妍。自桐中之后，又被铜陵市聘请，继续在江南名城名校哺育人才、吐尽芳华。他笔耕不辍，始终活跃在时代前沿，虽年届九旬但熟稔微信，驰骋朋友圈，岂止心生敬仰！

母校、老师就是伫立在人生航程里的灯塔，一直为我们导航。即便大海茫茫无际，即便身边惊涛骇浪，她始终在前方传递温暖、指引方向，鼓舞着我们乘风破浪、勇毅前行。

（作者系桐城中学 1984 届校友）

校　徽

张晓庆

1982年夏天，父亲在村里到处招呼乡里乡亲，准备请客，原因是我中考成绩出来了，可以上中专。那时的中专可是百名初中生才能考上一两个，中专包分配，是“铁饭碗”，是许多农村孩子的梦想。但几天后，父亲的客请不成了。

我到县城体检那天，经过桐中门口，碰到桐中老师摆着桌子招生。一名高个子老师叫住了我，问了我的情况，说：“你的年龄不大，应该读高中，年轻人当志存高远。你可以到校园里转转。”这位老师就是我后来的体育老师吴明来。

我早就耳闻桐中是“神”一样的存在，街头巷尾都听到关于那所学校毕业生的传奇，高考升学率80%以上，很多学生考上名牌大学，还出了不少知名作家、院士。

走进校园，我便喜欢上了她的古色古香：高大而有沧桑感的银杏树、半山阁、后乐亭、左忠毅公祠，桐溪贯流园中，古树老藤，小桥流水……我看到偶尔有几位同学戴着白底红字的“桐城中学”校徽在校园里徜徉。我很羡慕，要是戴上桐中的校徽，那该多骄傲呀。

在我的坚持下，父亲终于同意我上桐中了。虽然客没请成有点失落，但看着我时，眼里充满了希望，还给我做了一套“的确良”衣服，说：“未来的名牌大学生要穿好一点。”

进学校后不久，我终于佩戴上了校徽，编号718。邓国栋老师是我的数学老师，课讲得非常好，每次课堂前都会给我们介绍复旦大学、中国科学技术大学、华中工学院（现华中科技大学）等一些名校的情况，让我们对未来渐渐有了目标。我最期待语文课，每次写作文，高一的黄会老师、分班后的吴震川老师总挑出三篇写得好的作文作为范文读给同学们听，我被选中的次数很多，这也激励着我对写作产生了浓厚的兴趣。

桐中的学习时光既紧张又愉快，我踌躇满志，那是梦开始的地方。那也是一个有座右铭的时代：天行健，君子以自强不息；今日事，今日毕；修身齐家治国平天下……而校训“勉成国器”是同学们的共同理想。

桐中有着丰富的课余活动。我们那一届正赶上学校80周年校庆，学校组织我们听音乐会，还去附近影院看电影《骆驼祥子》。我们农村孩子以前都是在露天看电影，只是看热闹。那次是我第一次在正规影院里看电影，有着不一样的感觉。

我的邻座是一位佩戴校徽的女生。当看到小福子自杀一场时，不经意中看到她已泪流满面，我的鼻子也酸酸的。电影艺术魅力如此之大，让懵懵懂懂的我与剧中人物产生了共鸣，饱尝了人间的酸甜苦辣、爱恨情仇……

兴趣是一种牵引，在后来的青春岁月里，看电影是令我最愉悦的事。我向往看电影前那热切期待的心情，痴迷黑暗中那一份淳厚而弥久的感动，还有灯光突然打开那一瞬间的恍然。当时我有个理想，将来自己一定做电影编剧。

游览披雪瀑，也给我留下了深刻的印象。班主任罗伟老师要求我们都佩戴校徽，路遇的村民都投来了欣羡的目光，说：“这些学生将来都是天之骄子。”我还清楚地记得当时的兴奋心情，心中还默默念着王蒙的一首诗，“所有的日子，所有的日子都来吧，让我编织你们，用青春的金线……”老师给我们介绍姚鼐笔下的披雪瀑：“水源出乎西山，东流两石壁之隘，隘中陷为石潭，大腹合口若罂，瀑坠罂中，奋而再起，飞沫散雾，蛇折雷奔。”

1985年高考如期而至，那年我们文科班考得极好，全省文科重点大学招生285名，桐中文科班就被录取了40多名。我却考得极差，真是“园中草木春无数，只有黄杨厄运年”。郁闷的是，我作文看错题目了，几乎得0分。我成了“名落孙山”的“孙山”，被一所不知名的省城学校录取学习财务。

我想补习一年再考，可屋漏偏逢连夜雨，父亲做的卖毛笔小生意亏本了，欠了许多外债。年轻时好冲动，为补习的事和父亲吵了一架。一气之下，我将桐中所有的书本，连同那枚编号718的校徽都扔进我家门口的水塘里。

转眼30多年过去了。曾经几时，我一直魂牵梦绕再戴着校徽去那个电影院看场电影，再去披雪瀑……我想，那枚校徽是再也找不到了。

时光流转，几回桐城，那个电影院几经沧桑，物是人非，一如银幕变幻。但不变的是，一直留在我内心中的对那些岁月的怀念，那个戴着校徽、流着泪的女孩，现在不知是否还爱流泪……

武汉疫情刚刚结束那天，下了一场雨，我终于如愿又来到披雪瀑。也许见过了宏伟的黄果树瀑布、壮观的壶口瀑布、宽阔和清澈的九寨沟诺日朗瀑布，再看披雪瀑只是一个很普通的瀑布。但我知道，对于桐城人来说，披雪瀑有着特殊的意义，成了漂泊他乡游子的乡愁。于我而言，是我少年的记忆，梦想放飞的起点。人生几度春秋，经不起似水流年。

今年春节回老家，母亲说阁楼上还有装有父亲遗物的一个木箱子,不知可有什么东西。我爬上去,木箱上覆盖着厚厚一层灰。我轻轻地打开,发现里面只有一个用红绸子包着的小包裹。解开一层层,最终我看到两件东西:一个是父亲抗美援朝的复员证;另一个是一枚“桐城中学”校徽,编号718。我至此才知道,父亲当年从水塘里摸起我的那枚校徽,一直珍藏着。

我的眼睛湿润了。终于明白,此生我内心隐隐的忧郁与那枚校徽有关,我性格里那份坚韧也与那枚校徽有关。

(作者系桐城中学1985届校友)

桐中敲铜钟

张　浩

一年之计在于春，一日之计在于晨。从小，父母和老师就经常跟我念叨这几句古话，激励我发奋读书。

在我的故乡，大地还在沉睡，旷野中响起“播谷播谷”的叫声，这个时候，春天就来了。小镇的人们还在梦乡里，天空回荡起桐中的钟声，这个时候，清晨就开始了。

今天的年轻人可能很难想象，现在计时工具非常多，手机电脑上都有，手表差不多成了时尚装饰或者奢侈品，实用功能已经不重要。但在我小时候，很多家庭是没有钟的，手表更是稀罕之物，被列为 20 世纪 70 年代四大件(收音机、缝纫机、自行车和手表)之一。

那时候，桐中的师生，甚至我们小镇上的很多人，都是听着桐中的钟声来安排作息和生活的。我家住在净土莲社旁，与桐中一墙之隔，听得更真切。

桐中的钟楼在半山阁的一侧，春天的时候，地上长满青苔，周围是紫藤和绣球树。据记载，钟楼始建于 1902 年，砖木结构，钟是纯铜铸造。每当钟声响起，声传四方，清越洪亮，悠扬悦耳。100 多年来，那悠扬的钟声迎来四乡八镇的莘莘学子，又把数不清的栋梁之材送往全中国，乃至全世界。

每天，桐中敲铜钟，像指挥大师的指挥棒一样，指挥乐队奏响生机勃勃、多彩多姿的乐章。

起床钟响起，师生们闻鸡起舞，整个校园开始喧闹起来。这个时候，天还蒙蒙亮，操场上到处都是跑步打球的师生，林祖年老师、方愈老师、吴世发老师早早地就来了，山坡上，桐溪边，到处都有特别勤奋的学生在早读。

预备钟响起，提醒你快要上课了，抓紧时间。我妈妈说，她上学的时候(那时桐中没有围墙)，听了预备钟，才从家里出发，到教室刚好，不会迟到。

上课钟响起，偌大的校园立即显得特别宁静，只听见鸟儿或者知了的稀疏叫声，它们生怕打扰了老师上课，影响他们挥洒才情、传道解惑，也生怕打扰了认真听课、对知识如饥似渴的学生。

当然，总是有一些懵懂的少年，听着听着就走神了。他们望着窗外的蝴蝶，心里在盼望着下课的钟声，他们盼望着下课，盼望着放学，盼望着游戏。终于，下课钟响了，整个校园恢复了喧闹，走廊里，银杏树下，假山上，到处都是天真烂漫的少年，在嬉戏，在歌唱。

很多同学一定不知道，手握这个“指挥棒”的打钟人，叫金雨。他是当时桐中为数不多的几名党员之一，个子不高，背有点驼。在我妈上学的年代，他就在桐中打钟，一直到我们姐弟上学，还是他在打钟。直到去世前一两天，他还在打钟，工作到生命的最后一刻。

我毕业离开学校 30 多年了，桐中的钟声好像还常常在耳边响起，甚至在梦里响起，我以为自己上课迟到了。这似乎在提醒我只争朝夕，还有很多事需要做。

（作者系桐城中学 1985 届校友）

转眼四十年

吴光明

转眼，从桐中毕业快40年了。尽管岁序更新、往事飘忽，时间冲淡了一切过往，但我对桐中的感情日久弥深。高中三年求学生活的场景常常在不经意间从心底浮现，让我的内心时不时温馨一下。

碰巧进桐中

我的老家在桐城一个边远乡村，当年到县城参加中考是我第一次坐车远行。记得当时是学校包了县汽车站的汽车，我一上车还在东张西望时，别的同学就抢先找到座位坐下了。记不清我是不是站到县城的，但清楚地记得班上有一位姓王的男同学因为晕车不愿乘车，中考结束后是步行回家的。

我与桐中的结缘其实有些碰巧。当年中考成绩出来后进行体检，安排在桐城北街小学。我大哥陪我一起到县城。体检差不多结束时，我大哥看到走廊一头有位老师坐在摆着桐中招生牌子的课桌后面，就和我一起去咨询了一下。老师知道了我的中考成绩，就问我愿不愿意报桐中，并记下了我的名字。在农村读书的我，此前压根不知道有个桐中，正是我和大哥的偶然一问，让一个农家学生不经意中跨进了桐中大门。

第一套球衣

父亲和大哥一起送我到桐中上学。记得桐中大门西侧有个商店，父亲专门给我买了一套球衣（运动服）。当时父亲买的球衣尺码较大（可能考虑到我处在长个儿的年龄），要不是裤脚有松紧收口，长得我几乎没法穿。因为当年我们农村孩子都是光腿穿外裤的（即使冬天早上起床，也是光腿插进冷棉裤里，真是考验人），所以这第一套球衣让我记得特别清晰。这套球衣还被我当作棉毛衫、棉毛裤穿在外套、外裤里面，一直陪我度过桐中三年。

高一宿舍与同学

可以想见，我这样一个反应一般、老实巴交的农村学生刚到桐中是什么感觉，一切都那么陌生与新奇，几乎茫茫然、无所适从，只知道按部就班地听课学习。

我被分在高一（6）班。教室和宿舍是靠近姚鼐手植的银杏树东北角墙边的两间平房（如今早已拆除），靠西边的一间是教室，靠围墙边的是我们男生大宿舍。

由于离县城较远，到校较晚，我入学报到进宿舍时，已没有多少床位可选，床铺是木质上下床，我住在紧靠门边的下铺床，床头对着门口。那时多数人到桐中上学都是一根扁担挑着被子和木箱来的，不像现在有拉杆箱。我从家带来的是母亲陪嫁的一只樟木箱，只能摆放在门口床头边。说来也巧，就是由于箱子摆在门口，一次宿舍进了小偷，住里边的多位同学箱子被撬，我的箱子居然躲过了一劫。

当时班里有近 50 名同学。印象中有位姓蒋的同学会写繁体字，还会写古体诗，后来他考上武汉大学，我与他隔壁学校，还有过交往，只是大学毕业后失去了联系。有一位大眼睛、姓汪的同学在建校 80 周年庆典上做过激情澎湃的发言，好像大学毕业后去了南方工作。记得最清楚的是从岳西来的程同学，他学习成绩优异，为人处世老练，当了三年班长，浙江大学毕业后在南京工作了几年就移民美国了。还有一直保持着联系的是当年隔壁公社、大学毕业后回母校任教至今的赵同学。最是难忘同窗情！

高二分班

当时高中在高二分文理班。因为理科大学录取率较文科高些，并且我的文科也没见多少特长，我这个想跳出“农门”的农村娃，当然选理科。就这样，我进了高二(2)班。高一(6)班来的还有其他三位同学，其中两位就是前面提到的程同学和赵同学，还有一位是江姓女同学(她高中毕业后在老家个体创业，颇具规模)。

高二(2)班的授课老师与我之前的老师都不一样，语文老师吴德文、数学老师汪胜、英语老师胡卫萍、物理老师王关余、化学老师赵新亚、政治老师汪仞冈、生物老师唐述裓。感谢这些敬爱的老师在高二帮我们打牢了基础，让我们高三年级得以信心满怀地冲刺高考。

穿皮鞋与穿草鞋

到高二后，学习竞争压力开始变大，大家基本上都能端正学习态度，自我加压。当然也有少数调皮、不认真学习的。

数学汪老师教导我们的方法很特别、很直接，我一直记得他的那句“名言”:“想穿皮鞋就好好念书上大学,要不然就回农村穿草鞋。”是的,当时我们农村娃一般上不了大学就得回家种田,庄稼人不就只能穿草鞋、穿布鞋嘛。

当然,高考并不是唯一出路,我们班也有高考落选后自我创业成功者,他们的收入与成就远超我们这些上大学的工薪阶层。

桐 溪 塥 水

桐中求学三年,桐溪塥水滋养了我们三年。那个年代,桐城县城还没用上自来水,学校虽然有座水塔,取用井水,但只供食堂和师生烧开水。

开水是用燃煤锅炉烧的,打一热水瓶开水要一分钱,学生一般一天会打一瓶水,只舍得饮用或天冷时洗脚用。我们早晚洗漱、三餐洗碗、洗衣服全靠桐溪塥水,桐溪塥是我们日常生活的亲密伙伴。

桐溪塥从北边老党校穿过围墙流进桐中。印象中，桐溪塥水总是那么清澈、那么亲切。当时学校没有澡堂，洗澡对我们住校生是件难事。县城广场澡堂洗一次澡要花两毛钱，这钱够在食堂买一大份肉片汤的了。因此，在天气暖和些时，就有学生晚上在桐溪塥边用冷水洗澡、擦身。桐溪塥成了我们生活的伙伴，桐溪塥水永远流淌在我的记忆里。

感谢桐城中学上海校友会此次征文，让我集中梳理了我与母校的诸多往事。回想起来，当年的学习、生活场景还历历在目，如今我们这届毕业生都快年近花甲了……我们每个桐中学子都有许多自己的桐中故事。这些故事，或大或小，或零或整，或甜或涩，早已深深浅浅根植于我们每个人的心田，我此生是不会忘记了！

（作者系桐城中学1985届校友）

我和我的三位数学老师

张革新

高一时我的数学老师叫龙毛朋。龙老师和我同是来自罗岭镇的老乡，我读初中时就听说过龙老师务农时仍旧刻苦钻研书本、恢复高考后考上师范、毕业后分配到桐中的励志故事，见面才知龙老师虽不苟言笑，但是位认真负责、口碑极好的老师。我中考的成绩并不突出，却不知为何当选为班级学习委员。当时桐城和宿松县的中考状元都和我同在高一(3)班，少不更事、懵懵懂懂的我也没感受到什么压力，该学学，该玩玩，外甥打灯笼——照旧(舅)。一次我去龙老师房间交班级作业本，龙老师有点严肃地问我："这次期中考试你怎么才排班级第11名?"龙老师见我怔怔无言，语气和缓下来，"你现在是班级学习委员，这样的成绩辜负了老师的期望，也不能让同学们心服口服。"龙老师一语点醒梦中人，我忽然间醍醐灌顶，深深感受到作为学习委员的责任，自此更加刻苦学习，最终取得了桐中高考理科状元、安徽省第9名的佳绩，成为一位名副其实的学习委员。后来走上社会，每当身居领导岗位时，我总想起当年龙老师的话，责任感油然而生，唯有努力工作、取得成绩来回报领导的信任和同事们的尊重。谢谢您，龙老师，是您教会我担当!

高二数学老师是彭声应。彭老师上课时总带着慈祥的笑容，和蔼可亲，很少大声斥责学生。他是一位认真、精细、教学水平极高的好老师。当时我们班有位“学霸”和高三同学一起参加全国数学联赛(奥赛的前身),竟然获得了安徽省二等奖,让我这个学习委员自惭形秽,我实在没有信心也不知道该怎样跟上“学霸”的脚步。彭老师似乎看穿了我的心思,常常给我以鼓励。记得有段时间连续三次数学单元考试我都得了满分,这只不过是检验基础知识的小考,彭老师却在班上对我大加赞许:“不管题目多简单,能连续三次都满分,说明你做事细致、理解能力强,以后多加训练,也肯定能在数学竞赛中取得好成绩。”听到彭老师的话,我备受鼓舞,信心大增。当年的数学夏令营,彭老师带领我们去安庆集训。在彭老师的关怀和同班“学霸”的帮助下,我解答数学难题的能力突飞猛进,竟然在接下来的全国数学联赛中获得安徽省一等奖(全省只有四人)。后来,每逢人生低潮或不如意的时候,我总能想起彭老师,想起彭老师的鼓励,想起彭老师恬淡从容的微笑。谢谢您,彭老师,是您教会我自信!

高三数学由崔甸甲老师教授,崔老师还兼任我们班主任。对我们这些肩负着“鲤鱼跳龙门”使命的农村孩子来说,高考的逼近犹如山雨欲来前黑压压的乌云,压得我们喘不过气来。崔老师让人如沐春风的笑容、举重若轻的言语缓解了我们紧张的情绪,崔老师的热情驱走了我们大战来临前的恐惧,崔老师真挚的目光坚定了我们的信心,我们高三(3)班集体取得了不错的高考成绩与崔老师的教导分不开。毕业后,我去看望在安徽医科大学第一附属医院治疗的崔老师。见到我的一刹那,躺在病床上的崔老师突然眼睛一亮,轻声呼唤着我的名字,仿佛父亲见到久别的游子。我紧紧握住崔老师伸过来的手,瞬间泪崩……崔老师乐天、豁达的性格,面对压力时大无畏的精神,一直激励着后来创业的我。谢谢您,崔老师,是您教会我达观!

我的三位数学老师都已离我而去，他们的音容笑貌却永远印在我的脑海里，他们的谆谆教诲也永远铭刻在我的心中，他们留给我的纯洁无私的师生情是我一辈子的精神财富。值此母校120周年大庆之际，撰此文以纪念。谢谢您，母校！是您给了我们一个海阔天空的平台，使得我们的人生能从高点起飞，向宽处发展。谢谢您，许多像我的三位数学老师一样默默奉献的老师！您不仅教给我们知识，还将“勉成国器”的校训化为一句句话、一件件事，教会我们在高峰入云中树立雄心壮志，从清流见底里培育优秀品行。

（作者系桐城中学1985届校友）

师生情缘一辈子

周　俊

桐中三年，接受了众多良师的熏陶，各种方式在我的记忆中皆有烙印。校友们对老师的敬意勾勒出我脑海中老师们的种种形象，动笔的冲动让我敲起了键盘。

班主任老师

毕业前班主任是地理老师陈万灵。陈老师是淮北人，日常生活中他北方人的豪气与南方人的细腻反差明显。路过他家小院子时，同学们常听到他大嗓门的说话声。他对学生非常好，似慈父，是严师。寒冷的冬天夜晚，他曾带我们几个学生一起烤着炭火，批改平时练习的试卷。无声的交流，用心的感知，似春雨滋润了莘莘学子的成长。

大学期间，我曾回母校拜访陈老师，陈老师在家热情款待了我。母校毕业 30 周年返校时，与老师们再次见面，异常亲切。

文理分班前的班主任是物理老师王关余。王老师讲课非常好，每次考试前都要带领我们汇总复习这一阶段所学知识，只要认真听课，考试成绩就不会差。我对物理兴趣很浓。王老师很和善，记得有位同学要“开小灶”，王老师立马答应，让这位同学晚上到他家去找他。那时都是免费补课。老师特别关心每节课同学们理解没有，有没有不懂或没理解透的问题，课后都可以向老师请教。因为我后来读文科，所以同王老师的交集很少。

授课老师

政治老师卢声频、历史老师徐承才等，讲课非常生动，利于记忆。他们均是“串讲”高手，一次讲课，满本书皆记住。卢老师的早读读报课，我们都爱听。卢老师负责编写的辅导材料发行全省，非常受考生欢迎。徐老师虽年过五十，但因特别优秀而从别的普通中学调到桐中，他清瘦挺拔的身影深深印在我的脑海中。他们的课都是使我们成为优秀考生的催化剂、营养源。

语文老师杨怀志，我深受他的文学情操感染，但我在当时并没有引起杨老师的注意。有次讲课，他谈到对老师的情感和从事教学的感悟，谈到他的老师陈维谐对他的人生影响，我沉浸其中。不久，我在《安徽日报》上看到《粉笔盒》一文——杨老师的作品。我的语文高考成绩不理想，当时考题作文是就环保问题写封信，我因字数不足涂改后再添加字数而拿不到好成绩。但我的文学功底在大学时很快得以体现。1984 年 10 月，桐中语文教研组选编的《安徽省桐城中学优秀作文选》正式刊出，我的作文《芦苇恋》经杨老师审核后入选其中。这是我发表的首篇文章，既是鼓励也是动力。文学的力量已植入我的骨髓，桐城文化的魅力已对我有潜移默化的影响。

英语老师胡新民，“啊哈”是他的口头语。他的“先早读后听写”的方法非常奏效，通过每天早读时间练英语，我们全班英语成绩很快得到提升。我的英语高考成绩很优秀。那年我们返校聚会时再次见到了胡老师。

数学老师陈维谐，是非常优秀的教师，讲课生动诙谐，如涓涓细流滋润心田。我的数学高考成绩 116 分，如果细心点，满分也有可能。

良师益友

母校名师荟萃。师生情亦是良师益友缘。这些年来,没有授课关系但情谊深厚的还有罗伟老师、彭年老师、周治老师等。

母校百年校庆时正式结缘彭年老师。后来,罗伟老师、彭年老师在蚌埠参加工作会议时,我们一般都要抽空见见面,交谈甚久,良师益友话题多。在母校读书时,我每天早起在操场锻炼身体时常见到罗伟老师。他迎面走来,炯炯的目光中透露着智慧的光芒。与两位老师的情缘延绵不断,他们给走上社会的我很多教诲和帮助,使我受益终身。

周治老师是在校时的同班,现在是母校的主要校领导之一,我们交往已久。在周治老师的大力支持下,我们 1985 届(5)班成功举办了庆祝毕业 30 周年聚会,邀请了罗伟校长和授课老师陈万灵、卢声频、胡新民、杨怀志等,与我们全体同学敞开胸怀倾心交流,浓浓师生情更深、更久远。这是一次非常成功的师生交流会。无论是主持讲演,还是组织交流,充分展示了周治老师优秀的领导艺术和讲演才华。

正是因为有罗伟老师、彭年老师、周治老师等优秀的教师和学校领导,母校的发展才获得校友们的高度关注和倾心支持。无论是普通同学还是院士或重要领导校友,都不断地关心母校、回访母校,共同为母校的发展出谋划策、奉献力量。祝福母校!致敬老师,你们是我生命中的重要精神支柱,也是我力量的源泉之一。感谢你们,祝福你们!师生情缘一辈子!

(作者系桐城中学 1985 届校友)

安徽省桐城中學

— 120周年校庆 —

THE 120TH ANNIVERSARY OF THE FOUNDING OF TONGCHENG HIGH SCHOOL ANHUI PROVINCE

半山鐘聲

我与桐城中学的故事 下册

安徽省桐城中学上海校友会◎编

復旦大學出版社

本书顾问

项义发　汪年生　卢声频　刘珍贵　罗　伟
汪胡根　汪习军　曹向东　潘　健

本书编委

编委主任：桂飒斌
编委副主任：周　治　汪　东　戴先江
编　　委：吴树新　周遵峰　胡红旗　张忠武　魏安祥
柏　杨　李高虎　叶留根　崔　波　汪礼祥
汪永明　张　玲　汪金晖　方　婷　李　磊

缘来一辈子的情

曹云霞

岁月匆匆，值桐中120周年校庆之际，沉淀心中的那份情亦如初春的嫩芽，慢慢地往外冒出来，仿佛不到这个尘世一睹春日的浪漫和美好，就对不起这个春天一样。蓦然回首，人生几十年，心心念念与桐中持续了近半个世纪的缘分，成全了我一辈子的深情。

1979年，二姐参加中考。从学校回来，她特别兴奋，因为考点在桐中。那时我对桐中已相当神往，虽然从未去过，但听说能在那里上学很了不起。二姐老师说她厚积薄发，极有希望考上桐中，可是她偏打算上中专。二姐那几日心情特好，熟悉考场那天，我缠着她带上我，她没答应，说考试结束时我可以去桐中门口等她。

我清楚地记得那个阳光温煦的下午，我拽着二姐的衣袖，紧贴着她瘦长的身子，一路欢笑。到了桐中，我乖乖地止住脚，巴巴地望着她走进去。

我一直守在大门口。看到有考生陆陆续续往外走，我像风中的稻子左右摇摆，伸长脖子寻二姐，始终不见她出来，便从人缝里钻了进去。

这是我第一次踏进桐中，与桐中有了正式的接触。一条宽阔的大道领着我往里走，两边梧桐树列队欢迎我参观。我好奇地东张张、西望望。印象较深的是右边的假山，一条小溪不紧不慢地从小桥下流过，溪水清澈。就在这里，我看到了二姐。她正怡然自得地坐在小桥上，两只脚还在那荡来荡去。一眼瞥到我，她哈哈大笑说："就知道你聪明，晓得进来找我。看看吧，这就是你向往的学校，你要好好考啊。"我们手牵手在校园里四处玩耍，那个新鲜劲儿就如刘姥姥进了大观园。

回家后，二姐很反常地躺在床上，问她，说考得不好，可能考不上。等到发榜那天，二姐也不去看。大红的纸上写满了录取名单，张贴在墙上。我踮着脚，从人缝里，从密密的名字中，一张张、一行行、一排排地找，终于找到了二姐的名字。我狂喊着跑回家。二姐兀自落下了一行清泪，让我不知所措。

也许是冥冥中自有天意，那年，我很幸运地考上了桐中。报到那天，二姐带着我缴费、领书。时隔数日，15 岁的二姐离开家，异地求学，而后成家立业。多年后我才知道，中专录取分数线比高中要高，如果中专考不上，二姐就可以上桐中；或者只要二姐愿意，她也可以上桐中。可是她自小懂事，家里条件差，她想中专毕业就工作，有工资补贴家用。问她可曾后悔，她云淡风轻地说："没在桐中上过学确实有点遗憾，但好在你们争气，都考上了桐中。"难怪二姐每年都要陪着我或小妹去报到，于她也是一种满足吧。

大院里的娟也考上了桐中，她在(3)班，我们每天约着一起上学。偶尔课间休息，我会去找她玩跳皮筋、踢毽子之类的。如果她不在，她同桌的男生就会瞪我："你(2)班的干吗跑我们班来？"我不理他，扭头就走。初二那年，娟身体不好休学了，有时让我带纸条或信给她的好朋友。那个男生一见我就凶："你又跑来做什么？"我自幼胆小，不敢多话，渐渐地就不去(3)班了。有一次，在食堂附近遇上那个男生，他竟然拿着弹弓，用折纸子弹打中了我。也不知哪来的勇气，我把手中的馒头揪下一小块扔向他。他没料到我会反抗，吓得转身就跑。我跟着追，一边追一边揪着馒头砸，直到追不上他才罢休。

没想到高中时竟和这男生同班，更没想到这男生后来成了我的丈夫。细细回味过往种种，原来一切缘起皆有迹可循。尤记得那次我陷入孤立无援之境，他忽然挺身而出替我解围，那义薄云天的样子令我刮目相看。当时的我脸蛋红得像两颗熟透的番茄，现在想来亦不知是因为一时的尴尬还是少女的悸动。

结婚后，我们常常揶揄对方："你一个大男生，怎么会拿弹弓打女生，不懂得怜香惜玉吗？""你一个小女生，看上去文文静静的，怎么会拿馒头砸人呢？"

人到中年，我们闲聊起这个话题："哪是什么馒头，那分明就是绣球啊！""其实那不是弹弓，那是爱神丘比特之箭！"

庆祝珍珠婚时，我们举杯对饮："你第一次到(3)班来，我就觉得这个女生有点意思，原来我要找的人是你！""跑到(3)班去玩，就是为了从芸芸众生中发掘到你，相信你能守护我一辈子。"

我们对桐中始终怀有一份特殊的情愫，结婚纪念日都会去老地方合影留念。这里，让我们相遇相识，一路见证了我们的幸福！

让我感到幸福的还有老师们。

物理老师彭年那时很年轻、很阳光、很风趣。他经常和学生们一起打球，穿得白衬衫挺好看。为了让我们弄懂相机成像的光学原理，他特意带着我们在室外上了一堂别开生面的实验课。他选择不同距离给我们拍照，解析物距、焦距不同时，物距、焦距和像距之间的对应关系。这两张珍贵的合影，定格了时光的碎片。

毕业后，很难见到彭老师。偶尔遇上，他都会展颜一笑，说我没多大变化，问我最近可写了什么。虽然当年我物理学得不太好，但这并不影响彭老师对我的关心。

他曾撇下一屋子的亲朋，参加我们25周年同学聚会。他说不管有多大的事，也阻止不了他赴一场师生之约。他是当之无愧的全国模范老师，我以他为傲！

班主任徐文克是我的语文老师。他发现我视力不好，把我调到第一排；我的作文《温暖》被画上许多波浪线，并被当作范文在班上朗读；我上课走神时，他会拿粉笔像投篮一样朝我扔过来；他每年的评语都用心良苦。

初一上学期结束，他写道："遵守《中学生守则》，学习比较努力，但有时不甚得法，分析问题和解决问题的能力较差。希今后勤于思考，大胆发问，不断上进。"

在徐老师的鼓励下，我慢慢地进步，初一下学期期末考试，我在班上排名第13，他写"望继续努力"。每次看到这五个字，我都心花怒放。

初二时，他写道："为人老实，在'五讲四美'活动中表现较好，学习肯努力，但对薄弱学科有畏难情绪；希树立信心，抓紧暑期做好补习工作，加强身体锻炼。"于是，那个暑假，二姐有空就帮我补习数学，但收效甚微。因为我笨，几何证明题一直是我的盲区。

初三上学期结束，徐老师写道："遵守制度，团结同学，学习肯努力，但身体太差，对薄弱学科信心不足，希加强锻炼，迎难而上，胜利完成初中阶段的学业任务。"

字里行间透露出徐老师的殷切希望和焦灼担心。有一天晚自习，我偷偷地看小说，被他发现了。他甚是生气，没收了我的书，把我叫到办公室，语重心长地说："喜欢看书是好事，但中学生还是以课本为主。马上要中考了，多记多背，跛脚的学科多做题……"

徐老师总是一副谈笑风生的样子，就算批评教育我，也让人如沐春风，让我羞愧的同时，默默下决心去努力。初中同学毕业25周年聚会的时候，徐老师在百忙中赶来参加，一眼认出我，笑呵呵地说:“看上去红润了不少。”

如今,回忆往事,历历在目。我因为瘦弱娇小,被冠之为“林黛玉”;因为皮肤白,外号称“白脸曹”。年少时无知,被同学间的这些奚落困扰很久,不知暗自流了多少泪。几十年后再相聚,我自诩比林黛玉幸运,觅得如意郎;一白遮三丑,我比多年前清丽脱俗。

谈笑间,才发现早已释怀,陈年旧事成了美好的回忆。我想,既然一直不忘,那又何必相忘?桐中,有着它厚重的历史,原本就是一处温暖的地方,能在这里上学是一种荣耀。它让我们不断成长,让我们积极向上,让我们学以致用,让我们知恩图报。因为与它的缘分,我收获了一辈子的真情。

桐中,一直居住在我的心上!

(作者系桐城中学初中部 1982 届校友)

心中的灯塔

汪礼清

懵懂好奇的我，偶得机会走进桐中，便被其惊艳。那里有如诗画般的风景，有才华横溢的老师；那里人才奋兴，捷报连年；那里既可以造梦，更可以圆梦。桐中犹如远远矗立的灯塔，引领着我急切追光前行。

初识桐中

1981年国庆节后，哥哥体检合格被批准参军，我吵着闹着要跟父亲到县城送哥哥入伍。仲秋的一天，父亲领着我随民兵营长一大早赶到县武装部，握手、拥抱、目送哥哥上车奔赴军营。道别过后天刚刚亮，父亲提出带我去桐中转转，体验一下桐城“第一”中学的魅力，别提我有多兴奋！

步行十多分钟，抬头一看，高高的门楼上写着“安徽省桐城中学”。我懵懵懂懂地提醒父亲，门牌上写的是“桐城中学”，没有写“第一”。身旁的父亲和营长都笑了，说：“是第一也不能挂在‘脸上’，这是学校谦虚呀。”好奇的我跟着父亲径直进了校门。映入眼帘的是宽阔的林荫大道，两边古树高耸、名木密布，远远望去像是个巨型拱门，高大而深邃，纵深足足有100米。我透过大树，依稀记得右边是擎天石柱、苍松翠柏、后乐亭、假山、石洞、纪念碑林、半月池，远处还有古祠堂、校办厂等；左边则遍地花草苗木，到处鸟语花香，散见泳池、民居，以及古迹遗存；顺着中心大道往前走，眼前沟渠相绕，耳边书声琅琅、溪水潺潺，不时还传来洗浆的棒槌声和妇人们的欢笑声，生机勃勃、诗情画意，我仿佛走进人间仙境。

大道尽头伫立着一座巨大照壁，琉璃砖瓦、墙头微翘。临近半月池右转时，我们被一个高大富态略显双下巴的男子（十个月后我进校才知道，他是当天值周的邓国栋老师）拦住，说前面是教学区，不得入内。但他了解到我们来意后，夸赞我父亲很有远见，有意识引导孩子积极向上，还手指着我说了一席话，大致意思是："桐中是大学生的摇篮，很多学子都是从这里考出去奔向五湖四海，最后功成名就的。你若踏进桐中，就等于成功了一半！"邓老师说话的模样格外慈祥，腔调格外幽默，话语格外暖心。我瞬间被激发、被点燃，自此迷恋这"光明坦途"，暗下决心要像这里的学子们一样，走进桐中，追逐梦想。

特别的考试

1982年春节过后，湿冷三月连绵阴雨。有一日，天公突然放晴，白果中学迎来了几位尊贵的客人（五个月后我进校才知道，他们是潘正祥老师、汪胜老师等），说是专程到学校提前招生。那天下午，班主任将我从教室里喊出，带进校长宿舍（那时老师没有专门的办公场所）。

两位老师高高的个子，一瘦一胖，看上去既阳光温和又沉稳博学。他们热情地招呼过后问我多大了、是不是复读的、有什么志向，接着说桐中是一个能够帮助学生完成心愿、实现梦想的地方等。我一一回答并说我想上桐中、想考大学！两位老师高兴地点点头，紧接着出了三道题考我。前后顺序已记不清楚，但考题终生难忘。一道题是“以十为偏旁部首写出三个字”，一道题是“人类社会发展到现在的社会主义社会先后经历过哪几个阶段”，还有一道题是“四方桌子砍了一个角，还剩几个角”。我答出“协、博”后有点吃力了，老师则提示“十”字本身也可以是答案。我答出“原始社会、奴隶社会、封建社会、资本主义社会”后，老师先点头，后评议说资本主义社会不是必经阶段。我答出“4－1＋2”却迟疑不定时，老师鼓励我大胆说出来。

招生老师走后，班主任和校长先后找我谈话，反馈并肯定了我的成绩，还给我讲些中国科学技术大学少年班少年励志的事迹，本校据诒光踏进桐中、考入清华大学的故事等，鼓励我要向他们学习，戒骄戒躁、勤奋钻研，学榜样、做榜样，考进桐城中学，为白果中学争光。

回到教室，我满脑子都是招生老师那博古通今、气宇轩昂的气质。标准的普通话、磁性的声调、灵活的考题，如一幕幕、一幅幅画面时常闪现，恰似指路明灯，加上数月前父亲第一次带我探访桐中的深刻记忆，我再也坐不住了！我特羡慕他们，特渴望走进桐中，特希望梦想成真！我要循光奋进！

难忘的中考

1982年7月12日（中考前一天）上午，乡里和白果中学非常重视，专门安排拖拉机运送通过预选的学生赴县城赶考。那天特别热，约30人被安顿在县农机手驾训学校的一间大教室，住着上下铺。下午考生们熟悉考场，正巧那年白果中学学生被安排在桐城中学考试。我跟随送考老师去寻找自己的考场，那是在桐中一棵高耸入云、硕大无比的银杏树之北，是一排红砖灰瓦、仿古风格的建筑。我循着棕色木制楼梯往上，踏着褐红木地板走进二楼西端的一间教室。大家齐坐在考场等待着监考老师出现。

铛铛、铛铛、铛铛……清脆的铃声过后，一位高大黝黑、头发略卷、英俊富实的男老师（一个半月后我进校才知道，他是王铁铸老师）走进了教室，给大家宣读、讲解考试纪律和注意事项。老师说“你们都是各地预选出来的拔尖儿”，“考试时认真审题，仔细作答”，“你们一定能被录取”，“桐中欢迎你”……老师一口流利的普通话、时不时的儿化音，听后心田舒爽。老师的声音浑厚、语速适中，话语循循善诱、鼓舞人心，听着暖暖的，跟半导体播音员毫无两样。一直生活在农村、自小坐在土砖木条垒作的台桌读书的我，一下子被眼前美妙的情景惊呆了！这就是桐中？他就是桐中老师？这里，就是不一样的学校！到这里，就有不一样的未来！我仿佛又看到希望之光，我得向它靠近，向着它前进。

追光的脚步不停，循道的意志不减。中考结束后，我如愿以偿被桐中录取，成为桐中的一分子，顿觉前途耀眼、光芒万丈。

高考时的鼓励

1982 年 9 月 1 日上午，父亲送我上高中。我俩从 60 里开外，先步行 8 华里到徐河乘车，到了县汽车站下车徒步经广场走向桐中——公园路 1 号。跨入校门，道路两侧彩旗飘扬、横幅高挂，中心大道变成了迎新大道。我抑制不住喜悦，连忙感谢父亲：“爸，这是您第二次领我上桐中了！”父亲骄傲地说：“走对了路，你的未来会更美好！”

在校三年，我拜望了仰慕已久的老师，体验过 80 年校庆的辉煌。我徜徉于知识的海洋，领悟“勉成国器”之精髓，尽享桐中的魅力和荣光。

一转眼到了高考时刻。1985 年 7 月 7 日高考，第一场是语文。那一年题量特大，不少考生没做完试题，我没手表也没有掌握好时间。上午铃响试毕，大家回到宿舍急匆匆地去吃午饭，借空休息以利下午续考，而我耷拉着脑袋，背靠在寝室走廊的柱子旁，心里难过极了，也不想吃饭。这一反常举动被班主任田鹤群老师发现，他细细追问。我向田老师袒露了实情：“时间不够，作文没写，不行今年我不考了，参加补习明年考。”我话音未落，田老师便说：“你这叫什么话？”田老师猛地伸出手，抓住我的胳膊，问清原委后接着说：“没关系，你不要气馁，往届也有学生发生这种情况，当年也都考取了。第一门课没考好没有关系，后面还有四场，好好发挥，凭你的实力完全考得上！你是桐中学生，要发扬桐中精神，绝不能气馁，也不能放弃！”说完一把搂住我，还用他那一双有力的大手轻拍了几下我的后背。田老师松开我没走出几步，突然回头用右手攥起拳头上下举动，示意我努力、加油。我点了点头，也举起拳头，既是回应田老师，也是暗自鼓劲。田老师及时的安慰和开导，犹如夜幕中的明灯，刹那间劈开黑暗中的彷徨，照耀着我循光追赶、笃定拼搏。1985 年是估分填志愿。田老师知悉我的情况，帮助我阶梯式选择了五所学校，一个月后我被安徽大学录取。

离校已近 37 年，每每想起，心中总会感念，桐中之光永照心田，桐中精神大放光彩，我受益颇多。

愿未来更多学子循桐中灯塔，追光前行，踔厉奋发。

（作者系桐城中学 1985 届校友）

惜抱轩之恋

高　峻

近日，从校友文章中看到一幅照片，原以为这就是惜抱轩的真容，后经打听才知，此轩坐落于“惜抱轩文化展馆”中。姚鼐故居曾被母校桐城中学征用，1956 年在故居原址上建造了小红楼，旧址惜抱轩已不复存在。

作为姚鼐先生的书房，我一直没能查阅到有关惜抱轩原貌的文字记载。为仿旧如旧，想必展馆方也是费尽心思，差点以假乱真了。可我宁愿相信，这就是真实的惜抱轩。

几间砖瓦结构的平房，镂空的木质门窗，门楣上悬挂着“惜抱轩”横匾，两侧木质门柱上挂着两块竖匾，红底金字，上书“友天下士”“读古人书”，很是符合先生的品性。

透过房门，隐约看到室内，几乎没啥陈设，正如梦得所言，“斯是陋室，惟吾德馨”。门前是窄窄的阶沿，由尺寸相当的麻石逐条拼接而成。阶沿前面，便是石板铺就的走道，不着苔痕，也无草色。

房前左侧位置，立着先生的全身铜像：一袭长袍，尽显书生意气；双眼如炬，透出温润慈爱；十指相扣，展尽温文尔雅。整尊塑像，给人以沉稳、睿智和儒雅的印象。

看到惜抱轩照片，思绪又回到从前。20 世纪 80 年代初，年少懵懂的我，带着泥土的芳香，从大沙河边走进桐中校园。印象最深的，还是那棵合抱之木、参天大树。入学不久，我便得知，此树距今200余年，乃姚鼐亲手所植，因其在惜抱轩旁，故又称“惜抱轩银杏”。

每年布谷劝耕，开始抽青；蝉鸣声起，枝繁叶茂；雁字回时，满树披黄；一番萧瑟，徒剩枯丫；来年开春，又发新芽。如此反复，周而复始，生生不息。无论是“遮斜盛夏千枝日”，还是“摇落霜秋一树黄”，都令我如痴如醉。它揽我入怀，遮阴蔽日，浸润熏陶，是那样的灵动飘逸、雅洁伟岸。

我在它的怀抱里，蒙荫成长，度过了三载难忘的学习时光，并以此为起点，再拾行囊，带着眷恋，奔赴人生的下一个驿站……每逢银杏枝繁日，恰是怀思惜抱时。只见银杏树，不见惜抱轩，成了我一直以来挥之不去的情结。

1774年12月，乾隆三十九年冬，先生告别京师，朝着故乡的方向一路南下。途中，登上了五岳之首泰山，写下了名垂千古的美文《登泰山记》，此文入选高中语文教材。

依稀记得，正文首页页脚处，写了几行注释小字：姚鼐(1732—1815)，字姬传，安徽桐城人，清代著名散文家，桐城派代表人物，与方苞、刘大櫆并称“桐城三祖”。

其时，学生要背诵原文。时至今日，仍记得大概内容。文中记述了登山的时间和路径，描写了沿途风光和雪霁日出的景象。文字简洁，行文自然，剪裁有度。“苍山负雪，明烛天南”，多么优美的文字，多么壮丽的画卷。不知先生登顶远眺时，是否也有当年子美“一览众山小”的慨叹。但先生登的是风雪泰山，正是登人之所未登，故能望人之所未望，抒人之所未抒也。

语文课上，老师讲述了先生的主要成就。

一是文论。他首倡义理、考据、辞章三者兼备，主张把鲜明的思想观点、确凿的事实材料、精练的文字表达相统一，树立了文论的旗帜，至今仍有现实意义。为师者，要求我们获得启迪，强调作文，既要有思想性，又要有说服力，还要有艺术性。

二是著述。先生一生著述颇丰，尤以《惜抱轩文集》《古文辞类纂》最为宏阔，后者风行一时，有力扩大了桐城派的影响。前文所提游记及《淮上有怀》是他的代表作，他被誉为“中国古文第一人”。

三是讲学。他先后在扬州梅花、安庆敬敷、江南紫阳、南京钟山等书院讲学，历时40余载，传播其古文理论，培养了包括梅曾亮、管同、姚莹、方东树“姚门四杰”在内的一大批弟子。难怪刘大櫆在《送姚姬传南归序》中发出如此赞叹，“显名当世，固可前知”，并以孟子曰“人皆可以为尧舜”勉励他。而先生也不负前辈所望，以稀世之才，立不世之功。

那几年，在先生亲手所植的银杏树下，在惜抱轩书屋旧址旁，阅读着先生的《登泰山记》，聆听着先生的不朽功绩，我不免心生感慨，又怅然若失：银杏正茂，文章犹馨，唯独不见惜抱轩。

姚鼐，一字“梦谷”。家乡为纪念他，专门将市里一条道路命名为“梦谷路”。此路呈东西走向，东至龙腾路，西抵同安路，从东往西，依次与盛唐路和居巢路相交，全长约1 500米。

每次回到故乡，行走在梦谷路上，我都情不自禁地想起先生。同样，文都还有望溪（方苞晚年号）路、海峰路和海峰（刘大櫆号）桥，旨在纪念。由此想来，何不修旧如旧，在母校重建惜抱轩，再塑惜抱像，辅之以生平介绍，文献展览，物品陈列，以供后人瞻仰，助力文脉赓续。惜抱轩无论重建与否，作为一座文化丰碑，将永矗我的心中，恒留我记忆深处。

（作者系桐城中学1985届校友）

不争气的我，又开始想你了

汪　湖

春雨一天一夜，想念迎风相见！清晨，春雨时疏时骤。追寻着春天的节奏，我的思绪步入了繁花似锦的桐中。那里是家乡的宝地，是莘莘学子的摇篮，是无数双慧眼聚焦注目的地方。“丹霞一片花数枝，红绿相对正逢时。经年往事如幕开，笑颜不分早和迟。”

在这大好春光里，即将迎来安徽省桐城中学120周年校庆。这所由清代吴汝纶先生创办的学校，即将在龙眠的风水宝地上掀起一股喜庆热潮。

春风摇摆，直指花海，一树一树的花开，伴随着万千脚步的到来。作为20世纪80年代桐中的一名学子，此刻正和所有的老师与校友们一样，满怀喜悦，期待着那盛大欢喜的日子。

春光一泻万万里，回忆却是从何起？追寻时光的碎片，踏破记忆的波澜，那些曾经留在桐中读书的影像频频若现。

初识桐中

我来自一个离城较远的偏僻小山村。十四五岁的光景，还在读初中的时候，我就听闻桐城中学的大名。我初中的数学老师孙其新就是桐中毕业的，他是我初中时最为敬佩的老师，我对桐中心生向往也是受了他的影响。

那时在我的脑海里一直有个问题：桐中到底是一所什么样的学校，为什么能培养出像孙老师这样高级别的人才？我经常追问这个话题，众口一词，都说桐中是桐城乃至安徽省最好的中学。1982年中考后填志愿时，家人要我填桐城师范学校，而我选择了桐中。当时依照中考成绩的高低，作为省重点高中的桐中有优先录取权。我虽说成绩不是很好，所幸还是被桐中录取了。

初 入 桐 中

当年，一个山里孩子考取桐中，在一个交通闭塞的山区里，掀起了一股不小的波澜。四邻八乡的人们都在传言："某某人家孩子真聪明！"在此之前，村里只有一位大哥考入桐中，后来进了东北一所高校。我要是如愿以偿，就是屈指可数的老二了。这一下，一向忙早忙晚、老实巴交的父亲也乐了。别看他就是个种田的农民，平生最大的愿望就是孩子能读书。他特心疼花钱，一支平头大铁桥香烟点着了吸两口，便掐灭烟火放一边，等一会儿烟瘾来了再接着抽。但孩子念书花多少钱他都舍得。我上桐中时，他经常搭车给我送菜、送钱、送粮票，生怕我挨饿。

入学是在9月，那天是父亲送我来的县城。第一次跨进桐中的大门，就被这尊学府的气派打动。但见宽大高耸的门楼上，鲜红赤亮的"安徽省桐城中学"七个大字赫然入目。大门两旁镶嵌了一副意义深远的对联，"后十百年人才奋兴胚胎于此，合东西国学问精粹陶冶而成"。大门两侧还有两组威武雄壮的石狮子。敬畏仰止之情油然而生，感觉这个地方与老家的小学、初中有着天壤之别。

父亲把我安顿在当时最北面的靠近党校的平房宿舍里，买了一些脸盆毛巾之类的日用品，叮嘱一番后，就回家去了。

可敬的老师

那年高一有六个班，我被分在高一(5)班。同学们都来自桐城各地，汇聚了各路尖子生。印象中，我属于高个子一列，坐在班上最后排。

教我们语文的是刘盛磊老师，高高的个子，看上去文质彬彬，长长的瓜子脸，挺俊秀的。刘老师日常喜欢穿一身笔挺的中山装，说话温和儒雅，自然也就风度翩翩。我非常喜欢听他的课，印象最深的是他教我们朗诵文言文时的情景，不是读，而是唱，就像古时的老夫子慢条斯理的模样，看上去古板，却也别有一番风味。只此一次，我便深深地记住了他。刘老师还喜欢运动，夕阳下，单杠区，经常能看到他健美的身影。

数学老师是彭声应，他给我的印象是一丝不苟，这种样子我很喜欢，威而不怒，吸引着你专心听课，想分神都难。他说话时一字一句，皆是真言，粉笔字写出来也是一溜一溜的好看，非常工整。他的私人爱好是饭点到了喜欢喝点小酒，不多，二两一杯而已。

高二分科，文理抉择，一念之间，我并没有过多考虑就选了理科。后来想想好像是个错误啊，都是年轻惹的“祸”。其实，我的理科成绩一般般，选理科的主要原因是兴趣。终于有一天，成绩跟不上队伍了，熬到高三，班主任汪胜老师很关心我，经常上数学课时点名让我回答问题。汪老师为人亲和，最值得一提的是他的教学水平。经常看他上讲台，不看备课笔记，就一支粉笔，那些文字、数字、公式、定理全部滔滔不绝，一呼而出呈现在黑板上和他的讲解中。他的记忆力相当棒，讲课有条不紊，也很幽默风趣，还喜欢写诗。当年校门口右侧有个信件杂志橱窗，在橱窗右侧有个书画长廊，透过玻璃，我就发现了他写的四言八句。虽然不是很懂，但我认真看了。

桐中的老师我都很敬佩，篇幅所限，在此不再一一列表。

那 年 高 考

1985 年高考对于我来说就像是秋风扫落叶。第一场语文考试就败北，落了下风。当时天气比较炎热，我坐在最前排，可能是不适应吧，整场考试都大汗淋漓，考试时间也没把控好，以至于离结束只有 15 分钟才发现作文卷竟然掉在地上。慌乱中，我胡乱写了几行字，考试时间就到了。可以想象，60 分的作文，我却几乎交了白卷！初考失利，对后来的各科影响很大，直接乱了阵脚。那一年我总分只考了 443 分，低于最低录取分数线。

就这样，我落选了……当年理科班没有考上大学的只有几个人，文科班基本都考上了，而我就成了其中最不争气的那一个。

尽管汪老师一再安慰我，我回家后还是灰心丧气，也给父母带来了极大的压抑和创伤。父亲的笑容消失了，母亲只有无数次地安慰我。真是罪过啊！自此，我心中一直有自卑的影子，以至于后来有机会进桐中时，我都不敢面对那些可敬可爱的熟悉的老师们。

之后，我在家待了几年，时运不济，风云变幻。再后来，千山万水，浪迹天涯，其间得到了许多同学的帮助，在此深表感谢！

一回首，37 载过去，我没有成为父母眼里的骄子，也没有成为老师们心中期待的“国器”，但我依然感恩父母的辛劳和呵护，感恩母校的栽培和教育。

桐中的校风是活泼又严肃的。桐中的老师如同父母，他们真心期望学生成龙成凤。他们的形象一直深深植入我的脑海里，让我吸取了精神上的营养，学到了做人的道理。

当我背起行囊远走他乡时，还是在不经意间想起桐中的时光。细思，后山、操场、报栏……还有没有熟悉的身影？回忆，课桌旁、后乐亭中、银杏下……还有没有我当年的梦想？

2017 年 4 月 15 日，我遭遇了一场飞来车祸，险些告别人间。这期间得到了一位桐中老同学的莫大帮助。康复期间，得闲独自走进桐中，当年的后山早已不在，变成了宽阔的操场，我们毕业季一人一抔土栽植的桂花树长势喜人。我流连其间，久久不肯离去。

时光一晃，一切如昨。有的老师已离我们而去，父亲也早已不在人间。

思念是一种痛，总在梦醒时分。此刻，窗外雨声点点，敲打着窗棂，凝固了时光，模糊了视线……

春雨绵绵阵阵馨，滴答滴答催铜钟。
梦里盘旋几回住，花间湿润一时新。
山前翠竹拔高节，龙眠锐气挽晨风。
忽有银杏飘然过，高峰入云望飞鹰。

“天行健，君子以自强不息。地势坤，君子以厚德载物。”龙眠钟气，代起人豪。即便生于荒漠，也要让心里开出花朵！

春风里，春雨下，母校的钟声又在耳边回荡。愿所有的花儿为你盛开，愿所有的祝福为你而来。共赴一场如花盛会，期待一个灿烂明天！

（作者系桐城中学 1985 届校友）

母校的大喇叭

潘小健

母校桐城中学马上要迎来建校120周年大庆了，所有从桐城中学走出来的学子们心情都很激动，大家纷纷响应号召，撰写回忆文章。有回忆师生之情的，有回忆在校期间趣事的，我看后深有感触。

我夫人和我一样，初中、高中都在桐中学习，她比我还高一届，看我沉迷于菁菁校园之回忆，她就以师姐身份吩咐我也写一篇。

似乎我在桐中的六年过得有些浑浑噩噩，那些教过我的老师们、那条穿校园而过的小溪，以及后山的杏林和草地，这些年经常会在我脑海里闪现，可是想要抓住这记忆又很难。每天清晨在桐中准时响起的大喇叭，倒是给我留下了不可磨灭的回忆。

我是1986年高中毕业的，距今快36年了，但我现在仍然可以张口就唱一句“人说山西好风光”，或者是“马铃儿响来玉鸟儿唱”“草原上只留下我的琴声”等。这些歌可是我父母他们年轻时的流行歌曲，虽然说旋律优美，朗朗上口，容易让人记住，但毕竟不是我们那个时代的歌。这就要归功于桐中的大喇叭了，每天清晨滚动播放，六年听下来早就烂熟于心了。

听大喇叭的心情随着季节会有变化。

春夏两季晨光明媚，早晨背着书包在音乐声中步入校园，颇有“我陪阿诗玛回家乡”的高兴劲儿。如果时间尚早，还可以到后山背几句英文单词。

秋季早晨贪睡，往往懵懵懂懂地在喇叭声中进了校园，但王洁实、谢莉斯的"清晨来到树下读书"马上让我们清醒。

最痛苦的是冬季，真不愿意在清晨离开热被窝啊！我们到学校的时候，天还没亮，这时候听大喇叭就有点"雁叫声声心欲碎"了。

高中的时候，校园民谣开始流行，桐中大喇叭经常播放一些流行歌曲，如《我的中国心》《垄上行》《走在乡间的小路上》《蜗牛与黄鹂鸟》《龙的传人》等。这些流行歌曲自然获得我们的一致追捧。

还有一些热门影视剧歌曲，真的是终生难忘。像《射雕英雄传》的插曲《铁血丹心》、《霍元甲》的主题曲《万里长城永不倒》、《上海滩》的主题曲《上海滩》，这些是港台歌曲，比较时髦；还有《甜蜜的事业》《蝴蝶泉边》《怀念战友》等内地影视歌曲，也是百听不厌。当听到一首能拨动心弦、跟少年心事共鸣的歌，那种甜蜜的感觉能保持好多天。

桐中的大喇叭分贝很大，估计附近的居民习以为常了，否则有扰民之嫌，由此可见桐中在家乡还是很受尊崇的。光环之下，小节可以忍受。不能忍的是，每每我还在家刷牙洗脸，这时大喇叭已经响起《运动员进行曲》，催促大家赶紧到操场做操了。我只好抓起书包夺门而出，好在小城不大，从家到桐中操场跑步不到十分钟。

工作后，虽然我也时常回桐城，住得离桐中也不远，但每次都是节假日回去，难得碰上上课的日子，也就再没有听过桐中的大喇叭，心里还有点小缺憾呢。

（作者系桐城中学1986届校友）

忆江南·桐城中学百二十年校庆感怀

方高生

其　一

桐中忆，最忆众恩师。三尺讲台莲花吐，几支粉笔解玄机，默默搭天梯。

其　二

桐中忆，再忆桐溪水。一弯清流绕园过，沁人心脾清素衣，悠悠萦心底。

其　三

桐中忆，三忆后山岗。山衔落日风拂柳，林间学子读书忙，树人共成长。

其　四

桐中忆，总忆石柱文。高峰入云寻天眼，清流见底涤心灵，争做明白人。

（作者系桐城中学 1986 届校友）

我的家园

王朝晖

时光如白驹过隙，转瞬即逝。岁月斑驳了记忆，晕染了流年。细数光阴，离开家乡桐城、离开母校桐中，来到广州工作、生活，已30余载。

“少小离家老大回，乡音无改鬓毛衰。”这么多年，每当踏上故乡的路途都归心似箭，离开时则依依难舍。每次回桐城总会抽时间在校园里走走，看一下母校近期有哪些变化，是否能偶遇昔日的老师和同学。走着走着，母校仿佛离我们越来越远，记忆中的母校也越来越模糊，但对母校的念想却越来越深。

桐中对我来说是意义非凡的，她既是我的母校又是我的家园。我父亲是桐中教师，母亲是桐中1961届校友，我们两姐妹都毕业于桐中，从小就在桐中校园生活。

梦回故里，一切都是那么难忘，清晨起床的钟声和早操音乐，充满琅琅书声的小红楼课室，经过时都要驻足注目的“勉成国器”校训，恩师们和蔼可亲的眼神和谆谆教诲，同学们课间的追逐打闹，姐妹间的嬉戏谈心……记得惜抱轩下挑拣银杏树叶做书签，记得后山操场你我矫健的身姿和草地溪边同学们席地而坐学习的身影，还有最迷恋的校园里处处弥漫的桂花香气。生活在这样一个美丽幽静、生机盎然、充满人文气息的桐中校园，耳濡目染，桐中文化已在我血液里流淌。

这些年，昔日的同窗、校友、良师常常浮现在我眼前，回得去的是母校，回不去的是青春。匆匆30余年，分散在天涯海角的同学们，都在各自不同的岗位上努力奋斗着。也曾有相聚的约定，却总是遥遥无期。那些曾经以为念念不忘的事情，就在我们念念不忘的过程里，被我们遗忘了。时光荏苒，牵挂无限，只因我们都曾是桐中学子，都曾在那片土地上挥洒汗水和青春。他年归来，我们能否还是曾经那个少年？

一直以来，我都为我是桐中子弟、桐中学子而骄傲，向往着像父母一样成为教师，桃李满天下。这愿望终于达成，不仅我退休后被一家教育机构聘请留用，而且我的宝贝女儿也成为高校教师，实感欣慰。

我的父亲王启玉是桐中一名老教师，退休多年，现虽86岁高龄，但身体健康、精神矍铄。

1958年，父亲毕业于安徽师范学院，先后在蚌埠专区工业学校和淮南矿业学院工作。1962年，桐中团委书记方尔文手持安徽省教育厅公文，到淮南矿业学院调人，石刚年、刘运昌和我父亲被相中，进入了建校60周年的桐中。1964年10月后，父亲曾调任桐城农业技术学校、青草中学工作。1978年，他又调回桐中任教，直至1998年6月退休。

父亲是桐中的物理教师，曾任物理教研组组长。他从1979年至1994年十年负责高中毕业班教学，培养了一批又一批优秀人才。1980年，父亲和王元祥老师带的毕业班获得高考物理全省第一名的好成绩。1990年，父亲带领六位学生，赴合肥参加全国第二届力学竞赛，全部获得奖项。1991年，父亲所教的学生杨顶柱高考物理获得满分。更可喜的是，父亲的得意门生、1980届程和平现在是中国科学院院士，1983届吴曼青现在是中国工程院院士。那些年沾父亲的光，我收获颇丰，学生们临别赠给父亲的精美笔记本成了我的瑰宝，记录了我许许多多年少的心事和好词、好句、好曲。

记得有一年父亲来广州，在深圳工作的学生曾名生得知后，特意约其他同学一起来广州探望。名生学长 1984 年毕业于西安交通大学，现在深圳科技园从事高新技术工作。名生学长说，父亲是他早期人生路上关键时期的领路人。父亲早年在西安交通大学进修过，对西安交通大学非常了解。名生学长高考后填报志愿，先报的是西安交通大学，后来在其他老师的建议下改为西安另一所工科大学。父亲得知这一情况后，向他详细介绍了西安交通大学西迁历史和学科设置，让他将志愿改回。后来，名生学长顺利被西安交通大学录取。名生学长非常感激父亲当年帮他作出了正确的人生选择。

父亲一辈子教书育人，勤勤恳恳，兢兢业业。父亲是浙江人，在桐城生活、工作大半辈子，桐中的文化给他打下了深深的烙印，他的一生全部奉献给了桐城的教育事业。

在我和妹妹的心里，美丽的桐中就是我们的家园，家园里有我们可敬的老父亲。父亲生活规律、乐观豁达、与时俱进，一直是我和妹妹学习的榜样。希望父亲身体健康、老当益壮、福寿绵长。

桃李不言满庭芳，弦歌百年今又始。在母校桐城中学即将迎来 120 周年华诞之际，祝愿亲爱的母校校庆活动圆满成功！祝愿母校积历史之厚蕴，宏图更展，再谱华章！

“自从离开你那一天，我就满怀对你的依恋；无论走到海角天涯，心儿飞到我母校的身边……”听着这激情澎湃的歌声，我的心又一次被带回到我的母校、我的家园——安徽省桐城中学。

（作者系桐城中学 1987 届校友）

一小碟鲊肉

詹先惠

适逢母校桐中双甲子校庆，母校征文，很多校友积极分享校园生活点滴，有回忆恩师的，有记忆校园美景的，有追忆往日学习生活轶事的。有的甜蜜，有的青涩，有的辛酸，有的烙上了时代的痕迹，更多的还是点点滴滴的美好，也勾起了我的许多回忆。

1984 年金秋的一天，我由父亲担着行李相送，步行十多公里，从大山深处跨入了令人羡慕的桐中门槛。一个山村小子，懵懵懂懂，迈入了占地 100 多亩的偌大校园，像刘姥姥进了大观园，一切都是那么新奇、兴奋。不到一个月，我就逛遍了校园的角角落落。

高一时我们的教室在校园内最早的二层木楼的最东边，楼前就是校园内的标志性植物——姚鼐手植的银杏树，三人合抱，古木参天，树冠遮地，春天里翠绿欲滴，秋天里金黄耀眼，许多同学都拾掇几片飘来的落叶作为书签。教室里班主任的苦口婆心，脾气火爆的数学老师在提问后恨铁不成钢式的“暴骂”；二野渡江指挥部旧址上校图书馆里丰富的藏书；紫藤花香下女生晨读的倩影；熄灯后，舍友们海阔天空，讨论改革开放，八卦某同学与某同学递纸条、后山牵手；冬季蒙蒙亮就在洪亮而急促的钟声中翻身起床，在桐溪塥旁匆匆洗把冷水脸就跑步去操场；桐溪塥里洗饭缸时，一群群小鱼儿皆若空游无所依，时而呆滞水中似有所思，时而跃身而起追逐嬉闹；后山绿油油的草地上三五同学席地而坐，或侃侃而谈、指点江山，或爽朗大笑；篮球场上同学三步上篮的矫健身影……诸多景象，不一而足。我记忆最深的、最美的、经常入梦的还是桐中教工食堂飘香的鲊肉（米粉肉）。

我家住在大别山深处，全家五口人只有不到一亩田地，其中大部分还是旱地，易长草、贫瘠，庄稼收成低，粮食不能自给，每年有七到八个月的口粮需要外购，小时候家里及村里其他人家青黄不接的日子较多。那时村民绝大多数经济收入靠上山砍柴、砍树卖钱，俗话说“靠山吃山，靠水吃水”。我在桐中读书期间，米是家里外购或从亲戚那借点由父亲送到学校换饭票，菜主要由我每周六步行十多公里回家带母亲用大瓷缸或瓦缸炒好的腌菜，管四天左右，后两天就用家里一个月给一元钱的菜金在学校食堂打五分钱一份的蔬菜。

刚到学校时，还闹了个笑话。由于母亲在咸菜里多放了些油，比较好吃，放在箱子外面，结果周二就被寝室同学们吃光了，后面几天就没有菜下饭了，后来我索性把咸菜锁了起来。最麻烦的是，天热时，咸菜没两天就会变味、发霉。

那时一般家庭都是逢五月节、八月节、过年才可以吃几次肉。记得高二下学期端午节前后，正赶上周末回家，母亲做了鲊肉，夹了几大块给我。吃着正香，我突然冒出一句，学校里的鲊肉也很香。“买过?”父亲问。“没有，路过教工食堂，闻着香。一个月一块钱菜金，哪买得起?”我不假思索地回答。“多少钱一份?”“三毛。”“那从这个月起，家里多给你五毛钱，一个月吃一次学校里的鲊肉。”“大大，不用了，家里为我读书花了不少钱，再说学校里的鲊肉贵，有这钱还不如家里做着吃，一家人都能吃到。”第三个周末回家吃晚饭时，母亲就拿了五毛钱塞到我手里：“这五毛钱是你大大打了两三天桩脑卖了一块多，给你一个月增加五毛钱菜钱。”我坚持不要。父亲发话了："你拿着，家里的事，你不要操心，只要你在学校里好好学习，就行了。我们苦一点、累一点，都是情愿的。"

我脑海中顿时浮现出父亲瘦小的身躯挑着等于他体重两倍多的柴担一步一步爬坡过坎的场景，有时还会一步一哼地喊口号给自己加油。这样的体力支出即使在寒冷的冬天也会汗流如雨。有时父亲挑着重担步行十多公里到城关西门柴场，却被买家挑三拣四、问来问去而又不买，父亲不得不寄存直至傍晚才回家的沮丧心情。这时，我的眼泪禁不住夺眶而出……父母为了支持我读书可谓竭尽全力。最后，我还是接过母亲硬塞过来的浸着父亲多少汗水的五毛钱。那次在返校的路上，我想了很多很多……

回校不久，打饭又路过教工食堂，又闻到鲊肉飘香，脚步不由自主地停了下来。在同学那儿换了教工食堂的菜票，迅速跑到教工食堂排队，生怕去晚了没有了。排队接近窗口，伸头探望，只见轻轻的、薄薄的热气从蒸笼上袅袅升起，蒸笼里整齐地摆放着一碟碟装着几块鲊肉的小瓦碟，不大的肉块大多被酱色的米粉粒包裹着，没有被包裹的地方露出了亮晶晶的肥肉，看得出是火烘过的，酱色的米粉粒也油光发亮。米炒熟后特有的米香味伴着调料八角、茴香的清香味阵阵扑鼻而来，沁人心肺，整个食堂都迷漫着这种香味，多诱人啊！味蕾被激活了，咽下满口的津液，甘甜甘甜的。这小小的一瓦碟鲊肉，可需要父亲流几天汗水啊，也够我吃一周多的蔬菜了。我又陷入了沉思、纠结中。"同学，要什么？""不要了，忘记带菜票了。"我满脸通红，汗涔涔的手心捏紧了三张一角钱的菜票，低头飞也似的跑出教工食堂。幸好没有遇见熟悉的老师或同学。那顿午饭我好像是就着肉香的回味，三下五除二不几口就吃完了，饭多香，还带点甜味！

就这样，每个月省下五毛钱，后来有两个月我没有要家里的钱。父亲问为什么，我说学校里发了困难学生补助。当时桐中好像有困难学生补助，但每个班名额有限，可能班上还有更困难的同学吧，我不在补助名单里。高三下学期，为了迎接高考，要加强营养，家里将每个月菜金提高到三元，我可以每周打几次一毛钱一份带点肉丝的荤菜了，但始终没舍得去教工食堂打一次鲊肉。这学期可能是吃得好一点，营养好些，班上别的同学大多由于学习紧张或熬夜而瘦了，我却胖了，并且上课犯困的毛病也没有了。

一直没有吃过母校的那一小碟鲊肉，始终有些遗憾，以至于我现在梦中的母校往事，除了高考失利外，就是母校的鲊肉，那渗着油脂的肉，那糯糯而油光的酱色米粉粒，那色，那香！但幸运的是，这碟小小的鲊肉，更让我感悟到父母挣钱的艰辛、生活的不易。自那以后，我读书更加刻苦了，从原来不折不扣完成老师布置作业的被动学习型，转变到能找课外辅导资料的主动学习型，以至于在你追我赶的高三学习阶段，我的成绩排名由原来的班级中等得到较大提升。后来，尽管高考时三天三夜没合眼而影响了发挥，没有考进理想高校，但还是比较顺利地进入了本科院校，没有因为可能的补习而给家里带来额外的经济负担，这可能是高三努力学习、打下扎实基础的结果吧。这个结果也给了父母安慰，让他们的汗水没有白流，遂了他们让我"走出山村，脱离苦海"的心愿。更庆幸的是，这能吃苦、节俭的品格一直伴随着我，使我靠着"以奖代助"的奖学金及家里的适当补助度过了四年大学时光，更使我在后来的职业发展及人生道路上受益匪浅。

我们这一代是幸运的，生活在改革开放的幸福时代，可以靠自身的努力改变命运，上学几乎不需要多少钱，毕业还包分配，甚至有些人赶上了分房。

父母予我们以身体(物质层面)的养育之恩，母校予我们的是知识(精神层面)的教育之恩。正是以母校为代表的故土用桐城派的文化养分滋润了我们的情怀,母校老师以严密的逻辑思维、严谨负责的教学态度引导我们对知识的渴望,才有今天桐中校友遍布天下,成为各行各业的精英。桐中学子当以各自的方式尽绵薄之力,为时代建设添砖加瓦,一代一代接力,为我们的子孙后代谋取更大的幸福,那将是个没有战争、没有贫穷与饥饿、社会公平正义、人民安居乐业、人人有信仰的更伟大的世界！这也许是我们报答父母、报答母校之恩的最好方式吧。母校的一小碟鲊肉还是常入梦来,仍然激励着我们踔厉前行。感恩父母！感恩母校！感恩时代！

(作者系桐城中学 1987 届校友)

人才摇篮的呵护者和桐城文化的传播者

陈黛峰

桐城中学是一所久负盛名的百年名校,曾获"全国教育先进单位"光荣称号。她是由桐城派殿军、著名教育家吴汝纶先生创办的。桐中80周年校庆时,美学大师、老校友朱光潜先生赠锦旗一面,题词"人才的摇篮"。

桐中不仅是父亲杨怀志和我两代人的母校,也是父亲终生献身教育事业的见证者。1971年,父亲调往桐中任教,他以忠诚党的教育事业的赤诚之心,怀着对母校桐中的热爱,努力工作,以优异的成绩交了一份出色的答卷,成为"人才摇篮"的呵护者。教学之余,父亲笔耕不辍,著述繁夥,尤其是退休后,发挥余热,致力于发掘桐城传统文化,志当弘扬桐城文化的传播者,呕心沥血,鞠躬尽瘁。他执着和无私奉献的精神,得到业界和关心桐城文化事业发展的人们的充分肯定和高度评价。

言传身教,诲人不倦

父亲常说:"没有教不好的学生,只有不负责任的老师。"刚调入桐中,他决心从初中开始,接手了初二(2)班班主任和语文课。该班纪律混乱,班风特别差,学生上课迟到早退司空见惯,抽烟酗酒，乃至打群架习以为常。他本着“先成人，后成才”的原则，采取严厉措施，跟班管理，即使不是他的课，也搬把椅子坐在教室后面，确保课堂安宁。在他的严厉管束下，该班终于结束了因混乱而上不了课的局面。这个班一直由他带到高中毕业，曾被评为先进班集体，学校颁发了锦旗一面。该班学生在高考中取得了好成绩，其中，一位女生进入中国科学技术大学，后留学美国，成为“文革”后桐城出国留学第一人，现为犹他州立大学终身教授。

高考恢复后，父亲连续11年任高中班主任，连续17年任高三语文老师。特别是统招后，他所带班级高考升学率和语文高考成绩均名列前茅。因教学成绩突出，1983年，他被安徽省人民政府授予“安徽省优秀班主任”光荣称号；1990年，他被评为安徽省特级教师。

严师出高徒。父亲任班主任，素以“严”著称，学生们常用“敬畏”来形容他。他认为当班主任重在育人，常以吴汝纶先生为桐中所题“勉成国器”校训教育学生立志成才。桐中校园内矗立着一座石柱，上刻有桐城首任校监之一、著名书法家方守敦先生手书“高峰入云，清流见底”。他常以此文句教育学生：为学要高峰入云，不厌其高；为人要清流见底，纯洁无私。校园内有桐城派大师姚鼐手植银杏树一株，他以此教育学生，银杏树有200多年历史，树干挺直，枝繁叶茂，硕果累累，且拒虫腐，做人就要像银杏树一样防腐抗变。校园内有许多桐城先贤的遗存胜迹，他把它们当作生动的教材，寓教于学，寓学于趣，使学生获益匪浅。

父亲奉行“有教无类”的原则，对学生一视同仁，赢得了学生的尊敬。他特别关爱学习成绩较差和家境贫寒的学生，爱生如子。他关心学生学习、生活等方方面面，并且要求极严。对学习成绩较差的学生，他有着极大的耐心，从不批评一句，常循循善诱，给予鼓励，以提高他们的自信心，激发他们的学习积极性，并且时刻与任课老师保持联系，对学习成绩较差的学生采取补缺补差等相应措施，督促他们学习迎头赶上。对于家境困难学生，他也尽可能帮助解决困难。

1983年桐城发大水，孔城区有四位学生无法回家，此时距离高考只有两个月，正是关键时刻。父亲正好收到一笔120元稿费，于是，给四位学生每人30元，帮助学生解决食宿困难。后来，这四位学生全部考上重点大学，其中一位考上北京大学。学生有经济困难，只要开口，他从不使学生失望。

从20世纪80年代初开始，父亲社会活动增多，经常因开会而缺课，这对高三班主任和语文老师来说都是大忌。但在他的言传身教下，学生们十分争气，学习高度自觉，他在不在班都一样，不影响学生学习。

父亲的语文教学很有特色，擅长启发式教学，融文学性、知识性、趣味性于一炉，启发学生思维。课堂气氛极为活跃，连从小不肯好好听课的我常常在不知不觉中入迷了，被父亲带进知识的海洋中遨游而不自知。父亲自学生时代就酷爱读书，即使教学任务繁重，亦读书不倦，并喜欢购买图书，现家藏图书有3 800余册。古今中外书无所不读，知识面宽的他，讲课一般不拘泥课文，时常穿插一些成语典故、先哲名言、文人趣事，娓娓道来，教学语言幽默风趣、妙趣横生，极大地调动了学生学习语文课的积极性。不少父亲的学生曾对我说："听你父亲讲课，是一种美的享受！"

与课堂教学相比，父亲更重作文教学。他常常精批细改学生作文，字字推敲，句句留意，重眉批，轻总批，有时面批面改，不厌其烦。父亲喜欢写作，常和学生一起写"下水作文"。若发现学生文章写得比自己好，他喜不自胜，评讲时大加赞赏，称学生是"出蓝弟子”，兴奋地大声朗诵韩愈名言：“弟子不必不如师，师不必贤于弟子。”学生因此而备受鼓舞，从此喜欢作文课。

身教重于言教。父亲从40岁开始，就患有强直性脊柱炎和风湿性关节炎，一旦发作，极为疼痛，吃药也无效。但他从未因此请过一次病假，坚持忍痛上课。担任班主任时，他与学生同作息，哪怕数九寒天，寒风刺骨，他闻钟声即起，与同学一起上早操。晚自修十点下课，他还要到学生宿舍查巡，令学生感动不已。高三学生临近高考，特别刻苦，熄灯之后仍有不少学生用墨水瓶自制煤油灯看书。他曾到教室一口气砸掉九个墨水瓶煤油灯，谆谆告诫学生们，学习要劳逸结合，健康至上。父亲在任高三班主任期间，我从未见过他晚上11点以前睡觉。由于长期操劳过度，身体日益消瘦，体重降至100斤，关节炎发作，疼痛加剧，不得不吃止痛药以抵抗疼痛。开始一粒，继之两粒，后来增至三粒，疼痛依然难以缓解，但他顽强地坚持。

2000年桐中筹备百年校庆，要搞“四个一”工程。他参加校庆筹备组，承担一部宣传桐中专题片的文稿和组织拍摄工作。种种原因，一本《桐中校史》、一个桐中展览馆又落在他身上，同时，他还承担了桐中百年校庆对外宣传任务。他发挥自己的写作专长，在《中国法制报》《新安晚报》《安庆日报》上开辟了三个专版，还在《安徽日报》《江淮时报》上发表文章，尤其在《新安晚报》上发表的《独领风骚一百年》，引起全国各地校友热烈反响。百年校庆筹备期间，他怀揣止痛药，与汪年生校长赶赴北京、上海，请北京大学、清华大学、复旦大学、上海交通大学等高校校长、中国科学院院士为桐中题词。

百年校庆工作圆满完成，他却病倒了。疼痛难忍中卧床不起，后经拍片检查，患股骨头坏死，完全是长期劳累、伏案久坐所致。

在马鞍山工作的桐中1981届六位学生得知消息纷纷赶来，其中一位是骨科医生，他从江苏省人民医院请来著名骨科专家，并购德国产髋关节置换装置，六人一同驾车到桐城人民医院给父亲做手术。在桐城的学生也闻讯赶来，给父亲壮胆。此时，他感受到学生们的深情，欣慰之极！后来，父亲常向人们讲述这动人的一幕。

桃李不言，下自成蹊。父亲杨怀志执教34年，一生桃李满天下，学生超过3 000人。或教坛耕耘，或商场博弈，或航天巨匠，或医者仁心，或职场精英，或警界叱咤，或勤政为民，遍及全国乃至全球五大洲。最使父亲感到欣慰的是，他的学生们为官廉洁自律，没有一人出问题。

退休以后，虽然父亲行动不便，但他尽可能都参加学生聚会，常常说："同学们学有所为，对国家作出贡献就是对我最大的回报，同学们平安健康就是我最大的快乐。我为同学们自豪，同学们给我增光添彩。我感谢同学们！"

笔耕不辍，著述繁夥

父亲勤于写作，读书、创作是他人生中不可或缺的重要内容。因为写作，他曾遭受磨难。

一朝被蛇咬，十年怕井绳。父亲本不想写作了，然而，桐城市(县)于1981年成立桐城文联，他被市(县)委组织部委任兼职文联副主席、作家协会主席。于是，他不得不率先垂范，又重新提笔写散文、短篇小说，发表于省内各报纸杂志。改革开放后，桐城形势一片大好，工农业生产欣欣向荣，他和诗人陈所巨组织作者写报告文学，主编《矗立在历史与文化交叉点上》(上下集)，由安徽人民出版社出版。为庆祝新中国成立40年，他又与陈所巨共同主编

《激流勇进》报告文学集，由长江文艺出版社出版。为宣传桐城，提高桐城知名度，他再与陈所巨共同主编《今日桐城》，由黄山出版社出版。他还与时任桐城博物馆副馆长、现任安徽大学博士生导师江小角教授共同主编《桐城派名家评传》，与市志办编审潘忠荣共同主编《清代文坛盟主桐城派》，均由安徽人民出版社出版。为宣传弘扬桐城传统文化，受桐城市委、市政府委托，他与江小角教授共同主编《桐城历史文化丛书》（八册），并自著《桐城文化概论》一部，由安徽美术出版社出版。该丛书获安徽省文联、宣传部资助，出版后深受广大读者欢迎，好评如潮。他还著有中篇小说《爱与恨的交织》《那年那月》，与陈所巨合著长篇历史小说《明宫奇冤》，均由安徽文艺出版社出版；著有《高中文言译注》，由安徽教育出版社出版。特别值得一提的是，父亲在患股骨头坏死而卧床期间，以写作驱病痛，构思撰写长篇历史小说《大明刀侠传》，由北京致公出版社出版。

父亲长期教高三语文，教学任务繁重。他以惊人的毅力，见缝插针利用零星课余时间，争分夺秒，笔耕不辍，为繁荣桐城文艺创作尽了最大的努力。2018年，父亲被安徽省文联和省作家协会授予安徽省老作家创作终身成就奖。

桐城是桐城派的发源地，文化底蕴深厚。作为桐城人，发掘桐城传统文化，弘扬桐城文化，是一种不可推卸的责任。1985年，全国第一届桐城派研究会在桐城召开，云集国内外专家学者160余人。父亲参加会议，并提交论文《戴名世政治思想之我见》，后发表在《苏州大学学报》上。之后数年，父亲撰写研究桐城派论文十多篇，发表在省级以上刊物上。后来，安徽教育出版社决定出版姚鼐《古文辞类纂》，并加注评。他应约加入写作班子，负责该书13个部分中的5个部分，点校注评约70万字。当时主编吴孟复先生勉励父亲说:“以后不要再写小说了,集中精力研究桐城派。”由此激发了他研究桐城派的热忱。

为了更好地开展桐城派研究,1998 年,父亲向时任桐城市委书记郎涛同志建言,成立安徽省桐城派研究会。郎书记热情地接待了他,并表示市委全力支持。桐城派研究会成立后,创办期刊《桐城派研究》,社会反响热烈。父亲还接受中央电视台《走遍中国》摄制组、文化部摄创组关于桐城派的访谈,以及凤凰卫视关于曾国藩专题的采访,并在桐城电视台开桐城派专题讲座七次。他参与由桐城派研究会顾问严云绶教授和江小角教授领衔、以桐城派研究会的名义向国家清史编纂委员会申请的《桐城派名家汇刊》点校工作,整理点校 28 位桐城派名家诗文集。他与原桐城市志办副编审方宁胜合作,点校编《曾国藩选集》《黎庶昌选集》,点校《姚范集》《方宗诚集》《姚永朴集》。他与江小角教授合作,整理点校《张英全书》《张廷玉全集》。他又与江小角教授合作,整理点校《桐旧集》,该书汇集了桐城诗派 1 200 多位诗人 8 700 多首诗,并附有诗人小传,已列入国家古籍整理重点项目。他还与江小角教授合作编撰《桐城诗话》,主编《明清桐城名媛诗词选集》,并撰写一部《桐城诗派述论》。

退休后,父亲足不出户,每天坚持 6—8 小时研读、点校桐城先贤诗文集,雷打不动,从未中止。

父亲说:“我现已 83 岁,来日无多。桐城在明清两朝是文化强县,先贤留下的文献资料特别丰富,非他县可比,亟待整理,刻不容缓。我须在有生之年尽力而为,尽一个桐城人的责任。”听了父亲的话,我极为动容。父亲行动极为不便,无法坐着写作,只能站着靠手撑住桌子伏案写作。一个正常人长时间站立都受不了,很难想象,一个身患强直性脊柱炎和股骨头坏死的老人一站就是好几个小时，这如何能坚持下来？是怎样的精神和毅力在支撑着他？放弃安稳舒适的晚年生活，不辞辛苦，投身于桐城派研究和桐城文化宣传中。到底是怎样的一份感情、一份责任让他有如此举动？我想，是对历史文化的敬畏和对传统文化的崇尚，对家乡的热爱和对桐城先贤的尊重，让他有动力、有干劲，不畏艰难、忍受疼痛，几十年如一日地坚持下来。

父亲，女儿为您感到骄傲和自豪！您是我这辈子最崇拜的偶像，也是我终生学习的榜样！

参政议政，进言献策

桐城自古文风昌盛，素有“文都”美誉。文化和教育是桐城的两块金字招牌，桐城中学就是桐城的一张名片。历届桐城党政领导都崇尚文化，重视教育，尊重人才，爱护人才。

1984 年，母亲因单位破产解散，失业在家。为此，父亲在省城联系了一个单位，以解决母亲工作，准备全家搬离桐城。当时桐城县委得知此事，县委书记桂兴达、副书记江锦华和分管教育的副县长胡先泽一起来家里挽留。江书记语重心长地对父亲说：“杨老师，桐城需要你，桐城文化需要你，你不能走。桂老书记都来了，无论如何，你要给老书记面子！”桂书记说：“我代表县委挽留你，你有困难要提出来，我们一定帮你解决！”父亲深受感动。县委、县政府主要领导人亲自登门挽留一名普通老师，说明桐城领导重视教育。父亲当场承诺留下不走。

30 多年过去了，父亲每每谈起此事，总是感激地说，“人要知恩图报，县领导如此礼贤下士、尊师重教，我能不拼命工作吗？”

父亲从 1983 年至 1993 年，两度任安庆市政协委员、桐城县政协常委兼文史委主任。其实，他不仅负责高三语文教学，还兼任班主任，教学任务非常繁重，但他从不缺席政协例行会议，每次全会均有提案，尽职尽责履行一个政协委员的职责。因平时与学生家长有较广泛的接触，他对社情民意、民众诉求颇为了解，总是及时通过提案向领导反馈，后来，问题大都得到妥善解决。

尤其值得一提的是，桐城文史资料丰富，文化遗存丰厚，不少政协委员提出要将这些资料整理成书。作为文史委主任，父亲义不容辞，组织相关作者写作，主编出版了《桐城近世名人传》(上册)。知名学者、文学评论家舒芜先生读后，大为赞赏，说："宣传先贤，让人铭记缅怀，太好了！"

从1994年到2004年，父亲先后当选为安徽省第八届人大代表和桐城市第十三届人大常务委员会委员。他教学任务繁重，但履行人大代表职责尽心尽力，每次参会也必有议案，每次调研必有资讯所呈。例如中央电视台《走遍中国》栏目组拍摄的《文都桐城行》五集专题片，就是他与陈所巨提议的，得到市委、市政府的支持，由陈所巨撰稿，他积极参与策划，全程配合中央电视台摄制组拍摄。这部专题片播出后获得社会广泛好评。

"夕阳无限好，青山夕照明。莫道桑榆晚，为霞尚满天。"如今，父亲早已退休多年，他说："我逢盛世，生活在和谐社会中，够幸福了。我现在研读点校先贤诗文，只把它当作第一养生延年益寿之妙物，自得其乐，享受生活，品味人生，无复他求，何言老有所为啊！"

百年名校桐中治学严谨、学风端正，更有名师荟萃，躬耕教坛。父亲只是桐中众多良师中的一个缩影，之所以选取父亲来写，是因为他不仅是我的父亲，还是我高中语文老师，朝夕相处，言传身教，采访便利，下笔如有神助。今年国庆正值母校桐中120周年华诞，谨以此文致敬并感恩所有像父亲一样为教育事业奉献终生的母校师长们！衷心祝愿母校的明天更加美好、更加辉煌！

（作者系桐城中学1987届校友）

世代桐中情

桂飒斌

祖辈与桐中的渊源

翻看我家桐城陡潭郑家家谱，发现一件趣事。

同治甲子科南闱（1864 年），我的烈祖（祖父的祖父的小祖父）良禧公郑履成（1809—1879 年）在 55 岁高龄考中举人。时年 24 岁的同乡青年才俊、后来婉拒京师大学堂总教习之职而矢志兴办桐城中学、功垂千古的吴汝纶大先生，与我烈祖在省府南京同场竞技，同摘仙桂。

这里交代一下当时的历史背景。1853—1864 年，太平军占据南京（当时的江南省省府），其间科考终止 11 年，直到清军平定南京，曾国藩奏请恢复乡试。因时间仓促，秋闱改为冬闱。饱受兵燹之苦的江南士子们十数年磨一剑，应试者众，年过半百奋力一搏者也不在少数。冬闱期间天气极寒，能中举者拼人品、拼实力，还要拼体力。桐城乃文风昌盛大县，县内 12 人中举，成绩骄人。我烈祖与桐城中学创始人大先生同科同榜，是我宗祖与桐中最早的渊源了。

1902—1903 年，吴汝纶老校长焚膏继晷借址安徽武备学堂建立桐城学堂。其时，我的大祖父郑祖年（又名郑谷生，字竹荪，1875—1916 年）为安徽武备学堂武备教习、巡抚部院正参议、太湖秋操安徽省两名观操军官之一。观看太湖秋操是桐城中学学生的“远足之始”。这应该算得上我祖辈与吴汝纶老校长和桐城中学的又一代渊源。

同在武备学堂办公，想必大先生与我大祖父常会照面，同乡寒暄或会提及宗祖：你是那位老头子同榜的灰里蹦孙子啊?!（印象中，父亲说过老家人称玄孙以后的辈分为“灰里蹦”。）

郑树屏（1912—1974 年），又名郑树平、郑恕平，郑履成之玄孙，辈分上是我父亲的小祖父。1947—1949 年，挂职桐城中学副校长，任教历史，兼任桐城县教育局局长。新中国成立后调至安庆一中和安庆二中任教。

桐中送父亲上前线

我的父亲郑诚（1927—2011 年），在老家陡潭读了 8 年私塾，16 岁考进桐城中学。因品学兼优和家境贫寒，被校长钦点住在校长室外间，晨昏伺候校长洗漱洒扫，免除学杂费用。1944 年高二时，响应政府“一寸山河一寸血，十万青年十万军”的号召，应征入伍，走向抗日前线。

1948 年，父亲回乡，一直从事文化教育工作。1953 年前后，从文教局被派至县黄梅剧团做艺术指导。1960 年在《安徽文学》上发表剧本《婆媳会》，为新中国成立后桐城县域第一篇省级刊登之戏剧文学作品。除了“文革”期间，父亲一生笔耕不辍，不仅是编剧，还是桐城黄梅剧团的导演和主要演员之一，为桐城黄梅戏的发展作出了重要贡献。

父亲说，是桐中老校长吴汝纶先生一力倡导并秉持的新学教育打开了他的学业、事业之门，是桐中校长和恩师的博爱接纳与无私教诲使他“匹夫不失其志”，是校训“合东西国学问精粹”时时鞭策他顺境逆境都不辍学习、常思进取。

父亲每每以其“桐中学生”的身份倍感自豪和感恩。

桐中三年惠泽终身

1982 年，我有幸考进桐城中学初中部学习。是年，桐中初中部在全城关三所小学通过小升初考试择优录取，总共招收两个班级。1983 年 10 月到 1984 年上半年，我和我的同班同学卢小豆、汪益斌、姜丽萍、彭芸、蔡芳及隔壁(1)班的刘峰，在徐京波老师近乎严苛又细致入微的指导之下，历经层层选拔闯关，晋级安徽省英语竞赛，载誉而归。桐城县内最后跻身省赛只有 8 个名额，桐中占据 7 席。可见当时以理科独领风骚的桐中，文科也同样桂林一枝。

我以文科见长，但终因数理科短板而中考失利，以几分之差落选桐中高中部。这是我人生的第一次重大挫折，成为我终身憾事之一。同窗好友直升桐中，我从每天与好友披星戴月踏着铜钟北上，转而背靠启明星南下二中，无数次潸然泪下……

我开始重新审视自己：原来，我与优秀之间有着必须全力以赴、拼命追赶的距离！这一记当头棒喝无情却又深情，是伴随终身的醒己恒言，敦促着自己，始终在路上，不敢懈怠。

感念母校的是，初中三年的学习，对于内驱力和学习习惯的养成、自学能力的修得及见贤思齐的愤悱启发，已经融入骨血。这不仅使我高中阶段的学习稳扎稳打，而后顺利考入大学，还一直鞭策我在后来的人生中保持好奇探索、坚持终身学习。以书为伴，与语言文字亲好，热爱生活之美，无一不使人愉悦感怀。

正如老校友、著名美学家朱光潜先生云：“(要)能惊赞热烈的失败,能欣赏一般人所嗤笑的呆气和空想,能景仰不计成败的艰苦卓绝的努力。”这便是桐中赋予我受用终身的宝贵财富。

子侄辈赓续前缘

2005 年,我的侄儿郑丹羚考进桐中。其时,父亲健在,感慨良多,开颜笑曰我家有了校友三代人。

遗憾的是,父亲没想到也没看到,2018 年,我家第四代、我大伯的曾外孙方泰宇也顺利考进桐中,成绩优异,2021 年被电子科技大学录取。泰宇的爷爷是桐中“老三届”校友,对桐中感情笃厚。泰宇本已被安庆一中录取,但还是选择了更为亲近的桐中就读。

结　　语

溯源问祖,虽栉风沐雨,历经百数十年之久,但我家世代与桐中的缘分终是不愿分、不可分,正如万万千千桐城人对桐中的仰慕、神往和依恋,代代相传,生生不息。

母校 120 周年华诞在即,临风对月思古怀故,学赋《少年游》一曲,感恩母校,怀念母校,祝福母校!

少年游·敬礼母校桐城中学 120 华诞

惜抱文章紫来门,世代荫师恩。半山书阁,后乐亭畔,灯火不眠人。

铜钟悠扬催奋起,桃李满乾坤。清流见底,高峰入云,斫桂耀星辰。

附注：文中史实资料来自《桐中百年》、《郑氏宗谱》、桐城县教育局档案、天城中学校史库、安庆二中教职工资料、《新军会操》、《皖政辑要》和《历史档案》等。

（作者系桐城中学初中部 1985 届校友）

有多大粉做多大粑

姜莉萍

在桐中就读六年，从初中到高中，我的英语老师一直是徐京波。时光荏苒，从青涩年少到双鬓微霜，从龙眠山下到京城职场，每每想起家乡、想起校园时光，总有一个亲切的面影浮现眼前，那就是我亲爱的徐老师。

湖蓝色西服和半卷的裤脚

徐老师很漂亮。我记得我们读初中时，每逢重要的场合，她都会穿一件大开领、湖蓝色、挺阔的西服上衣。那时候从没见过大海的我，每次见到老师，心里就想，这就是海的颜色吗？

记得初中她带我们去安庆参加竞赛，还是那件漂亮的湖蓝色西服，配了一条深蓝色的西服裤。看着老师下车时的背影，咦，老师的裤脚怎么不一样长？大条粗心的徐老师啊，那只卷起来的裤管，竟然没有放下来就出门了……

老师爱美，大大咧咧的，很直爽，一如她山东人的性格。老师的美，是那种大气的美。我这一生都注定要追随她的这种美。

女儿的“鸟笼”

记忆里有一只特殊的鸟笼。

它其实不是真的鸟笼，是一个像鸟笼一样的钢丝编的空心圈，横过来，套在小小孩的小臂外。

我们刚上初二不久，徐老师正带着我们紧锣密鼓地准备参考省里的英语竞赛。我们一轮一轮地做题、改题、讲题，周末去老师家是家常便饭。那一天，我们好像都考得不错，正疯玩，看见一位又高又帅的先生抱着一个粉嘟嘟、胖乎乎的小姑娘走进来。小姑娘的胳膊外，套着一只“鸟笼”。我们奇怪地凑上去，原来孩子手臂烫伤了，怕她乱挠，装了一个保护网。这个小女娃，就是徐老师的女儿，一岁多的卅卅。

“妈妈抱！”

“乖，和爸爸出去玩。”

……

多年后，我和徐老师聊起当年这一幕。我问她：“您当年那么拼，眼里只有学生，您后悔过吗？”徐老师回答：“当年没想那么多，就想把你们好好带出来。”

“Please turn to page ...”

我们1982年入学,当时桐中初中部在城关招生,只招两个班,两个班的英语都由徐老师教。徐老师是我们(2)班初二、初三年级班主任。同学们都说徐老师严厉,我印象深刻的倒不是她的严,而是她的出其不意。

“Good morning, boys and girls.”

突然有一天,老师上课的问候语和部分指导语都变成英语了。

“Now, Let's begin.”

“Please turn to page 15.”

“Read after me.”

……

“今天我们学习一般现在时。”

又过了一段时间,徐老师上课开始全部讲普通话了！这在当时可是开先河的事,从来都是听老师讲桐城话的呀。我们有点懵,心里暗想,看她能坚持多久。

没想到徐老师就这样坚持下来啦。

等到后来我自己走上职场,每当遇到从未接触过的新挑战时,内心仿佛都有一个声音会响起,“Please turn to page ...”。不尝试,永远都没有新的开始。

“三分钟内背会”

大学没有选择英语专业是我人生的一大遗憾,但是,徐老师给我们打下的扎实的英语基础，是我一生重要的财富。

“把这段课文大声朗读三遍，背会，待会儿抽查。”大概从初二开始，徐老师每讲解完一段就这样要求我们。“啊，怎么可能，读三遍背熟？老师疯了吗？”我们心里嘀咕着，嘴上放开声。

这是一个看似不可能的任务，结果，我们都做到了。多年后回想起来，这不就是现在反反复复强调的专注力训练嘛。多庆幸，在我十二三岁的时候，专注力就得到锻炼了！“Karl Max was born in Germany ...”高一的第一篇英文，还深深刻在脑子里。

除了背诵，徐老师还让我们刻意练习造句，系统讲解语法。徐老师讲一句中文，谁被喊起来就必须翻译出这句英文，状语从句、虚拟语气等，需要快速组织句型、词汇、时态、语态才能流利地答上来。有人说，我们那个年代都是应试教育，我就不认同。几十年闯荡职场，用到英语时，不怯不怵，靠的还是——童子功。

“有多大粉，做多大粑”

最后讲一个故事。

初中时谁能参赛、谁不能参赛，是通过初试、复试一道道选拔出来的，程序公平，机会均等。我从来没想过能参加英语竞赛，也没有想到，在经过一次又一次考试之后慢慢冒出尖来，就有点飘飘然。

又一次考试。有一道介词填空题“look ____ ____ the window”，我怎么也想不出该填什么。徐老师走过来一圈，看一眼；又走过来一圈，敲了两下桌子；第三次走过来看，还是空着，便丢下一句“有多大粉，做多大的粑”……已然悄悄飘了很久的我，那一刻，突然觉得好沮丧，忍不住抬头向窗外看去。有了，“look out of the window”！

"有多大粉,做多大粑",这句话从那天起就印在我的脑海里。每当我骄傲,当我低迷消沉时,我就想起它,我究竟有多大的粉,想做多大的粑。想起它,我就清醒,就有力量。

(作者系桐城中学1988届校友)

不说再见

彭　芸

从姚墑到桐城到芜湖再到上海，最让我津津乐道的是桐城，而桐城最让我乐道的是我读书六年的桐城中学。

回望这六年，除了半山阁的明月、后乐亭旁边蔚为云霞的紫藤，最先想到的是那些让我们感恩终生的老师们，还有同学间各种调皮捣蛋的事。

良　师　篇

初中三年，徐京波老师是我们的班主任和英语老师。徐老师的严厉教育给我们打下了受益终身的英语基础。大学本科班级 88 个人，第一批过英语六级的只有两个人，我是其中之一。徐老师的管理也是独特有招。我和蔡芳前后桌，也不知道为啥，两人总有无数的话要一起叨唠，以至于我俩差不多每周都要挨一次批。这导致毕业 20 周年聚会上徐老师看到我，亲切地拉着我的手时，我立马出了一手心的汗。

其实，徐老师的严厉在某个瞬间也曾消失不见。学校组织看《高山下的花环》，徐老师坐我旁边，哭得稀里哗啦，我惊讶得一时间都忘记哭了。徐老师当时很年轻，全身心扑在我们身上，铿锵玫瑰把我们一干调皮捣蛋鬼管得服服帖帖，并且成绩骄人。

1983年安徽省英语竞赛，桐城县入围省赛八人，其中，七人是徐老师的学生。中考时，我爸希望我能上中专，可以早三年出来工作赚钱。当时徐老师在班上问，有没有人报考中专的。我因为敬畏，还有点不好意思，没敢吱声，得以继续在桐中滋养熏陶了三年。

到了高一，班主任是吴杰老师，教我们化学。吴老师刚从学校毕业，很亲和，亦师亦友。这也让我们这帮不知好歹的人蹬鼻子上脸，上课说闲话的恶习愈盛，结果有次考试我的化学竟然没有及格。吴老师找我谈话，批评教育了半个多小时。高一下文理分科，我一看和我要好的同学都学文科，便也选了文科。这次吴老师找我谈话谈了两节课，劝我学理。桐中的强项是理科，我当年数学、物理学得还凑合，物理还考过满分。

吴老师说："理科的专业多，就业容易，你也适合学理科。"循循善诱，好说歹说，苦口婆心。可我就是油盐不进，半点都没有考虑前途、理想、职业规划，一门心思只想着"那可不行，和我一起玩的人都学文科，没人一起疯咋行"。现在想来，其实，如吴老师所说，我的性格更适合学理科，这样后来的工作也会得心应手点。

文科班班主任是田鹤群老师。田老师的外貌很本土，却教最洋气的课目——英语。虽然高考在前，但是我废话不改。田老师有次气极了，在班会上大骂："班上还有那么两个女同学，跟街道妇女似的。"田老师应该不是桐城人，说话带点外地口音，有次上课做翻译题说"再翻一遍！"蔡芳同学以为被点名，应声站起来。田老师反应过来后说："你平时上课咋没这么认真？"虽如此，因为我是英语课代表，田老师对我依旧关爱有加，临考时借给我那时还极少见的英语磁带让我复习。

毕业后，同学们去看他，他总是问到我。我却从未去看望过他。2019年回桐城和老同学聚会时，闺蜜周同学说："田老师要了你的电话呢。”我愧疚之至。2020 年回家过年，准备去拜望田老师，可田老师电话一直关机。后来因为疫情，我匆匆返沪。是年 3 月接到王同学的微信，说田老师走了。今天，愧疚之心和感恩之心一样沉重。

梅贻琦就任清华大学校长时说：“所谓大学者，非谓有大楼之谓也，有大师之谓也。”桐中亦如是。读书六年，遇到的每一位老师都是人格魅力和智慧兼具的师者，都是学高身正、春风化雨、润物无声的老师，虽然每位老师各有个性。喜欢拿袖子当粉笔擦的英语朱老师，表扬我一通百通的物理王老师，姓包还偏偏喜欢拿包子举例的数学老师，徒手画地图、因我上课时埋头看《射雕英雄传》而敲我额头的地理徐老师，帅气潇洒、喜欢在荷花塘散步的叶老师，洋气且有点臭美的江老师，还有娇小斯文让男生都不好意思调皮的化学老师……感恩，所有的老师！

场 景 篇

我从来就不是个感情细腻的人，因此，很多场景和细节都不记得了，记得的只是那种懵懂却美好的感觉。“运动会的进行曲，偶尔却比老情歌还让人怀念。”

桐城中学上海校友会是个优秀温暖的集体，把桐中的美好开枝散叶，组织了很多有意义、有趣的活动。今年桐中 120 周年策划的征文活动，让浪迹天涯的游子们都重牵上了母校的掌中线。在一篇篇校友文章里，我读书年代的各种场景一一闪回。

在校友的文章里，我才知道那条每天下课后跨来跨去的小河沟叫桐溪塥。这个小河沟，春天会看到有小螃蟹和小蝌蚪，丰水季看到过小鱼苗。那棵到深秋就一片金黄，让我们发呆、让我们遐想的银杏树，毕业后很多年才知道是桐城派大师姚鼐亲植的。

我记忆里深刻的是那块“高峰入云，清流见底”的石柱；不远处的一棵大树，大树中间磨平了一块可以容两人坐的台子，我们几个玩伴放学后常常爬到上面盘踞打闹一番；我们的校训“勉成国器”，是我所知道的最磅礴大气、最有文化底蕴的校训；后山，那里估计是学校里发生最多爱恨情仇的角落，打架的，懵懂表白的，互诉少年心事的，还有从那儿越过墙跑到党校窥玩一番的；还有那开花季蔚为云霞的紫藤树……

益　友　篇

桐中六年，除汲取知识和智慧之外，最大的收获就是一生的朋友。到现在，我最好的朋友中一半都是一起厮混的初高中同学。

不管多少年过去，同学相见，永远是最热闹、最美好、最让人期待的相聚。去北京出差，我见到了老(2)班的班长，自 1988 年毕业后我们就没见过，但那份熟悉和亲切基本无缝衔接，毫无陌生感。这就是同学的魔力吧。

那时的校园非常纯净，无论是老师还是学生，专注的都是学习和思考，衡量的标准也是教得好不好、学得好不好。那时的师生关系也很单纯，家长和老师的关系基本是“不知有汉”，互不认识。因此，桐中毕业的学生都学会专注于学习和思考，专注于工作本身。这是每个桐中学子的人生宝藏，也正是让我们桐中人自豪和桃李不言之言吧。

那时候，校园或者教室里会悬挂“团结、紧张、严肃、活泼”的标语，老师管得严、教得认真、教得好，由不得我们不团结、紧张、严肃，但是活泼一点儿也没落下。看琼瑶、看金庸，看《红楼梦》、看

《三国演义》,和闺蜜比赛背《红楼梦》诗词,和史同学逃课去看《射雕英雄传》被自习课老师抓住罚站,桂同学因模仿许文强抽烟的样子被老妈发现后一顿好揍,打架,吵架,嬉玩,情窦初开的表白,写传各种纸条,恶作剧给吴老师写征婚启事……好怀念!

桐中,120 年了,何其有幸,能学于斯六年。感恩,怀念,祝福!

（作者系桐城中学 1988 届校友）

我把三个春天，藏进一片紫藤的花瓣

黄　谷

桐　　中

从县城的老车站出来
我们沿着和平路朝北走
父亲扛着我的棉被衣物
我拎着一个行李箱跟在他身旁
穿过梧桐枝叶的小块阳光
落在父亲的额头
溶化成细密的几粒汗珠

经过百货大楼、新华书店和电影院
和平路的尽头是文庙前的广场
几辆开往乡村的大客车停在广场中央
几个行人围着卖菜心粑和棉花糖的小摊
邮电局在广场西北角的公园路
沿公园路走到北大街
就到了我住读三年的桐中

刚入校时我住在旧教室改成的宿舍

父亲在十几张双层床中找到我的床铺
他铺好床,拍掉我的确良衬衣上的灰尘
“今后靠你自己了,有事写信”
离宿舍不远处,九月的风
爬上一棵高大的银杏树
我站在宿舍门口
目送父亲渐行渐远

高二时我的教室搬到半山阁西侧的教学楼
一到谷雨,那里的老紫藤就开花了
每次从紫藤架下经过
我都会驻足不前
没有人知道,我把上世纪的三个春天
藏进了一片紫藤的花瓣

那时候天很蓝
后山小树林的鸟雀
从清晨一直叫到黄昏
入夜可以坐在山坡上看星空
能看到他的白羊座和她的双鱼座
这是我的想象
其实那时的少年都不懂星座
后山在校园的西北
翻过山上的围墙就是党校

从前县城的文物旧筑

大多没有修葺
它们隐居在麻石条路面的街巷
南方的梅雨，将斑驳的时间
涂抹在青砖、粉墙、黛瓦、木门、格窗
我喜欢老街灰头土脸的朴素样子
像那时候的我、我的同学和我的老师

县城以东是龙眠河
我闲时站在岸边
看白鹭在芳草萋萋的沙洲上信步
看远处的青山和近处的紫来桥
看从桥上走过的方苞、刘大櫆和姚鼐
看流水裹挟着他们的大块文章
一路淙淙向南，投身辽阔的江湖

龙 眠 河

九百年前，李公麟洗画笔
两百年前，姚鼐洗砚
三十年前，在龙眠河横穿桐中的支流
我们洗少年的烦恼

龙眠河还有一条支流
很长，有九万六千公里
当年喝下的龙眠河水
至今仍在我的血管清流见底

我们本是龙眠河的沙子
从紫来桥出发
先入菜子湖，再入长江
三十年，一直在江湖浮沉

一些沙子被大浪淘成黄金
而大多数沙子，被冲积成沉默的岸
我如今停驻黄浦江岸
已是一粒心如止水的中年沙子

同学聚会

来的人不全，只有一半
另一半各种忙
忙，也是不错的借口

没来的同学，有一个走了
他沿龙眠河向西
躲进深山，隐身为草木

想讲方言，却有点拗口
一生之中说普通话的时间
已超过乡音好多年

问候校园的古木、旧舍和碑碣
它们是否还记得

从前我们的青葱岁月

无法原路返回了
一根白发,无论怎么染
也难以找到最初的黑

半　山　阁

光绪二十八年
吴汝纶回乡创办桐城学堂
学堂的藏书楼名曰半山阁
因其风格独特
被人赞为“凝固的音乐”

我读桐中时
半山阁用于办公
记得有一间屋子
是交学费、领书本的地方
还记得有一个窗口
我将从乡下驮来的大米
在那里换成饭票

每次走过半山阁
抬头看见“勉成国器”的横匾
我一下子就心慌起来
手中的书本变得有些沉重

驮过米袋子的肩背
也隐隐作痛

银 杏 树

乾隆三十九年
姚鼐避离京师的嚣尘
辞官返乡，开始教书授业
他在自己的书屋惜抱轩旁
栽下这棵银杏树
后来惜抱轩几经变迁
成为桐中校园一隅

我们一代又一代人
在他的树下乘凉
像银杏的叶子
青了又黄，黄了又青

我们一代又一代人
读他的诗文长大
最后被岁月藏进银杏的枝干
化作一圈又一圈年轮

至今二百八十四年
惜抱先生种在土里的树木
和他种在纸上的文字

活得一样长久

后 乐 亭

我家离县城远
小时候少有机会去那里
读初二那年，我跟父亲到县城
他领我看桐中校园
他一边走，一边讲银杏树、半山阁
还讲姚鼐、吴汝纶、桐城派

我们走累了，坐在后乐亭

教初中的父亲，开始讲他的学生
哪一位哪一年考上桐中
又考上哪一所大学
他扳着手指，一个一个地数给我听
像儿时我坐在他的双肩
一颗一颗地，数夜空的星星给他听

后来父亲也变成夜空的一颗星

我回过桐中几趟
每一次途经后乐亭
仿佛看见父亲还坐在那里
穿着蓝布的中山装

胸前衣兜别着一支钢笔
正对一个少年津津有味地讲着什么

（作者系桐城中学 1989 届校友）

吾 爱 吾 师

姚要武

母校今年 120 岁了，我到明年也从教 30 年了。母校依然年轻，而我已成老学生。母校正值校庆，我也该献上心香一瓣吧。一直在读校友们的征文，有过几次冲动提笔，但最终都搁了笔。学生和母校的关系，最励志的格言似乎是“今天我以你为荣，明天你以我为傲”。可是，我至今拿不出能让母校以我为傲的成绩。

离开母校 33 年了，其间回去过两次。第一次是某年寒假回老家，带着孩子去母校朝圣，看到了熟悉的一切，也看到许多不熟悉的地方。孩子说：“在这么好的地方如果不好好学习，真丢人。”算是达到了最高的目的。第二次是三年前毕业 30 年聚会，因学了文科而被一再分班的我被召回“母班”，激动得种种失态。

写什么呢？熟悉的一草一木一山一水一楼一阁，都历历在目，从来不需要想起，永远也不会忘记。我不会，校友们也不会，都在天南海北，却说得津津有味。既然“长大后我就成了你”，当了一名中学老师，那我就写写我的老师们吧。在校三年，我每年都要进新的班级，因此，我的老师换得最多，教过我的老师也就最多。祸兮？福兮！

1986 年，我进入桐城中学，被分在高一(4)班，班主任是江国清老师。后来才知道他是代理，正式的还在办调动，等史本贵老师到岗，江老师就只教英语。得知江老师是怀宁高河人后，我不时暗想，当个老师干吗要跑这么远？当时的我，除了外婆家的人，还没见过外地人。

江老师真的很帅，不高不矮不胖不瘦，性格开朗、步履从容，皮肤白皙、头发浓密，又烫了个“大爆炸”，简直有点嬉皮士的模样。后来才知道，他刚从美国进修回来，怪不得有点洋气。江老师教我们英语，口语当然没得说，他不太喜欢板书，偶尔写上几个单词，还写得很轻很草，更不用说汉字了，他自己都说写得很丑。

那时候的江老师，的确有春风得意的资本，除了留过洋，还刚生了个胖小子。他住在我们男生大宿舍前面的平房里。一个周末的晚上，我到他家去玩，碰巧夫妻二人在给孩子洗澡，由于孩子感冒，正给他熏醋。我问孩子叫什么名字，他说叫磊磊。“三个石头！哈哈！”前几年他来上海研修，我去看他，他还是那副轻松的模样，尽管嘴上说很累。我问他“你家石头呢”，他先是愣了一下，然后又是哈哈地笑着说：“石头嘛，现在合肥工作，也当爸爸了，孩子都上幼儿园了。”我不禁感慨：“时间啊时间！”

史老师从江老师手里接过班级，并教我们数学。他看起来很严肃，也很有条理。他的带班艺术我讲不出道道，但数学教得我印象深刻。他很自信，总是真理在握的样子，分析起来头头是道，批评人起来“周吴郑王”。有一天傍晚，我有一道题目不会做，就去他家问。他正在做饭，把手在围裙上擦擦，就进屋到书架上翻检起来，然后歪着头、眯着眼，拿着一个“袋袋”出来，神秘地说：“这个题目嘛，有三种证法……”他的那些“袋袋”让我眼界大开，从此，我知道了什么叫“一题多解”，岂止三种，还有五种、八种，甚至十几种呢！

高二时，我学了文科，各个班级学文科的人凑在一起，组成新的班级。陈万灵老师当班主任。一位师兄听说陈老师来教我们，表示祝贺，说这个老师很好。听说陈老师是淮北人，一口北方话，脸面清癯，络腮胡子，但刮得干净。他们一家就住在我们宿舍前面的三间平房里。我们课余饭后喜欢在宿舍门前踢足球，有人不小心一个大脚就把球踢到了陈老师家的后窗上或者大门前，大家吓得顿时躲进宿舍内，大气不敢出。陈老师有时也会哇哇大叫，等到没声音了，我们才敢猫着腰去把球捡回来重新开踢。陈老师教地理，上课喜欢带着根长木棒，也喜欢在黑板上画图演示。教“黄赤交角”时，为了更加直观形象，陈老师竟然歪着头、扭着脖子，模仿着在讲台上转起圈圈来，引来哄堂大笑。

高三时，因为文科班人多，再次拆班，我又进了新组建的(7)班，苏翔老师任班主任。他女儿苏艺也在这个班。第一印象是他喜欢穿西服，穿得少而挺括，走路快，说话也快，眼睛转得更快，加上喜欢看金庸武侠小说而受到的浸染，人总是显得非常精神。印象更深的是，他烟瘾很大，吸烟时享受得很。他家茶几上总是放着一个透明罐头瓶，里面注满水，烟蒂都放在水里泡着，水就成了酱褐色。我现在也抽烟，也喜欢弄一只玻璃瓶子做烟缸，但瓶子尽量选不透明的。

苏老师教我们语文，一上来不教课文，而是抠知识点和考点。他这样做当然是为了应试，因为我们高一高二的语文老师都不搞应试或者不会应试。高一语文老师是吴国庆，他那时可能毕业不久，还很文艺，上唇留着一横精致的短髭，爱穿风衣。至今还记得他教朱自清《荷塘月色》时的情景。读一段课文之后，他就直呼“美啊”……然后半张着嘴，目视前方，停顿三秒。至于怎么个美法、他是怎么分析的，我至今记不起来。

高二语文老师是吴永清，他是浮山人，操一口地道的枞阳话。他给我们讲过他的学习、从教经历，还讲过许多桐城的风土和故事。吴老师乃蔼然仁者，说话特别随和，总是面带笑容，侧耳倾听。他说自己普通话不行，有些内容也不会教。他教翦伯赞的《内蒙访古》时，在黑板上抄了一首王安石的《明妃曲》，大概是补充昭君出塞的历史背景吧，至今还记得“明妃初出汉宫时”“当时枉杀毛延寿”两句。

说完了语文老师再说数学老师，除了史本贵老师的启蒙，还得益于另外两位数学老师，高二是汪胜老师，高三是吴良兴老师。如果说我从史老师那里学到的是一题多解的方法，那么从汪老师那里学到的是数学的思维方式，从吴老师那里学到的是踏实严谨的态度。相比史老师、吴老师，汪老师那时风华正茂。当时的课程设计是高二时就上完全部教材，高三总复习。复数已是别开生面，矩阵、导数更令人惊奇、倾倒。我总是期待着汪老师来上课，听得特别投入，作业也做得认真。我当时不知怎的爱上了宋词，有一次题目做得痛快了，就胡诌了几句《长相思》附在后面，没想到汪老师也很性情，竟然和上了几句，从此一发而不可收。

汪老师很幽默，看到我们周末回家背个大书包，就嘲笑起我们，说他当年数学都是在牛背上学的，放牛之前，把数学书撕几张带在身上，牛吃饱了，书也看完了。汪老师住在后山上。从山下的操场上望过去，山坡很高很陡很长，偶尔能看到汪老师模糊的身影，对他的居所也颇感神秘、颇为神往，可惜没有去观瞻过。

苏翔老师称吴良兴老师为“大帅”。吴老师一接手高三数学，就一再强调要过计算关。他说文科数学不难，但文科学生一算就错，这个很要命。他上课的节奏基本是今天评讲昨天的卷子，然后发一张新卷子下来做，晚上批好，明天再来讲评。有一天，他讲完后，把粉笔头轻轻掷回粉笔盒，拍了拍手上的粉笔灰，拿着讲义就往门外走，毫不迟疑。我感到奇怪，下课铃还没响呢！还没等我回过神来，电铃就响了。此时，吴老师前脚已跨出门去，后脚还在门内，惊得我半天合不上下巴。

吴老师其实很幽默，但一般不苟言笑，下课时同学们也不敢接近他，他就站在门外，望望远方。有一回，他已走前门进了教室，而想走进后门的几位同学不仅比他慢了一拍，还嘻嘻哈哈的。吴老师立马生气了，课也不上了，之后几天都不来上课。苏老师知道后，让我带几位班委去道歉，想办法把他请回来。我们摸着黑去了他家，他坐在摇椅上看电视，不理我们。我们向他承认错误后，就在一边站着，也偷看几眼电视。过了好一会儿，大概是一档节目看完了，他说："你们回去吧，我明天去上课。"我们如释重负，赶快回来报告这个好消息。那几个同学很不好意思，说下次打死也不得罪"大帅"了。一场"风波"总算过去了。

英语课高一时由江国清老师上，高二、高三都是张恩怀老师任课的。张老师是绝对的应试高手，并且特别会抢时间。学校考虑到有同学周末要回家，下午只安排了两节课。张老师可不管，下课之前就堵在教室门口，一度令我们"义愤填膺"。结果，要赶车的同学先走，其他同学留下来补课。半个下午，他能评讲百道选择题，我们早已饥肠辘辘、坐立不安，而他一直精神饱满、优雅如常。

我的英语一直不好，总是徘徊在 70 分。直到有一天晚自习，张老师凑到我耳边，悄悄地跟我说："你最近进步很大，这次小测验得第一了。"真的是谢天谢地，我为此苦恼了两年多。张老师的表扬很及时。从此，我信心满满，高考也不错。后来听江老师说张老师调走了，去了南京。我一直感念他。

其实，我是因为一下子被化学的"摩尔"打败了，所以才选择去学文科的，但我自知学不来历史。作决定之前，我去找过黄祥林老师。他那时很年轻，可能还没结婚，刚从大关中学调来，应该是相当厉害。他的厉害，尤其体现在记忆力上。他上历史课，不是在讲课，而是在背诵历史书。他在讲台上背，我们在书上画，两相比较，真的相差无几。他劝我别担心，说历史很简单，就是背一背、记一记而已。可惜的是，我一直不知道该怎么背、怎么记。高三时，历史老师换成胡玉堂老师来把关。与黄老师相比，他在另一个极端上，搞综合复习，帮我们梳理知识点，建立其间的联系，常常写了一大黑板。同样可惜得很，我一直云里雾里，没开过窍。

常言道，上帝为你关上一扇门，就会为你开一扇窗。我历史不行，但政治还行，这得感谢李素萍老师。在我心目中，她是位神奇的老太太，特别会讲课。她当年讲的都是有关改革开放的内容，如政治体制改革、经济体制改革和社会主义市场经济等，颇具时政性。她归纳得井井有条，我学得新鲜有味。临近考试的最后几天，翻一翻时事政治，接着就上考场，竟然也能顺利过关。个中原因，我至今既想不明白也说不清楚，但肯定与李老师有关。我和李老师的小女儿李莉是同学，毕业分配时竟和她的大女儿刘芸又成了同事，难道这就是缘分？

语言真的很神妙，能将你心中的所有“逗引”到你的笔端。刚才还无从落笔，这会儿已思如泉涌，记忆的闸门打开后，就开始纵横驰骋在文字的大道上。除了那些教过我的老师们，我还想到了没教过我的老师们，如永远风度翩翩的刘盛磊老师（我和他女儿刘琼同过桌）。“只是因为在人群中多看了你一眼”，他们的言行对我产生过影响，甚至潜入我的气质之中。另外，我的大学室友吴幸福，现在是母校的一名老师，和我的老师们成了同事。我若尊称他一声“吴老师”，相信他会眯起双眼，带着坏笑，欣然接受的。

清华大学梅贻琦校长曾说：“所谓大学者，非谓有大楼之谓也，有大师之谓也。”这话同样适用于作为中学的母校。母校曾经的辉煌，就是建立在这样一大批经师、人师基础之上的；母校欲再次崛起，同样少不了这个基础。

我多么想像刘义庆在《世说新语》里写“踏雪而来”的王徽之、“目送归鸿”的嵇康等人那样，三言两语就勾勒出老师们的风采神韵，可惜我不能；我多么想像萧红写《回忆鲁迅先生》那样，用她那“一枝独秀”的笔，写出一个个“智慧、幽默、爽朗、平易”的老师，可惜我不能。

母校是家乡的一张名片，在异乡也闻名。在母校被人啧啧称赞的同时，我也深感“影响的焦虑”。母校那高大的形象和深厚的底蕴，时时让我自惭，也永远催我自新。愿母校永远年轻！愿我的老师们永远潇洒！

（作者系桐城中学 1989 届校友）

桐中补习记

江　为

“穷不丢书，富不丢猪。”桐城，一片以文而名、因文而兴的风雅之地，名门汇聚，翰墨飘香，有着一群满腹经纶、学贯中西的文章大家。

一提起桐城，人们便想起桐城中学，这座拥有百年历史的人才摇篮。今年适逢母校建校 120 周年，我想以我的经历，倾诉一段不为人知的岁月。

岁月静好

也许是上天的特意安排，或是古人所说天降大任必先劳其筋骨，我第一次高考落榜了。于是，第二年进入青中补习。由于自己的无知和气盛，我竟然和补习班李姓数学老师产生摩擦。万般无奈下，父亲通过在教委工作的本家，将我转入桐城中学高三(6)班插班。当时的(6)班可谓是桐中最好的班级。班主任是位教地理的高级教师，他的教学水平在全国首屈一指。班上汇聚了全省各地生源，有安徽农学院(现安徽农业大学)教授江泽慧的儿子；有第一任中国驻美联络处主任黄镇的孙子，后考取安徽师范大学中文系；还有一位宿松的吴晓樵，后考取北京大学德语系。他们不仅十分优秀，而且和同学关系十分融洽。

书山有路

桐中不仅师资好，学习环境也好，教书育人堪称典范。

历史老师是我最敬佩的人，他能背诵整本历史课本，上课从不带书，只带粉笔，讲课旁征博引、脉络清晰。所有题目答案在书中第几章第几页，他全能随口而出。记得班上一位同学在他的影响下，每次晚自习之前在学校后面的小山上拿着书来回背诵，日久坚持，竟然走出一条小径，后考入法学院，成为国家二级大法官。

校园中那棵高大银杏树，我曾在那里踢足球。每当树叶纷纷落下时，场景甚是感人。感谢江姓本家当时在桐中后勤工作，他时不时带我去他家加餐。这一切历历在目，历久弥珍。

“千万里我追寻着你，可是你并不在意，你不像是在我梦里，在梦里我不是唯一，Time and time again I ask myself ...”虽然在桐中补习时间很短，但我还是常常想念……

（作者系桐城中学1989届校友）

第一张荣誉证书

程向军

这是一张由我的母校桐城中学在 1989 年颁发给我的荣誉证书,全文内容如下:"程向军同学:在一九八九年上学期荣获钢笔书法竞赛高中组一等奖光荣称号,特发此证。一九八九年十月廿一日"。

文中美术字与手写体混搭,书写的文字为钢笔手书,瘦硬劲挺,笔力醇厚,印象中应为史再新老师所书。可以说,正是这份荣誉证书,让我一度保持了对书法艺术 20 多年的热爱;正是这份底气,让我最终考上艺术专业,并在后来工作之外的艺术领域取得了一些成绩。

辛弃疾词云:少年不识愁滋味,爱上层楼。1989 年上学期,那时的我已经读到高三,虽然学业任务感觉不是很重,但老师们每天的课程都布置得满满的,同学们无不抱着对前途的无限希冀埋头苦干、奋笔疾书。

那时的我却对艺术产生了浓厚的兴趣,每天利用课余时间写写画画,有时甚至在数学等理科课堂上练习书法,几乎到痴迷的地步。

那个时候,语文课是我最感兴趣的课程之一。才华横溢的刘盛磊老师总是在开讲前挥出一手漂亮的板书,令我艳羡不已。刘老师虽已仙逝,其人在讲台上飞扬的神采依然深深铭刻在我的记忆中。

为了把字写好，我找来一些字帖，时时在上面揣摩比画，并在草稿纸上用钢笔临写。一度，我的书本作业封面封底上都留下了我的“涂鸦”，乐此不疲。

有一天上学，校园的一处醒目位置张贴了一个公告，一群学生围在前面叽叽喳喳。我挤上前一看，原来是学校要举办一次钢笔书法竞赛。公告的具体内容已经记不太清，大意就是希望在桐城中学就读的所有学子，包括初中三个年级，都要踊跃参加比赛，还要评出一、二、三等奖。

见了这个竞赛启事，我顿时激动不已，感觉自己施展身手的机会要来了！当即就告诉班主任，和班上其他几位同学一起正式报名了。老师不忘鼓励我，好好写，争取得奖。

当时的竞赛好像在教学楼的某间教室内举行，很多同学陆续坐下后静静地等待老师讲解竞赛机制和比赛方式。主持比赛的老师进来后，非常正式地宣布比赛开始，然后发给每一位同学一张大白纸，让大家用自带的钢笔书写一篇自己熟悉的古文，对字数、篇幅、字体、格式都作了说明。要知道，如果平时不练习，仅仅是简单抄写一篇文章，估计很难入评委老师的法眼。幸好，我平时在宋代大家范仲淹的《岳阳楼记》上颇下了些功夫，不仅全文倒背如流，甚至每一个繁体字的写法我都记得滚瓜烂熟。

于是，在揣度了一下纸张篇幅后，大致确定了字的大小，我以那段时间最有心得的大学者、书法家启功老先生的字体把《岳阳楼记》一挥而就。过程很平稳，波澜不惊，基本在规定的比赛时间内顺利完成了这幅参赛作品。我在仔细检查了全文是否有错漏别字等硬伤后，便信心满满地交给了监考老师。记得老师接过我的作品后迅速浏览了一眼，然后貌似以嘉许的眼神看了看我，以至于我激动了大半天……

在那段等待的日子里，我忐忑不安，一边学习，一边担心着自己的作品到底能不能得到评委老师的青睐。我在内心暗暗为自己打气，相信自己一定会有所收获。

终于，在一个风和日丽的日子，学校的醒目位置突然又张贴了一张鲜红的公告，终于"发榜"了！我以百米冲刺的速度冲到榜前，以一秒十行的速度搜索着名单，在高中组一等奖的位置找到了我的名字。那种难以言表的激动和欣喜让年轻的我久久难以平静，人生的第一张荣誉证书就这样在母校桐城中学诞生了。

多年后才觉得，桐城中学的老师们真的用心良苦，用这种竞赛方式来活跃学习气氛，鼓舞了高三面临冲刺的学子，让一些同学在比赛中找到自信。至少，参加比赛的同学在考试试卷上的书写应该不会失分吧。从某种意义上来说，这也是素质教育的发端了。

时光转眼迈入 2022 年，母校 120 年校庆款款来临。在学校网站和微信公众号上，我了解到，为了办好这次校庆，展现学校风采，赓续桐中精神，母校殚精竭虑、运思造奇，先后发布多期校庆公告，把征联、征文、征集校庆标识、征作品著作等一系列活动融入进来，并得到桐城中学上海校友会的大力支持，在社会上引起了极大的反响。

作为曾经沐浴母校恩泽的一名平凡学子，一直没能给母校增添更多荣誉，没能为母校反哺回馈，内心十分不安。如今，吴汝纶先生"勉成国器"校训依然高悬校门，激励着从这里走出去的莘莘学子，无论身处祖国的山河尽头，还是远在大洋彼岸，无论是在人生的高光时刻，还是在事业的低谷时期，母校的光辉都在内心闪闪发光，如灯塔一样照亮你的前路，给你无穷力量。正像公告中所说的，沐浴桐城派绪风，踏节新时代钟声，历经风雨，弦歌不辍；秉持

“勉成国器”之校训，输送经世济民之栋梁，奋兴人才，桃李芬芳！

韶华不为少年留，母校给了我们人生最美好的时光，一张 33 年前的荣誉证书存储了我对母校最珍贵的记忆，历久弥新，灿烂鲜活，至今依然鼓荡着一颗少年的心。祝愿母校桐城中学 120 岁华诞收获更多芬芳与硕果，永远年轻！

（作者系桐城中学 1990 届校友）

如山如河都付山河

王著名

“人生的道路虽然漫长，但在紧要处，往往只有几步，特别是当人年轻的时候。”我十分感谢作家柳青为人类贡献了这句至理名言，警示如我之菲材，时刻提防“紧要处”，在老师提出问题、即将点名的历史时刻，要系好人生的裤腰带。每当老师点名让人站起来回答问题的时候，我总是很紧张。一看自己不知道答案，绝对要避开老师雷达一样的眼光，典型动作是把上眼皮机警地耷拉下来，巴望着其他同学赶紧举手，如尤子、“一把火”。特别是“一把火”，有好几次，挽狂澜于既倒，因此，我觉得睡在我上铺的“一把火”真是个可靠的兄弟。问题提出来了，总是要有人来回答的。答对了，云淡风轻，自我效能感进一步增强；答错了，脸红得像猴子屁股一样；要人命的是，像一杆枯木杵在那儿，静静地答不出话，众目睽睽之下，你做功为零，辜负了青春。

母校桐城中学建校120周年，前贤朋侪和后学，合东西精粹学问，成国器带砺山河，都在积极响应号召撰写回忆文章。由于是班长，我又被同学们点名应试。于是，我这杆发芽的枯木，像那位站在行刑队前面的上校，不由也回想起老师点名的点点往事。

昔者至圣先师一句“吾与点也”，遂使曾子他爹成名，“暮春者，春服既成，冠者五六人，童子六七人，浴乎沂，风乎舞雩，咏而归”。这样一幕名垂人类思想史的师生对谈，几千年后，就是像我这样的一介书生,读后也顿感“于我心有戚戚焉”,喟然此乃“化行俗美,生民和乐”之教育至境。

刚从师范学院毕业、被分配到桐城中学教我们政治课的蔡老师,秀拔天骨,清癯玉立,时无适俗韵,性本爱丘山,蜗居于惜抱轩旁,有“祖述孔孟,宪章马列”之宏志,服膺陶行知,守善心无违,要“接着讲”大学之道。

大约是1989年暮春一个风和日丽的周末,蔡老师点名带领我们几个“风乎”披雪瀑,欲再现教育至境。当时,青春的我们似乎自身就是美景,对“瀑坠罂中,奋而再起,飞沫散雾,蛇折雷奔,乃至平地”的披雪瀑壮丽美景并不在意。犹记蔡老师一路布道,要我们学习陶行知,“人生为一大事来,丈夫志在探新地”“若不为穷达,素抱诚可惜”。惜乎暮春季节,不能“浴乎”桐城郊野。不过,炉子考上清华大学之际,“一把火”撺掇他和林妹妹一众同学“浴乎”嬉子湖,据说鱼沉雁落,芳菲四溢,金风玉露一相逢,嬉子湖便胜却华清池了。鉴于东北“二王”流窜阴影,惮于其时城关社会治安,加上我等未有子路之勇,归途未有“咏”声。

关于“咏”这件事儿,我那可靠的兄弟估计是心有阴影的。1987年,我们刚考入桐中不久,金秋九月,丹桂飘香,母校85年华诞举办庆典。庆典上的其他节目都不记得了,乒乒那“英雄”般的歌唱是永不能忘的。事情很简单,就是乒乒在演唱当年最火的《冬天里的一把火》的时候,卡词了!可怜的人儿在台上,懵住了,一只脚估计僵得一点儿都不动,一只脚急得小鸡啄米似的直跺,嘴中单句循环“你就像那冬天里的一把火”,低头向暗地,百折不一回。从此,“一把火”的雅号盖过了他那伟岸的本名。30年来,“一把火”确实像一把火炬,照亮了桐中1990届。

那场庆典中,还有一个节目也是永不能忘的。就是一位亭亭玉立的女生，身穿洁白的曳地长裙，演唱《我爱你，塞北的雪》。那是从田野而来的我第一次现场看见书上传说的美人，听到如此美妙的歌声。“胡然而天也！胡然而帝也！”我觉得，只有姚鼐《登泰山记》中的名句“美人负雪，明烛天南”，才能描绘母校这场盛典带给我的人生意义。感谢母校，教会了我审美。

还有一种点名，后果很严重，那就是在课堂“昼寝”。就连“仪范百王，师表万世”的孔老，对于七十二贤人之宰予“昼寝”，亦怒不可遏，痛骂“朽木不可雕也，粪土之墙不可圬也”。臭骂一通，我估计这是教育道统之底线，属于威权被挑战是可忍孰不可忍，就像可以爱可以恨就是不能不理人，哀莫大于心死嘛。历史总是惊人的相似。忽一日，炉子公然趴在语文课堂上“昼寝”，气得我们班主任刘老师骂道：“你要是能考上大学，除非你家祖坟冒青烟！”后来，炉子一举考上清华大学的铮铮事实让刘老师无话可说。又一日，我也趴在课堂上睡觉，但是趴和趴是不一样的。炉子是侧趴，除了一耳，其他五官状态都一览无余，气势是比较嚣张的。我一向比较低调，体现在课堂上睡觉，绝对不敢仰面，也不敢侧趴，谨慎地选择正趴。正趴时五官动态老师是不清楚的，因而我就相对幸运，没有被老师臭骂。

但是，我的瞌睡来得很不明智，不幸落在了化学课上。懵懵懂懂地被叫起回答问题，答案应是羟基，我说成了苯环。听了我的胡答，魁梧高大的排球健将慈老师看着众学生，把我说得哑口无言。如今，无论在何现场，我都精神抖擞，绝不敢再“昼寝”。感谢母校，训练了我的规则意识，使我懂得了位育思想。

遥想青春无所畏惧，差点殒命后山体育场。一个秋高气爽的周末，桐中运动会如火如荼。我们(1)班参赛者缺席3 000米跑，由于我100米跑进了12秒，拿了第六名，因此，班主任语文老师要求我顶上。上赛场的时候，我摩拳擦掌、跃跃欲试；不知怎么跑完后下赛场的时候，两位同学一左一右架着我，我依稀看见我的灵魂冒成金星在头顶三尺喘息。等我灵魂归位，国家级教练林祖年老师专门给我题词“将相本无种，男儿当自强”，以资鼓励。在林老师的教诲下，我在后山操场不断练习，一圈又一圈。在后来的大学校运动会上，我跑赢了来自埃塞俄比亚、肯尼亚的留学生，并且走下赛场的时候，我的灵魂一直在我的肺里自由地呼吸。感谢母校，培养了我的体育爱好，教会了我热爱生命。

同学们一般对自己的饭量都有清晰的认知。然而，阿黄对自己的“馍量”一度认知膨胀。他拍着胸脯说，他自己一次能吃 20 个馍馍，还能喝两碗稀饭！1988 年桐中又香又软又糯的馍馍啊，那可是凭粮票限量购买的金贵稀罕物，我只舍得一次买一个。为了践行“高峰入云”的求学精神，我们毅然决然买来了 20 个馍馍、打了两碗稀饭进行对赌实验。在一片“加油”声中，20 个馍馍眼睁睁地真的都进去了！倒霉就倒霉在这两碗稀饭上。一碗，“清流”！一碗，真的“见底”不了！现居天涯海角、官至市人大法工委主任的时年 16 岁的阿黄，缓缓地解开人生的裤腰带，漏出那隆圆的肚皮，在惜抱轩旁的宿舍里一动不动地躺着，嘴里倔强地嘟囔着，行百里者半九十……

夕阳西下，校园广播响起 *Yesterday Once More*。我们沿着流水小溪，穿过那悠长的回廊，走向食堂，一路欢笑。

（作者系桐城中学 1990 届校友）

读《如山如河都付山河》有感

杨国兵

高考填志愿的那个夏日，炉子一如既往懒散地在后山操场的台阶上打着瞌睡。1990年高考，分数出来填志愿。炉子不好不坏考了597分，班里第一，学校第五六名，全省理科大约排前20名。恰好，就在30分钟前我如厕时，那间蚊蝇纷飞的公共厕所的地上，遍地摊放着《安徽招生报》。那年头少见手纸，招生报几乎人手一份，用来指导高考填志愿，当然如厕也极好用。一页隔壁蹲位用过的招生报揉搓后就扔在我眼前，我瞄了一眼，小小的展开面有“清华大学”“土木工程系”“博士后流动站”等字样。

回到炉子身边时，他仍在酣睡，嘴角流着清澈的口水，英俊的脸庞有若隐若现的微笑。我不忍心叫醒他，就从他身边取过来他的志愿表，用2B铅笔涂上了刚才我从报纸上看到的那个清华大学土木工程系。我觉得清华大学配得上他。很少有人知道土木工程是干什么的，但我知道。我甚至有些沾沾自喜，觉得我不能决定自己的命运，但可以决定炉子的命运。

炉子醒来时就快到了交志愿表的时间，他着急跟我去嬉子湖玩水，匆忙看了一眼志愿表，抹了抹嘴角的口水，问了句“你给我填的啥”，我说“清华土木”，他说“哦，好，懒得改，就交上去吧”。

后来多年，见到炉子，他都会例行责怪我一番，大致的意思是我给他填志愿的时候调研不够，不严谨，草率云云；偶有一次夸了夸我，说幸亏学了土木，不用和那么多人打交道。有一年的一件事我记忆犹新。在河北太行山群里，校友吴曼青院士负责建设一项庞大的国家战略重点工程，从全国辗转请来的结构设计师居然就是炉子。那一刻，我觉得炉子是我为国家输送的一个特别优秀的人才。

著名《如山如河都付山河》文中的“一把火”是我。那年从乡村田野进城读高中。第一年元旦晚会，自告奋勇地、顾头不顾尾地、声情并茂地嚎唱了当年最流行的《冬天里的一把火》，结果歌词卡壳了，陷入单句循环中。在紧张恐怖情绪的笼罩下，一脚跺塌了讲台，一只脚卡在窟窿里半天出不来，影响了元旦晚会的进程和严肃性，影响了第二天上午吴杰和吴翠华老师的课堂板书。直到中午校总务处派来工人带着几块木板匆匆钉锤锯凿了一番，补了窟窿，下午的课程才得以正常开展。那工人师傅离开教室前看了我一眼，特别清晰地嘟囔了一句：“我在学校这么多年，第一次遇见讲台被跺塌了，你是第一个……”当然，学校并没有以破坏公物为名处置我，但我心有戚戚焉，还欠母校一个讲台。

（作者系桐城中学 1990 届校友）

我们这个班

王金胜

青春年少时，懵懂恰无知。

我们同学 60 余人聚于桐中学堂，同窗苦读，终有所成。今日，转眼 20 余载，昔日之人之事已然大变。一干人等，皆五湖四海而立、天南海北而居。

蒙同学相邀，得此一聚。回想当年，忆如流沙积，往日点滴，众多人群，渐次清晰涌来，故好事之人作《同学印象记》以忆之。

我，就是那个好事之人。本来还想写一篇《老师印象记》的，但实在是怕调侃之言辱没了师道尊严。

我们班是 1990 届(3)班，班主任姚伟章老师陪伴了我们三年。那时的姚老师，浓眉大眼，很年轻，比我们大不了多少，教的是数学，上课时意气风发，备课本整整齐齐地放在讲台上，从来不打开。不管什么难题，一般都是以"很简单……"开局，如剥春天的嫩笋般，娓娓道来，点点道破。虽是班主任，倒没有什么架子，我们都把他当作兄长。高中三年，我一直怀着对姚老师的愧疚之情，因为整个高中阶段，我的数学成绩就没有及格过。即便这样，我依然给自己加油打气，坚信自己会考好的。靠着这种信念，终于在高考前夕摸底考试的时候，以 72 分及格了，高考还考了个 98 分。

语文老师刘瑜年长很多，消瘦的身材，戴着眼镜，读起文章来还捻个胡须，摇晃着脑袋。我总觉得他有点老学究的样子。他还兼任(1)班班主任。当年高考填志愿的时候,(1)班朱小强同学没有及时返校。刘老师怕耽误了他的学业前程,愣是拽着我急匆匆地赶到朱同学的家里。

英语老师吴义志,上课时一口流利的口语,让我们这些乡野里出来的孩子对英语产生了浓厚的兴趣。每次上课我们都要用英语简述文章或者故事,大家都愿意站出来说上几句。

物理老师王关余,说着乡音很重的普通话,平时要求很严格,一般是不开玩笑的。

化学老师罗伟的发型非常特别,有点卷,他喜欢开玩笑,却也严厉。

还有一位女化学老师,教了我们一段时间,有点腼腆,经常被有些同学气得无言以对。

体育老师林祖年,有的时候会和我们一起上场打篮球,腾挪闪转,假动作配上手势和眼神,把我们晃得晕乎乎。他不但体育教得好,幽默风趣也是出了名的,基本上能口若悬河地讲上一节课。因此,体育课逢着下雨,我们也是很期待的。

然而,这种期待基本上到了高三就被打破了。打破它的可能不是高三,而是高三的英语老师徐来顺。徐老师总是叼着烟来,他不但提前来占用上一节课的课间休息,还会拖到下一个课间休息结束。只要遇上雨天,体育课大部分就是他的课了。“一而再,再而三”是他的口头禅,我们对他的习惯性拖课占课也就司空见惯了。

时光是岁月的沙漏,点点滴滴都流淌着青春的记忆。高中三年时光,现在想起来还历历在目。

我们班是个可爱的班级。同学们有一大串绰号,胖子、大个子、小三子、老痞子、耗子、和尚、军长、鸦片、江大门、红烧肉、老爷、小姑娘、小男伢……都是一段段回忆。

有很多值得回忆的瞬间，至今还清晰地记得。

有一次英语课，中译英“跪下，否则我就杀死你”。老师点名雷慧明，他张口就来“Get down on your knees, or I'll kiss you”。全班同学哄堂大笑，连我们徐老师都忍不住笑了。这么多年过去了，我的英语忘记得差不多了，只有这一句英语，真真切切地记在脑海里，那么清楚，如同昨日。

课余时间的玩是必须的。篮球、足球都有人玩的，早晨或者晚上我们都会到后山体育场锻炼身体。不管是运动会还是球赛，我们会为自己班加油鼓劲。

那时候霹雳舞比较流行，我们班有好几个同学跳得很好。严智、陶灏都跳得不错，雷慧明跳得最好。元旦晚会上，他不但在我们班跳了霹雳舞，还到整个高二年级串演了一遍。

男同学比较喜欢掰手腕。课间休息的时候经常比试比试。我也算其中之一吧，姚胖子也会来两下。他的手劲不是很大，但掰手腕的热情挺高。我们都不喜欢和他掰手腕，一拿起他的手，油乎乎、滑溜溜的，你根本握不住。这不是拼手劲，这是比摩擦力。

每年都会组织一场晚会，大家都尽己所能。

练气功的张建东同学，表演了单掌开砖，劈开了好几块砖头。那次，我和李胜斌表示不服，默默走出教室，满校园找砖头。返回教室，李胜斌同学一巴掌打下去，伤了手腕。我跟上去，一巴掌，砖头开了，赢得了掌声一片。高三下学期，我们不怎么掰手腕了，大家有空就拿个砖头劈。

“高中三载，情深意切。相隔时日，已逾廿年。同届各班，聚又相别。唯有吾班，迟迟未见。守望之心，甚为热烈。青春记忆，尘封多年。梦中回首，泪水涟涟。天各一方，何日梦圆。年华渐去，翘首相念。何不早聚，再拾友缘。诸位同学，切切如约。”班级群里的这段话，还是把大家的心给勾到了。

于是，大家分头找同学，班级群日益壮大。为了找齐所有的同学，我们动用了所有的力量。最终，我们在丹桂飘香的季节，在桐中、在紫来、在孔城老街，举行了毕业21周年聚会。我们给每位参加聚会的老师送上鲜花，表达全体学生对母校恩师的崇敬和爱戴。

一个绰号大拼盘、一篇《同学印象记》一下子把我们带到了20年前的母校和那段同窗共读的高中生涯。每位老师和同学都尽情畅谈生活所感，共忆高中三年的师生情、同学谊。我们全体学生又一次聆听了姚伟章、林祖年、王关余、刘瑜、徐来顺、徐庆竹等与会老师的教诲和祝福。我们还和远方的“胖子”进行了远程互动。

后来，我们把这次聚会做成了一个纪念册，让青春的回忆陪伴着我们的人生，一起成长。

再后来，我们也聚过很多次，但总感到还不尽兴。人生正当年，未来可追，我们班的故事还在延续……

（作者系桐城中学1990届校友）

灼灼其华，归以器识

程亚文

母校120周年华诞志庆，校门上的“勉成国器”几个大字，不时浮现眼前，学校里的一树一亭一柱一阁，也在记忆中愈加鲜活、格外亲切。

一树是银杏树，在校园东北隅，系桐城派主要代表人物姚鼐书屋“惜抱轩”旁之宅树，至今已有200多年历史，自1986年起建起围栏保护。

一亭是后乐亭，原系民国十四年(1925年)邑人教育家、桐城中学第五任校长孙闻园筹建的桐城公园中五亭之一，亭名典出范仲淹“先天下之忧而忧，后天下之乐而乐”。“后乐亭”匾额原由当时桐城书法家方守敦题写，现出自桐中校友、文化部原部长和中央顾问委员会常委黄镇。

一柱是石刻柱，也系孙闻园老校长当年率众所建梁碑亭的遗留，擎天柱石的东西两面阴刻魏书“高峰入云，清流见底；杂花生树，群莺乱飞”16个字，取自南朝诗人陶弘景《答谢中书书》和南朝文学家丘迟《与陈伯之书》，题字亦出自方守敦。石柱南北两面篆体刻有文字“为梁为柱罔不宜，志重远者，不师汝而师谁”，由当时桐城另一书法家方寿衡原创并题签。

一阁是半山阁，建于清光绪二十九年(1903年)，原是桐城中学创办者、首任校长、桐城派后期代表人物之一吴汝纶所建桐城学堂藏书楼。

这四处景物，最近在校友们的忆文中被反复提起。30 多年前在桐中上学时，并没有觉得它们有多特别，却不知道它们均是文物。

历届桐中的学生们，都是在随处可见的文物边上长大的，这一树一亭一柱一阁，无声目睹了一茬茬学子由幼苗长成小木又奔赴远方，悄悄记录了童男童女们的一段关键时刻。

后来我上军校时，读到李泽厚的《美的历程》。书中说“美是有意味的形式”，反过来，“有意味的形式”不只可以承载美，而是可能承载任何“意味”。这四处景物的“意味”，会潜移默化地进入每一个桐中学子的心中。在石刻柱下逗留，“高峰入云，清流见底”几个端庄敦厚的字看得多了，不仅会体会到古文之美，而且会不知不觉感受到 1 000 多年前文学家陶弘景写下这八个字时的心怀旨趣，不由自主就要在柱前望而仰止。在后乐亭中嬉戏，“后乐”这两个字不时映入眼中，范仲淹的那句名言会一遍遍自然而然地在脑海中响起，让你明白何谓“天下”何谓“先忧”，又为何要以“后乐”为训。从半山阁中穿过，上下课的铃声不时在那里回荡，仿佛百年前学子们在里面的翻书声，仍长存在两层楼阁的椽木翘檐，依稀还有老校长吴汝纶办公累了，轻手轻脚在图书室窗边探望的身影。在惜抱轩银杏树下踢球打闹，球起银杏落，黄澄澄的果子，刚好掉在树下的志碑旁。姚鼐是谁，方苞是谁，桐城派是什么、为何而起，这些问题也会“随风潜入夜”，慢慢进入思绪，伴随此后行程。

母校的一草一木，都是前人和创校者的精心之作，体现了他们的良苦用心。在 1902 年创校前夕，吴汝纶曾率领学生李光炯、方磐君等人东渡日本考察教育，先后参访长崎、神户、大阪和东京等地，考察期间的见闻联想后来汇编成十多万字的《东游丛录》一书。

一个有“意味”的细节是，在吴汝纶到达马关时，他曾应当地中国人的题字之请，书下“伤心之地”几个大字。1895年甲午战争的失利和随后的《马关条约》之辱，是当时国人的心中之痛，他们目睹了“天朝上国”后期的风雨飘摇。曾经身为曾国藩“四大幕僚”之一、深度参与过洋务运动的吴汝纶，对此自然也是感之甚深、忧心如焚。扭转颓丧的国运，要从全面改变教育、培养适应时代需求的新人开始。归国之后，吴汝纶即着手创办今日桐城中学的前身桐城学堂。他的视野和理念，已不再受“四书五经”和科举考试之拘，而是要广纳域外文明、博采他人之长。他以日本为例，指出日本自明治维新起效法欧美，很快在亚洲国家中独领风骚，转变为世界强国之一，“兴国才卅十年，而国势人才已骎骎与欧美埒”。这无疑是后世屡屡强调的“学习全人类优秀文明成果”之先声，而其目的乃是“经世致用”，从被践踏的尊严中找回自信。这鲜明地体现在吴汝纶为桐城学堂亲自撰写的楹联和横批中，楹联为“后十百年人才奋兴肧胎于此，合东西国学问精粹陶冶而成”，横批为“勉成国器”。横批的四个字，成为此后桐城中学的校训。

何谓“国器”？我在军事科学院工作期间，直接领导是位生活简单朴素、见多识广思想深刻的“老兵”，常自称“老农民”。一次与我聊天，他忽然问我：“人要有器识，你知道什么是器识吗?”“勉成国器”这四个字，一下子从我脑袋里蹦了出来。现在回想起来，器识应是挚甫先生当年倡导“合东西国学问”的旨归所在，那就是怀国际视野、开新民之气，重建一个有着新经济、新政治和新文化的自立自强国家，人民是目的，但人民也需要奉献，尤其是受到良好教育的人，更应走在前头做出更多努力，鞠躬尽瘁，死而后已。

时光回到120年前，当年那位坚辞京师大学堂总教习而回乡创办桐城学堂的饱学之士，其实是把学堂当作大学来办。无论是

“合东西国学问”还是“勉成国器”，看起来都不像是对普通中学生的诫勉之词，而是对将要担起大任者的殷殷期待。这份期待有点沉重，可能并不能被初出茅庐的稚嫩学子们理解，但它与一树一亭一柱一阁等“有意味的形式”搭配在一起，又真实地在这所中学中播下了种子、长在了四方。

时至今日，各行各业都活跃着桐中学子的身影，中国科学院和中国工程院院士就有近十位之多，在不同领域做出瞩目成就的知名校友比比皆是，可谓群芳缤纷、星河璀璨。不经意间就碰上从桐中走出的“国之重器”，这种经历已有多次。

多年前在某部委开会，对面一位老人张口说出第一句话，马上感觉又碰到了“老熟人”，因为乡音是如此浓厚。会间休息一聊，果然是桐中老校友、原中国科学院地理科学与资源研究所所长陆大道院士。老院士如今已80岁有余，但仍不时可以看到他对国家发展问题新的精彩见解。老骥伏枥，所求为何？

一位大学肄业、后来成功创业的校友，熟识之后经常相聚。去他公司参观的时候，陡然发现他的公司训词竟然也是“勉成国器”。他说这几个字，永远是他前行的动力。

回想起来，学生如此，师者躬行在先。挚甫先生的谆谆情怀，体现在代代桐中老师的言行举止中。我一家三代桐中人，父亲20世纪60年代从桐中毕业，后来成为一名乡村初中数学老师和校长。小时候听他谈得最多的，就是桐中老先生们的各种逸事。

桐中名誉校长邓国栋曾在沈阳上大学，中途听从母校召唤，中断学业，回乡担任老师，数学课上得行云流水。我上桐中之前在县城考试的时候碰到过邓国栋老师，见其身材不高、略显富态、满脸慈祥，心中顿时充满敬慕。

唐述祴是生物老师，也是父亲的班主任，上课妙语连珠，听着听着就舍不得下课。巧的是，唐老师也成了我的生物老师，他幽默风趣、春风化雨，感受极为深刻。

李东云也是数学老师，他的板书就像铅印在黑板上一样，普通话说得特别标准。

我的班主任王关余老师教物理，是华东师范大学毕业的上海知青，也是当时桐中物理教研组组长。他几乎每天晚上都要来教室督促同学们学习，来宿舍查看学生们就寝。他的认真负责和精益求精，无形中影响了我们对待学习和工作的态度。

教政治的蔡长宇老师当时刚刚大学毕业，神采飞扬地给我们讲哲学如何重要的场景，仍历历在目。这也是我后来对哲学感兴趣的一个重要原因。

教化学的罗伟老师后来做过十来年桐中校长，当时也很年轻。学生们私下评价这位老师大大咧咧的，师生之间的距离因此拉得很近。

英语老师江国清赴美学习过一年时间的语言，他教英语时字正腔圆而又随性平和，对我们的启迪既在学习中也在生活中。再年长后，与很多同学亦师亦友，往来热络。

语文老师吴永清是特级教师，说到不爱学习的学生时痛心疾首的样子如在眼前。正是他对古文的信手拈来，让我对写作更加充满热情。

时过境迁，20 多年后也走入桐中校园的侄子，对桐中老师的感受与其祖父、伯父是一样的。

一树一阁淬年华，一亭一柱浸芬芳。两个甲子，一晃而过。老校长吴汝纶当年的苦心孤诣，已经结成累累硕果。回望 120 年里的成功，我觉得关键之处在于，桐中从创办伊始，就被创办者赋予了灵魂，又通过惜抱轩银杏树、后乐亭、石刻柱、半山阁等实存景观，潜移默化地感染了每一个从这所学校走出去的人。

我上军校的时候，从图书馆借的第一本书，就是老校友朱光潜先生的文集，一段时间竟让我对美学如痴如醉。后来，又将另一位老校友方东美的文集《中国哲学精神及其发展》放入书架。

作为一所中学，桐中有那么多文物留存。有时想想，这应该是吴汝沦校长有意无意“合东西”的妙用。他在致力向西方学习的同时，并没有放弃桐城派的精神传统，义理是“勉成国器”，辞章是树亭柱阁，内容与形式以新的方式组合于一庐，绽放出桐城派的新华彩。时移势易，120 年前中国的处境，已不可与现在相比。如今，中国全面复兴，已可从容应对各种时局。但桐中校训内涵高远，仍值得代代传承。这既是群体生命意志之所在，也是个体蓬勃向上活力之源泉。

近乡情怯。在杨国兵兄和崔波兄的一再督促下，匆就忆文，与母校相关的人和事，如潮水般哗哗涌出，不及一一细表。千言万语，汇成一句，母校最亲，愿母校更美！

（作者系桐城中学 1990 届校友）

青春留不住，记忆当永存

段长云

1987 年中考，我有幸考入了桐中。按照我伯父的说法，进了桐中，就算是“乡试的秀才”。当时，我不免为自己这个“秀才”有点自喜。

对桐中最早的印象是从“桐中敲铜钟，童男童女同上学”这个千古绝联开始的。我的伯父小学毕业，在当时算是文化人，喜欢跟我们几兄弟讲讲故事、典故、谜语和对联。记得小学四五年级的时候，夏天一个纳凉的夜晚，伯父说起这则上联，我和读初中的哥哥苦思冥想了好几天，始终未得其果。

转眼就到了开学时间，记得是 9 月 3 号。当我挑着棉被等生活用品，在父亲的陪送下来到桐中门口时，心情既激动又忐忑。望着门头上“安徽省桐城中学”几个字，就在想，这就进桐中了？

熟悉了校园的环境后，渐渐体会到这所百年老校蕴藏的魅力。门楼上“勉成国器”四字烫金校训，笔力遒劲，气贯苍穹，震撼灵魂，这是桐中创始人吴汝纶留给莘莘学子的殷殷教诲和期许。青春的梦想从这里开始有了激荡的涟漪。那个充满梦境的青春岁月就这样开始了。

走进校园，左边莲池碑刻，“高峰入云，清流见底”“杂花生树，群莺乱飞”，右边是后乐亭。一边是求学问道的态度，一边是处世为人的道理，学无止境，精粹自然，处世当有“先天下之忧而忧，后天下之乐而乐”的大儒情怀。

正对面是全新的教学楼，我们的教室一开始在四楼，楼下就是渡江战役二野司令部，当时还没有被作为历史文物保护起来，而被安排成女生宿舍。

再往后就是图书馆、实验室、后山操场。教学楼左手边是教职工的住所，右手边是女生宿舍、食堂，还有清流不断的桐溪塥，再往后就是初中教室和男生宿舍区了。我们高一高二的宿舍是旧教室改成的，除了走读生外，一个班40多个同学都住在一起，用统一铁制的上下床。据说我们住的就是桐城派先贤姚鼐的故居，门前那棵数百年的银杏树荫庇了一代代桐城派后人。

徜徉在校园里，教学楼是崭新的，食堂是崭新的，一切景观和感受都是那么清新爽目，心情无比和畅，走起路来都带风。虽然学校没有现在这么漂亮，但在当时也让我惊叹不已了。

春天的酥雨里，那株白玉兰开得清纯洁白，香拂诗心，沁入肺腑，令人不忍四处张望。还有那丛不知多少年的紫藤，遒劲坚强，攀墙附架，蜿蜒一片，开成一片紫色的海洋，总给人一种难舍难离、驻足流连的氤氲幻境。

到了夏天，后山那一片槐花开得香飘阵阵，引得蜂鸣蝶舞。这个时候的课余时间，我总是喜欢躺在槐树下，闻着花香，听着群蜂忙碌的嬉笑，看着槐花似蝶舞一样的落英，享受着叶缝里漏下来的点点阳光……这份慵懒的惬意好似胜过了那个有伞的“雨巷”。

秋深的时候，在那棵古老的银杏树下捡几片金黄的银杏叶，或做书签，或寄给以前的老师同学，以承相念之情。这个时候，最舒服的莫过于到后山的草丛里躺着晒太阳，以书枕头，暖暖的阳光流淌在身上，多少豪情匆匆而过。

当然，也无法逃避冬天后山草枯的萧瑟。也就是在这个时候，宿舍区更加热闹了，歌舞笙瑟，短琴长笛，吉他二胡，铿锵一片。

在桐中读书并不轻松。来到这里的都是比较优秀的学生，自尊心强，上进比拼自然少不了。因此，在这里学习是紧张的，从早上早读开始，每节课排得满满当当，每门课的老师都尽心尽责。几乎所有授课老师都有拖堂的习惯，上节课的老师还没走，下节课的老师已站在门口，有时候为了课间那十分钟，老师之间还产生矛盾，最后不得不相互致歉。

那个时候，师生之间感情很好，老师的敬业精神常令人感动，因讲课或辅导学生而错过吃饭休息的事情经常有，哪怕是晚自习课也是一样。

记得教物理的汪顺芳老师牙痛还坚持讲课，最后讲到牙出血。高一教英语的刘老师，年龄大还带病上课，最后几乎站不住，俯身在讲台上继续讲课。诸如此类的情况差不多各科老师中都有。年轻的老师精力充沛、尽职尽责，常在课余时间来班上辅导，甚至在家里辅导，生怕学生学不好。老师们正是因为心无旁骛、倾囊相授，多年以后还深受同学们的尊敬。我们这些在外面打拼多年的桐中学子谈起当年的老师，无不敬爱有加，感到自豪。

除了学习之外，青春的热情是按捺不住的。那个时候资讯不畅，只好把火热的青春都洒在这一片狭小的天地里。每个同学都能把自己的兴趣爱好发挥得淋漓尽致。同学们除了去操场锻炼，还能够把歌唱得好、琴拉得好、舞跳得好、字练得好，人人都活得热情奔放、生龙活虎。那个时候流行霹雳舞，吃过晚饭，宿舍外面的走廊上有压腿的、练滑步的、练拉纤的，不亦乐乎。更有甚者，在桐中与党校的围墙上表演太空舞步，引人惊叹！

当年的桐中，规模可没有现在这么大，隔壁是县委党校，被一道碎砖石砌成的围墙阻隔。就是这道围墙内外，却是一个好地方。

不论是早上还是晚饭后，围墙内外的草丛里、树荫下，到处是朗朗的读书声。这也导致这道围墙经常被扒开一些口子，扒了补，补了扒，直到最后党校搬走才彻底解决这个问题。

那些年，大家的生活都还不富裕。我们住校的同学一般周六回家，周日回校。回校时基本都会带些咸菜、辣椒酱之类到宿舍，也有豆腐干、肉丁、炒黄豆，可对付几天，节省菜钱。虽然生活有些清苦，但习惯了也不觉得有什么。大家互相尝尝不同的口味，却也其乐融融。

高三的时候，我们换了小宿舍，八个人一间。空间小了，渐渐的，每个人的特点就凸显出来了。拿我们宿舍来说，兵哥热情奔放、性格开朗、多才多艺，干什么事都一股子劲；高大师每晚睡觉前总要来首唐诗；炉子总有些惊世骇言；著名干脆给自己取个“王水”的笔名。总之，青春藏不住，火热浪漫，激情四射。柔情时好比桐溪塥的水，涓涓而行；豁达时可比大漠狂沙，横扫一切。

在桐中那几年，我们每个人都有不同的青春记忆。那火热的一段时光将终生印刻。在这百年名校里，我们承孔孟之道，解程朱理学，学人文地理，释道义自然，朝颂楚歌，晚唱唐诗，晴阅宋词，阴聆元曲，道尽山北黄花遍地，唱罢江南村郭渔水。光阴荏苒，我们最美的青春时光，在这里满载着诗和梦想驶向远方。

如今想想，正应了这副对联：“后十百年人才奋兴胚胎于此，合东西国学问精粹陶冶而成。”

转眼 30 多年了，那一段记忆却永恒地储存在生命的年轮里。记得四年前带孩子去桐中，在石柱碑刻前伫立良久，最后只跟他说了一句：青春留不住，记忆当永存！

（作者系桐城中学 1990 届校友）

致那恣意绽放的青葱年华

余大国

我常常问自己，如果我是一朵花，桃花、梨花抑或油菜花，在这草长莺飞的春日，我能恣意绽放吗？敞开怀地笑，铆足劲地拼，疯癫癫地玩？岁月打磨，少年锐气尚存多少？唯有梦里桐中，才有恣意绽放的青葱年华。

1988年9月，裹挟在一群意气风发的学子中，担着一床棉絮、一袋大米、一只木箱，我的桐中高中生活正式开启了。其时，经过近十年改革开放的积淀，全国各地呈现出一派欣欣向荣的景象。

在20世纪五六十年代创造教育辉煌的桐城中学，改革开放后再次迎来高光时刻。我应该是在这高光时刻的余晖里走进桐中的。

大寝室

我们这些学生大多来自农村，全班30多名男生寄宿在一间由大教室改成的宿舍里。床挨床，人挤人，脸盆、漱口缸子哐哐响。好在床铺框出了一块可以自由活动的空间，回到宿舍，倒在床上，天南海北"侃大山"，真的很惬意。

晚自习下课，宿舍里一下子闹腾起来，吵闹声此起彼伏，熄灯后还是停不下来。有人给同学掐八字算命，说得有板有眼；有人模仿巧舌如簧的媒婆，言语似蜜甜；有人兜售肥猪菜，吆喝得有模有样。大家八仙过海，各显“神吹”。

突然，一道电光穿过窗户，直射进来。不好，班主任吴雄光老师查岗来了！啪嗒一下，嗓门似阀门立时关闭，鸦雀无声，针掉到地面都能清晰地听见。

“怪了，怎么你们都不说话了?”黑漆漆中，有人发问。

“谁在说话?”手电光横扫过来，“不想睡就出来!”

竖起耳朵，外面似乎没有了动静。班主任走了！呱呱，大寝室又如春日的池塘，蛙声一片……

晚上胡吹海侃，第二天早上，人人像霜打的茄子，蔫了！起床的铃声凄厉地响起，个个昏头昏脑冲下床，看见盆里有水就舀，漱口，洗脸，晕乎乎地奔向教室。及至中午回到宿舍，有人奇怪：“谁倒掉了我盆里的洗脚水？活雷锋啊!”有人大叫：“难怪我漱口有股怪味道，呸，呸!”

随着时间的推移、学业的加重，吵闹声渐渐消失了，代之而来的是窸窸窣窣的声音。有人自习单词语法，不放过一个知识点；有人脑中“回放”，梳理白天学过的课程；有人养精蓄锐，准备抓牢课堂 45 分钟。大家你追我赶，暗中较劲。

在这黑魆魆的大寝室，有功底扎实、成绩优异的“学霸”；有上课睡大觉、考试始终霸榜的“学神”；有我等众多踔厉奋发、笃行不怠的学子。三年后，陈卫国同学一飞惊人，斩获安徽省高考理科状元，创造了新的历史。大学毕业就担任高中班主任、略显腼腆的吴雄光老师也由此带出了“最牛班级”。

米　酥　棍

“31 斤 8 两”，随着磅秤师傅一声喊，我抓起装米的蛇皮袋，噗呲一下，将大米倒进米仓，转身拿起师傅开具的“米飞子”，到后勤处缴纳柴火费，领取饭票。

常常在周末，我们都要回家“杀个馋”，返校时将家里准备好的大米、腌菜瓶放到自行车后架上，绑好。一路上不断有伙伴加入，风驰电掣，你追我赶，一路笑语，人不疯狂枉少年！到了学校，跨鞍下马，赵同学不由得倒吸一口冷气，蛇皮袋空空如也，似一层蛇皮飘在车后。原来，袋子不知什么时候破了，农村土路，一路颠簸，30 多斤大米早已不知所踪。这可是赵同学一个月的伙食啊！那时农村普遍穷困，回家再讨要，根本开不了口。你两斤、我三斤……大家纷纷捐出自己的饭票，挤挤挨挨，赵同学顺利度过了那个月。

又一个周末，交完大米，回到宿舍，我刚在床铺上落座，斗光同学就凑了过来：“打米糖去，校门口有。”我正疑惑，刚才不是和他把米全部交给食堂了吗，哪来的米？嘿嘿，斗光同学得意地笑。原来，他在倒米时留了一手，双手死死地钳住蛇皮袋的两角，哗啦一下，“大部队”出去，两三斤大米卡了下来。

轰隆隆，米酥棍不断从机器中吐出来，长长的，连绵不断。好家伙，这么多大米要膨化出多少米酥棍。手是拿不下的，只好将它一圈一圈盘起来。在众人惊诧的目光中，我们悠然扛起粗大雪白的“巨缆”向校园后面的小山奔去。

斜依在山坡草丛中，轻扭脖颈，咔嚓，一截“巨缆”入口，甜丝丝，香喷喷。“好哇，你们躲在这里吃独食！”一声断喝，回头一看，原来不知什么时候，身边突然冒出三四个好友。他们此来目标明确，分享“革命果实”。我很是奇怪，在没有任何现代通信工具的时代，信息的传播也这么快，“开小灶”还不到三分钟呢。

“老 学 生”

离开桐中已经31年，我们那一届同学都已霜欺鬓角，现在看来确实是“老学生”了。然而，曹向东、吴雄光、黄百年等恩师对此有不同的解读，因为我们毕竟是他们的第一届学生，正宗的“黄埔一期”。

我们这些“老学生”年龄上与老师没有代沟，地域上与老师低头不见抬头见，接触得多，交流得多，也亲近得多。多年的交往，我们建立了亦师亦友的特殊情谊。

1995年一天上午，我埋头批改作业。其时，我刚刚大学毕业，成为一名农村高中教师。突然，一个熟悉的身影窗前一晃，黄百年老师来了！“怎么样，还适应吧？”亲切的问候让人如沐春风。黄老师正在编纂一套高考历史习题集，选定我帮忙整理，因为我继承了他的衣钵，从事历史教学。

2002年改行，我离开了教师岗位。当时，高中教育膨胀得厉害，学校不断扩招，教师缺乏。离开了，谁来接手我的教学任务？正在疑惑间，得到消息，黄百年老师下乡支教，他特意选择了我所在的学校，哪知我竟然先行离开了。时至今日，我仍遗憾不已。

到了城区，我们这些“老学生”和老师们有了更多接触的机会。一起外出游玩，一起回忆过往。我们是师生？我们是兄友？是，也不是；不是，也是。

“黄老师走了。”2020年9月27日晚突然接到李志同学的电话，我心里一惊：“瞎讲，两天前我们不是还在一起打牌吗？”嘟嘟……手机已经挂断。当天，黄老师在学校备课时，突发疾病，转往医院后，无力回天。

太突然了，就像一颗璀璨的彗星划破天际，带着流光溢彩的尾翼。“念天地之悠悠，独怆然而涕下”，赶到殡仪馆，遗像里的老师那么温和慈爱，仿佛还在对我说：“你呀，要学会改变自己，不能让社会来适应你。”谆谆教导，犹在耳畔。我悲在心中，无语凝噎。接下来的五天，我们这些“老学生”分批值班，为老师守灵尽孝。10月3日出殡那天，苍天垂泪，大雨倾盆。黑压压的大厅里，各界亲朋好友都赶了过来，送黄老师最后一程。

“叔度飘然去，思之泪满胸。三年多教益，百感忆相从。”这是周罡同学写的挽联，表达了众多“老学生”的心声。

在我的人生旅途中，桐中三年只是短短的一段，然而，那是生命中开花的季节。致敬那个时代，花儿一样的少年，不为世俗所困，不为人情所羁，无拘无束，恣意绽放。

“世上有朵美丽的花，那是青春吐芳华，铮铮硬骨绽花开，一路芬芳满山崖……”我愿回到桐中，回到那青葱岁月，被发跣足，在那金黄色的油菜花海里，踏歌而行……

（作者系桐城中学1991届校友）

桐中随想

汪晓钟

30年后，在高考季与班主任金汤老师重逢，才能体会那份淬炼过的师生之情。小城沧桑，白云苍狗，重温去年自己写过的这篇小文，有了与诸君再度分享的冲动。

曾经的桐中

20多年前的安徽省桐城中学，在当地曾经是一种神话一样的存在。除了桐城本地的生源，还有来自邻县、市府甚至省城的翘楚。这所中学始建于1902年，前身是桐城东乡会宫（今属枞阳）人吴汝纶回乡创办的桐城学堂。写这篇文章的时候，那里已经被划归铜陵。桐城派的乡土最终一分为三，怀宁归于安庆，枞阳归于铜陵，只有桐城茕茕孑立，形影相吊。

我们这些莘莘学子，和桐城派最真切的因缘是吴汝纶先生创办的桐城中学。吴先生是晚清桐城派代表人物之一，作为曾门四学士之一，他的声望可能超过了许多同一时期的桐城人，比如刺杀五大臣的吴樾、翻译狄更斯小说的林琴南。在我看来，更为重要的原因是，吴先生对故乡用近乎生命献祭式的方式，创办了这所学校。这是桐城派文化史上的一件盛事，在龙眠山水之间顽强地赓续着这个文化部落的落日辉煌。

100多年后的今天，在巍然大观的桐中校友册上，的确闪烁着耀眼的星群：中国计算机之父慈云桂，美学泰斗朱光潜，哲学通儒方东美，文化部原部长黄镇，政治设计院提出者章伯钧，两院院士陆大道、孙德和、程和平、吴曼青、杨善林、方复全、彭寿等，方令孺、叶丁易、舒芜等文坛宿将，何其巩、储波等政界精英，张国威、戴耀等军中骄子，毛万标、程堂明等航天人才，桂从友、曹小林等外交大使，段路明、邓涛等新锐学者……

这是一份仍将不断延展的名单。这证明了当年吴汝纶为学堂写下的楹联就是一个完美的预言："后十百年人才奋兴胚胎于此，合东西国学问精粹陶冶而成。"这副楹联的横批是"勉成国器"。"国器"一语，见于《荀子》《汉书》。《新唐书》谓张九龄为"国器"，意为可以安邦治国的人才。

人到中年，我忽然能触摸到一位风烛残年的老人的心境。一个多世纪前，故国飘摇，家园凋零。5 000年的文明长流，从黄色中土流向了蔚蓝的海口，没有人能看清中国的未来。他把一生最后和唯一的希望，寄托在未来，寄托于教育，寄托给桑梓。他是那样的自信，他是那样的殷切，他是那样不吝溢美、满含期待。

一年后的春天里，63岁的吴汝纶在琅琅书声中离世。在他的身前，是一道延宕了300年的桐城文脉；在他的身后，是我们这样一批又一批走进桐中的莘莘学子。

此生何幸，生于桐城

在前后大约500年间，桐城这个在各种地图上几乎可以忽略的小城，居然成群结队地出现了文化巨匠、政治巨擘，形成了贯通哲学、经学、文学、政治、艺术、医学、宗教、工学的知识峰峦。在中国数千年的文化史上，桐城派是一种独特的文化存在。即便在世界文化史上，我觉得桐城派也可能是一个异数。

曾几何时，桐城冠盖满京华，文章甲天下。曾几何时，有人喟叹，天下文章其在桐城乎！其实，在对桐城文章的感喟之后，是对文章背后道德力量的折服，对儒家三立功德的唱颂，更或者是桐城文章背后现实政治力量、社会力量的真实体现。

数百年来，国兴桐城兴，国乱桐城苦。无论是方以智退避终老的僧袍，还是方苞在扬州迎迓奔走的身形，都是明末中国走向的缩影。一个惶然煊赫的康乾盛世的背后，在我看来，影影绰绰的都是桐城望族的支脉。

然而，风云流转，白云苍狗。20 世纪初的中国，列强环伺。而勉力支撑晚清大厦的曾国藩与李鸿章都与桐城不无渊源。曾国藩终其一生都以桐城派文化中兴者自居，他的功业、文风、性命均烙下了鲜明的桐城派印记。曾翁是晚清中兴名臣，其弟子李鸿章几乎是拦截晚清溃败的最后一道堤坝。

1865 年，25 岁的吴汝纶以会试第八名的成绩为曾国藩所赏识，成为曾门四学士之一。此后，吴汝纶更为合肥同乡、曾门弟子之一、晚清第一重臣李鸿章所倚重。

曾经深入晚清政治经济中枢的吴汝纶，对一个王朝的衰败有着无法回避的切肤之痛。那是一个时代知识分子的集体焦虑。对于桐城人吴汝纶而言，这种焦虑不仅关于社稷国政，更关乎桑梓故园。护佑王朝中兴的曾国藩、李鸿章相继离世，桐城派及与之伴生的强权体制也终将朝不保夕。

1902 年，这座桐花飘香的小城，在风雨飘摇大厦将倾的晚清，终于迎回了它漂泊一生的游子——老病交加的吴汝纶。

吴汝纶的教育情结

吴汝纶的一生都有教育情结。

早年，他出任地方长官，追缴赋税收入作为学堂经费，并亲自办学，开蒙传道。1888 年，48 岁的吴汝纶乐此不疲，辞去了地方长官，甘愿去当保定莲池书院的山长。

在山长的岗位上，吴汝纶干得风生水起。严复、林纾、马其昶、姚永朴、姚永概、李光炯、房秩五等人都曾受其益。在这期间，吴汝纶大量接触到西学，并萌生了创办新式学堂的想法。桐城学堂应当凝聚了吴汝纶一生致力教育的经验心得。今天看来，那副大气磅礴、囊括四海的对联，不再是一介书生的猖狂张扬，而是字里行间洋溢着桐城先贤的一派自信与勇毅，氤氲着济世救国的气象。

建起学堂那一刻，吴汝纶无疑是幸福的。他应当也完全可以相信，自己找到了一剂良方。历史终将证明，他是这片土地上一个不可或缺的文明连接者，踵事增华，承前启后。无吴汝纶翁，吾辈披发左衽矣！吴汝纶老校长的教育方法、理念和水准，在校史上已有定论。桐城中学的继任者延续了这种辉煌，不遑多论。

有时候，我会在梦中见到吴汝纶先生，听见他的乡音，看见他白须飘拂。我时常觉得，他是最后的盗火者，在生命走向尽头时，把一团火种在了桐城。

桐城与桐城人

和吴汝纶先生一样，桐城人继续以各种不同的方式完成这个时代的救赎。

桐城南乡人陈独秀四处奔波，他的踪迹遍及安徽各地，尤其是芜湖。桐城人吴樾来这里和他商量后，将从这座江边小城出发，走上北上行刺北洋五大臣的生命逆旅。据说，参与者中有芜湖海关官员、桐城人潘赞化，他的妻子张玉良更广为人知。与桐城还有交集的另一位显赫的英雄是秋瑾，她的铁磁闺蜜和实际资助者是桐城高甸人吴芝瑛。

在段祺瑞政府中，有两位桐城将军（可能有更多）。一位是桐城孔城镇人施从云，一位是桐城嬉子湖人周子寅。更多人熟悉的是施从云，他是施从滨之弟，因为侄女施剑翘刺杀孙传芳复仇而被人熟知。施家应当是桐城的将门。施从滨上将的侄子施中诚将军曾经是常德保卫战的指挥者。周子寅的资料几乎已经不存。在仅有的资料中查到，他在 1924 年 4 月 26 日被授予陆军少将。据说，他是一种介于中间派的力量，既不像冯玉祥那样激进偏向革命，也不像另一些人反动腐朽。这可能是典型桐城人的性格。

桐城，这个关联了中国历史几百年的名字，就像散落在近代史河畔的贝壳，每一次低头，都能拾起一枚惊喜。是这样的灵山秀水，给了吴汝纶最后回乡陶铸国器的勇气吗？

桐城派与桐城文化

我一直以为桐城派不是一个文学流派，而是一个大文化流派。甚至，我以为桐城派是中国儒学的一个经世致用的支流。也许是桐城文章名声过大，湮没了其自在的文化属性和独特的文化价值。其实，在立言占据儒学功德的时代，文章当然不仅仅是文字。曹丕所说的“经国之大业，不朽之盛事”，虽然是政治家的立场，但的确有其深意。

用今天的眼光来看，是桐城人掌控了当时社会的话语权。我一直认为，桐城文学流派与历史上诸多文艺流派一样，在其崛起的背后，都有同样强悍与生机勃勃的社会合力。义理是价值观，考据是方法论，辞章只是操作术。桐城文风的洗练，那是高屋建瓴的统括；桐城文风的素朴，那是直指真相的睿智；桐城文风的实用，那是经世致用的襟怀。

在过去的100年里，有两位桐城人，不约而同地把生命的诗情放到更为深邃、更为永恒的形而上的美学上，一位是朱光潜，一位是方东美。

如今，更多桐城人把才情和智慧转向了工科、理科、医科，从桐中走出了多位两院院士。

桐城派的家国情怀

桐城派最大的价值是经世致用的家国情怀。据说，晚年的朱光潜常常站在自家庭院的篱笆外，手持一朵鲜花，送给路过的青年学子。那可能是桐城派文化史上一个经典的意象，赠花之手有余香。今天的桐中人，几乎都是这样的握花使者。他们把自己的智慧、学识、才情、文章，捧之盈盈在手，赠之拳拳在心。

与乾嘉学派相比，桐城派文化中的资本萌芽、实证精神、义理考据甚至科学主义都毫不逊色。如果没有桐城派的介入，清初一系列开明政治实践和制度设计，都不可能完成。我以为，虽然明代鸿儒对政治文化进行了诸多顶层设计和空想，但真正付诸实践的是桐城人。

但乾嘉学派优于桐城派的地方也显而易见。这是中国儒学史上最早颠覆义利之辨的支流。在改革大潮兴起之后，乾嘉学派风行的江浙地区一跃而起，成为改革红利的最大受益者。与之相比，桐城派重在义理而不是义利。

最坏的和最好的时代

这是最坏的时代。这也是最好的时代。

我不相信，一个刚刚走完 120 年风雨的桐中，会从此沉沙折戟；我更不相信，一个延续几百年的文化道统，会从此终结。

我始终认为，中华传统文化决定着中华文明现代化的方式和走向。中国之路，要从数千年的古文明中生发出来。

那样的时刻，那样的中国，不应当没有桐城人的声音。如果有，那个稚嫩的声音，最先会回荡在桐中。对于所有桐城人而言，桐中是文化的高标和精神的家园。

我仍然记得自己激情燃烧的青春。记得吴永清老师对庄子的迷恋，记得高传明老师绮丽的书法，记得汪顺芳老师激励我的“大江歌罢掉头东”，也记得班主任金汤老师一次次到宿舍监督我们。这些涓涓师恩，都成了我们同学相聚时温暖的回忆。当年我们无从体会，如今我会觉得，那些校园里的点滴传承，都烙印着桐城薪火相传的文化之根。桐中如何，未来的桐城文化就会向何处去；桐中的师者如何，未来的桐城就会向何处去。

30 多年过去了，我没有再回桐中。一切物是人非。我依然牵挂那里的一切。我总是一次次把桐中的校训“勉成国器”送给年轻人。这句话是桐中的根，也是桐城派的根。

1902 年，回乡办学的吴汝纶先生意志如磐：“吾辈此次办学堂，有进无退，人不善换人，法不善换法，决无止息之期。”这是一种誓约般的宣告,荡漾着一个老人生命最后的激情。那是他生命残烛最后的跳跃。百年之后,人才奋兴如他所愿,他所敲响的半山钟声深沉悠远,绵绵回响!

（作者系桐城中学 1991 届校友）

最是青涩少年时

吴问银

岁月不居，时节如流。转眼毕业已达30年，从青春勃发的翩翩少年到两鬓染霜的半百之人，经历几多风雨，又有几多感慨。尽管我已发表400余万字作品，但从来没有写过关于母校的只言片语，非是不想，只恐能力不够。百年名校，峥嵘岁月，岂是我三言两语而能概之？此次校庆征文“我和桐中的故事”，既然在此学习生活三年，自是有感而发。最是青涩少年时，青春与梦想从桐中出发。

记忆中那些美好的积淀年深月久，仿佛受力的弹簧，一旦弹起，便喷薄而出。宛若人面桃花的故事，桃花依旧年年绽放，美丽的姑娘又身在何方？

当我意气风发地走进这所著名的高中时，我遇见了她，一个像风一样的女孩子。想不起是谁说过，“风把我们分开，却在我们身后合而为一”。

她就是清风，柔柔地，拂面而来，带给我春的气息。当我沉醉在这气息中，想要贪婪地呼吸时，她却消失得无影无踪。

记得老师让我们俩合办第一期黑板报，我将岳飞的名篇《满江红》写在上面，其中一句“抬望眼，仰天长啸，壮怀激烈”，我把“抬望眼”写成了“抬眼望”。她说应该是“抬望眼”，我坚持己见，她坚称我错了，并骂我武断。想不到这小丫头居然挑战我，丝毫不给我面子。最后，我不得不妥协，以为这事就这样过了。哪知第二天，她找到一本《宋词鉴赏》，里面果然是“抬望眼”，示威似的让我看，然后得意地笑了。

从此，我对她刮目相看，也对她更加留意。她是那种娇小玲珑的模样，十分聪明伶俐。我后来看到电视连续剧《射雕英雄传》时，觉得她就像翁美玲演的黄蓉一般无二，可爱极了。可惜我没有傻郭靖那样的福气。

桐中的学风实在是好，那时男女生在一起说话的时候都很少，生怕被别人误解为谈恋爱。在那种环境下，谈恋爱在人们的观念中就是“洪水猛兽”。

科学上讲，女孩子比男孩子生理更早熟。我不知那时她对我是否有“好感”，只记得她经常借书给我看，每隔一两天，趁我不在就偷偷地放一本书在我课桌的抽屉里，书里夹上一张纸条，让我看完还回到她的抽屉里。

有一次，我禁不住一个同学的软磨硬泡，将她的书借给了他，而他将书弄丢了。我满怀歉意地写了一张纸条告诉她这件事，她很生气，很久都没有再借书给我，两个月后才恢复这条“地下交通线”。

高二时，她选择了理科班，而我选择了文科班。分班不仅断了我们的“交通线”，也使我聆听不到她美妙如天籁的声音，感受不到她温润如幽兰的气质。随着高考日子的临近，我们似乎都忘却了彼此，都把全身心的精力投入书山题海中。

每次碰面，她都驻足凝视我一眼，微笑在脸上悄然绽放成粉红的花朵，然后娇羞地飘然而去。尤其是每天清晨在操场上跑步，那时很少有女孩子跑步，她时跑时走，不时向我张望。一头乌黑飘逸的秀发迎风飘舞，白色的运动装，轻盈得像一片水墨云彩。

自此，我总是期待着每个黎明，浑身充满了力量在那个周而复始的圈子里飞奔，感觉那个圈子丝毫不枯燥单调，而是我快乐的源泉。

最终，高考分开了我们。大学期间，我们通过几封信，及至她出国留学前见过一次面，便再也无缘相见。“你在他乡还好吗?”虽然没有回音，但心中忍不住常常发问。

她的信件及照片是我生命中的瑰宝，我精心地珍藏着。虽然我的书房里各种书籍堆放得杂乱无章，但我能准确无误地一下子找到她的东西，因为这个位置我早已铭刻在心。

我喜欢看电影《泰坦尼克号》，对于那个凄美的结局，不怎么流泪的我都泪流满面。电影很近，爱情很远，这是多么令人慨叹的事啊!

人生若只如初见。她，来时陌上初薰，注释着我的少年时光。她，于我而言，曾经沧海难为水，除却巫山不是云。

人是生命历程的一个过客，人生的精彩与美丽取决于我们对生活的态度。感恩生活赐予的每一个点滴，我们便有了念念不忘的人和事。

追寻那逝去的纯真，心中，始终抹不去那一片云彩。一切都是注定的，随缘而行。无论时空怎么演变，这份记忆终将陪伴我直至生命的终点。

几回走进桐中校园，熟悉的风景仍在。石刻柱矗立，告诉我们要挺直脊梁、坚忍不拔;后乐亭默然，无时不昭示我们先忧后乐乃是人生的大情怀;半山阁巍然，“勉成国器”的牌匾如黄钟大吕让人肃然而生敬意。尤其让我念念不忘的是吴先生手植紫藤，与姚先生手植银杏树遥相呼应，告诫我辈做人切不可攀龙附凤，而要光明磊落、直面人生。

“三十功名尘与土”，如今的我们，早已不再青涩，都成为各行各业的中坚力量。而我，亦从那年的高考失利中走了出来，在她向前飞奔的身后，努力地使自己奔跑起来，不敢懈怠，不随便挥霍自己的人生，让每一刻都活出自己的精彩。

在桐中百余年的光辉岁月中，名家、大师、院士如群星璀璨，光耀华宇。当人们听到“我是桐中的学生”时，自然少不了敬佩之情，言语中也不乏赞美之意，这是桐中带给我们的荣耀。“岂曰无衣，与子同袍”，昔时同窗的你我，也自当带有“勇当大任，志在争先”的桐中基因，为母校争取更多更大的荣耀。

静听岁月回响，在梦境最深处回溯，仿佛再次看到她长发飘飘的背影，听到她熟悉却又遥远的声音……当梦醒来，我的眼里已满含热泪，写下此文，算是致我们逝去的青春，也是向伟大的母校致敬！

（作者系桐城中学 1992 届校友）

我的高中生活

金　兵

高中母校桐城中学建校 120 周年，看到前浪们和后浪们都在回忆母校往事，作为 1992 届高三(4)班同学群的群主，理应回忆下大家的青春岁月。

与其他学校学习辛苦的回忆不同，桐中三年学习生活简直可称为幸福了。除了有疫情的这两年，每年阳春三月，我基本都回趟老家，每次也都溜进母校，看看紫藤花开，瞻仰下古银杏树，逛逛如今的大操场，遥忆下当年的小后山。

初入桐中

高一那年，我们班男生宿舍和另外几个班分开，单独居住在一间平房。这一排平房的最后一栋，是我们班主任江喆老师的家。江喆老师大学毕业不久，刚从桐城中学初中部调到高中部，我们是他的第一届高中学生，他对我们班的管理当然是全身心地投入。那时桐中的教学管理非常人性化，高一晚自习下课也比较早。我们这一大群小伙子，精力充沛，宿舍熄灯后经常高谈阔论，久久不睡。经常正在我们谈古论今、纵横天下之时，突然窗口传来江喆老师的声音："还不睡觉！"瞬时，鸦雀无声。我们班汪同学声音模仿能力极强，有时从厕所归来，趁我们谈兴正浓时，也突然在窗口来一句:“还不睡觉!”又是顿时无声,等大家发现真相后更是哄堂大笑。

班主任教我们英语,开始时,尝试全英文授课。只是我们大多是从农村来的“土包子”,听起来云里雾里,不知所云。开始时,我惧怕老师提问,听着来自宿松的同学流利的英文表达,只有羡慕的份儿。看出了我们孺子不可教的窘迫,老师放弃了培养我们听力的努力,不得不夹杂些中文授课。好在当时还不考听力,我们的笔试成绩在老师的带领下节节升高,高考取得了非常优异的成绩。

化学老师高良启也是刚从初中部调上来,当时还是单身,把全部精力都放在教学上。那时条件比较落后,为了给我们“加餐”,高老师经常让班长整黑板抄写试卷,估计班长因此练就了一笔好粉笔字吧,可惜没走上教师岗位,没派上用场。不过,班长在黑板上龙飞凤舞的帅气身影,深深地吸引了班上一位女同学的注意,她偷偷喜欢上了班长,也喜欢上了教师这份职业,后来他们成为我们班上的一段佳话。化学老师的“加餐”,使同学们学习化学时增加了不少兴趣。高三时,班上不少同学开始自学大学化学课程,其中,有两人作为主力队员,捧回了当年华东六省一市的化学竞赛“化智杯”奖杯。

高一分班后,我们班没拆分,从高一(6)班变成高二(4)班。进入高二,我们的宿舍搬进了校园最北面的小宿舍,每个宿舍摆六张上下铺,两排对列。后来,为了周末娱乐的方便,我鼓动大家将六张床并列一排,上下铺成了连在一起的通铺。不承想,这居然在高二的男生宿舍里刮起一股“妖风”,大家纷纷效仿。娱乐是方便了,但下铺的采光和大家的学习都受影响了。幸好此股“妖风”兴风作浪的时间不长,更没有带到高三,不然我就罪莫大焉。

高三后,系统学习的任务重了,可我们内在的骚动没有停止。

同学们多数来自农村，当时经济条件相对有限，为节约，当然也有交通不便之原因，周末很少回家。有段时间，我们几个同学经常周末去北街小学打乒乓球。连续去了几周后，住在北街小学的老师们嫌我们太吵闹，就不让我们打球了。后来，居然改在教室的讲台上打球，也不知是谁出的这个主意，我怀疑我自己的嫌疑最大。不少没回家过周末的同学都在教室内自习，我们几个轮流上来打球。直到有一天，李同学的父亲从乡下来送东西，当场“人赃俱获”，我们的讲台乒乓球活动终于夭折。在此，谢谢李爸爸当年的当头一棒。现在回想，肯定影响同学们的学习了，惭愧不已。

高三(4)班可以说是桐中的一个传奇班级，1991 年安徽省高考理科状元就从此班级诞生。高一分班后，随着一些大神级的老师，如语文老师杨怀志、物理老师汪顺芳、数学老师彭声应的加入，我们班也没辱使命，高考取得了彪悍战绩：一名考入清华大学，一名考入南京大学，两名考入中国科学技术大学，还有同学以超高分考入西安交通大学等。

桐 中 后 山

对桐中印象最深的是操场边的后山。晚餐过后，有一个多小时的自由活动时间。同学们三三两两，在后山找块草地，席地而坐，或畅聊未来，或讨论女神，或观看操场上的篮球比赛。虽然大家基本上人手一本书，但经常是离开时也没翻开。与后山一墙之隔的是桐城党校，我们经常翻墙而过，明面上是找个人一起看书，多数也是聊天度过。只有少数自律的同学，真正用上了饭后休闲的时间。多年后，操场扩建，后山不复存在，对我们来说有些遗憾。不过，桐中校园优美，园林遍布，学弟学妹们肯定也找到了自己的休闲场所。

再入桐中

1992年高考后，我和同学们一样意气风发，准备等开学后在大学大干一场。然而，人算不如天算，大学开学后，我竟因自身原因一时陷入了困境。一直到1993年年末，我一直待在老家，其间有多名同学克服困难到乡下来探望，在此再次感谢！特别是中国科学技术大学的同学，给我带来了新概念英语故事书。在家休养的日子里，别的书没看，但新概念英语故事经常翻翻，以至于后来重新入学，英语居然没落下。

1994年春节后，在家人无条件的支持、同学们的鼓励，以及时任校长汪年生和江喆、高良启等老师的关心与帮助下，时隔一年半，我回到了桐中高三(4)班。身边的同学换了，但大部分老师没换。

学习这东西，忘记起来也快。刚回来时，记得第一次数学考试，有一题是计算圆锥表面两点间的最短距离，这道送分题，我竟无从下手。考试后一问，才知道是侧面展开，恍然大悟！好在新高三(4)班的同学们极度包容我，使我在很短的时间内完全融入了班集体。通过老师们和同学们的无私帮助，经过半学期的学习，我完全掌握了以前高中所学的知识，英语还有了进步，顺利完成了高考。

都说一件事情的影响如同硬币的正反面，一点不假。我错过了两年大学时光，但收获了一批新的同学。如今，我与1992届和1994届两届同学的关系，都如陈年白酒，愈久弥香。在后来的生活工作中，两届同学都提供了极大的帮助。在人生的关口，也是得益于1992届同学的鼎力相助，感激于心，难以言表。

2021年10月3日，我在桐城医院见到了高中班主任江喆老师。此时，老师已抗癌五年有余，当年英俊潇洒的他被癌症折磨得筋疲力尽，虽头脑清晰，但已不能说话。我找不到安慰的言语，只有深深的无助。第二天就得知了老师仙逝的消息。老师带着对教育事业的不舍，英年早逝。世事无常，只愿老师千古！

谨以此文怀念班主任江喆老师。

（作者系桐城中学1992届校友）

风雨伴我行

汪翠霞

岁月匆匆，时光飞逝，人生的车轮滚滚向前，每当驻足回首，最难忘怀的，便是在桐中求学的那段青葱岁月。三年时光，写满奋斗与希望，承载激情与梦想，困难与压力同在，艰辛与欢乐共存。悠悠桐中情，风雨伴我行，多年来在记忆深处久久盘旋，挥之不去。

如愿以偿进桐中

当我还在初中时，村子里的长辈们都在向我灌输一种思想，考进桐中，就等于迈进了大学的门槛。对于年少的我来说，大学似乎是一个可望而不可即的梦，那是一个从未走出过乡村的我，无法想象和熟知的远方。我暗暗在心中树立了一个目标。于是，初中三年，桐中便一直是我为之奋斗的理想，是我心心念念的一个响亮的口号。

1989 年那个骄阳似火的夏天，我如愿以偿进入桐中。第一次踏进桐中校园，我的眼前一亮，被眼前的郁郁葱葱吸引。只见林木繁茂，绿草如茵，花香四溢，流泉喷雪，红亭秀丽，“高峰入云，清流见底”的石柱掩映在繁盛的花树之间，犹如谦谦君子，卓尔不群。目光所及皆是仙境，在如此优美的环境中读书成长，该是多么幸运！当时的我有些欣喜若狂，难掩心中的激动与兴奋。

记得桐中有个清流文学社，是文学爱好者施展才华的平台。我也投过一首稚嫩的小诗，现在已经回忆不起诗的内容，依稀记得当时散着油墨清香的期刊上印了自己的文章和署名时，有一种难以形容的自豪感和成就感。

三年寒窗苦读，短暂而又漫长。来自农村的我们，要想改变命运，除了努力读书，几乎别无选择。那时周末偶尔回一次家，车次少，常常要步行好几里路。乡间马路两旁都是茂密的树林，黄昏时匆匆赶路，看不到一个行人时，我常常有点害怕，头皮发麻，恨不得两脚生风。每次回家后第一件事，就是吃上母亲做的两碗香喷喷的蛋炒饭，还有一碗山粉圆子烧肉，满足一下自己渴望油水滋润的胃。每次返回学校，临行前都会带上两瓶母亲做的咸菜炒肉丁，瓶子装得严严实实，带着满满的爱与牵挂继续开始艰辛的求学之路。学校里的早餐是一碗稀饭和两个馒头，等到家里带来的咸菜吃完后，我就将馒头当菜，一口馒头配上一口稀饭，吃起来也别有一番滋味。

那时，我们班同学经常看到张小全同学妈妈到教室来送菜，至今仍记得他妈妈扎着两个长长的麻花辫子，在教室外急切地张望。那时我很是羡慕，张小全每天都能吃上母亲亲手做的菜，想必满是幸福与温暖吧。我还记得高一时一起住在二野司令部大宿舍的同学，曾给我写过一首诗：你的衣着虽然朴素，但你穿着母亲做的衣服，心里满是温情。这首诗在那个贫穷的年代，带给我无言的感动与理解、鼓舞与振奋，伴我度过了三年拮据而又充满希望的高中生活。

同窗情谊似海深

桐中上学第一天，我印象最深的就是班主任点名，那一声声铿锵有力、自信响亮的“到”，让我结识了许多新同学。第一天给我印象最深的是胡宏凯同学，她是班上年龄最小的，长得小巧玲珑，大大的眼睛，长长的睫毛，说话时眼睛会笑，家在县城，衣着洋气，给我的感觉特别有朝气、有活力。

新同学们来自不同的乡镇，个个都是初中校园的佼佼者。我心里料定，在我与他们之间，必将会有一场场当仁不让的比试与较量。三年时光，我们在琅琅的读书声中，迎来每一个清晨，又在紧张的刷题中，送走每一个黑夜。每次大大小小的考试后，当老师公布成绩的时候，我的心总是怦怦直跳。每当念到我名字的时候，有名列前茅的得意，也有发挥失常的失落。桐中的学习氛围特别浓厚，同学之间你追我赶，暗自较劲，竞争激烈。初中时曾经次次拿第一，而在这里，我偶尔单科拿个第一就很不错了。每当考试时，我和同桌都怕听到身旁同学哗啦啦翻卷子的声音，这个声音说明别人做得快、自己做得慢，人家都翻到第二张了，自己第一张还没做完，便暗自着急，不由得加快做题速度，生怕落后。

我最难忘的是每天晚餐结束后，同学们三三两两地去校园后山读书，读得最多的是英语和政治。我们席地而坐，大声读书，似乎声音越大注意力越集中。读累了，我们便躺在草地上，抬头仰望天空，傻傻地做着一些遥不可及的梦。我不太记得陈红玲同学在我身边的草地上说了些什么，只记得她那长长的秀发、纤细的腰肢，当她斜斜地倚靠在后山的树林里，手捧书籍，夕阳的余晖照在她的脸上，格外美丽。至今我的脑海里仍然会浮现这样一幅美丽的画面来。

那时我们班上的男生都有一个外号，最可爱的外号叫小不点儿，带给大家的欢乐也是最多。若干年后再次聚会时，他已经不再是小不点儿，而变得高大挺拔。让你不得不承认，青春是一本太仓促的书。班上男生与女生之间不怎么讲话，最多的交流是眼神之间无声的交流。每当我走进教室时，或者老师提问某个同学，大家都扭头看向那个同学时，我就会接触到一些男同学的眼光，但刚刚接触，便匆匆躲离，慌忙地望向别处。我座位旁边的女同学却常常和男同学讨论问题讨论得不可开交。他们两个后来毫无悬念地迈入了幸福的婚姻殿堂，也是班上唯一结成伉俪的一对。

每天的晚自习时间单调而又枯燥，所幸座位旁边的胡红专和戴泽龙同学经常说些生活中的点滴趣事，让人忍俊不禁，仿佛平静的湖面上激起了朵朵快乐的浪花。我最佩服的是戴泽龙同学，每次上课桌上空空如也，没有堆积如山的书本，也没有密密麻麻的笔记，只带着一双耳朵听课，晚自习还经常下棋，他成天似乎以一种玩的状态在学习，居然也能轻松考上大学。要是换作我，是万万做不到的。我们大多数同学都是“压力山大”，每次晚自习下课时，还有一半以上的男同学在教室里点起煤油灯挑灯夜战。各种习题书堆在狭窄的课桌上有一尺多高，他们在埋头学习时，我常常看不到他们的脑袋。“书山有路勤为径，学海无涯苦作舟。”这就是当时我们勤奋学习的真实写照，也是秉承“勉成国器”校训应有的状态吧。某些个夜晚，我走在校园里，望着天空中闪闪的繁星和远处的灯火，再想想心中承载的父母的殷切期望和老师的谆谆教诲，我怎敢松懈，又怎能放弃？但是，未来自己将身在何方？我无法预知，虽有些迷茫，但只管耕耘，不问收获，先把握当下，好好努力，结果交由时间来评说。

繁忙的学习之余，我们也会在汪国真和席慕蓉的抒情诗里沉迷陶醉，在琼瑶和岑凯伦的言情小说里流连徜徉，在梁羽生和古龙的武侠小说里体验江湖侠义，在毛泽东的诗词里感受“恰同学少年，风华正茂”的激情与豪迈。陈红玲同学和我臭味相投、爱好相同，我们当时抄了好几本抒情诗的手抄本，虽然那些手抄本已无处找寻，但青春的记忆永不磨灭。我和陈红玲同学曾分别起了个别名，我叫雨桐，她叫雪城，合起来便是“雨雪桐城”，以纪念在桐中那段美好的时光。大学时我们之间书信往来，她一次能写十几页纸的信，在我的书信史上，是破纪录的。读她的信，仿佛在欣赏优美的散文。那时的我们，对诗词中毒太深，时至今日，我还能声情并茂地背诵出汪国真经典的几句诗来：“我不去想是否能够成功，既然选择了远方，便只顾风雨兼程。”我还将毛泽东的“多少事，从来急；天地转，光阴迫。一万年太久，只争朝夕”写在课本的扉页上激励自己，珍惜光阴，发奋学习。那些诗与小说，曾经丰富了我们孤独的心灵，照亮了我们平淡的生活，舒缓了我们繁重的压力，让我们明白，青春，不只有繁重的学习，还有诗与远方。

师恩浩荡永难忘

翻开记忆的画卷，曾给我们传道授业解惑的恩师们一一再现。

班主任张骏是一位说话干脆利落、雷厉风行的语文老师，他给人的感觉是不苟言笑、不怒自威，对我们要求极为严格。

张老师曾在教室黑板的正上方挂了几个大字“业精于勤荒于嬉”，寄予我们深深的厚望。这几个字多年来一直深深烙在我的脑海里，激励着我在以后的人生旅途中也要勤勉敬业，不可荒废光阴。我印象最深的便是张老师对《红楼梦》那篇课文的精彩解析，人物心理分析得细致入微，引人入胜。

那时我最引以为豪的是他将我写的作文当范文诵读，我写的平凡的句子经他解读产生了神奇的效果。正因为如此，我愈发喜欢上作文课，更偏爱语文课。在张老师三年的辛勤培育与熏陶下，我的文字水平在潜移默化中逐步提高。后来，我经常在单位的报纸上发表文章，这应该要感谢张老师教导有方。

毕业25年后师生重聚合肥，张老师仍然腰板硬朗，说话一如当年洪亮有气势，尤其是在签到处一气呵成写下的那句“问世间，何情最真，同学师生”，现场同学掌声阵阵，无不动容。

数学老师崔甸甲是一位慈眉善目、和蔼可亲的老师，他有着如沐春风的笑容，举手投足中有着一种豁达与自信，讲课踱着步子，也有一种闲庭信步的潇洒。他上课时神采飞扬，妙语连珠，毛主席诗词张口就来。他的课给人一种放松又温暖的感觉。时隔30年，同学们还记得他曾经的幽默：“我负责瞄准，你们负责放炮！”高三时，他常常鞭策我们：“这一年是最关键的一年，是决定你们穿皮鞋还是解放鞋的一年。”崔老师总是用这些浅显易懂的话语，语重心长地告诫我们，只有付出辛勤的汗水，才能换来美好的前途。可惜崔老师不久前因患脑瘤与世长辞，虽天人永隔，但我们永远怀念崔老师，他的音容笑貌及乐观豁达、笑对人生的态度令我们终生难忘。

江国清是一位年轻洋气、风度翩翩的老师，戴着一副宽边近视眼镜，上课时喜欢耸肩，说着一口流利的英语，声音富有磁性。他教我们唱过1988年奥运会会歌 *Hand in Hand*。30年过去了，我还能轻轻地哼起这首歌。动听的旋律让我再次回忆起当年同学们一起学唱的情景，曾经共处一室朝夕相处，如今天各一方、各自忙碌，不由得让人无限感慨，纵年华已逝，愿你我重逢时，仍是少年。

化学老师李荣是一位特别自信、有激情的人，上课声音洪亮清脆，每天都有用不完的热情。他上课喜欢提问，我们的思维总是跟着他的思维一起跳跃。每堂课虽然气氛紧张，但听得津津有味。

记得毕业前李老师给我们发成套成套的化学试卷进行模拟练

习。他说得最多的一句话是:“这些试卷是多年来研究历届高考题汇编出来的精华,本县其他兄弟学校无法比拟。”当时我觉得自己好幸运,这些试卷一定能押对高考题吧。我仿佛吃了定心丸一样。那时我挺喜爱化学课,喜欢听李老师分析化学题,像做案件推理一样,思路清晰,丝丝入扣,分析到最后,让人豁然开朗。1992 年高考化学我考了 90 分(满分 100 分)。我想,这个成绩应该是李老师辛勤教学的功劳吧。

高中三年有三任物理老师。高一物理由汪年生校长亲自执鞭。汪老师批改物理作业特别认真,有一次三道题的作业被他改得面目全非,满篇都是红红的批语,当天全班哀嚎无数。我的眼前不禁浮现出他夜深人静时仍在伏案批改作业的情景。恩师如此认真、严谨,我们又怎敢懈怠?高二物理由彭年老师任教。他瘦瘦高高的,讲课非常细致清晰。物理课虽然枯燥难懂,但再复杂的题目,他都能条分缕析,让人听得明明白白,还能举一反三,融会贯通。他上课时会冒出几句英文,让我们不禁对他刮目相看。高三物理老师是王启玉,人如其名,平淡如水,温润如玉,善引经据典,繁杂的物理到了他那里,便能化繁为简,如庖丁解牛一般游刃有余。高考前,他寄语每位同学,如同当时的丹麦队一样,创造自己的神话,知识是创造神话的一切可能。时隔多年,王老师那温和坚定的语气、善良明亮的眼神始终让人难以忘怀。

恩师们拼尽全力,呕心沥血,教书育人,常常为了节约上课时间,提前精心准备好小黑板,为的是给我们呈现一堂堂高效精彩、全面翔实、生动活泼的课程。高考的重压常常让人喘不过气来,所幸恩师们始终给我们温暖和鼓励,让我们不再对前途迷茫或担忧,他们始终是我们背后最坚强的支撑和力量。多年来,他们的严谨与敬业影响着一届又一届学子,激励着我们在今后的人生中,脚踏实地，砥砺前行。

百余年风雨沧桑育栋梁，万千株桃李争艳吐芬芳！母校凭借深厚的文化底蕴、淳朴的校风和出色的办学成就被誉为“人才的摇篮”。这些年，在这个摇篮里茁壮成长的学子们，不论身在何方，都为自己曾是桐中人而自豪，对桐中的那份情怀永不更改！如今，母校即将迎来120周年华诞，衷心祝愿母校生日快乐，明天更辉煌！祝愿全球校友后乐先忧奋斗不止，勉成国器再谱华章！

（作者系桐城中学1992届校友）

同　学　赋

李双友

吴楚之邦，桐国故里。龙之根脉，人杰地灵，文都气派，盛名天下。大河之畔，山峦之谷，风茵气蕴，吴公奋发，始建校宇，勉成国器。岁次己巳，莘莘学子，携手同窗，志鼓催帆。

忆当年，往事如昨，依稀如梦。地瘦知松毅，岩坚知竹志。时岁物艰，多诸寒门，不畏衣裳之褴，但惧光阴之贵；不畏菜羹之糙，但惧学业之疏。半山阁前，晨钟耕读，书声琅琅；左公祠旁，暮鼓夜归，月影长长；后乐亭边，书山漫步，亦苦亦乐；银杏树下，学海泛舟，且喜且忧；科技楼里，备战东华，至勤至精。犹记起，偶有闲暇时，后山嬉闹，北街遨游；课中憩隙间，鬼才贼意，整蛊恶作。更有义结金兰者，同盏就光，同箪而食。斯是流年，皆为美好时光。

看今朝，壮岁风颜，喜传佳讯。人才济济，尽数风骚，躬耕四海，建功八荒。或执教于校府，传承文脉，育才培贤；或供职于司企，科技研发，实业兴邦；或从军保国昌，驰骋沙场，戍边守疆；或从政系民忧，心怀百姓，造福桑梓；或从医护安康，救死扶伤，施彰仁爱。高峰入云端，清流见根底。纵成学界领军、行伍典范、海归英杰、社会贤达，亦如学子，初心不移，勇当大任，志在争先，迎旭日，送落霞，无问西东抒春秋，莫道功名濡丹青。

盼重逢，三载同窗，卅载守望。山河澹澹，岁月沧沧。蓦然回首时，物换星移，韶华不再，朱颜已改。青山期有会，流水期东归。

待望再聚日，真情相拥，盈泪叙旧，纵享言欢，道不尽世事沧桑，聊不完快意人生。少年之缘，缘起不灭。悠悠恩师情，殷殷故园意，滚滚长江水，绵绵无绝期。借明月，遥寄一片念思；托清风，捎去一声安好！

（作者系桐城中学 1992 届校友）

群 星 闪 烁

曹金梅

桐城中学由著名教育家吴汝纶先生于 1902 年创办，曾经是县衙署旧基，几经修缮扩建，校园似公园。早年桐溪塥蜿蜒灵动地穿流园中，流水潺潺，花木扶疏，风景十分秀丽。高耸入云的石刻柱、清亮的后乐亭、小巧精致的假山、亭亭华盖的银杏、遒劲缠绵的紫藤、草香虫鸣的后山、开阔心怡的后操场、肃穆的钟楼、庄重的雕塑，还有著名历史遗址左忠毅公祠、渡江战役指挥部等，这些有名的景观无一不刻在桐中人的心里。

记忆的长风穿过这些优美的景致，吹到一排排教室里，我仿佛看见当年的莘莘学子端坐在课桌前，书声琅琅。可爱的老师们踱着方步，意气风发地讲着课，神情或严肃，或慈祥，或欣笑。这些可敬的老师们悉心地教导着我们，陪伴我们一起伴随着晨钟暮阳、青灯黄卷，遨游在知识的海洋里，书写着我们的青春。优秀的老师不仅是学生们知识的引路人，还是学生们人生路上前进的灯塔。桐中优秀的名师灿若星辰，不胜枚举，老师们的谆谆教导，当时只道是寻常，现在想来字字珠玑。

我初中的语文老师是高之文和黄晋硕两位老教师，和蔼可亲，教学上乘。在她们的人文熏陶下，我爱上了文学。老师鼓励我们摘抄。我记得初中我有几个摘抄本，摘录喜欢的文章诗词并配有插画。之后，我的语文成绩一直很好，皆得益于两位优秀老教师的启蒙教导。

初中数学老师是郭道成和孙镇。郭老师脸庞敦厚，笑容慈祥，常常迈着稳健的步伐走进教室，讲起课来中气十足。在他细细的抽丝剥茧下，深奥难懂的数学变得简单易学。孙镇老师个不高，白净整洁，说起话来洪亮清脆，分析数学题时思维缜密、讲析透彻，深受同学们的喜爱。

初中历史老师曹向东（现为桐中校长）白净、高大、帅气，戴一副金边眼镜，讲起课来不看课本，侃侃而谈，引人入胜。

初中英语老师兼班主任江喆，眉清目秀，讲课温文尔雅，对同学们和风细雨。那时他大学刚毕业，很年轻，我们这班萝卜头是他带的第一届。看他没有老师的架子，活泼的同学们喜欢聚集到他宿舍门口看看他在做什么。他若发现，会出来笑脸相迎。有好事者喜欢传播他和女朋友逛街的恋爱八卦。初中时，我学习还不错，他任命我当学习委员，鼓励我，关照我，一直教我到高一。江喆老师是一位优秀的青年才俊，可惜因病于2021年10月逝世，年仅57岁。同学们得知噩耗都悲痛不已。

我上高中后进了文科班，语文老师是杨怀志，讲课慢条斯理，口头禅是“磕巴”（是吧）。

历史老师黄祥林，个不高，圆脑袋，眼睛明亮，仿佛上下五千年尽在他眼底。他经常说：“这下扯远了啊，现在我们回到课本。”而我最喜欢听的就是被他扯远了的历史故事，像听书一样，津津有味。

班主任胡万胜是我初中到高中的体育老师，身材高大魁梧，浓眉大眼。我上初中时个子小，每次上鞍马，心里就发怵，觉得那是一匹吃人的大马。鼓起勇气跑上前，怎么也跨不过去，大腿卡在鞍马上，身子一歪，头就往下栽，每次都被胡老师的一双大手牢牢抓住，从未摔倒。上了高中，我便能轻松越过了。他就拿我当例子，鼓励那些不敢上鞍马的新同学要敢跨。

数学老师是龙毛朋，一张刚毅的脸总是不苟言笑。他是位非常严厉的老师，看到学生不认真听讲或上课睡觉时气得直跺脚，大声训斥，一副恨铁不成钢的样子，说急了嘴角都冒口水沫子。或许是因为太过认真操心，龙老师后来得了肝病英年早逝，丢下两个未成年的孩子，令人扼腕叹息。

还有一位高中数学老师是彭声应。他慈眉善目，总是笑嘻嘻的，弯弯的月牙眼伴着呵呵的笑声让人如沐春风。他家就在我家后面，我房间的窗户正对着他家的大门。有一阵子，我在家找到两本书——《杨家将》和《呼杨合兵》。我不仅被书中的故事迷住了，还对书中的一张张插画着了迷，于是，找来白纸毛笔把书中所有人物插画尽数临摹下来。为防止父亲进来检查我学习，我常常拿数学书、练习本挡在上面，佯装做习题。然而，这一幕竟被站在他家门口的彭老师尽收眼底。他会突然把脑袋凑到我的窗前，笑呵呵地、语重心长地对我说："小梅子呀，在干什么？你爸爸对你期望很高，你要努力呀！有什么不懂的数学问题尽管来找我问。"但我当时痴迷于画小人，并未听进他的话，因此，我的数学一直是我学习中的绊脚石，高考数学成绩不理想导致我并未考入理想的学校，终是辜负了父亲的厚望和彭老师的叮咛。彭老师晚年得了胰腺病，遭受病痛的折磨，不久就仙逝了，令人心痛。

我高中的英语老师即是我的父亲曹福满。他喜欢穿中山装，个不高，身材瘦弱，却走路带风，精神饱满。他常常提前到教室写板书，我们做完早操回来一看，满满一黑板的英语知识点板书，工整醒目。父亲教书极其认真负责，手写的备课笔记有几十本。他起早贪黑，经常工作到深夜。母亲说他常常手脚冰凉地上了床。

桐中其他老师说他干起工作来不要命。他一心扑在教学上，凡是他带的毕业班，英语成绩都很高，经常拿年级第一。他荣誉证书拿一堆，年纪不大、资历不深却早早被评为高级教师。

父亲原在吕亭中学教书，因教学优秀而被史耀民校长看重调入桐中，开始教的是初中，后又受到校领导赏识，直接升到高二教英语。自此，他一直轮番带毕业班，经常同时带几个毕业班，成为桐中名师之一。曾有出版社慕名找他编辑中学英语书籍。英语教研组老组长朱益群老师退休时将组长的接力棒交至父亲手中，父亲的工作更加繁重了。

长期操劳导致父亲的身体出现了问题，母亲劝他去医院检查，他却一拖再拖，只叫母亲在医院里拿些药来吃。早年老师的待遇并不高，学校也没有每年一次的体检，拖了两年硬生生从肝炎拖成了肝硬化，出现肝腹水。如果发现得早，肝炎是可以治愈的。学校还想让他带一个毕业班，母亲果断下令："半个班都不许带！"其间，因他主编的书籍反响很好，出版社再次找他出书。母亲也断然拒绝："给再多的钱都不要编！"母亲强行停止他的一切工作并精心照料他，打破了医生说他只能活两三年、顶多五年的预言。

他晚年时经常念叨他的学生，尤其是一九八几届的老一辈学生，有几个好学生常年来看他，他很高兴。有位德才兼备的得意门生得病意外去世，他在家痛惜不已，难过数日。父亲虽然长期失眠，头似木瓜，却记忆力超强，对他历届学生们的成绩事迹如数家珍。

他也常常说起过去的艰难岁月。他幼时经历战火，孤身求学，考入大学又遭"文革"。上山下乡，去乌江抗洪防汛修大坝，独山农场犁田种地，冰天雪地赤脚挑担子，几次死里逃生。在恶劣的环境里，父亲自强不息，坚持学习，还学习绘画和二胡，于苍白的日子中寻找生活的乐趣。他总感叹他的经历可以写本书，但终究因病未能写成。而我对他过去的事迹也只有一点零碎模糊的记忆了。

父亲得病后撑过了20年，到2017年3月再也撑不下去，溘然长逝。母亲不想担任何人情，概不收礼，叫我们不要向学生们公布，只通知了至亲的亲友与校领导。父亲就这样默默无闻地走了，走在油菜花盛开的春天里，不带给任何人麻烦。他除了教给我知识，还教导我要与人为善，知恩图报。

多年后整理他的书籍遗物时，我发现了一张发黄的纸片，上面记载着帮助过他的人名和实物清单。这就是他每年都要下乡到小河边看望乡里乡亲的原因。

三尺讲台万里踩，粉笔裁，板书排，意气奋发师魂盖，鞠躬尽瘁名校凯。

辛勤执教几十载，伏案台，挑灯改，成就英才抱病还，白发翻飞逐青来。

笑对病痛随春败，百花摆，青山拜，化作青烟一魂态，默默无闻隐林海。

满目苍翠层林深，不见当年育树人。谁将感念怀，桃李春风，孤坟沧海。

父亲一辈子艰苦奋斗，善良正直，兢兢业业，爱生如子。他和桐中诸多优秀的教师们一起撑起了桐中的名望。那些年，桐中的升学率特别高，大学录取率都在百分之八九十以上，名震安徽省，甚至名扬全国。这样辉煌的战绩与桐中这些名师们无私奉献、努力奋斗的精神是分不开的。如今，很多优秀老教师已经作古，然故人已逝，师魂长存！今年正值桐中120年校庆，追寻着老师们的足迹，借他们的光辉，照亮前进的道路。我虽不才，但感念师恩父恩，撰此文致敬各位优秀的老师们。

群星闪烁，佑我大桐中，希望我的母校桐城中学越来越辉煌！

（作者系桐城中学1992届校友）

最宝贵的财富

汪　东

1990年7月的一天，我收到了桐中的录取通知书，成了父亲的校友，使我全过程参加完热火朝天的“双抢”后都不觉得累。

9月开学时，父亲挑着行李与我深一脚浅一脚地踩着东方圩里的泥巴路走到五里外的罗岭街上，坐上了去百里之外桐中的汽车。

终于到了父亲说过无数次的桐中，看到吴汝纶先生“后十百年人才奋兴胚胎于此，合东西国学问精粹陶冶而成”的楹联和“勉成国器”四个大字时，还是有抑制不住的激动，只是更觉得肚子饿了。父亲显然更兴奋，东看看、西瞧瞧，如数家珍般给我介绍二野司令部、半山阁、紫藤花、惜抱轩、银杏树……

父亲于1963年9月入学桐中，据说各科学习成绩极为优秀，特别是数学，大小考试基本都是满分。但时代的灰尘演变成了沙尘暴，从头到脚落了他一身。1966年高考取消，刚立青云之志的他便卷起铺盖回到了罗家岭的小村庄，后来在村庄山脚下的初中做了一名民办学校教师。他没有怨天尤人，只顾努力教书，后来转成公办学校教师，一直做教书匠、校长到退休，一干就是一辈子。父亲为人敦厚谦和，同事和十里乡亲们不喊他“汪老师”，却取他名字汪廷龙中间的“廷”字，亲切地叫他“廷老师”，一直到今天。当时学校很缺师资，他成长为一名全能型教师，语文、英语、数学、化学、物理等主科全都教过，甚至连音乐课也没放过。那时候每年全乡期末考试后搞评比，好像他教的主科每年都拿奖，特别是物理，基本都是第一名，像国乒一样无可撼动，勇冠全乡。记得家里的墙壁上总是贴满了他拿回来的奖状，从上到下，从左到右，一层一层，红红的很喜庆，春节买年画的钱都省了。我上初二时，他成了我的物理老师，一直教到初三。彼时他教的学生中有不少已考上桐中，父亲经常在课堂上不经意地提起，孜孜不倦地激励着我们继续考他的母校。

父亲回家前带我去了他的老同学龙毛朋老师家里，请他多多关照云云。龙老师是桐中数学名师，也是罗岭人。高中学期开学时，他们经常结伴步行百里上学，一步一步，从罗岭走到桐中，从清晨走到深夜。龙老师偶尔给我换一些教工食堂的饭票，这好像是父亲对他老同学唯一的嘱托，让我高中三年尽量吃得好些，把身体搞好。龙老师没有教过我，父亲也从未要求我去向龙老师请教学业上的事情，现在想来，应该是他觉得没有这个必要，在名师荟萃的桐中，好好吃饭、认真上课就可以了。我读大学时突然惊悉龙老师已因病去世，那一年他是高三毕业班班主任，重症晚期仍坚持上课，直到把学生送进高考考场后才住进医院，不久便与世长辞。银杏垂泪，学子同悲！

高一时，我被分在(6)班。第一次上化学课时，进来的是一位个子很高、年纪较长的男老师，头发梳得非常整齐，说话温文尔雅，让人如沐春风。他穿戴干净整洁，洁白的衬衫，还打着领带。同学们眼睛里都是崇拜的眼神，仿佛这才是我们心目中城里老师的模样，以前我们的老师经常刚忙完农活就来上课，很多时候裤管上的泥巴还在……他是陈希老师，无锡人。“江南好，风景旧曾谙。”那时，我便对从未去过的无锡、江南，对外面的世界有了更多憧憬和向往。

很早以前就听说过吴永清老师的故事。他也是桐中毕业，因患有肺结核病而未能参加高考，时任校长史耀民先生爱其才，破例将他留校教初中语文。其间，他曾在图书馆工作，博览群书，学贯古今，后来教高中语文，成为一名特级语文老师。据说，有一年他身体不适，到合肥大医院检查，诊断结果出来说是癌症，需要住院治疗。吴老师说："癌症还治什么，我死之前要去逛下祖国大好河山。"于是，向学校请了病假，游历大山名川去了。回来后发现身体好了，再检查又没有癌症之说了。他是枞阳人，乡音很浓，上起课来声情并茂，传说有一次讲《孔雀东南飞》讲得涕泪俱下，师姐们哭倒一片，让我们很是向往。后来，吴老师教我们高三语文。他批改作业极严，特别是作文，改得最为细致。每天语文课第一件事情便是读几位同学的优秀作文，让全班同学品鉴。我的作文偶尔也会被抽到，那种感觉比在学生食堂买到四毛钱一份的鲊肉还要好！

很想找个词语来形容汪胜老师，才华横溢也好，学富五车也罢，总觉得都苍白了点，实际上他是一位被数学教育事业严重耽误的文学大师！他教我们高二数学，经常在我们试卷上的分数旁边用红笔潇洒地创作一首直抵灵魂的诗词，五言或七律，卜算子或如梦令，菩萨蛮或十六字令……信手拈来，倚马可待。印象中，无论知识点多么艰涩难懂，他在课堂上都是那么风趣友好。

高三时崔甸甲老师教我们数学。他性格爽朗，上课时声如洪钟，轻松诙谐，听他的课真的是一种享受。记得有一次，他为了告诫我们不要老是犯低级错误，说数学如艺术一样美，但数学是精确之美，丝毫不能犯糊，糊了就不美了，艺术是朦胧之美，太较真也就不美了。例如形容女子手指美的句子"指如削葱根"，但是美女手指真的长成葱根了，样子还美吗？说完，他用粉笔在黑板上认真地画了个葱根，只是根粗得确实不像话。看着黑板上的粗葱根，我们傻笑得合不拢嘴，做题时更加小心翼翼了。

丁红棣老师是唯一陪伴我们从高一到高三的主课老师，高一时还是我们的班主任。他教我们英语，幽默风趣，发音纯正好听，批改试卷速度极快，粉笔头扔得奇准，百步穿杨，从未失手。英语课堂上没有谁可以好好地打个瞌睡，开个小差也不行！功夫不负有心人，那年我们班的英语高考成绩应该是全年级最好的。丁老师高大帅气，喜欢打排球。老师们会不时举行排球赛，只要有比赛，必有丁老师。晚饭时分我们端着大瓷缸狼吞虎咽地为他加油喝彩的场景仿佛就在昨天。丁老师很喜欢与同学们交流，虽然后来不再做我们班主任，但他对我们一直是严格要求、悉心教导，隔三岔五还会跑到我们宿舍聊天，感觉是与我们心理距离最小的老师。虽为老师，更像一位兄长、朋友。他后来到广州工作。近几年，我们偶尔碰面，他还是那么年轻帅气，发合影到班级群里，同学们都认为我们几个历经沧桑的同学像老师，丁老师更像学生。

在老师们的带动下，桐中的运动氛围很好。高中三年一直都是林祖年老师教我们体育。他那时华发已生，但打篮球时仍健步如飞，运球让人眼花缭乱。他可以轻轻松松来个双杠倒立或单杠大回环，着实让我们仰慕不已。同学们早上都是 5 点 40 分起床，起床后第一件事便是到后山操场上跑步，一跑就是十几圈，然后双杠单杠挨个练一遍，“文明其精神，野蛮其体魄”。如今我的运动习惯还是当年在母校养成的，真是终身受益。

回首高中三年，我们在懵懂年岁便被母校拥入怀中，晓之以东西学问，熏陶以家国情怀，有良师指引，得益友作伴，苦中作乐，不愿懈怠。忠诚信义校训孔昭，桐中代起人豪，人才奋兴，我辈虽未必都能得以成为国之重器，但总能踏上正途，淬砺精神，永不言弃，一步一步去实现自己的人生梦想。这应该是母校给予我们的最宝贵的财富吧。何其幸哉！感念母校。

（作者系桐城中学1993届校友）

青桐记忆

曹梦雅

我是桐城城关的学生，小升初后，我就进入桐中学习。那时的桐中大门非常普通，没有现在宏伟的气势，记忆里的颜色基本上都是灰白色，唯有上面刻的“安徽省桐城中学”的红字赫然醒目。那是扇大铁门，旁边还开了一个小门连着传达室。有时有调皮的小孩趁人不注意沿着铁门的小格子向上攀爬，传达室叔叔一来就一溜烟地跑开了。

一进大门是一条林荫大道，左边是个大水池，右边是高耸入云的石刻柱、秀丽的后乐亭、小巧精致的假山、枝繁叶茂的参天大树。这里就是我与同学们一起玩耍的乐园。我们在石柱的台阶上、假山崎岖的小路上、清亮的亭子间穿梭嬉戏。

当时初中只有两个班，有不少同学还是小学的同学，因此并不陌生。一下课，同学们就像笼中放出去的小鸟似的欢呼雀跃，在高大美丽的银杏树下，在青青的后山中，在校园的各个角落，三五成群地一起玩耍，好不热闹。一开始我们的教室是在银杏树旁的教学楼，后又搬到后山旁边的教学楼。初中同学都是城关的学生，大都比较开朗活跃。下课后，女生喜欢踢毽子、跳皮筋。男生喜欢追逐打闹，有时他们会扭成一团横冲直撞地冲到女生队伍里，撞飞了女生的毽子，带跑女生的皮筋，然后哈哈大笑跑开了。女生们吼着让他们远点，一边继续课余活动，一边提防着这帮坏小子们再来捣乱。那时一个班有五六十人，座位之间的距离并不大，坏小子们有时会挤座位欺负女生。女生也不甘示弱，划“三八界”，不许他们越过。虽然小过节不断，但一到开运动会大家都特别团结，男生女生互相打气加油、摇旗呐喊。那些坏小子们一改痞相，表现勇猛，奋力为班级争得荣誉。临近毕业，男生女生们都互赠明信片，依依不舍。现在回想起来，那些调皮的坏小子们其实都是非常阳光可爱的小男孩。

上了高中，学习气氛立马变了，来了许多农村上来的尖子生，一个班大部分都是在校住宿生，城关走读生很少了。各地精英们大多穿着朴素，学习刻苦，临近考试，晚自习后他们还点煤油灯挑灯夜战。那时桐中物理化学卷子特别难，能考及格就是好学生了，有几个同学竟然次次能拿高分，在我们心中都是神一般的存在。身处这些“学神”“学霸”之中，无形的学习压力袭来，我再也没有初中学习时的轻松了，每天过着两点一线的生活。耳畔都是校园的广播声、钟声、读书声，真正开启了紧张的高中学习生活。

高中男女生交往很少，一般不会课下凑到一起玩耍。学校明令禁止学生恋爱，但仍有几个大胆的冲破禁忌在一起交往。不管哪个班出现恋爱情况，都要被班主任叫去谈话，多半感情都会夭折。但在如此高压之下，还有个别班级同学成就了佳话。多年后的同学聚会上又会听到一些爆炸性新闻：谁给谁写过小纸条，谁追过谁，谁又暗恋过谁。消息灵通的女生还透露男生们不仅给老师们起外号，还私底下给女生们起外号，聊各种八卦。原来，寂静的书本之下藏着青春的悸动，看似平静的湖面下波涛暗涌。潜心学习的老实男生原来私下也是“坏小子”，但是他们都不忘学习，高考考得都不错，当时桐中考入大学的升学率特别高。

桐中的青春岁月一晃而过，弹指间，同学们各奔东西，故人渐行渐远，然而青春的记忆永远在脑海里盘旋。故乡又逢春，花香满园城。不见故人来，晨钟暮色深。致逝去的青春！

（作者系桐城中学 1993 届校友）

再话桐城派的复兴

张　赟

父亲(张德武)和我(张赟)都毕业于桐中,知道有桐中 120 周年校庆征文活动,于是,打开思绪,和父亲一起回顾桐中的昨天,展望桐中、桐城的明天。

我在桐中读书时,高二才分文理科。高一时,有段时间坐在我后面的同学是两位"大文豪"——阮学春和朱生云。朱同学是潜山人,文采之外,他的书法也让我们羡慕不已。阮同学某次春游回来,作文里那句"一路鲜花为谁妍"到现在我都记忆犹新。阮同学说希望将来可以振兴桐城派,当时我心中颇感震撼。因此,权以 30 年前的话题作为今天的文章标题吧。

1962 年,父亲考入桐中"大改班",五年一贯制初高中连读,至 1966 年 6 月 10 日桐中停课,"毕业"离校,是桐中"老三届"的第二届。30 多年后,1989 年,姐姐考入桐中;次年,我也步入桐中;差不多同一时间段,我的两位表哥也都在桐中学习。成年以后,无论走到哪儿,和别人聊起来是哪里人,我都自豪地说,我是桐城人。

父亲的桐中学习生涯结束后,进入了"广阔的农村天地",直至 1977 年恢复高考,父亲参加了高考,然而无法上大学,那时候姐姐和我也出生了。"时代的一粒尘,落在个人头上就是一座山。"

历史掀开了新篇章,姐姐和我接下了父亲手中的接力棒。记得林祖年老师同是父亲和我的体育老师，向林老师致以无限敬意。

现任桐中校长曹向东老师是我高一历史老师。虽然高一时我就计划自己肯定要学理科，但曹老师的历史课讲得实在有趣，旁征博引，加上声音洪亮，我听得颇为享受。记得高一期中考试我总分第一，主要原因就是我历史分很高。

物理老师汪和根，是我三年的班主任。三年来，汪老师兢兢业业、认认真真，绝对是老师的典范。我们毕业 20 年聚会的时候，汪老师回忆说，我们那个班考出了他执教几十年来最好的成绩，基本上所有想上大学的都上了，大部分考入了理想的学校。我从一个连公共汽车都没单独坐过的懵懂少年一下子迈入大学的门槛后，面对各种文化生活的冲击和与全国最优秀的同学的竞争，一度颇为沮丧。一天，我突然收到汪老师寄来的同学通讯录，倍感喜悦，回信给老师表达了自己的想法。我到现在都记得汪老师的回信中说："不要身在福中不知福。"是的，普普通通的几个字给了我莫大的指引和安慰，哪怕以后碰到各种困难，我都想这不过是一个考验，于是迎难而上，踏实地迈上一个新的台阶。

数学老师吴良兴，我能成为他的学生实在是三生有幸。我从吴老师的身上体会到什么叫作全心全意为学生、全心全意为教育，吴老师树起了桐中老师最高的教育丰碑。

那时候晚自习课按照科目排了课，相应的老师晚上需要到课堂上来监督和答疑。记得有次等吴老师背着双手踱着步慢慢走到我的课桌边上，我向老师请教有道不会做的题。吴老师扫了一眼，"你这差乎着，你这差乎着，你这差乎着，课上不是刚讲过吗"。我听得冷汗直冒，认识到上课开小差，后果很严重。

化学老师刘培生，在我心目中是谦谦君子，温润如玉。刘老师不像班主任让人害怕，也不像吴老师让人有压力，似乎平等地给学生讲课。

我记得从刘老师家里借了大部头的无机化学、有机化学来看。那时候基本上没啥课外书，老师就建议我们看大学教材。说来奇怪，厚厚的无机化学居然也可以像看小说一样看下来，看完似乎还颇有感觉。

高三语文老师张骏，应该是我的第一位用普通话带读的语文老师。张骏老师从高三接手我们班一开始，就经常在课堂上把我的作文作范文讲解，不过开始是反面典型，过了半个学期，我的作文居然出现在正面案例之列。说来也神奇，我的作文从成绩不及格或刚刚及格，到居然变成了长项。也许连张骏老师自己都没有意识，当年一个小小的动作，对一名学生的未来产生了多大的影响。感谢张骏老师。

三年的桐中生活是短暂的，除了学习，大多更是懵懂未知的状态，但高中几年的学习，不仅仅是通向大学的道路，还更多地教会学生将来的学习、工作方法和态度。

这里想延伸一点。父亲入学的 1962 年是桐中高考历史上最辉煌的高光时刻，高考成绩全国第二。然而，在“文化大革命”中，桐中和社会走向混乱，“老三届”成为那一代人心中永远的痛。随着改革开放的到来，桐中恢复了生气，走向成熟。可惜在一线城市狂飙突进的 30 多年里，教育资源和生源都向大城市严重倾斜，桐中似乎迷失在春天里，让我们这些校友聊起桐中自豪的同时也无不惋惜。

峰回路转，2022 年 5 月 6 日，中央和国务院发布《关于推进以县城为重要载体的城镇化建设的意见》，明确以县城为重要载体的城镇化建设，加上长三角区域一体化发展已经上升为国家战略，这也许为“抵天柱而枕龙眠，牵大江而引枞川”的桐城重新走向辉煌带来了转机。“绿水青山就是金山银山”，加上桐城作为历史文化名城，建设一个宜居的文化桐城是历史发展的必然。从某种角度看，桐城、桐中、桐城派已经融为一体，都是身在他乡的桐中人的精神寄托，桐中、桐城（派）的复兴应该是我们所有桐中人的愿望。

近年来，我的一个主要工作内容就是科技创新，探索如何为地方经济带来活力和动力。我们总结了一个经验。大家都知道，区域经济的发展离不开人才，那如何找到人才呢？一个最好的抓手就是通过本地最突出的高中校友网络，把校友资源抓住了，人才问题就解决了。在此，希望借这个机会给桐中领导及桐城市领导一个建议：桐城发展中，请大力利用桐中校友资源网络，“搞定了桐中校友，就搞定了人才”。如果有机会，非常希望为桐城、桐中的复兴贡献自己的一分力量。

（作者系桐城中学1993届校友）

我们的芳华

胡菊红

世上有朵美丽的花，那是青春吐芳华。

2017年12月15日，中国知名导演冯小刚执导的电影《芳华》在全国各大影院上映。早闻此部影片是一部有文化艺术气息的电影，作为一名“伪”文艺青年，我迫不及待与闺蜜一同观看了该影片。不失所望，这是一部有良心的情感文艺片，唯美的画面、质朴的情节煽动着每个观众的内心，每个人都不由自主地忆起了自己青春中最宝贵、最难忘的那段芳华，我也不例外。也许青春中最真挚的岁月便是高中的岁月，那里有我们的芳华。

1991年9月，我正式成为桐中一名高一新生。我的初中母校是嬉子湖镇的嬉子湖中学，那时的全称是桐城市肖店乡肖店初中。那个年代，能考上高中是很不易的，更别说考上桐中了。1991年的中考，我是幸运的。

初次进入高一新班级，看到的面孔是陌生的，都是来自各乡镇初中的佼佼者。幸运的是，我的同桌也是一位像我一样留着短发的小姑娘，高挑的个儿，俊俏的面孔，两只大眼睛忽闪忽闪的，一看就是个充满灵气又漂亮的小姑娘。我们互相询问了对方一些情况，她叫霞，来自青草初中。

霞是个非常聪明又努力勤奋的学生，班上同学们都称她为“霸王花”。和她相比，我还是懒惰了点，因此，她成绩一直比我好，我也一直都很欣赏她。高考那年,霞在班上女生中发挥得最好,如愿以偿进了北京一所重点大学,如今留在北京大学图书馆工作。有两次路过北京时,我还特意去看了她。她也很兴奋,热情地招待我,还带我参观北京大学,依然是一个认真勤奋又上进的阳光女孩。

那时候全班大概有60名学生,女生很少,也就十来个。我的班主任是罗老师,他教我们化学,我们课下都称他为“骡子”,他知道后也不生气。我们都很喜欢上罗老师的课,枯燥难懂的化学课在我们眼里却是那么精彩生动而又充满趣味。高中刚开始,印象最深的是数学、物理比初中难好多,每次小测验能及格的人数非常少,换句话说,小测验若能考及格,这成绩在班上算是很好的啦。

我们的数学老师是金老师,物理老师是吴老师,他们如今都还在桐中执教,很多年没有见着两位老师了,也不知是什么模样了。记忆中两位老师都是帅小伙,常年四季好穿西装,甚至冬天也依旧着西装,最多里面加件毛衫。那时候的我总是幼稚地以为,大概因为是大人,所以不怕冷吧。

我的语文老师是位50多岁的老太太,操着一口外地口音。我不记得学了哪些古诗文和现代文,脑海中留下印象的便是那篇《登泰山记》和老师当时引用的杜甫诗句“会当凌绝顶,一览众山小”。我对语文大抵是不感兴趣的,谈不上喜欢,但也不讨厌,语文成绩一直平平的。

我们的英语老师是个非常漂亮的女老师,雪白的肌肤,身材匀称,婀娜多姿,课上得很精彩。印象最深刻的是,老师特别喜欢穿裙子,她的衣橱里似乎总有穿不完的漂亮衣服。有时候她早读穿着一条花裙子,上英语课可能就换上了另一条花裙子。有次英语课上,老师穿了条崭新的白底蓝花旗袍裙,真是美极了。坐在前排的某位调皮男生趁她不注意，故意将蓝墨水钢笔朝老师的旗袍裙上乱溅，很快衣服上就出现了很多蓝墨水点。我们渐渐都发觉了，老师也看到了，沉默了许久，什么也没说，意识到是有学生故意为之，当场眼圈就红了，眼泪吧嗒吧嗒流下来。我们吓得手足无措，那一刻的空气是凝固的，教室里一片寂静，我们看到老师眼角的泪水，也感觉到她内心的忧伤，我甚至有点憎恨起那位恶作剧的男生。这么一个既美丽课又上得好的优秀老师，为什么要故意去伤害她呢？

我们的历史老师曹老师高高瘦瘦的，戴着一副眼镜，看上去非常儒雅，课堂上也是妙语连珠、幽默风趣，我们个个都听得入了神。历史这门学科重在记忆，幸亏我的记忆力还不错，那些眼花缭乱的时间线、事件线对我而言还不算棘手。

很快就到了高二上学期末，我们开始分科了，班上有少部分学生选择了文科(女生居多)，就从我们班分离了出去，班上女生只剩下八个了。又从外班进来了几个学生，不记得名字和长相了。那时候的我们过着“三点一线”的生活，活动地点除了教室、餐厅就是寝室，整日埋头学习，“两耳不闻窗外事，一心只读眼前书”是我们最真实的写照。

我的同桌换了，我们都叫她“石头”，也不知同学们为什么给她起这样一个绰号，其实石头是一个非常有朝气、很漂亮的小姑娘。她家在县城，听说家境很好。她很聪明，成绩也不差，就是态度差了点，贪玩，并且爱好也很多。估摸着是班主任认为我态度好，性格又内向，不爱说话，让她和我坐同桌，能让她收敛点。可惜事与愿违，石头依旧那么爱玩，爱唱歌、听歌，有时候上课也不忘开个小差，画个素描。在我眼里，她其实是个很有天赋的女生，唱歌、绘画都非常棒。我甚至也耳濡目染，会哼首当下流行的歌谣，也凑合着能画幅小画，当然，与她相比是差远了。石头高考那年落榜了，听说后来复习了一年，考上了天津一所不错的大学，现在在上海浦东机场工作。我们自高考结束后就一直未见过，想必她现在工作、生活都还如意吧。

高中的生活是艰辛的，竞争是激烈的，时光是无情的。很快，我们就进入了高三毕业班。号角已吹响，奋斗的青春，我们已出发。每个人都憋足了劲儿，你争我赶，不甘落后。就连先前那些调皮捣蛋的学生们，个个都收敛起来，开始学会认真努力了。也许都意识到大战在即，此时不努力，更待何时？

我的同桌又换了，是一个和我很相像的女孩，成绩与我也不相上下，沉默寡言但认真勤奋。巧的是，我们的名字中都有一个“红”字。我们很快就成了好朋友，上课、下课、去餐厅、外出逛街、回宿舍都一起，我们就像连体人，在一起有说不完的悄悄话。很可惜，高考前夕，红要回到她的家乡潜山去参加高考，有些不舍，可也无能为力。我们都在各自的毕业回忆录上留了言，不记得都写了什么，但定是真情实感，是发自内心的真挚的思念和最美好的祝福，也互送了相片作为纪念，那张相片也成为心底最深的烙印。

那年高考，我考进了皖南一所师范专科院校，红在家乡一所高中复读，我们偶有书信来往，互相说着彼此最近的情况，开心的、忧伤的都有。我们在彼此面前是不设防的，是透明的，可以看见对方的柔软和坚强。红复读一年后考入西北一所不错的大学。有年暑假，我还去她的家乡见了她。那夜我们躺在一张床上，聊了很久很久，我们有太多太多的话，一夜都不够我们倾诉。再后来，我大学毕业回家乡工作，成了一名光荣的中学人民教师。我有了男朋友，结婚成家，也有了自己的孩子。我忙于我的小世界，与红之间的联系愈发少了。

又过了几年，红毕业后去了合肥工作，也有了自己的家和孩子。我们的距离并不遥远，可惜那时候的我们都处在人生的低谷期，几次电话联系说有空去看彼此，却都未能成行。庆幸的是，我们还有彼此的朋友圈，能看到彼此发的照片和文字，知道彼此都过得舒坦和惬意，就这么静静地、远远地看着对方，我们也感到欣慰。

时光荏苒，岁月如梭，一转眼就来到了2022年，迎来了母校120周年华诞。待2022年春暖花开之时，樱花树下我们也许会相见……

世上有朵美丽的花，那是我们的青春吐芳华。

（作者系桐城中学1994届校友）

此情可待成追忆

王孝明

昏昏沉沉中，我被什么声音弄醒了，睁开眼看到是同桌离开座位时踢到了桌脚。我趴在课桌上，从成堆的书本和堆叠的试卷中抬起头，很奇怪，这明明是一堂政治课，怎么生物老师从讲台上夹着书本离开了？恍惚间，才发现自己居然睡了两节课。

这是1994年春天，距离高考还有不到三个月的一个下午。

毫无疑问，上课睡觉，这肯定不是一个好学生经常做的事。几乎每个老师都苦口婆心地教导过，要珍惜现在的时光。我很好奇，现在的时光和过去的、未来的有什么不一样吗？时光如不远处操场四周花丛中的蜜蜂，整天嗡嗡的不知道在干什么还多得数不过来。

教室后面的黑板上，醒目地写着几个励志的空心大字：“十年寒窗磨一剑，是非成败在今朝。”想起高一的时候，我负责黑板报。开始几次素材还准备得比较丰富，但随着每周更新，渐渐偷懒懈怠起来。有一次，为了凑个篇幅，将校园那有名的石刻“高峰入云，清流见底”以空心大字的方式，直接用红色显眼的粉笔写在黑板中间。写完还有点洋洋得意于自己的“聪明”和“取巧”，甚至有点“孤芳自赏”自己的粉笔字。第二天早读，语文老师黄晋硕走到我身边问我：知道这几个字出自哪里？表达什么意思吗？另外，既然写繁体字，那个“峰”字，应写成“峯”，“山”应该在上边。

我感觉自己的小心思被老师看得一清二楚。有点尴尬，尴尬于自己的一知半解，不知其所以然；有点失落，失落于自己的粉笔字写得“还不错吧”居然没得到表扬，关键是字还写错了；甚至有点不服气，怀疑她说错了，课后还专门偷偷跑到学校进门处右手边那高耸的石刻下，抬头仔细检查了下那个“峯”字。后来，我专门查阅了这几个字的出处，解读了它的含义。从此，我对这几个字特别记忆犹新，也喜欢上这八个字了。做人应该志存高远，既要眼界开阔，高峰入云，也要胸襟坦荡，像溪流一样清澈见底。

我喜欢学校这种“润物细无声”的感觉，如“半山阁”，如“后乐亭”。虽然我是一名理科生，但这三年来，最吸引我的却是文史类的课。都说桐中以理科见长，但我觉得桐中文科老师的水平也是一流的。我喜欢历史课，毫无疑问是因为高一曹向东老师的课。曹老师当时刚刚毕业没多久，年轻帅气，戴着一副茶色眼镜，那本《中国近代现代历史讲座》讲得栩栩如生，犹如讲故事般引人入胜，又如章回评书一样扣人心弦。曹老师上课很少翻书本，我很好奇他是不是将那本书全背下来了，以至于我当时有个“小目标”：默默背诵下这本书。是的，没错，是整本书！我的历史成绩很好，无论什么考试，最后的大题包括材料题，都很少扣分。可惜高一下学期文理分科时，各种原因最终没选择文科。

高二分班后，同桌和邻座都是一帮极其聪明的家伙，他们总是在不经意间“凡尔赛”他们的高智商：有的中午屁颠屁颠瞒着班主任跑到后山踢了一中午的球，化学作业却比我先做完；有的一边戴着耳机听着满大街都在播放的《新鸳鸯蝴蝶梦》《水手》和张学友的《吻别》，一边顺手就把一套英语试卷划拉完了。受到这种“碾压”，开始我也很彷徨而不知所措。在认清了差距后，慢慢地反而一点也不影响我的心情，甚至还不及自己喜欢的女同学的一个眼神、一个动作让我纠结，让我兵荒马乱。

学生时代的欢喜，就是那种偶然看到自己的作业本跟她的放在一起，都很开心的感觉。进教室的第一眼，都是下意识地先看向她的位置。虽然上课的时候经常昏昏欲睡，但如果老师突然叫到她的名字，我总是第一个抬起头。是的，比老师点自己的名字反应还快。课间做操，经常默默地数着拍子，第六节体转运动时，光明正大地转过去看她一眼，然后心情愉悦一整天。

高三的时候，我的前桌是一个较胖的小伙，开朗，说话奇快。都说语速快的人思维特敏捷，他的思维就十分敏捷。他不但数理化很强，诗词书法、天文地理各种知识也特别丰富，好像无所不会。他还经常跟我“炫耀”他所理解的毛泽东诗词。我们喜欢开小差讲话，他有各种说不完的笑话，很多是那种结论出其不意一类，别人还没逗乐，他自己先乐起来，十分开心。我们经常说着说着，突然刹住了说到一半的话题，教室里也跟着瞬间安静了下来。这时候，几乎所有人都下意识地朝教室后面的窗外望去，发现老师不在，又开始大声吵闹。有时候他是故意的，让大家又害怕又好笑。但这套路也并不是回回奏效，狼来的次数多了，被班主任在后窗外抓个正着也不下少数，抓住了挨批那就不用说了。

及格与不及格，烦恼与开心，彷徨与欢喜……所有这一切，都是那么自然，仅系一念之间。在桐中的三年，是我稀里糊涂早睡晚熟的三年。三年中，我甚至从未思考过未来，单纯得就像雪花般的答题卷，成片的空白……

昏昏沉沉中，我又被什么东西弄醒了。电脑鼠标被我的手无意识地碰落到地板上。初春的下午，暖洋洋的阳光照进房间，在我的桌子上洒了一片。多么希望此刻才是一个梦境，同桌的你用脚再次踢动我的座椅，让我从这个梦境中醒来，在 1994 年

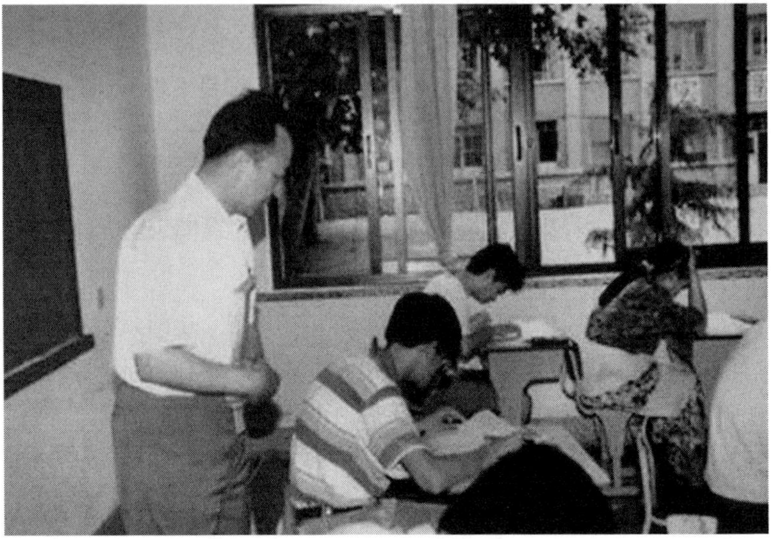

春日的那个下午，让我揉着惺忪的睡眼，茫然无措：“咦，明明是政治课，怎么是生物老师夹着书本离开了？”然后，回忆起刚才做的这个长长的梦，长到从毕业一直延续到眼前。梦到自己毕业了，读研了，成家了，工作了，白天写着代码算法，晚上忙着柴米油盐。梦里有鲜衣怒马，还有披荆斩棘，有数不尽的辛酸苦辣，还有各种成功喜悦。

让我再次和那熟悉的课桌黑板、操场食堂，和那棵前辈亲手栽种的大树、那仰起头才能看到的高峰入云的石刻等记忆重逢，和吹过教室走廊的那最后一阵风拥别，和那一段跟你们每个人说了多次再见而很多人却再也没有相见的青春一一握手……老师们说要珍惜时光，现在才终于明白，1994 年那个睡梦醒来后的下一个春天，这间教室同样会坐满人，只是再也不可能是我们。

我们回忆青春，回忆那段在母校时应该珍惜却没有好好珍惜的时光，其实回忆的就是我们自己，是我们的生命中最美好的三年，那已深深和桐城中学烙印在一起的三年。我们祝愿母校美好，也是祝愿我们自己的生命无限美好！

（作者系桐城中学1994届校友）

我们的体育情缘

王海鹰

很难想象，像我这样从小身体瘦弱又极其内向的人进入桐城中学以后竟走上热爱体育，尤其热爱足球之路。这完全是受当时桐城中学体育氛围的影响，更重要的是，受我们班同学们的影响，到现在还非常感激，受用终生。

1991 年上桐中后，高一半学期“三点一线”的学习生活，除了上体育课，没有别的运动。我渐渐地发现我们班有不少同学都热爱体育，参与足球、篮球、排球运动。受同学们的影响，我也爱上了体育。

当时我们班引领我走上喜欢体育之路的是吴铭同学，也不知道他从什么时候开始那么热爱体育，对体育消息如数家珍，从高一就开始购买每期《体育画报》《足球报》等体育报刊，我和同学们课余就蹭着看，渐渐地也迷上了体育之美。

引领我走上热爱足球之路的主要是刘正同学，从他口中我第一次知道马拉多纳、德国“三驾马车”、荷兰“三剑客”(后来才知道那个时代是属于他们的辉煌时代)。

先说说我最喜欢的足球运动。高一时我们班足球踢得还不错的至少有五位，以“小胡子”同学为代表，在他们的带动下，不少同学也参与进来，开始一起踢球。

到高二、高三的时候，参与的同学越来越多，当时我们班能分两支队上场对抗，虽然大部分同学踢得无章法，但真的充满欢乐。现在想想，这就够了。

没记错的话，有次我们分成两队踢比赛玩，边踢边取了两个欢乐的队名，A 队以“大妹子”为守门员的“铜墙铁壁队”，B 队以“大流氓”为守门员的“纸糊的墙队”。比赛结果不重要，欢声笑语充满后山操场。

高三午休的时候，我们时常偷偷跑去后山踢球，也发生过不少有趣的故事。罗老师经常过来抓我们，有次同学们正踢得欢，发现罗老师过来了，赶紧冲刺跑回教室，汗流浃背地就趴在桌上假装睡觉。这滋味，用现在的话说，“那叫一个酸爽”。

记得清楚的莫过于足球队挂靴事件。差不多快高考时，一天中午，几个足球狂热分子顶着烈日在后山操场踢球，结果全部被罗老师抓了现行，拉到教室，在黑板前站一排，脖子上挂着足球鞋。

成为足球迷之后，同学们开始看球赛。那时候电视机还没普及，一有国家队的比赛就到处找地方看，有时在城关同学家里，有时在校门口餐馆里。印象最深刻的应该是 1992 年施拉普纳施带领的中国队与也门队的世界杯预选赛，赛前谁也不相信中国队会输球，半夜看完比赛，校园垃圾桶踹倒一片，怒其不争。

1994 年是我第一次看世界杯，在城关同学陈定家里看了德国队对韩国队的比赛。当时德国队拥有“金色轰炸机”克林斯曼，韩国队踢得非常顽强，只以 2∶3 惜败，让我羡慕不已。

毕业 20 周年聚会的时候，同学们都特地带上了球鞋，大家在桐中后山操场上比画了一场，依然充满激情。

除了足球，我们班还有不少篮球狂热分子，主要以程泉为首，而且都打得不错，也包括考上北大的小明同学。那时篮球场还经常看到曹向东老师、蔡长宇老师潇洒的身影。程泉对我们班的“体育事业”贡献相当大，他现在依然热爱篮球，身体依然健壮，一直代表桐城市参加业余篮球比赛，是我们学习的榜样。

体育真是相通的，我们班有一些全能选手，如金刚同学，除了足球、篮球，田径项目也相当不错。当时桐中校运动会，我们班 100 米、4 × 100 米接力、跳远等都取得了非常不错的成绩。4×100 米接力获得过冠军，队员里也有跟我一样内向的同学，这就是体育的魅力。我们班女同学体育成绩也非常不错，校运动会上同样取得了很好的成绩，让我们非常自豪、更加团结。

回想起来，高中喜欢上体育，从某种程度上说改变了我的人生。上大学后，我更喜欢足球了，大学宿舍同学合伙买了台黑白电视机，再配个电瓶，雷打不动地看意甲联赛、国足、世界杯、奥运会。

我工作后依然凭着这个爱好，经常与同事、朋友们一起踢球。这些对我性格的锻炼、人际交往都起到了非常重要的作用，同时锻炼了身体，培养了竞技精神。

感谢母校带给我难忘的校园时光。希望学弟、学妹们都能爱上体育，能培养至少一项兴趣爱好，必将受用一生。也期待学校能持续弘扬体育传统，在办好德智教育的同时，办好校园体育，创造良好的体育氛围，培养一代又一代拥有健康体魄的社会栋梁。

（作者系桐城中学 1994 届校友）

母 校 情 缘

刘保斌

就 学 缘

能去桐中求学，我得感谢一个人，他就是我当年的初中班主任——徐河中学的程玉舟老师。20 世纪 90 年代初，中考成绩比较好的大都会优先考中专，确保吃上商品粮，其次才是桐中。我那个时候也不懂，听了同姓一位大爹爹的意见，填报了舒城茶场的中专学校。记得交志愿表最后一天中午，程老师看了后，立马把我叫到他办公室，命令我坐他的自行车去找我爸。到我家后，程老师上去就把我爸手上的农具拿过来扔了，命令我爸立即带上我去桐中，找教导处，说能不能报考桐中。

于是，在那个炎热的下午，懵懵懂懂的我第一次坐上大巴车，第一次进了城关。农村的孩子看什么都新鲜，只知道东张西望，根本没想过考桐中对我意味着什么。大概下午四点多，我们进了桐中的校门。看到“高峰入云，清流见底”的石柱、古色古香的后乐亭，心里直呼桐中好美。两个老实巴交的农民，站在教学楼前的大道上，都不知道该去哪里。这时，正好见到一位老师模样的人走过来，我们赶紧上前询问。这位老师很和蔼地给我们指了方向，还催促说：“快去找高主任，要下班了！”见了高主任，说明了情况，高主任看了看我的分数说：“你被录取了，回去等通知书吧。”就这样，1991年9月，我成了桐中的学生。

记得开学那天，学校大海报上张贴了录取名单，数了一下，大概也就270人，远低于现在的录取人数。

恩 师 情

在我的求学生涯里，桐中的老师永远是我最感激的，应该称他们为恩师。

高一语文老师是王铁铸老师。传闻《董存瑞舍身炸碉堡》是他的作品，不知真假。记得刚开学没多久，王老师布置了一篇作文，我写了桐城文庙的游记，居然被王老师作为范文在班上朗读，从此，我对语文就有了强烈的兴趣。因为高二文理分班，王老师只教了我一年半。2004年，也就是高中毕业十年后，我带着老婆（当时还是女朋友）回到母校，在操场上正好碰到王老师，他居然能叫出我的名字。我当时既惊讶又感动，也很激动，因为这让我在老婆面前赚足了面子。

高中三年的数学老师是金汤老师，金老师讲课逻辑特别清晰，给我们打下了很扎实的基础。1994年高考，数学科结束后，我觉得考得很好。中午在校园里溜达，正好碰到金老师。他叫住我，问某某选择题你选的可是D？我说是，金老师当时就急了，说："你怎么不仔细审题呢？应该是C啊。就知道你粗心！"（具体选项记不太清，大意如此）结果高考成绩下来，我数学117分，估计就是那道题错了。

高二分班后，我的班主任换成了罗伟老师，在桐城他是家喻户晓的人物。罗老师上课风格是在黑板上出题，叫学生上去当场做题，然后讲解。这种方式需要学生必须保持专注力，因此，罗老师的学生成绩都不差。在桐中几年，因为罗老师带着我和其他校友参加化学竞赛，所以我第一次去了安庆，参加“东华杯”五省一市化学竞赛；第一次去了合肥，去中国科学技术大学参加化学竞赛暑期培训班。如果不是因为色弱，很可能当年我就报考化学系了。罗老师对我很好，我们有机会经常碰面。后来，他就任桐中校长，不过我还是习惯叫他“罗老师”，觉得这样更亲切。这个习惯一直保持到现在。

高中的物理老师是王启玉老师。高三冲刺的时候，王老师基本上每周也只出一套试卷，做题压力不大，但是效果很好。我那个时候担任班上学习委员兼数学课代表，私下多拿一套给我在天城中学读高三的哥哥。结果，他一扫前一年高考失利的阴霾，高分考入重点大学，现在工作成就也比较高。

高中时候比较烦英语、历史、政治这些需要死记硬背的课目，但是曹向东老师和蔡长宇老师给我们的印象都很深刻。那个时候，古银杏树旁边是一大片空地，老师们经常在那里打排球，他们都是主力。

如今从母校毕业快 30 年了，还经常和老师们保持着联系，有机会也会一起吃饭、喝酒、打掼蛋，感觉是自己的亲人一样。

同 学 情

回忆母校，当然少不了同学们。我们有一个同学群，叫“桐中 94 届三班之青葱岁月”，这是我微信里最活跃的群。群主绰号“金刚”，他几年如一日，每天早晨都发“财经早餐”。在群里，我们经常开着不大不小的玩笑，特别是男生，互相怼。即使谁故意说一些有点损的话，大家也不生气。每次回老家，大家也经常聚聚，喝杯酒、打个牌，关系比高中时候还要好。

说两个高中时候的小趣事。

高三时候，我们的教室在一楼。罗老师经常趴在窗户外面查看我们的学习状况。有一天，有几个同学在教室里打闹，砸粉笔玩，结果不偏不倚，有人砸到罗老师的鼻子上。后来怎么处理的，我记不太清楚了。

记得清楚的是足球队挂靴事件。也是高三，差不多快高考了，一天中午，几个足球狂热分子顶着烈日在后山操场踢球。我当时在打篮球，突然看到罗老师不声不响地走过来，吓得我赶紧扔下篮球就跑，根本没办法通知远处那几个踢得正欢的家伙。结果，他们全被抓了现行，被拉到教室，在黑板前站成一排，脖子上挂着足球鞋。

结　　语

高中是人生最重要的三年，那些人、那些事都值得我们怀念。值此母校 120 周年华诞之际，衷心祝福母校桃李满天下。

（作者系桐城中学 1994 届校友）

青春的味道

张 雄

2014年国庆节，我们高中毕业20周年聚会。组织聚会的几个同学突然想忆苦思甜，中间安排一次回母校食堂就餐。那是中午，一群40岁左右的中年人在食堂窗口排队，浩浩荡荡，吵吵闹闹，极力模仿当年读书时的情境。我从师范大学毕业后回到本地，可也20年没有在母校食堂吃过饭。我带着女儿，各自打了一份午餐。其实那天午餐很丰盛，听说一份午餐按照50元标准，肯定很好。女儿吃了很满意，抬头问我，你们高中时的饭菜这么好啊？哪里有这么好！1992年前后，我们在高中读书时整体生活水平都比较低，高中三年的生活很苦，可是仍然有一些难忘的味道留在后来长长的岁月中，时不时想起。

中秋节前后，校园中桂花香甜、沁人心脾。上午第四节下课铃声一响，我们争先恐后，以百米冲刺的速度，穿过半山阁院子，路过百年树龄的桂花树，冲向食堂。跑得快的同学已经在一个窗口排成长队，不用说，那是冬瓜烧肉窗口。贴近排队的人群就闻到那热气腾腾的肉菜香。焦急地排队，担心排到自己时冬瓜烧肉没有了。到了，到了，终于到自己了。心里的一块石头落了地。打好饭，两三个同学一起在小溪边，坐在一棵大树下的石板上，静静地享受这顿美餐。溪水从脚下流过，天气微凉但不冷，花香很浓但不腻，青葱岁月正好。

我们的教室离食堂最近。有时第四节课上着上着，就闻到一阵阵淡淡呛人的味道。我们开始没有心思听老师讲课。互相望望，点点头，个个心照不宣：今天食堂有辣椒烧肉。有的同学已经摩拳擦掌，蓄势待发。我也开始有点兴奋。那时食堂一份辣椒烧肉的价格是六毛钱，很贵。这也不是食堂有就可以吃到的。有时我几顿中饭不买菜，只打一份米饭，就着家里带的咸菜，省下钱攒够六毛，就盼着食堂哪天烧这份菜。

教我们物理的老师，那时好年轻，微笑地看着我们，其实老师什么都知道。“下课！”物理老师突然说，但离下课其实还有两分钟。这下，我们不担心买不到这份菜了。到食堂的路上尽可能地保持正常的速度，不至于跑得上气不接下气，让自己都觉得不好意思。

我记得很清楚，负责这个窗口的经常是一位中年阿姨，我应该算认识的。她的爱人是学校的老师，老家在我们村庄的隔壁，和我父亲有点熟。父亲对我说，他们很熟悉。这可能是父亲自己这样认为。高中开学第一天，父亲带着我去了老师家一趟。我那时还很怕生，都没有看清老师的样子。只是老师和父亲聊天时提到他爱人在食堂上班，我才大胆地抬了一下头，记住了这位阿姨。我当时有点小心机，心想，在食堂上班，要是碰到了，可能会照顾自己一点。

物理老师提前下课的那天中午，时令已是夏天，高二下学期很快就要结束。我们去得早，当然排在前头，心里别提有多开心。我递上六毛钱菜票，朝她有点讨好地微笑着。她淡然地看了我一眼，应该不认识我。她用勺子在菜盆里舀了一下，力气有点大，满满地一大勺，里面有许多肉，大部分是瘦肉。我好激动，不自觉地咽了口水，心里想，她还是认得我的，不然怎么打这么多。

我高中时物理不好，但我还是能估算出，阿姨用勺子打起这份菜，然后放到我早早递到她勺子跟前的掉了不少漆的瓷缸里，真的只要两秒钟。可是，该死的两秒钟！可能是阿姨没有想到她打起的这份菜里面的肉片这么好。她突然偏离方向，勺子伸向她放在旁边的她自己的碗，很熟练地抖了抖，两秒前我还认为应该放到我碗里的肉就到了阿姨的碗里。那些肉片朝我不怀好意地笑着，我居然回头看了看食堂外面，从窗户射进来的阳光好刺眼。

我打好饭，心里有点失落。但毕竟那时也才十几岁，几个同学一起走到小溪边的石板上，打打闹闹，一下子又开心起来。三下五除二把饭吃完，味道真不错。我现在咂了咂嘴，这些事情就好像发生在昨天。

前几天刷抖音，刷到一则新闻。有高校食堂拉了横幅，上面说：暑假过后，学校食堂阿姨的手不抖了。鼓励学生们在食堂就餐。我心有戚戚然，打饭阿姨手抖的毛病看来一直没有好。

后来，从父亲的聊天中知道，我认识的这位阿姨其实过得并不好，老两口的感情一波三折，让人有点唏嘘不已。人生百味，样样可能都得尝。

冬瓜烧肉还是辣椒烧肉对于少年时的我来说都是“阳春白雪”，我吃得最多的是水煮青菜。著名的泗水桥的水芹菜那时真的没像今天这样觉得好吃。可能是读书时吃得非常多的缘故。我的母亲有时在我耳边念叨，少吃多有味，多吃少有味，想来正是如此。

我在食堂打好一份水芹菜，放了一口在嘴里咀嚼，咬不动。心里有点懊恼，食堂又在降低成本，水芹菜的老叶子没有摘除，不知道是不是为了提高学生们的纤维素摄入量。现在生活好了，老百姓的饮食开始讲究纤维素，可 30 年前真的不需要担心纤维素。

很快，我就被热烈的掌声和欢呼声吸引，青春难道仅仅为了一日三餐？当然不是。

操场上正在进行学校和二中教师排球比赛。我钻进人群，边吃边看老师们打球，比赛异常精彩，我完全忽略了水芹菜的不可口，吃得津津有味。

突然，有股肉香扑鼻而来，我忍不住多吸了几口。多年后，一直想再捕捉这种美妙的香味，未能如愿。我向旁边一看，一位同学捧着一碗饭菜，米饭上面整整齐齐地码着红烧排骨，数量之多令我叹为观止。他是学校职工子女，妈妈在教务处上班，起码他的饮食在起跑线上就赢了。想必吃了许多排骨，智力发育更好，这位同学考上了非常好的大学，听说，后来去了美国，定居在那里，想来发展是极好的。我想，远在异国他乡的他，在某个黄昏，会不会想起家乡的水芹菜的味道。他永远不会想到，在这个平平常常的黄昏，他极平常的一顿晚餐，居然深深地留在另外一个人的记忆里。

难忘的味道，不一定都是因为食物本身的美好。在母校高中校园发生的这些难忘的美妙的味道，之所以难忘，是因为我们那时正青春。不管你承不承认，我们自始至终难忘的味道是青春的味道，我们一直念念不忘的是我们的青春。

岁月不居，时节如流。我们的母校就是一位慈祥的母亲，默默地注视着我们，不管她的孩子成功还是平凡，她总让她的孩子有一个温暖而柔软的地方回想自己青春的味道。

（作者系桐城中学 1994 届校友）

银杏树下忆恩师

汪礼祥

桐中三年生活，始自一阵桂花香。我最爱的是银杏树，最忆的是各具神采的老师。

1992年开学，我背着几本书到桐中报到。站在桐溪塥边，望着“勉成国器”匾额，忽然一阵秋风刮过，送来一阵甜香。这是什么香啊？若干年后，才知道是桂花香。

三秋过后，去锅炉房打水，经过一棵大树，被一片耀眼的金黄惊到。走近才知，原来是姚鼐手植银杏。自此，每次经过都要多看一眼，慕先贤而心向往之。

我们是桐中的新人，梅万生老师是新调来的老师。新的老师和新的同学按身高排队，以此排座位，坐好之后，老师唱“红梅花儿开”，我们鼓掌“真精彩”。二楼是教室，隔壁教室楼下是男生宿舍，“两点一线”搞定一切。40多个男生，20多张上下铺，睡一间大教室，令人耳目一新。及至老师上课，更是风格迥异，令人印象深刻。老师们的神韵如画，刻在脑中，历久弥新，请让我试着一一道来。

高一数学老师是彭鸣皋，老先生一头白发，戴一副眼镜，一看就学问精深。他敦敦实实，踱步沉稳，半人高的三角板不离手，庄子《庖丁解牛》不离口：“彼节者有间，而刀刃者无厚；以无厚入有间，恢恢乎其于游刃必有余地矣”，“动刀甚微，謋然已解，如土委地。提刀而立，为之四顾，为之踌躇满志，善刀而藏之”。先生潇洒至极。

第一次月考之后，有同学提议，请先生多布置作业，多出几张卷子。先生淡然一笑，说出令人震惊的话：“我出的卷子，平时练习都做过的，拿到 100 分，再去做课外题目；拿不到 100 分，就不要做课外题目了，贪多嚼不烂。”不管别人信不信，我们都被先生的自信慑服，从此认认真真，扎实弄懂每一个知识点。

多年以后，在渡江战役指挥部旧址，偶遇彭老师与人下棋。他气定神闲，精神矍铄，棋技高超。老师喜爱《庖丁解牛》，深得《庄子·内篇·养生主》精髓。

高二数学老师是刘和权。他个子高，头发少，超爱笑，每节课的提问虚虚实实，逗得我们难辨真假。先生习惯身子朝后一仰，仿佛让我们看清黑板，眼睛朝上一望，喷薄而出口头禅“对不对啊？”“是不是这样啊？”此时，好像他是好问的学生，在询问我们这些“小先生”。我们都打起十二分精神，认真思考，仔细回答。有时先生会再找一位学生，追问一句“他说得对不对啊？”有时先生看我们呆住半天、僵在那里，会来一句“对的啊，你再想想”。

高三数学老师是汪浩海，也是我们班主任。汪老师给我们带来一股信心，因为从高二开始大家担心脱发问题（桐中数学全省出名，我们猜与老师的智力劳动正相关，彭老师头发全白，刘老师头发少），而汪老师有一头乌黑的头发，看到汪老师就看到了希望。几年后，汪老师成为数学教研组组长，至今仍然一头乌发。每晚熄灯之后，汪老师都要在教室窗外转几次，陪伴我们到深夜。在汪老师的谆谆教导之下，我们一改高一、高二的心神不定，最终在高考中取得了佳绩。

徐来顺老师教我们英语。人如其名，他不紧不慢，笑口常开。

高二、高三的英语是吴老师教的，他英语教学一流，但那两年他的孩子不幸生重病，占用了他大量精力，好学气盛的我们不明真相，还为此闹过情绪。

物理老师是汪顺芳，他同时是(7)班(明星班)班主任。汪老师是一位皮肤白皙的高个大帅哥，一手粉笔板书让人赏心悦目。每次上课，他都提前来到教室外，下课铃响后还要再讲几分钟，直到下一堂课的老师在走廊上徘徊，汪老师才恋恋不舍地离开讲台。幸亏隔壁班的隔壁就是洗手间，不然上厕所都赶时间。正是这股敬业精神的熏染，让我们对物理着迷，为伊消得人憔悴，衣带渐宽终不悔。

化学老师罗伟是明星，人帅颜值高，教学成果优异，在全省化学教学界声名远扬。听罗老师的课是一种享受，因为他讲课特别通透，简洁易懂，总是让你一下子抓住关键，直达核心。他既不要求记笔记，也不怎么布置作业，经常不批改作业，但就是有一股魔力，让我们自我驱动爱化学。

多年以后在苏州，同届黄同学喝酒时说起罗老师，心怀无尽感激。高一、高二时，他的化学一直稀里糊涂，直到高三，有幸听过一段时间罗老师的课，以前的糨糊脑袋一下子开窍了，最终高考化学帮了大忙。

语文老师是李佳。李老师的课轻松活泼，我们上得自在。我们班女生少，女老师更少。李老师的到来，为我们班阳刚之气添了一份柔美色彩。李老师对我们十分关心，让我们感受到家的温暖。王国玉同学感冒时，李老师炖了鸡汤，至今程玉进同学谈起，还是羡慕得流口水。

高三语文课，我们迎来了陈玉莲老师。陈老师语速快，声音清脆，说话声如银铃般好听。陈老师干练美丽，如玉般温润，如莲般散发馨香。儒雅博学、旁征博引，抽丝剥茧、层层辨析，引我们入文学的殿堂，让我们沉浸在语文之美中。

理科班的学生，学起文科更加认真开心，因为桐中文科老师自带风采，都是万人迷。桐中牛人又不时创造佳话。例如，学了理科，高考选了文科卷，竟然考得很好；更牛的是，学了文科，高考选了理科卷，竟然也考得非常好。

大胡子胡万胜老师教我们体育课，他也是(3)班班主任，两个班级的操劳，让胡老师早生华发。我们班体育人才济济，女有黄健丽、江丽晨、陈艳，男有大个子李、江庆、章天忠、罗传威、高江海等，田赛径赛都是好手。运动会上，胡老师脸上大大有光，笑成一团花。

胡玉堂老师的历史课，吸引力太大。我的课本上，布满红杠绿叉，还有胡老师风趣的话。胡老师梳着大背头，光光的前额放光芒。他上课不看书，慢条斯理地讲，笑眯眯，一笑眼睛一条缝。30年过去了，脑海中这画面竟没有变化。

紫藤花旁边，有个阅报栏。每次打好饭，穿过半山阁，端着搪瓷把缸，在报栏旁一边看文章，一边享受饭菜香。有人的地方就有政治，而少年最关心国家，报栏前是观点秀场，背后的政治老师就是辩论的理论靠山，我们的靠山就是周治老师。

周老师年轻帅气，修炼得稳如泰山。漫步入场，不紧不慢，不带教案（或摆讲台之上，从来不看），或靠或倚讲桌面上，开门见山“请同学们翻到××页，把这几句记上”。他也不怎么写板书，就是神侃，将时事和理论联系上，条分缕析，剖析得清清楚楚，令人佩服。我们私下常常感叹：“什么时候也能够有这样的口才啊。”现在一想，这哪里是口才可以概括的，这是智慧之花在绽放。

梦中的银杏树啊，叶生叶落，银杏果结了一茬又一茬。恩师的言谈举止，年复一年，常常浮现在眼前，模样仍如当年。我多想回到从前，坐在那讲台之下，聆听您讲话。

（作者系桐城中学1995届校友）

母校往事

朱学剑

期盼已久的新学期终于开学了，父亲把我送到桐城中学，并陪我办好入学、入住所需一切手续。此时，已是夕阳西沉，父亲慈爱地望着我，对一脸兴奋的我说，他要回家了。顿时，我的心情从云端跌到谷底，从未离家这么远的我忽然感到一丝丝孤独。彼时，我还没有意识到，从那一刻开始，我将离父母的羽翼越来越远。就这样，我在懵懂中开启了桐城中学三年高中生活。

校园生活丰富多彩，但物质生活总体上是艰苦的。1993年初春，因我父亲十二指肠溃疡大出血，抢救及治疗几乎花光了家里的积蓄，我的生活费也一落千丈，基本上靠自带的菜维持生活。记得有一次，我带了一搪瓷缸蔬菜，维持了几乎一周，快到周末时与一位同学分享。没过多久，我们都感到一阵眩晕，但不久就恢复正常了。若干年后，我才明白，那时我们是亚硝酸盐中毒了。

后来，家境好转，我也会偶尔改善一下伙食。印象深刻的是，有一次在食堂打了一份青椒塞肉，可惜青椒太辣了，基本下不去嘴，但极度缺油水的肚子又让我舍不得扔掉。我端着搪瓷缸，绕了操场好几圈，才把那根又爱又恨的青椒消灭掉。

桐中的学业一直都抓得紧。下晚自习时，我们经常在教学楼一楼遇到汪年生校长。他是在我们入学后不久接任校长的，新官上任三把火，他下了一番决心要让桐城中学更上一层楼。江湖也流传着许多关于这位从北大走出来的新校长的种种传说。

经常宿舍熄灯后很久，班主任葛志老师还默默地站在窗外，确认我们都入睡了，没有卧谈的了，他才离开。我们是他带的第一届高中班，当年他就住在学校里，他的女儿刚出生不久。前年春节，我们去拜访他，有幸吃到了他女儿的结婚喜糖。

桐中名师众多，学习生活紧张有趣。当我顺利完成王关余老师布置的牛顿定律的推导任务时，有一种投笔拍案的冲动：这个定律我也能推导出来，要是我生活在牛顿那个时代，这个定律会不会被我发现，然后以我的名字命名？真是少年情怀，轻狂张扬！从那时开始，我也朦朦胧胧地意识到做研究就像捅窗户纸。

学校不仅要求我们文明精神，更要求我们野蛮体魄。进校开始，我就坚持晨跑，晚自习后坚持玩单双杠。现在还记得当年冒着飘舞的雪花，在水龙头下冲澡，被冰冷的凉水刺激得嗷嗷叫的酣畅；记得晚自习踩着铃声进教室，冲过凉水澡后新换的汗衫又被冒出的热汗湿透得淋漓。当年的锻炼为我今后从事地质工作，翻山越岭，进西藏、上云贵，打下了良好的基础。

校园生活不仅有阳光，偶尔也有乌云。一个周末的早上，我依然第一个起床到操场跑步。我回到宿舍时发现宿舍区人声鼎沸，原来几个宿舍夜里被盗了。尽管老师和同学没有说，但我是第一个起床的，自认为大家会觉得我的嫌疑最大。当时我的心理压力很重，又不会跟老师和家长沟通，只能把这无形的压力尽情地发泄在篮球场上。工作后，每当有身边的亲朋好友与我交流孩子的教育时，我都一直强调要与孩子建立良好的沟通机制，及时了解小朋友的心理动态。

青春是斑斓的。记得一个高三的晚上，大家完成一天的学业，拖着疲惫的身躯回到宿舍，坐在床上，个个无精打采。这时，不知是谁提议，既然我们宿舍有七个人，我们班有七个女生（大家称呼她们为七仙女），那抓阄，一人分一个。刹那间，大家都兴奋起来。有人对结果不满意，便重新再来。宿舍里喊声震天，之前的疲惫一扫而光。熄灯后，大家怀着开心的笑容，做着各自的春秋大梦沉沉睡去。

岁月如歌，一晃已是中年。无数次午夜梦回，半山阁前，后乐亭畔，怀念当年的青涩、张扬与肆意。

（作者系桐城中学 1995 届校友）

后来是怎么样的

沈　蕾

今天是2022年4月3日，清明节小长假第一天。上海这座大城市正在经历史无前例的考验，而我被困在广州一个月了也回不去，时间一下子丰足了。

前几天，久未联系的高中班主任吴春生老师给我留言："沈蕾，校庆征文不想写一篇吗？作文是你的强项啊。"好惭愧啊，我的作文早就退步了。不过，很神奇的是，一想到母校，我的心里就像电脑键盘一样，会自动打下一段段文字。

开学第一天

如果时间能倒退，我第一个会想到开学第一天，风很凉爽，阳光很灿烂，从叶子的缝隙里洒在我淡黄的百褶裙上。我们一群高一孩子挤在报到处，所有名字都在一张白宣纸大海报上，我记得名字是用毛笔字一笔一画写出来的。每个人都急着扒开人头，找到自己所属班级。

吴老师带着他还在上幼儿园的女儿，来接我们这批新生。他的女儿应该很调皮，腿上都是新旧小疤痕，吴老师说他的女儿就是个假小子。吴老师现在与女儿一起定居深圳，他是我文学认知的启蒙者。

每个人报到后就去领书处，领书的地方有股特别新鲜好闻的油墨味道，又浓又香，比现在的咖啡豆还好闻。我记得以前桐中有自己的印刷厂，就在靠近左忠毅公祠那边。

我是城关走读生，对我来说特别新奇的是，每条小路上都有送住宿生上学的家长，好多家长都背着一包包大米。因为秋收刚刚结束，所以背来的应该是特别珍贵的新米吧。我去食堂打过一两次早饭，我对食堂的记忆就是米粥的香味，好像可以飘一两里路。

煤油灯和辣椒酱

高中三年的晚自习，如果用气味来贯穿，我印象最深的就是煤油灯和辣椒酱混合的味道。因为那是一个供电不足的年代，只要熄灯，住宿生们就会自觉地点上煤油灯和蜡烛，挑灯学习。

整个校园太安静了，真的是针掉在地上都能听见。大部分同学都在写作业，讨论题目时也都是压低声音的。每个班的班主任永远在后窗那边走动“查岗”，就怕个别同学分神影响学习。

记得高考前几天，我们班的赵同学还在就着辣椒酱吃饭，辣椒酱瓶子快见底了。我语重心长地对他说：“快要高考了，身体要搞好，不如吃枚鸡蛋。”毕业好多年后，我还挺后悔当年说这么幼稚的话，有鸡蛋还会吃辣椒酱吗？赵同学如今是北京的科研博士。我打心底佩服当年拼尽全力通过高考改变人生的少年们。

高考前夕

素来桐中文理科是以二八原则分配的，当年有一句铿锵有力的口号：“学好数理化，走遍天下都不怕。”高一末文理分班，我因为偷偷摸摸玩，第一学年数学和物理都没学好，吴老师便让我学习文科，当时就激发起我的“求胜欲”：我坚决不选文科，要和理科“死磕”到底。果然，高考时我“成功”地把语文考砸了，反而数理化都在 145 分以上。

在“死磕”理科的路上，我有幸遇到了数学老师程玉红、物理老师王关余、化学老师叶惠玲。他们非常有耐心地一遍遍教，一遍遍刷题，一遍遍强化。

如果人的成长像一棵树的轨迹，那么高考这个事件一定会留下一个“树洞”。高考前夕，我在班主任吴老师家里一楼，放声大哭了两个小时。吴老师特别好，他们一家人就等在楼上，直到我哭完才下楼。

结　语

桐中每年都会有好多优秀的毕业学子，出过许多院士，而我是万千普通学子中的一名。时间间隔太久了，回忆的点点滴滴就是一幅画，可能还有些碎片是模糊的、走样的。就像标题所说，好多人走着走着就散了，后来是怎么样的呢？

（作者系桐城中学 1995 届校友）

追忆青葱岁月

闫大庆

龙眠钟气，代起人豪，莘莘学子待熏陶。我的母校安徽省桐城中学将迎来 120 周年华诞，桐中百年敦品笃学，栉风沐雨历久弥坚。1992 年，我有幸考入桐城中学，成长于斯，学习于斯，感恩于斯，度过了人生最难忘的三年青春时光。

银杏树下的欢乐

我们高一年级的男生宿舍由当时初中部的教室改造而成，上面一层是初中教室，下面一层是宿舍，一个班四五十个男生集体住一间宿舍。

高中的生活虽然艰苦，但高一相对来说负担轻一点。几十个大小伙子一起群居生活给大家带来了无限的乐趣。最欢乐的是每天晚上自习以后回到宿舍、熄灯就寝之前的一段时间，有打闹嬉戏的，有聊天取乐的，有偷看小说的，还有抓紧复习学习的。

不亦乐乎之余，大家怕的是班主来查房。我们的班主任是高大帅气的吴春生老师，我们称他班主。当时，由于我的床铺在窗户边，大家给我分配的任务是监视班主的动向。开始，我还能够及时报告和预警；后来，班主不从前门来了，绕道教室后窗户。“××，还不睡，明天趴桌上又跟个‘死猪’似的。”“××，就你嗓门大，楼上都听得见。”“××，你很会讲段子嘛，明天课堂上给我讲讲?”顿时，鸦雀无声。大家没想到班主正在宿舍外注视着我们，挨个儿收拾，马上静悄悄的，一直到班主走远了，“哗”的一声，又是笑声一片。但糟糕的是，有时班主会杀个回马枪，又折腾一圈。这样的事在我们高一年级时常发生。那时年少，欢乐之余有点忌惮班主，可能没体会到班主深夜查房的拳拳之心。这样的场景后来时常浮现在我的脑海里。

多年以后，在我们毕业20周年纪念会上，班主说:“我会经常到你们那里跑跑，不是偷听宿舍那些事情，不是到宿舍看你们是不是在写作业，我去考察一下你们那个事业搞得怎么样啦，你们那个小家布置得怎么样啦，你们那个小孩教育得怎么样啦。”我不禁泪流满面。

是的，在我们班主严厉而慈爱的目光下，我们一天天成长。桐中给了我们丰富的给养，我们一步步迈出校园，走向大学，哪怕是走向社会，我们的老师，我们的母校，还是心心念念，关爱着我们。

宿舍门前矗立着一棵高大的银杏树，清朝人姚鼐栽种，挺拔参天，枝繁叶茂，已有200多年历史。

高一入学后第一个月，我们(2)班在学校卫生评比中获得一个排球的奖励。十来个小伙子吃完饭后，心血来潮，跑到银杏树旁边的空地上拿排球当足球踢，大家都不会玩。我一个大脚将球踢到树旁围栏的铁尖上，“噗”的一声，球瞬间瘪了。此事很快惊动了班主，“哎哟，排球不是这么玩的”，“君子动手不动脚”，“啥奖励呀，顶个球”……

这片空地本来是初中部的操场，自然就成了我们打闹的好处所。年轻嘛，血气方刚，荷尔蒙爆棚。那个年代，都崇拜“小马哥”，有些不爱学习的学生就在树底下约架，我们不敢打架但爱看别人打架。那时候，没有校园霸凌，没有黑社会，反正不服就打，朴素的正义情怀，谁受欺负了就为谁出气。那个年纪，我们也爱瞎起哄，有那种简单的情结，对身手好的、伸张正义的英雄特别崇拜，还有看热闹不嫌事大的好奇心驱使。古树阴翳蔽日，我们的呐喊声、欢笑声绕过枝干，穿过树叶。这是属于年轻人的快乐，这是年轻人天性的释放，参天的古树温和地注视着我们每天开心地长大。

勉成国器的豪迈

桐中素以理科教学见长。学子们的勤奋自不必说，让我难忘的是那些有地方特色的老师们。数学老师总是将他的老中医理论与定理、公式无缝衔接，至今不能忘记他常在黑板前喊“顺则通，通则不痛”“注意啊，我要变啦（说的是公式变形）”“我要连啦（辅助线）”，力图为我们打通各个知识关节。他的数学思想影响了我一生的思维方式，无论是理科学习还是法学研究。物理老师那夹杂着上海话的“桐普”（桐城普通话），独特的语言风格增加了上课的精彩度，他的发音“自由裸体（落体）运动”成了我们寝室夜话频率最高的词汇。第一位化学老师是名退休的老先生，讲课讲到最后奇谈怪论频出，有点江南七怪中柯大侠的风范，把我们似懂非懂地带入化学微观世界，我们称他“老摩尔”。然而，第一次考试，全班只有三人及格，三年换了六位老师，比郭靖换师傅还勤，换过年级组主任，换过高级教师，换过特级教师，换过帅哥老师，最后是一位美女老师带领我们走向高考考场。

我们班的成绩还是比较出色的，同学们学习勤奋是自然的，有趣的事儿也挺多。有次化学课做银镜实验，将金属银镀在试管壁上形成柱状镜子似的一层膜。我的同桌在实验后将试管在桌上不停地倒啊、磕啊、敲啊,“今天发了,这么多银子,倒出来,够哥们撮一顿了”,“你把全班的试管全敲了,可能也就几毫克”,“麻烦收一下我的碎银子”。那时候,小县城学校的实验课不多,但乐趣不少。

年级经常组织物理统考,教研组第二天大清早统一阅卷,各班成绩互相比拼。记得我们的物理老师经常把我叫过去,从口袋里摸出几元钱给我,说道:“喏,你们班又第一,快去帮我买锅贴饺子,我又得请教研组的老师吃早点了。”

教学楼的门匾是“勉成国器”,这也是我们的校训。有一天,班里来了一位刻字的老先生,退休老教师的打扮,着一身洗得发白的蓝色涤卡衣服,要给我们的钢笔刻字,当然是要钱的,刻一些座右铭、激励语录之类的文字。同学们放下书本,围着老先生,很是热闹。一名学生说给他刻一个“勉成国主”,大家跟着嚷嚷起哄。老先生摇摇头:“你这孩子太狂。”“莫瞎说,你这不切实际。”“‘勉成国器’才是你们的校训,刻这个。”他满脸通红,继而引来一阵哄笑。这只是枯燥学习中的一个小插曲,虽是玩笑话,但那个年纪的少年,哪个不曾狂过?哪个不曾怀揣远大理想,管他切不切实际?哪个不吹吹牛皮,图个嘴上快活?桐中学子们每天都走过这个金字校训招牌,走进教室,挥洒着汗水,背负着各种理想,熬着最美丽的青春。之后,走出校园,走入社会,走向国家建设的各个岗位,成为国家的栋梁之材。

静静的后山操场

桐中的操场环抱在群山之中,这里没有读书声,在那个体育不计成绩的年代,连训练的喧闹和哨声都没有,在我的印象里是一处安静的所在。

无论是“学霸”还是“学渣”，正儿八经来操场锻炼的没几个，这严重挑战了体育老师的存在感和权威。体育老师是隔壁班的班主任，对我们放出狠话来：“你们不好好锻炼，上面说今年体育改革，要算分或者作为否决项，到时候你们连高考资格都没有！”吓得我每天晚上自习以后，跑到后山操场跑步、锻炼。夜深人静，周围是黑黢黢的山峦，微风拂过，草木沙沙响。弯弯的跑道一圈又一圈，当时想着，管他体育考不考，每天抽时间跑跑也算劳逸结合、换换脑子。多年后看电影《阿甘正传》，我想，那时候默默地跑圈儿，肯定也会思索，我为什么这么含辛茹苦地学习，千军万马过那独木桥？每天都要学到很晚，我还能不能坚持到底？我会不会崩溃，能不能迎来胜利的曙光？

那时，我的语文成绩不好，尤其作文令人头疼。班主给我们建议，站在后山上苦思冥想，没准就能悟出来。站在山脊上，远离喧闹的读书声，欣赏着美丽的校园，俯视着芸芸众生，眺望着熙熙攘攘的城市，不说心灵触动，至少也积累了一些作文素材。后山是宏大的，每当我心情不好的时候，很多次是没考好的时候，总会站在高岗上对着大山大声呼喊，也是一种宣泄、一种释放。

后山也是包容的。那时，学校禁止谈恋爱。当然，禁令是在可视范围内。校园、教室等公共场所是禁止谈恋爱的，后山操场就成了少男少女谈情说爱的乐园。你在散步或者跑步时，无意间就“惊起一滩鸥鹭”。青春是美好的，令人向往；爱情也是美好的，令人憧憬。在那个懵懂的年代，在“烽火连天”、拼命学习的年代，什么也抵挡不住这绽放的无处不在的青春。班主自然是不停地宣讲政策，甚至亲自出马解决问题。还有那一帮小子，每天晚上打个手电筒，跑到后山去捣乱，各种恶作剧，各种嬉戏捉弄，各种玩笑逗乐。有的被抓回来继续上自习，有的被搞得不好意思，再也不约了。高中同学谈成了几对，我不清楚，但我知道那是个向往美好的年代，是个羡慕青春的年代，更重要的，是个可以无限遐想、超级有趣的年代。

在桐中的三年很快就过去了，其间充满了艰辛和汗水，也充满了欢乐和趣味。

1995年，我从桐中毕业，考入清华大学，后在北京工作并定居。千里之遥，很少走动，想回家乡、回母校桐中看看，机会日渐稀少，但思念日深。我们每个人都是桐中最优秀的学生，桐中给了我们文化自信，给了我们面对世界的勇气。如今，年已不惑，虽不知天命，但人就是很奇怪，随着年龄的增长，总是容易回忆过往。那些年少时深深影响着你的一些人和事，时时浮现在眼前。

（作者系桐城中学1995届校友）

时间的玫瑰

洪凌云

1994年4月的一个星期天，那天是我的生日，我一个人跑去和平路上的照相馆，在脏兮兮的猩红背景布前拍了一张半身照，诗意地想要记住自己18岁的模样。然而，那张照片，丑到简直无法形容，至今都没勇气看它第二眼。

与所有难以言喻的18岁一样，那个午后，不知愁苦为何物的我忽然间涌起满腔的惆怅、迷惘和莫名其妙的忧伤。我晃荡着去了学校后面的净土莲社，正赶上她们做晚课。老师父敲着磬，领着众弟子正在拜佛，庄严的氛围感染了我，我也随着她们做拜。一定是我幼稚又圆乎乎的脸不太适合严肃认真的表情，她们拼命忍笑忍到肩膀发抖的样子深深打击了我，我连许愿都忘了就铩羽而归。

抚慰我心灵的是小花园书屋。我看遍了那里的书。那间小小的租书屋，藏着我的武侠梦、少女梦，满足了我对无尽世界无尽未来的无尽幻想。一本武侠小说读完，天地尽在我心中，简直可以踩着 *Intro* 的 BGM 去征服宇宙了。

那个时候，我就是这么好读书。与现在的孩子沉湎于手机不同，那时我还是很有原则的。我只在宿舍里看这些书，等到大家差不多睡了才打着手电筒趴在被窝里看，一目十行，一个晚上扫一本。

那时女生宿舍没有宿舍管理员，学习生活全靠自觉。我们大

宿舍是由旧图书馆改造的,条件真的差,简陋、潮湿、拥挤,以至于现在看到香港的劏房,我都不屑一顾。大宿舍有我们22个美少女的"加持",真是增光添彩。每天晚自习回来后,是一天里最轻松的时刻,大家叽叽喳喳、嘻嘻哈哈,好不热闹。我们共享简陋的零食,谈论班级趣闻,分享彼此的快乐。

我们宿舍的"UP主"、卧谈会主持人是"地保",她是(1)班的,也不知道这个绰号是如何获得的。她最擅长"演绎"("八卦"一词不能精准表达她说话时那个活灵活现的劲儿,我称之为"演绎"),嗓门又响又亮。她讲她们班年轻班主任葛老师的趣事,精彩传神,极富画面感;偶尔还会来段评书,"宋将军往城头一站……",气势不输单田芳。我和她都喜欢梁羽生,最爱"磕"的"CP"是云蕾和张丹枫,她讲四条眉毛的陆小凤,我讲快意恩仇的玉娇龙。一度我以为她会成为一代名嘴,或者成为精明的老板娘,专治各种不服。谁知 20 年后再见,她变了!说话慢条斯理,温柔娴静得简直不像话,耐心又细致地教我们辨认路边的野花。

成了精明老板娘的是(2)班的,彼时她家境优渥,戴着银项圈,有一双令人无法拒绝的大眼睛,白雪团子一样可爱,不谙世事,基本上不会干活。再见她时,那真是又美又飒,与丈夫经营着一家两三百人的工厂,人情练达,精明能干,一边组织工人生产、管理财务,一边照顾两个小孩,并且孩子还都是"学霸"。

老吴是传奇,当她还是小吴的时候,走到哪儿,都能留下关于她的传说。当时的她身材高挑,梳着清水挂面头,苗条婀娜,穿衣自带仙气。有年初夏,她穿着一件鸭蛋青带着树叶纹的缎面上衣,元宝领、葱绿滚边、盘花扣,衬得她真的如水葱儿一样。每当她走过楼道,都能吸引无数热烈的目光,哪怕她坐在教室里,隔壁班级的男生路过都要忍不住扭头看她。然而,一般人不敢靠近她,因为她有三个哥哥。她人美,又是"学霸",而我是数学"学渣",敬爱的数学史老师却分不清我俩,常常对着她喊我、对着我喊她。

梅是美女,"校级花神榜"排名也是靠前的,神似当年的马伊琍,美名远播,收到的小纸条情书不计其数,但她几乎不看。我们做过短暂的同桌。我一个关系很铁的哥们儿很喜欢她,总想托我给她递话。都是我的好友,我自然乐观其成。然而,梅对他无感。多年后,这家伙依然意难平。哎呀,我那愚蠢又真诚的少年时代。

陈毓是我的"搭子",她是真正的文青,爱好诗歌、散文、一切经典文学名著。她性格温柔,连笑起来的声音都是细细的。高一时我们同班,后来,她学了文,我选了理,但我们还是爱黏在一起。我俩一起逛文庙,沿着和平路去她姑妈家蹭饭,一起谈天说地,比赛红楼诗词。她家学渊源,知道各种历史文坛掌故,更懂得各种写作技巧。她能边走边讲同一个作文题的三四种开头，告诉我如何从开头一路胡说八道，直到结尾才给拽回来、拽到主题上。我喜欢她妈妈做的蒿子粑，双面煎熟，一口咬下去，满口咸香，一拽，马苏里拉奶酪一样拉得纤长，又没有水磨糯米粉的黏牙感，真的好好吃！后来，我无数次复制都无法重现记忆中的那个口感与味道。

同样无法复制的还有粉蒸肉。有次我问老戴，桐中食堂什么菜最好吃，他说是粉蒸肉，我俩意见难得一致。刚想夸来着，这人就开始"凡尔赛"，说他天天吃。一学期也吃不了两回的我，只好忍着口水，硬气地说我把省下的钱都送给小花园书屋了。

(4)班的李政是个"小富婆"，家离学校不远，只隔三岔五住宿舍，经常打粉蒸肉吃。有一次，她端着大瓷缸子，上面盖着满满的一层粉蒸肉，馋得我……一定是我的目光太过凶残，李政不得不搛了好几块给我。后来，哪怕是"非遗"的沔阳三蒸、被袁枚盛赞的江西米粉肉，我都找来吃过，都比不上记忆中桐中食堂的粉蒸肉。

有一年元旦，学校办了场晚会，演出节目差不多都忘了，但是(4)班男生跳的霹雳舞，一时间惊为天人，多少年念念不忘。

晚会后的夜晚，我们几个人不惧严寒，聚在后乐亭里胡侃。静悄悄的校园里，教学楼前的雪松树边，我们仰着头望着黑黢黢的夜空。彼时下着雪，纷纷雪花无声降临，迎着路灯的光亮，那情境恍若童话世界。至此处，言犹未尽，意犹未了，情犹未终，实在太过美好。

"记忆的梗上，谁没有/两三朵娉婷/披着情绪的花……"如果记忆就停留在那一刻，芳草鲜美，落英缤纷，好像你我才初初相遇，该是多么完美的结局啊！

（作者系桐城中学 1995 届校友）

母校求学记

黄朝锋

1992年的夏天来得很早，天气湿热，我和好友齐乘胜从唐桥乡一家照相馆拍完中考报名照片，骑车回朱桥初中。骑行至朱桥河上坡处，我们商定不报考桐城师范，相约报考普通高中。就这样，9月，我们双双来到桐城中学。我在(2)班，他在(6)班，还有一位同学潘德宾，分在(3)班。

开学那天一早，父亲送我出村口，母亲陪我到朱桥车站。在等开往城关的公共汽车时，一辆农用四轮车"突突突"开到我身边停了下来，拖斗沿的两侧坐着我小学时两位老师，他们热情地招呼我搭乘便车。就这样，我坐着拖拉机颠簸几十公里到了桐城县城。

下车后，我背着一床棉被、半袋大米，穿了一双不合脚的新布鞋，步行约三里地，到达桐中报到。远远看见"安徽省桐城中学"七个鲜红的大字，莫名地激动和兴奋。进入校门，左侧有一长排宣传栏，张榜公布了新入学的学生名单。报到点设在半山阁一楼大厅，就是在这里，见到了未来三年的班主任吴春生老师。可能因为我中考成绩不错，吴老师安排我担任班长。

宿舍在老银杏树后面两层楼房的一楼，二楼是初中教室。我很快找好床位安顿下来。因为长期在农村学习和生活，县城也没来过几次，独自离家求学，学习、生活用品都没有准备齐全，一切是那么陌生和无助，只好晚上请假折回几十公里外的老家取生活必备品。

第二天一早赶到教学楼，我在教室门口的走廊窗台上放好搪瓷缸后进教室时，讲台上的老师将我喝住。我没料到已经上课，更没想到高中老师如此严厉，随后转身准备去找班主任求救。老师很快让其他同学将我喊回教室，语气温柔了不少，但责怪我上课迟到、脾气不小，没说两句还扭头就走，让我尴尬不已。

没想到以这种方式认识了数学老师史本贵。在数学课堂上，史老师总是喜欢从哲学问题说起，说得最多的是关于尼采的太阳，讲到曲线时说起“小提琴和女人的曲线是世界上最美的曲线”等，让我们这些农村娃们目瞪口呆。

进入高三，数学课程由程玉红老师讲授，印象中每天都是在做“桐中数学密卷”中度过。程老师性情温和，走路生风，不太爱笑，表情严肃，总是不厌其烦地给同学们讲解问题。

英语老师葛志，(1)班班主任，上课认真负责，年轻有激情，声调高，专挑偷看小说的同学回答问题。

物理老师王关余，讲课带着上海口音，板书一丝不苟，幽默风趣，爱拖堂。物理课经常是上午最后一节课，一下课，没等老师离开教室，我们就拎着搪瓷缸冲向饭堂了。王老师教导学生语重心长，满眼都是爱意，殷殷之情溢于言表。他夫人是我们校医室医生，儿子和我们同届，同学们倍感亲切。

教授我们化学课的老师有好多位，高一时是王尔行老师，就是同学们口中昵称“摩尔”的老师，印象中他总是穿西服、系红领带，戴金边眼镜。后来，叶惠玲、高良启、罗伟、刘培生等老师都给我们上过课。

生物老师唐述祴，第一次上课时自我介绍“我姓唐，同学们以后可以叫我‘唐老师’，不要叫‘生物老师’，因为每位老师都是生物”,引得我们哄堂大笑。

历史老师胡玉堂,戴茶色眼镜,讲课从不看书本,滔滔不绝,声情并茂,引人入胜,同学们经常听得如痴如醉。他讲到世界金融中心在纽约时,突然笃定地说世界金融中心在上海。正当大家疑惑时,胡老师马上补充一句“21世纪”,同学们纷纷鼓掌。

地理老师曹华胜,(4)班班主任,身材高大,字写得极好,板书非常漂亮。

政治老师李素萍,讲课绘声绘色,能将社会主义市场经济理论讲得浅显易懂。

高中三年,吴春生老师一直担任我们班主任,并教授语文课程。那时的吴老师30岁出头,身材高大,面色红润,眉眼含笑,青春阳光,是学生眼中的“帅班主”。吴老师满腹经纶,笔耕不辍,退休后所作向校庆献礼的鸿篇巨制《桐城大先生吴汝纶》也已出版。在学生眼里,吴老师事业心极强,有致力教育教学的情怀,是学生心中的“大先生”。

2015年国庆节,已在深圳翠园中学任教的吴老师坐了一夜的硬座火车赶回桐城,参加我们毕业20周年聚会,让我们感动不已。聚会时,吴老师饱含深情的即席讲话《聚会快活》更是将气氛推向高潮。在讲话中,吴老师不但为武侠小说正名,还向当年被没收过武侠小说的同学“作检讨”,说武侠小说中很多想象的武功很精彩,语言文字也很美,是成年人的童话。

最重要的是,吴老师不再坚持中学生谈恋爱是洪水猛兽,而是认为只要把握好度,“不要在校园里牵手,不要告诉所有人我在跟谁谈恋爱”,天塌不下来的,赢得了好多同学的掌声。

吴老师也有恨铁不成钢的时候,那也是蛮凶的。记得一次晚自习前,吴老师例行来教室巡查,看到乱哄哄一片。可能是班级月

考成绩排名下滑，吴老师严厉批评了一番，具体内容记不住了，但他踮起脚用力扯下黑板上方白墙上张贴的“全国先进班集体”奖状复印件的情景一直印在我的脑海里，同学们愕然又羞愧不已。

那时学校操场临后山而建，跑道还是煤屑铺设，百米赛道起跑线甚至延伸到山里面，两侧山体有时还滴水，总是湿漉漉的。体育老师由(3)班班主任胡万胜老师兼任。胡老师一向以严格管理著称，体育课上得毫不含糊，总是强调高考改革体育合格证的重要性。学生不敢大意，体育成绩不太好的几位同学更是胆战心惊，我们也养成了良好的锻炼习惯，受用终生。

我从小在农村干农活长大，身体素质还不错，有一年运动会上 200 米短跑还夺了冠军。

1994 年，学校学生会换届，我荣幸地入选桐城中学学生会，张勇任主席，洪桐怀、鲍时明任副主席，梅杨任文体部长，宣传部长由那位跳霹雳舞的(4)班男生胡海燕担任，学生会还有朱永刚、毛亚

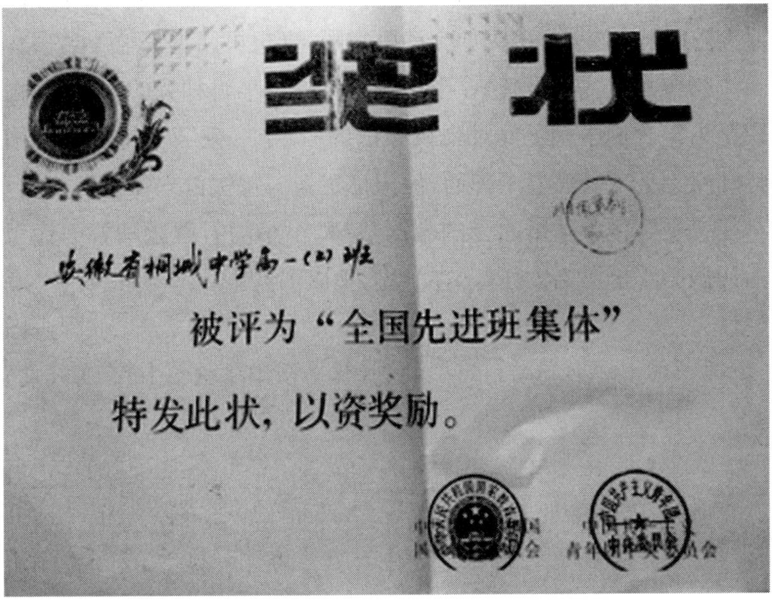

云、王军、鲁慧、鲍冰等几位同学。

前几天我们1995届同学在南京聚会时，好多同学对举办元旦晚会且有男生跳霹雳舞一事闻所未闻，觉得不可思议，更对那时桐中有学生会这样的组织惊讶不已。

高中期间，学校组织过一次书画比赛，参赛作品全部张贴在半山阁下的宣传栏内。我写了一幅软笔书法作品《拼搏》，获二等奖。

高二时，有一天我们5号宿舍几位同学心血来潮，着手办起一份手抄小报，内容主要是学习交流，配以小文小诗小画等。几期之后，我们请吴老师题词，吴老师为我们题写了“问渠那得清如许？为有源头活水来”。后来，我们为小报起名《清流》。

桐溪塥的潺潺流水声，住校生的记忆是亲切的。每次从食堂打饭回宿舍，走在一侧的长廊里，桐溪塥里清脆的水流声从半盖着的青条石缝传出，搪瓷缸中饭菜仿佛更香了。不知那块“毋忘国耻”花岗岩方形小石碑刻如今静卧在哪，真想再回去看她一眼。

当年的她，静静地躺在半山阁四合院内小竹林旁的草丛中，据说是为纪念桐中学子反对丧权辱国的“二十一条”、支持五四爱国运动所刻。岁月斑驳了碑面，但记忆犹新。每次伫立在石碑刻前，都能感受到桐中学子的爱国救国热情，小小的石碑激励着一代又一代桐中学子勇当大任，志在争先，勉成国器。

（作者系桐城中学1995届校友）

记忆中的木箱子

汪继志

时光荏苒，岁月如梭！从母校桐城中学毕业快30年了，如今，母校迎来了她120岁生日！

1902年，我们的老校长吴汝纶先生，从日本留学归来，决心为国家培养人才，亲书“勉成国器”四字作为桐城学堂校训。“后十百年人才奋兴胚胎于此，合东西国学问精粹陶冶而成”，顺着桐城中学这副旷世名联，一代又一代青年才俊走出校门，名扬天下。

老　照　片

高中同学群里时不时蹦出一张张发黄的老照片，然后来一波集体回忆。虽然天各一方，但是大家的心似乎都回到了美丽的校园，我似乎又听到了桐中上课前的钟声，“勉成国器”的谆谆教导，时常萦绕耳旁。

礼祥同学饱含深情的文章，还有老照片中一张张认识但记不住名字的脸庞，让我们慢慢地打开尘封的回忆。记起名字时的喜悦，激动地想要记起和他在一起的时光；想不起时的沉思，好似旧唱片机卡在那里，思绪也停止了，有点沮丧，又有点期待。

我知道，有许多同学在一起回忆，有很多热心依然、记忆力依旧优秀的同学，在帮我们找回30年前共同学习、共同成长的开心岁月。

记忆中的木箱

前几天，我刚好读到宁向东老师的一篇文章，文中配图是哈佛商学院图书馆走廊上一个老物件，一只来自中国的木箱子。这让我想起了高中时睡上铺的礼祥同学的箱子，几乎一模一样。

木箱上的时光，礼祥同学，你还记得吗？

我记得！

你把他当作书桌的时间贯穿着整个高中阶段。有了这么好的“书桌”，在宿舍里的美好时光，你都花在这张“书桌”上了。我们羡慕的同时，有时候也爬上上铺，想要一探究竟箱子里有什么魔力。

你也曾把它当作餐桌，上面放着罐头瓶和饭盒，旁边还有一本书。瓶里面装的是从家里带来的咸菜，吃着食堂的馒头，就着咸菜，看着书……我想，你那时的幸福，现在就算是吃着山珍海味，估计也难以体会到了吧？我们的孩子估计也无法体会吧？应该是桐城中学的学习氛围和学习环境让我们可以无忧无虑地生活。幸福其实是件很简单的事！

还是说回哈佛的那只箱子吧。

为什么会把中国的一只木箱子放在那么重要的位置呢？大概因为这是历史的见证，见证着无数敢于冒险和创新的中国人走向世界，探索未知世界。我想，礼祥同学的这只木箱子也有这个意味吧？我还想，你的木箱里装的不只有日常生活用品，应该还有满满的梦想，还有对美好生活的向往吧？

罗老师的偏爱

记忆中的木箱子，着实让我羡慕了好长时间。让我更加羡慕的是，我们化学课罗老师对国玉同学的偏爱。

我们班年纪最小的应该是国玉同学。他那时身高也不高，坐在前面几排，学习成绩也是“前几排”。通常“古灵”和“精怪”是连在一起用的，他那个时候留给我的印象就是这个词。国玉同学啊，古灵精怪的你成绩一直遥遥领先，让我们这些“后排”怎么追都追不上。一直以为成绩好都与努力密不可分，可是在你身上这条似乎失灵了。如果你花的时间多，努力学习，成绩好，我们也都服，可是偏偏看不出你使劲的样子；如果你天赋异禀，不需要太努力也行，可是偏偏你还漫不经心，一副无所谓的样子。你说，这是不是让你后面的人非常绝望呢？

这还不算，最令人羡慕的，恐怕就是每次化学课上罗老师对你的偏爱了。

化学课其实是最轻松的。实验室知识、原理、枯燥的化学符号组成的一个个公式……经罗老师讲解之后，大家不仅觉得轻松，还似乎具备了一种自信，相信自己都能成为化学家。记忆中，老师总是会走下讲台，走到同学身边，特别是喜欢走到国玉同学身边。老师的问题非常突然，国玉的回答总是让同学们惊喜。老师会心一笑，有时还摸摸国玉的头，拍拍他的肩。我想，这肯定不是国玉同学坐在前面几排离讲台近的缘故，那是传道授业解惑后的一种自然流露，更是老师发自内心对学生的爱的表达方式。我想，国玉同学肯定会铭记很久很久吧？

班主任的“小皮鞭”

有羡慕，就有了某种动力，年轻气盛自然也不服输。不过，用“随波逐流”形容我可能更恰当些。

每天每门课完成一套试卷，是高三学习生活的日常。回想那个时候，现在说的“内卷”有过之而无不及。后来，经常有同学说：“真的拿出你高考时百分之二十的努力，没有什么不能达成的。”

即使是这样的情况，我还是被同桌高江海“卷”得差不多“躺平”了。好在每周的班会，对我来说，就是一次警醒，提醒我，差距还很大。班主任汪老师总是有办法，就像拿着小皮鞭一样，每周都要抽一下，掀起一波你追我赶的热潮。

每周的班会上，汪老师总会摘录一段段人物励志故事，读给大家听。记忆中最深的是关于叶乔波坐着轮椅回国的故事。振奋学习的同时，也感叹作者的文采如此之好，加上汪老师声情并茂的朗读、读完之后的解读和谆谆教导，好像再不努力，连叶乔波都对不起了，虽然都没有见过她长什么样子。

老师说，“她带伤上阵，顽强拼搏，她挂着冰刀去，用尽了她全部的力气，坐着轮椅凯旋”，“她永不言败、永不放弃的精神创造了中国冰雪运动史上一个又一个奇迹”，这就是“乔波精神”。一句句满怀深情的话语，“小皮鞭”一次次温柔的“抽打”，带来的成绩是令老师自豪的吧。

高中三年很快就过去了，留给大家的回忆恐怕永远也不会忘记吧？照片发黄了，晚自习时用的煤油灯消失了，大石板的映山红没有再去看过，那辆上学时骑过的自行车也遗弃了，美好的往事如同放电影，一幕一幕浮现。

30年后的今天，在“4·23”世界读书日，写下这段文字。回忆的同时，也是告诉自己，还要好好读书，天天向上。除了要向已成国器的学长们学习，更要感谢老师们无私的奉献，还有同学们的激励！

（作者系桐城中学1995届校友）

我与半山阁

李　青

看到校友们都在写回忆桐中生活的文章，心里痒痒的。羞于文字水平太差，迟迟不敢动笔。校友们的一篇篇美文佳作，或颂师恩，或忆青春，或赞美景，或话勤奋，使桐中更加历史悠久、生动丰满、充满荣光。

桐中是我们这些学子踏入社会的起点，无论此后取得了多大的业绩和辉煌，桐中都是最值得我们骄傲的地方。因为这里记载着我们的努力，铸就了我们的奋进之心。奋进是桐中之魂。说我是桐中人，正如说我是一名解放军战士一样。这个集体的特质精神和荣光，也赋予在我们身上。

当年考取桐中，父亲告诉我分数时，说我考了 125 分。在看到我惊愕的表情后，他开怀大笑，脸上是满满的得意。原来是 521 分，差 19 分满分。那时候，考取桐中，犹如中举。亲戚见面，向外人介绍“他是桐中的”，那种摆脱贫困落后、向往美好生活的渴望，那种望子成龙、望女成凤的翘盼，那种榜样就在身边的羡慕，会让你又一次暗下决心：我一定要奋进！

带着大红录取通知书向桐中走去，最先映入眼帘的是鲁迅书体“安徽省桐城中学”。《安徽日报》报题也是鲁迅字体。彼时，在我心中，《安徽日报》就是“神圣不可侵犯”的象征，竟在学校大门头上看到如此熟悉、遒劲、洒脱的大红字，肃敬和兴奋油然而生。

彼时，学校是县城最大的公园，步步为境，处处是景。半山阁是这些美景的中心，也是我与桐中最亲密接触的地方。那时学校老师的住房条件还比较差。我初中的校长黄干华是父亲的好友，较我入学早一年调到桐中工作。学校分配半山阁正阁下方的房屋供他居住。我报到当天，父亲就领着我走进黄校长家。恭贺、勉励、感谢的话，在师母准备的丰盛美食中，一遍遍响起，心情也一次次澎湃。其中，有一句话我深刻牢记着。黄校长在介绍半山阁时说，地面是由一块块青砖铺成的，没有水泥抹平却异常水平，清朝的工艺很高。这句话让我一直对半山阁刮目相看，对它的建筑质量深信不疑。更让我对它产生神秘和敬重之心的是，黄校长说阁里很早以前好像藏有潘玉良大师的《春夏秋冬》画作。虽不知实际情况，但对半山阁的历史和地位肃然起敬。

半山阁坐北朝南，前后两进，前为两层，五开间，我上学时在此领课本；后进一层，六开间，印象中此处油印过试卷；中间是院落，通过两个圆形拱门连接教学楼和食堂，院子里栽了桂花树。丹桂飘香时，风中飘来一阵食堂里的饭菜香，隐约中又闻到了新书的油墨香，陶醉此三香，需要有个好鼻子！阁楼正西面是一面大白墙，那可是学子荣光重地，因为在此“放榜”。此处是教学楼去食堂的必经之地，“流量”无限大，因此，各种榜单——月考成绩榜、竞赛获奖榜、名牌大学校友喜报等，都在此张布。各种榜单“你方唱罢我登场”，因而每次去吃饭都是一次心灵的锤炼，锤炼出一颗颗奋进之心。

半山阁的主景是楼上之阁，北、西、南三面临空，仿歇山式顶。我也不懂建筑学，只觉这阁雕栏画栋，古味十足。阁楼正中悬着吴汝纶先生题写的“勉成国器”横匾，以及“后十百年人才奋兴胚胎于此，合东西国学问精粹陶冶而成”的楹联，更显阁楼“饱读诗书，满腹经纶”,仿佛李白、苏轼都在此把酒临风。仰视楼阁,又像个大戏台,仿佛多少名角在此“出将入相”,肯定也少不了乡野茶风的黄梅戏。估计是古装戏看多了,又觉得此楼阁是个点将台,校长“大元帅”在此挥旌执戟,“考场夏点兵”,指挥我们这些千军万马的学子,势如破竹地挺过“独木桥”。阁上阳光充沛,地平开阔,而我在此干过与文与武毫不沾边却极系饱暖的事情——钉被子。盖上在此铺展开的被子,仿佛沾上了此阁所有的文武之气,是我奋进的“晒经石”。

我在半山阁做过一件糗事。彼时,半山阁设有办公室,安装着电话。农村出来的孩子没见过什么世面,进桐中前真没用过电话。几次看到黄校长在半山阁打电话,开头都说“我是桐中”,然后游刃有余地“神侃”,一副潇洒的样子。有一天,我有急事,需要即刻联系上父亲。父亲在乡政府工作。黄校长帮助拨通乡政府总机后,我条件反射地应道:“我是桐中,麻烦您找下……”哈哈,桐中就是“尚方宝剑”!

俗话说,有始有终。我与桐中,在半山阁也兑现了这一名言。高考时,为了有一个好的休息环境,我享受了无数桐中学子没有享受到的“待遇”——高考三天,我睡在半山阁二楼“历史的房间”里。虽是炎夏,但楼边的高树浓荫蔽盖,阁楼清风徐徐,睡眠甚佳。我一辈子感谢此楼此阁,更感恩师母的美食、黄校长和学校所有老师三年的悉心培育!各位校友别责怪我啊,我是一位非常爱护文物的人,住阁楼的三天,我绝对轻手轻脚、轻拿轻放。我的痕迹早已被桂花香拂拭而去!

三年高中生活,起在半山阁,收在半山阁。她是桐中的标志,是桐中学子的圣地。唯有奋力进取,才对得起阁楼之题匾“勉成国器”!

最后，用我在桐中100年校庆时写的一首打油诗作结，感谢桐中和老师对我的教育。

世纪晴雨百年傲，三晖暖阳泽春苗。
勉成国器训诫告，龙眠钟气起人豪。
良才虎将国是骄，不尽长江水滔滔。
含苞吐蕊胚胎早，桃李芬芳万花笑。
昨夜又睹恩师貌，秉灯夜烛同案熬。
千里寄思无远遥，捎去余闲解辛劳。
适逢盛景看今朝，风华正茂年正少。
莘莘学子勤且早，青春常在搏浪高。

（作者系桐城中学1995届校友）

桐　中　缘

王　宏

对于崇拜者来说，总有一方圣地是其心之所向，桐城中学就是我心中的圣地。

听外婆说起过，我的外曾祖父吴宣纶（吴叔云，吴汝纶先生的侄子）是桐城公立中学堂成立后首届毕业生。1905 年 7 月，学校遴选学生马光组、张珽、汪仁晖、陈树藩、黄位堃、方体华、吴宣纶、胡渭北、周大寿、施普十人赴日本留学，吴宣纶去的是日本早稻田大学。学校明确要求留学人员学成回国，为本校尽义务。因此，吴宣纶学成后回学堂任教。

我出生于安庆，桐城中学于我而言只是一所闻名遐迩的重点中学，虽与安庆近在咫尺，却始终缘悭一面。或许是冥冥中注定，1993 年 9 月我读高二时，有幸圆梦成为桐城中学的学子。

“后十百年人才奋兴胚胎于此，合东西国学问精粹陶冶而成。”普通，甚至可以说是朴素的校门前，吴汝纶先生题写的楹联赫然入目。九月正是桂子飘香的时节，“勉成国器”的校训扑面而来，一瞬间，我似乎也有了某种使命感。甫进校园，出奇安静，一种“不敢高声语，恐惊天上人”的感觉油然而生。放眼四望，后乐亭、半山阁、“高峰入云，清流见底”石柱……处处皆景。惜抱轩银杏树、二野渡江指挥部旧址点缀其间，桐中确实是做学问的好地方。无论是教学楼、草地上，还是后山的操场上，处处可见捧书奋读的同学。教室里，一方课桌，书本如小山一般，煤油灯、蜡烛等散落其间。桐中，我来了！

老师是这个世界上最无私的职业，桐城中学的老师尤甚之。晚自习还没开始，教学楼前，校长、教导主任、班主任、任课老师等次第出现，开始抢占“制高点”。高高大大的胡万胜老师背着双手，立在“勉成国器”四个大字下，威风凛凛；上课前最爱猛嘬几口的史本贵老师一溜小跑进教室；平时笑嘻嘻、上课如唱歌的曹福满老师；一口上海普通话的王关余老师；还有膂力过人、才气逼人的刘盛磊老师。他们都是校园里最亮的星星，恨不得抓紧他们的每一分钟、盯紧你的每一秒钟，只是为了自己的学生高考能多一分。

30年过去了，真诚地道一声：老师，谢谢你们！

每天清晨、课间、傍晚，浑厚的钟声在校园上空回响，提醒你光阴似箭。回头想想，我在桐中的岁月的确很艰苦。记得第一个月，我所有生活费用了30元，我自己都感觉不可思议，但是，又特别充实，特别快乐。无论是苦思冥想，攻克了难题，还是大雪纷飞，几个兄弟，一人一瓶开水，在露天水房洗澡时引吭高歌，都是最美好的回忆。后山操场见证了我们努力奋斗、不断拼搏的身影。昏黄的烛光聆听过我们的琅琅书声。桐中，我们可以自豪地对你说：我们拼搏过！

说到桐中，食堂总是我们逃不过去的回忆。我平生第一次见到一个中学的食堂会有如此大的规模。下课钟声刚刚敲响，同学们就从校园四面八方涌出，冲向食堂，只为能早点抚慰一下自己的辘辘饥肠。记得有一次，中午好像是吃鲊肉，那天的队伍格外长、格外挤。我好不容易打好了菜，从人群中奋力挤出，忽然感觉有点不对劲：咦，怎么手上这么轻？定睛一看，“把缸”早已身首异处，我手上只剩了一个孤零零的把手。

高三刚开学，刘盛磊老师布置了一篇关于校庆的作文。还记得当时文章开头："九十余载匆匆过　回首已是百年身。"而今又迎母校华诞，凑趣两句，祝母校明天更美好！

沁园春·桐城中学

桐城学堂，龙眠钟气，代起人豪。观校园深处，书声琅琅；课堂内外，努力赶超。惜抱轩前，丹桂飘香，欲与银杏竞妖娆。须几日，看红男绿女，亦是傲娇。

吾校如此美妙，引无数学子竞折腰。叹辞藻苍白，略差文采，吟诗作词，还逊风骚。一众先学，你追我赶，只为母校争荣耀。俱往矣，数风流人物，展望吾曹！

（作者系桐城中学 1995 届校友）

在记忆中找寻你

程玉进　程　欣

他，学号17；她，学号18。当年他们前后桌，多年后成了我们，住在同一屋檐下，有一个可爱的女儿。

这是个无关浪漫爱情的故事，只有青葱岁月中，或迷茫或憧憬的情怀。煤油灯下摇曳的身影，后山操场上跑圈后的大叫，集体宿舍中熄灯后的闲扯，还有那睡梦中清脆的磨牙声……18岁的青春刻写在“勉成国器”的牌匾之上。

时光在不经意间流逝，记忆已成岁月长河中斑驳的光影。

2018年寒假，我们带着女儿去了阔别20多年的母校，看那散发着文化底蕴的半山阁，看那200余年来依然挺拔苍天的惜抱轩银杏，自然还有树旁曾经的教室和男生集体宿舍，看那依然没变的教学楼……

我们走在校园里，搜索着记忆中的往事，年幼的女儿只管东张西望，蹦蹦跳跳，间或问我们一句：“爸爸妈妈，哪个是你们的教室？你们学校好漂亮啊！”

现实与记忆逐渐重叠，似乎看到了十七八岁的我们。

他：放牛娃的春天

1992年9月，继中考后第二次去城关，我带着表姐夫手工精做的木箱坐在中巴车上，路过婆媳塘时，车子追上了早出发的父亲。父亲骑自行车驮着两袋米，正好上坡，弓着背艰难骑行。那时父亲心里一定是高兴的，我考上桐中是父亲心中至上的荣耀。这一画面永久地定格在我心里。

曾经的放牛娃，虽然是初中班级上考入桐中的独苗，但强中自有强中手，懵懂的年纪，并没有远大的理想，是靠近半山阁的那一排报栏激起我的奋进之心。

我端着大搪瓷缸，边吃边看那满墙的荣光，成绩榜、竞赛榜、师兄师姐们的大学录取喜报，它们开启了一扇朝向精彩世界之窗。我期待也能成为那荣光里的一员。第一次期中考试，竟然得了班级第一名，让小小的我内心强大起来，因爆破音发不利索而些许自卑的农家孩子找回了些自信。

高一、高二都是住在真正的大集体宿舍，全班住宿男生住在一间教室里。

第一次远离父母去住校，同学们也会特别想家。当时的班主任梅万生老师晚上经常来宿舍，陪我们聊天，和我们一起下棋，帮助我们度过了刚开始的难熬之夜。高二的集体宿舍开始呈现不一样的天地了，“卧谈会”、拖三子（打牌）、一帮同学相约骑车去境主庙水库洗澡……高三生活留存的记忆，最多的是冲刺高考的努力。

教学楼里有我们奋斗的青春，煤油灯下摇曳的身影是一道亮丽的风景。下了晚自习，大部分同学依然点着煤油灯在教室奋战。班主任汪浩海老师总是很晚过来，赶大家回去休息。想起在桐城师范高考时，汪老师在考试前微笑着敲窗提醒和鼓励的眼神，每次回想起来都很温暖和充满力量；想起梅老师在班级里高歌一曲《水中花》；想起化学老师罗校长那举重若轻的分析试题；想起英语老师吴老师毕业前留下的惜别的眼泪。高中三年，唯一没换过的是物理老师，汪顺芳老师总是在作业本上和试卷上写下或鼓励或鞭策的话语，那是在艰难学习时期最温暖、最动心的鼓励。

高二暑假，我曾和一些同学在科学馆为数理化竞赛奋战。考入华东理工大学化学系和南京大学数学系的师兄们为我们分析试题，并以切身经验鼓励我们。龙毛朋老师精彩细致地讲解数学。读大学时从石路也同学那里听到龙老师不幸的消息时，特别感伤。

走在学校的路上，往事一幕幕出现，感触颇深。人生的道路虽然漫长，但紧要处往往只有几步。梦想从桐中起飞，当初的农家孩子也有机会去见识外面的世界，迎来了放牛娃的春天。读大学的第一天晚上，在寂静的宿舍等待新同学时，有人敲门，操着桐城乡音问你是不是谁，被桐中师兄从人海中发掘出来是大学的传统。桐中已成最温情的纽带，连接着每一个离乡的桐中学子。

她：翻车的高考

曾经以为我已将母校忘记，要不然我怎么不记得先生提到的很多往事？

我站在通往操场的台阶旁，看到老图书馆和图书馆的底楼——我们的女生大宿舍。一下子，我仿佛看到了22位如花般的女孩打开了宿舍大门。我看到了年，她是我在高中第一位认识的大眼睛女孩，我们同住了三年上下铺；看到了永远笑靥如花的“地保”，我们后来还同榻而眠过；看到了睡在窗户边的吴同学，她有清脆银铃般的笑声；我甚至看到了大清早因惊吓从不远处公厕一路大叫着狂奔回宿舍的林……原来，我都清楚地记得，母校一直在我心中，我怎么可能忘却呢？那么多第一次和那么多难忘的一次，组成了我人生的青春之歌，而这首歌只唱响在母校桐中。

桐中有着深厚的文化底蕴，要不然怎么数学课堂上都能听到“泰山崩于前而色不变”？一边画着几何图形、一边脱口而出古诗文的彭老先生让我敬佩。

陈玉莲老师第一次进课堂时，如一缕春风、一抹阳光。陈老师生动的讲解、靓丽的外表、精致的穿着，无不赢得关注，向少男少女们诠释了美好。记得第一次课堂提问，陈老师连叫了几次“程吹、程坎……”都不对，我自报家门并回答了老师的问题。也许是因为这次提问，陈老师在人群中多看了我一眼；也许是因为后来几次压轴回答正确，陈老师一句“巾帼不让须眉”的鼓励，我的语文成绩在各科中遥遥领先。

可有时，生活中却也有玩笑般的捉弄，最终让我翻车的高考之痛，便是因这平日里最稳的语文。多年后，先生问我，为什么当时不去查分？我笑笑，也许是注定吧。看似淡然，实则我当时也痛哭了一场。与平时成绩相差几十分的 79 分，似乎是不可能的成绩，却实实在在地印在了高考成绩单上。

人生总有意外，关键是意外中如何自持。汪顺芳老师的那句“人一定要自信”深深地印在我心里，陪伴着我成长。晚自习的走廊上，汪老师手搭在栏杆上，与我聊天，鼓励我的情景历历在目。直到现在，我心中依然最爱汪老师。还记得第一节物理课，老师漂亮的板书和他的自我介绍，因为有“芳”字，看起来像女生的名字，而“芳”字是汪姓的辈分。

感恩：曾经的遇见

多年后，我们各自从大学毕业，都留在了上海，昔日的同学有了更多联系。终于，我们在茫茫人海中认定了彼此，我们拥有共同的桐中学子情怀，拥有共同奋斗的青春。如此，桐中在我们人生中有着更特殊的情感了。

女儿在后山操场上奔跑着、嬉戏着，我们笑说着当年的那个他和她。他在单杠上曲臂悬垂考试时，因坚持不住而颤抖的手臂和身体；她 800 米总跑不及格，最后总是由同桌慧带跑到终点……他绕着操场跑了几圈，想努力跑到那记忆深处的 1 500 米，然而，岁月匆匆，终不能重回昨日。

无论我们愿不愿意、肯不肯，人生中的很多东西都在告别，包括最美的年华、最美的遇见、最美的懂得。人生就是一次次幸福的相聚，夹杂着一次次伤感的别离。我们不是在最好的时光遇见了你，而是遇见了你，我们才有了这段最好的时光。感恩曾经的遇见，无论何时，我们依然会在记忆中找寻你，挚爱的校园，敬爱的老师，亲爱的同学！

适逢桐中 120 周年校庆，梦回校园，写下这段文字，致我们远去的青葱岁月，致敬我们的母校！

（作者系桐城中学 1995 届校友）

那些年　那些人　那些事

李壮志

我永远都忘不了1992年7月的一天下午,那是我这辈子的最高光时刻。

那天下午天气很好,阳光很温暖,万里无云,只是在西北方向偶尔有一些青烟袅袅升起。后来,我才突然想起来,那是我家祖坟的方向,可能是哪个顽皮的孩子把它点着了……

在我看到熟悉的初三班主任急匆匆向我跑来的时候,我正在田里挥汗如雨,一边把拔起来的秧苗使劲摔打在满是泥泞的小腿上,一边盘算着一会儿和青梅竹马的邻居小妹去哪里摸泥鳅。五分钟之后,我知道我的人生转折点来了,平时一直稳居年级30名左右的我,竟然考了个应届生第一年级第三的成绩,超过了常年第一的大庆同学(金子终究是金子,他后来上了清华),轰动了整个学校,也让我的班主任达到了他教育事业的巅峰(当年的第一名也在我们班)。此后三年里,他不遗余力地树立了我学习标兵的"人设",逢人就夸,直到三年后我考了个不知名的二本学校,他才不好意思再把我挂在嘴边。

我差一点与桐中失之交臂。因为家境贫寒,父亲一直坚持要我上师范学校,这样三年后我就可以赚钱养家糊口了。好在母亲和班主任一直好言相劝,班主任坚称我是上清华北大的人才,不上桐中是国家的损失。我到现在都很感谢他,他也没有看错我,20

年后，我终于兑现了他对我的殷切希冀，在清华北大的北边十里地安了家，有空的时候就去清华北大转一转。

絮叨了这么多，终于说到桐中了。因为不太喜欢读书，词语匮乏，所以我说不出多么华丽的语句来形容我心目中的桐中。在我贫乏的语言里，我只会说那里的银杏树真高真大啊这种被人笑话的浅薄之词。在我为数不多的记忆里，比较深刻的除了当时还比较破旧的宿舍、拥挤不堪的食堂、满是碎石的操场，剩下的就是校门口那一想起来就流口水的烧卖和锅贴了……

相比桐中的一花一叶一草一木，让我更留念的是那三年的青葱岁月，那群可亲可爱的同学们，以及那些也许有些啼笑皆非的懵懂往事。

先说说我们那群可爱的七仙女吧。

虞美人是外乡人，漂洋过海来到桐中求学，小巧玲珑、性格开朗的她是众多男同学的梦中情人，也是我桐中三年挥之不去的美好回忆。这青春的故事很长，记忆很深很苦涩，很有点电影《那些年，我们一起追的女孩》的味道。多年以后，人到中年，当我们很平静地一起吃饭聊天时，还会回想起当初那些啼笑皆非的往事，然后互相感谢共同走过的温暖的青春岁月。

刘大美眉是城关人。那时候，城关人在我们眼里是高人一等的。她来去匆匆、独来独往，很少和其他同学说话，保持了很好的神秘感。后来，她因爱情定居北京，我们熟悉之后，才发现她其实是一个大大咧咧、活泼开朗的女孩子，只不过父母当时管教太严，加上班主任是她初中的老师，因而有点压抑了自己。她现在是华为公司的一个精英，雷厉风行，精明强干，也算是桐中的骄傲之一了。

和刘大美眉关系比较好的是“小辣椒”胡美眉。胡美眉出自富贵之家，性格活泼直率，深得男同学喜爱，特别是海哥哥对她一往情深。

小红美眉是勤劳致富、勤俭节约的模范代表，自幼上山种地、下水捉鳖，尝尽生活艰苦，现在是一位有名的大学教授的贤内助。高二开学时我曾闹辍学，小红美眉给我写过一封信劝导我，导致我对她还有点非分之想，后来才知道是我自作多情了。

“地保”周美眉大大咧咧，是出了名的才女。因座位关系，我和她交往不多。现在印象比较深刻的是，我还单身的时候，人家的孩子都上初中了。

当时有点富态的汪美眉性格比较温和，走路都低着头，蹑手蹑脚，也很少说话。毕业几年之后，脱胎换骨，惊为天人，变化之大，令人称奇。我和她之间交流不多，但有一件糗事让我记忆深刻。

最后隆重出场的就是人生赢家侠女汪老大了。她的口头禅是那句有名的“你给我小心点，我上头有人”。绝大部分同学都不自觉地臣服于她的威名。在毕业20年同学聚会上，一个自称“李逵”的猛男被爆出曾经很喜欢她，当被问及为何不去追她时，这猛男回复了一个字：怕！由此可见侠女的名气之大。大学毕业后，侠女变成商业大佬，几年之间就富甲一方，如今相夫教子，爱情事业双丰收，岂一个潇洒了得。

说完美女，帅哥们就比较千奇百怪、多姿多彩了（在此，先哀悼一下英年早逝的海子兄弟，人生无常，且走且珍惜），重点说几个关系不错的有意思的人和故事吧。

前面提到的海哥哥，钢笔字写得非常不错，与他的性格一样，工工整整，方方正正，深得我们语文老师的喜爱。这位语文老师也是（3）班的老师。据说这位老师在（3）班上课，一节课主要就是三件事情：回忆自己当年多么牛，畅谈自己的儿女多么牛，给全班同学巡展海哥哥的钢笔字是多么牛。那个时候，我们班的葫芦同学心思还没有放在练字上，整天围着七仙女打转，否则，这位老师肯定会被葫芦同学的毛笔字惊倒的。

海哥哥另外一个有意思的事情与我有关。高三时，仙女胡美眉和(3)班的桂班花在外面一起租房住。有天晚上，我们上完自习去文庙大广场吃面，刚好看见她俩回去。海哥哥一时好奇心起，拉着我尾随两位仙女看她们住在哪里，一路到了老车站附近，结果被她俩发现了，吓得我们拔腿就跑……这件事情本身没什么，神奇的是，桂班花后来成了我的媳妇。这竟是我第一次追我的媳妇，当时她还不认识我，人生真奇妙。

曾经有一段时间，包括我在内，好多人都疯狂地迷恋上了打台球，特别是年轻帅气的汪帅哥，经常上自习趁葛老师不在时翻墙到隔壁去打台球，还经常夜不归宿。一次，葛老师和师娘吵了一架，师娘一气之下就跑了，葛老师满世界地去找师娘。结果，师娘没找到，倒把我们几个跑出来打台球的人给抓了个现行。自那次之后，就再没有人有勇气打台球了。

高三时，小兵同学的家人在校门口开了个小饭馆，那是我们最喜欢的地方之一。不仅价格实惠，还可以赊账。前面说到的与汪美眉之间的糗事，就与这个有点关系。当时小饭馆旁边有一家理发店，那个理发美眉人称小巩俐，是小兵哥哥梦寐以求的对象，因此，他经常让我们过去照顾她的生意。有次我过去理发，理完后兴冲冲地回到教室跟兄弟们眉飞色舞地描述，估计说了一些少儿不宜的话语。猛然发现，安静温和的汪美眉也在教室，正抿嘴偷笑，当时那个尴尬……

当年元旦，(4)班的霹雳舞小伙子惊艳全校。他和虞美人是从一个地方过来的，无形中给了我们班男生很大的压力。兄弟们一讨论,决定在足球场上找回尊严。

关于足球,必须得提我们亲爱的海子哥了。是他带领我们进入足球这个世界,把我们组织在一起。我记得最深刻的一次足球赛是我们与(4)班决战,虞美人正好在山上观战。那次是我这辈子发挥得最好的一次,一个帽子戏法,干脆利落地“灭”了(4)班。那是我在桐中三年唯一值得吹嘘一下的记忆,这辈子也不会忘记。

印象很深的还有永志帅哥。1992 年卡带机刚流行,永志帅哥弄来一台,整天戴着耳机、哼着歌曲,大家很羡慕。也就是那一年,张学友的《吻别》风靡全国,我们就是跟着这台卡带机学会了这首歌。现在偶尔唱起这首歌,还会想起当年那迷恋崇拜的感觉。

帅气多情的大猴哥、刚猛义气的李逵汪、潇洒迷人的班长刘、健壮如牛的兵哥哥……每个同学都是一个精彩的万花筒,聚在一起,彼此开心,共同成长。三年时间很短,很快大家就天各一方了。岁月如风,但这段记忆却越发回味无穷。

一转眼,桐中建校 120 年了,我们离开她也近 30 年。在桐中辉煌的历史中,我们有幸作为一个亲历者体验过她的美好,这份荣幸会陪伴我们走过平凡的一生。我们相信,在每个人的守护下,桐中未来会越来越好。我期待着,等我们老了,有机会重聚桐中,一起回味那历久弥香的美好记忆……

(作者系桐城中学 1995 届校友)

我们还是那个少年吗？

张爱春

我的母校桐城中学，坐落在美丽的山水小城桐城，那里是桐城派的源泉，是六尺巷的故乡。这些闪耀的亮点，对于当年仅十几岁的我来说，却丝毫没觉得重要。因为这是生我养我的地方，仅此一点，无论她怎样，都是我生根的地方。

我人生真正的起点，当属桐城中学。读书，是那个年代最好的选择；桐城中学，正是读书的绝佳圣地。绿树成荫，亭台小轩，那里有姚鼐亲手种下的银杏树、黄镇亲笔题字的后乐亭、楼阁共生的半山阁、红色基因的二野司令部旧址，坐拥一片后山，眼前风光无限。

能考上这所中学，在我的意料之中，因为那里就是我的目标。上大学之前，我从没出过这个小县城，如果我想去看外面的世界，最好的起点就是那里。

我是 1992 年考入桐中的，那时正值母校 90 周岁庆典，我有幸被挑选出来作为那场庆典中接待来宾的学生之一。现在想来，应该就是学生司仪之类的角色吧，但是在当年的我看来，是一件无比风光的事。

记得刚报完到，第一次开班会，是在 9 月一个闷热的晚上。班主任梅老师一上场，就是“胡萝卜加大棒”。“胡萝卜”没记住，光记住“大棒”了，跟我们约法了好几章。其中一条是：虽然天气尚热，但是一定不能去买冰棒，吃坏肚子可就不好了。我跟同桌相视一笑,心照不宣。有必要介绍一下那时同桌的你,现在已是江老师,我们从初中开始就是好同学。后面好多事都是我俩一起做的。

一下班会课,我俩就跑出了校门,然后又跑回到教室。回来的时候,每人拿了一根冰棒,凉冰冰的,吃起来很爽。当然,迎接我们的,应该有同学们诧异的目光。这可能就是青春的模样之一吧,青春的我们就爱反着来。

还记得有一次,下晚自习应该是九十点钟吧,马路上几乎没人,商业活动也基本没有,除了一两个摆摊卖小吃的。面对一马平川的空旷和冷清,我俩的小宇宙立马爆发,骑着自行车,从一点点放手,到最后完全放手。有时候,如果路况较好,我们能从校门口一直“放马”到家门口。“放马”的意思是骑自行车时双手不扶车把手,腾出来做飞翔状。这可能也是青春的模样之一吧,青春的我们无知无畏,但是那份大胆也是稀世珍贵。

少男少女,无论哪个年代,都是最美好的代名词。同时,萌动、迷惘、奔腾、幻灭,又是这个时期躲不过的副产品。如今想来,这都是青春必不可少的一环。只有自己做主的青春才是它本来的模样,每一种可能,每一次选择,都是青春最真实的脚步。世界因此而美好,少年也因此而渐渐成长。那时的我们是幸运的,因为我们的青春里有无比珍贵的自由。

十年之后,我才知晓,那时,在那里,还种下了一颗关乎我今后人生的重要节点的种子。

高二会考完,马上就面临高三的大考了,独木桥、独木舟都得造起来了。但是,这是老师和家长的想法,被压抑了那么久的我们,似乎需要寻找一个释放的出口。就在此时,我认识的一个文科班的男生约我会考结束之后出去聊聊天。用我现在正上高一的女儿的一句话来描述一下此时此景就是,这件事的发生,是偶然中的必然、必然中的偶然。两个偶然间遇见的女孩和男孩，用这样必然的方式，坐在学校后山草地上，进行着人生初步试探性的聊天。我记得我问他的其中一句话是："你认不认识文科班的一个叫×××的?"他不好意思地回答："那就是我。"看吧，世界有时真的很奇妙!

后面发生了一系列故事演变。我非常感谢老师们，我们的一举一动，他们了然于胸，关键时刻绝不会让我们"掉链子"。我们各自被约谈，他们巧妙不落痕迹的询问，大道至简的几句点拨，让我们依然奋斗在朝着目标的大路上。很多年以后，我才知道，当年的我们面对老师的善意提醒，选择的方式都是保护对方，打"死"也不说出来。

中间有一个小插曲。有一天，晚自习下课后，就着月光，就着六尺巷口的巨大树荫，他递给我一张小纸条，上面写着"高考后再联系"，然后毅然离去。我知道，那时的我们都已泪眼模糊，只剩背影，但留风中。我猜你肯定以为你在看一段高赞剧本的某节虐心剧情吧，我也以为我在写言情小说呢！但，这不就是青春吗?

我并没有因此而变差，甚至变坏，反而体会了人生的跌宕起伏和五味纷呈。这些都给了我无比宝贵的体验。什么是真，什么是纯，什么是至味，那是青春才有的味道，将酿出一杯琼浆玉液。插一句后话：这个男孩现在是我的人生伴侣，我们相扶相携。

我的回忆该结束了。有句歌词用在此处，我认为恰到好处："我还是从前那个少年，没有一丝丝改变，时间只不过是考验，播种在心中信念丝毫未减。"

（作者系桐城中学 1995 届校友）

最忆是桐中

姚三幸

前些日子,高中同学张罗着整理班级通讯录,才感叹日子过得真快,离开桐中已近30年。这些年,每次回到家乡,喜欢拉着妻子和女儿沿着北大街穿城而过,驻足母校门口,讲讲那里曾经发生的事。桐中于每个从这里毕业的学子而言,是年少内心日渐丰盈的圣地,是挥洒汗水拼搏奋斗的战场,也是迈向人生舞台的起点。无论走过多少路、经历过多少事,每当想起母校,想起那时的老师和同学,心中总有一份温暖和感动。

忆桐中,首忆是校园。

踏进桐中的校园,两侧是高大的梧桐树,遮阴蔽日。往里走,右手边是黄镇亲手题字的后乐亭,直到读懂了范仲淹《岳阳楼记》中那句"后天下之乐而乐"才明白"后乐"的寓意。一直感恩桐中,在这里不仅可以学到知识,更重要的是经常受到思想的熏陶。这里有为学"高峰入云"、为人"清流见底"的训言,有古色古香、阁亭共存的半山阁,有姚鼐、吴汝纶、朱光潜等灿若星河的大家留下的历史记忆,人文和美景共居于这座历史悠久的校园,显得那么和谐。记得校园上下课的铃声来自学校一角的古钟,悠扬的钟声拖着长长的韵味,也留下了那句耳熟能详的绝对。再往里走,便是后山,我经常戏称它是一块风水宝地,发生了很多有趣的事情。高三那年,我们的教室就在后山下面,三五同学课间休息时经常走到学校的这个制高点，畅谈人生快意，咏志高歌。

忆桐中，再忆是同学。

记得高二刚分到文科班，班上几个文学爱好者揣摩着做点事，于是，学明、程华、沙雷、周晓风、徐笋等几个同学组成了文学社，我也有幸参与其中。后来，第一份手抄报《耕》破土而出，文章都是由班上同学供稿，排版、插画、抄写都是同学们亲自上阵。《耕》不仅在全校同学间传阅，甚至传到了校外，在当时引起了不小的轰动。可惜后来由于学业紧张，《耕》开办一年后便停刊了。现在回想，《耕》的出现，为高中生活涂抹了不一样的色彩。人生莫不如同《耕》一样，付出辛勤和汗水，总有破土而出的时刻。

我高中走读，晚自习下课经常约(3)班胡笑旋一起回去。他看上去严谨、不苟言笑，其实骨子里风趣幽默。一路上的交流很好地缓解了紧张情绪，黄冈中学出的那本数学辅导书就是他推荐给我的，对我高中数学成绩的提升起到很大的帮助。

高考前最难熬的那段日子，偶尔会因为某次考试失误变得压抑和不自信，经常会得到同学的鼓励和支持。我的爱人是桐中同届理科班同学，初识时她素面朝天，如今相扶走过20多年，风雨同舟。爱人经常跟我打趣道："原来我也是十指不沾阳春水，现在既要上得厅堂，还要下得厨房。"为这个家，她付出了很多。幸福的关键在于，我们每天进门就是同学会。

忆桐中，最忆是师恩。

张恩怀老师是我们高一班主任，也是我们的英语老师。上他的课，不仅脑要勤，手更要勤。满黑板的知识点，他会不厌其烦地重复、重复、重复。一学期下来，厚厚的笔记本整整抄了三大本。考前根本不需要刷题，只需按照笔记本复习，成绩八九不离十。曾经某班某人考前借阅我的英语笔记本复习，竟然轻松地考了班级第一。

吴春生老师是我们高二语文老师，他年轻、高大、帅气、有内涵，听他的课是一种享受。他讲起知识点丝丝入扣，让人如沐春风。多年后，在深圳短暂生活过两年的我，有幸跟吴老师见过一面，他身上依然带着那份儒雅和自信，令人倍感亲切。

崔甸甲老师教我们文科班的数学，他也是20世纪60年代我父亲在桐中求学时的老师。听父亲说，崔老师高中毕业后便留校任教。老先生的教学不仅带着数学本身要求的严谨，也带着他与生俱来的浪漫主义文采，经常以一曲诗词歌赋结束生动活泼的数学课。工作后听闻崔老师仙逝的消息，心中一直悲伤不已。

曹向东老师是我们高三班主任，是良师，更是益友。他把枯燥的历史讲解得趣味横生。作为班主任，他时刻敏锐地捕捉每位学生的思想动态。难忘他高考前把我单独叫到后山操场，语重心长地跟我聊天，让我放下包袱，全力以赴。难忘他看到我们高考成绩后的那份喜悦和激动。

母校是盏启智的明灯，我愿时时勤拂拭，获取它的力量和智慧，不仅过去、现在，将来亦复如是。

（作者系桐城中学1995届校友）

学子的骄傲

姚雄生

值母校120周年校庆之际，看了很多校友饱含深情的美文，近30年前的人和事一下子似一幕幕镜头跃然眼前，文采并不出众的我也忍不住拿起笔。

桐城文风甲天下

离开故乡近30年，每每和妻子、大学同学、朋友、同事、外国友人介绍我的故乡桐城时，自豪感总会油然而生。我会介绍清朝的桐城名人及桐城派文学和现在的桐城中学。根据二月河小说改编的电视剧《康熙大帝》《雍正王朝》《乾隆皇帝》里桐城的张廷玉和方苞家喻户晓，桐城派文学的集大成者姚鼐先后主讲扬州梅花书院、安庆敬敷书院、歙县紫阳书院、南京钟山书院，培养了大批学人弟子。

今有桐城中学，承载着桐城人的梦想，小小的城市里的一座美丽的校园走出了十多位院士，诸多学子成为各行各业的翘楚。这一切都得益于桐城的文风。桐城人爱读书，十里八乡都闻琅琅读书声。

1992年我考上桐城中学，那时考桐中比考大学还难，我们初中每年一般只有两个左右能考上，因此，我父亲的眼里是满满的骄傲和满足。父亲也毕业于桐城高中，无数次向我介绍过桐城中学。

开学第一天，给我留下深刻印象的是后乐亭和半山阁。后乐亭有黄镇校友亲书“后乐亭”匾额，以激励师生志向远大，为民族效力，为祖国献身。半山阁匾额为“勉成国器”，设计风格非常独特，专家称颂它是“凝固的音乐”。

那时的高中生活条件很艰苦，从家里带菜来学校吃，住的是姚鼐所植银杏树旁边的大宿舍，但整个学校的精神面貌非常好，积极向上。老师经常对我们说“读书可以实现梦想，书中自有黄金屋，书中自有颜如玉”。我们并不是死读书，老师们不仅有精神鼓励，还个个都有十八般武艺。汪顺芳老师是唯一教我们三年的物理老师，我的物理成绩离不开他的指导。我记得有次中午去他家请教问题，汪老师非常耐心地为我讲解；还有次上课开小差，他发现后喊我回答问题，我回答对了，当时一阵窃喜。刘和权老师是我们高二班主任，教数学，个子高，为人和蔼可亲，讲话声音洪亮，非常难的题目他能很快条理清晰地写在黑板上。我是数学课代表，刘老师经常勉励我要好好学习。汪浩海老师是我们高三班主任，教数学。高一和高二我们班成绩稍差，汪老师接手后抓得很严，开班会时经常说还有差距，要继续努力。在他的带领下，我们班高考取得了令人满意的成绩。陈玉莲老师是高三语文老师，文采非常好，语速快，声音清脆。陈老师改变了老师严谨刻板的形象，她年轻美丽，穿着时尚干练，大家很喜欢她的课，我的语文成绩在高三也提高不少。正是有他们的辛勤教育，才有今天桐城中学学子遍布天下，为祖国的建设添砖加瓦。母校德才兼备的老师们是母校的财富，是我们的骄傲。

去年我曾推荐同事们去桐城旅游，他们回来后都说桐城“文都”果然名不虚传，我不由得又骄傲了。

桐城学子勤劳奋进

桐城中学带给我的还有勤劳奋进的精神，受益至今。刚进桐城中学的时候，我的数理化成绩较好，语文和英语成绩不怎么样。老师们经常鼓励大家要不服输，书山有路勤为径，一点一滴地积累，不断地努力学习就会有进步。周围的同学们都暗暗较劲，挑灯夜战，立志下次考试要超过谁，形成你追我赶的学习氛围。

那时桐城中学有数理化竞赛，鼓励学有余力的学生参加竞赛以拓宽视野。我的物理成绩比较突出，在汪顺芳老师的指导下，高二参加了安庆市物理竞赛，取得第一名，被选拔参加暑假在安徽大学的集训，获益匪浅。我在物理上花了不少时间，有点影响其他课的成绩，担心影响高考，后来花在物理上的时间少了，安徽省物理竞赛只拿到三等奖，有点愧对汪老师，还好高考物理成绩不错，考到 139 分。虽然其他课成绩有点受影响，但我并没有放弃，在老师们的帮助下努力追赶，功夫不负有心人，高考成绩 600 多分，出乎班主任汪浩海老师的意料。汪老师还在他后面的班级上把章杰斌和我作为例子，鼓励学子们不到最后一刻不要放弃。

这种在桐城中学培养出的勤劳奋进的精神值得骄傲，一直鼓励着我在大学奋进，继续东南大学研究生的学习。工作后的每一个项目，我都精益求精，努力做好，力求上进。

我为母校桐城中学骄傲，为辛勤付出的敬业的母校老师们骄傲，为勤劳奋进的母校学子们骄傲。愿母校永远年轻有活力，桃李满天下。

（作者系桐城中学 1995 届校友）

致青春记忆

崔　祎

今年正值桐中建校120周年，同学群里一下子热闹了起来。礼祥同学很热心，一直在积极宣传和推动母校120岁华诞庆典活动。几周前，他给我布置了任务，希望我也能为在桐中的那段岁月写点东西，顿时感觉压力山大啊。

在惊讶于礼祥、玉进等同学们惊人记忆的同时，也为自己渐渐失去那段岁月的记忆感到焦虑和恐慌，无法想象没有回忆的人生会是什么样的。幸好有这群可爱的同学们！他们一篇篇精彩的回忆录和一张张弥足珍贵的青春合照，帮我弥补了这样的缺憾，也渐渐勾起我埋藏心灵深处的记忆碎片。

我把这些碎片化的记忆记录下来，是怕自己以后真的失去了她，也希望为母校120岁华诞送上不算迟到的祝福。

我的整个中学生涯是在邻家大哥巨大光环的压力下度过的。他是桐中学子，也是当年全乡唯一考取北京大学的。这压力不仅来源于父母亲望子成龙的期盼，更多来源于自己内心的较劲。我深知自己资质平平，唯有勤奋和努力，初中三年铆足了劲，终于"步了他的后尘"，也考上了桐中。报到那天，看到在那长长的宣传栏里的新生排名表中，自己的名字赫然排在第一个，心中窃喜了一阵子。

也许正是这个原因，班主任梅万生老师任命我担任班长，让我这个只知埋头苦学又有点内向的书呆子不知所措。我以为只要把学习搞好就行，哪知同学们个个是高手。学习拼不过，班级活动也不知怎么组织，更大的挑战还在后面。

记得当时(8)班个别同学和几个社会小青年一起到我班宿舍来闹事。从未见过这场面的我不知如何处理，只好偷偷溜出去通知梅老师。事态算是暂时平息了。然而，梅老师刚走，这帮“小混混”就走到我床前，把我拉下床，扇了一耳光，并提出了严厉的警告。当时的我心里非常害怕，幸好第二学期学校作出开除部分“混混”同学的决定，还一个清宁的校园。现在想想，当时的小混混现象不就是现在时常见诸报端的“校园霸凌”现象吗？幸运的是，国家及媒体都关注到了。

当然，我的班长头衔也在第二学期被拿下来了。同学们，非常抱歉，那个学期没能服务好大家！

高一时，宿舍是个大教室改装的。我们班所有住校男生都安排在一间教室，上下铺，几十号人在一起，呼噜声夹杂着球鞋散发出的酸臭味，还有不时踢到脚盆发出的叮铃哐啷声。最奇葩的是，有次老鼠竟然爬进我的蚊帐里，但这种情况对于来自农村的我都不是事儿，淡然地把它赶出去了。

住在上铺的同学爬上爬下久了，练就了一跃就能上床的本领。把式是好把式，但床禁不起这样长期折腾。记得有次永阳同学直接连同床板掉了下来，想想真是后怕……

大宿舍里最激动和最紧张的时刻莫过于集体聆听不知谁的收音机里播放的足球比赛和2000年奥运会举办城市的投票结果，当听到结果不是“北京”时，同学们都很沮丧，难以接受。

不爱锻炼的我很少到操场去跑步或打篮球，然而，考验的时刻总是躲不过去。每次的单杠测试，我总是拼命地摆动身体，憋红脸,努力伸长脖子再凑一个。最难受的是每次跑完 1 500 米,感觉整个人都“废”了,午饭都不想吃。

高中三年,三位数学老师,各有特点。高一时的彭老师上课时经常来一句“Perfect!”和“水至清则无鱼,人至察则无徒”的情景似在昨天。刘和权老师一张红扑扑的圆脸,加上洪亮的嗓门,总是给人一种充满激情和干劲的感觉。巧合的是,那年到大学报到时竟然和刘老师同乘一辆大巴,他送女儿去南京报到,内向的我一路上都没敢和刘老师打招呼,最后还是被他发现了,好尴尬啊!汪浩海老师既是我们高三数学老师也是班主任,他的数学推理总是徐徐道来却包含着环环相扣的逻辑。我现在自以为还不错的逻辑思维离不开当年汪老师的熏陶和影响。更有意义的是他的班会课,讲纪律时简洁但掷地有声,偌大的教室寂静无声;讲道理时娓娓道来,让我们的视野不要局限在桐城小县城,要走出去看看更大的世界。

汪顺芳老师教了我们三年物理,非常专业,也很敬业,经常为讲清一道题拖堂到下一节课,可惜我没能学好物理。记得在高考前的一堂复习课上,汪老师出了一道力学题,把我喊到黑板前做题。当时我脑子一片空白,站了几分钟还是一字未写后跟老师说我不会做。汪老师一脸焦急地看着我说:“这样的题型现在还不会解,是不应该的。”

吴义志老师的新式英语教学方法让习惯了知识点填鸭式方法的我们根本适应不了,还集体打报告给校领导要求更换老师。也许一开始就普及这样的教学方法,我现在的英语听说能力也不至于赶不上初中的女儿吧。

当然,还有留在我脑海里的总是一袭长裙的陈玉莲老师,干练而美丽。

那时同学间既有十分纯真的友谊，也不乏暗暗较劲的竞争。每晚熄灯后仍有在煤油灯下继续奋战的身影。为买一本数学杂志，永阳同学省吃俭用一阵子，还不忘把买下的杂志和经典题目与我分享。天忠同学一首略带戏剧味的民谣至今令我难忘，他怎么会有这样一副好嗓子！还有嘴里一直在哼唱着“村里有个姑娘叫小芳”的玉进同学，总是可以看到他在报刊栏前读报的身影，但这丝毫不影响他的成绩，一直在班级前几名，你说气人不气人呢？

要说高中最疯狂的时刻，莫过于高考前几天，朝阳同学、洪生同学和我三人偷偷溜出学校，到电影院看了一场性教育片《结婚以后》。这是我平生第一次进电影院看电影，记得我们仨进电影院时生怕被人叫住或撞见熟人。

最甜蜜的事，莫过于暗恋的那个她能回眸对我一笑，足以让我心情愉悦好几天。但自始至终我没能跨出一步，面对面说上一句喜欢你的话。

谨以此文致敬逝去的青春！祝福母校，祝福老师们，祝福同学们！

（作者系桐城中学 1995 届校友）

岁 月 无 声

高茵茵

今年是桐中建校 120 周年,朋友圈里时不时能刷到怀念母校的文章,这些文章来自不同年代的校友。从这些文章中能看出,一所小小的高中所反映出的时代变迁。不同的年代,有不同的桐中、不同的老师和不同的学生。

此刻,窗外春光明媚,春风和煦。而国际形势风云变幻,国内疫情此起彼伏,一切都充满了不确定性。每一个人,在时代的大背景下,都是粒沙子。我这一粒沙子,在年少时与桐中相遇,感到无比幸运。

亲　　情

1986 年,记得也是这么一个春日,我跟着爸爸和姑姑,带着爷爷的骨灰,从南京坐船到安庆,再换乘大巴从安庆到桐城。一下车,就看见等候的灵车和跪在地上的几十位亲友,黑车黑衣白花,哭声一片。

从未见过这样的场面,我吓坏了,也跟着哭了起来。灵车缓缓启动,穿过和平路进城,来到桐中门口。校门口聚集了很多给爷爷送行的老师,大家都含着泪。人们把一排排花圈搬上货车,鞭炮声此起彼伏,久久不能平息。在西山上,爸爸安置了爷爷的骨灰盒,一并放进去两瓶酒和一条烟。我们烧纸、放鞭炮、磕头，然后下山。对学龄前的我而言，这是第一次关于生命和死亡的教育。

爷爷曾经是桐中的校医。印象里，他老人家寸头方脸，眼睛很大，胡子很硬，长得颇有点鲁迅的感觉。周末时，父母会带着我们兄弟姐妹去桐中看他。他那时住在桐溪塥旁边的几排厢房里。

爷爷平时很严肃，很少对家人笑，给你个零食吃，也是命令的口吻。我们这群小孩，打个照面，拿到奖赏，就会飞奔出去。那几排长得十分相似的厢房，适合捉迷藏；后山是探险家的乐园，发现新的动植物，偶尔还能翻过围墙看看外面的世界；夏天的桐溪塥，更是玩水胜地，白天可以抓鱼抓虾，晚上运气好的话，能看到水面上星星点点的萤火虫。

我上学的时候，校医就是给大家发发糖丸、贴贴创可贴。而大人们告诉我，爷爷当校医的时候，校医可是个正儿八经的医生。对这一点，我一直深表怀疑，直到听到很多关于他的神奇故事。相传他在房前屋后种了很多草药，收集制作各种偏方药引，治好了很多老师和同学的疑难杂症。相传他乐善好施，在家里很困难的时候，还想各种方法帮助困难学生治病和加强营养。

几年前，我去姑姑家，她给我看一张剪下来的报纸，讲的是日本科学家发现如何用人肠道的细菌治疗肠道疾病。姑姑很自豪地说，你爷爷几十年前就用过这方法，那年桐中有很多学生一直拉肚子，久治不愈，你爷爷偷偷用婴儿粪便入药装胶囊里，治好了大家却不敢说。我听了觉得不可思议，要是在现在，会被家长告到饭碗不保吧？姑姑说爷爷生错了年代，要是晚几十年，他会成为大家。

对于我而言，他老人家就像一位世外高人，“爷不在江湖，但江湖始终有爷的传说”。我到桐中读书时，他已经去世十多年。承蒙他老人家之前积德行善，我一直受到记得他的老师和教工的关爱与照顾，到食堂打饭，师傅认出我，萝卜烧肉里都能多得到两块肉。

同　窗

1994年，我如愿考入桐中。

如果要总结这三年我从桐中得到了什么，我觉得可以用“思想单纯”这四个字。在这座校园里，我们早读，晨练，上课，晚自习；我们也开小差，发呆，看小说，传小纸条，起哄，八卦，搞恶作剧。时而觉得自己真的可以被勉成国器，时而又觉得我的青春我做主，任性一下何尝不可。我们单纯地做着自己想做的事情，无论它是好的还是坏的。我们取得过好成绩，也遭遇过滑铁卢。老师们表扬我们，也批评我们。但无论怎样，这座校园令我心安，不焦虑，不急躁。

记得高一开学后没过两个月，班主任张老师就在班上说：“我看出来了，这个班，集中了全年级最多的‘混子’。”班里的“混子”分两类——“内求”和“外求”。“内求”的只管自己玩，来无影、去无踪，在校园附近的录像厅、游戏厅、桌球室神出鬼没，和班主任上演一场又一场精彩的“猫捉老鼠”。而“外求”的一类，创造力和表现力俱佳。他们有的惟妙惟肖地模仿各科老师讲话，炉火纯青，以假乱真；有的把臭虫粘到黑板的角落里，气哭化学老师；有的模仿港片里的带头大哥，和全年级男生组团火拼；有的对着隔壁班叫莲的美丽女孩，一遍一遍、不厌其烦地唱着戴军的《阿莲》……我们这些不明真相的群众看得非常开心。

高中三年，我们换了两任数学老师、两任化学老师和三任物理老师。不知道是不是学校有意为之的战略安排，总之，在班主任张骏老师不离不弃的带领下，我们这个班在高考中并没有垮掉，大部分人在懵懂中实现了自我跨越和成长。当年的同学们，如今在各自行业中，发光发热，风生水起。老师们通过他们举重若轻的工作，为我们营造了不疾不徐和张弛有度的氛围。如今已为人父母的我们，深深感受到这一点恰恰是当下所缺少的，尤为珍贵。

我已记不清我们多少次惹张老师生气，但我记得，无论白天如何生气，每天晚自习，他都会轻轻地来，轻轻地走，再轻轻地来，直到下自习熄灯。

我已记不清老师当年教授的知识点，但我仍然能想起江老师，当年桐中最洋气的老师，上课上到兴起时会点燃一支烟，在讲台上踱来踱去，英文和烟圈同时被吐出，两者互相交织，缓缓升腾。

我已记不清大部分同学的面孔，但我依然记得从我的左后方传到我的右前方的纸条，上面工整地写着一道题的三种解题思路。

帮忙传纸条的我，也顺便受到点拨，学到新的解题方法，同时看见一个少年青涩而真挚的心。

我已记不清紫藤花何时开、何时谢，但我能想起某个紫藤花开的时节，我和李同学坐在树下，端着从食堂打来的饭，边吃边聊，一直聊到饭都凉了、天都黑了。紫藤不语，以香为伴。

我已记不清在桐中的那几年下过几场大雪，但我记得我们几个女生，晚自习溜出教室，溜进后乐亭的小园子，在雪地微光里，你追我赶，肆意撒欢。胡同学乌黑及腰的长辫，在风中飞扬。

记忆里都是片段，但这些片段，何尝不是一个人的黄金时代？

友　谊

1997年9月初的一个夜晚，我来到桐中，找到李大双同学，告诉她我明天就要走了。经过高考后一整个暑假的放空，我们突然恍过神来，意识到离别竟在眼前。高中三年，我们大部分时间都是同桌，分享能分享的一切，朝夕相处，已成习惯。说着说着，我俩竟然都哭了起来。现在回望，这眼泪，多少有点儿少年不识愁滋味的意思。

此后，我进入浙江大学，入选混合班（竺可桢学院前身），以计算机零基础和薄弱的英语听说，遭遇全国各路“大神”的无情碾压。四年间，经历从成绩垫底到逆风翻盘，最后以优异的专业课成绩毕业和保研。大双从长沙电力学院（现长沙理工大学）考研到浙江大学电机系，我们在求是园里胜利会师，一起度过了两年研究生时光。毕业以后，我到上海工作，大双去了美国，十几年一眨眼就过去了。

由于距离远，我们见面的次数屈指可数。偶尔在微信里联系，交流片刻的岁月静好，更多的则是一地鸡毛的日常。她在美国帮我找英语家教，我在中国帮她弄奥数卷子。有时聊聊国际形势，也扯扯明星八卦，再交流交流中美抗疫经验。日子像流水一般，静静流淌。虽然我们过着不一样的生活，但少年时结下的友谊，是无需多言便深深懂得，是即使许久未见，再见依旧如初。

我们最近一次见面，是在疫情暴发前。2019 年暑假，我带孩子去美国参加夏令营。虽然不顺路，我们还是一路转机，飞越几个时区，绕道见了个面。两个孩子，年龄相仿，虽然成长环境不同，却一见如故，待在一起的几天形影不离。这大概就是“三观”一致的妈妈们带出来的缘故吧。

某天晚上，我们安顿好孩子，寻了个好馆子，在异国他乡，在喧闹的餐厅里，用桐城话把酒言欢。我们说，此刻，要落实一下“后乐”中的“乐”。第二天，我们在机场相拥告别。孩子们哭了，大双和我都默契地憋住了眼眶里饱含的泪水。相比 17 岁在桐中那个离别的夜晚，我们懂得了为母则刚，懂得了离别是人生常态，也懂得了“海内存知己，天涯若比邻”。

结　　语

桐中，小时候在我们心里种下的家国情怀，对于平凡人，落实到平凡的日子里，是对工作和家庭的承担与坚持；她给予我们的清澈和单纯，绘就了我们“三观”的底色，给了我们一份豁达和洒脱。纵然不能成国器，亦能成全人。小伙伴们相遇在少年彼时，收获了真挚的友谊与一生的守望。这一切，何其幸运！

草色逐年新，花开又一春。愿我的母校青春永驻，用源远流长的文化滋养一代又一代学弟学妹们！

（作者系桐城中学 1997 届校友）

难忘的校庆

李 超

龙眠山下,紫来桥旁,后乐亭中,银杏树前。百年名校安徽省桐城中学即将迎来120岁生日,看到诸多校友纷纷撰文庆贺,我心中思绪万千。作为20世纪90年代初期桐中的初中毕业生,我也想把当年求学期间的趣事写出来,与大家分享。

90 年校庆

1991年的暑假是个无忧无虑的假期,因为小学毕业了,没有暑假作业,初中的录取通知书也拿到了手,整个假期人都处于"放飞自我"的状态。

9月,我兴高采烈地去未来三年学习的地方——桐城中学——报名。在校三年发生的事情很多,令我最难忘的莫过于学校90年校庆。

学校90年校庆是在1992年下半年举行的,当时我正在上初二,人生中第一套校服也是那个时候发的。男生校服以天蓝色为主,两只袖子上半部搭配白色和绿色条纹;女生校服以黄色为主,两只袖子上半部搭配红色和白色条纹。校服整体给人的感觉就是颜色鲜明,充满青春活力。

我们对校庆的印象是朦朦胧胧的,觉得校庆跟我们学生没有多大关系，直到有一天音乐老师王洪流在班上挑选校庆乐队人员，我们才感觉到校庆也有我们参与的份儿。

校庆乐队的队员是从我们初二两个班级中挑选的，具体人数已经记不得，从排练的照片中推算，应该是29个人。其中，女生20个人，负责相对轻一些的小军鼓；男生9个人，拿的都是大鼓，排练起来鼓声惊天动地。9个男生中唯一不敲鼓的就是乐队指挥，很荣幸，那个乐队指挥就是我。

能成为90年校庆的乐队指挥，我心里有种莫名的自豪感，同时伴有紧张和担心。紧张是因为我第一次做乐队指挥，站姿、手势都不知道该怎么做，好在有王洪流老师的细心指导，排练的紧张感慢慢消除。担心是因为校庆时肯定有很多人，在那么多人面前指挥乐队演奏可是我平生第一次，担心出差错丢脸。刚开始排练的时候都是在下午最后一节课或者放学后，没人观看；随着排练时间和场地的改变，观看的人渐渐多了起来，也算是模拟彩排了，排练

越来越熟练,担心也就不存在了。

90年校庆如期顺利举行,整个校门口人山人海、锣鼓喧天、鞭炮齐鸣。校乐队安排在校门口的西侧,一切都按照排练的流程顺利地演奏。结束后,乐队同学们都十分高兴,长舒一口气,心想终于不负使命完成了这么艰巨的任务。

100年校庆

2002年是桐中百岁生日,虽身处外地,但仍时刻关注母校的消息。2002年的网络没有现在这样方便,手机还是黑白屏,移动端设备的通信局限于电话和短信。为了能参加百年校庆活动,只能靠打电话委托家人报名参加。由于工作临时安排,没能及时回去参加,实属憾事。感谢母校的贴心安排,给我发了校庆纪念册和纪念盘。如今,纪念册和纪念盘都放在家中书柜显著位置,闲时给儿子做详细的讲解,让他了解桐城中学的光辉历史。

结　语

初中三年时光在人的一生中起到承上启下的作用,褪去小学的稚嫩,迎接高中的花季。1994年毕业至今已经28年,但是在母校发生的点点滴滴仿佛就在昨天。

三年里给我们授课的老师有十多位。初一、初二班主任方世友老师(教地理),2001年某一天开会偶遇还闲聊了两句,听说现在在深圳。他讲的地理知识通俗易懂,地理课是我非常喜欢的课之一,以至于对后来去全国各地出差很有帮助。梳着背头的李若松老师(教语文),虽然个头矮小,但是上课盯人一流,发现有上课开小差的，一个粉笔头会精准叫醒你。还有上课很有“杀气”的教数学的包瑞华老师（主要是自己数学成绩不好，怕被点名）、帅气有型的数学老师崔新国。

英语老师高宗翔（初三班主任），个高、形象好，戴着一副茶色眼镜，说着一口流利的英语。记得最深刻的一句话是“Try and Try”，告诉我们凡事不管行不行，总要试试看，没有试过你怎么知道自己不行呢？

物理老师吴宗勤，瘦高型，每次上课都是一路小跑来到教室。物理老师吴雄光，憨厚的一个小伙子。历史老师胡杰也是帅小伙，每次上课仪容仪表都很清爽整洁。

政治老师蔡长宇不是桐城人，说话有点外地口音。化学老师许春林给人的感觉是冷酷型，他的实验课是同学们最喜欢的课。

体育老师吴东明令我印象最深，训练我长跑，暑假都没有休息过。怀念那时的后山操场，虽然没有塑胶跑道，跑起来灰尘满天飞，训练结束就躺在后山的小山坡上，吹着夏天傍晚的小风，相当舒服，那种乐趣是现在的孩子们无法体会的。三年里，我们班在校运动会中不管短跑、长跑都是第一名，吴老师功不可没。

音乐老师王洪流是优雅时尚型的，穿衣搭配永远与众不同。除了音乐教得好，普通话说得更是字正腔圆。

美术老师阮芳朝是个爱说笑的人，上课时简单几笔，在黑板上就勾勒出一幅画，边说笑边讲解画画的步骤，逗得同学们哈哈大笑，教室里总是充满了欢声笑语。

值此校庆之际，祝福母校的未来更加美好。金秋十月，同赏银杏之美，共贺桐城中学120年华诞。

（作者系桐城中学初中部1994届校友）

落落梧桐魂，淡淡紫藤韵

王　睿

距离上次回老家已近四年。印象中，我漫步在桐中校园里，忽然就闻到一股久违的花香，一种清新淡雅的香气，仿佛在前世的记忆里沉淀过。四顾去寻找，原来是那梧桐和紫藤发出来的，我惊喜地迎上前去，那紫色的花吸引了我的目光。当美丽素雅的梧桐花和紫藤花同时出现在我梦中时，我的心底涌起了缕缕温馨，那些曾经让我魂牵梦绕的花儿，终于在梦中与我重逢了。

我有好多年没见过梧桐花和紫藤花，这两种花在老家比较多见，一种开在路边，一种开在校园里。我第一次看到就被她们的美丽吸引住，那种淡淡的紫色，那样轻盈的花朵，一下子就走进了我的心里。淡紫色的花朵微张着，如同摇曳的风铃，轻风拂过，花儿飘落在地上。俯下身拾起一朵，举于鼻尖，淡雅的清香顿时沁人心脾，我仿佛看到了过去的我，童年的稚气，少年的纯真。

记忆从这里漫溯开去，回到了那开满梧桐花的天真童年。那时路边的梧桐树格外多，房前屋后，都种着这种树。春天，她开放一树花，街上飘溢着清淡的花香；夏天，她撑起一片阴凉，遮挡着炎炎烈日；秋天，她落满一地蒲扇般的黄叶，成就了一条条黄金大道；冬天，她静默耸立在院子里，魁梧的躯干笔直地伸向那苍穹，如同哨兵般保护着院子。不知不觉中在梧桐树的庇护下就走进了烂漫的少年，春去秋回，寒来暑往，她抽过多少新芽，又多少次把叶儿悄悄落下。

犹记得中学时代的我最喜欢坐在紫藤花架下看书，喜欢看那一串串花朵在微风中摇摆，有时还有几片花瓣会落在书页上。那种心情，真的是用“快乐”两个字不能言表的。那时候的紫藤花，就像是我的知己，因为这份情结，当时还写下了一篇《情系紫藤》，表达自己对紫藤的情有独钟。当我要远赴他乡求学的时候，也离开了那心仪的梧桐和紫藤。

在很多人眼里，梧桐树只是一种普通的树，梧桐花算不上美丽的花，更不用说名贵了。但对我来说，却是一种值得留恋和回忆的花。我喜欢梧桐花，也喜欢飘溢着梧桐花香的季节。梧桐花不仅有香气，而且能入口。梧桐花像是个长长的铃铛，下摆如裙角微微张开，顶部是个纽扣大小的暗黄的花蒂，揭去顶端，有一两根花茎相连，用嘴轻轻一吸，是香而甜的花蜜，像琼浆甘露，滋润了童年的梦。树上偶尔有鸟的啁啾，天上的白云在蓝天里慢慢游走，童年的欢笑在这里荡漾。

我也喜欢紫藤花，就像多年未见的老朋友一般。记得在《情系紫藤》中写道：在美丽的紫藤花下，我的心情已是那么明朗，对明天，又有了新的希望。写下这些句子时，我对未来充满了美好的想象。现如今一晃20多年过去了，当年那个怯生生的小丫头早就长大成人，大学毕业也有十多年了。时光荏苒，从不谙世事的小女孩到青春渐行渐远，心境成熟了很多，可是，不变的是心中的那份真情，对于紫藤，那样淡雅、美丽的紫色，留在心中的将是永远的美丽。

一棵树，一朵花，一处风景，一种存在的方式。落落梧桐魂，淡淡紫藤韵。在梦境里沉淀着梧桐和紫藤花开的季节，如同风景一样陌生又熟悉。家乡的梧桐树，桐中校园里的紫藤花，你们就像我的亲人，烦恼时你们听我倾诉，失落时你们给我鼓励和信心；和我一起分享快乐，陪我一起走过人生；你们经历了多少沧桑，呵护了多少小生命免遭风吹雨淋。是你们记下了我童年的欢笑、少年的憧憬，还将陪我走过青春，走向未来，给我一个丰满诗意的人生。

（作者系桐城中学 1998 届校友）

我们在一起

王　罡

欣闻母校120周年校庆，让我似乎又回到了记忆中那个难忘的校园、那个改变命运的1999年。一别20余载，想起曾经，想起51个兄弟姐妹。曾经，我们青春年少；曾经，我们激情飞扬；曾经，很久的曾经，我，依然忘不了！

记得曾经
我们在一起
教室里一起寻找学海的边界
紫藤下一起聆听岁月的足音
长椅上一起享受初冬的暖阳

记得曾经
我们在一起
挨训时一起暗送会心的眼神
休息中一起交流开心的玩笑
考试后一起期待理想的结果

记得曾经
我们在一起

激情在球场上奔放
友情在默契间沉香
痛苦在互助中消融
快乐在阳光下永存

记得曾经
我们在一起
揽一阵清风梦想登上心中的高峰
采一片白云遥想化作传说的神龙

记得曾经
我们在一起
举杯欢庆

记得曾经
我们在一起
挥泪别离

记得
还是记得
曾经
我们在一起
笑过哭过
玩过耍过
痛苦过快乐过
付出过收获过

永远记得曾经
我们在一起
且行且歌

献给我的高中时代那段难忘的日子和如今身在远方的老师们、兄弟姐妹们!

少年
花样的年华
阳光的骄子
一个代表风华正茂的词语
一段展示生命飞扬的旋律
飘荡着激情与梦想的声音
凝聚着华丽与朴素的画面

蝉声中那南风吹来
校园里紫藤花又开
无限的离情充满心怀
最难舍师恩如海
最难忘同学情怀
无论是快乐还是失意
最怀念夏夜的烛光
最温暖初冬的暖阳
祝福声中默默回忆
青春之歌正悠扬

(作者系桐城中学 1999 届校友)

我在桐中那四年

赵　丹

毕业后我才明白，母校是一种情怀。听闻母校即将迎来120周年校庆，看见校友群里一阵阵热议、一张张旧照，仿佛推开了我记忆里的一扇旋转之门，思绪不自觉地回到了高中那四年。

我1999年入学桐中，2002年第一次参加高考，虽被某高校录取但不太满意，后留校复读一年，2003年第二次参加高考。在桐中，我度过了四年美好时光。

离校19年了，我还清晰地记得第一次走进校门的紧张。从小就听说桐中老师都是名师，学生都是各初中考来的尖子生，有幸考进桐中虽然值得高兴，但很快我就开始担忧自己能否跟得上。想来当年我的忧患意识挺强的。

入校之后，我一直都非常努力，不想辜负家长的期望。无奈个人能力有限，成绩一直中等，只能算是努力做到不掉队吧。印象中，高一入校摸底考试，我的数学考了前三名，老师当着全班同学的面表扬了我，这可能是我高中唯一的高光时刻。后来发现，可能是因为第一次考试时其他同学还没调整好状态，当他们像睡狮苏醒一样发挥出真实水平后，我也就回到了我真实的排名。老师一直都鼓励我有潜力、再努力，让我自信不少。

我的高中班主任是数学老师金汤，他一向要求严格，不怒而威。我非常喜欢数学，对金老师是既崇拜又害怕。记得高三有一天他在教室外走廊上和我谈话，微笑地问我，最近学习成绩没怎么进步呀？当时的我紧张地快哭了。

两次高考中我发挥得最稳定的就是数学了，即使2003年遇到了被评为“难哭考生”的数学卷，我还是考了一个自己挺满意的分数。高考后，我曾和同学们一起去看望金老师，终于没那么紧张了。前几天在校友群里看见他的照片，多年未见，虽然他的白发变多了，但依然很帅很精神。

桐中学风好、老师管得严确实名不虚传。当年，我们的班主任不仅会在教室窗口突然出现，还会在学校门口的网吧、小吃店、书店、音像店不定期地“路过”，看看有没有“忘记”按时上课的同学。一周七天中只有周六不上晚自习，周日上晚自习是为了让我们“收收心”，好开启新的一周学习。那时候，有不少省内其他城市的家长把孩子送来借读，可见对桐中实力的认可和对老师们的信任。

我的同学当中不乏天资聪慧、似乎不费吹灰之力就能考第一的“天才”，但更多的是后天努力型。早上天还没大亮就有人在校园里晨读，课间休息时有人抓紧时间争着向老师请教问题，傍晚时分教室灯还没亮也有人借着余晖做题，晚自习结束了还有人打着手电筒在挑灯夜战，有时候老师甚至会提醒，“课间适当出去活动一下”“注意保护眼睛”“注意休息”等，整个校园的学习氛围非常浓厚。

第一次高考，我的成绩不理想，虽然被录取了，但思虑再三，还是决定留校补习。

补习班教室在单独的一栋楼里，在整个校园最里面，与其他教学楼之间有一段距离，让补习班的学习环境更安静了。补习班的楼稍微旧一点，只有两层，楼梯是木制的，走上去会发出咯吱咯吱的声音，有一种老上海小洋楼的复古感。走进教室立刻会感受到不一样的氛围，比常规教室大不了多少的空间里坐了100名学生，每一横排10名。整个教室只有中间一条过道，如果你坐在靠墙的位置，想出来上个厕所，需要惊动外面4名同学。每个课桌上都堆着一摞摞很高的复习材料，材料后面都"藏"着一位埋头苦读的学生。黑板右上角写着高考倒计时，数字每天都在减小，安静的教室里只能听见笔尖和纸摩擦的沙沙声。大家从各个学校各个班级相聚在一起，组成了一个新的集体，目标更加明确，弦绷得更紧。2003年"非典"暴发，对我们日常学习生活影响不大，只是每天进学校检查更严了，教室里每天通风，用84消毒液拖地擦拭，空气中弥漫着淡淡的消毒水味。

补习班教学楼后面是学校的后山操场和住校学生的宿舍楼。为了节约时间，妈妈给我办了半住宿，中午可以在宿舍休息，晚自习之后再回家。每天最期待的是晚自习开始前的一小段时间，同宿舍的同学们三三两两约着从宿舍楼门口的斜坡走上去，到后山操场去溜达一下，暂时从高考备考的紧张气氛中抽离出来，呼吸呼吸新鲜空气，再回去继续奋战。

我的补习班班主任是语文老师吴幸福，吴老师笑起来特别和蔼，他温柔的语气、幽默的语言让语文课成了大家的期待，缓解了不少补习班里无形的压力。第二次高考之后我回去看过吴老师，当时吴老师笑着说，你们看，你们都考得很好，我就轻松了，都变胖了。

那时候的我一直都为了学习成绩而烦恼、担心，甚至默默哭泣，没有手机，没有微信，没有现在这么多自媒体平台，每天从校园里匆匆穿行，没来得及停下来看看花开花谢、日升月落，许多值得纪念的时刻都没能记录下来，多少有点遗憾。毕业之后，又忙着继续求学、就业，离家越来越远，再没回过桐中。但每每想起我的高中时光，一个个曾经熟悉的地点还是会浮现脑海，后乐亭、半山阁、惜抱轩银杏树、“桐中敲铜钟，童男童女同上学”的石壁、二野渡江指挥部旧址、实验楼、计算机房、学生食堂、宿舍楼、后山操场……每一帧能回忆起来的画面都是美好的。

当我走上工作岗位，说起桐城中学时，从别人口中听到的总是夸赞。当我无数次在求学经历里敲下一行——毕业于安徽省桐城中学，我的内心都充满了骄傲。虽不能做到让母校以我为荣，但“桐中毕业生”的身份一直激励着我，将“勉成国器”的校训和老师们的谆谆教诲铭记在心，认真生活，努力工作，积极向上。

最后，感谢我的小姨，她虽然只是在桐中读过补习班，但一直默默关注着校庆的各种进展，也一直督促我赶紧投稿，用她的话说就是“虽不能至，心向往之”。无论我们和桐中相逢于何时、相处了多久，桐中在我们的心中就像另外一种意义上的“家”，走得再远，“家”永远都在心里。

（作者系桐城中学 2002 届校友）

忆惜抱轩银杏树

张　勇

南京的秋真的太短。在往常的记忆中，也就是两周吧。在这两周中，前一天还穿着夏天的衣服，第二天就要换成冬天的衣服了。

秋是那么让人回味，回味的是特别的年代和那个年代秋的意境。

站在图书馆看外面的梧桐树，西面所有树上已经看不见一点绿意，而东面树上还有好多绿色存在着。

我并不是对这棵梧桐感兴趣，而是看见了智能楼前的一棵小小的银杏树，她的叶子黄得很特别，金黄金黄，没有一丁点杂质。可她毕竟太小了，没有让我震撼，倒是勾起了我中学时的回忆。

母校桐城中学有八棵银杏树，我在入校时，花了一年时间才找全了这八棵树。其实并不是她们难找，而是有些地方我们平时不爱去，比较隐蔽的一棵在教师宿舍楼的院子里。

有些银杏树是不结果的，学校最大的一棵就是这种。她有个很好的名字——惜抱轩银杏树，传说是清朝桐城派大家姚鼐亲手所植，当然就挂着他的名号了。

我入学的时候，树外围只有一个小小的围栏，里面立着一块碑，上书桐城县文物保护单位。后来，学校给她做了个精美的围栏，呈不规则形状，面积也扩大了好多倍，石头的碑换成了大理石，旁边种了好多小树来衬托她。

我感兴趣的并不是她的名号，也不是她的历史，而是她的叶子，她那金黄金黄的叶子。记得高一时，她就在我们教室右后方。坐在教室右侧墙边的窗户旁，就能随时看到她。那个非常好的位置正是我的位置，每当上课老师不那么严格，抑或开个小差的时候，我总是忍不住把目光伸向窗外，伸向她的怀抱，从她的第一片叶子发黄开始，一直到最后一片叶子落下。

高一诗情画意的日子里，我总是盯着那金黄的叶子。一阵风吹来，好多好多金黄的叶子开始了她们化作春泥的历程，而我关注的正是她们下落的过程。从我开始捕捉到的第一片叶子开始，看着她在风中轻舞飞扬，慢慢地、一荡一荡地落下，我的心里不断被搅动着，泛起一阵阵涟漪。

课间操是我们喜爱的节目之一，我们不是站在那裸露的地表上做操，而是站在那金黄的叶子铺就的地毯上。落下的叶子真是太多了，把我们一个小操场全盖住了。在深秋的阳光下，我惬意地躺在那金黄的毯子上，抓起一把叶子盖在头上，用鼻子去感受秋天的气息。我轻咬着叶柄，感受芳香的味道。闭上眼睛，想象着蔚蓝的天空和金黄的“雨”。我们也打起了叶子的战争，用手捧起一大捧银杏叶，朝要好的同学洒过去。香气扑面而来，围绕着你，久久不能散去。

中午的时候，一个人走在落叶的外围，舍不得让自己的脚去踩着那心中的遐想。用眼光搜索着，企望找到一片特别的叶子，把她夹在精美的笔记本中，存在自己的心里，偷偷地，不让别人发现。这么多叶子，哪一片是特别的呢？落叶把我的眼神勾过去了，我看中了一片，在她开始落下时，就奔了过去，站在她下落的终点，希望在空中就把她截住。而她也跟我玩起了飘逸，一会儿向东，一会儿向西，就是想躲过我的视线，逃到一个没人知道的地方，静静地躺在那里，偷偷地看你在她周围追随的表情。在她的心里，也许有一丝丝甜蜜，或许也在给你一点点提示吧。

落叶环绕在我身旁，我的心充盈着她的气息。在那一个月中，我不停地从窗口往外面观望，好让她感觉到我就在她身边。我的眼里只有她那飘摆的身体，观察着她的一颦一笑，留意着她的黄色外套。她每到一处都逃不过我的眼睛，而她知道我在留意她吗？她这样跑来跑去是为了躲开我吗？我猜测着，心中的小鹿不停地撞击着。其实，你这样跑来跑去怎么可能逃出我的视线，我只是让你感受着，假装让你看见我着急的样子罢了。我故意在你的周围转悠，就是不到你的身边。

秋风猛地一阵刮了过来，卷起了好多叶子。我及时拾起了你，不让你消失在人群中，把你铺展开来，夹入我那精美的笔记本中。你要知道，在这笔记本中，只有你这么一片叶子，特别的叶子，曾经吸引着我多少上课的时光、课间的疯狂，还有我的梦乡。我每天都要打开来，看一看你。你仍然舒张着身体，静静地躺在那里，朝我笑着，好像知道我每天都要看你好多遍似的。你是那样平静，而我的心却不时地剧烈波动。

（作者系桐城中学 2002 届校友）

追忆似水年华

笪　倩

距离走进桐城中学开始求学已过去 22 年，每当听到桐城中学，都觉得亲切。从记事起，老爸就经常在我耳边念叨，桐城中学是他的梦想，但是当时考虑到家庭条件，他选择了桐城师范，而我自然而然就成了希望之所在。承载着老爸的梦想，进入桐中学习，这是我求学路上最幸运的事情；能够在桐中学习，也是父母送给我最大的一笔财富。

最棒的老师

2003 届 301 班，几乎是这一届“最放肆”的班级了，这种放肆源于班主任张弛有度的管理。姚伟章老师被我们尊称为“姚帮主”，他教学功力深厚，我现在还记得他在课堂上反反复复强调的那句“奇变偶不变，符号看象限”。印象更深的是，当时我们班男女生之间有那么一丝暧昧的小气息，“帮主”非常明智地安排“学霸”女生督促男生学习。现在回想起来，这个方法在那个年代甚是高明，教会了我们互相尊重。时而好想再回到校园，和那群同学一起再感受一下“姚帮主”晚自习时的怒吼：“我在办公室都能听到，整栋楼就我们班最吵。”

教物理的王老师是上海知青，前几年在上海校友会聚会上还见过他，虽已两鬓染霜，依然气度优雅。王老师写着一手好看的板书，总是面带微笑地看着你，让人觉得很亲切。教化学的陈老师，当时不到 30 岁的样子，很精神，肤色白净，看到他就会想起书中所描写的温文尔雅的谦谦君子。英语老师一定是“时尚代言人”，下课后我们会小声讨论她今日着装怎么又是那么迷人。语文老师李佳曾经也是我妈妈的语文老师，在桐中勤勤恳恳培育了一代又一代学子，桃李满天下。还有一位教语文的陈老师，上课总会抽 5 分钟让我们上台演讲，因为有了这难得的经历，我在之后的学习和工作中，上台都没有怯场过。

三年高中，隐约记得老师在上课时念叨“你们太不争气了，真是一届不如一届”。不过，幸运的是，因为老师的教导，我们都已经成为各自工作岗位上的中坚力量。也依稀记得老师经常在下课前许诺“同学们，讲完这节题我们就下课了”，没想到，一道题还能举一反三地讲好几遍，敬业的他希望你多学一秒钟。老师也说过“等你们上大学就轻松了”，这些话贯穿在三年高中生活中，我们无时无刻不在想着脱离这个苦海后就自由了，后来才发现漫漫三载虽然都是负重前行，却是人生中最宝贵的记忆！

最好的我们

桐中三年，在最美的年纪里，我们拥有最稚嫩的纯真，掺杂着最单纯的情感，留下最深刻的回忆。那时的操场还是砂石路，依附后山而建，在这里留下我们单纯的嬉笑打闹，也留下单纯的“钩心斗角”。就是打打闹闹的那段时光，坚定了我们团结的友谊。无论走到哪里，都能找上几个高中同学，坐一坐，聊一聊；无论遇到什么困难，最先想到的是高中那帮兄弟姐妹们。

在北京读书时，人生地不熟，每个月快乐的源泉就是和占风、徐茜一起“干饭”，当然少不了聊聊班级里过去的、现在的八卦。来上海工作后，马上和童晶晶开启相互守候，感谢她陪我一起走过了所有开心与难过，见证了所有顺境与逆境。后来，晶晶去了广州，我们之间的距离也就是微信的距离。我们不仅有“上海帮”，还有“环上海群”（包括苏州、杭州和合肥的同学），每次班长一吆喝，即使隔着几百公里，大家都积极响应号召来上海聚会。有时出差的路上会想哪个老同学会在这个城市，给老同学发个微信，晚上总能见上一面，或在成都太古里，或在天津星巴克。

2013 年 10 月，我们怀着冲动的心，带着滚烫的情，在合肥开启了十年之聚。十年弹指一挥间，如今，我们还在努力追求生命中的美好，每个人都有着自己的故事和经历，额头上或多或少都被时间留下烙印。相信我们依然能带着青春的气息，期待 20 年相聚！

最大的财富

三年寒窗苦读，在高考结束那一刻画上了句号，也为走出桐城这个小县城写下了冒号。无论是在外求学还是工作，回头想一想，不得不感叹桐中不仅是把我们培养成社会人才的摇篮，更是激励我们为社会贡献力量的源泉。

“长征七号”火箭总设计师程堂明、执行发射任务的文昌航天发射场负责人毛万标都是桐中校友，他们为祖国的航天事业作出了巨大贡献。当听到那一口桐城乡音，谁能不为他们起立致敬？桐城中学已培育出十数名院士及众多学者名人，这些前辈们的家国情怀是对国家及民族的大爱，必将激励着一代又一代桐中校友秉持“勉成国器”之校训，为社会发展贡献自己的力量。

来沪后有幸加入了“桐城中学上海校友会”这个大家庭，认识了诸多优秀的校友。长征医院的胡国汉教授，对于来上海就医的桐城老乡几乎有求必应，经常直接提供联系方式并给患者提供最专业的治疗建议，我遇到专业上的困惑时经常去请教他。同济医院的程黎明院长，在我申请课题遇到阻力时，提供了及时雨般的解答和帮助。这些前辈们，无论是在做人上还是在做学问上，都是优秀的榜样，让我坚定了在行医道路上努力做一名好医生。

优秀的桐中校友遍及各行各业。2020 年有幸参加彭志恩师兄的公司主板上市庆功会，会上师兄多次感恩同行者和反省自身不足，这种功成名就后依然务实的工作态度可敬可叹。还有闯荡过各大跨国公司的高茵茵师姐，人格魅力非常吸引人。遇到问题时，她总能冷静、客观地分析问题，与她的对话总能引起你的反思。感谢、感恩这些优秀的校友们，像有一股强大的力量指引着我，这股力量必然是我前行路上的巨大财富。

祝 福 语

母校桐城中学即将迎来建校120周年华诞,收到母校老师发来的联系E-mail,看到很多熟悉的校友们对母校的回忆录,内心澎湃!感谢母校,给我这段永远可以保留在记忆中的青春。祝福母校未来可期,繁花似锦。也祝愿国泰民安,疫情早日结束!

(作者系桐城中学2003届校友)

致青春·桐中那些年

金　义

2000年,新世纪到来。那年9月,中国健儿在悉尼奥运会的赛场上为奖牌拼搏;那年9月,我带着父母殷切的希望,来到桐城中学报到。那年9月,金桂飘香,学校大门上的校训“勉成国器”、石柱上的“高峰入云,清流见底;杂花生树,群莺乱飞”至今仍历历在目。

高一时,我们的教室在校园最里面,是一栋两层的小楼房。教室后面是当时刚刚建好的宿舍楼,前面是校医务室,东边是惜抱轩银杏树。高一军训结束后不久就迎来了秋高气爽的十月,银杏树叶开始泛黄,在阳光的照耀下,像金子一样闪闪发光。秋风吹过,一片片叶子从枝头飘落,像是秋天在给大地写诗。不一会儿,地上铺满了一层又一层金黄的树叶,像是给高大挺拔的银杏树披上了金黄色的礼服。我们会趁着课间休息,去寻找一些自己喜欢的银杏叶,把它夹在书本里,当成书签或者只是收藏这一年的秋天。

高一班主任屠先国老师,教我们化学,每当他说“镁”“铝”时,我总听成“美女”。化学的那些反应对偏科的我来说,实在太难了。物理老师王关余,温文尔雅,一口上海普通话。语文老师刘盛磊,才气过人,擅长即兴吟诵,讲课时引经据典。英语老师徐京波,是我见过最有气质的女老师,她的衣服永远不会重样。

第一次离家住校的我,刚开始不是很适应这里的生活和学习,我偏科也比较严重。因此，高二分科的时候，我坚定地选择了文科。

我高二高三的班主任是曹华胜老师，他的地理讲解得生动有趣、通俗易懂。最厉害之处，就是他能随时随地画出一幅地图，似乎世界的山川河流了然于胸。曹老师比较严厉，他是我最害怕的老师。他的身上总有不怒自威的气势，站在讲台上扫视一眼，全班顿时鸦雀无声。

除了那些难忘的老师，还有很多难忘的同学们。

初来桐中，我的第一个同桌是位来自城关的女生，性格爽朗。我还记得，她当时跟我说，如果她第一次期中考试考得很好，她妈妈会奖励她一件某品牌羽绒服。我当时对羽绒服一点概念也没有，别说什么品牌了。

班上还有名来自宿松的男生。为什么都是安庆人，他说的方言我就是听不懂呢？有段时间，我的书桌里总有一股臭味，后来发现一只死螃蟹塞在桌肚最里面。到底是谁的恶作剧，至今也没破案。文科班上有名女“大神”，学习一直第一。她最喜欢听孙燕姿的歌，长得也有几分神似孙燕姿。元旦晚会上，和我合唱“热带雨林”的女生，带我开始追日本漫画。那时候，同学的情谊是最简单的。

傍晚下课后，校园广播里放着风靡一时的流行乐，那时的周杰伦唱着《威廉古堡》，孙燕姿带来《天黑黑》，梁静茹给了《勇气》。

晚自习结束后，熄灯的教室里还有点点火光，那是继续挑蜡烛夜战的同学，成了桐中的一道风景线。

寝室夜话是高中生活必不可少的节目，天南地北，无所不谈，某某班的班花、某某班的考试、当时流行的歌曲和电视剧……

高中毕业后，我远离家乡，再也没回去过桐中。每次路过桐城,都心心念念地想去看看。也许是近乡情怯,或者觉得自己不够优秀,都一而再、再而三地望而却步。

在桐中这方校园里,我们接受了良好的教育,获得了知识的琼浆,拥有了生活的力量。在现在的工作和生活中,我将“勉成国器”作为自己的座右铭,一直激励自己,在平凡的工作岗位上做出不平凡的业绩。向阳而生,逐光前行。

祝福我亲爱的母校桐城中学越来越好!

(作者系桐城中学2003届校友)

一点回忆，一些祝福

孙小津

迟迟不敢动笔，是因为害怕将思绪拉回到过去。过去到今天的距离，无论是时间还是空间上，都足以让一个 30 多岁离家在外的人忐忑不安。

2001 年，我考进桐城中学，成为名副其实的桐中人，但与很多人一样，我与桐中结缘远早于此。在桐城这片土地上，桐中的独特之处在于所有人都与她或多或少有一些关联或一份情结，有幸成为桐中学子的人如此，遗憾与桐中擦肩而过的人亦如此。

我的父亲，作为 20 世纪 80 年代的中专生，就是始终带着遗憾的人之一。因此，在我少年时代，桐中之于我就是如影随形的存在。父亲鞭策我考桐中的方式层出不穷，他甚至亲自为我初三的数学期末考试出了一道附加题，用以预估我能否考上。

真正迈进桐中校园的时候，那里的一切对我来说都不陌生，教学楼、食堂、操场，惜抱轩、半山阁、后乐亭，银杏、紫藤、桂花，就连那口铜钟悠远清亮的声音也在我脑海中回荡了好多年。

当思绪在桐中校园那熟悉的环境中徜徉一遍，心渐渐安静下来。说说我遇到的可爱的老师吧。数学有当年刚大学毕业分配来的帅哥姚老师，还有多年不见愈发年轻匀称的方老师；英语有烟不离手、语法不离口的徐老师，还有平易近人、和颜悦色的方老师；物理有女生学习的动力彭老师，还有以定义为法宝的李老师；化学有年轻腼腆的田老师，还有散发成熟男人魅力的陈老师。当然，还有陪伴我们三年的语文老师——我最爱的李老师，也不能少了教我们唱“龙眠钟气，代起人豪”的王老师。

再聊聊我在桐中结识的好友老赵和老高。上学时，我们形影不离；后来，老赵去了杭州，老高去了上海，我去了武汉。我在武汉读大学，他俩相约来看我，我们一起逛了东湖、黄鹤楼。老赵在杭州读书，我和老高去杭州看了西湖、雷峰塔，又突发奇想决定去绍兴，游百草园、三味书屋，坐乌篷船，喝黄酒，二两五的黄酒给我们仨喝得不省人事。

我和老赵、老高太多年没有见面了。出国那年，他俩分别从上海本地和邻近的杭州来浦东机场送我，一切都历历在目。

在桐中的三年过得好慢，过完高一有高二，过完高二还有高三。人在板上走，板在坡上滑，还没搞清楚怎么受力分析，又来了顺着右手四指的电流磁场方向，至于氧化还原反应、电离平衡如此种种，我好像从来就没真正搞明白过。

那时候的一天，从早上 6 点起床开始，晚上 10 点回家，吃点夜宵，再给自己加一份黄冈密卷，凌晨 0 点能睡觉就很庆幸了。每每跟我的学生讲述我所经历的高中生活，那些在高中阶段早上 8 点上课、下午 3 点放学的美国孩子们都惊叹不已。

如今的三年只在弹指间，不知不觉中，阔别母校快 20 年了。虽然身在大洋彼岸，心却一直在桐城，也从来没有离开过桐中。每年高考放榜，都会关注母校的成绩。

在教育唯分数论的洪流中，没有哪个人，也没有哪所学校能幸免。很多人在讨论桐中近 20 年高考成绩远不及过去辉煌，而我想说，“勉成国器”倾注着吴汝纶先生的殷切希望，“桐中敲铜钟，童男童女同上学”体现着桐中人的批判和开拓精神，其格局远远大于一张高考喜报。

愿母校弘扬先辈的开拓精神，在培养学生的学习能力、创新精神、人文素养和社会责任感上不拘一格、敢为人先。

每一个从桐中走出去的人，都曾得到她的滋养，对她充满感情。在桐中就读期间，我有幸见证了母校 100 周年校庆。值母校 120 周年华诞之际，祝母校积历史之厚蕴，再续华章！

（作者系桐城中学 2004 届校友）

银杏叶黄思念长

戴福全

每次看到或听到与银杏树有关的事情，我就会想到桐城中学，想起惜抱轩银杏树。

2002 年秋天，我从乡下的石南初中考进了梦寐以求的桐城中学。报到上课后，我印象特别深刻，教室外矗立着惜抱轩银杏树，树叶在阳光下金光闪闪，像极了梦的样子。只一眼，我便再也无法忘却。

我想这棵树一定是修炼成仙了，它汲取了姚鼐的文思泉涌，聆听了百余年学子的琅琅书声，在我心里活成了一首诗、一支歌、一幅画……让我觉得世间一切美好都会和银杏树叶有关系。

秋风起，秋意凉，银杏叶儿黄。

不一会儿，地上满是金黄的树叶，课间休息时流连其间，捡起那些形状完整、黄得通透的银杏叶，放到书本里夹好。等树叶被风干，两面变得平整了，我会小心翼翼地拿出来，写上酝酿很久的心里话，寄给远方的朋友。那时候，车马很慢，书信很远，一辈子只够做一件事，一生只够思念一个人。

大学毕业后步入社会开始工作，人生第一站，我选择了扬州。我喜欢烟花三月下扬州，也期待二十四桥明月夜，还钟情十年一觉扬州梦。东关古街上青幽幽的石板路，还能闻得到当年车水马龙的味道，虽然瘦西湖的粼粼波光里藏着杜甫和杜牧的唉声叹气。

我喜欢扬州，不仅是因为这些唐诗宋词，还有江都的银杏树林，以及树林尽头的风。已然金黄的银杏叶，一片片，一页页，像蝴蝶、像伞盖，翩翩然、飘飘然地散落一地，像一条天然的黄金大道，如梦如幻，令人陶醉。

一位姑娘，从银杏树林中走来，嫣然一笑之后，又随着银杏树叶消失在风的尽头。惊鸿一瞥，便留在了扬州。

离开扬州后，辗转到了深圳，也就在这里安定了。

那年秋天，我和夫人刚确立关系不久，还未结婚，她说想去西安，我便陪着一起。西安作为十三朝古都，名胜古迹数不胜数，也许是中国最有底蕴的城市。在酒店安顿好之后，夫人说她要去终南山古观音寺，想去看看李世民手植的 1 400 岁的银杏树。我们入寺后拾级而上，很快就看到院内金光闪闪的银杏树，像极了万丈的佛光。我们在树前许下不离不弃的誓言。

次年秋天，我带夫人回到桐城探亲，第一站去的就是桐城中学。她看到姚鼐手植的银杏树，被震撼了。我陪着她一起在银杏树下开心地跳跃、旋转，一起俯下身子挑选好看的银杏树叶用于收藏。在树叶中间"捡到"一枚戒指，我给她戴到手上，她喜极而泣，我也泪流满面。惜抱轩银杏树见证了我，见证了我们！

每次看到或听到与银杏树有关的事情，我就会想起桐城中学校园内的惜抱轩银杏树，以及树下那一堆金色的树叶。

银杏叶黄，思念长长……

（作者系桐城中学 2005 届校友）

母 校 拾 忆

张　娟

时光会冲淡记忆，心底的阳光却永远灿烂。一直以来，我都觉得高中生活是最快乐的学习时光，多半是因为我遇见了桐中。

从幼学启蒙开始，“考入桐中”似乎就是家人们对我和妹妹的最大期许。当我得知外公在桐中读过初中、舅舅在桐中读过高中时，我第一次感受到这所誉满古今的名校并非遥不可及，或许再努力一点，梦想真会实现。

幸运如我们。2002年、2003年，我和妹妹先后入读桐中，收到录取通知书时的喜悦和自豪之情至今犹记。20年来，也许是桐中给予我坚定的文化自信，让我无时无刻不对母校心存敬意，满怀豪情。

记忆中的校园，春光明媚，夏虫浅吟，银杏金黄，寒梅吐香，一年四季都有好风景。每一次返乡，我必定回母校一趟，清流石下，紫藤花前，后乐亭里，半山阁中……哪里都有我赏玩不倦的美好。

值母校120周年校庆之际，我有感而发执笔写下零零碎碎的过往，或许故事中有你、有我，更有我们共同的青春和执着的情怀。

2002年百年校庆

2002年9月，我踏入梦寐以求的桐城中学，开始三年高中求学生涯。为了迎接桐中建校 100 周年校庆，新生军训成了一场比赛，为了赢得出线展演的机会，教官带领我们展示着“敢于吃苦”的风范。太阳没白晒，汗水也没白流，我们方阵圆满完成了队列展示。

恰逢百年校庆，与有荣焉。懵懂的我还沉浸在入学的欢喜中，对校庆活动并没有特殊的记忆和感受，印象尤深的是穿着西服校服表演了广播体操。提到当时的西服校服，貌似只存在了我和妹妹就读的两届。那是套深蓝色西服，男女同款，只不过男生搭配红色领带，女生搭配红色领结。在众多学校以运动服作为校服的年代，我们桐中学子像是特立独行的存在。

高一时我就读于(3)班，班主任是崔老师。在我的印象中，崔老师温和慈祥，传闻中他有强大的佛系感化力量。我深受崔老师教诲。我自小好动，在课堂上总管不住自己说话的习惯，因而影响到其他同学和老师教学。小学时，我曾被罚站，初中时亦有被罚抄过中学生守则，而这一“病症”竟得益于崔老师的苦口婆心“医治”。老师不厌其烦地同我讲人生道理，讲学习真谛，让我感受到来自老师的谆谆教导。我依稀记得自己对崔老师许下的“不再影响同学，认真学习”的承诺，并自此守诺。那一年，我好像一下子有了悟性，成为一个能静下心来学习的人。也正是这一次的改变，对我日后的学习起了非常积极的作用。直到如今，我都能在热闹嘈杂的环境中心无旁骛地做自己的事情，这份素养的养成真的要感谢崔老师！

高一的同学大多在文理分班后联络较少，除了与我性格作风相仿的张小利同学、和声细语的丁玲同学，印象稍微深刻点的男同学就属许亹了，他是一个狂热的足球迷。每天晚自习之前，全班同学都会在他的“胁迫”下不得不收看体育频道，哪个同学转台，他就大眼一瞪、一声怒吼，无人再敢“造次”。跟他一起霸屏的总会有绰号“野人”的陈也和章诚同学。那时的班级热热闹闹，短暂的欢愉也许是学业压力下的一种自我放松状态。学习之余，我的脑海里也植入了一些球队和球迷的名字，比如国际米兰、AC 米兰和贝克汉姆。

2003 年“非典”疫情

比起这几年的新冠肺炎疫情，2003 年突如其来的“非典”，对我一个宿舍和教室“两点一线”的高中生来说，并未感到过丝毫的恐慌，也没什么特别的记忆。只记得当时宿舍里天天喷洒消毒液，空气中总弥漫着药水味；周末不能离校回家，爸爸只能通过学校的门岗将装有衣物和零食的旅行袋送给我。

2004 年文理分班

出于对语文、历史、地理的热爱，我毫不犹豫地选择了文科，结识了一群文艺少年。相比理科班，我们文科班的男生大多喜欢吟诗作赋，如“班级诗人”王鹏；我们文科班的女生大多爱美、爱打扮，以至于班主任周老师再三叮嘱我们不能染头发。

正是这一时期，一向胡吃海喝的我心中有了减肥的概念。每周一回校，我都会买当时明星代言的减肥消化饼，其中有一款“泡吧消化饼”，是一种裹着巧克力的饼干。当时我真的没有少吃，还傻乎乎地以为可以越吃越瘦，殊不知每天餐后吃含有巧克力的饼干，怎么可能会有减肥效果。

特别要写一写(12)班(文科班)的班主任周老师，也就是现在

的周治副校长。我们这一届文科班学生或许是“熊孩子”中的“熊孩子”，让周老师操了不少心，以至于毕业后几年再见到周老师时，我感觉他比当年带我们班时还要年轻了。印象中，不管是面对多么调皮的学生、闯了多少小祸事的同学，老师都没有责骂过人。他心平气和的劝诫如春风化雨，终会润出桃花一片红。

如今，当年的“熊孩子”都到了为人父母的年纪，体会到了老师的不容易，懂得在班级群里“表白”周老师。感谢周老师，感谢您如师如父般的激励和陪伴，感谢您曾包容不完美的我们，您辛苦了！

2005 年毕业感怀

匆匆三年，来不及回顾，就到了离别的长亭外、古道边。当同学们忙着互相写同学录的时候，我们才隐隐约约有了离别的感伤。对未来的憧憬，对离别的不舍，我们文科班的学生似乎多一点感触。那些平日里不善言辞、鲜有攀谈的同学，都通过字字句句传递着真情，让人温暖。

感谢我可爱的同学们，让我温暖如初。记得我当时在班里的绰号是“霸王花”，我想这并不代表我是一个嚣张跋扈的人，相反，我应该属于那种活泼过了头、人缘还不错的一类吧。

毕业多年，歌声回响

毕业多年，仍会有两种歌声深深烙在我的脑海中，一是校歌，二是校园广播。

“龙眠钟气，代起人豪，莘莘学子待熏陶……”如此文绉绉、气昂昂的桐中校歌，似乎没有在音乐课上系统地学过，但就是会唱，并且唱到现在也不会忘词。

“我从山中来，带着兰花草……”“走在乡间的小路上，暮归的老牛是我同伴……”这是每天的校园广播闹钟，直到现在在学校工作，听着校园广播醒来依然觉得是特别美妙的事情。高中时，每天早上赶路上学的时间是在广播的精准测算下进行的，我甚至对广播曲目倒背如流，哪一首该醒来，哪一首该起床，了如指掌。

回忆高中三年，感觉那是一段自知不足又自信满满的时光。当各地的优秀学子都汇聚于桐中，原本脱颖而出的个体显得平凡又渺小。在我们身边，优秀的同学比比皆是。浸润在这样的集体里，我们眼前有光芒，心中有梦想，脚下有力量！

桐中，温润如玉，含章可贞。无论何时何地，母校都是我心中永恒的白月光。

祝母校生日快乐,校誉日隆,桃李芬芳!

愿每一位桐中学子都是幸福的追梦人!

(作者系桐城中学2005届校友)

那三年青春

张 健

我们是幸运的一届，入学即赶上了百年校庆，史无前例的12个教学班分布在前面的教学楼、后面的初中部和校史馆后面的红砖楼。印象中，从科技大楼到宿舍楼，课余的时候，广播里放的是《七里香》，路上是拿着篮球往山上操场跑的男生、拎着开水壶去食堂后角水房的女生。

高一(7)班的教室在老初中部，这个地方的好处就是“远离京畿(教研楼)”，但是班主任蔡长宇老师来得很勤。蔡老师是教政治的资深老师，擅长类比，深入浅出，讲到得意之处，脸上洋溢着如醉酒之后的笑容。虽然那个时候我的志向是学理科，但是在蔡老师的影响下，有关商品流通和价值规律的知识竟然为以后学经济知识打下了基础。

教语文的是吴春生老师，长得帅，课上得好。可惜只教了半年，后来才知道他去了深圳。至今仍记得他每次上课前都习惯花几分钟让学生轮流读一篇自己写的或者是摘抄的文章，并简单评析。

后来成为校长的曹向东老师教过我们一年历史，他一手飘逸潇洒的粉笔字至今让我记忆深刻。

每晚三个小时的大自习结束后，回到宿舍的同学反而愈加兴奋。水房里面边洗衣服边唱歌，“卧谈会”更是每天必不可少的节目。伊拉克战争一直是“卧谈会”的热点话题，除此之外便是各种八卦。405、406两个宿舍经常大联欢，似乎有说不完的话，林青柏、王诗文、罗伟、方圆、周定……更是口若悬河的代表。

那个时候最怕的就是寒冬催着起床做操的喇叭声，声一响，整个宿舍楼都猛地一震。头一晚有同学偷懒，洗脚水不倒在水房，而是偷偷倒在宿舍门口，结果第二天早上结冰，经常听到滑倒摔得叮里哐啷的声响(有人图省事，带着饭缸去做操)。晚上三个小时的晚自习开始也是无比煎熬，后来慢慢习惯了竟安排得无比充实。这个能力一直带到大学，使我比大学其他同学更快适应了学习生活。

高二分科我被分到了(10)班。班主任是姚远章老师。教室正对着教研楼，班主任经常跑过来训道：“我在对面都听到整栋楼我们班声音最大!”毕业的时候，姚老师讲了一句“希望同学们无论在什么岗位，都尽自己所能为百姓、为国家做点事情”，如此情怀，也是那批桐中老师的写照。

教数学的彭国霞老师，我们私下亲切地称她“霞姐”，我们班学生的数学能力在“霞姐”的带领下有了很大提升。2005年高考数学不算容易，我还是考了高分，大学后的高数、复函更是如砍瓜切菜，都是因为“霞姐”打下的坚实基础。

那个时候学校还是很宽松，高三下学期，我们每周还是有足够时间泡在篮球场上。(10)班的奇人很多：爱好打牌的朱斌，后来去了清华；骑着二八大杠，只做学校发的题目，不买辅导书的江鹏；刻苦自律的朱金伟……毕业17年，同学中有的在大学教书，有的成了各行各业的专家，虽然大部分都是默默无闻，但始终都在做为国为民的事情，不负班主任当年的谆谆教诲。

三年的桐中生涯，之于我，有“师”带给我的人生观的影响，有

"友"带给我的美好青春。那些年的青春就像后乐亭那片郁郁葱葱的绿色一样耀眼。那个时候的男男女女,那个时候的科比、皇马,那个时候校门口的饭团、传名馆的馄饨……让三十而立渐渐体会生活苦乐的我们回忆起来总是会心一笑。

祝福曾经的师友们,祝福母校!

(作者系桐城中学2005届校友)

与梦谷先生同种银杏树

王　鹏

一辆牛车擦碰到我的胳膊，我下意识搓揉下胳膊，手上有股蒿叶的清香。定睛一瞧，那牛车装了满满一车蒿叶，向古城尽头渐行渐远，而我仿佛被人点穴般定在原地，瞪大双眼，一脸诧异地环顾四周。

街道两旁是酒馆、作坊、茶楼、当铺，空地上还有不少挑担的小商贩，路上行人长衫大褂，皆留有长辫。抬眼远望，见一座造型典雅的石桥，走近一看，原来是“紫来桥”。刹那间，我突然意识到，我来到了大清朝的桐城县城中。诧然之后，惊喜之情让我欲罢不能，穿过人群，步入对面的小巷。

小巷路面用光滑的青石铺就，两边的百姓院落古旧而质朴，院墙上长有淡淡的青苔，有些院墙上还铺陈着密密麻麻绿油油的爬山虎藤蔓。有个小贩挑着满是约三尺高树苗的箩筐从我身后走来，边走边吆喝“三月三吃蒿粑，三月三种树秧嘞”。我听着这吆喝声，似乎闻到了蒿子粑的清香，正准备向挑担人打听何处有蒿子粑吃，突然面前院落的一扇大门打开，走出一位精神矍铄的老先生，身高约五尺，髭密髯疏，着长衫布鞋，手持卷书，向小贩问道：“卖树郎留步，可有银杏树苗?”小贩应声停步，翻出一棵无叶苗递给先生，道：“梦谷先生，您是我桐地翘楚，我的树苗能落地您的宅院，幸甚幸甚!”我抬头望见院门牌匾上的三个大字——惜抱轩，又看了下牌匾下的梦谷先生，恍然大悟，原来眼前这位清瘦的长者就是桐城派的集大成者姚鼐姚梦谷啊！卖树郎走远，先生正欲转身进院，我赶忙趋前问候："梦谷先生，桐城晚生王鹏拜见。"先生仔细打量我后，问道："后生缘何着奇装异服？"我急忙回复："我是来自200余年后的后生，和先生您已然不在同一时空。今日有机缘见先生，定有道不尽的乾坤。"先生颔首，领我迈入惜抱轩。

最先映入眼帘的，是一副楹联"万类同春人已合，太虚为室岁月长"，但见室内书架林立，摆满经史子集。先生示意我坐下，他则在院内双手合抱一树干，气沉丹田做起运动，我诧异问道这是何故，先生则说："你既来自后世，可知晓'惜抱轩'三字何意？"

我摇头示意不解，他又道："吾长期伏案，久则致小溲余沥，解虚恭缘拜。太医谓此乃中气下陷，元气虚损之故，需两手合抱树干运动，故惜抱轩为抱元守中，爱惜身体之意。"

我听后随即问道："那今日这银杏也为后日抱之？"

先生说道："门前银杏如相待，才到秋来黄又黄，清水壶中煮白果，茗茶卷书听雪落，四季多快哉！你后生气力好，不妨同种这棵银杏如何？"

我欣然同意，马上接过先生递来的工具开始挖起土来。我与先生一起为之培土，为之浇水。不一会儿，这棵银杏小树苗就栽种妥当。

"先生，您今日亲手种下这棵银杏，日后可不仅带给您四季多快哉的惬意，后世两百多年风雨里，它见证的岁月故事更是精彩非凡。"

"两百多年后，这棵银杏树还枝繁叶茂？"先生诧问道。

我说："不仅长成参天大树，而且枝繁叶茂，它还会成为一种文化的象征，一份精神的寄托，一众学子的青春。先人说的'前人栽树，后人乘凉’，诚不欺也！”

先生听罢，放下手中溢着桐城小花独有清香的茶杯，用他犀利的眼神望着我说：“烦请后生给老朽细细说道说道。”

我略带得意地清了清嗓子：“一百余年后，有位桐城籍任内阁中书的国学大师，名为吴汝纶。他在惜抱轩旁创办了桐城学堂，后来发展为桐城中学，惜抱轩也划归学校。这银杏树赋予了学校独特的文化内涵和精神象征，成为众学子读书生涯中难忘的美好。一所普通的桐城中学，为国家输送出十多位院士。”

“院士是何意？”先生打断了我的话。我一时语塞，思考后说道：“就是类似现在乾隆朝的翰林院学士。”先生听完我的话，倏忽站了起来，惊道：“一个桐城学堂出了十多位翰林学士？这样的丰功伟绩当表圣上封世之楷模啊！你再给我细说桐城学堂这成绩缘自何成士之道。”

我躬身答道：“一来传承先生您亲创的桐城派的文化底蕴，桐城文法，流风作韵，南极湘桂，北被燕赵；二来师者秉承传道授业解惑，惟能知为人之重于诗者，其诗重矣；三来学子千淘万漉虽辛苦，吹尽狂沙始到金。”

先生听完来回踱步：“实属不易，实属不易，再给我说说关于桐城中学的书表之事。”我突然想到母校那句百年绝对，道：“桐城中学有副对联，只有上联，百年无人对出下联，这上联就是‘桐中敲铜钟，童男童女同上学’，先生您可否赐副下联？”

话音刚落，先生端起茶杯轻啜一口，捋起胡须，片刻之后便说：“你是否听到东边那铁匠打铁的声音，他打造的是呈贡给朝廷文武百官的器物，下联可对‘城甑煅铖锃，呈文呈武成国器’。”我不禁称赞道：“真是好对，藏头‘桐城’二字，同音对上，拆字对上，‘成国器’竟然和学校校训‘勉成国器’不谋而合，后生佩服！”

我一边喝着书童端过来的桐城小花，一边在脑海里拼命回忆自己了解的关于梦谷先生的生平，遂问道："先生才识过人，入四库全书馆充纂修官，又为何辞官归里呢？"先生说："后生，你我刚刚合力种下这棵银杏小树苗。你认为是银杏种在土里，还是银杏长在土上呢？"

我说："难道这有何异吗？"

"后生啊，须弥藏芥子，芥子纳须弥，你所看到的须弥何尝不是芥子，你所说的芥子又未尝不是须弥，入朝和归里不也如此吗？吾志在教育，扶树道教，昌明正学，在扬州梅花书院、安庆敬敷书院、歙县紫阳书院、南京钟山书院等地讲学，于各地传道文法之义理、考证、辞章，维护理学，兼采考据的长处，以考据充实理学的空疏，从而提高古文的价值。再者，为国家培育出更多仁人志士，文章之事，望见途辙，可以力求，而才力高下，必有天授。"

听罢先生所言，我陷入了久久沉思。先生是国学大师、桐城派集大成者，曾国藩、方东树、姚莹、刘开、梅曾亮、管同等诸多大家都是其弟子，为学，为人，为师，都谓之楷模。正是这种桐城基因的延续，这种桐城文化的传承，这种桐城认知的高度，才造就了今天培育栋梁、勉成国器的桐城中学。

银杏已种好，先生悄然不见。我站在银杏树旁，看着树苗很快扩枝舒叶，瞬间长成参天大树，满树金黄的树叶飘落下来将我掩盖。我睁开朦胧双眼，看到凌晨三点的挂钟，又看到枕边书里的银杏叶书签，原来是梦里银杏，梦回桐中，魂牵梦绕，叶落多少……

（作者系桐城中学 2005 届校友）

致　青　春

王诗文

2002 年中考，我以一分的优势拿到了一张梦寐以求的桐城中学“入场券”。彼时，恰逢母校百年校庆。

入学后，我被分在高一(7)班。教学楼是两层的木楼，坐落在姚鼐先生手植“惜抱轩”银杏树正前方。

班主任是蔡长宇老师，教我们政治。枯燥无味的政治学知识点在他深入浅出的教学体系里，总能变得通俗易懂。他将每节课的知识点浓缩成几个词或几句话，课前课后各巩固一遍，帮助大家理解记忆。

语文老师是吴春生，他一米八出头的大个，相貌堂堂，才华横溢。比起照本宣科朗读课本的教学方式，他更注重培养学生的文学素养和拓展学生的文学视野。在课堂上，他经常引导我们去理解一部优秀文学作品背后的思辨与哲理。那时候，我是班级语文课代表。记得有一次课前，我去他的办公室拿大家的作文本，吴老师用低沉的声音对我说：“因为工作调动，明天我要去外地任教了，之后会有一位新的老师给你们上语文课。”在最后一堂课上，他也没有正式跟全班同学道别。我想，这应该是一位感性的老师倔强的选择吧。

物理老师是汪顺芳，他身躯伟岸、气度非凡。我印象最深的是汪老师画得一手好“圆”，我们学习圆周运动的时候，他每节课都能用粉笔秒出一个个半径不同的“圆”,他画的“圆”是真的圆。汪老师的课堂兼具互动性与趣味性,深受同学们的喜爱。

英语老师徐京波、历史老师曹向东等各位授课老师都让人记忆犹新,他们不仅是文化知识的传播者,更是百年名校的脊梁。

高二文理分班后,我的班主任是数学老师程玉红,一名兢兢业业、认真严谨的老师。他经常抽查班级早读或自习纪律。记得一次上英语早读课,我和同桌周正友在倒数早读下课铃声的时候,不约而同收起了英语课本,将最新一期《体坛周报》摆在两张课桌中间。就在这时,窗外飘来了熟悉的烟草味。当我们想竭尽所能逆风翻盘的时候,阴影早已吞没一扇窗。一瞬间,我们仨都很安静,不到一分钟的时间停滞了很久很久……

程老师也是一位通情达理的班主任。高三临近高考阶段,很多同学几乎把所有课间和业余时间都用在了紧锣密鼓的复习备考上。程老师了解情况后,在班会上强制要求我们去操场上体育课。他强调“身体是学习的本钱”。

不知道是由于年少幼稚还是对制度的过度解读,我们班一大批篮球积极分子总在下午放学后飞奔后山的篮球场。一番酣畅淋漓的运动过后,踩着晚自习的铃声冲回教室,与查勤的班主任撞个满怀。有一次,班主任二话不说让体育委员抱着篮球站在讲台上,要他当众表演切篮球。对于大多数现场观看的同学来说,这样的教训既严肃又新鲜,殊不知拿着小刀的体育委员和讲台附近的同学是如何提心吊胆度过那一刻的,也许他们都在默念:像“瓜”,不像“雷”……

高中三年,班级的学习氛围都非常好,同学之间互相帮助,温暖有爱。学习上遇到难题时,要么问老师,要么问“学霸”,偶尔碰上复杂的推导题,“学霸”即使花费一节自习课的时间也没有半点抱怨，真正践行了“帮助别人，快乐自己”的理念。

业余时间，我们打篮球、踢足球、听音乐，隔三岔五交换周杰伦或孙燕姿的专辑。我们传阅《篮球先锋报》《读者》《青年文摘》《萌芽》……不亦乐乎！

有人说，青春是一张脸庞，它笑容灿烂，充满自信与阳光；有人说，青春是一轮骄阳，它光芒万丈，充满热情和力量；有人说，青春是一首诗，它优雅纯粹，充满天真与温暖。于我而言，母校三年的青春时光更像是深藏在心底的一首旋律，它婉转悠扬却又幸福绵长，追忆起来是那么魂牵梦萦、余音绕梁……

铁打的桐中，流水的师生。育人育德百廿年，立业立志四方传。祝母校蒸蒸日上，永续辉煌！

（作者系桐城中学2005届校友）

那些年　那些人　那些事

张　雪

我和桐中的缘分要从初三说起。我的初中是孔城镇晴岚中学,学校很小,每个年级只有三个班。2003 年中考前夕,初三的三个班主任结伴到藻青山的庵里去上香,祈祷我们这些即将上考场的孩子们能有个好成绩,最好是多出几个上桐中的。结果每个班都有两个人考上了桐中,非常平均。三位老师眉开眼笑,连说佛祖有灵,不枉他们特地上山跑一趟。

考上桐中大概是我一生中最耀眼的高光时刻了,至少当时我获得的关注是空前的。几年后,我回到初中看望老师,还能听到学弟学妹们说起我的往事,比如历史中考满分、估分和实际分数一样,真真是“姐已不在江湖,江湖上还有姐的传说”。我家那个小村庄里上一个考上桐中的还是本家一位老大爷,可想而知那个暑假我走到哪里,接受的都是大家羡慕的眼神,听到的都是表扬和赞美,别提有多飘飘然了。

俗话说:捧得越高,跌得越惨。进入桐中后,我一下子跌落谷底,遭遇的落差之大,现在回想还是心有余悸。非城关的学生都要住校,而我们当时住的宿舍堪称是桐中历史上最破的宿舍了,可能是原先的老教学楼改建的,12 个人住一间,不带卫生间,连晾衣服的地方都没有,洗澡、洗衣服都要排队,记得报到第一天就看到有人卷着铺盖出去租房子了。那时的校园治安也不敢恭维,有一天我们上完晚自习回来，发现宿舍门锁被撬了，许多人的钱包都丢了，最后也没有找回来。第一次离家住校的我很不适应这样的生活，一周只能回家一次又让我无人诉说。更让我痛苦的是学习上的不适应，桐中的老师上课速度都很快，与初中老师的风格大相径庭，加上高中课程任务又很重，我的成绩直线下滑，在一众精英同学里显得格格不入，本来就偏科的数学更是考出了不及格。我很努力、很拼命地学习，想要跟上其他同学，却不知道是哪里没开窍，整个高一我都在吊车尾中度过了。犹记得那时多少个夜晚，我的眼泪都浸湿了枕头，还不敢发出一点声音，怕被其他同学发现。

直到高二分了文理班，告别了让我生不如死的理化生，我才渐渐感觉活了过来。高二也换了宿舍，搬到了真正的学生宿舍楼里，六人一间，条件好多了。那时一天中最幸福的时刻就是下晚自习后回到宿舍里开“卧谈会”，天南海北，无所不谈。同宿舍有个剪着齐耳短发、爱说爱笑的女生，她常常把自己的小收音机拿出来放广播给我们听，音乐主播“小飞”沉静又富有磁性的声音令大家深深为之着迷，故事听完了还要意犹未尽地讨论一番。那时风靡的韩剧是宋慧乔演的《蓝色生死恋》，周末大家回家看几集，然后周一回到学校就开始复述加角色扮演。宿舍灯一关，表演就开始了：一个演恩熙，叫声“欧巴！”另一个演俊熙，叫声“恩熙，你别走……”演完大家都哈哈大笑。除了韩剧，那时周杰伦的音乐刚刚开始流行。我的同桌是个周杰伦迷，借给我很多磁带让我一定要听，有《JAY》《叶惠美》……我总是在睡前戴上耳机听两首，记得当时最爱听的有《简单爱》和《晴天》。另外一个好朋友喜欢班得瑞的音乐，经常拉我一起去校门口的音像店里买班得瑞的磁带，《仙境》《春野》《月光水岸》《微风山谷》等都听了个遍。不可否认，在学习压力大、情绪烦躁的时候，听听这些空灵诗意的音乐真的很治愈。坐在我后面的两个女孩一个文静一个活泼，但她们有一个共同的特点——爱吃零食，常常背着老师偷偷地带零食到班上吃，我也沾光吃了不少。有次上体育课回来，我发现桌肚里突然多了一个生日蛋糕，问了一圈才知道是后面两位同学买给我的，她们知道那天是我的生日，便给我准备了这个惊喜。作为一个农村长大的孩子，往年过生日只吃鸡蛋和面条，突然吃到货真价实的生日蛋糕，那份感动简直无以言表。

进入高三，为了有一个安静的学习环境，班上住校的同学纷纷出去找房子住，我和同学老蔡商议后也在北大街租了一间房子。老蔡是我高一同班同学，分科后在我的隔壁班，是个单纯又善良的女孩儿。那时每天早上 6 点就要开始上早读课，为了能多睡一会儿，我和老蔡每天早上轮流出去买早点，然后一边啃一边往学校里冲。北大街的小吃其实有很多，除了包子，还有稀饭、馄饨、紫菜包饭，然而，为了节省时间，我们愣是啃了一年包子。晚上下晚自习要到深夜 11 点，饥肠辘辘的我们买不到吃的，只好到小店里买一包“牛”牌方便面，泡上一碗，两个人凑在一起也吃得很香。那时的物价真是便宜，门口小店里一份土豆炒肉丝只要一块五毛钱，比在食堂里吃还划算。我们总是提前和老板打好招呼，中午放学后直接到饭店里拿打包好的饭盒。我们的家境都很一般，物质上自然不算富裕，但我们并不讲究这些，觉得只要能吃饱穿暖就很好了。老蔡学习起来也非常刻苦用功，下晚自习后常常还要再看一会儿书，但不知道是不是学习方法的问题，成绩始终在中游徘徊。她的身体不太好，有时正上着晚自习突然肚子就疼起来了，疼到冷汗淋漓，只好让别人扶着回去休息。看过几次医生，都说是胆囊炎，直到她后来上了大学才知道其实是阑尾炎，做个手术就好了，当初一直是误诊。当年高考她没有发挥好，分数只够上三本，她选择了复读。然而，第二年考得还是不理想，只好再复读一年。第三年依然只够上三本，无奈只好上了远在长春的一所学校。我没有经历过复读，但我能想象得到她有多憋屈和难过，努力和付出真的不一定就有结果，不管过去多少年，再回顾总还是意难平。

高中给我印象最深的老师有三位：高一的班主任黄百年老师，高二高三的班主任曹华胜老师，还有教数学的杨月香老师。黄老师教历史，他总是戴着一副度数很深的眼镜，喜欢皱着眉、背着手，几乎都没见他笑过。他对教室卫生很重视，要求我们每人在桌子上绑一个塑料袋，用来装铅笔屑之类的垃圾。作为一名老教师，他的基本功很扎实，讲课总是旁征博引，滔滔不绝。2020 年在“六尺巷”公众号上看到一篇纪念黄老师的文章，才知道他因为突发疾病去世了，震惊的同时，也为他深深惋惜。曹老师的风格和黄老师不同，他倒是经常笑，但是这笑落在一些调皮捣蛋的学生眼里，那叫一个胆战心惊。他的身上有一种不怒自威的气势，不用大声斥责，只要淡淡地扫上一眼，全班马上鸦雀无声。至今记得他有一句名言：谈恋爱、打游戏和看小说是三条高压线，谁踩谁“死”。忽略他班主任的身份，其实我很喜欢上他的地理课，尤其是世界地理，感觉他闭着眼睛都能指出世界上哪条海沟在地球仪上哪个地方。杨老师是桐中教数学为数不多的女老师之一，为人亲切和蔼，脸上总是挂着温和的笑。有次她的小女儿不小心把红墨水打翻了，弄脏了我们的试卷，她还不好意思地向我们道歉。她很关心我这个严重“跛腿”的学生，有次很疑惑地问我：“你为什么不能像学好语文和英语那样学好数学呢？这不都是一样的吗？”我感到很惭愧，曾暗暗发誓一定要学好数学，不辜负老师的期望。然而，直到高考我也没能把数学追上去，这成了我永远的遗憾。

桐中是一个精英荟萃的地方，桐中的校训是“勉成国器”。毕业多年再回头看，虽然平凡如我称不上“国器”，但我能勤勤恳恳地工作，认认真真地生活，应该也不算辱没了母校。我相信，母校就如母亲，不管她的孩子是否有大出息，她都温柔地爱着他们，就像我们在心底也常常怀着一份对母校的深情和眷恋。

有苦有乐，有笑有泪，高中生活如此，人生也如此。

（作者系桐城中学2006届校友）

一分的缘分

胡玲玲

2002年，正值桐中100周年校庆，当时我还在上初二。上课的时候，班主任告诉了我们这个消息，那时候我心中就有了“如果能考上桐中该多好”的想法。

2003年夏天，我参加中考，发挥还算正常，但没指望能考上桐中，因为班上有几个同学比我更厉害呢。但万万没想到，最后就我一个人以超过录取分数线仅一分的成绩考上了桐中。收到录取通知书的那一刻，我太开心了，应该是那个暑假最开心的事情了。

2003年9月，爸妈领着我踏进了桐中，一进门，“勉成国器”几个大字映入眼帘。我如同“刘姥姥进大观园”一般，对学校的一切都充满好奇。学校里郁郁葱葱，有亭有水有花有树。正值紫薇花开的季节，粉粉的花儿映着脸上洋溢着喜悦笑容的人们，其中就包括我。爸妈帮忙交了学费，我领了书本，添置了生活用品，三年的桐中生活就开始了。

不管什么事情，衣食住行都是第一位的，这就不得不提一下当时高一我们住的女生宿舍。宿舍是一栋瓦房，昏暗潮湿，白天都得开灯，可以称之为“黑洞宿舍”了。我睡上铺，遭遇过晚自习结束后爬上床发现一只肥硕的老鼠在我床上吃东西的惊恐时刻，还遇到过下雨的深夜被屋顶漏水滴醒只好拿盆接水然后和下铺同学挤在一起的狼狈时刻。好在后来我们搬进了楼房，再后来“黑洞宿舍”

被拆了。

我被分到(3)班，教室在那个前面有“三星二翼”雕塑的老教学楼里，另一边是“龙眠钟气，代起人豪”的石柱。后来，我们搬进了新教学楼，面对着惜抱轩银杏树。还记得语文老师告诉我们，银杏树也叫公孙树。班主任是华奎庭老师，也是我们的物理老师，他常常在后门“偷看”我们有没有认真上课，应该没有哪个同学没被“吓”到过。还记得第一节英语课，操萍老师问我们“Practice makes perfect”是什么意思，稚嫩的我脱口而出“熟能生巧”。可能这次的“一鸣”让我后来当选英语课代表，也因为是英语课代表，高中三年学习英语学得很起劲，的确，熟能生巧。

在学校的每一天都是新鲜的，早上叫我们起床的是广播曲《乡间的小路》，中午休息的广播是周杰伦的《东风破》。那时候的我们很幸运，处于华语乐坛巅峰时期，历史课上的美索不达米亚平原和《汉谟拉比法典》我都是靠《爱在西元前》记住的。每年5月学校都会举办艺术节，紫藤花开得正盛，学校食堂摇身一变，就成了礼堂。令我印象最深的是实验班一个男生弹奏的《梦中的婚礼》，那时候觉得他就是钢琴王子。炎热的夏天，当然是属于篮球的。篮球联赛拉开序幕，男同学抱怨我们不去篮球场给他们加油，只可惜我们都去的那一场，他们输掉了比赛。回到教室，华老师在上面苦口婆心劝慰，男同学们在下面伤心难过，甚至落泪了。也许这就是青春吧，为热爱的事情挥洒汗水和泪水。

白驹过隙，转眼就高三了，大家面临着高考，面临着别离，气压逐渐低下来。2006年元旦，我们在教室里举办了元旦联欢会，大家在欢声笑语中度过，拿着胶片相机到处拍照留念，还在黑板上留下了大家的“誓言”，中间的“数风流人物，还看今朝”是语文老师刘盛磊写的。现在回看真是满满的感动，不知道投身江湖的大家，还记得那个豪言壮语的自己吗?

从2002年桐中100周年校庆的缘起,到2022年桐中120周年校庆之际,我已不再是那个懵懂的女孩。回忆起桐中的峥嵘岁月,一发不可收拾。再过一个月,紫藤花也该开了。现在的广播都放什么歌呢?会有周杰伦的歌吗?每年的艺术节又有哪些精彩的表演呢?篮球联赛是不是更激烈了?现在有足球联赛吗?散落在全国各地的你们,都还好吗?感恩母校,培育了我们,滋养了我们,未来还将继续培养一代又一代的青春学子。120年的沉淀,120年的风华,衷心祝福母校,期待下一个100年!

(作者系桐城中学2006届校友)

母校仍青春

张 春

春节前夕，我回了趟母校，徜徉在熟悉又有些许陌生的校园，内心多了一份宁静。时近除夕，仍能听到琅琅书声，我感到一丝惊讶，也觉得羡慕。多年前的求学记忆不由涌上心头，我仿佛还是这里的学生。

名校初印象

我的老家与庐江县一河之隔，是地道的乡下。高中以前，我几乎没进过城。最早听说桐中，是来自人们口耳相传，它在偏僻乡野也是家喻户晓。记得初中时学校曾播放桐中推介片，悠久的历史、美丽的校园、辉煌的成就，是我对这所名校最初的印象。

然而，这与我何干呢？当时桐中似乎与自己很遥远，我甚至不曾想有朝一日能成为它的一员。家庭条件也不允许我有“择校”的念头，因此，没有过多把桐中放在心上。

好在最终考上了。录取信是寄到村里的，里面装有通知书和新生住宿须知，其中，对学校的介绍是到那时为止我对桐中最详细的认知。上面的姓名和开学日期还是手写的，尽管写得有些马虎，我却视若珍宝，一直珍藏着。

那年是 8 月底入学。带着首次出“远门”的忙乱，我踏进了位于公园路尽头的学校。第一印象是大，不知道找谁报到，一阵瞎撞。在公告栏上发现了班级名册，按图索骥，去寻老师，领了脸盆、瓷缸等，这就入学了！到宿舍才知晚了一步，被分在混合宿舍，十人中和我同班的只有一人。

桐中似我家

没有开学典礼之类的仪式，三天军训之后，高中生涯正式开始了。班级实行的是大班制，平均六七十人。整齐划一的课桌，瓷砖地面，悬挂的电视，一改我对教室的刻板印象。要知道，当时农村学校桌椅都是自备的。课程安排满满当当，一切步入正轨。

通常周六下午才结束一周的课，由于回家需倒几趟车，到站必是天黑，下车后还有一段“黑路”，次日又要返校，还得背很多书，着实疲累，因而高中三年回家并不多，最长时将近两个月回去一次，是名副其实的以校为家了。

学校生活也很简单，基本是“宿舍—教室—食堂”三点一线。多数同学还是比较刻苦的，晚上熄灯后点蜡烛的不少，烧到蚊帐、被子不算稀奇事儿。吃饭主要是去食堂，很实惠，座位也够，有时也将食物拿到宿舍去吃。校门口的饭团很受欢迎，只要一元，加五毛多一根火腿肠，吃得津津有味，锅贴饺、小炒算是“加餐”了。周末也多是待在教室，晚上则在宿舍，有时去长跑几圈，偶尔和没回家的同学打几场篮球。那时还是水泥地面，田径场中间长出了野草。

课余时间逛校园成了我的一大乐趣，三年里我走遍了学校每一个角落，银杏树、大草地、半山阁、铜像、紫藤、钟楼、后乐亭、石柱……无数次驻足，我将这些镌刻在了心里，哪怕岁月沧桑、校园巨变,也抹之不去。校外去得最多的便是书店了,因为需要辅导资料和课外读物,也会去音像店找些磁带,随身听是住宿生的好伙伴。

教诲不曾忘

学校的教学质量,除了生源,师资尤为重要。桐中名师荟萃,他们是学校的财富,也是学生的引路人。与大学老师普遍会主动告知名字不同,中学老师鲜有这个"习惯",因此,至今不知好多老师的姓名。三年里教过我的老师不少,限于篇幅,且记述其中几位吧。

陈玉莲老师的语文课有个特色,她要求学生在上课前分享一本书,每天安排两位。如此一来,大家就得去找书看,读完还要动笔。轮到的同学在大家的掌声、笑声中登台,有的神采飞扬,有的紧张异常,有的波澜不惊,有的不知所云。台下有叫好的,有哄笑的,各种小动作,最终以掌声再次响起收场。这样的形式真是太好了,多少埋下了热爱阅读的种子。

陈老师称得上是名师,不时有慕名来听课的。记忆犹新的是,中央电视台《走遍中国》曾到我们班进行拍摄,是个周末,上课地点改在了老教学楼,那天陈老师讲的是姚鼐的《登泰山记》。

地理老师段焕荣是我高中前两年的班主任,也是当年为数不多只讲普通话的老师。当时他极年轻,但已开始崭露头角,水平大家有目共睹,在黑板上画个世界地图是分分钟的事,班级管理也很严格,而今早已是学科带头人。

我读高一时总是学不对路,成绩平平,一时间很是焦虑。下学期一开学就被段老师叫去,骂得狗血喷头,句句说到点子上,我没有一个字不赞成，只好连连称是。期末文理分班，理化生“全偏”的我毫不犹豫地选择文科。新学年班主任还是段老师，这是我的幸运。经过暑假闭门在家“恶补”地理和高二上学期的努力，扭转了成绩走势，加上原本基础尚可的政史，文综基本“稳”住了。这与段老师的启发是分不开的，某种程度上他是高中阶段对我帮助最大的老师。

另一位地理老师胡邦彦，是妥妥的名家。他上课有条理，教学功底扎实，又幽默风趣，不论是自然地理还是人文地理，都烂熟于心，山川河流、城市村落都装在他的肚子里，印象中没有他当场解不出的题。

高三班主任是历史老师黄祥林，前辈校友回忆他“总是围绕着操场跑了一圈又一圈……搞不清他的历史知识和长跑实力，哪一个更强……”我辈无缘得见黄老师跑圈，却见识了他上历史课的功力。他上课带着教案，却从不翻看，板书都是信手拈来，完美诠释了桐中“备课要深，上课要清”的教学传统，并且时间把握精准，还写得一手好字，堪称一绝。

历史组另有一位叫黄百年的老师，与黄祥林老师并称“二黄”。二人教学风格迥异，这位有点天马行空，上课似乎没有一个计划，一段时间后发现，与其他班级进度差不多，效果还是好的。犹记得他给我们讲女排精神，那个陶醉样子，忘不了。

政治老师梅万生也是一位教学能手，能把枯燥的哲学讲得妙趣横生，确是少见。那时幻灯片还不流行，梅老师却用得很好，图文并茂，还会做视频、动画，对上课自然很有帮助，给我们留下了很深的印象。

正是有这些老师的托举，我们那一届文科取得了不错的成绩。感念之情油然而生。

母校未走远

十数年前的初夏，我们相继走出校园，从此散落天涯。桐中终于也成了“母校”。许多年后，我更多地了解到母校的办学历程，特别是当我得知桐中最初暂借于安庆旧武备学堂、后来才迁回桐城时，对“仰止吴公创业劳”有了更深的体会。

毕业后，我回学校的次数并不算多，每次都有物是人非、恍如隔世之感。但母校从未远去，她是我们共同的依归，不论在外地相遇还是回校相聚，母校都是离不开的话题。大家不约而同地感叹校园的变化，包括体育场的大面积改造、新宿舍、吴先生铜像的搬迁等。变化最大的莫过于桐溪塥。这泓水改变了我们对校园面貌的记忆，而上学时我几乎不曾听说。很多老校友表示找回了记忆。

记忆很奇妙，一旦形成，便以为会一成不变。其实，记忆都是当代人的，恢复了几代人的记忆，也就破坏了另几代人的记忆。每一代学子都会留存一部分记忆，又丢失另一些。像我们记忆中的大草地、新教学楼，在前代校友时是没有的。由此可以想见，未来的桐中还会不断变化，到那时，如今的风物又会成为前代学生的回忆。

桐中也有很多不变的，如半山阁、银杏树、石刻柱……已经存在数十上百年，是几十届学生的共同记忆。不变的还有建校初心、学子们的勤奋、老师们的勤勉。有时我想，母校更多应是一种符号，一种文化印记，而不仅仅是校园。但校园又是历史的一个注脚。在中国，走过两个甲子的学校可谓凤毛麟角。辉煌的过去无疑值得我们自豪，有时也会成为后来者前行的羁绊。如何赓续文脉、争取更大荣光，是当代桐中人的“必答题”，也是必须答好的校友之问、家乡之问、历史之问。

人们对健康的期望往往是“长命百岁”。对于名校而言，120年不过是新的起点，我们希望她生生不息、弦歌不辍。再过120年，世上早已没有我们，但桐中一定还是枝繁叶茂，正如那苍劲的紫藤、蔚然的银杏。没有人能预测那时的世界是什么样，但可以确信的是，要想延续辉煌，唯有踔厉奋发、不断进取。

历史鉴未来，征途无穷期。百廿再出发，桐中仍年轻！

（作者系桐城中学2006届校友）

一片银杏寄相思

江　黎

提笔之前，犹豫许久，要对母校说点什么呢？也许是大家忙碌于各自的生活，觉得平淡如水的日子已经激荡不起内心的波澜。我也是“80后”中普普通通的一分子，不知道要对母校说些什么，又想说点什么。

在时间的车轮滚滚向前、来不及停下脚步追忆往昔之时，在这人生不算长也不算短的时空交汇之时，也许，可以空闲那么一个下午，关掉手机，泡上一杯桐城小花，静静地坐在电脑前，随着碧绿的茶叶一片一片缓缓下沉，暂时剥离眼前的琐碎，任由思绪飞回那个白衣飘飘的年代……

很早就知道母校是一座闻名全省的重点中学，有着厚重的历史和众多杰出校友，可以说它是“文都”的一张文化名片。以前来这里，是孩提时代的嬉戏，这里是家附近必去的拍照打卡的一个景点。而在2003年秋天，我正式成为这里的一名学生，梦想成真了！

高一班主任是华奎庭老师，教我们物理。他风度翩翩、气质儒雅。每每站在讲台上，只见他身穿长款呢子大衣，转过身在黑板上写上几笔，真是太妙了。数学老师的名字我已想不起来，他特别喜欢提问，回答不上来可能要被罚站，让我更加害怕这门不太喜欢的课了。化学老师一头乌黑的齐耳短发，我上课时常听不懂就会发呆，以至于高一结束只记住了mol和一堆无解的反应式。

到了高二，我没有犹豫，转到了文科班。班主任苦口婆心找我谈话，说我的成绩还可以，学理科一样能考大学，让我再好好想想。我想了一天还是去了文科班，当时的想法是遵从自己的内心。

高二班主任是曹华胜老师，他把地理课讲得生动有趣，仿佛那些山川沟壑、高原平原、大江大河都刻印在他的脑海里，需要的时候随时可以拿出来，动不动就在黑板上手绘一幅地图。历史老师上课也是行云流水，板书写得非常工整。数学老师换成了一个温柔的大姐姐，让我终于对数学不那么害怕了。

高中三年，除了学习，还有什么难忘的事吗？当然有。例如，每年的元旦文艺汇演，让我见识了身边那么多多才多艺的同学；每年的篮球比赛，男生们驰骋天下的酣畅淋漓，女生们摇旗呐喊的阵阵欢呼，编织了少年时代的多彩记忆。

早操前的前奏音乐，一听到音乐，我就条件反射一样从家里冲向学校。幸亏只有不到十分钟的距离，要不然就要迟到了。

午间和傍晚下课后，校园广播里播放着流行音乐。周杰伦、潘玮柏、孙燕姿、梁静茹……那时候，他们还没有结婚，还没有生娃，还在创作的黄金年代。

每次放学路上，经过报刊亭，我总要买一两本最新出刊的《读者》，知道韩寒和郭敬明也是从那个时候开始写小说的。

每到银杏树落叶，我们总会去凉亭拾一两片，放在最喜欢的小说里当书签，再心满意足地放到书桌下的抽屉里。

每个下晚自习的夜晚，学校旁边小巷的路灯下，都有一个瘦长的身影在等我回家。高中三年，爸爸只要在家，就从未缺席。那是漆黑的夜路里的一道光，以至多年之后再读朱自清的《背影》和龙应台的《目送》时，我泣不成声，因为终于懂得了离别的不舍和父子情深。

回不去的纯真年代啊！只能在残存的记忆里拾一小撮，放进绵长的梦里。也许，我们不是母校最优秀的孩子，我们没有什么丰功伟绩和杰出贡献，但我们是普普通通、认真生活、踏实做事的新时代青年。

感谢母校，教会了我们坚韧和独立，让我们拥有了独立面对生活的自信和底气。感谢母校，教会了我们成长，在任何时候坚定内心的声音，勇敢向前！

一片银杏道不尽的思念，一方故土说不尽的情怀！

（作者系桐城中学 2006 届校友）

桐中，我们从这里走向未来

朱　晓

最近，我在读傅国涌编的《过去的中学》，看到胡适、许渊冲、钱学森笔下的中学时光。恰逢桐城中学建校120周年，作为一名桐中学子，回忆美好校园生活，我深深地感谢敬爱的老师，想念可爱的同学。

我和桐中的缘分

我是城关人，最早走进桐城中学是陪爸爸妈妈送我的小舅、小叔叔来校读书。两排平房前面还有细细的流水。小学时，我和表弟胡同学一起在校门口“勉成国器”几个大字下面拍照，我扎着羊角小辫，表弟的脸蛋红彤彤，这里是我们向往的学堂。我们当时还不知道，学校创始人吴汝纶先生是桐城派古文大师，也是京师大学堂的总教习。

2003年，我和表弟同时收到了桐中的录取通知书，我们都被录取到实验班。那真是一个愉快的暑假，大人们特意去合肥给我们买电脑作为奖励。现在想想，如果用相同的钱买书籍，该是多大的一笔精神财富。

高一实验班生活

屠先国老师是我的第一任班主任老师，至今还记得他用桐城话教化学元素周期表，我们背得很溜。屠老师对我们很慈爱。学校的亭子有一个浅台阶，一次我没有留意跌倒了，手掌伤口比较深，是屠老师送我到县医院缝针，他一直站着等在医护室门外。

物理老师华奎庭很幽默，他发现同学在空中画图，作业没用直尺画图，风趣地提醒我们要严谨治学。学校重视锻炼学生的基本功，练习题不是单项选择题和多项选择题分开，而是不定项选择题，每个选项都要运算，不能偷懒。

语文老师吴幸福教学理念先进，让我们轮流在课前讲一个故事，带我们开展辩论赛，锻炼我们的演讲口才，在实际运用中提高综合语言能力。

实验班是在科技大楼上课，这是当时最新的教室，也靠近实验室，体现了学校对学生的重视和关爱。在实验班，我结识了很多优

秀的同学，后来他们成长为各自领域出类拔萃的人。

记得第一次上晚自习，我刚开始预习数学第一单元，隔壁的杨同学已经学完半本书。她经常坐在那里一动不动，沉浸在演算中。后来，她去北京、新加坡、美国求学，然后到中国科学技术大学任职。

一次物理课上，华老师讲解一道习题，用了几次换算。我还在云里雾里时，张同学被老师叫到黑板前，给大家作示范。他用了一道等式就解开了题目。张同学后来从事金融业，被招商银行派驻到英国。

全神贯注的思维演算，珍惜时光的严格训练，实验班的同学给了我很多启发和榜样力量。朱光潜在《给青年的十二封信》中谈到兴趣的重要性，我从中深切感受到人要从事感兴趣和擅长的事情，便在高二文理分班时选择了文科。

文科班生活

我的第二任班主任是段焕荣老师。他是位年轻的地理老师，宿松人。他教我们用画地图的方式来学习地理，标出主要城市、山脉、河流，画得好就贴在墙上。这种方法确实能加深学生对知识点的理解。

语文老师苏凯喜欢读学生的优秀作文，不管学生之前的成绩怎么样，只要作文写得好，他都会在课堂上读。这对学生鼓舞很大。有次写关于“约束”的作文，他说大部分人都说约束的坏处，只有我一个人写了有限度的约束是必要的，这和林语堂的观点是一致的，文中要有我，要有个性。

由于中学生阅读面有限，我们大部分人觉得写好作文很难。

到中国人民大学读书的时候，睡我上铺的姐妹说她写作文时举例总是写居里夫人，老师问："除了居里夫人，还有没有其他例子？"记得读书的时候，桐中图书馆已经建好，但开放的时间不多。如果能够多阅读历史传记，像《邓稼先传》《富兰克林自传》等，看一看那些伟人曾经怎样实现人生追求，也能为写作提供丰富的论据。

英语老师王李芳是一位年轻的女老师。她自己找例题给我们练习，提醒我们要注意重音。那个时候，英语课外读物还不多，王老师将自己的《新概念 3》借给我看，旧版本是 B5 大小的。后来，我自己买了一本新版，有意识地听读背诵，进步很大。

高二历史老师是黄百年，他考试出题灵活，记得高二期末考试考到布雷顿森林体系的知识，我们大多被考"趴"下了。

我的第三任班主任是黄祥林老师，他像弥勒佛一样，整天笑眯眯的。高三时，同学们备考紧张了、情绪低落了，和黄老师聊一聊，又充满干劲。

高三数学老师是方赛春。方老师详细讲解试题，鼓励我们演算练习。那年很多文科同学高考数学成绩比较高。

课 余 生 活

食堂的早饭是一元一大盒鸡蛋炒饭，晚餐让我印象最深的是红烧鱼、韭菜炒螺丝。学校门口包子铺三个肉包子一元，还找回一角。

学校有一个足球场，由砂石铺就。校内杂志《清流》里，男生们常写道："和足球一起飞来的，还有沙子和石头。"有一次，班上的姚同学跳高比赛时胳臂受伤了，打了绷带，我们笑他成了"杨过"。

假如时间可以倒流，回到母校，我最想认真上的是体育课。体育老师经常问:“自由活动的时候,你们班的女生都去哪里了?”原来,我们溜去小卖部买五角钱的洽洽五香蚕豆和两元钱的雪碧了。听了老师的话,我们抄起球拍打羽毛球,练习三步上篮。现在想想,那么大的操场,那么多篮球场,关键还是免费,对比现在动辄百来元的私教课,这是多么宝贵的资源啊。

学校有一个广播站,爱好朗读的同学都来参加,管理老师是高三英语老师葛志。那时候,广播站最受欢迎的歌手是周杰伦、SHE和容祖儿。

高一、高二的学生可以参加学校的艺术节活动。高一的时候,我站在后排桌子上看表演,礼堂里面挤满了人。高二的时候,我参加了表演,排练了一个有剧情的舞蹈剧,配乐是蔡依林的《海盗》,十几二十个人一起上台,很热闹。有一个班级齐唱《欢乐颂》,配上整齐的动作,形式简单但很感人。

每天放学时,同学们踩着自行车,像潮水一样涌出校园。

中学时代是求知欲最强、记忆力最好、充满幻想和热情的阶段。之后,我们从桐中走向四面八方,走向未来。祝福母校,祝福敬爱的老师,祝福可爱的同学。

(作者系桐城中学2006届校友)

忆 母 校

许 颖

公园路 110 号
不仅是一个地理位置
更是群星璀璨地
是文明赓续处

龙眠山之南麓
1902 年的学堂
反哺着一方水土
历经百廿风雨沧桑

你是年少的记忆
是莘莘学子的摇篮
是东西国学问的聚合
是文都不灭的期盼

吴汝纶先生坚如磐石的意志
传道授业的信念
激励着一代代学子
谨记“勉成国器”的校训

书声琅琅

桐城先贤的济世救国之志
打开一扇扇智慧之门
催开满园桃李
引领少年们深学笃行
奔赴星辰大海

还记得科技大楼的灯火通明
文理兼容，融会贯通
三尺讲台的背影
谆谆教导催人奋进

还记得学生宿舍的彻夜长谈
聊课程，聊理想
同窗共读的岁月
是人生恒久的回望

长廊的古藤紫蕊灿烂
广播站似乎还飘荡着
《七里香》的旋律
课间操后响起的《那些花儿》
早早预示着我们
终将散落天涯

晨钟破晓

“百年绝对”洒着朝阳的斑驳
砖瓦围墙
爬山虎映着岁月的绿荫葱葱

半山阁儒雅的伫立
满腹经纶
惜抱轩银杏如先贤之风范
枝繁叶茂

桐溪塥的水再次潺潺
后乐亭想必还有
沉思的学子游人
此刻的校园一定
杂花生树,群莺乱飞

桐中,美丽的母校
十年、二十年……
我们荣幸与你同在
你见证了一代代青春
书写着小城佳话
续写着传奇的百年树人

（作者系桐城中学2007届校友）

我所走过的路

张二川

4月中旬的某个时间，我偶然间得知母校120周年校庆征文便跃跃欲试，无奈科研“民工”一直忙于“搬砖”，这篇投稿竟然拖到了截止日期。今天必须动笔了，诚如某位校友所说，“虽身不能至，心向往之”。

还有一个月左右的时间，家里的堂弟就要参加2022年高考了。我时不时与他分享我的高考心得，当然，这些心得大多得益于桐中老师的教导，特别是高中班主任汪文涛老师的教诲。

每次月考后，班主任总是会强调做题一定要细心、认真、严谨、审慎，任何粗心大意必然导致成绩的后退。这就是为什么我每次和堂弟通话都会强调“要避免非智力因素失误，做题要细心严谨”。

汪老师给我的印象是那种学识渊博、有思想深度的长者，他大多数时候是比较严肃、不苟言笑的，也许是为了树立班主任的威信。网上流传的那些高中生活搞笑图片，例如班主任从后门“偷窥”全班，以及经典搞笑语录，“你们是我带过最差的一届”“整个年级就你们班最吵”等，都能从班主任身上找到印证。

高中语文课的内容差不多都还给老师了（对不起，汪老师），留下印象的是老师的“爪哇”梗。古有流放宁古塔，今有周游爪哇岛。将来有时间，争取一定要去一趟被汪老师心心念念了好多年的印尼爪哇岛。

言归正传，汪老师教会我的细心、认真、严谨、审慎的态度不仅对做题有益，而且对做人做事同样适用。

有人说，教育大概是你离开校园依然剩下来的东西。于我而言，《兰亭集序》可能不再会背诵了，孟德尔的遗传定律已记忆模糊，能量守恒的题目也许还会那么一点点，化学方程式差不多都还给达远老师了（数学公式还记得，这是我的专业），但是这八字教诲让我永远铭记、受益终身。

这些年我一直资助贫困生，给他们回信时会时不时传授我在桐中的学习心得。除了谈论学习方法，我还会鼓励他们努力争取机会表现自我，有意识地主动改变自己的缺点，做一个性格外向的人。这点大概得益于化学老师何达远。

何老师大概是和我们这一届同时进入桐中的，他上课常着干净整洁的白色衬衫，偶尔会打领带，操着一口标准的普通话，虽然和我们习惯的"桐普"多少有点违和，但是他的课总给人一种活力四射、青春洋溢的感觉。

记得有一次化学课，何老师让同学们在黑板上做题并讲解，我也不知道当时谁给我的勇气，自告奋勇上讲台了。好像当时题目没有完全做对，但是总算顺利讲完了，何老师鼓励了我。

仿佛冥冥之中一扇门被打开了，突然意识到机会一定要努力争取，努力表现自我。这大概是为什么我上大学后一直积极承担小组作业中上台展示任务，现在时不时还参加各种英文演讲比赛。

除了以上两位老师，还有很多老师给我留下了深刻的影响。

高一教语文的何古奇老师，在以前的老教学楼（银杏树旁边，早已被拆除）里，总是喜欢在上课前蹲在教室外的走廊上思考着什么，也是一道独特的风景线。

所有英语老师好像约定好了一样，走时尚路线，穿衣不带重样，我们的英语老师也不例外。高一英语老师是万玲玲，万老师第一堂课的自我介绍是在黑板上写下“10 000，0，0”，过了这么多年，我依然清楚地记得这个开场白。后来的英语老师是汪向东，因其有一个乌黑浓密的辫子，被我们戏称“大辫子”。没想到多年后在脱发盛行的中年危机下，汪老师的辫子竟成了我无比羡慕的对象。

高中数学老师有两位，一位是方义和老师，另一位是方长林老师。方义和老师的桐城话很有特点，成为我们学生当时模仿的对象。例如，当时我们班有个学生叫齐翼，被方老师叫作“齐一”。方长林老师讲解数学题总是一气呵成，听他的课不能不说是一种享受。

物理老师方泽民讲课总是笑眯眯的，每句话总喜欢带有“喏”(大概是某种语气词吧)。

回忆总是书写不完，时间也总在不停歇地制造新的回忆。

就此搁笔。我所走过的路，正是我要走的路。

(作者系桐城中学2007届校友)

桐中情难了

余　璐

“龙眠钟气，代起人豪，莘莘学子待熏陶。仰止吴公创业劳，勉成国器望吾曹。”离开桐中 14 年，没想到任何时候看到校歌歌词时，都能不由自主地哼唱起来。这旋律唤醒的视听记忆是开学不久的午后，全班同学在多媒体教室排排坐，听短发的女音乐老师教唱桐中校歌，讲解校歌创作的波折历史场景。每每想起这一幕，记忆蒙上的是泛黄的滤镜，音乐老师的面孔已模糊，同学的表情已记不清，当时的心境也已忘记，可它总像秋天里一片大大的树叶轻轻落下盖在身上的温暖，仿佛承载的是一整个盛夏的梦。

初中毕业，我以全班第一的成绩顺利考进了自己的梦中情校——桐城中学。那时的我是个无论内心多汹涌，脸上却故作淡定，以为这就是成熟的幼稚鬼。因此，那个暑假压抑着即将踏入市里最好高中的兴奋、第一次离开父母开始独自生活学习的惶恐，假装镇定地接受着身边的夸赞，为的是让自己的一切努力都显得毫不费力。初到桐中的生活新奇有趣，面对花园式的校园、优秀的老师和同学，我带着桐中赋予的骄傲外衣，开启高中生活。

当我还沉浸在新环境的兴奋中时，开学之后不久的月底考一下把我拉回现实。原来新的战斗才刚刚开始，而我还错把刚越过的“小山丘”当作“五岳”。随着课程难度的增加、知识点的深入、竞争的激烈，我第一次有了力不从心的感觉。我天真地以为自己还会像以前一样，稍作努力就能名列前茅，轻松地继续当一个“别人家的孩子”。当学习上的挫败遇上无法及时向父母诉说的孤单时，在外求学的我陷入了从未有过的自我怀疑，从曾经“欲与天公试比高”到如今“俱往矣”。高二是最迷茫的一年，最差的时候名次排到了班级中位数。一向擅长的数学一不留神就会不及格，挑灯夜战的物理力学怎么也学不明白，两个小球一碰撞，整个大脑就混沌。接下来的故事并没有像小说中那样，主人公奋发图强、触底反弹、破茧成蝶。毕竟高中三年每个人都在全力奔跑，不会因为你落下了，别人就放慢脚步。虽然在高三追回一程，但是依然没有考上自己理想的大学。那时的我完全没有复读一年的想法，只想快点逃离被《五年高考·三年模拟》《天利38套》支配的恐惧。

高考成了要强的我的一个不愿触碰的疤。高中毕业后很长一段时间，我害怕回到桐中，不是我不想它，而是仍无法面对曾经自诩优秀的自己。那时的我常常从午夜梦回高考考场中惊醒，也曾暗暗假想如果复读了会不会有不一样的未来。之后几年，当我依然需要非常努力才能拿到奖学金、精心准备才能进入主持人大赛决赛、疯狂改稿才能在校报上发表文章、拼尽全力也超越不了别人的时候，我开始学着接纳自己。接纳平凡，接纳被超越，接纳没有永恒的强者。当我选择放下过去、放过自己的时候，我反而拥有了一往无前、不再瞻前顾后的勇气。

从那时起，我开始想念桐中，想回到梦开始的地方。我开始主动在寒暑假组织老友们在“老地方”相聚。校园灰色庄严的教学楼扩建了，操场塑胶跑道升级了，国庆文艺汇演的大礼堂新建了，我们变了，它也变了；下课铃声一响学生们就冲过去的小卖部还在那里，每周一升旗仪式旁的紫藤花长廊还在那里，熟悉的高一(4)班还在那里，我们没变，它也没变。我站在曾经的教室外面，透过窗户找到自己的座位。我看到了一个丰富的我:晚自习埋头苦算的我,和同桌因为解题思路争到面红耳赤的我,当了三年语文课代表在黑板前板书的我,公布名次时紧张到不敢抬头的我,故意抢走后座同学正在看的复习资料后被追逐的我,导演毕业前最后一次班级元旦晚会的我,拿着不及格的物理试卷偷偷流泪的我,自己的作文在班级被宣读后窃喜的我……原来我并没有忘记那些青春里闪闪发光的日子,它们只是被珍藏在内心深处。

大学毕业之后,我去了理想的校园读研究生,结识了一些桐中校友,会时常聚在一起听着乡音聊着桐中人共同的记忆、分享生活学习的经验。再后来,我被公派出国读博士,有一次邀请一位到巴塞罗那旅游的同学到家中做客,也一并邀请她同行的罗马大学好友。进门那一刻,瞳孔“地震”,我一眼便认出,她的同行好友竟然是当年和我同一级的桐中“学霸”校友。异国他乡,在彼此毫不知情下,神奇的桐中磁场将我们聚在了一起。历经六年的留学生涯,去年在英国完成博士学业后回到国内高校任教。在一次学术研讨会后,聊起各自的家乡,当听说我的家乡之后,一位教授立马问道:“你是桐城中学毕业的吗?”时隔几年再次听到母校的名字,那一刻,我眼眶湿润。

桐中见证了无数个像我一样的学子,从青春年少的懵懂到自我接纳的自信。一个平凡女孩的17年里,母校从未离开。我们来了又走,川流不息,而她就在那里,张开双臂,迎来送往。她知道,我们都会有一个美好的前程。

(作者系桐城中学2008届校友)

桐中的春天

汪　丽

一点普鲁斯特时刻

桐中求学三载，一晃已是十余年前旧事。猛思及，顿觉惊愕。初入校时方十五六，而今不觉已中青年。自去秋以来，各校友群转发多种校庆活动，我对征文最感兴趣。本有跃跃欲试之心，但眼下生活乏善可陈，中学回忆也不算遥远，没有他人回顾往昔时的那份厚重、透彻与淡然。校友群中各界执牛耳的大咖比比皆是，毕业几十载的学长学姐有之，毕业半世纪的校友亦有之。读了几篇校友回忆文后，仍茫然无绪。

最近，有三件事让我改变了想法，终能提笔撰文。

三月下旬某天，在校友群中看到有人分享了一张桐中教职工合照。猛然间，回忆如潮般涌来，激起了我的一点普鲁斯特时刻。校友群中，各届桐中人都于心底细细摩挲着那张照片，诸君一边找寻各自老师身影，一边纷纷感叹韶华易逝。

年初有桐中旧友不时联系。过年在家小聚时，N 君对我道："真希望哪天也能在家乡公众号上看到你的文章呢！"因为疫情的关系，与 Y 君久未见面。某天，Y 君突然从微信传来消息，说看见 B 站某 UP 主想起我。这段时间，我也想起了很多师友，时常联系的，不常联系的，原来他们都藏在记忆深处，容颜依旧。除了师友，也常忆起桐中之景致，一廊一柱，一草一木，每个角落我都曾徜徉其间、细细打量。

最重要的一件事是，校庆征文版块上刊文说，征文稿件如雪片般纷至沓来，但不知为何独不见“90后”校友撰文，呼吁这批校友积极投稿。想来颇易理解，这批人大多处于人生家庭事业的转型期，疲于应付细琐的生活和繁忙的工作，纵有心怕也无力去记叙一番彼时的中学生活。作为闲散书生，也无家庭重负，想想那段时光，凑点属于我们这代人轻快的记忆，何如？

每一代都有他们各自特定的情感结构，不过，桐中人之回忆围绕的始终是公园路那方夏幽冬也翠、承载着众人年少时光的校园。毕竟，那时你我皆是恰桐中少年。

高三那年，南方遇暴雪，汶川遭地震，夏季迎北京奥运。阴霾、青春、盛世、明晃晃的夏天和初入大学的秋季，便是袭来的18岁记忆。

我30岁那年，新冠疫情暴发，整个30岁便与让人最感阴翳的2020年“完美”重叠。突然间，好似明白了为何前人总说30岁是个槛，而立之年未立的存在危机、全球弥漫的新冠阴霾都给我留下了难以磨灭的印象。虽不至鬓如星星，也生出些许体悟。值母校双甲子校庆之际，也来抒发点旧忆感怀，感师恩，念友情，聊以自遣。

感 · 师恩

朱光潜先生是从桐中走出去的最著名的文科校友，曾执教武汉大学。他的学生齐邦媛在2010年发表的巨著《巨流河》中仍念兹在兹忆起朱老师，以感师恩。可见，在形塑个人的诸多影响当中，除父母外，没有什么能比肩老师潜移默化的影响了。

还得从那张教师合照说起。不经意地，它勾起了无数校友的“玛德莱娜小点心”时刻。新老校友群里，毕业多年的一位学姐感慨，当年教她的青年老师如今已是鬓丝如雪。高中好友群也炸开了锅，大家你一言我一语地感叹、辨认着从高一到高三的各科老师。与学姐的感受有些不同，照片中最初映入我眼帘的是立于中心位的政治老师，他还如多年前一般，白衬衣、黑外套，清癯儒雅、目光如炬、青丝依旧，乍一看仿佛时光定格了。

那几天，各群热闹非常，大家挨个找寻老师身影，共忆旧时光。原来，这种青葱回忆真的会不自觉地来袭。

倏忽间，好友群又有人惊呼，她认出高一时的化学“摩尔”老师了。我定睛一看，果不其然，作为一名文科生，我差点都忘了自己也学过化学。一时间，脑中竟咕咚冒出元素周期表前20位，这也许是因为当年“摩尔”老师是按照元素周期表顺序来替换学号叫唤大家的。记忆中的“摩尔”老师，个子不高，但声如洪钟，夹带着乡音；脸型方圆，鼻上架副眼镜，脸上常洋溢着向日葵般的笑容。大家也乐于给同学和老师取外号以示亲昵，它们就像被加密的代码一样形象生动，在小范围内流传。

例如，政治老师因儒雅而被大家称为“绵羊”老师。高中两位教历史的陈老师和黄老师，大家给他们取名“梁启超”和“康有为”，他们确实长得像极了课本上的这两位历史名人。陈老师是我高一班主任，教我们时年纪不大，文质彬彬。遗憾的是，我们那个高一班在文理分科后被彻底“肢解”了，所有同学打乱后分流到各班，在当时和当下，都让人平添一种苍茫茫的历史感。如今在照片中找到陈老师，愈发觉得像“梁任公”了！上次见黄老师是在C君婚宴上，那时的他已添几缕白发。想来惭愧，我的历史学得很勉强，上下五千年也没能记住多少，不过，对历史老师的印象都很深。

吴老师是我们文科班的班主任，也是数学老师，大家亲昵地称他“海海”。那时候，吴老师是刚从教的年轻老师。有了微信之后，从群里听闻，已是两位孩子父亲的吴老师早已成教学名师，实至名归。印象中，吴老师是位有温度的老师，与高一时让我颇觉可怕的那位有些冷性情、暴脾气的数学老师迥然有别。正是在这位性情温和、循循善诱的班主任的教导下，我们班的数学一直还可以。我高考考得最好的就是数学（虽然那年数学较简单），但大学就彻底告别了数学。记得高考前，吴老师语重心长地对我说，要定目标为重点大学。虽然当年没能实现这个目标，但总记得吴老师这句话，后来“曲线救国”地进入了自己理想的大学，也算是种特别的人生经历。

除了数学老师，让我感念颇深的还有两位语文老师，可惜这次未能在照片中找寻到她们的身影。我的高一语文老师是刘君老师，高二后是袁有年老师。两位老师教龄有别，却一样优雅、腹有诗书，都是我心目中理想语文老师的样子。

那时的刘老师也是名刚毕业从教的老师。在那个为赋新词常说愁的年纪，每周写周记作文，写的好像都是一些生活上的糟心事，而刘老师却每每不厌其烦地在阅后还写上一段或评或鼓励的文字，让人感觉很暖心。我的第一篇登上校刊《清流》的文章就是刘老师拿去投的，那是我第一次感受到文字的魔力，它可以为自我赋能、予以力量。

袁老师是位有丰富教学经验的语文老师，讲课风格深受大家喜爱。那时，袁老师教我们班和一班——传说中的理科实验班。在袁老师的课堂上，我们领略着语文的魅力。她经常领大家去多媒体教室上课，播放并讲解磅礴恢宏的唐诗及《红楼梦》等。授业解惑之余,她还组织过两个班的辩论赛。我曾有篇文章被袁老师拿去投了某比赛并获一等奖,题目是全校语文组某次命题作文《桐中的秋天》,写了什么已不记得,那张证书却一直留存着,每回看见,眼前都能现出优雅自如的袁老师的模样。

我的高中英语老师也有两位,她们是美丽大方的王老师和万老师。入学桐中前,我只有一位英语启蒙老师,仅学了三年英语。按照语言学二语习得的说法,已明显错过 5—8 岁的二语习得关键期。因此我很感念这几位英语老师,因为有她们的教导,后来我选英语专业也未遭受太多挫折。

王老师的高一英语课帮我打下了良好的基础。那时,王老师布置作业喜欢让大家背课文,高中英语课文一般都不算短,大家背得很辛苦,当时我们也不理解为何要采取背诵模式。记得有一次背课文,老师叫了很多同学都没背出来,最后老师点到我,在我顺利背诵出全文后,王老师颇大声地说了句"这样的学生,我喜欢!"也许她早已忘记,但这句话让我至今难忘,也一直鼓舞着我。虽非研究二语习得的,但我后来发现,诵读和背诵在外语初学阶段确实是稳固基础的不二法门。

万老师教过我们两年英语,记得她是湖北人,那时也是位新进的年轻老师。每回课间,万老师都在同学们课桌间的过道上来回走着,温和细语地帮大家答疑解惑。她的耐心细致、严谨平和很难不给人留下深刻印象。

我常跟人玩笑说,我之所以选英语专业并一条路走到黑,是为了弥补自己从没做过英语课代表的遗憾。事实是,在几位英语老师的影响下,我热烈地爱上了英语,并想将这份热爱和职业相融合。

感师恩,念过往。我们这代桐中人的忆师记,多半是温馨、惬意和轻快的。很庆幸自己能得益于这些老师的教导，希望老师们身体康健、诸事顺意、岁月无扰。不久后，我也会走上从教之道，希望能像他们一样，做名合格、敬业、有温度、有情怀的师者。

念·友情

高中时，我参加过很多课外活动，如辩论赛、演讲比赛、征文比赛，加入了桐中小记者站，好像也曾跑去广播站和《清流》编辑部参加招新。三年时光，既有旧友，又交新知，生活不胜快乐。十几岁大概是最容易结交到一辈子朋友的时候，那时大家心思单纯，天天学习生活于一处，容易缔结非凡的友谊。同学情，谊久长。

Y君是我中学六年好友。记得孔城老街还没被划为景点时，我和几位朋友在铺满年代感的青石板上散步。Y君直言："我们是一辈子的朋友。"想来那时不过十一二岁，一晃20年过去了，对这句话却印象很深。Y君颇有才，高中文艺汇演时，此君表演的是《等待戈多》，那是我第一次知晓荒诞派戏剧和塞缪尔·贝克特。

除了Y君，那时一同从晴岚初中考入桐中的旧友还有八九人。每逢周末回孔城，我们都会相约一起，先在学校的后乐亭聚齐，再去往国际大酒店前彼时还有的巴士车站，一起挤车回家，其乐融融。这批初中时代好友，在桐中又一起相伴了三年。

高中时期的好友大都是在文理分班后结交的。虽已毕业十几年，但如今她们大多都在我周围不远处，因而倍觉亲切，仿佛不存在横亘着的时间。

说来也巧，高中好友大都集中在南京或南京周边，我们每年的传统便是群内好友齐聚一次，聊聊家常或夜话人生。这批友人是各行各业的优秀拼搏者，有电视台记者、出版社编辑、学校的老师、电信行业从业者等。我们给好友群改了个霸气的名字，平时用来互相打气、鼓励，或吐槽不如意。

细想每日高中生活惯例，其实也稀松平常。清晨一大早，我们要跑到银杏树下跳操，跳完接着上早自习，下自习后再去食堂或校外买早饭。记得校门口有位笑容可掬的叔叔，他的移动手推车上出售的是人气最旺、冒着腾腾热气的紫米饭团。也不知，这位叔叔迎来送往了多少届学子。

高一那年，我们的住宿条件还很简陋。学校操场脚下左边一隅有排瓦屋小平房，那就是我们高一年级的宿舍了。我们的宿舍在最靠里一间，近水房，据说曾是间搭了台子的老礼堂。宿舍呈环形，一进门，四周绕行一圈相连的是上下铺铁床，中间还有三张上下铺，住了十多位女生。

疫情之前某年春节再逛校园时，发现旧时宿舍已夷为平地，改成了停车场，而在新操场不远处，平地起了很多栋气派的学生公寓。

高三时，大家结伴在外租房，下自习一同回家，上街头吃麻辣烫当夜宵，一起披星戴月地奔跑在北大街窄窄的小径上。上大学后，这批好友分散四地，但大家始终保持联系。再之后，又一起考研，一起努力向着憧憬的未来而奋斗着。

如今，这些好友还能不时共享彼此生活中的快事和喜乐、成长中的迷茫与焦虑，早已变成家人般的存在。今春三月三，我还吃到了高中好友专门送来的蒿子粑，满溢其间的岂止家乡味，更有浓厚的同学情。

桐中像个大家庭，校友都成了大家庭的一分子。我在南京桐中校友群结识了一些长我很多届的学长学姐。前阵子，一位九几届的大学长特地给我寄了一份他从伊朗出差带回的藏红花，很是感念。

很庆幸身边有很多让我有“邻近感”的校友，那感觉就像在家一样。昨日的世界里，有我们共同生活过的校园，值得怀想的除了后乐亭、半山阁、惜抱轩等桐中风物，更难忘的是人与情。

思 · 自 我

桐中校训是“勉成国器”，这也是我的座右铭，是我最喜欢的一则校训，因它简洁有力，不拖沓。我也很喜欢老校门楹联中的那句“合东西国学问精粹陶冶而成”。我想，朱光潜先生应是这样一位合东西国学问的大家代表，先生一直是我的学术偶像。近来我把《给青年的十二封信》重温了一遍，可以解几分疫情封闭的苦闷情绪。在他而立之年，先生把“此身、此时、此地”定为他做人做学问的座右铭：此身，是说凡此身应该做且能够做的事，决不推诿给别人；此时，是指凡此时应该做且能够做的事，决不推延到将来；此地，是说凡此地应该做且能够做的事，决不等待想象中更好的境地。

虽和先生缘悭一面，甚至没同过时代，但我发现求学路上始终绕不开先生。我是桐城孔城人，先生早年上学的“桐乡书院”就在孔城老街上。在我的博士考核书单上，《西方美学史》赫然在列，是文科生的必读经典。留学欧洲十多年的先生，既是一代美学大师，也是后辈仰止的学者，他还翻译了一众国外经典理论著作。几年前去台湾作交换生时，我曾存私心，特意上了齐邦媛弟子白先勇老师的课，也算和先生有了点极间接的师承。

桐城素有“文都”美誉，我想这与小城的重教传统不可分。南京也在几年前被评为世界文学之都。有趣的是，我发现在南京夫子庙的江南贡院里，能找到很多古徽州和桐城名谚，多与读书、崇文、重教有关。

从“文都”桐城到世界文学之都南京，我感到冥冥之中自己和文学深厚的联结。在古都南京，我不仅可以选修资深人文教授的课，还可以去上一些作家（如茅盾文学奖得主毕飞宇、诺贝尔文学奖得主勒克莱齐奥先生）的课。作为一名文科生和文学研究者，能成长于“文都”、生活于世界文学之都，也许算是人生幸事。

很想回到老时光，因为不能，所以只好诉诸笔端，追忆和拥抱一番自己的人生之春和这十来年的逝水年华。读罢《给青年的十二封信》，发现人生也已来到朱光潜先生写这本书的年纪，也想写点寄语给桐中学弟学妹。

人终其一生也许都行在了解自我的路上，愿你们多读灿烂的书，做个快乐的人，找到各自的专长与热爱，成为你们想成为的自己。也希望我们都能保持好奇心、同理心和想象力。对世界充满好奇，才会不断拓宽眼界去认识自我与世界；同理心让人不忘感恩、善良与悲悯；有想象力才会更好地共情他人、保持警醒和不断上进。

罗素说，人之三大理想是追求知识、渴望爱情和悲悯人类。想来，小我自洽、大家和谐、世界和平当是最美好的人生愿景。反观当下，远方有战争阴霾，近处是新冠肆虐。用狄更斯的话来说，这是最好的时代，也是最坏的时代。

每代人有每代人的回忆和青春，但愿各届桐中人在此特殊时代里，都能不累于俗、不饰于物、不苟于世，都能实现心中所愿。春归大地之际，百卉含英、翼彼新苗，愿母校桐中百廿弦歌不辍，师生校友欢然同乐！

（作者系桐城中学2008届校友）

忆·桐年

黄 巍

光阴似箭，岁月如梭，不知不觉已到中年。今年母校桐城中学建校120周年，近日看到众多校友回忆学校，他们的故事或追同窗趣事，或忆师生真情，回不去的是那段在桐中求学的青春岁月。作为学校长大的孩子，桐中对我意义非凡，忘不了的是那段父亲在桐中执教、我在桐中成长的光辉岁月。

父亲与桐中的35年

梅花香自苦寒来

我的父亲黄百年，寒窗苦读十余载，1980年从乡下的挂镇初中考入省重点高中桐城中学。因为家境贫困，入学时步行十几公里从挂镇老家走到桐中报到。对农村的孩子而言，读书是改变命运最好的方式。父亲一直喜欢读书，那个年代靠点煤油灯、借灯光看书都是常有的事。

1983年高考，出于身体原因，父亲没能完成全部考试，但深知只有读书才有出路，父亲选择了复读，最后继承了桐中老师的衣钵。父亲说1983届校友不多，因此，每年的同学聚会都是同一届校友的聚会。他们那届人才济济，出了两个院士——吴曼青和方复全。

桃李不言，下自成蹊

1988年，父亲从安徽师范大学历史系毕业，分到桐中任职。刚毕业的父亲戴一副深色框眼镜，常穿一套藏青色西服、一双鞋跟很高很响的皮鞋。20世纪80年代末，学生大多家境不好，父亲常叫学生课后到家中免费补课、顺便吃饭，又用自己微薄的工资供班上贫困的学生读完高中和大学。

母亲说，有一年春节前，父亲为了给学生改善伙食，让所有学生来家中吃饭，四合院里站满了人，非常热闹。逆境出人才，20世纪90年代的校友现已成为各行各业的中坚力量。父亲常说他最得意的弟子是胡权明，还有何志奇、徐卫国等，许多我记不清名字了。

父亲一直秉承“教学相长”的思想。对于教师而言，教学也是提高学习的过程，因此，备课要深，上课要清。不要随意制止学生的淘气，纵观他多年教学经验，后续有成就的大多是当年课堂上“淘气”的学生，他们爱思考，不被动接受，有前进的原动力。对于早恋，虽不鼓励，但发现后如果进行正确的引导与勉励，反而会促进双方努力学习、奋发向上，共同成为“学霸”，这样的案例也不在少数，“勉成国器”最重要的便是教师“勉”的方式方法。

父亲常说，历史不是死记硬背的学科，学历史就是“读故事”。父亲上课从不看书本，旁征博引，妙趣横生，从对早一代学生的严厉到对新一代学生的黑色幽默，每一代学生对他有每一代的看法，最年轻的一代称他为“黄爹爹”。父亲曾在高考前的最后一课作了一首诗，好让学生记住他：

黄卷青灯跃龙门，
百代文宗磨砺成。
年富力强创伟业，
好运洪福伴君行。

他珍惜学生离开学校后邮寄的明信片、信件等，全部按照学生的名字整理归集，不仅用专门的盒子收藏，而且在QQ空间私人可见的专门相册存放。

父亲爱学生，他关心学生离校后的学业、工作及婚姻情况。每年中高考成绩出来的第一时间，他一定是在联系他的学生，关心学生的孩子考得怎么样并给出建议。学生在工作或生活上需要帮助的时候，父亲也会尽自己最大的努力帮忙协调。父亲喜热闹，爱参加学生聚会，每次到外地学习或到广州度暑假的时候，当地的爱徒一定接踵而至找父亲叙旧。

父亲爱同人，遇到家境不好的单身青年，长期让他们来家中吃便饭；遇到两地分居的已婚青年，帮忙在桐城给家属介绍工作。不为回报，只为心安，这样的事情数不胜数。有事情找父亲，好像已经成为一种习惯。父亲教书育人30余载，桃李芬芳满天下，朋友遍地走四方，每到教师节、过年过节的时候，总有源源不断的信件、短信、电话问候。我想，这就是对朋友、对学生付出了真心所得到的回报吧。

天有不测风云

2020年9月27日，父亲备课途中突发主动脉夹层，没跟我们说再见就离开了。父亲过世的消息在学校教师群公告后，所有老师都对父亲的离世表示惋惜，他们或点灯祈福，或赋诗悼念，一直持续到凌晨两三点。而我更是茫然，从广州回合肥的第一件事就是带父亲回家。自高中毕业后离家十几年来，对老家已经越来越陌生，幸好学校领导帮忙联系了桐城殡仪馆的车辆前往合肥（由于发病时情况危急，父亲的学生金雨来医生安排将父亲送至省立医院急救）。但由于两地手续的差异，殡仪馆的人到了之后不同意运载，近一小时交涉无果。在我们几乎崩溃、濒临绝望时，学校再次出面帮忙，问题得以解决。

当天，父亲的好朋友周治校长、陈远柱老师、何达远老师、劳后红老师等亲自到合肥接父亲回家。运载遗体的车辆从我家、学校、桐中教师公寓楼门口缓缓经过，每个地点都站满了前来送行的老师，黑压压一片。待我们到达殡仪馆时，父亲的学生李志等人已经帮忙布置好接待厅，道路的尽头便是“桂花厅”，正好遇到“八月桂花遍地开”的季节；大厅两边悬挂挽联“一生树美德，半世传嘉风”，正好诠释父亲这一高尚而神圣的职业特性，冥冥之中，自有天意。后面五天，前来悼唁的人络绎不绝，父亲的同学陈素亮，学生李志、汪和俊、施祥满、吴兆德、余大国、陈小兵、詹雄兵等分批值班帮忙。父亲的恩师吴德文老先生亲自过来送花圈，当时的他痛惜到无法言语，看着我的母亲一直落泪，题“银杏悲秋挽翠柏，皓首伤逝悼英年”。10 月 3 日遗体告别那天，父亲的领导、同人、弟子、亲朋好友从全国各地赶来，四五百人，含泪送别。乌云密布，大雨倾盆，苍天垂泪，大地同悲！父亲一生待人和善、为人诚恳、热情阳光，他的生命虽短暂但丰富，虽遗憾但精彩。

我与桐中的 18 年

我自出生开始，便在桐中听着余音袅袅的钟声和铿锵有力的喇叭声长大。学校里的每个角落都有我留下的印记，在假山群躲猫猫，在紫藤亭过家家，在桐溪塥洗衣服，在后乐亭丢手绢，在喷泉池捞蝌蚪，在惜抱轩砸蟾蜍，在左公祠看乒乓，在半山阁的院落里学绘画，每个场景至今都历历在目。

幼年的四合院

我四岁之前，我们家住在校内的四合院(现科技大楼附近)里，教室就在银杏树旁。我常常在教室不远处等父亲下课，也不乱跑，就静静地看着他上课的样子。那时的桐中还有初中部，青春期的孩子难免叛逆，经常看到父亲训完学生，没收完小说与漫画，从教室走出来，转身变慈父脸接我回家。那时的我心里就只有一个念想：我想上学。后来学着父亲上课的样子，最喜欢表演“写粉笔字讲课”的游戏。

我们在四合院里只有一间房，房子虽小但很愉快，院里的大人们一起聊天，孩子们一起玩耍，谁家做了好吃的就会喊大家一起吃，谁家孩子没人带就会互相帮忙带。每天一到放学时间，我就去找院里的姐姐们玩，赶上晚饭的时候就直接蹭饭；待夏天院里的枇杷熟了，又和小伙伴一起拿竹竿打枇杷。

记得有一年坐母亲的自行车，顽皮的我把脚塞进了车轮里，破了皮，擦了红汞，吴东明老师看到问我脚上涂了什么，口齿不清的我回答是“茶叶”。之后十几年，他每次见到我就笑盈盈地问：“茶叶呢?”这段绕不过去的梗，每次都让我恨不得找个地缝钻进去。

童年的小楼房

后来，我们分到四十八套的小楼房里，黄晋硕老师和汪姨住一楼，汪年生校长、江国清老师住二楼，吴永清老先生和我们住四楼。因为住对门，接触最多的便是吴（永清）爹爹，儿时爸妈不在家就去他家蹭饭。他永远穿着一身中山装，精神抖擞，笑声爽朗，乐呵呵地跟我聊着古往今来。儿时的我什么都不懂，就附耳听着，也跟着后面乐呵呵。

吴永清老先生高中毕业后留在桐中任教，学识渊博，是一代传奇人物，也是父亲最敬重的老先生。吴老先生一生淡泊名利、清苦自持，用一人微薄的工资养活一家七口及残疾弟弟；教子有方，皆有所成，大儿子考上中国科学技术大学少年班，发明专利已破千，小儿子发明专利也破百。吴奶奶常年被疾病困扰，夜不能寐，导致吴爹爹也长期睡眠不足，加上一直以来日子过得清苦，吴爹爹晚年患上一种疑难杂症却无法医治。他们的儿女大多在外地，我的父母便主动帮忙，经常照顾病重的吴爹爹到我上完晚自习回来。后来，吴爹爹过世，吴奶奶非常依赖我母亲，一直跟着母亲生活了一年多。

少年的大课堂

2005 年，我以学子的身份进入桐中高一（2）班学习，与我的发小、挚友们全部分在一个班，熟人见面，翻天覆地，度过了最疯狂的一年。父亲是我们的历史老师，却辅导我的高中数学到高二，还常跟余浩老师理论题目出难了；袁有年老师授语文，绘声绘色，常分享优美的文章或诗句；余浩老师授数学，举一反三，常用竞赛题激励我们换种思维去思考；严丽老师授英语，娇小玲珑，常给我们放好听的英文歌；杨远海老师授物理，初出茅庐，常被我们这群“90后”折磨得脸红耳赤；汪马根老师授化学，循循善诱，被我们亲切地称为“摩尔”；周治校长授政治，妙语连珠，为我们树立正确的价值观；段焕荣老师授地理，纵观四海，徒手画地图技术一流；王洪流老师授音乐，才华横溢，精通十几种乐器；吴东明老师授体育，身手敏捷，常虐我们围着操场不断转圈以增强体质。

高二文理分科，因没有父亲过目不忘的本领，纵然被物理折磨得像渣渣，我还是选择了理科，分到高二(5)班。班主任祁庆安老师，授化学课时耐心十足，班上气氛活跃，任班主任时表情严肃，不苟言笑，我们这群“熊孩子”常把他气得够呛；语文方桂平老师(发小方可的父亲)，常归纳高频词组、易错字和考试要点，节约大家的整理时间(我最怕的就是写作文，有种写日记被父母看到的尴尬)；数学余浩老师，没事就爱拿题虐大家，布置的作业题全在手写的小纸条上，作为课代表的我要在课间十分钟抄满小黑板，然而，“熊孩子”也不示弱，故意买本数学竞赛的题，晚自习的时候提问余老师；英语桂从明老师，字正腔圆的播音腔，编了很多“桂氏语法”顺口溜，点名从不按套路，遇到不认识的生僻字直接拆成上下或左右结构读，大家便多了一些外号；物理李新峰老师，遇到难的章节循序渐进，打牢基础，不做过多的拓展，带我们在磁场学里翱翔。

一直以来，我的语数英中上，理综偏科严重，整体成绩平平，但桐中“勉成国器”的校训，砥砺我奋然前行。于是，我人生中最感激的两位老师出现了，杨春林老师拯救了我的物理，汪应青老师拯救了我的生物，经过半年系统整理后，我一下子豁然开朗，理综直接涨了 70 多分。高考时，父亲对我期望很高，比我还紧张，我自己也压力太大，结果真的考砸了！不过，一切皆是最好的安排，第一志愿的第六专业选择了我，我和二伯家的堂姐因缘成了同系同学；还认识了我的丈夫周峻可先生，在天塌下来的时候给我和母亲撑起一片天，得到了家人朋友的一致好评。

如今的公寓楼

学校后山另一头的教师公寓楼建好后，所有老师便搬离了学校，在彩虹桥附近居住。父亲走后的一天，我在公寓楼遇到正在散步的江喆校长，看到他被病魔折磨得消瘦的面孔，我强忍泪水，他安慰我说："人啊，要往前看，你看我抗癌四年，现在什么都不想，想也没有用。你好好照顾母亲和自己，就是对你父亲最大的安慰！"没想到那是和江校长的最后一面，在我办完父亲的周年祭匆匆回到广州后，不到十天便传来江校长过世的噩耗。他在临终前半个月还在电话中问我回桐城没，却对自己的病情只字未提。原来，真正的再见，不会有那一句再见，我们没有办法做到和生命中每一个人好好道别。

时间会带来新的记忆，但存在并不会被改变。在桐中生活的 18 年，见证了我从幼时牙牙学语到儿时懵懂无知，从年少时桀骜不驯到成年后知事明理。时光不经意间在指间滑落，斑白了父母和老师的头发。我们能做的就是饮水思源，爱生活，爱大家，爱自己。千年文脉，百年学府，感恩遇见，祝福吾校，作育英才！

（作者系桐城中学 2008 届校友）

我与母校

李　维

我与桐中的缘分是从2007年6月开始的。时光荏苒，仿佛回到了15年前那个夏天。天气略感闷热，窗外的知了不断发出刺耳的鸣啼声。我愁眉苦脸地看着与桐中录取分数线仅相差5分的中考成绩，又失落又懊悔。中考试卷有一道简单的数学填空题“$5-\sqrt{5}=?$”，我因为粗心大意填错了答案，错失了5分。在我们那个偏僻的乡村，考上桐中就是优秀的象征，是全家的骄傲。我从小成绩不差，初中月考成绩经常位于全校前列，谁知道还是与理想的高中失之交臂。我暗暗地想，既然桐中与我无缘，那就去天城中学读书，听说天城中学的学风也很不错。

“天城中学路有多远，条件多艰苦，你知道吗？桐中的师资很强，同学都很优秀，有利于你考大学。”父亲得知我的想法，语重心长地劝我，“家里虽然经济不富裕，但是择校费还是拿得出来的。”我知道父母平时非常节俭，几元钱都不舍得乱花，自然不忍让家里出那高昂的择校费。但最终，父亲不顾我的强烈反对，为我选择了桐城中学。就这样，带着沉重的压力，怀揣着忐忑，我结识了桐中。

初入桐中，班级同学们形色各异：有家庭条件优越的，一副玩世不恭的模样；有入学成绩优异的，性格张扬、活泼自信；有长得肤白貌美或穿着精致、烫着卷发的，颇受关注。

15岁正值青春期敏感脆弱的我，看着他们自信的笑脸、从容的谈吐，对比自己平淡无奇的长相、朴素的穿着和从来都没经历过的落后名次，我渐渐陷入了极度自卑中，像只沙滩上的鸵鸟，把头埋进沙子里，封闭起自己。

“读书改变命运。”我深知，出身平凡、天资平凡的我只有努力学习才能改变现状。仍记得，桐中宿舍熄灯后，我在昏暗的路灯下背诵鲁迅先生的《纪念刘和珍君》：“真的猛士，敢于直面惨淡的人生，敢于正视淋漓的鲜血。”仍记得，为方便复习，高二在学校附近租房住，早上上学时因天色尚未大亮，我一不小心被石板路绊倒了，摔断了半颗门牙。仍记得，在一个滴滴答答的雨夜，我一心扑在数学题上，熬了整整一个通宵，第二天照常去上课。桐中入口处左角的小桥流水边，古色古香的半山阁里，金黄灿烂的银杏树下，无不留下了我的身影，一串串英文单词、一首首古诗名篇在空中久久回荡。

桐中像是一位宽容的母亲，默默地呵护孩子们成长。在她的见证下，我获得了成长和进步，渐渐拥有了自信。当然，这离不开同学们的帮助和老师们的鼓励。尽管我在高中时比较自闭，不擅长与同学们交流，但还是有不少热心同学对我伸出援助之手，尤其是我的同桌。

我的同桌理科成绩很优秀，经常大方地帮我答疑解惑。文理分班时，我最终选择文科班，而她留在了理科班。临别之际，她还特意写了几句赠言，鼓励我继续努力。文科班有位年轻的数学老师，名叫杨月香。人如其名，她非常美丽优雅，乌黑的双眸总是透着温柔的目光和盈盈的笑意。对我提出的疑问，她总是不厌其烦地解答，还经常表扬我。她的肯定和鼓励给了当时自卑的我极大的信心，我的数学成绩也因此提高了不少。

回想桐中三年，泪与笑交织，苦与乐并存。其中，最有意义的并不是考上大学这一结果，而是努力学习、战胜自我的过程，是坚韧不拔、友爱互助的精神，是凤凰涅槃、浴火重生的魄力。在桐中磨炼出来的精神和气概，将使我，也使每一位校友受益终身。

（作者系桐城中学2010届校友）

静水流深

汪　亮

我是2007年进入桐城中学的，不知不觉已过去15年。这15年来，我一直受到桐中精神的教诲与指引，并且今后还将持续下去。桐中三年的求学经历是我一生的宝贵财富。

刚刚进入高一年级时，我因为不适应高中阶段的学习节奏，成绩下降得非常厉害，我因此产生了自暴自弃的念头，导致成绩更差，期末的成绩单甚至不敢拿回家给父母看。但是，我很庆幸遇到了一位好老师，也就是我当时的班主任任四霞老师。

她并没有因为我成绩差就放弃我，没有指责我、批评我，而是鼓励我、帮助我。她对我总是和颜悦色。也许是我的错觉，我甚至觉得她对我与对其他同学不一样，对我可能更和蔼一点。

有人说严师出高徒，老师就应该严厉一点，才能让学生进步得更快。然而，我想说，每个人的心理承受能力是不一样的。虽然我是一个男生，但是还处在不成熟的阶段，又因为成绩太差而产生了种种焦虑、抑郁的情绪，任何一点批评可能都会成为压倒我的最后一根稻草。

由于我视力不好，任老师依然把我放在教室中间靠前的位置，这一点我同样深深感激。虽然我高二去了文科班，但是如果高一这一年没有任老师的关怀，我想我后面也不会取得很好的成绩。

在桐城中学求学的三年，是我世界观、人生观、价值观初步形成的重要时期，也是我第一次离家在外求学。我独自解决学习问题、生活问题和情感问题。高中学习压力很大，那个时候没有手机，想家时就用 IC 电话卡给家里打个电话。有时候周六日不回家，就待在学校里。

周末的校园里比较冷清，我却觉得很宁静。我很喜欢在夜色下的校园里漫步，有一种静谧之美。

我记得门口那条街上有几家书店，我很喜欢去逛，除了买一些日常学习用书外，还会买一些诸如《等你在清华》之类的励志书，时常给自己打打气、鼓鼓劲。《求学・文科版》每一期我必买，至今仍收藏在家，没舍得扔。

还有一家报刊店，我很喜欢在里面看《参考消息》。那时候囊中羞涩，总是只看不买，但是那位好看的店员小姐姐从不赶我走，我至今都很感激她。

学校门口有一位阿姨，常年在中午推着一辆三轮车卖书。我在这里买了不少书，主要因为便宜。我记得买过一本旧的语法书，认真学习之后，我的英语水平大幅提高。我那时还总想着这位阿姨好辛苦，每天卖不出几本书，却长年累月地在这里待着，真的很不容易。

我喜欢去三个地方吃早餐，分别是学校大门左转的巷子里一对老夫妻经营的馄饨店、大门口的饭团摊、大门右侧超市里的大肉包铺。每次早读一结束，跟着浩浩荡荡的人潮往校门口走去吃早餐，边走边聊，不知道现在这些地方还在不在。

那个时候家里条件并不好，我平时的伙食费不多，记得高一有段时间在食堂就吃 2 元的午餐，一周也就花了 50 元。一直很感谢学校提供了这么实惠又营养的伙食。

我一直记得学校的食堂，宽敞、明亮，还有壁挂式电视，每次一有 NBA 比赛,男生们就里三层外三层围在电视前,吃完饭也舍不得走,发出一声声赞叹。那个时候,姚明还在盛年,麦迪的天赋还在横扫联盟,我们都是姚麦组合的球迷,休斯敦火箭队 2008 赛季 22 连胜的奇迹,我们全是历史的见证者。如今回想起来,真是太过美好。

我们凭水票打水,校园里的水房总是人来人往。每天晚自习后结伴去水房打水也是我们聊天吹牛的最佳时间。

那个时候学习虽苦也不觉得苦,反而乐在其中。每天晚上学习到深夜,困得睁不开眼睛,只好就寝,心里还很自责,因为听说班上有很多同学每天都学至深夜,第二天仍然生龙活虎,自己怎么就没有人家那么有毅力。每天睡觉之前,我坚持用 MP3 听美国之音,直听到睡着。我的英语听力就是通过这样提高的。

桐城中学的学习氛围特别浓厚,同学们认真学习的劲头很足,大家都把学习当作理所应当的事,这种学风是我多年以后仍然深深怀念的。高三以后,我很少回家,周六日就去教室自习。正是由于身处这样一个环境中,我的学习成绩慢慢提高,最终成功考上一本大学。

桐中的校训是"勉成国器",至今仍使吾辈铭记在心,不敢忘怀。校刊名叫《清流》,源自校内一石柱碑刻,上书"高峰入云,清流见底",出自南朝梁陶弘景《答谢中书书》,意在激励桐中学子志存高远、奋发有为,立志成为国家栋梁。母校即将迎来 120 周年校庆,我深为自己曾是一名桐中学子而感到自豪。

感恩母校,静水流深!

(作者系桐城中学 2010 届校友)

感 恩 桐 中

丰光远

不知不觉,我从桐中毕业10年了。2009年中考成绩出来后,当时吴汝纶公学和桐城八中都希望我过去读高中,承诺免学费并提供奖学金等优惠待遇。我家当时的经济条件比较差,我对他们提出的条件有一些心动,然而,我母亲坚持认为生活可以苦一些,但一定要上桐中,再加上当时在桐中读高二的姐姐也强烈要求我去桐中,最终,我还是来到桐中读高中。回想起从入学桐中到现在的种种经历,我的心中仍涌起阵阵暖流,对母校的感恩之情溢于言表。

我至今记得,我到桐中报到的时候,学费都带得不够。我找到自己所在的班级,班主任张道玲老师正在对着花名册给新生们办理入学手续。我局促不安地等着,等到围在张老师身边的人陆陆续续办理好手续离开了之后,诚惶诚恐地问张老师我家经济比较困难,学费不够怎么办。张老师抬头看了我一眼,笑了笑说没关系,后面会帮我申请助学金,让我不要紧张。张老师的笑容和安慰让我心里轻松了许多。没多久,张老师就让我填写表格,帮我申请了助学金,并鼓励我认真学习,不用担心经济上的困难。后来,我担任班长,并且在第一次期中考试中得了学校第二名,张老师也很开心。周五下了晚自习,她让我去她办公室一趟,拿给我一大包在真维斯买的新衣服。这些衣服我都买不起,我平时穿的都是在集镇地摊上买的衣服,有些还是亲戚的旧衣服。因此,当拿到张老师给我买的新衣服的时候，我特别感动。

高二的时候，我母亲生了一场急病在县医院住院，我向张老师请了一个晚自习的假去看母亲。第二天晚自习我再过去的时候，发现母亲的病床前放了奶粉、麦片和水果，母亲告诉我这都是张老师送过来的。原来，张老师第二天一大早就买了东西去住院部到处问人，问到了我母亲的床号去看她，还陪她聊了好一会儿。我母亲出院后，张老师还在我周末回家之前买了一大包各种营养品让我带回去，我回家后才发现里面还有500元现金……

回想起高中三年，张老师对我的关心和照顾无微不至，其他老师对我也非常照顾，让我在桐中的求学生涯充满暖意。桐中的氛围和底蕴集聚起这么多师德优秀的老师，这些德才兼备的老师也让桐中的人文情怀更加浓厚。感恩母校！

在桐中除了求学，也有一些趣事。当时有一件震惊桐中政教处、教务处、团委的趣闻：宿舍店。这是十年前的说法，十年后那得叫“社区团购”。这家“小微企业”由高一男生宿舍305室创办，成员分工明确，进货、摆放、收钱、送货一条龙服务，主要经营食品、饮料及部分宿舍所需的日常用品。店员们服务意识极强，热情周到，比食堂阿姨态度好多了，因此，我们一般都会选择在这里购物。这里晚上十点钟下晚自习之后正式开始营业，生意无比红火。只要我们远远地喊一声：“305的！”店员们就会立马跑出来，满脸笑容地用普通话说道：“您好，请问您需要什么产品？”我们说出需要的东西，接待的店员会对里面的店员们喊出所需的商品和件数，紧接着就有人把东西打包好拿出来，然后交钱拿货。临走的时候，他们还不忘说道：“您慢走，欢迎您下次光临！”然而，好景不长，几个星期之后，学校发现有学生在宿舍不务正业搞“非法经营”，于是给一锅端了。随后，学校把各班班长叫过去开会，特意讲这件事。团委葛书记很无语地表示，现在的学生实在太强大了，高一居然有学生在宿舍开店且无证经营。那些不住宿舍的班长们还不知道怎么回事，而我在宿舍亲眼见证了一家正处于成长期的“小微企业”是怎样被取缔的。

从桐中毕业后，我来到上海的同济大学。我刚来上海不久就参加了桐城中学上海校友会组织的迎新活动，深切感受到桐中校友集体的温暖。桐城中学上海校友会经常组织各种活动。我在大四那年参加了校友会组织的在松江大学城的一场别墅轰趴聚会，聚会中，秘书长和宋教授还给我们做了考研指导和就业指导。我借这个机会展示了一下自己的厨艺，俘获了一位校友的芳心。后来，这位校友成了我的女友，我心里不禁美滋滋的。经历了五年的爱情长跑，我们在 2021 年元旦完成婚礼。如今，在桐中 120 岁诞辰之际，我们的女儿也一岁了，我们戏称她是“桐二代”。由于都在桐中经历过三年的熏陶，我们拥有更多共同话题。回想起在桐中那段单纯美好的求学时光，我们更加感恩母校的优秀和深厚底蕴给了桐中莘莘学子骄傲和幸福。

感恩桐中！在这里，我不仅遇到了良师益友，还收获了终身幸福。衷心希望桐中越来越好，莘莘学子待熏陶，勉成国器望吾曹。

（作者系桐城中学 2012 届）

钟声还在风中飘荡

陈润涵

铛——铛——铛——

由远及近传来了一阵音色浑圆、节奏分明的钟声。这是青春最熟悉的开场，也是男孩女孩们从“勉成国器”的牌匾下涌出时，风中飘荡的最铿锵有力的奏乐。泛黄的银杏叶，在成熟之后纷纷飘落枝头，在告别的季节，写满了纸短情长，唱出了回声嘹亮。

一座写有“七省通衢”的石灰白色牌楼矗立在北大街中段、桐中门口左前方，它凝视着岁月，在时间长河里与历史悠久、底蕴深厚的校园建筑群两两相望、交互辉映。

童年时，这座一经提起便被家乡人交口称誉的学府，盛满了我天真烂漫的回忆。很多年前，后乐亭旁边的假山上，蚂蚁在造型各异的石孔里穿梭。我蹲在地上，举着放大镜观察一项工程浩大且井然有序的搬家行动。池塘、树丛、小桥和流水也是一副生态完整、别有乾坤的模样。拿着废弃的塑料瓶，从池塘里舀起水和蝌蚪，我和同伴们争论着它们是否会变成青蛙的画面，也好像被时光的放映机重新播放。夏天茂密的树荫、疏影横斜的光点、夏蝉在午后高低错落的啼鸣、松鼠在两棵树间轻盈跃起的身影，它们是关于校园风景最生动的剪影。

高中三年，就像躺在蓝色海岸边的一张张明信片。记得运动会那几天，操场上锣鼓喧天、彩旗飞扬，一腔热血和奋勇拼搏的青年在跑道上绽放着笑容、张扬着风采。白天，我们在赛场和主席台来回穿梭，把手里折皱的小纸条摊开，再写上几句话语送给那些旗开得胜的小伙伴，听到播报员宣读时禁不住地欢喜。夜晚，晚自习的课堂上难得没有奋笔疾书的紧张，我们把桌椅挨在一起，投影仪上放着影片《乱世佳人》，我们手里拿着袋装零食。晚风从白天人声鼎沸的操场滑进栏杆，再悄悄从门缝钻进晚自习的课堂。那个难忘的夜晚的清凉和大家伙儿观影的"家常"，毕业后再也没有遇到过。

2012年桐中110周年校庆的时候，我们在桐城剧院举办了那一届文化艺术节。如今，剧院还在和平路上，搁置在行人来去匆匆的一瞥中，昔日的欢腾景象在剧院门口，错位时空，再次重现。推开门，可能会伴随吱呀一声响，舞台上是一群蓝色的"蝴蝶"翩然起舞，朴树的《那些花儿》响起，声音通过剧院的墙壁反射，回荡出立体的声响。文化气息浓郁的学校，艺术节上呈现出来的精彩表演，仍在那段丰富多彩的记忆中鲜活地存在。

高一为数不多的素描课和声乐课，是生活里的一抹亮色。教授语文的老先生在讲台上摇晃着脑袋，滔滔不绝地介绍着诺贝尔文学奖获得者莫言的作品。化学老师用无比可爱的模型讲解着一摩尔物质含有多少结构粒子数。外教说着一口美式英语，让我们分组读完日常口语之后，又放了一会儿《憨豆先生》，荧幕上经典又滑稽的形象时不时引起哄堂大笑。

一百多年前，吴汝纶先生题下了“勉成国器”四个字。他可能未想到，百年后的桐中学子依然仰慕先生的道德情操，浸润在先辈遗留下来的文化气脉中，勤勉笃实，求知学海。更有栋梁之材在科研、外交诸多领域建功卓著，大放异彩。

先生的那座雕像，还在校园内巍然矗立。记得读书时，每逢考试，都会前去揖首，祈福一沾先生文气，在考试中应付自如。多年过去，仍然感激那段艰辛的求学时光，虽然“人生无根蒂，飘如陌上尘。分散逐风转，此已非常身”，但是母校对我们身心的丰厚滋养，对年华易逝、砥砺前行的珍视，都让我们从中受益并心怀感激。

如果用一个词来概括我对这座学校的记忆，那应该是“钟声”。因为它厚重、嘹亮的声响就像这座学校的底蕴，唯有厚积才可薄发。它在风中绵延不断的回声，就像这座小城的历史，穿过古朴静谧的老街，穿过六尺巷的层层青砖，穿过文庙的泮桥，依旧在飘荡。

（作者系桐城中学2014届校友）

校庆有感

阮　汝

距离2015年夏天离开桐城中学已有七年，恰逢母校120周年校庆，我像一个暮年老人回忆旧日时光般慢慢打开记忆匣子，擦拭装载其中的照片，脑海中一点点闪现我和母校的故事。

初升高的那年夏天，乡村的邮递车伴随热风送来了我的录取通知书，尽管并不是当地首个进入桐中的人，但这样的成绩足以让周边的亲朋邻居称赞和钦羡。现在想来，那个瞬间也是我目前人生中最为喜悦的时刻。在亲朋的认知里，踏进桐中的大门就如同一只脚跨进大学的门槛，我也终于卸下了绷紧的心弦，对即将到来的高中生活满是憧憬和亢奋。爷爷咧开嘴的笑声，平时不苟言笑的父亲竖起的拇指，为了家辛勤操劳的母亲的泪眼，一幕一幕，原以为已经忘却，实则自己比想象中还要长情，记忆随便拉扯便如断了线的珍珠一样倾覆而下。

北大街、“红辣椒”饭团、银杏树，说起母校，这些具象的事物和名词在笔下浮现：租住三年的房屋所在街道，学校门口永远被人群包围的早饭摊位，校园内秋冬异常好看的古银杏树，还有同窗几年一张张鲜活但有点模糊的脸庞。在高中的这段时间，我没有成为最初期待成为的人，过得并不算愉快。竞争倍增的校园环境和肯学但是成绩一般的形象让我失去了存在感，高二后的理科选择更让我失去了成绩优势，物理这个顽固对手一次次将我击倒，屡次亮红灯的成绩虽然并没有让我停下努力的步伐，但让我逐渐接受了平凡人的设定，少了几年前身上的傲气和执拗。如此想来，真是塞翁失马，身处职场的我身上的那份韧劲和不服输与当初的磨炼、打击不无关系。

校园生活总是纯净、热闹而又规律的，身背书包狂奔去赶早间操的匆匆身影，固定时点敲响的“桐钟”，令人麻木却未曾迟到的月考、期末考，各科老师在讲堂上的慷慨激昂，学生在早间休息的空段赶抄前晚没有完成的作业，如此种种，不知不觉填满了最美好的三年。那些当初无比厌烦的事情，现在想来却是幸福满满，大抵能够心无旁骛地坚定做一件事情就是世界上最不可阻挡的力量，工作后这种感受愈加明显。能够做一件全世界都在帮助你的事情有多难得，高考无疑就是那突出的一件。社会资源的大力支持，老师的孜孜不倦，同学的友爱互助，父母的殷切关心……这些都在为我们的未来保驾护航，又有什么理由不做好读书那一件大家希望你能够做到的事情呢?

可能是天资有限，也有可能是未全力以赴，更多可能是没有找对学习方法，我在高考后进入省内一所双非一本类院校。在四年大学生活里，我亦没有忘却母校“勉成国器”的谆谆教诲，严格要求自己，自我提升修读双学位，一次性通过英语四六级等考试，连续三年获得国家级奖学金，更在毕业时收获省优秀毕业生的称号，毕业后顺利就业，进入重庆市一家央企工作。一路上经历的这些，谈不上多么精彩风光，却也是踏踏实实的每一步，这与高中三年桐中带给我的影响、形成的自我约束脱不了关系。

在职场上摸爬滚打的这几年，每次遇到情绪低谷的时候，我就会告诉自己曾是个桐中人，不要被眼前的一时得失妨碍，要继续做好自己能做到的事情。即使现在我与理想中的样子相差甚远，但我永远在前进的路上，步履未停。借桐中120周年庆这个佳期，展望未来，祝愿母校越来越好，希望自己不负韶华，永远年轻。

（作者系桐城中学2015届校友）

蝌蚪、夕阳与微信群

吴　鸣

从幼年能思考开始，桐中便在我的记忆宫殿里有着一个独特的位置。它是我垂髫之年最爱去的游乐场，悠悠池水伴青柳，蔓蔓紫藤掩古墙；它也是我父母亲人殷切的期盼——“等你考上桐中我们就放心了”；它更是我内心的一股骄傲——我的家乡，有这样一所百年名校！桐中在我短短 23 年的人生旅途中伴我走过了 16 年，每一个阶段的桐中都在我的脑海中有着不一样的“图腾”。

幼年时的我对桐中最深的印象就是那个小小的池塘。每到生机勃勃的春天，悄悄冒头的不止桐中校园内的青草与奇花，还有池塘内的小生灵——蝌蚪。因为居所离桐中不过几步之遥，父母总爱在周末带我来桐中踏青放风，接受文化熏陶，而我最喜欢的就是拿着小网兜去池塘里捞小蝌蚪。圆溜溜的头与细长的尾巴，像极了在池塘边温习功课的哥哥姐姐们书上的逗号。当时才上小学的我不知道这些哥哥姐姐会在未来成为我的学长学姐，更看不懂他们手中深奥的课本或者教辅资料，但是我能看懂父母和哥哥姐姐们打过招呼后双眸中的欣赏与羡慕，听懂他们的期盼“等你考上桐中就好了”。

2012 年，我终于入学桐中了。刚上高中的我对桐中是既熟悉又陌生，从小游玩于此的我熟悉里面的一草一木，熟悉每天早上广播响起的音乐，但是教室里的一切是陌生的，下午放学后在走廊上看见的夕阳是陌生的。

高一、高二两年的时间让我熟悉了可敬的老师与可亲的同学们，熟悉了高中生活中的酸甜苦辣，有月考失利的失意，也有解出难题的得意；有与同学争吵的难过，更有好友间互换杂志、交流小说的开心。高中的每一天都如此相同又不同，映在高三(18)班教室的走廊上的夕阳也相同又不同，或橘或粉，或轻如绉纱或浓于染墨。每次看到如此美景，我的心底都会涌起奇妙的感受，像是豪情，更像是感动。

记得高三最后一天，我抱着书离开这个无比熟悉的教室，平时喧闹的校园已经一片安静，夕阳洒落在熟悉的走廊上，洒落在楼底未清扫干净的课本纸屑上。它的红温柔又温暖，像是对我做最后的告别。我不免有些伤感，这可能是我最后一次站在高三(18)班的教室门口、站在我生活了三年的校园里去看这一片残阳。

离开高中后的生活像是被“踢入”了社会的洪流里，丰富的大学生活、庞大的信息流一下子将我与高中的联系“冲散”。闲暇之际，我也会想起高中忙碌又充实的生活，想起与同学们欢乐的点滴，但是乍起的思绪总会被蜂拥而至的新事物盖过，直到我高中的同班好友因为一些事将熟悉的同学拉了一个微信群。

时光冲淡了记忆，但是感情依旧能因为交流而重燃。我们在群里谈天说地、吃瓜看戏，在群里打卡运动、互相鼓励，分享桐中的新闻与实绩。我们安慰着失意“emo”的同伴，也为好友的成功而喜悦开心。我们还给群名赋予了我们共同的愿望——“支付宝到账一个亿”，取名时大家笑称：“勉成国器这个大目标有点难，先定个小目标，支付宝到账一个亿。”

微信群像是一架桥，将我与远去的高中生活又连接了起来。我终于明白桐中带给我的珍贵之物，不仅是无尽的知识与做人的道理，更是这一群相知相伴、相互理解的挚友。

2022年，我已经离开桐中近十年。这十年里，我无时无刻不感觉到在桐中学习的一切让我获益良多。桐中伴我走过了我的幼年、我的少年，相信它能伴我走向更长远的未来。

知识永续，友情不灭，桐中犹在，国器永存！

（作者系桐城中学2015届校友）

母校往事

李 磊

欣闻母校迎来120岁生日，细想，作为最后一届“90后”校友，我已毕业离开母校六年有余。回想在桐中的三年，校园、教室的场景历历在目，上课铃声、广播里的校歌仿佛还在耳边回响：龙眠钟气，代起人豪，莘莘学子待熏陶……

2013年9月，我得知被桐中录取时，内心很激动。小学和初中都在农村，第一次去到县城里读书，充满了新鲜感。迈进校园，只见一条景观大道，路的两边种满了树，樟木、玉兰、樱花；路的尽头便是那栋最老的教学楼，左边有二野司令部旧址，右边是半山阁，还有礼堂和科技大楼；再往前走，有个紫藤萝花架，左边是老师们办公的教研楼，右边是新建的教学楼群，教学楼群的右边便是校园里历史最悠久的百年银杏树。操场、篮球场建在半山腰上，与教学楼的三楼连着，操场后边还有食堂和宿舍楼。

我被分到了高一(11)班，班级里50多人，都是新面孔，加上我性格内向、不爱说话，开学一个多月后，我才认识了所有的同班同学。每个班级都会轮流值日一个星期，值日的内容是每天早上在门口“抓”迟到，被“逮”到还会登记通报全校，但看到自己班的同学都会放走，因此，每次轮到我们班时，早上我都有恃无恐、不慌不忙。高一下学期，我开始喜欢上篮球，学习压力渐渐变大，对篮球也愈发痴迷。那时候，中午有接近两个小时的休息时间，我们总是吃完午饭就去球场打球，一直到下午预备铃响。下午第一节课，把课本摞得高高的，然后就开始睡觉。后来，班主任发现我们下午上课前都是大汗淋漓，通知了家长，让我们中午不要提前来学校，后边才收敛了许多。

高二文理分科时，我毫不犹豫选择了理科。我们很幸运，没有被拆班，还是原来那些同学。我和一起打篮球的几个人，报名参加了学校举办的篮球赛，凭借着平时磨炼出来的默契，一路过关斩将，但最终结果并不理想，拿了第四名。半决赛那场，终场前，落后两分，最后一个三分球砸筐而出，弹到我的手上，接到了球，可惜时间耗尽，比赛结束，遗憾落败。晚上回班级自习，班里的同学在黑板上写着“9 班是最棒的，你们永远是我们的骄傲！”当我们进教室时，大家还给我们鼓掌。虽然输了比赛，但真真切切感受到班级的集体荣誉感。

高三生活更加平淡、更加充实，每天都有写不完的理综卷子、做了又做的英语听力、做错了下次还是错的选择题。有的人知道自己想要什么，早早定好了目标并为之努力；有的人家里早早铺好了路，毕业后留学深造；还有的人，没有明确的目标，也并不知道自己会是什么样，只是默默地低头前进。每个人的想法和学习态度都不一样，但大家都坐在同一间教室，听着一样的课，做着一样的试卷，发着同样的牢骚。会在晚自习借台 MP3，把耳机线藏在衣袖里听歌；会把手机藏在文具袋里，看球赛录像；也会当上“侦察兵”，坐在窗户旁盯着来教室视察的班主任，替全班同学把风。

毕业之后，大家各奔东西，寒暄变得越来越少，见面更成了奢侈的事情。最近，班里在建立毕业校友们的通讯录，我也参与了统计工作，联系了很多同学，了解了他们的近况。有的人还在读书深造，也有许多人毕业就参加工作了。各个行业，各个领域，一线二线城市，曾经一起学习、一起生活的一个大集体，现散作漫天星光，各自发光发热，这亦是母校留给我们的一笔财富。

桐中培养了我，磨砺了我，也成就了我。我定将不负期望，秉承“勉成国器”校训，踔厉奋发，笃行不怠，不断实现自我价值，服务社会，服务人民。遥祝母校120岁生日快乐，祝所有教职工身体健康，也祝所有同学校友学业事业有成！

栉风沐雨，世纪赓续秉教书育人初心
传道解惑，四海弦歌谱桃李芬芳华章

（作者系桐城中学2016届校友）

你好，“桐”学！

吴　楠

“龙眠钟气，代起人豪，莘莘学子待熏陶。仰止吴公创业劳，勉成国器望吾曹……”随着昂扬的小号声吹起，激扬的歌声响起，我下意识立马掀开被窝，穿衣服，收拾书包。书包！书包在哪儿？我看着有些陌生而又熟悉的家，啊，对，这不是我的出租屋了，我在家里，这也不是2017年，我早就毕业了！

不记得多少次有这样的梦了，每当我听到熟悉的音乐，我还是像以前一样匆忙起床。然而，再也没有让我迟到的机会了，再也没有让我罚站的教室了，再也没有让我懒散晃动身体的早操了，再也没有让我肆意奔跑的操场了。五年过去了，我早就毕业了。

我与桐中的故事要从很早开始说起。那时还是初中，语文课上学到那篇《答谢中书书》，老师解读“高峰入云，清流见底”这一句时说，桐城中学里的一块石柱上就刻着这一句。我想着一定要去看看，考进去看看，每天都要看一遍。后来，我成功考入桐中，真的每天走过那块石柱，或许也不是每次都留意去看一眼，但那句话铭刻在我的心里。

毕业后，我一直都和别人说，我的青春只有高中，只有在桐中的日子，并永远留在那里。我奋斗过，爱过，理想过，迷茫过，这难道还不算青春吗？我记得我每一年待过的教室，记得我座位的位置，记得黑板的某一块每天写着什么，记得她上下学最喜欢走的路；我记得每年什么时候路中央的玉兰花会开，记得每年什么时候后山的鸟群会来，记得每年什么时候晚自习会闻到最怡人的花香，记得每年什么时候能看见墙角的佳人染上金黄。

每年我都会回母校看一看，上不去教学楼，就站在操场远远地看着教室。这感觉还是挺奇妙的，以前在那里看着操场想出来，现在在操场看着那里想回去。以前我最喜欢的事就是在晚自习中间来到操场看着黄昏与夜空：有时明月当空，有时风轻云淡；有时晚霞满天，有时云蒸霞蔚，蓝色的像是海浪一般，明月从海上升起，思绪随岁月忘记；有时星辉晦暗，风走过云里不说话，光踩着树叶沙沙沙。也许景色再美如梦幻，终不过明朝喂马。

告别母校后，我去了南京，那个大学很好，名誉南北，景色宜人。可我还是想着，相比较紫色的二月兰，我更忘不了那一挂挂紫藤；相比较高大的水杉林，我更钟情于惜抱轩的银杏。外面再好，似乎也抵不过家的温暖、家的安然。

出于各种原因，我和很多同学差不多一两年没见面了，有的在高一分班后就很少见过。他们也许在北京，在上海，在东北，在江南，在全国各地，就像那首歌词，“他们已经被风吹走散落在天涯”，可我想他们终有一天也会回家。

大家分别多年，再聚母校，我会亲切地对他们说上一句：“你好，同(桐)学，好久不见！”

（作者系桐城中学2017届校友）

飞　光

伍龙生

武汉的三月，是樱花起舞的季节。由白色和粉色点缀的精灵，总会不经意间飞到行人身上，轻轻耳语，诉说着早春的故事。秋天，倘若遇见一地金黄，我又会为这萧瑟时节的明丽欣喜一番，只见那驻留许久的金色蝴蝶扇动着翅膀，在自由的风中畅快飞舞。

这世界上是不缺乏花木的，弥足珍贵的是，无论我在哪个节气遇见哪种花，似乎都会在不经意间想起一棵乔木，那个在秋天洒满金黄的它，被唤作“惜抱轩银杏”。

2015 年 9 月，我在行政楼门前被簇拥着挤到公告牌前找到了自己的班级——“102 班”。初来乍到的我，摸不清学校的布局，向高年级同学打听，才发现想要前往高一教学楼，得从高二教学楼的门口进入，并穿过二楼的连廊。兜兜转转找到教室后，才发现这栋教学楼是有正门的，而通往正门的主路旁，正屹立着那棵经历了 200 余年风雨的银杏。与桐城中学相识于秋天的我，顺理成章地记住了校园的第一处风景。

高中时光里的第一个冬天来得多少有些仓促，实验班的我们报名了奥赛网举办的一场培优冬令营。我已记不清名校名师的面庞，记不清专题专讲的内容，只记得在向老师介绍我们来自桐城中学时，我们从“龙眠钟气，代起人豪”的歌谣中展现的自信与自豪。

冬天，自然是离不开雪的，培优班临近结束时，合肥开始飘雪。

玩雪，是冬季不可或缺的一部分。谈到雪，我不禁想到高三那年的雪灾，道路完全结冰的前夜，下自习骑车回家的路上充满了波折。

这场来势汹汹的大雪，让全市的学校几乎全都提前停课放假，唯独我们，仅仅取消了几天的早自习。冰封的道路，俨然成了天然的滑冰场。出校门，几个人必须互相搀扶才不至于摔倒，抑或得一根称手的木棍杵着一步步缓慢前行。宽阔的操场，成了我们玩乐的王国；通往篮球场的斜坡，是滑雪的绝佳场所；铺满厚雪的足球场，为巨大雪球的诞生提供了足够的资源。

天气放晴时，积雪开始融化，屋檐也好，雨棚也罢，哗哗的流水声总让人生发出一种下雨的错觉。

雨再大，也比不上 2016 年暑期的那场暴雨。天空仿佛被捅了一个窟窿，雨水幕帘装点在屋顶的边缘。高一教学楼后方通往食堂操场的斜坡，实现了雨水在河道中激流的梦想。此时的我们，不必去考虑鞋子的概念，柔软的海绵垫在每次挤压和舒张的过程中重复着另一种水循环，可是这种感觉并不让人感到舒适，潮湿的衣物紧贴皮肤的包裹感是一种别样的压抑。这年的大雨，唤醒了教师们 1998 年的记忆，他们说起校门口那片假山水池的故事，前身是游泳池的它，在 1998 年暴雨的灌涌下与路面连成了一体。

母校的生态一直是毋庸置疑的，松鼠和黄鼠狼指不定出现在哪棵松树上或哪片草丛中。大雨滋养的潮气，让更多动物出现了不安分的行迹。班主任提醒我们晚间要尤其注意黑灯瞎火的路面，听说有人在角落中见到了蛇类的踪影。每每下雨，放学的路上格外拥挤，我并不喜欢雨伞相互靠压、挤在队伍缝隙中的感觉，于是，我总循着半山阁矮墙的青石砖，在一些狭小的走廊中避开人流的喧嚣，穿过不在花期的紫藤花架，路过青苔蔽覆的碑刻，与意味隽永的石刻柱相遇，抬头注视一眼“勉成国器”的校训，最终踏出学校的大门。

高三那年春天，春雷响彻，高考倒计时的数字不断缩减，催促着我们告别高中的时光。那年春天的雷暴尤其凶猛，晚自习正在理科综合模拟考试的我们突然陷入了黑暗，不知是附近哪处变压器出现了故障，突如其来的停电让人措手不及。不知道班主任从哪里弄来了一堆蜡烛，只见微微烛火摇曳，手电灯光耀洒，窗外电光闪烁。因为光的缘故，心中突然增添了一份踏实，于是，手中的笔接着进行演算。但没过多久，传来了消息，提前结束晚自习，又是一个意料之外。这一夜，班主任让我们回家后每个人都给她发一份安全归家的信息。短信里简单的会话，让我觉得平时严厉的班主任格外温柔。而最后一节物理课堂上她哽咽的声音，更让我意识到她为这个班级倾注了多少心血。

临近毕业，天气再次变得糟糕起来，湿漉漉的操场上分布着坑坑洼洼的水坑，好在拍摄毕业照的下午，雨停歇了。和任课老师合

影，和交好同学合影，班级集体合影。这合合分分，是再正常不过的结局。我也始终相信，分分合合，四散的我们终有一天还会重聚一堂。

如今的我，距离高中毕业已经接近四年，流年不归，飞光难追。桐中的文化浸润对我来说仍是最宝贵的财富，埋藏在记忆中用于应试的知识会在自然状态下逐渐模糊，可是渗透到精神中那份锻造人格的文化却永远成为自身的一部分。这是桐中渊远历史里雕刻的风骨，也是历届前辈逐梦道路上显现的光辉。每次踏入桐中的大门，在“勉成国器”的注视下走向校园深处，我都会产生一种“空气也变得厚重”的奇异感觉。当年返乡创学的吴公，他应该没有料到，这份举措会惠及一方学子岁岁年年。

这飞光，是岁月催人老；这飞光，亦是精神淬砺永夕永朝。

（作者系桐城中学2018届校友）

掬水月在手，拭铜钟于怀

徐国凤

掬水月在手，弄花香满衣。铜钟常萦耳，相远不相遗。

己亥年至今已近三载，犹记得启航时，未挥衣袖，也未折柳相送，只把夏天藏进照片里，只把记忆舀入行李箱里，只把珍贵的人写进日记里。三年的距离倒也仅是五楼至一楼之长。如果时光能够倒带，我愿与你在水木年华的《启程》一曲中把梦想打个结，悄悄挂在桐中的银杏树上，同红不枯，生生不息。

从孔城暮雪到雪泥鸿爪，三年的岁月里，201 路和 3 路公交车记载了那些途中的憧憬和遐想。忐忑的心，是开学的惊与喜。念念不忘，必有回响，以三年的拼搏，换得一张梦寐以求的桐中入学通知书，无疑是我中学时代最无悔的选择。于此，我不胜感激面朝黄土背朝天的父亲与母亲，没有他们，我的青春也许就是一张粗糙无奇的白纸。

三年的寄宿生活，得之幸运，处之浪漫，度之充实。

父亲看到学费的数字后那紧皱的眉头仍历历在目，后来，班主任杨娟老师告诉我可以申请助学金的消息，那是我人生第一次，党和国家的资助政策润进我心。我幸运地获得了一等助学金，三年的资助，我终生难忘。自那时起，便有一种源源不竭的力量激励着我："苔花如米小，也学牡丹开。"

故事不再有我们，斯人依旧育新人。陈老师说"历史是最好的教科书”；叶老师说“世界是物质的，物质是运动的，运动是有规律的”；汪老师说“我用笔在银杏树叶上写了你的名字”；王老师说“用外语传递中国声音”；蔡老师说“征服你能征服的一切，相信自己的价值”；盛老师说“学好数学，用最浪漫的数字告白”；魏老师说“这不是我想要的结果，我们另辟蹊径”；杨老师说“I came，I conquered”；向老师说“今日债，明日还”。每一句都是“勉成国器”的校训的飞跃，人才辈出，初心弥坚。

和北大街的晚风撞了个满怀，和依偎的龙眠河遥寄敬意。我们肩抵着肩，手牵着手，靠在青葱的梧桐树下诵读。去探寻老墙上依附着的爬山虎的秘密，去守护紫藤树葳蕤生光的美丽，去数数青苔下的鹅卵石，去用手掌测量窗口的距离，去偷看一眼远处的那位同学，去做一个充满蝉鸣的梦，去欣赏一年一度的画展，去陶醉于音乐老师迷人的歌声，去在小纸条上记下广播台励志且清新的语录，去买一包小卖部的糖果，去在同桌的口袋里放一颗黑巧克力……

故事里的画面一帧又一帧，故事里的我们一年又一年。

题海里的孩子以笔为桨，联考作战的同学坚定立誓。笔直往前冲，就不担心压力比山大；螺旋式上升，就不害怕挫折的黑暗；展翅膀翱翔，就不畏惧前路漫漫。母校的强大支撑不仅在于“今天你以桐中为骄傲，明天桐中以你为骄傲”的激励，更在于其经百余年而不衰的决心和使命。“无论你去何处，请你发愤图强，脱颖而出。无论你扮演何种角色，请你贡献自己独一无二的价值。”那是高考，也是人生大考。

“随风潜入夜，润物细无声。”除了知识，我带走的是终身受益的自处精髓。记忆中，班主任陈乔珍老师多次与我深入交谈，每一次交心都触及内心深处。师虽严，字句关切之至。那时候，普通而内向的我，逐渐打破内在的壁垒，更悦纳自己，像一朵苔花，由内向外盛开，不拘束于外界的眼光，迎着光亮，不自卑，不张扬，兴致盎然地去和世界交手。课桌上用不尽的稿纸是陈老师对我的贴心，助学金申请的诸多事项需感激陈老师的真情相助。她是老师，是朋友，更像是母亲。

母校是青春驻留的天地和少年成长的殿堂，也是红色熏陶开始的地方，提供了文韵丰厚的物质环境和红色信念深扎的精神环境。渡江战役指挥部已然成为高中时期红色革命教育的初始地，仿佛时光从未老去，英雄常在，英勇的气概永存。因而在那时，“将革命进行到底”的精神在我心中埋下种子。时至今日，我成为一名中共党员，当我站在党旗下宣誓时，总会想起母校的红色摇篮。我是从母校走出来的孩子，更是在党和国家扶持下成长的孩子，普通的我有不普通的梦想，那就是为人民服务，回报社会，实现自我价值和社会价值。

来时，心是简单稀疏的草原；离开时，心是簇拥烈日的花海。

掬水月在手，心中一片皎洁。浅浅回忆，铜钟敲响了思念。

（作者系桐城中学 2019 届校友）

我与桐中的故事

汪鸿欣

我对桐中的第一印象，来自我的表姐。

2005年，那时我才三岁，表姐从青草镇的中学以高分考入桐中，她是家里第一个考上桐中的人。

表姐学习很刻苦，为了节省时间，她平时在学校住宿。姑姑、姑父都在镇上工作，没法经常去学校看表姐。于是，在城关工作的爸爸经常会买一些散称饼干送去给表姐。这时候，我就该出场了。

爸爸跟我说，表姐住在女生宿舍，他没法进去，送饼干给表姐的任务只能由我完成。我便坐上爸爸的摩托车，在正午桐中人流最密集的时刻进校。我记得我们总会穿过一大片树林，驶过吴汝纶塑像，经过现在已经变成礼堂的学生食堂，来到表姐的宿舍楼下。我记着爸爸给我的宿舍号，迈着不太灵活的脚步，敲开门，将饼干递给表姐。

表姐上高三时，为了更好地学习，不再住学校宿舍，而在桐中附近租了房子住。从那时起的很多年后，我便没再进去过桐中。

成绩一直优异的表姐如愿考上了天津大学，成了全家人的骄傲。那时的我却是个反面案例，我不爱学习，除了学习什么都爱干。家里人很担忧我的学习成绩，我却不以为意。终于在中考前一年，我幡然醒悟，痛改前非，经过努力迈进了桐中的大门。

来桐中第一年，我十分惶恐，毕竟早就听闻能考入这里的学生都很厉害，而自己之前学习不认真，可能基础会比别人弱，跟不上节奏。不想被别人看轻的我，在高一入学第一天就带着危机感学习，一刻都不敢松懈。

现在想来，高一的生活是高中三年里我最难忘的。我记得第一次知道高中还能有音乐课、美术课、运动会、艺术节时的惊讶；记得向班里成绩好的同学请教数理化难题时，大家都在尽力帮助我；记得一个周四的晚课间隙，我和好友手拉手奔跑在楼道中央，庆祝临时取消的一场考试；记得闷头苦刷题时，总有爱起哄的男生说“看，汪鸿欣是我们班最努力的人”……

高一结束时，出于爱好和成绩的现实考虑，我选择了文科。感谢高一时努力的自己，让我在分班时学号成为“01”，但这也是随后两年背在我身上的压力。文科班的生活并没有我想象中轻松，我能明显感觉到班里每个人比之前的自己更努力。我的成绩在一次次月考中波动，学习的兴致也大不如前，甚至怀疑当时学文的选择是否正确。

还好，一切都挺过来了。相比于怎么死记硬背也记不住的化学方程式，我更爱看了一次就能记住的历史；相比于在一次次物理考试中瑟瑟发抖，我更爱在政治课中“挥斥方遒”，政治课必修一“经济生活”给我印象很深，这也成了我大学选择专业时的重要参考。

我对于学文科的唯一遗憾就是班主任教的地理这门课我学得很差，经常只能考到班级平均分，高考也是溃在地理上。班主任叶群怀老师是教师中的楷模，我在与叶老师的“斗智斗勇”中改掉了早读迟到的坏习惯，至今还记得叶老师的很多教诲。

2019 年夏天，高考为我三年的奋斗写了场总结，虽然没有考到心中满意的分数，但也不算太差。最终，我选择去中国海洋大学学习财务管理专业。

今天，当我坐在明亮宽敞的大学教室里，我无比感谢、无比怀念在桐中奋斗三年的自己。怀念晚上放学时用三分钟从高三的教室跑到校门口的自己，怀念每天做早操时默记英文单词的自己，怀念因为擅长的科目没考好而急得说梦话的自己，怀念一次次跌倒后一次次爬起的自己，怀念每一次走进校园时扑鼻而来的花草树木的芳香，怀念每一位老师的口头禅，怀念每一位同学的笑容，怀念那一段无悔的岁月……

身为桐中的毕业生，表姐是幸运的，我也是幸运的。表姐大学毕业后在互联网公司工作了十年有余，如今已在北京安家；三年来，我在大学依旧保持着桐中时的学习习惯，即将拿到保送研究生的资格。我想，这种奋斗的精气神与桐中的风气是分不开的，与优秀校友的事迹感染是分不开的。身为桐中人，我会继续带着母校的荣誉，深耕我的专业领域。

人生很长，奋斗不止，须一以贯之努力，不得懈怠人生。感谢在桐中的三年时光，我会带着回忆，更好地前行！

（作者系桐城中学 2019 届校友）

两代人的梦想

殷子航

28 年前，妈妈参加完初中毕业考，在填报志愿时与外公爆发了一场长达两个月的“父女冷战”。外公一心想让妈妈填报毕业就能拿工资的桐城师范，妈妈却坚持要填报心中的梦想学校——桐城中学，以便将来能上大学。在当时商品粮户口还值几万元的 20 世纪 90 年代初，选择师范这个“铁饭碗”志愿，是大多数农家孩子的第一选择，也正因如此，师范分数比桐中还要高 20 分左右。外公坚持让妈妈填报这个志愿本也无可厚非，而执拗的妈妈竟然以离家出走相威胁，但最终还是被外公利用在初中任职的“职权”，私下偷偷改成了桐城师范，妈妈的“桐中梦”因此破灭，以至于现在每每说起此事，妈妈仍耿耿于怀，责怪外公当年没有眼光，否则说不定桐城又多了位人才。

可能是这个“桐中梦”太沉了，自我上学起，妈妈就将它寄托到我身上，经常给我灌输桐中多么好的思想，还不厌其烦地给我讲述当年外公对她的不公待遇，让我好好学习，将来想上哪个学校就上哪个学校，绝对尊重我的选择。渐渐地，“桐中梦”在我心里也生根发芽了。记得上初中后，每年寒暑假妈妈必带我到桐中校园转悠，沐浴那浓厚的文化气息，感受那静谧的学习氛围。

在姚鼐亲手种植的银杏树下，我触摸到了桐城先贤们那种崇文重教、报效桑梓的拳拳之心；在半山阁院内，我感受到了吴汝纶先生致力新学、教育报国的深挚情怀；在石刻柱下，我领悟到了文都先哲们传承的“高峰入云，清流见底”的治学与做人精神；在“勉成国器”牌匾下，我体会到了桐中开创者对家乡后学们的殷切期望和深情勉励；在后乐亭前、在紫藤树下、在“桐中敲铜钟，童男童女同上学”的绝对旁……我学到了太多太多做人做事、学习生活的道理和精神，也明白了为何这样一所小城中学竟能出十几位院士和几千名博士，在祖国各行各业奉献所学、成就传奇，像美学大师朱光潜，外交家黄镇，文昌发射中心桐中双杰程堂明和毛万标，院士慈云桂、陆大道、吴曼青、彭寿等，他们一如既往地将“勇当大任，志在争先”的桐中精神带到各行各业，令人景仰。

不知不觉间，到桐中读书已成为我的梦想。为了实现这个梦想，我默默地以先贤们为榜样，刻苦学习，勇毅前行。功夫不负有心人，2018 年 7 月，我终于如愿考上了这所梦寐以求的高中。在各位老师的教育培养下，高中毕业后，我考上了校友杨善林院士执教的合肥工业大学。

今年，恰逢母校 120 周年华诞，尽管我暂时还无以回报母校，但我一定牢记母校教给我们的桐中精神，以母校培育出的杰出校友为榜样，踔厉奋发，笃行不怠，努力学成过硬本领，至诚至信，勇往直前。

请母校放心，荣校有我！

（作者系桐城中学 2021 届校友）

奔赴山风海月

疏倩然

“与桐中的故事”，看到这个标题的瞬间，我的思绪仿佛刚刚经历了一场飓风的得克萨斯州，那些过往片段在我脑海里横冲直撞，可我试图捕捉时它们又躲开得游刃有余，一时竟提笔忘言。

与小说里描写的似乎有些不同，没有篮球场上帅气清爽的少年，没有橘子味的冰镇汽水，没有轰轰烈烈的校园爱情，也没有无疾而终的青涩暗恋，高中生活事实上乏味得如同刚被提纯的蒸馏水，作业与考试才真正充斥着我们的整个青春。可是，这才是真实，真实里细碎的美好才更打动人吧。

我一直记得校园里四季都有盛开的花：春日的玉兰和紫藤萝，一个端庄圣洁，一个热烈烂漫；夏季的曼珠沙华灼灼烈烈，在星子下酣睡与反侧。没有鹊踏枝，倒也是一场百花的盛宴。我喜欢穿越校园里那些杂草恣意、枝丫掩映的石子路，宁可踩着铃声进入教室，也要与繁花来一场亲密无间的约会。

那时的晚饭时间是极为短暂的放松时光，是不多见的在我的记忆里生动而鲜活的风景。教室里总有些不知天高地厚的少年在没心没肺地大声嚷嚷，也有自律用功得有些离奇的少年吃饭时也要抱着笔记细细背诵。我总会在穿越操场前往食堂的路上匆匆瞥一眼余温未散的夕阳，然后很多次将繁重的课业抛之脑后，很没出息地放慢脚步。因为白昼的尽头，天光留存的余意总是千变万化，于日复一日的雷同中静默地生出截然不同的无边妙色。

我永远喜欢晚自习结束后，背靠着人群走入只有阑珊灯火的街巷的时刻，没有疲于应付的习题与知识点，没有黑板右上角鲜红得有些刺眼的高考倒计时，而是像一首轻盈的叙事诗，在夜风与朗星间穿身而过。短暂抽离，长久沉默，适度雀跃，偶有友人作陪，被不需要刨根问底的难得的自在拥簇。

后来，高考平平淡淡地结束了，没有尖叫呐喊，没有蹦迪通宵，仿佛就是一个安安静静的、晴朗的下午，有个人拍了拍我的肩，低声告诉我，嗨，一切都结束啦。

填志愿那天，所有人都有说有笑，然后逐渐行色匆匆。我没有看到还有谁特意站在十字路口等一场风，盛夏的树影婆娑，温柔又坚定地翻过这一乐章，时间渐行渐远。有人说，我们重逢的下一个夏天，一定会更明亮。

我们合上了书页，踏出这所高中的大门，迈向前方。

毕竟，绚丽的不总是同一片烟火，每一片海都有它的平静与风波，我们当过门前客，现在是远行者。

有研究表明，人的长期记忆会受到感情的影响，往往不真实，我们的大脑会选择性地遗忘那些有过挣扎、带来痛苦的过往，只选择性地记住令人愉悦的故事。这也是为什么我们总是觉得童年都是愉快的，也是为什么在充斥着考试作业与高考压力的高中生涯中，我笔下愿意表露的都是漫天的欢喜。我想，这也没什么不好，人多少要给自己留一些美好回忆，否则就活得太辛苦了。

那些熟悉道路上的风与朝阳、安静教室里的隐秘悸动，不管属不属于我，姑且就擦肩而过。我会将所有温暖的回忆妥帖地收藏在胸腔最柔软的角落，在第二天清晨拨开浓雾，钻进闹市，隐于海海，不再为你而歌。

你好，小城里的高中，谢谢你。我，去赴一场结果尚且未知的山风海月了。

（作者系桐城中学2021届校友）

青 春 琐 忆

胡嘉怡

“银杏树下，石刻柱旁，后乐亭边。有我们的身影，或匆匆忙忙，或蹀躞不前。远处龙眠山高峰入云，脚边桐溪塥清流见底。唯一不变的，是心中的勉成国器。如今，微风吹起了我的头发，叫我如何不想她。”

说起与母校相关的故事，记忆中那平静的湖面突然泛起阵阵涟漪，每一个缓缓晕开的波纹都承载着数不清的欢笑和忧伤。2021 年夏天，我离开了那个拥有无限青春的高中，离开了那个曾经抱怨过作业很多的教室，离开了那些苦口婆心教导我们的老师，离开了那群真诚炽烈的同学们，离开了操场微凉的晚风与令人心动的晚霞……

忘不了那些可亲可敬可爱的老师们。他们兢兢业业地为学生答疑解惑，春风化雨般地教导着学生。在我高三最迷茫最无助的时候，是我的英语老师给予了我最大的鼓励。那时候刚经历第一次月考，成绩很不理想，心情特别低落消沉，不知道以后该怎么办才能提高成绩，人生的天空仿佛被一朵巨大的乌云遮盖，失去了希望。是杨老师，看见我早读下课后萎靡不振的模样，把我叫到办公室走廊，问我发生了什么，并语重心长地告诉我：“不要着急，也不要焦虑，现在正是一轮复习开始的时候，你还有时间。只要一步一步跟着老师的脚印，认真复习，努力下去，会收获到应有的成果。”

后来，我按照老师说的，认认真真地复习，慢慢看到了进步，也不再焦虑与彷徨，而是变得充满信心。人生路上，一个好老师是可遇不可求的，仿若一盏明灯，指引我们走出重重迷雾。能够遇到杨老师，我觉得自己是幸运的。

高三最轻松的课就是杨老师的英语课。她总是给我们详细地梳理知识点，下课也会在走廊或者办公室耐心地回答学生们的问题。每当我去送作业时，总能看到杨老师桌子上一本本用红笔答疑解惑的英语必刷题。记得她最喜欢的一句话是梁晓声的“文化”四句：“根植于内心的修养，无需提醒的自觉，以约束为前提的自由，为别人着想的善良。”当时我就摘抄到英语书的扉页上，直到现在依然铭记于心。我们英语成绩下降时她着急的模样，恨铁不成钢的课堂氛围，还有教师节她收到教师生涯第一束花的感动……一切的一切，都如此清晰地镌刻在我的脑海里。

忘不了桐中的一草一木。犹记得第一次踏入桐中，从烫金的“勉成国器”大门走进去，入目皆是绿茵，蝉鸣声声，道路两旁古朴的大树和幽静的小道，“高峰入云，清流见底；杂花生树，群莺乱飞”的石柱矗立一旁，阳光透过树叶间的空隙洒下来，在地上铺洒出一片斑驳发亮……那时候，一步一步都是对未来欣喜的憧憬。春天大朵大朵盛开的白玉兰，初夏摇曳长廊的紫藤，盛夏热烈张扬的曼珠沙华，初秋扑簌落下的金黄的银杏，十月飘香的小巧玲珑的桂花……那些花儿见证了我们三年每一个努力与惬意的时光。操场上微凉的晚风，篮球场上挥洒汗水的肆意少年，后山上互相吐露的心事，课堂上传递不停的小纸条，冬日回教室的月亮路灯，紫红色的晚霞……

关于晚霞，又总是有太多回忆。晚自习时发现窗外好看的晚霞，总是会激动地叫上好友抓紧时间看，天空像是被金光镀了一层，着火了一般，橙了半边天，渐渐地，又变成了一抹粉紫。直到写了会儿作业再抬头，感觉到一丝凉意，才发现天空暗了下来，只剩下少许余烟。当晚自习遇上夏夜晚霞，青春里总有不经意的浪漫。夏日的晚自习下课期间，我总爱拉着好朋友迫不及待地奔向操场，在夜风中散步大笑，奔跑蹦跳。

忘不了一桩桩一件件可爱的小事。喜欢每年的艺术节，各个年级的优秀作品总会被放在第一栋教学楼前展出。高一时，我拍摄的蒲公英有幸被选中，喜悦之情自是不用多说。喜欢我们班一起去黄梅戏剧院参加合唱的日子，穿过一条条有着香樟树的马路，大抵每个人都怀着激动的心情。喜欢高一快结束时我们班和四班同学一起在多媒体教室看电影的晚上，阿霖姐放电影时还叮嘱我们动静小点，别被发现。喜欢广播站仍然营业的那些日子，有机会放自己喜欢的歌，也会搞怪地在每一场大考后“贴心”地放一首《凉凉》。喜欢高一运动会齐心协力的加油，高二高三的学长学姐们扮演的各种人物依然记忆犹新，忘不了那年的白雪公主、魏无羡、蓝忘机、小狐狸、皮卡丘……喜欢高三下初雪的那个夜晚——2020年12月13日，天空中突然飘起了小雪，我们兴奋地跑到走廊，在题海中困倦许久的大脑似乎得到了一些解放，伸手去接飘落下来的雪花，心底许下愿望：希望好朋友永远永远不要分离，我爱的人和爱我的人都要健健康康、快快乐乐。喜欢跑操？不不不，喜欢的可能是去检查别的班跑操的时刻。每次跑操时，总会有同学的鞋带散掉，总会有同学偷偷溜去食堂，总会有傻乎乎地喊着嚣张口号的班级……也有些偷懒的同学，每次路过半山阁，总会进去惬意地小憩一会儿。

毕业前暖心的向日葵，老师们的叮嘱与期望，笔记本上的“人生到处知何似，应似飞鸿踏雪泥”，大家都在奋力向前奔跑着。随着听力的落幕,随着“考试结束,请考生立即停笔”响起,随着我们在人群的裹挟中离开校门,就这样,2021 年 6 月 8 日下午 5 点,我们结束了三年的高中时光。那是我们 15 岁到 18 岁的时光,平凡普通又熠熠闪亮。

行文至此,落笔为终。我与桐中的故事始于 2018 年金秋,终于 2021 年盛夏。回首三年光阴,如烟火,满眼繁华,目之所及,皆是回忆。在这座充满活力的校园中留下的是沉甸甸的收获,纵使心中有万般不舍,也得心存感激,向前行进。

感谢在我阴沉天空中投下一束光的老师们,感谢他们无微不至的指导和帮助。平生感知己,方寸岂悠悠。恰同学少年,风华正茂。感谢我的朋友们陪我度过那些难挨的日子,和大家在一起的时光终会成为青春记忆中最珍贵的时光。以梦为马,不负韶华。感谢一直不放弃的自己,纵使现在还没有完全看到胜利的曙光,但心中会一直保存着那份光亮,不断前行。每一次经历都是一次成长,在不经意间汇成生命的宽度。

写尽千山,落笔是你;山水一程,三生有幸。感恩相遇,祝福吾校,再育英才!

(作者系桐城中学 2021 届校友)

第三辑

青春，山峰海月自兹始！

铜钟悠悠，情思绵绵

王蔚然

悠悠学堂披着一身霞光，带着厚重的历史气息，坐落于文都之中，谓之桐中，谓之龙眠之气。

20年前，母亲坐在这里，在悠悠钟声中，接受知识的熏陶；今天，我也坐在这里，汲取知识，畅想未来。两代人的桐中，屹立在风雨里，饱经风霜，愈发挺拔。遒劲的紫藤萝，挺拔的银杏树，高耸的石柱，无不印刻着时间的足迹，倾诉着百年的故事。

1902年，吴汝纶先生从日本留学归来，秉持开放、自由的理念，创办了一座中西结合的学堂，也就是今天的桐中。本着“因包容而成其大，因丰富而成其广”的思想，将“后十百年人才奋兴胚胎于此，合东西国学问精粹陶冶而成”和“勉成国器”确立为办学宗旨。从此，桐城中学便乘着时代的东风蓬勃发展。

在母亲眼中，桐中有着最温润人心的记忆。20多年前，在那个并不富裕的年代，桐中用宽厚的怀抱为同学们提供充实的生活环境。每到开学，同学们就用大米换取饭票。听母亲说，一袋大米，就可以吃到一个月营养的饭菜，这是桐中的贴心，就像学生的家一样，温暖，打动人心。那时候，桐中最突出的特点是学习氛围自由，同学们自律学习，各尽其能。竞赛班的同学在老师的带领下摘金夺银，光芒四射；参加高考的同学埋头疾书，奋力一战。在如此博大而又宽容的校园里，大家泼墨写山河，馥郁传香。校园中的银杏树由绿变黄，又由黄变绿；似火的彼岸花年复一年地绽放。桐中就如时代里的一座风雨长亭，凝望岁月更替，接纳并教导着一代又一代学子。古韵悠长的桐中也潜移默化地改变着，桐溪塥的水重新开始流淌。源源不断，是为水流；生生不息，是为桐中。

多少年后的一天，我怀揣着一份向往与憧憬跨入了桐中的大门。古朴而厚重的气息扑面而来，我和桐中的故事自此拉开序幕。

记得周一晨会时，旭日东升，红旗飘扬，少年意气风发。我们沐浴在阳光之下，目光追随着冉冉升起的朝阳，心中是无法言说的感动，是身为桐中学子的自豪。记得夜幕降临，天空漆黑，整个桐中却灯火通明，同学们奋笔疾书，洋溢着少年的激情。虫鸣声响起，晚风温柔，一草一木都披着柔和的灯光，默默地守护。记得秋天而至，高大的银杏树一树金黄，风拂过，满天黄叶，漫天飞舞，那是时间散落的碎片。记得绿茵场上，同学们嬉戏打闹，在微风中奔跑，在阳光下欢笑，那是肆意挥洒的青春气息……

一草一木，一花一石，桐中有最美的草木，更有最可爱的老师和同学。温暖的奶茶，免费供应的草稿纸，乳白色的书柜，精心整理的知识点，反思本上鼓励的话语……太多太多剪影，从讲台到办公室，从学习到生活，无不刻印着老师温暖的身影。写满温馨话语的小纸条，贴满目标大学的墙壁，共同设计的班旗班徽，一起探讨的问题，欣欣向荣的绿植……这是全班同学的聚力同心。无数汇聚的温暖，托举起一个个最可爱的班级。紫藤萝已经盛开，遒劲的枝干下，淡紫色的花朵一串串垂下，如梦似幻。芳华绽放，梦想生长，依偎在石凳上，看橘黄色的晚霞一点点化开，科技大楼的圆顶镀上金光。在该奋斗的岁月里，桐中为我们提供了一个奋斗的环境。“勉成国器”四个大字闪闪发光，辉映着每一颗追梦的心灵，催发着每个桐中学子立志报国的情怀。百日誓师大会的操场上洋溢着似火的激情，一条条横幅拉开，一道道匆匆的身影走过，这是一个奋斗的校园。

于群峰之上，方见大河奔涌；于高山之巅，更觉长峰浩荡。身为桐中学子，俯首是写满梦想的答卷，抬头是百年的传承与寄望，我们要有泼墨写就天下、乘势而开山河的豪情壮志。在桐中里披荆斩棘走过的路，终会化成开满鲜花的原野。

和母亲并肩站在桐中校园，凝望花石草木，母亲眼中似有泪光闪动，我的心里也默默地掀起了一波微澜。悠悠钟声已经响起，深深情思正在绵延，代代故事继续铺展……

（作者系桐城中学 2020 级学生）

悠悠铜钟响，巍巍红日升

左　亚

岁月不居，时节如流。我们的母校——桐中，已走过 120 年的风雨沧桑。作为一名高二学生，我所见证的可能不及十分之一。这不长的光阴如厚重悠扬的钟声在我心头激荡，曾经改变了，正在改变着，也将继续改变我的人生轨迹。

初　印　象

蔚蓝的晴空。妈妈牵着小学二年级的我来给在桐中念书的堂哥送书。堂哥接过从电动伸缩门上递过去的课本，道谢后便行色匆匆地往教学楼赶。我好奇地探头察看桐中内景，目光随着堂哥远去的背影延伸进桐中校园，落在了路旁造型别致的垃圾桶上。不同于其他学校四四方方的垃圾桶，桐中的垃圾桶是立体的足球状，黑白相间，甚是别致。多么有趣且不拘一格的学校！开放包容，是我对桐中的初印象。

岁月骛过。两年后，姐姐考上了桐中，我们举家从偏远的小镇迁到了桐城热闹的城区。爸爸妈妈在姐姐的升学宴上笑靥如花，的确，那时考上桐中足以让家长神气好一阵子。记得那时傍晚的桐中尚对外开放，已上四五年级的我经常在晚饭后和妈妈来桐中散步。登上高高的操场，爬上高高的双杠，无需多加眺望便可看见远处灯火通明的教学楼。年幼的我对高考的概念还很模糊，却隐约对夜幕中大楼里无数奋笔疾书、凝神苦思的学哥学姐产生了一丝敬佩。周末，姐姐带我进校写过几次作业，小小的我坐在与身材不匹配的桌椅上，好像随时都有被桌边高高垒起的书本淹没的可能。严格勤勉，也是我对桐中的初印象。

槛　内　人

一晃眼，我上了初中。上下学可听到路边绕手叉腰的家长们谈论去年哪个班考上桐中多少个、国器班多少个，老师也常常把“你们要考桐中啊”挂在嘴边。潜移默化地，考上桐中仿佛成了桐城学子高考成功的前提、“飞”出小城的必经之路。2020 年 5 月，我参加了桐中国器班的自主招生考试。落榜的消息给当时一直在二中（桐城最好的初中）名列前茅、极有希望考上的我当头一击。我不禁开始怀疑：我是不是不太聪明？理科思维就是不如别人？甚至对桐中产生了一丝恐惧和抵触。好在我及时调整心态，中考以优异的成绩考入了桐中国器班。兜兜转转，终究还是踏入了桐中的门槛。“初闻尚是门外童，再见已是槛内人。”

铜　钟　响

来校报到的第一天下午，我兴致勃勃地在桐中校园里逛了一圈。先去食堂办了饭卡，再看看图书馆，穿过曲径通幽的假山乱石，走过古色古香的半山阁，来到碑刻林集的后乐亭，石子路从脚底传递着凉凉的秋意。抬头看从银杏树叶间隙透过的明媚阳光，感觉前路充满了未知与希望。

铃声响了又响，上课下课来来回回。几个月的“降维打击”算是让我体会到了高中学习的紧张感和国器班的巨大压力。还好，每晚可与好友出来吃饭“放风”，还能逛逛书店、文具店。傍晚，桐中的门口熙熙攘攘，昏黄的灯光将忙于生意的摊主小贩和焦灼等待的学生鼻尖沁出的汗珠映得清晰可见。红辣椒饭团、桐中馄饨、过桥米线……来到兰州拉面店点上一碗热气腾腾的牛肉拉面，与好友边侃边吃，一天的疲惫烟消云散。人间烟火气，最是抚人心。

饭后经过教学楼前的名人墙，目光扫到墙上与同学仅一字之差的名字，不禁莞尔一笑。顺势想到，我的名字是否也会出现在这面墙上呢？可在高手如林的桐中，现在的我就像个“小透明”……铃声又在耳畔响起，赶忙跑回上课。

红　日　升

经过一个学期的摸爬滚打，发现自己好像真的无法参透理化的奥秘，纠结了很久，最后还是在分科表上写下了“文”。从那一刻起，我感到我的人生便如一颗偏离原来轨迹的流星，划向了一片未知的天际。高二后，在文科这片浩瀚的海洋中，我终于不是透明的珊瑚虫，而是有了绚丽色彩的珊瑚。

我进入新的人生阶段，桐中的发展也日新月异。我们在疫情封闭式管理的情况下有了两个新食堂，流水潺潺的桐溪塥也已恢复。感谢桐中保存并建设着校园里的园林建筑，花、草、树、桥……使我和同学在饭后闲暇时有处可去，在匆忙的上学路上有景可赏。

上午第二节课后的跑操雷打不动，与朝夕相处的伙伴并驾齐驱。一轮红日从桐中后冉冉升起，奔跑的每个人好像都被照得闪闪发光。

"生活就是这样，一边回忆，一边继续。"开始于校门口的好奇一窥，我与桐中的故事未完待续。悠扬的铜钟声依旧在耳畔响起，我们也即将成为巍巍红日，在明年6月绽放光彩，照亮更光明的桐中图景。

（作者系桐城中学2020级学生）

携手桐中　且歌且行

都　翌

何为学校？苏洵说："教化之本，出于学校。"梁启超说："亡而存之，废而举之，愚而智之，弱而强之，条理万端，皆归本于学校。"郑观应说："学校者，造就人才之地也，治天下之大事也。"在我看来，对于"学校"二字最好的诠释便是桐中。

情不知所起，一往情深。

犹记儿时，母亲带我路过桐中。她指着桐中的大门对我说："孩子，这就是桐中。"在她期盼的目光中，我懵懂地点点头。此时，"桐中"是母亲的一个期盼。

后来，老师带领我们参观了桐中。看着学长学姐们刻苦读书的模样，看着他们在阳光下肆意挥洒汗水，看着沐浴在朝阳中的梧桐向光生长，我心中关于高中的构想已有雏形。此时，"桐中"是我的一个理想。

中考前，我和朋友再次造访桐中。我们用手臂丈量树干的粗细，轻嗅白玉兰的芬芳，在傍晚的操场上追赶夕阳。临走前，我们在"勉成国器"四个大字下约定：秋天，我们还在这里见面！此时，"桐中"是我的一个诺言。

现在，我身处桐中，已然成为桐中的一分子。蓦然回首，我看见母亲莹莹的目光，看见我像学长学姐们一样读书学习，看见"勉成国器"四个大字见证了我与朋友再次相见时的会心一笑。在渺渺的思绪中，我突然明白，原来桐中竟已伴我成长。

吹灭读书灯，一身都是月。

“人间骄阳正好，风过林梢，彼时他们正当年少。”在桐中的日子，单调却不枯燥。春日青山如黛，碧水盈盈，我们踏着春光在玉兰树林漫步，饱足那馥郁芬芳；夏日霞光万点，飞珠溅玉，雨水滴答时书声琅琅，风过林梢，正可谓风也潇潇，雨也潇潇；秋日天高云淡，金桂飘香，我们于惜抱轩前看银杏黄叶远飞，纷纷扬扬；冬日远山霁雪，凝华万迭，半山阁矗立于冰雪之中，又仿佛早已融入画卷。恰如吴汝纶先生所言：“且挨过三冬四夏，雪尽后再看梅花。”

“师者，所以传道受业解惑也。”在桐中，我认识了或温润儒雅，或知性温柔，或和蔼慈祥的几位老师。“千教万教，教人求真；千学万学，学做真人。”老师不仅教我们探索求知，还教我们立德做人。成长路上，老师如灯塔一般指引我们前行的方向。

有人说，最好的关系，便是朝着同一个目标坚定地前行着。在桐中，我结识了一群志同道合的伙伴。课堂上，我们一同领略古今经典的美妙，纠结于ABCD的异同，惊叹于碳氢氧氮的神奇；课堂下，我们一同走过平湖烟雨，抚摸桐中石碑深深的岁月印痕，也曾尝试对出“桐中敲铜钟，童男童女同上学”的百年绝对……桐中承载了我无数欢乐的回忆，给予我源源不断的温暖和力量。

铜钟悠悠，百年依旧。

120年前，吴汝纶先生创立桐城中学，立下“勉成国器”的校训。自此，一代又一代桐中人将“勉成国器”牢记于心，砥砺前行路上始终有它相伴。

60年前，爷爷踏入桐城中学，一个木匠的孩子在桐中的培养下进入他心仪的大学，开启自己崭新的一生。

十年前，哥哥踏入桐城中学，一个懵懵无知的青涩少年历经三年完成蜕变，是桐中陪伴他在理想的道路上一往无前。

两年前，我踏入桐城中学，曾经那个无知无畏的少年，如今在成长路上日渐坚定。

新故相推，日生不滞，我们的故事还在延续，唯铜钟悠悠，桐中依旧。

恰如席慕蓉所言："含着泪，我一读再读，却不得不承认，青春是一本太仓促的书。"青春无限美好，却转瞬即逝。在这段有限的日子里，是桐中承载了无限的美好回忆。铜钟悠悠，龙眠锦绣，万千学子待熏陶，愿桐中一朝春暖，遍开繁花！

（作者系桐城中学2020级学生）

爱 的 托 举

邱雨欣

生活在文都小县城的人们，忙忙碌碌地起早贪黑，但都有一个纯朴的想法——穷不丢书，富不丢猪；都有一个共同的愿望——将家里的小辈们塞到那神圣的学府——桐城中学。它背靠大山，坐落在城中一角，却像高大的引航灯，像磁石一样一点一点地吸引着少男少女们的梦想。我也是其中一员，也是眼巴巴地望着，渴望踏入神圣学府的大门。我稀少的词汇形容不出千分之一对桐中的情思，更写不出分毫我与桐中曲曲折折的曼妙的往事。现在，回想起还是心如潮水，情如浪涌。

初 遇

“初生牛犊不怕虎”这句话用来形容刚刚升入初中的我一点儿也不过分。十几岁的少女不知天有多高、地有多厚，瞪着大大的眼睛愣愣地听着老师们对那神圣学府的赞扬和描述。当时我就桌子一拍，立马立下誓言：桐中，三年后见；“学霸”，再与争锋！

我努力践行着自己的誓言，日复一日埋头苦学，喜欢侧耳倾听各科老师讲关于桐中的任何事情。父母与亲戚更是早早地为从小成绩优异的我定下了“考桐中，进大学”这个目标。从那时起，我的心里便与桐中有个约定：三年后，我们定会相见。认真的日子总会迅速地被时间老人带去玩耍。一眨眼，刚刚升入初中的懵懂女孩已经来到初二的期末考试。考场上，我自信答题，过关斩将，取得了优异的成绩。离桐中只是时间的问题了。

有一天，妈妈提议带我去桐中转转。我特意穿上我最好看的裙子，带上了相机。可是，机缘不巧，因为桐中要作为高考、中考考场，暂时封闭。我和妈妈对门卫怎么软磨硬泡总是不行。说心里话，不失落是假的，但我也只好止步于那高大的校门前，踮着脚尖努力地窥视着校园里的一草一木。对着威严的红门，按下了快门。照片上是穿着裙子的我站在桐中门口开心地笑着。

那一次，是我与桐中的初遇。

离　别

“妈妈！”望着在我眼前直挺挺地倒下去的妈妈，我飞快地奔向她，我的心就好像被一只无形的铁钳夹断揉碎，一股凉意从脊梁骨直往脑门上蹿。

妈妈被救护车带走了，那时的我怎么也想不到与妈妈相见会在半年之后。我很害怕，家里面的大人一个也不告诉我妈妈到底出了什么事，最终还是姑姑实在扛不住我的软磨硬泡才告诉我实情——癌，情况很不乐观。他们告诉我，妈妈在医院治病，不能陪我。我像一只迷了路的小鹿，跌跌撞撞地从白天走到黑夜。我的成绩更是直线下降。慢慢地，我的数学开始不及格；慢慢地，我掉出了年级排名前列；慢慢地，我不再爱笑了。我顶不住初三的压力，更顶不住一次次听到妈妈病危的消息。每天晚上我都会哭，很难受，很害怕。

有一次和远在医院的妈妈视频，我看着屏幕上出现的母亲，强忍着的泪再次涌出。妈妈剃掉了她最爱的秀发。我偷偷地把头别过去，用力抹掉脸上的泪，假装坚强，假装开心地和妈妈分享着学校里的趣事。可是，最终我还是因为妈妈的一句“孩子！我对不起你。”破防了，我怎么也憋不住了，抱着手机号啕大哭，不断地重复“妈妈！我想你了……”

那一夜，注定又是无眠，像很多个夜晚一样，我一个人偷偷地躲在被子里哭泣。我失去了妈妈的支持，失去了自信，失去了天之骄女的光环，失去了一切动力。舅舅提出带我去外面散散心，缓解我日复一日的忧郁。没想到，舅舅会带我来到桐中。这一次，没有任何人的阻拦。然而，我站在门口，怎么也不敢抬起脚迈向大门一步，我已经没有底气觉得自己可以在一年后进入这所梦寐以求的学府。

这一次，我选择了逃避。这一次，也是我与桐中的短暂离别。

重　　逢

度日如年，我终于盼到了治好病回来的妈妈。第一眼见到妈妈的时候，我呆呆地站在原地一动不动。妈妈很瘦，瘦得只剩下一把骨头了。不能随便出门的妈妈冒着风雨，为我买来了一束向日葵。她告诉我，上次舅舅陪我去桐中，是她嘱咐的。那一刻，我感到震惊。原来妈妈人在医院，心却一直在我身上。她知道我在害怕什么。她告诉我，她愿意陪我搏一搏。每天早上，她都做好爱心早餐，喊我起床；每天中午，她那瘦弱的身影都会出现在教室门前，亲眼看我吃完营养餐；每天晚上，她都在书桌的另一边陪伴我……她那瘦小的身躯，怎么能受得了？我不敢吱声，怕泪水会淹没我……我怎么可以辜负妈妈的一番心意？我把害怕和焦虑隐藏起来，再苦再累也咬牙坚持，因为我不想看见妈妈失望的眼神，不想给妈妈再增添一丝丝负担。她受了很多苦，我不能再让她哭、让她担心。早晨的琅琅书声，傍晚操场上的矫捷身影，凌晨的挑灯夜读……时间滴答滴答地流逝，中考比我预计中要来得快得多。风扇呼啦呼啦地转，似乎想抚平少年们躁动的心。最后一场考试，我轻轻地盖上笔帽，缓缓地呼出一口气，结束了。时间没有辜负我的付出，成绩出来那一刻，我傻傻地望着妈妈开心地笑，妈妈的笑容也在脸上绽放，就连脸上的皱纹都变得温柔。我们彼此心照不宣，都只感叹时光不易。

高中开学的那一天，我穿上了与桐中初遇时穿的裙子站在学校门口拍了一张照片。那一刻，是我的胜利，是往日的重逢，是对妈妈的承诺，更是妈妈的功劳。

有了妈妈的爱、妈妈的托举，才有这我与桐中的故事。

（作者系桐城中学 2021 级学生）

白玉缀枝头，无绿也无愁

程婉婷

桐中的景总是那样怡人，这里总镌刻着桐中学子各自的青春画卷。哪一帧画面曾困住了谁的月久年深？于我而言，不论是清晨钟声，还是涓涓细流，又或是落日余晖，似都比不上那一树白玉兰。

几多春水划过心底？几许兰花擦过额际？桐中的春总是沁着白玉兰的花香。与同窗轻缓行走在桐中的林荫小路上，忽地，我驻足停留，掬一缕书香染襟，琅琅读书声悦耳。抬眼望去，朵朵白玉摇曳在枝头。我同朋友笑语："倒也有'粉黛无须他人衬，立于枝头恰指春'的意思了。"朋友也不禁感慨："是啊，又一季春来，又一季花开。"桐中里春的气息，明媚了岁月，芬芳了生命。而这阵阵花香也氤氲盈满了桐中学子的心。

"翠条多力引风长，点破银华玉雪香。韵友自知人意好，隔帘轻解白霓裳。"桐中的玉兰树历经 130 年的沧海桑田，岁月沉淀。而光阴的箭正中桐中上空一轮又一轮落日，串联起"昨天"，也牵引着玉兰花香和风华正茂的我们，向有光处萌动，向雨润处勃发，幻化出一幅车遥马慢、来日方长的光景。而年少的梦也似玉兰花香般随远风拂去，或有或无地留下一丝痕迹。可玉兰花逢春盛开，我们的青春却不会再来。在这段珍贵的时光中，即使没有轰轰烈烈、高潮迭起，也一样流溢着独一无二的光芒。

不觉至此已过一年，盛夏的狂欢，秋意的萧瑟，冬至的暖阳。但我只愿停留在白玉兰的春，生机勃勃的春！也许，我与桐中的故事，在这花香中才开始酝酿。在这短暂的春的岁月中，我曾问教授我语文的先生："是否每一个学堂都栽着同这一般的玉兰树?"先生思虑很久，认真地告诉我："我曾到江南湖北的学堂，的确总种着一棵玉兰，你知道这是为什么吗?"年少无知的我轻摇着头。先生笑语："玉兰花象征着真挚、纯洁、永恒的爱。为什么总说青春无价?因为那一段回忆，那一树玉兰会成为你生命中不朽的回忆。"自此，我用心感受着，聆听桐中风的声音，轻嗅花的芬芳。玉兰枝头渐渐零落，我不禁觉得，风起风落，吹过这个过野的青春，带走一些，留下一些，最终剩下的还会不会是曾经的我们?

每个学堂总会有它存在的意义，而桐中的校训令人铭记，"勉成国器"是多少代人青春的誓言。在传承文脉的征途中，桐中学子如玉兰般真挚无瑕，纯洁可爱。他们一路荆棘丛生，一路繁花似锦，一路泪浸青衫，一路欢声笑语。生生不息，文脉流淌在我们的血液中，铭记于每个桐中学子的心中。

想起一句古语："书香深处自清净。"在玉兰树下感受独属于桐中的书气花香，了解桐中的峥嵘岁月，回味一代代人的青春与热血，顿觉唇齿漫生香。仿佛有一溪碧蓝之水，萦绕左右，涌入心田，又好似一股力量喷薄欲出，抚平我干瘪的心。清幽的花香在岁月中从不消散，只为与那有心人叙说桐中的故事。

桐中学子一直在历史的长河中传承文脉、奋勇向前，玉兰花也在日升月落中永葆青春。总有人问万两黄金要过几重关?我只会告诉他今晚的月光蹭皱了玉兰花。

桐中精神永不会湮灭，在这生如春花之灿烂的岁月中，我们恣意生长，挥洒汗水，驻足鸟语花香。

走在桐中的林荫小道上，我永远真诚地祝愿桐中学子立如芝兰玉树，笑如朗月入怀，历尽千帆，不坠青云，在桐中的文脉传承中永弘桐中精神。

（作者系桐城中学 2021 级学生）

我与桐中的故事

汪宇辰

你，静静地走来。走过了两个甲子，从一代教育大家为了救国救民而创办的学堂，到如今令无数学子向往的学府，三个时代在你身上留下了不同的印迹——清朝时儒者的严谨，民国时文人的风雅，新中国成立后一代代教师的敢于创新、实事求是，这些都在你的身上完美地交融。

我，悄悄地进入。在同一级的你的孩子们当中，我并不起眼。曾经，你是一个可望而不可即的目标，是他们口中的传奇，是知名于各个领域的专家们的发轫地。我凭借着三年的努力，才踏进你威严庄重的大门。

还记得入校第一天，我站在操场上，身边人山人海，父母杳无踪迹。我迷茫地跟着人群，找到了自己的班级，安然入座却发现周围的人都是从未见过的生面孔。洁白的墙壁反射着上午的阳光，头晕目眩的我有了一种无力感，过去的记忆尽数崩塌。

然而，你很快用你的双臂拥抱了我，抚平因为新环境而不安的心灵。烈日当空，穿着军装的我和同学们笔直地挺立着。似乎每年都会进行一次这样的洗礼，高年级的学生们还会饶有兴趣地看着学弟学妹们叫苦不迭。结束了一天的军训后，总能看见在铺满了或青绿或紫黑色果子的樟树下，在翠竹幽深的钟楼旁，一群群勾肩搭背的少年。他们或许素未谋面，但这一刻，他们吹过了共同的风，走过了共同的路，拥有了共同的年少轻狂。那时候，你像一名严父，你知道用怎样的方式“迫使”我们互相融入。在我们成为一个集体后，你的嘴角，是否会露出一丝笑容呢？

生活步入正轨后，我开始了解更多角度的你。我听见了在天光未启的清晨传来的琅琅书声，看见了在白露化霜的时节，昏黄的路灯下不时经过的悠长身影，更多的是东方既白时飞奔的脚步。

你是书，只记载真善美，你的口中不会出现粗鄙之语，在你的篇章中不会找到世俗文字。你并不缺烟火气，食堂上空飘着的云都带着学生的希望；你并不缺欢笑声，体育场上的欢呼流露真情，比任何笑容都真实。

你是歌，只传唱仁礼义。你的节奏中不会出现不协调，你的韵律中不会出现不动听。老师们为你谱曲作词，学生们为你歌唱，期盼这天籁能够随风远去，永世流传。

你一向温婉柔和，如同江南水乡的女子。可当运动员挥洒汗水时，你又变得豪放直率，犹如黄土高原的汉子，高吼着，拼搏着。你的学生们排列整齐，高喊着口号，接受检阅。气球和彩带装点着你的身躯，随衣服流下的汗水浸入你的心。你也看见了吧？我们每一天的练习，咬紧牙关的冲刺，不过是为了不负看台上的呐喊、摇旗。

与你越熟悉，我越好奇：以前的你，是什么样的？刻着字的尖碑、凉亭，又是谁因为何故建在这里？

我所在的社团，解答了我的疑惑。“吱呀”一声，校史展览室的木门打开了，你以前的样子、各地校友赠送的物品就这样展示在我面前，驱逐舰的模型、边角泛黄的书籍无不表现出你那些已经长大的孩子们回馈你的一片心意。

或许更令人惊叹的是那越过近三个世纪的银杏树，历经沧桑仍望着主人曾经的书斋，树上的鸟窝也空置多年了吧？而它依旧在那里，看着你一砖一瓦地建设。白玉兰落下的时候，紫薇又开了，你是否想告诉我们：美的传递是不会断绝的，你会让我们在四季之中都能看到你最好的一面。

“高峰入云，清流见底”是你的希冀。你期望你的学生在做学问上能如同高峰直入云霄，在做人上能清澈如溪水般。旁边的松柏是你设的榜样，藤萝是你设的警醒：挺直腰杆做人，绝不匍匐在地。

战火也曾烧到你的身上。一块石碑，内圆外方，没有时间，没有署名，只有四个大字刚劲有力：勿忘国耻。日寇的铁蹄没有让你屈服，文字无言，历史有声，这块碑在时间的磨蚀下并未丧失本心。你也是这样想的吧：无论后人想不想要，它都在那里，刺激着因安定而迟缓的心。

你是信，是每一代桐中人写给后人的信。每个人，都在你的扉页上留下自己的签名。你不会寄给谁，只会无限地写下去。毛笔、钢笔、圆珠笔……有人在信上写下自己的一生，有人在信上留下一个片段。看一下你的第一段吧：1902 年，吴汝纶先生创办桐城中学堂，题书“勉成国器”以鼓励后人。

龙眠山下，龙眠河旁，一代代学子从这里走出，践行自己“勉成国器望吾曹”的誓言。恍惚间，我看见过去一年里我与你的点点滴滴。史官挥笔，写下千秋万代；我挥动手中的笔，也能写下你与我之间永不完结的故事。

（作者系桐城中学 2021 级学生）

牌匾下的季节

张　槿

初见，本是盛夏；再见，已是金秋。空气中还氤氲着些许夏天的热烈与奔放，六月的离别带来的感伤尚未完全褪去，我们的故事就在银杏树荫下，款款落笔。

在收获的季节里，我揣着一颗虔诚的心进入了心心念念的校园。站在校门前，我仿佛看到大先生辞去冀州知州后告别了仕途，在莲花书院主讲；又仿佛看到他在京师大学堂总教习任上跨海东游，在颠簸的海浪里写成了《东游丛录》；又恍若看到他寓居省城时心系桑梓，然后有了眼前这块传承了120年的“勉成国器”牌匾。

银杏叶开始泛黄，可老干虬枝上仍是一番喜人景象。枝头悬挂的颗颗白果，无声地讲述着“天下文章，其出桐城乎”的传奇。惜抱翁手植了这棵树，就这样植在了桐城人的心中。大先生肯定也经常在这棵树下吟哦，清瘦的身躯里装满了家国天下的情怀，是那样的丰满。那些站在他面前的书生一定也在这里仰望这棵老树，然后姚门四杰传到了曾门四子，“沅水通波接武冈”，就这样传到了武昌，传到了洞庭，变成了“青山一道同云雨”的天涯。

星霜荏苒，居诸不息。下雪的夜里，那么静谧，校园里笔尖划过纸上的声音，听起来沙哑而有韧性。抬起头，好像看到了一幅画，没有悠闲的脚步，寂静若野里的少年踩着月光下的霜华，可能摘完了最后一颗棉桃，可能挑完了最后一担稻谷，单薄的身影渐行渐远，终于隐入了昏黄的油灯下，打开了他的书包，拿起了和我不一样的笔，低头疾书，时而望向西北，好像年少时的父亲，也像是多年来无数跨过那道牌匾的人。革故鼎新，再凛冽的寒冬终将过去，从“渡江战役纪念馆”跨过了长江，跨过了无数艰难，就像蒲公英的种子，在各地生了根。从面朝大海的文昌发射场到庄严巍峨的人民大会堂，从白雪皑皑的关外到春暖花开的春城，从黄浦江头的大潮到塞外突起的烽烟，他们就这样站在那里，站成了那块牌匾上的四个字。

清流见底，是以前的桐溪水，流过校园那条蜿蜒的玉带吗？那些年在桐溪水中洗碗的少年，多少年来是不是一直想念着那石板下的柔肠？还是终于等到又掀开石板后的桐溪，焕发了他的容光，再照清流可见自己当初模样。高峰入云，仰望天空高峰有多高？是写给了方家的玮德，还是写给了属于玮德的那弯新月？终究是无从知晓了，只是抚琴弦上寄故人心，纸短情长总也书不尽怅惘。君子不器，那国器之上又是什么，是天下之器吗？那又得是多高的山峰，是我所能看见的吗？

没有人可以牵住光阴的衣角，又到暮春三月，江南草长莺飞。玉兰花开，温润淡雅，像是陌上如玉的翩翩公子；紫藤花开，明媚张扬，像是意气风发的桀骜少年郎；龙柏、侧柏、苦椿，它们永远静默地站在路旁，站成了一道永恒的风景。花丛外的园丁们无论有多忙碌，一定停下过脚步，欣赏不同的鲜妍。有些赤红，是夏日的骄阳，他肯定是热闹的；有些清冷，是秋夜的凝霜，她应该也有几分似水的柔情；有些带刺，但他的干永远笔直向上，都在追逐，想成为高峰之上的风景，就这样点成了春日最美的娉婷。亲爱的园丁们一直这样陪伴，伴随着他们成为牌匾上的四个字。

我站在牌匾下，看着路旁的银杏树冒出了新翠，身后是漫山遍野的青青的麦苗，眼前是无数稻子生根发芽。我顶着牌匾上前人辛勤点燃的亮光，默默地对自己说：加油，轮到你了，你的夏天马上就要到来了，留下你汗水的印记吧，两年之后的秋天，你一定有所收获。

下课铃声响起，阳光洒在起跑线上斑斑点点。亲爱的桐中，无意之间在某天与你擦肩，从此以后，我们便结下了不解之缘。我们的故事，在洒满阳光的小路上写下了美好的序言，我无比期待接下来的日子里会有怎样热烈的情节。

春天的和风挤进书页间，夏天的黄昏浮着花草香，秋天的月光停在路灯下，冬天的细雪轻敲着玻璃窗。亲爱的桐中，与你相比，风花雪月皆黯淡无光。多么幸运，这些四季，都能有你相伴。

（作者系桐城中学2021级学生）

高峰入雲清流見底

勉成国器话峥嵘

罗德泉

120年前，在西学东渐浪潮中应运而生的桐城中学，久负盛名、闻名遐迩，成为桐城笃文兴教的亮丽名片，以至“言桐城者必先称桐城的文化教育，言桐城文化教育者，必先称桐城中学”。笔者近来参加校志整理工作，徜徉学校峥嵘岁月，对这所双甲名校敬佩有加，深感桐城中学作为桐城教育之魂，洵非虚誉，当之无愧！

一

桐城中学位于桐城市老城区北部的公园路与北大街交汇处，背倚观野崖，南望孔子庙，西接古莲社，东傍龙眠河。校门前，历史文化名街北大街横贯东西，与此垂直的公园路将学校与人民广场连成一体。“丁”字形街道布局的交叉点上，兀然而立的桐城中学宛若文化古城皇冠上的一颗明珠，璀璨夺目，光彩照人。

桐城中学创办于1902年，创始人是清末著名教育家、桐城派后期重要作家吴汝纶先生。当时的中国，外侮日烈，民族濒危，清政府聘吴汝纶先生为京师大学堂总教习，赴任之前，先生满怀兴国之志，高擎科教大旗，先行东渡考察，以期师人之长。其间深感国内朝政腐败，遂生弃任之念，决心回乡兴办新式学堂。光绪二十八年(1902年)，先生从日本回国后，未去京师，径直前往省城安庆，暂借巡抚衙门后院武备学堂一隅，创办“桐城学堂”，同时在桐城县衙旧地动工兴建校舍，俟时回迁。创办之初，步履维艰，先生虽已年过花甲，仍黾勉苦辛，朝乾夕惕，以“吾辈此次办学堂，有进无退，人不善换人，法不善换法，决无止息之期”的精神，逢山开路，遇水搭桥，志如磐石，无坚不摧。学堂终于得以按期开学，先生却因年事已高，操劳过度，建校不久便溘然仙逝。大家严复撰联吊唁，“平生风义兼师友，天下英雄唯使君”。学界同人，继承先生遗志，1904年将学校迁回桐城，改名为“桐城县公立中学堂”，此为安徽省第一所中学堂。

图强而生，为国育贤。120年来，桐城中学以吴汝纶先生的“勉成国器”为宗旨，锻造“勇当大任，志在争先”的桐中精神，一代又一代莘莘学子，演绎着“书山有路勤为径，学海无涯苦作舟”的故事，终至“宝剑锋从磨砺出，梅花香自苦寒来”。从这里走出了一大批杰出校友，或以文彰，或以理显，或以政要，或以军威。中央顾问委员会原常委、文化部原部长黄镇，全国政协原副主席、中国农工民主党首任主席章伯钧，北平市首任市长何其巩，美学大师朱光潜，两院院士孙德和、慈云桂、陆大道，著名核物理学家疏松桂、方正知，哲学家方东美，古文论家马茂元，著名作家方令孺、叶丁易、舒芜，中共十七届中央委员、内蒙古自治区原党委书记储波，少将曹新国、张国威、程尚武等，都是桐中杰出校友的代表。高考恢复以后，桐中共向高等学校输送合格新生三万余人，其中，在国内外攻读博士学位者数千人，不少学子事业有成，成为各行各业的领军人物。民政部副部长唐承沛，中国地质调查局局长钟自然，中国工程院院士吴曼青、杨善林、彭寿，中国科学院院士程和平、方复全，中国科学院著名教授李定，物理学家段路明，著名教授琚诒光，少将毛万标，火箭专家程堂明等，都是桐中学子中的佼佼者。

风雨兼程，砥砺前行。凭着深厚的文化底蕴、淳朴的校风和出色的办学成就，桐城中学赢得了“人才的摇篮”之美誉，成为中华百年名校、全国绿化学校、中国化学奥林匹克组织工作突出贡献学校、安徽省爱国主义教育示范学校。学校先后 50 余次被国家、省、市、县评为先进单位，教职工中有 50 多人次获得国家、省、市、县级奖励，中央电视台、《人民日报》等新闻媒体做过专门宣传推介，中央和省、市等有关领导多次来校视察，对办学成绩赞誉有加。

二

无园不成校，硬件是基础。

早年教育物力贫乏，为求事成，吴汝纶先生等人在安庆借房办学，所用教具也一并租借。迁回桐城后，又借用方氏“勺园”作短暂过渡，一边在借来的房舍里正常教学，一边快马加鞭促进校园落成。两年后，终于有了自己的校园，结束飘忽不定的流浪岁月。新校园由吴汝纶先生从日本邀来的早川东明先生一手设计，有礼堂、教室、自修室、寝室、饭厅、教职员室、办公室、厨房、厕所，还有操场等。校园虽然不大，但散发着全新的时代气息。今天的校园就是在这个基础上发展而来，很多房屋和设施沿用至今，其中，保存完好的半山阁，飞檐翘角，造型美观，参观者对它赞不绝口，称之为“凝固的音乐”。

民国初年，学校擘画蓝图，扩充校园，将西侧的一块桑树园辟为学生实习基地，接着又几次在这里增建茅庐，增加校医室和学生接待室，建起运动场，改善校园设施结构。这个时期不仅解决了师生基本用房，还将目光投向校园文化建设，堆石造山，勒石为碑，刻石为柱，构木为亭，引水为溪，建造桐城公园。为建公园，校长孙闻园亲笔书写“劳动神圣”四个大字，登高而招，云集景从，从募集经费到设计施工，筹建公园一应事务，皆由桐城中学师生承担。师生们义务劳动，志愿服务。经过三年努力，公园建成开放，与校园连成一体，花木扶疏，流水潺潺，石柱玉立，有亭翼然。既是当时完善县城功能的需要，又是学子们晨读昏诵的好去处，因此而来的“公园路”至今仍是穿行古城的交通要道。从钓鱼台（又名跳吕台，因相传当年吕洞宾从此崖跳下而得名）引龙眠河水穿园而行的桐溪塥，清净澄澈，浅吟低唱，逶迤而来，蜿蜒而去，鱼翔浅底，百鸟翔集。师生们在溪流中堆石而成“五洲地图”，并勒碑记事，宏图大志洋溢其间。公园建成后，名师阮强、马子潜先后为公园及爱景亭撰联寄语，情怀满满，期望殷殷。

新中国成立后，桐城中学回到人民的怀抱，人民政府接管学校以后，最大限度地支持学校基础设施建设，维修校舍，增建房屋，扩大校园，添置教具。学校建设骎骎日上，校园里生机盎然。1951年抗美援朝之际，国力维艰，桐城县政府还是将与桐城中学相邻的26间民房买下用作校舍，再迁出附近有关单位，腾出房屋给学校使用。此后相继建起教学楼、礼堂、厨房、浴室、实验楼、图书馆。1956年社会主义改造基本完成之后，经历了“反右”“大跃进”“四清”等运动，但学校仍然坚持发展，1957年在校园里建起教学大楼，这幢建筑至今还在作为学校行政用房使用。1958年大炼钢铁时也不忘校园扩张，划进学校西围墙外的一片空地，接受百子堂巷屋和一些民房，使得校园西南直抵余家湾，西北与净土莲社相毗连。1962年，在艰难困苦中又建起实验楼，成为今天的图书馆。

改革开放以后，桐城中学浴火重生，精神抖擞，基础设施建设步入发展的快车道。20世纪80年代初期，近3 000平方米的崭新教学大楼拔地而起，横亘在校园中轴线上，巍峨壮观，宽敞明亮。

学校辟出其中一层作为教师办公室，师生朝夕同处一楼，方便管理，利于教学。同时建起 2 000 平方米的科学馆，给学校带来科学的春天。这些建筑在今天看来也许不足为奇，但是在改革开放之初、百废待兴之时，堪称大手笔。

桐城中学的基础建设不仅仅局限于教室和教学设施，园丁们的生活设施也提上议事日程。20 世纪 80 年代，学校筹措资金解决教师住房难问题，先是建起一批平房，让老师们有个立锥之地，接着创造条件建起配套教工宿舍，居者有其屋。住宿条件不断改善的教职工，安居乐业，潜心教学。

21 世纪以来，基础设施建设日新月异，两栋六层教学大楼、设施配套的学生公寓、标准化运动场，把校园装扮一新。同时，借校庆东风，促硬件上台阶。90 周年校庆时，建起校史馆，重修半山阁；百年校庆时，建起高标准科技大楼，建成文化长廊和假山园林；110 周年校庆时，再建教学楼，再造运动场。多媒体教室、智能教室、电子备课室、电子阅览室等一应俱全。今日校园，占地面积 175 201.37 平方米，绿化面积 50 855.1 平方米。现代楼房与古朴建筑相辅相成，假山石柱与杂花生树相映成趣，老记忆与新印象相得益彰。

三

悠久的历史，良好的硬件，尚不足以构成名校的全部内涵，真正令桐城中学名噪教坛、成就百年英名的是久盛不衰的教学质量。

学校开宗明义，“后十百年人才奋兴胚胎于此，合东西国学问精粹陶冶而成”，教学质量成为学校工作永恒的主题和立足的根本，悠悠万事，唯此为大。“中西结合，博古通今”的办学理念，使得学校很快崭露头角。1913 年，安徽省要求停办全省中学，一些学校因此销声匿迹，而桐城中学因为办学宗旨明确、教师队伍健全、教学质量优良、办学条件完备，破例被保留下来。即使在抗战期间，桐城中学仍然不忘教学之本，1942 年还受到省政府训令表彰。

新中国成立后，以培养新中国亟须人才为己任，狠抓教学质量，遴选名师，招收优秀学子，开齐课程，开足时间，在保持优良传统教育方法的同时，开展形势教育和爱国主义教育，激励广大学子发奋学习，早日成才，投身新中国的建设洪流。曾有校长三顾茅庐，聘请一名农村初中教师直接来桐城中学担任教导主任，学校教学质量因此明显提升。1958 年，学校被评为安徽省首批重点中学；1960 年，学校获得国务院授予的“全国教育工作先进单位”称号，时任校长史耀民参加了全国文教群英会，领回一面邓小平亲自题字的奖旗，桐城中学因此群情振奋，乘势而上；1962 年，高考本科达线率名列安徽省第一、全国第二，此后连续三年卓冠全省，步入教学质量的巅峰时期。诚如一位校友回忆所云，20 世纪 60 年代的桐中，每天清晨教室里书声琅琅，下午操场上龙腾虎跃，除老师外，晚上九点关灯，校园一片肃静，真正做到了“团结、紧张、严肃、活泼”。

美好的校园生活，在 1966 年 6 月 10 日戛然而止。

“文革”结束，恢复高考制度，学校云过天空，返璞还淳，教学工作很快回归正轨，学校重新成为安徽省重点中学。学校定下“三高”标准——“大学本科升学率高、名牌大学录取率高、学科竞赛获奖率高”，不断拉高标杆，不断挑战极限。为此，咬定教学质量不放松，鼓励教科研，确立教学开放日，举办优质课大赛，组织教师外出参加高考备考研讨，延聘外教，选送教师出国进修，随时掌握学生学习成绩，及时补缺补差。这些措施使得桐城中学的教育教学好戏连台，捷报频传：200余人在历届高考中进入全省总分前十名，四个学科的人均成绩20余次位居全省第一，数学高考成绩连续12年获全省平均分第一名，1990年高考总成绩全省排名第一，全省理科状元两度花开此枝，2011年多个班级高考升学率百分之百，众多名牌高校给桐中授牌“优质生源基地”。此后，学校再寻创新路径，开办“中澳班”“国器班”“钱学森班”，实施特色教育的曙光乍现。2015年，学校第一届“中澳班”学生参加澳大利亚同步高考，全班17人参加考试，收到了30份澳大利亚四星以上大学的录取通知书。同时，学校以培养复合型、创新型人才为己任，鼓励学生参加学科竞赛，引导学生大胆探索、勇攀高峰。改革开放以来，在全国学科竞赛中，有600多人获奖，其中，一等奖70人；在“东华杯”化学学科竞赛中，桐城中学荣获全省唯一的“四连冠”。

名校代有名师出，教书育人著华章。长期以来，一批又一批满腹经纶、教学有方的辛勤园丁，汇成一股又一股磅礴之力，催动桐城中学灵气氤氲、桃李芬芳！著名作家马其昶，诗人、教育家、书法家方守敦，博学多才的姚永概，精诗文、工书法的前清秀才苏艺叔，“小状元”马子潜，朱光潜先生“得益最多的国文教师”潘季野，黑板上画地图丝毫不差的朱伯健，坚持招生标准的方来桐，国学大家马厚文，教坛名宿姚沛生，画虎名家光元鲲，学识渊博的吕宣泽，爱校如家的方不圆等，数不胜数。这些名师魅力四射，耀人眼目。学子们“亲其师”而“信其道”，遨游知识海洋，成就辉煌人生。如今，学校树立“大师甚于大楼”的理念，再造“学高为师”的氛围，注重教师业务培训，选送教师外出进修，鼓励教师参加教育科研，坚持集体备课，运用现代教学手段上公开课，实施“3510工程”，让青年教师三年成长，五年成才，十年成名，形成多层次、立体式队伍结构，把素质好、学识高、有才干、有能力的中青年教师作为重点培养对象，结对拜师，促进学业有成，提高名师培养成功率。学校拥有中学特级教师 6 人，中学高级教师 80 余人，全国模范教师 1 人，省级优秀教师 3 人，省级教坛新星 4 人，安庆市名师团成员、教坛新星、学科带头人、骨干教师 34 人。一支德艺双馨、建功成才的教师队伍，为学校一流的教学质量提供了可靠保证。

学校之盛在于教师之盛，教师之盛离不开高明的管理者。在 120 年漫漫征程中，桐城中学先后有 38 任主要负责人，承前启后，薪火相传，踔厉奋发，功不可没。特别是两度出任桐城中学校长的孙闻园，曾任安徽省教育厅厅长、安徽省政协副主席的光明甫，爱师爱生的史耀民，冲刺名校有成的项义发，他们在管理中影响学校、把握学校、引领学校、创新学校，他们是办学理念的践行者，是桐中精神的播火者。如果说教师是这所学校的脊梁，那么这些校长就是学校的灵魂。

四

桐城中学立德树人，以文化人，使得年轻学子纷纷以报效祖国为己任，胸怀社稷，心系黎民，在历次革命斗争中，冲锋在前，义无反顾，可歌可泣。

早在孙闻园先生任校长时，桐城中学就注重人文教育，历史上爱民如子的好官循吏、学识渊博的名家大师、坚贞不屈的仁人志士都被列为学习的榜样。桐城境内深受乡民爱戴的汉代大司农朱邑墓、明代“铁面御史”左光斗墓，以及与校园连为一体的“啖椒堂”、明代著名科学家方以智墓、学校创始人吴汝纶墓等，都是学校教书育人的现实教材。五四运动时期，桐城中学刻下“毋忘国耻”石碑，200 多名师生集会，宣布“国耻纪念日”，参加学生联合会和教职员联合会，组成演讲和演出团体，分赴全县各地开展宣传活动，引导桐城五乡八镇举行上万人的游行，高呼口号，声援五四运动，把封建知县驱逐离桐。在“六二学潮”中，成立学生自治会，声讨军阀，勇斗恶顽，声援学潮，追求进步。在反对三届省议会贿选斗争中，桐城中学师生成为“澄清选举团”的主要力量，分赴各选区，监视投票，焚毁贿选选票，驱逐反动县长，弘扬正义，终于取得胜利。在声援“五卅运动”过程中，桐城中学师生又是一马当先，开展演讲，募集捐款，支持上海人民的斗争。北伐战争时期，革命思潮在桐城中学风起云涌，师生员工争相阅读革命书籍，学校建起共青团组织，并有学生加入中国共产党。一些进步学生还深入贫苦农民之中，传播革命思想，发展农民协会，开展武装斗争。抗日战争时期，百名学生报名参加“抗日学兵队”，投笔从戎，走上抗日前线。学校每日晨会，校长亲自指挥合唱《义勇军进行曲》。设立联络点，掩护新四军，组织救亡工作队，为抗日贡献力量。解放战争时期，反对国民党统治，支持共产党斗争，营救进步学生，迎接刘邓大军，迎来桐城解放。校园里，黄墙红瓦、红柱回廊的校图书馆曾被作为二野渡江作战司令部，刘伯承、邓小平在这里亲自指挥举世闻名的渡江战役。这栋建筑已被列为安徽省重点文物保护单位和安庆市党史教育基地，成为永久的红色财富。桐城中学与时代同呼吸，与祖国共命运，烽火弦歌，风骨峥嵘，永垂青史。

改革开放以来，学校将德育工作放在各项工作的首位，贯彻落实《中共中央关于加强和改进学校德育工作的若干意见》和《爱国主义教育实施纲要》，执行《中学德育大纲》和《中学生日常行为规范》，多渠道、多途径、多形式实施德育工作。教师率先垂范，签订《师德承诺书》，根据学生的思想实际、身心发展规律和社会发展对学生提出的新要求来确立德育内容和方法，建立德育工作网格，上好思想品德课和思想政治课，开展德育教育科研。在德育工作中，紧紧抓住爱国主义教育这一主旋律，举行升旗仪式，开展重大节日纪念活动、主题读书活动、社会调查活动、学英雄创文明班集体活动，还有道德讲堂、书画展览、文艺演出等，丰富多彩，形式活泼。同时，注重学生养成教育，培养学生热爱劳动、讲究卫生、文明礼貌、远离网吧的良好习惯。加强法制教育，开展平安校园建设，使法制教育与道德教育、文化课学习、学生养成教育相结合。德育工作掷地有声，生根开花，桐城中学成为全国“零犯罪学校”。

做活校园文化文章，构筑师生精神家园。校园文化建设贯穿了办学全过程。除了吴汝纶先生亲自题写楹联匾额外，1915年年初，孙闻园校长定校训为“勤、慎、信、恕”；1943年，朱伯健校长将校训改为“礼、义、廉、耻”；1999年则直接定校训为“勉成国器”。1917年，国文教师王露作校歌，“龙眠钟气，代起人豪，莘莘学子待熏陶。仰止吴公创业劳，勉成国器望吾曹。忠诚信义，校训孔诏，精神淬砺兮，永夕永朝”。这些内容昭示着中华民族传统的美德追求，彰显了这所中华名校的办学理念。百余年来，这些非显性文化激励着一代又一代桐中学子，怀经世之志，成纬国之才，澡雪精神，精进学业。改革开放后的校园文化与时俱进，显性文化催人奋进。定期出版的校报校刊，打造成师生员工激扬文字、交流沟通的良好平台；迂回曲折的文化走廊，是学子们点墨成趣、丰富知识的有效载体；保存完好的文物古迹，传承红色印记，为师生们筑起心中的文化长城。还有校园文化艺术节、科技文化节、体育节、元旦联欢会、道德讲坛、演讲比赛、专家讲座、报告会等，不一而足。通过校园文化建设，传播真善美，弘扬正能量；凝聚精气神，形成软实力。春风化雨，润物无声，校园文化成为桐城中学翱翔九天的推进器。

五

走进新时代，启航新征程。

桐城中学回望过去，立足当前，谋划长远，再绘蓝图。

以前瞻性思考、全局性谋划、战略性布局、整体性推进的方式，兼顾学校高质量发展的内涵与外延，把新发展理念贯穿在学校建设的全过程和各领域，构建新发展格局，转变发展方式，推动学校工作的质量变革、效率变革、动力变革，创造学校高质量发展、可持续发展的优良环境，把学校建设成充分适应现代教育标准和人才发展要求的先进教育基地，使之成为省内领军、国内知名、具有新时代品质的优质示范高中。

落实立德树人的根本任务，大力开展德育工作，全面提升学生核心素养，着力培养适应国家经济社会发展需要的创造性、卓越性人才。统筹学校发展的各方面因素，积极引进优质教育资源，固根基，扬优势，补短板，强弱项，实现学校教育资源的优化配置。创新管理机制，提升办学水平，树立顺应新时代新要求的优良校风、教风和学风，以开阔的视野、先进的理念、奋斗的精神，开创教育教学新境界。

坚持以教育教学为中心，建立人才培养的新模式，创造新经验。以教育教学队伍的建设为基点，优化、提升、完善教师队伍的成长道路和发展空间，潜心打造政治素质高、业务能力强、发展潜力大的管理团队和教师队伍，以名师带动名校的发展。全面推进教育现代化进程，加快课程改革的步伐，大力开展教育科研，以先进的教育理念和创新的教育艺术创造优质课程、精品课堂，探索学校教育教学高质量发展的道路。

根据现代教育要求，加强学校软硬件设施建设，全面优化教育教学环境。以高起点高标准改进、完善现代化教育设施，优化校园布局，美化校园，营造宜学宜教的育人环境。拓宽开放视野，扩大交流渠道，丰富教育资源，延伸发展空间，以大教育的观念创造生动活泼、奋发向上的教育风尚。发挥党建引领作用，加强师德师风建设，创新领导艺术，转变服务方式，带领和团结全体师生员工，以饱满昂扬的精神共创新的辉煌。

120 年筚路蓝缕，120 年弘毅自强，120 年波澜壮阔，120 年荡气回肠！昨日桐中光芒万丈，今日桐中风华正茂，明日桐中必将更加成就骄人！

（作者系《桐城中学志》编纂者）

勉成国器铭

何兰生

向时，列强环伺，国运飘摇，途穷歧路。桐城吴挚甫先生起曰：勉成国器。

世易时移，百二十年。自兴新学始，承人文之盛，启科学之妙，问天探海，掘幽发微，迭成国器。幸告先生，后学不辱遗教。

子曰“弘毅”，孟言“大任”。及今百年变局，正谋复兴大局，有志者当胸怀国之大者，高峰入云，清流见底，勉成国之重器。此其时也！

（作者系桐城中学 1983 届校友）

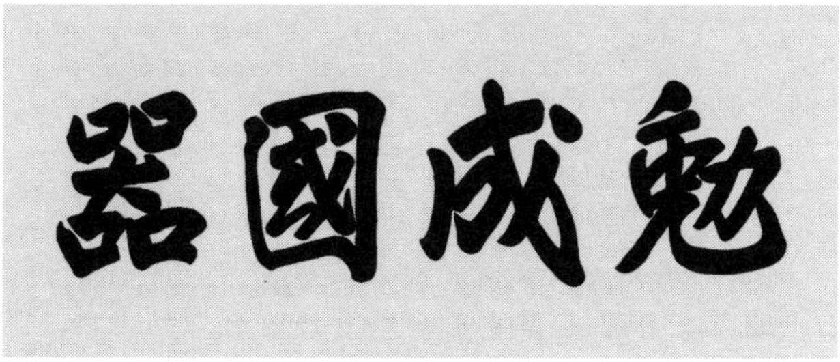

说明：为庆祝桐城中学 120 周年华诞，经由桐城中学 1983 届校友策划，将校训“勉成国器”以邮票雕刻版的特殊艺术形式呈现，

由神舟十四号载人飞船搭载至空间站。在中国载人航天工程办公室的大力支持下,邮票随载人飞船已于 2022 年 6 月 5 日 10 时 44 分顺利升空。搭载的"勉成国器"返回后将送学校珍藏(搭载物均经公证)。1983 届校友何兰生为母校撰写 120 字《勉成国器铭》,并计划由神舟十四号航天员在轨展示,所录视频由航天测控系统择机传回地面,校庆前赠送至学校收藏。

跋　一座城，一所中学，一份跨越时空的爱

王联合

8月6日下午，我一口气从上海赶回桐城，出席侄女8日的升学宴。我的侄女，去年从桐城中学毕业，因为对当年高考成绩不满意而选择复读，今年录取在暨南大学。将我的父亲作为我们王姓家族第一代桐中人、堂弟王孝明作为第二代桐中人算起，侄女作为家族第三代唯一桐中基因传人，让我们这些叔伯辈格外珍视。9日从桐城返回上海，就接到崔波先生（王孝明同班同学）交代的任务："兄弟，《半山钟声》即将付梓，你能不能以出版人、桐城人身份写个后记？"

命运里我与桐城中学是有缘分的。1987年高考后我录取在安徽大学外语系，属定向委托培养生，而外语并不是我愿意就读的专业。父亲大约明白了我的意愿，沉思半晌道："也好，那就去桐中再读一年。桐中里还有我的同学，还有我的老师，进去方便得很。"

现在想想，我的幸运不止是第二年顺利考取了自己心仪的大学，还有当年桐中安排我们的教室。那可是一栋完整的有年份的建筑，古朴带木地板的门廊设计，二层建筑，楼上上课，楼下是宿舍。惜抱轩园内高大的银杏树无疑是座吉祥的门神，一年四季罩着我的教室、我的宿舍。是的，我在银杏叶成片泛黄的时刻走进桐

中，在银杏果日复一日泛出坚锐的木质白时离开这里来到上海。那一年，我偶尔会跨过桐溪塥，看看钟楼和钟楼边上那副天下绝对。既然是绝对，我自然不想枉费脑细胞，心里却盘算着这钟楼大约就是当年父亲上化学课时说起的钟楼吧——初三化学课元素化合价表让人抓狂，全记住可不容易，而父亲编的口诀让学生十分钟搞定："一价钾钠铜银汞，氟氯溴碘氢；二价锡铜硫钡钙锌汞，镁铅铁镭碳氮锰；三价金铝砷锑氮铁磷，四价硅铅碳锰硫，五价磷氮六（价）钨硫，七（价）锰氯八（价）……"父亲说："这样记就行，二价是'小童骑在牛背上，牛在街心打滚'，三价是'桐中有一个姓金的女同志每次都升梯上楼打铁铃'……"我就记得这么多，也未必确切，人生的美妙之处或许就在此吧！这一年的桐中时光，终让我顺利地在父亲与侄女之间实现了交接，三代桐中人的标签勉强集齐。

桐城中学上海校友会成立十多年来，崔波先生作为校友会的秘书长一直热心为母校和校友服务，我就此和他相识相知。秘书长自己做企业，也是一位家乡情怀极重的人。我去过他在长宁区延安西路的办公室，四壁贴纸都是桐中元素，高高的校门，勉成国器的门匾。一次聊到兴浓时，崔波说："我想做件事，抢救性发掘老桐中人口述史。"我说这个主意好，也是当下出版界关注的热点选题方向。2016 年初秋，大约是国庆节期间吧，崔波来到我在桐城塘桥的家，父亲热情地接待了崔波，并在我家刚刚落成的新宅前合影。一老一少，身材挺拔，笑容真诚而热烈，显然谈得投机。午餐订在当地土菜馆，作家江觉迟女士也列坐其中。父亲边喝酒边回忆 20 世纪 60 年代初在桐中上学的情形，印象中提到当年校园里树上常有松鼠出没和一些有趣的往事。

日子忙碌中机械地向前挪步，终扛不过人生的无常。父亲在 2018 年春天里去世。我和崔波兄弟商议的采访提纲居然都没有着落。是的,没着落!之后两年,暂时忽略这个口述史主题,我则按部就班地配合崔波秘书长做了两件小事:2019 年五一前与他回桐中挂了个“上海财经大学优秀生源基地”牌子,此后两年桐中各有一位录取在我的母校上海财经大学;2018 年年底,上海财经大学校友会举办全球“行万里路,读万卷书”活动,经崔波先生协调,安徽站中特将访问桐中作为必选环节……然而,一切都无法抵销蓝图未竟的遗憾,过去的 80 年里,桐中究竟还埋藏着多少鲜为人知的故事?这些故事中有多少应该属于我父亲重述的部分?

这几年,我难免在怀念父亲的同时,脑海里翻搜老人家之于桐中的情感。这种情感与所有桐中人类似,再宽泛一点与天下桐城人类似,对家乡文化的自豪深植于每一个桐城人的内心并蔓延至精神外表。在物质并不富裕的年代,北方的嫂子和生在长江边的我老婆在我家过完大年后,正月里总要上趟桐城市里,并不一定去购物。城里临街摆放的百货较之大城市,免不了低档庸俗些,却偏偏还要在门前摆个大音箱,“何不潇洒走一回”就唱彻桐城大街小巷一年多。此刻,就听父亲说:“我带你们去桐中看看吧,那里静。桐中好,门好进。”父亲领着我们,本意是领着我们的外地老婆还有孩子——走过他曾经读书的地方,边走边介绍,说到儿媳频频点头,说到两个分别在西安和上海长大的孙女不再追问时,才心满意足。《半山钟声》中大约有几篇类似文章。那些一时还不了解、还不懂桐城老公,以为下嫁了的女士,走完桐中一圈后,当晚必奋笔疾书,检讨自己的短视。因为敬仰桐城派文化,所以你爱桐中,你爱桐城,当然你就值得花时间来爱桐城的男人或女人。

2022 年注定让天下桐中人怀揣期盼。在这个百年未有大变局之际,桐中将迎来她的 120 岁生日。一向以敏锐、活力和情怀著称的桐城中学上海校友会发起了天下桐中人书写“我与桐中的故事”活动，崔波、桂飒斌、戴先江、汪东、张玲、汪金晖等投入了极大的热情和心血筹划这个活动，周治校长从校方层面给予关心和指导，我以媒体人身份为本活动的启动推广提供了些经验。安徽省办公厅才俊卢赟秋同志，情衷于桐城文化研究，屡有新作面世，他以自己的专业能力避免了部分回忆史中的错讹。

横跨80年，文章超百篇，每一篇都是独一无二的桐中记载，疫情闭关、出行减少也给常年忙碌的校友们一个思考和动笔的好时机。更幸运的是，复旦大学出版社出版《半山钟声——我与桐城中学的故事》之际，《桐城中学校史志》也在紧锣密鼓地出版推进中，这无疑是桐中文化发展史上的重要事件。如果说校史志是座冷峻如喜马拉雅随岁月缓慢增长的高山，那《半山钟声》所呈现的就是雪山上浮游的白云和山下奔腾不息的涧河，我们总能从中找到真实的桐中和真实的自己，而时间并没有白白流逝，日子的丰满和美好也都静躺在书中这180余篇文章里。

对我来说，编辑出版《半山钟声》这半年里，阅读其中每一篇文章都是心灵治愈，这或许是我最大的收获。还有什么大的遗憾呢？还未启动的由父亲开讲的口述史大约已被重述，每一次阅读情不自禁流露出欣喜和感动，此时，我都要本能地转身看后，那里仿佛站着伟岸的父亲。在《半山钟声》作者交流群中，我述及父亲关于“三价金铝砷锑氮铁磷”的解释，一位老先生肯定又稍稍纠正了我父亲的说法：不是一个姓金的女老师爬梯打打铃，这位打铃老师就叫“金雨”呢。

也要感谢本书的责任编辑朱安奇、陈沛雪，美术编辑杨雪婷。她们一路兴奋中认真审读每一篇文稿，拿出了最精心的书籍装帧设计。对于只在高中课文中读过桐城派作家方苞的《狱中杂记》《左忠毅公逸事》和姚鼐的《登泰山记》而足迹从未踏上桐城这片神奇土地的外地友人来说，阅读120年的桐中是个不错的开始，三位编辑有幸成了先睹为快者，我则向她们承诺：《半山钟声》出版了，我邀请你们三位来桐城，看桐中。

新书首发安排在9月。那时，侄女已在南方开启新的学习之旅。我会第一时间将本书快递过去，稍稍慰藉第一次出远门的女孩对家乡的思念，也相信她会把自己熟悉的桐中介绍给她的新室友。

2022年8月14日于复旦大学

致　　谢

安徽省桐城中学120周年校庆及本书的出版，获得桐城中学诸多校友、社会贤达的支持，特列名单，以表感谢。

老校友	1943届（初中部）	2 000元
琚少文	1962届	2 000元
张长柏	1964届	2 000元
佟建设	1972届	2 000元
陈一恺	1979届	2 000元
章荣秀	1980届	2 000元
张松林	1980届	14 000元
李玉勤	1980届（初中部）	2 000元
倪　萍	1984届	10 000元
刘　斌	1984届	2 000元
陈立新	1984届	5 000元
詹先惠	1987届	10 000元
潘　健	1990届	60 000元
杨国兵	1990届	2 000元
黄周旭	1990届	2 000元
陈贤友	1990届	2 000元
黄　山	1991届	2 000元

李庆兵	1991 届	2 000 元
陈　章	1991 届	3 000 元
桂新东	1991 届	2 000 元
李文生	1992 届	2 000 元
高传伟	1992 届	2 000 元
汪永军	1993 届	5 000 元
桂永刚	1993 届	2 000 元
刘　辉	1993 届	3 000 元
汪　东	1993 届	20 000 元
严向阳	1994 届	57 000 元
崔　波	1994 届	20 000 元
张世鹏	1994 届	2 000 元
张群智	1994 届	2 000 元
戴先江	1995 届	20 000 元
张元新	1995 届	2 000 元
张　玲	1995 届	2 000 元
袁宏杰	1995 届	2 000 元
汪永明	1995 届	2 000 元
张显锋	1995 届	3 000 元
叶　鑫	1996 届	10 000 元
汪明中	1996 届	10 000 元
高茵茵	1997 届	2 000 元
汪宏才	1999 届	2 000 元
王继风	1999 届	2 000 元
金谋青	1999 届	2 000 元
吴显明	1999 届	2 000 元

刘　薇	2000 届	2 000 元
彭　成	2000 届	2 000 元
吴琳琳	2002 届	2 000 元
汪金晖	2003 届	2 000 元
阚逸鑫	2003 届	2 000 元
杨　铭	2004 届	2 000 元
叶　彪	2004 届	2 000 元
张　磊	2004 届	2 000 元
汪亚文	2006 届	2 000 元
华　斌	2009 届	2 000 元
王来成	2010 届	2 000 元
叶冬冬	桐城乡贤	2 000 元
郑　安	桐城乡贤	10 000 元

郑安，桐城乡贤。德诣（上海）机电科技有限公司董事长。该公司是一家深耕轮胎充气机设备产品，集研发、生产、销售为一体的企业，拥有多项国内外行业（专利）认证。

崔波，1994 届校友。国纳科技（昆山）有限公司总经理。国纳科技致力于吸引和孵化高新技术企业，在昆山打造具有影响力的“科研＋孵化＋投资”三位一体的新型功能平台，为校友们搭建一个共创共赢的科创平台。

安徽省桐城中学上海校友会

2022 年 8 月 22 日

你好，百年桐中

桐中校友会会歌

作词：薛锡祥
作曲：小 船

1=♭B 3/4 中速
♩=176

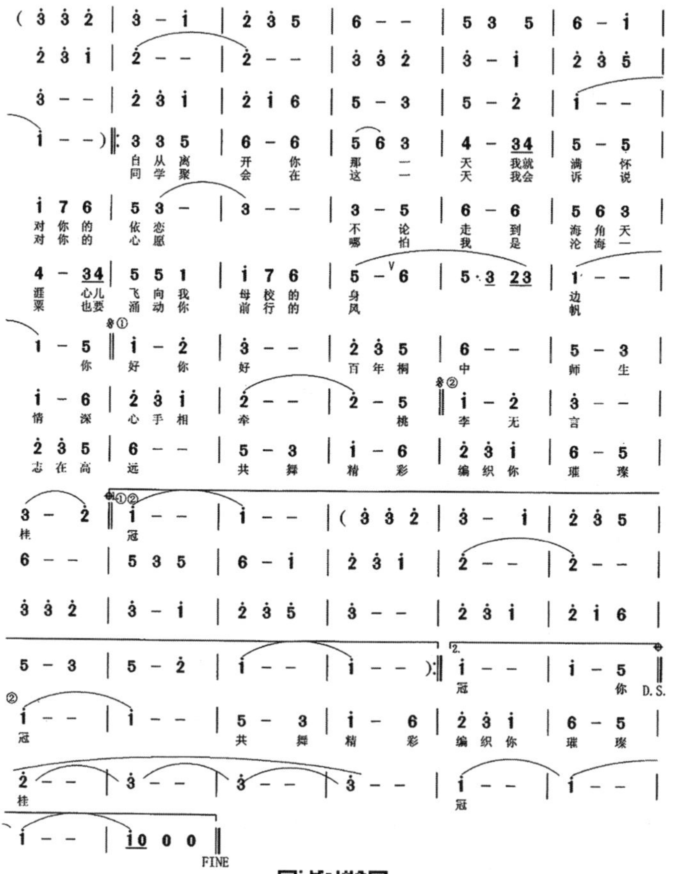

扫描二维码直接听歌

图书在版编目(CIP)数据

半山钟声:我与桐城中学的故事:上下册/安徽省桐城中学上海校友会编. —上海: 复旦大学出版社, 2022.9
ISBN 978-7-309-16331-5

Ⅰ. ①半… Ⅱ. ①安… Ⅲ. ①桐城中学-校史 Ⅳ. ①G639.285.44

中国版本图书馆 CIP 数据核字(2022)第 142637 号

半山钟声:我与桐城中学的故事
BANSHAN ZHONGSHENG: WO YU TONGCHENG ZHONGXUE DE GUSHI
安徽省桐城中学上海校友会 编
责任编辑/朱安奇 陈沛雪

复旦大学出版社有限公司出版发行
上海市国权路 579 号 邮编: 200433
网址: fupnet@fudanpress.com http://www.fudanpress.com
门市零售: 86-21-65102580 团体订购: 86-21-65104505
出版部电话: 86-21-65642845
上海四维数字图文有限公司

开本 890×1240 1/32 印张 26.375 字数 614 千
2022 年 9 月第 1 版
2022 年 9 月第 1 版第 1 次印刷

ISBN 978-7-309-16331-5/G·2397
定价: 120.00 元
